Baltikum

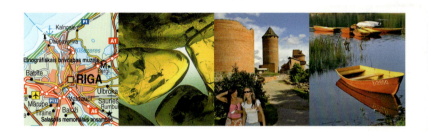

Christiane Bauermeister, Eva Gerberding,
Jochen Könnecke, Christian Nowak

Reise-Handbuch

Inhalt

Wissenswertes über das Baltikum

Wissenswertes für die Reise

Unterwegs im Baltikum

Kapitel 1 Litauen

Kapitel 2   Lettland

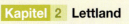

Inhalt

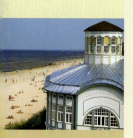

Kapitel 3 Estland

Inhalt

Alle Themen auf einen Blick

Alle Karten auf einen Blick

Feinsandig oder übersät mit Findlingen, belebt oder menschenleer –
Vielfalt kennzeichnet die Küstenlandschaften des Baltikums (Tallinner Bucht)

Wissenswertes
über das Baltikum

Drei junge Republiken an der Ostsee

Litauen, Lettland, Estland – drei kleine Länder, ethnisch und historisch verschieden, zugleich durch ein gemeinsames Schicksal geprägt – sind dem Westen nähergerückt. Der estnisch-lettische Dichter Ivar Ivask beschrieb sie als »Taschenzipfel der dritten Welt im kreuz und quer erforschten Europa«.

Fährt man in Litauen, Lettland oder Estland mit dem Auto über Land, sieht man über lange Strecken vor allem Felder, Wälder und vereinzelt Gehöfte, Erhebungen dagegen nur selten. Die Weite der Küstenländer bietet ein für Westeuropäer ungewohntes Reisegefühl: Auf der Landstraße fühlt sich der Reisende mit der Natur allein. Die drei Baltenstaaten sind dünn besiedelt, auf einer Gesamtfläche von 173 000 km² leben 7,1 Mio. Einwohner.

Der Begriff *Baltia* stammt aus der Antike – griechische und römische Geschichtsschreiber prägten ihn für eine sagenumwobene Bernsteininsel im Norden Europas. *Mare balticum* wurde die Ostsee seit dem 11. Jh. genannt. Balten im sprachlich-ethnischen Sinne sind nur die Letten und Litauer, sie gehören zu den Indogermanen. Die Esten sind dagegen ethnisch mit den Finnen verwandt und gehören zu den Finno-Ugriern, die von Asien westwärts zogen, um im Ostseeraum zu siedeln. Die Sprachen der Esten, Letten und Litauer sind so unterschiedlich, dass sie sich untereinander nicht verständigen können. Als notwendige Lingua franca dient das ungeliebte Russisch – heute neben Englisch.

Bei aller Diversität in der späteren historischen Entwicklung ist allen drei Ländern gemeinsam, dass sie als letzte europäische Völker vom Christentum bekehren ließen. Zwischen den benachbarten großen Staaten hatten sie keinen leichten Stand. Das heutige Estland und Lettland wurde zu Beginn des 13. Jh. durch deutsche Kreuzritter erobert. Litauen widersetzte sich deutschen Ordensrittern fast 200 Jahre lang erfolgreich. Christianisiert und in der Folge katholisch wurde das Land erst durch den Zusammenschluss mit Polen 1387. In Estland und Lettland hingegen konnte sich die Reformation durchsetzen.

Die unterschiedliche historische Entwicklung der drei Länder lässt sich noch heute an der Architektur erkennen: an der polnisch-barocken Bauweise im katholischen Litauen und der hanseatischen Backsteingotik in den lettischen und estnischen Städten. Allen drei baltischen Hauptstädten gemeinsam ist, dass ihre wunderschönen Altstädte von einem Kranz trostloser sowjetischer Plattensilos umschlossen sind.

Jahrhundertelang wurden Estland und Lettland von deutschen Adligen, Geistlichen und Kaufleuten beherrscht. Erst ab 1830 erwachte ein nationales Bewusstsein der estnischen und lettischen Kultur und Tradition. Demgegenüber bildete Litauen 400 Jahre lang – in einer Allianz mit Polen – eines der größten europäischen Reiche und konnte dadurch ein anderes nationales Selbstverständnis entwickeln. Nach der dritten polnischen Teilung 1795 fiel das Reich Polen-Litauen bis zum Ersten Weltkrieg unter russische Herrschaft. Auch Lettland und Estland gerieten im 18. Jh. unter die Zarenherrschaft.

Litauen, Lettland und Estland waren als Verbindung zwischen Ost und West seit jeher ein Schmelztiegel verschiedener Völker: Deutsche, Juden, Polen und Russen fanden hier eine Heimat. Die gemeinsame Geschichte der drei Länder begann nach dem Ersten Weltkrieg, als sie durch die Friedenskonferenz von Versailles ihre Unabhängigkeit erhielten. Nach der Annexion durch Stalin 1940 war ihr Schicksal eng miteinander verknüpft.

1991 erklärten die baltischen Länder als erste der ehemaligen Sowjetrepubliken ihre Unabhängigkeit. Mit der »Singenden Revolution« 1989 hatte alles begonnen (s. S. 32). Symbol ihres gemeinsamen Willens zur Unabhängigkeit war die Menschenkette zum 50. Jahrestag des Hitler-Stalin-Pakts, die über eine Strecke von über 600 km die baltischen Hauptstädte lückenlos verband.

Alle drei Völker schöpfen aus einer großen Fülle alter vorchristlicher Überlieferungen: Sagen, Märchen und Lieder, die mündlich von Generation zu Generation weitergegeben wurden. Diese Überlieferungen halfen den drei Kulturen, die Jahrhunderte der Fremdherrschaft zu überstehen.

Seit 2004 gehören die baltischen Staaten zu Westeuropa. Sie stehen erst am Anfang einer neuen Zeit, aber dafür mischen sie schon kräftig mit. Eine Reise ins Baltikum führt nicht mehr in die westlichsten Republiken der Sowjetunion, sondern in eine Region Nordeuropas, die noch nahezu unerschlossen und doch nur wenige Flugstunden entfernt ist.

Man sollte sich allerdings darauf gefasst machen, dass noch nicht alle Spuren der Sowjetherrschaft von heute auf morgen getilgt sind, vielerorts finden sich weiterhin düstere Plattenbauten in den Vorstädten und Dörfern, auch sind noch nicht alle Straßen asphaltiert.

Den Sommer an der baltischen Küste oder einem der vielen Seen zu verbringen bedeutet vor allem Muße und Ruhe. Die Strände sind weitläufig und schön: Weißer Sand, weite Horizonte und laue Winde sind charakteristisch. In Estland verzaubern zur Sommerwende die wunderbaren »Weißen Nächte«, wenn es nicht dunkel werden will. Kurt Tucholsky, der während des Ersten Weltkriegs in Kurland (Kurzeme) weilte, liebte den baltischen Herbst:»Baltischer Herbst – das ist der dritte, den ich erlebe – aber immer ist einer schöner als der andere. Nicht nur, weil der Herbst die einzig mögliche Jahreszeit ist – was will man gegen ihn der Frühling, dieser süßliche Junge mit den himmelblauen Beinen und den seidigen Locken … Immer weht es über die Hügel, kalt und klar ist die Luft – fast übertrieben scharf stehen die Farben nebeneinander. Da und dort sind kleine Baumgruppen hingepflanzt – wie Fackeln lodern sie im welligen Land … Wie schön ist dieses Land!«

Eine Gemeinsamkeit der drei baltischen Länder: unberührte Seenlandschaften

Natur und Umwelt

Die drei baltischen Staaten bieten eine ausgesprochen abwechslungsreiche Naturlandschaft. Große Flächen sind bewaldet: in Estland und Lettland über 40 %, in Litauen über 30 %. Vielerorts ist die Natur ursprünglich und in ihrer Vielfältigkeit erhalten geblieben. Durch die umfangreichen Küsten- und Seengebiete ist das Baltikum ein Paradies für Vögel.

Natur pur

Nimmt man alle Strände der drei Länder inklusive der vielen Inseln – vor allem Estlands – zusammen, so besitzt das Baltikum eine 5000 km lange Küste. Seit Urzeiten war das Gebiet von Litauen, Lettland und Estland – Küste und Sümpfe ausgenommen – dicht bewaldet. Es geht die Legende, dass noch vor 1000 Jahren baltische Eichhörnchen, von Baum zu Baum hüpfend, von der Ostsee bis nach Moskau gelangen konnten.

Es ist schön wie im Wald, sagen Litauer, wenn sie sich wohl fühlen. Auch bei den Letten und Esten ist die Liebe zur Natur tief im Volk verwurzelt. Das gesamte Baltikum ist ein einzigartiges Naturparadies: Abends kann man am Teich Froschchöre hören und Igel sind keineswegs seltene Gäste im Garten; auf dem Feld lässt sich der Gesang des Wachtelkönigs belauschen und an nahezu jedem dritten Bauernhof ist auf dem Schornstein oder einem Pfahl ein Storchennest zu sehen.

Wälder, Felder und Weiden

Für das Baltikum ist eine Mosaiklandschaft charakteristisch: Große Wälder wechseln sich mit bearbeiteten Feldern und Viehweiden ab. Inmitten von Feldern stehen Birkenhaine und andere Baumgruppen. Manche

Sandsteinfelsen bei Līgatne im Gauja-Tal (Lettland), das vor rund 12 000 Jahren entstand

Straßen führen durch einsame Moorlandschaften oder Birkenwälder. Es gibt naturbelassene Flüsse und Seen inmitten von Wäldern und Wiesen, außerdem reine abgelegene Sandstrände, an denen man kilometerweit entlanggehen kann, ohne jemandem zu begegnen oder auf Spuren von Menschen zu stoßen. Zwischen Ventspils und Liepāja, dem ehemaligen Kurland, erstreckt sich z. B. ein etwa 100 km langer Strand, der wild und fast ohne Infrastruktur ist und ganz auf eigene Faust erkundet werden kann.

Flora und Fauna

Die Vielfalt der Natur ist im Baltikum deutlich größer als in den meisten anderen europäischen Ländern. Man zählt rund 30 000 Pflanzen- und Tierarten. Wälder mit mehr als 200 Jahre alten Fichten, Eichen, Linden und Eschen, von Menschen fast unberührt, sind häufig zu finden; sie bieten Lebensraum für Wildschweine, Rotwild, Füchse und Marder. Es ist erfreulich, dass sich viele Pflanzen- und Tierarten, die in Europa unter Schutz stehen oder aus verschiedenen Gründen (wie intensive Landwirtschaft oder Umweltverschmutzung) selten geworden sind, im Baltikum noch häufig antreffen lassen, so z. B. einige Greifvogelarten wie Schreiadler, Seeadler und Steinadler, verschiedene Schnecken- und Insektenarten sowie eine Reihe von Flechten und Moosen.

In Lettland gibt es europaweit die größte Anzahl an Ottern und mehr umherstreifende

Das baltische Gold

Bernstein, das baltische Gold, ist ein Geschenk des Meeres. Es handelt sich nicht um Stein im eigentlichen Sinn, sondern um das 40 bis 60 Millionen Jahre alte versteinerte Harz von Nadelhölzern. Bernstein verführt zu einer Zeitreise: Vor 50 Millionen Jahren reichte der Bernsteinwald von der Nordsee bis nach Russland.

Vor 60 Millionen Jahren war Nordeuropa von Fichten- und Kiefernwäldern bedeckt. Den Rohstoff für den Bernstein produzierten vor allem Kiefern, wie die in dem Harz eingeschlossenen Zapfen, Samen und Nadeln belegen. Im erstarrten Harz des Bernsteins finden sich auch konservierte Kleinstlebewesen aus der Zeit vor Millionen von Jahren – vor allem Insekten und Spinnen, aber auch kleine Eidechsen und Geckos fand man sowie Vogelfedern und Säugetierhaare. Umfangreiche Bernsteinfunde mit Einschlüssen, sogenannten Inklusen, sind vor allem im Bernsteinmuseum des litauischen Küstenorts Palanga zu besichtigen, das 15 000 solcher Inklusen besitzt (www.pgm.lt). Schon der römische Chronist Plinius erwähnt Bernstein im Zusammenhang mit dem heutigen Baltikum. Er beschreibt eine Reise des Pytheas im Jahr 320 v. Chr., die diesen von Massilia zum Mare Balticum führte, wo der »Bernstein als ein fest gewordener Schaum des Meeres im Frühjahr durch die Fluten getrieben wird«.

Die ersten Siedler nutzten Bernstein als Brennstoff, bevor sie in der Bronzezeit entdeckten, dass sich damit Handel treiben ließ – vor allem in den Kaukasus, nach Italien und Griechenland. Gewänder und Dolche wurden damit verziert und Schmuck daraus gearbeitet. Die Griechen – so weiß man durch Homer – schätzten den als »Tränen der Sonne« oder »Tränen der Götter« bezeichneten Bernstein als Edelstein und setzten ihn als Tauschmittel für Luxusgüter aller Art ein.

Im 13. Jh. sicherte sich der Deutsche Orden das gesetzliche Recht auf den alleinigen Handel mit Bernstein. Im 16. und 17. Jh. fand auch der preußische Hof Gefallen am Bernstein und gab viele Kunstgegenstände in Auftrag, die als Hochzeits- und Diplomatengeschenke in zahlreiche Kunstsammlungen europäischer Fürsten- und Herrscherhäuser gelangten. König Friedrich I. von Preußen gab nach seiner Krönung 1701 ein Bernsteinkabinett in Auftrag, das später als Bernsteinzimmer in die Geschichte einging – auf mysteriöse Weise verschwand es im Zweiten Weltkrieg. In den Jahren 1979 bis 2003 rekonstruierten russische Spezialisten im Katharinenpalast bei St. Petersburg das Bernsteinzimmer detailgetreu und mit original baltischem Bernstein.

Bis ins 19. Jh. wurde Bernstein hauptsächlich durch Strandlese gewonnen, seit etwa 1850 dann professionell gefördert und vor allem aus Ostpreußen, Lettland und Litauen auch exportiert.

Bernstein – lettisch *dzintars*, litauisch *gintaras* genannt – wurde schon in frühesten Liedern besungen. Seit Jahrhunderten werden ihm magische Kräfte zugeschrieben. Im Volksglauben gilt Bernstein als Schutz vor bösem Zauber, er soll Dämonen, Hexen und Trolle vertreiben. Nicht zuletzt wird Bernstein seit alters her als Heilmittel eingesetzt.

Litauen gilt als das Bernsteinland – vielleicht, weil man bei Ausgrabungen überall Bernsteinspuren entdeckte, vielleicht aber auch, weil Tacitus im Zusammenhang mit Bernstein zuerst Litauen erwähnte. Im 19. Jh. wurden in Juodkrante auf der Kurischen Nehrung drei Klumpen Bernstein mit einem Gesamtgewicht von 2250 t gefunden. Heute wird Bernstein in einer Mine bei Kaliningrad im Tagebau gefördert – jährlich bis zu 900 t, wovon sich jedoch nur ein Bruchteil zur Schmuckfertigung eignet.

Bernstein kommt in vielen Farbvariationen vor – der beste ist durchsichtig rötlich, golden, weiß oder dunkelbraun – und wird in unterschiedliche Kategorien eingeteilt: Große Bernsteine (mindestens 1 kg), aus denen man Skulpturen und Pokale schnitzen kann, sind einmalige geologische Gebilde und werden heute nur noch sehr selten gefunden. Aber auch Steine mit einem Gewicht von bis zu 800 g sind einzigartig und eine große Seltenheit; die meisten Bernsteinfunde sind solche der ersten und zweiten Klasse, d. h. sie wiegen 5 bis 100 g.

Zwischen Lübeck und Riga verläuft die Bernsteinküste, in deren Spülsaum selbst der Strandwanderer mit etwas Glück das fossile Harz, den sonnenfarbenen Stein, finden kann.

Über eine Länge von 418 km, von Kaliningrad nach Lettland, erstreckt sich die baltische Bernsteinstraße, ein von der EU gefördertes Projekt, das mit der Geschichte ebenso wie mit der Gewinnung und Verarbeitung des Bernsteins vertraut macht (www.baltic amberroad.net).

Honigfarbene Naturgeschichte: In Bernstein lassen sich Millionen Jahre alte Kleinstlebewesen und Spuren von Pflanzen entdecken

Wolfsrudel als im gesamten nordwesteuropäischen Raum. Auch große Fledermauskolonien fühlen sich hier heimisch.

Vogelbeobachtung

Im Baltikum sind viele seltene Vögel beheimatet, die anderswo in Europa bereits ausgestorben sind, neben den erwähnten Greifvögeln beispielsweise auch der Schwarzstorch. Mehrere Vogelzugrouten führen durch das Baltikum; angezogen werden die Vögel vor allem von den fischreichen Marschen. Im Frühjahr kommen Störche aus Afrika ins Baltikum. Allein in Litauen finden sich alljährlich an die 13 000 Storchenpaare ein und verschaffen damit dem Land einen europäischen Rekord. Störche gelten auch hier als Glücksbringer. In Litauen sind vor allem das Nemunasdelta mit seinem Regionalpark und das Žuvintas-Reservat in der Suvalkija, in Lettland der Gauja-Nationalpark, der Pape-See sowie Kap Kolka und in Estland die Matsalu-Bucht für ornithologisch Interessierte lohnend.

Lettland

Rund 8,5 % des lettischen Staatsgebiets stehen unter Naturschutz; neben den drei Nationalparks gibt es über 200 Naturreservate und ein Biosphärenreservat. Der lettische Gauja-Nationalpark ist der größte Nationalpark des Baltikums: Hier mäandert der Fluss Gauja durch ein wildes Urstromtal – ungestaut, unbegradigt, märchenhaft schön und bestens geeignet für Bootstouren oder Wanderungen entlang Sandsteinfelsen. Obwohl es keine hohen Berge gibt, wird die Region wegen ihrer Schönheit von den Letten auch Livländische Schweiz genannt.

Estland

Estland hat in Sachen Natur ebenfalls sehr Sehenswertes vorzuweisen: Mehr als 10 % seiner Fläche sind Naturschutzgebiete. Mit über 1500 Inseln zählt das Land zu den abwechslungsreichsten Naturlandschaften Europas und wurde auch als Biosphärenreservat in das UNESCO-Programm aufgenommen.

Refugien der Natur – die Nationalparks

In Litauen gibt es fünf Nationalparks, in Lettland drei und in Estland vier. Hinzu kommt noch eine Vielzahl von Naturschutzgebieten, von denen die meisten nach der Unabhängigkeit eingerichtet wurden. Bei den Nationalparks handelt es sich um Gebiete, die wegen ihrer Landschaft, Geschichte oder Archäologie unter Schutz gestellt wurden, sie sind aber besiedelt und können mit dem Auto durchfahren werden. Statt Touristenrummel wird hier Stille und Abgeschiedenheit geboten.

Litauen

Seenketten und Moränenhügel dominieren die Landschaft in den litauischen Nationalparks Aukštaitija und Žemaitija, Flüsse und Wälder den Dzūkija-Nationalpark, und die einzigartige Dünenlandschaft auf der Kurischen Nehrung ist nicht nur ein Nationalpark, in dem an die 80 Elche zu Hause sind, sondern auch UNESCO-Welterbe.

Die Natur genießen

In den staatlichen Wäldern des Baltikums, die fast die Hälfte der Gesamtfläche ausmachen, sowie in einem Großteil der anderen Wälder kann man frei spazieren gehen und auch Beeren und Pilze sammeln – die Sammelleidenschaft der Esten, Letten und Litauer geht so weit, dass sie organisierte Touren anbieten.

Zum Angeln muss man eine Angelkarte besitzen, die man gegen eine geringe Gebühr bei der Touristeninformation erhält. Zum Jagen muss eine entsprechende Lizenz für jedes Jagdwild erworben werden. An vielen Plätzen nahe Flüssen und Seen kann man ein Zelt aufstellen und ein Lagerfeuer entzünden.

Wer sich an Vogelgesängen, blühenden Wiesen, Wildtieren in freier Natur und einem Storchennest auf dem Hausdach erfreut, wer beim Angeln Wasservögel und Libellentänze beobachten möchte, wer auf Spaziergängen alle Facetten der Natur genießen und rundum auftanken will, der wird im Baltikum genau das finden, was er sucht.

Lichtblicke im Umweltschutz

Thema

Die Ignoranz der Sowjetunion gegenüber Umweltproblemen ist eine Erblast, an der die baltischen Staaten schwer tragen. Die Abwässer aus Industrieanlagen und privaten Haushalten flossen jahrzehntelang ungeklärt in die Flüsse und die Ostsee, deren Wasserqualität allen die größten Probleme bereitete.

Zehntausende von Esten, Letten und Litauern reichten sich im September 1988 zu einer 36 km langen Mahnwache gegen die Verschmutzung der Ostsee die Hände. Zwei Wochen später bildeten Demonstranten aus dem ganzen Baltikum und Weißrussland den »Lebensring« um das Kernkraftwerk Ignalina, die größte ökologische Zeitbombe im Baltikum. Diese Proteste führten zur Gründung der litauischen Unabhängigkeitsbewegung Sajūdis. Durch massiven Widerstand konnte der Ausbau der Anlage, die mit zwei Reaktoren vom Typ Tschernobyl bestückt ist, verhindert werden. Die Ankündigung vom Herbst 1989, die beiden Atommeiler nach Erlangung der Unabhängigkeit abzustellen, wurde angesichts der wirtschaftlichen Realität nach der Ablösung von der Sowjetunion im August 1991 jedoch nicht wahr gemacht. 2009 wurden die Meiler abgeschaltet. Gemeinsam mit den Nachbarstaaten Estland, Polen, Lettland plant Litauen den Bau eines neuen, EU-Normen entsprechenden Atomkraftwerks in Visagina, 2015 soll es ans Netz gehen.

Im Baltikum gehört die grüne Bewegung zu den auslösenden Kräften des Unabhängigkeitskampfes gegen die Sowjetunion, für die das Thema Umwelt in der sowjetischen Planwirtschaft nicht vorkam. Eine baltische Metropole ohne Abwasserreinigung (Riga), Fabrikschlote ohne Filter und überdüngte Felder waren die Folgen. In Lettland verhinderte die Ökologiebewegung den Bau eines Wasserkraftwerks. Im Vergleich zu den anderen beiden Ländern hat Lettland allerdings nicht so schwer an den Umweltsünden zu tragen.

Als 1986 bekannt wurde, dass Moskau Estland zum größten Düngemittelproduzenten der Welt machen wollte, legte der estnische Schriftstellerverband Protest ein und brachte damit eine Lawine ins Rollen, die im Mai 1988 in die Gründung der »Estnischen grünen Bewegung« mündete. Hätte man die Pläne für die Ausweitung der Düngemittelproduktion realisiert, wäre eine unwirkliche Mondlandschaft mit radioaktiv durchsetzten Abraumhalden das Resultat gewesen. Nach der Unabhängigkeit wurde der Phosphoritabbau reduziert, jedoch nicht gestoppt. Überlebt haben den Umbruch auch die Ölschieferkraftwerke in Narva, die größten ›Dreckschleudern‹ des Landes.

Mit der Ablösung von Moskau haben die baltischen Ökologiebewegungen einen großen Teil ihrer gemeinsamen Ziele verloren. Umweltschutz erscheint im Baltikum heutzutage als ein Luxus, den man sich kaum erlauben kann. Immerhin wurden 1995 aber mit Unterstützung der EU Umweltzentren gegründet, welche die Schließung veralteter Industrieanlagen, den Bau besserer Klärwerke, die Entwicklung der Wasserwirtschaft, die Abfallverwertung, Naturschutz sowie eine gemeinsame Ausbildung estnischer, lettischer und litauischer Umweltexperten erreichten. Auch brachte der Beitritt zur EU eine Reihe von Umweltschutzauflagen, die bis 2010 umgesetzt wurden.

Wirtschaft

Tigersprungländer oder Hotspots im Norden – so werden die drei baltischen Staaten seit ihrem EU-Beitritt gern charakterisiert. Bauernhäuser verfügen hier über Highspeed-Internet, Großmütter plaudern mit den Enkeln über modernste Handys. Die Zukunft liegt in der Dienstleistungsbranche, das hat man in den drei dynamischen Ländern erkannt.

Litauen

Seit der weltweiten Wirtschaftskrise ist die litauische Wirtschaft nicht mehr auf Wachstumskurs. Es hat ein starker Abschwung eingesetzt, die Regierung unter der neuen Präsidentin, Frau Dalia Grybauskaitė, rechnet mit einer mehrjährigen Rezession. Die Präsidentin, eine erfahrene ehemalige EU-Kommissarin für Finanzen und Haushalt, sieht sich einer Arbeitslosenquote von ca. 10 % gegenüber.

Natur als Wirtschaftsfaktor

Litauen ist schon immer ein Agrarland gewesen, es hat eine landwirtschaftliche Nutzfläche von 78 %. Nach einem drastischen Rückgang der Erträge in den 1990er-Jahren zeichnet sich nun wieder ein Aufwärtstrend ab und Litauens Landwirtschaft ist auf gutem Wege, sich den Bedingungen eines europäischen Marktes anzupassen. Heute hat die Landwirtschaft mit etwa 7 % einen vergleichsweise großen Anteil am Bruttoinlandsprodukt, doch würde sie sich, ähnlich wie im übrigen Europa, ohne staatliche Subventionen nicht entwickeln können. Zuschüsse, auch aus dem EU-Haushalt, und gezielte Fördermaßnahmen sorgen dafür, dass das Jahreseinkommen eines Landwirts dem durchschnittlichen Lebensstandard entspricht. Der größte Reichtum des Landes ist und bleibt seine bäuerlich geprägte Naturlandschaft.

Ein sanfter, umweltgerechter Ökotourismus soll nach und nach ausgebaut werden, auch mit Hilfe von Fördergeldern der EU. Alte Bauernhäuser werden behutsam saniert, restauriert und mit Ferienwohnungen ausgestattet. Das Programm »Ferien auf dem Bauernhof« entwickelt sich zu einem Eckpfeiler der litauischen Landwirtschaft. Die sprichwörtliche litauische Gastfreundschaft kommt dieser Entwicklung entgegen. In zunehmenden Maße werden auf den Höfen auch Produkte aus ökologischem Anbau angeboten.

American Way of Business – auch für Litauen?

Trotz der internationalen Finanzkrise stößt man in Litauen auf rege Bautätigkeit. Allerdings investieren internationale Firmen weitaus weniger als noch vor einem Jahr. Auch der Kleinhandel ist von der Krise getroffen: Geschäfte, Cafés, Kneipen und Galerien versuchen mit viel privater Initiative, sich über Wasser zu halten. Von der Bautätigkeit wird so manche litauische Tradition überrollt. Das hat das Schicksal des beliebten Cafés Tulpė, eines legendären Künstlertreffpunkts, gezeigt: Gegen den Bürgerprotest wurde das geschichtsträchtige Café auf der Laisvės-Allee in Kaunas in eine schnöde Boutique umgewandelt.

Viele Waren kommen aus dem Ausland, es wird wesentlich mehr importiert als exportiert. Zu den Exportschlagern gehören Maschinen und Anlagen, Textilien und Mineralölprodukte. Neuerdings setzen sich im einheimischen Markt erzeugte Produkte wieder stärker durch. Zunehmender Beliebtheit erfreut sich das litauische Bier, nachdem es nach der Öffnung zum Westen zunächst nur deutsches und dänisches Bier zu kaufen gab.

Präsidentin Frau Dalia Grybauskaite , die oft als eiserne Lady bezeichnet wird, hatte sich in der Vergangenheit aus Brüssel mehrfach kritisch über die damalige sozialdemokratische Regierung und ihrer Wirtschaftspolitik geäußert. In den letzten Monaten ist es ihr gelungen, große ausländische Investoren wie Philipp Morris, Philips, Ikea, Shell, Hennes & Mauritz im Lande zu halten. Diese nutzen die Vorteile, die das Land Litauen zu bieten hat: die Nähe zum westlichen Absatzmarkt und niedrige Lohnkosten bei hohem Qualifikationsstand.

Vorgesehen war, Mitte des Jahres 2006 den Euro als Landeswährung einzuführen, doch das Ziel konnte wegen Überschreitung bestimmter Inflationskriterien nicht erreicht werden. Ein neues Zieldatum steht noch nicht fest.

Lettland

Der ehemalige Musterschüler unter den drei baltischen Staaten ist von der Wirtschaftskrise der letzten Jahre massiv getroffen, aber dennoch befindet sich das rohstoffarme Land auf dem Weg in eine moderne Dienstleistungsgesellschaft.

Die Regierung hofft, die Krise auch mit Hilfe von Kreditpaketen der internationalen Gebergemeinschaft überwinden zu können. Zur Haushaltskonsolidierung wurde ein rigider Spar- und Reformkurs eingeleitet.

Perfekt ans World Wide Web angeschlossen: Internetunternehmen in Estland

Wirtschaft

Tendenz steigend

Kurz nach der Unabhängigkeit geriet das Land in immense wirtschaftliche Schwierigkeiten, die auch aus seiner wirtschaftlichen Abhängigkeit von Russland resultierten. In den letzten Jahren hat sich der Außenhandel aber spürbar weg von Russland und hin zu den westeuropäischen Ländern verschoben.

Dem Tourismus kommt als Wirtschaftsfaktor eine immer größere Bedeutung zu; im Sommer klagen die Tourismusveranstalter, dass das Angebot an Unterkünften mit der Nachfrage nicht Schritt halten könne, besonders in Riga. 2014 wird Riga Kulturhauptstadt Europas sein und Touristen aus aller Welt anziehen. Trotz Krise erhofft sich die Stadt ein erneutes Boomen der Baubranche.

Lettland gilt noch heute als die Kornkammer des Baltikums, noch immer ist die wirtschaftliche Struktur von der Landwirtschaft geprägt, hier arbeiten 16 % der Bevölkerung, sie hat einen Anteil von um die 5 % am BIP.

Hoch subventioniert, vor allem durch die EU, sind Fleisch und Milchviehzucht. Traditionell sind die Letten Fleischesser, auf eigene hochwertige, heute zumeist auch Bio-Milchprodukte wird traditionell großen Wert gelegt: der überwiegende Teil der Produkte bleibt im eigenen Land. Auch die Holzverarbeitung spielte schon immer eine große Rolle, da 43 % des Landes von Wald bedeckt sind.

Lettland besaß bereits unter den Sowjets eine große Fangflotte. Doch kamen z. B. die berühmten Rigaer Sprotten nicht auf den eigenen Tisch, sondern wurden innerhalb der Sowjetunion als Luxusware verteilt. Heute wird wieder viel Hoffnung in die Fisch verarbeitende Industrie gesetzt, und Rigaer Sprotten kann man als Mitbringsel nicht nur in den feinen Lebensmittelläden der Hauptstadt erstehen.

Wirtschaftsmetropole Riga

Um die ehemalige Hansestadt Riga, die sich als Metropole der baltischen Region versteht, ist ein einzigartiger Industriegürtel gewachsen, der erheblich zur lettischen Wirtschaftsleistung beiträgt. In den Export gelangen vor allem Güter der Holz verarbeitenden Indus-

trie, des Maschinen- und Anlagenbaus sowie Textilien. Die Stadt mit ihren sorgfältig restaurierten Häusern strahlt neues Selbstbewusstsein aus, die Immobilienpreise steigen, und will man sich eine Wohnung mieten, so sollte man mit Preisen wie in Berlin oder Prag rechnen.

Energiepolitik –
nur gemeinsam sind wir stark

Wie keine andere Region an der Grenze zu Russland bemühen sich die baltischen Staaten, gegen den protektionistischen Kurs Russlands in der Energiepolitik vorzugehen. Nach dem Gasstreit mit der Ukraine und Weißrussland wird gerade von Lettland ein gemeinsames Vorgehen aller EU-Mitglieder in der Energiepolitik gefordert. Denn Russland hänge gerade in der Energiefrage immer noch zu einem nicht unerheblichen Teil von der EU ab, die das Gros des russischen Erdöls und Erdgases abnimmt. Argwöhnisch betrachten alle drei baltischen Staaten, insbesondere Lettland, das deutsch-russische Vorhaben einer Gaspipeline durch die Ostsee.

»Was sollen sechs Anwohner eines Sees davon halten, wenn plötzlich zwei Anwohner, ohne zu fragen, entscheiden, eine Brücke über den See zu bauen? Normalerweise hält man das für schlechtes Benehmen! Die Ostsee ist kein Privatsee, in dem jeder machen kann, was er will.« Mutige Worte der ehemaligen Präsidentin Vaira Vīķe-Freiberga.

Die Letten setzen gemeinsam mit ihren baltischen Nachbarn nun wieder auf Atomkraft: Ein neues gemeinsames Atomkraftwerk bei Ignalina in Litauen soll 2015 ans Netz gehen. Dort steht derzeit noch ein Atomkraftwerk aus Sowjetzeiten. Es produziert immer noch knapp 80 % der Elektrizität Litauens. Allerdings soll auch der letzte Block 2009 abgeschaltet werden – das war eine der Bedingungen für den EU-Beitritt Litauens. Das alte Kraftwerk wird stillgelegt und das neue entsteht am gleichen Standort, um Expertise und Arbeitskraft nutzen zu können. Der Vorgang ist nicht unumstritten und so warnt der litauische Präsident: »Das Ende des Reaktors war Grundlage für den EU-Beitritt, und damit ist nicht zu spaßen …«.

Durch diesen Bau soll vor allen Dingen verhindert werden, dass der Nachbar Russland die Pipelines als politisches Druckmittel einsetzt. Ebenso hat der Nachbar Polen Interesse am Energieprojekt gezeigt. Aber auch an die Nutzung alternativer Energiequellen, wie etwa Holz, das ja in großen Mengen vorhanden ist, soll in Zukunft gedacht werden. Alternative Energiequellen, neben Holz vor allen Dingen Wind, sollen die Abhängigkeit vom russischen Nachbarn auf Dauer ein wenig verringern.

Schrumpfende Bevölkerung?

Lettland, Litauen und in geringerem Maße Estland sind die Länder innerhalb der europäischen Gemeinschaft, deren Bevölkerung am meisten schrumpft. Um ihr Glück in Westeuropa zu suchen, verlassen besonders junge Menschen ihre Heimat in Scharen. Von jeher waren Lettland und Litauen Auswanderungsländer – die Pogrome gegen die jüdische Bevölkerung und die zaristische Russifizierungspolitik veranlassten viele Balten schon zu Beginn des 20. Jh., ihrer Heimat den Rücken zu kehren.

Heute jedoch sind es höhere Löhne und Arbeitnehmerfreizügigkeit, die den Drang in die Ferne befördern. In Irland z. B. können Fachkräfte bis zu zehnmal mehr verdienen als zu Hause. Es sind vor allem die jungen, in ihrer Heimat gut ausgebildeten Menschen, die ihr Land verlassen. Und so beklagen Arbeitgeber und Investoren, die bewusst im Baltikum investieren, obwohl auch China verlockend wäre, den Mangel an Facharbeitern vor allem auf dem Bau. Die Regierungen der baltischen Staaten wollen aber keineswegs die Arbeitnehmerfreizügigkeit wieder einschränken, für die sie im Rahmen der EU so lange gekämpft haben. Es ist daran gedacht, die Löhne in einigen Branchen anzuheben, um dem Fortzug auch der geistigen Elite entgegenzuwirken. Damit würde das Baltikum allerdings seinen Ruf als Billiglohnregion verlieren und potenzielle Investoren abschrecken. Darum ist man heute verstärkt bemüht, die Lebensqualität

anzuheben, um die Gründe für die Abwanderung zu beseitigen. Auch in Zeiten verschärfter Globalisierung müsse man die Bindungen an die Heimat, die Kultur, an die Sprache verstärken, gerade bei denjenigen, die im Ausland arbeiten. Man müsse ihnen die Möglichkeit geben, ins Heimatland zurückzukehren und mit ihrem Ersparten und ihren neuen Qualifikationen eigene prosperierende Unternehmen zu gründen, so der ehemalige litauische Präsident Adamkus.

Estland

Auch Estland hat mit den Folgen der Weltwirtschaftskrise zu kämpfen, führte aber am 1. Januar 2011 den Euro ein. Nach zweistelligen Wachstumsraten ging 2009 das Wirtschaftswachstum rapide zurück, und erst für die kommenden Jahre wird wieder mit bescheidenen Wachstumsraten um 4 % gerechnet. Eine erhöhte Arbeitslosenquote wird in Kauf genommen, die Arbeitslosenzahlen lagen 2010 um 13 %.

Mit harten Sparmaßnahmen versucht die Regierung, das Staatsdefizit in den kommenden Jahren unter 3% zu halten. Viele Impulse für Tourismus und Baubranche erhofft sich die Regierung von der Tatsache, dass Tallinn 2011 Kulturhauptstadt Europas ist.

Russisches Erbe

Nach dem Zweiten Weltkrieg erlebte das Agrarland Estland eine forcierte Industrialisierungspolitik durch die sowjetischen Besatzer, die mit einem massiven Zustrom russischer Facharbeiter verbunden war – 1972 belief sich der russische Bevölkerungsanteil auf 32 %. Der forcierte Aufbau staatseigener Betriebe in den Städten und die Zwangskollektivierungen auf dem Land prägten das Bild. Nach der Wiedererlangung der Unabhängigkeit machte Estland Anfang der 1990er-Jahre eine schwierige Entwicklung durch, die gesamte Industrieproduktion schrumpfte um die Hälfte.

Estland wollte sich radikal von seiner sowjetischen Vergangenheit lösen. Der ehemalige Präsident Lennart Meri bezeichnete Anfang der 1990er-Jahre den Prozess der Loslösung von der Sowjetunion als »eine Befreiung aus dem Bauch des russischen Wals«, die einer Wiedergeburt gleichkomme.

Der Tigersprung (Tiighüpe)

Mitte der 1990er-Jahre bahnte sich in Estland erstmals ein Wirtschaftswachstum an, das auf die Einführung einer äußerst liberalen, innovativen Wirtschaftspolitik und einer schnellen, radikalen Marktumstellung von Ost nach West zurückzuführen war. Estland ist traditionell nach Nordeuropa hin orientiert, und so leisteten Schweden, Dänemark und vor allen Dingen Finnland unverzichtbare Aufbauhilfe. Einzelne Wirtschaftsbranchen sind heute besonders eng mit Skandinavien verbunden, man denke nur an Nokia, Elcoteq, ABB. Geschäftsleute sprechen schon von »Tallsinki« und meinen damit die engen wirtschaftlichen Beziehungen zwischen Tallinn und dem nur 80 km entfernten Helsinki.

Dass das Investitionsklima für ausländische Unternehmen heute – trotz Krise – günstig ist, beweisen Niederlassungen westlicher Unternehmen und internationaler Versicherungen. Offshore-Service-Zentren betreiben von Estland aus die Verwaltung und den Kundenservice für Firmen wie Hilton, SAS, Arvato. Vor kurzem demonstrierte die estnische Reederei Tallink, wie wettbewerbsfähig estnische Firmen sein können: Mit der Übernahme der schwedischen Konkurrenz Silja Line verdoppelte sie ihr Passagieraufkommen und wurde zu einer der größten börsennotierten Fährgesellschaften in Europa. »Der Löwenanteil unseres Geschäfts sind Mini-

In der baltischen Landwirtschaft hat die ›Pferdestärke‹ noch Bedeutung: Vielerorts werden die Felder auf althergebrachte Weise bewirtschaftet

Kreuzfahrten mit Shopping und Showbusiness«, so erkannte der Tallink-Finanzchef Andres Hunt die Zeichen der Zeit.

Ein »Tigersprung« wurde in der letzten Zeit auch von mittelständischen und kleineren Betrieben, häufig auch Familienunternehmen, gewagt. Mit Erfolg: Es sind Zuwachsraten zu verzeichnen. Das BIP steigt leicht an.

Etwa 10 % der Bevölkerung beziehen ihr Einkommen aus der staatlich subventionierten Forst- und Landwirtschaft; auch die Küstenfischerei, zur Sowjetzeit fast verschwunden, lebt besonders auf den Inseln wieder auf. Die estnische Möbelindustrie kann – ähnlich wie die finnische – auf eine lange Tradition hochwertiger Produkte zurückblicken.

Auch wenn sich in Zeiten der Krise der Erfolg nicht immer sofort einstellt: in der Tourismusbranche sind wieder leicht steigende Zuwachsraten zu verzeichnen. In den estnischen Wäldern, auf den Inseln und an der Küste entstehen gediegene Ferienanlagen, in denen es sich (noch) preiswerter wohnen lässt als in den Nachbarländern. Etwas bescheidenere Übernachtungsmöglichkeiten werden auf Bauernhöfen angeboten.

Unabhängigkeit in der Energiepolitik

Estland ist in der Lage, seinen Elektrizitätsbedarf selbst zu decken und sogar Elektrizität zu exportieren. Das Zauberwort lautet: Brennschiefer. In Nordestland gewinnt man Brennschiefer, der in Heizkraftwerken verstromt wird. Über 90 % der Elektrizität wird so gewonnen, eine weltweit seltene Art der Energiegewinnung. Allerdings arbeiten die Kraftwerke aufgrund ihres fortgeschrittenen Alters noch ziemlich unwirtschaftlich, sie sollen in Zukunft grundlegend überholt werden.

Seit einigen Jahren werden alternative regenerierbare Energiequellen erprobt. Hierbei spielt Torf, der aus den vielen estnischen Mooren stammt, eine wichtige Rolle, ebenso wie Raps.

Mit dem Laptop am Strand

Das Internet durchdringt heute den Alltag der Esten viel stärker als in den Ländern Westeuropas: Auch Bewohner kleinster Inseln verfügen über einen Anschluss – junge genauso wie ältere. Die Zahl der Internetbenutzer ist die höchste in Europa, das Land zählt zu den Staaten mit den meisten – kostenlosen – Breitband-Anschlüssen in Europa pro Kopf.

Ein dichtes WiFi-Netz erlaubt sogar das Surfen am Strand. Auch gewählt wird über das Internet, und nach Parlaments- oder Regierungsdebatten kann der Bürger sofort den aktuellen Stand der Diskussionen abrufen. Dass das rasante Wachstum der Wirtschaft auch Gefahren birgt, hat der estnische Parlamentarier Peeter Tulviste auf den Punkt gebracht: »Eines ist sicher: Wir Esten kennen das Einmaleins besser als die zehn Gebote.« Die reine Orientierung auf den Konsum könne doch nicht alles sein, sinniert er. Ob er vielleicht recht hat?

Ab 9000 v. Chr. siedelten die ersten Menschen im Baltikum. Später lockte der Bernstein Römer, Wikinger und Russen an. Deutscher Orden und Hanse schrieben einige Kapitel baltischer Geschichte. Erst im frühen 20. Jh. erhielten Litauer, Letten und Esten ihre Unabhängigkeit, die sie bald wieder verloren und erst Anfang der 1990er-Jahre erneut erlangten.

Die Besiedlung des Baltikums

Von allen Gegenden Europas blieb das Baltikum am längsten unerforscht. Bis fast 10 000 Jahre v. Chr. gab es im heutigen Baltikum nur Gletscher und feste Eisdecken. Besiedelt wurde zuerst der Süden und nach 7000 v. Chr. entstand an der Südostküste die Kunda-Kultur, die sich aus der frühen Einwanderung von Jägern und Fischern entwickelte.

Etwa 3000 Jahre später zogen das mildere Klima und der Bernstein finno-ugrische Siedler aus dem Osten und Balten aus dem Südosten an. Mit der Bandkeramikkultur ab 2000 v. Chr. breiteten sich Viehzucht und Ackerbau im Baltikum aus. Nun begann auch allmählich der Bernsteinhandel, der etwa 100 n. Chr. seine Blütezeit erlebte. Es entstand ein dichtes Netz von Handelswegen, Häfen und Marktplätzen. Damit wuchs auch bald das Interesse an der Kontrolle der Handelswege: Ab dem 7. Jh. fielen skandinavische Wikinger in das Land ein. Damit begann eine jahrhunderte während Zeit der Fremdherrschaft.

Die Geschichte Litauens bis 1939

Wehrhafte Litauer

Die erste Erwähnung der Litauer als Litua ist in den Quedlinburger Annalen von 1008 zu finden. Den Litauern gelang es als einzigem baltischen Volk, sich gegen die Christianisie-

rungs- und Unterwerfungsversuche, die vom livländischen und preußischen Ordensland ausgingen, zu wehren. 1236 wurden die Kreuzritter in der Schlacht bei Šiauliai vernichtend geschlagen und so eine umfassende deutsche Kolonisierung des Küstengebiets verhindert. Um 1250 vereinte Mindaugas, ein Fürst aus Hochlitauen, die litauischen Stämme und ließ sich aus taktischen Gründen taufen; daraufhin wurde ihm von Papst Innozenz IV. die Königswürde verliehen. Einen Missionserfolg erzielte dieser damit jedoch nicht. Nach Mindaugas' Ermordung 1263 begannen Jahre der Dezentralisierung des Landes.

Expansion und Toleranz

Erst unter Gediminas (1316–1341) formierte sich das Großfürstentum wieder zu einem einheitlichen Staat. Er gründete die Hauptstadt Vilnius und expandierte nach Osten. Litauen wurde zu einer Großmacht: Gediminas eroberte die Žemaitija zurück, die Kreuzritter vorübergehend besetzt hielten, und gewann das Fürstentum Smolensk hinzu. Gediminas' Innenpolitik war von politischer und religiöser Toleranz geprägt; er holte deutsche Kaufleute, Handwerker und Bauern, aber auch Geistliche in sein Land. So lebten in Vilnius im 14. Jh. Deutsche, die schon vor der Christianisierung ihr eigenes Gotteshaus besaßen, die St. Nikolauskirche. Seine Söhne Algirdas und Kęstutis, die sich nach seinem Tod die Herrschaft teilten, setzten seine Politik von Toleranz im Innern und politischer Macht nach außen fort. 35 Jahre regierten die Brüder nebeneinander: Algirdas, der von seinem Vater den Großfürstentitel übernahm, hatte seinen Sitz in Vilnius und kümmerte sich um die Ostpolitik. Er eroberte Kiew, die »Mutter der russischen Städte«, und unterwarf fast drei Fünftel des einstigen Kiewer Reiches, Teile Weißrusslands und der Ukraine. Kęstutis residierte in Trakai und war für die Westpolitik zuständig. Ihm gelang es, alle Angriffe des Deutschen Ordens erfolgreich abzuwehren und die litauische Herrschaft zu behaupten. Die Stütze dieser Politik war eine Kriegerkaste aus Rittern, Kriegern und Waffenträgern. Die Bauern waren unter Gediminas frei gewesen; in der zweiten Hälfte des 14. Jh. gelangten sie jedoch mit dem Anwachsen der Adelsmacht in Abhängigkeit. Zunächst bedeutete dies nur eine Abgabepflicht, erst im 16. Jh. entwickelte sich in Litauen die Leibeigenschaft.

Nach Algirdas' Tod 1377 kam es zu Nachfolgekämpfen. Als sein Sohn Jogaila schließlich die Großfürstenwürde übernahm, begann eine neue Ära für das Land. Zunächst aber folgten Jahre der Intrigen, die auch der Deutsche Orden immer wieder für Interventionen nutzte. Kęstutis wurde 1382 ermordet; sein Sohn Vytautas trat seine Nachfolge an.

Die »Krakauer Hochzeit«

1384 bot der polnische Hochadel Jogaila die Hand der erst zehnjährigen Thronerbin Jadwiga und die Herrschaft über seine Gebiete an, wenn Jogaila den christlichen Glauben annähme. Der Vertrag verpflichtete Jogaila, sein Land »auf ewig« Polen anzugliedern, das römische Christentum anzunehmen und sein Volk taufen zu lassen. Das war ein vernichtender Schlag für die geistlichen und territorialen Interessen des Deutschen Ordens. 1386 fand die sogenannte Krakauer Hochzeit statt. Jogaila wurde zum Tutor et Gubernator Regni Poloniae Wladyslaw II. gekrönt und getauft. Im Jahr darauf folgten Massentaufen in ganz Litauen. Das Großfürstentum Litauen und das Königreich Polen wurden von nun an in Personalunion regiert. Diese Vereinigung sollte 400 Jahre andauern. Dass sich Litauen römisch-katholischen und nicht dem ostsla-

wischen orthodoxen Christentum zuwandte, sollte seine weitere Entwicklung maßgeblich beeinflussen.

Von der Ostsee bis ans Schwarze Meer

1392 einigten sich Jogaila und Vytautas, der Litauen ab diesem Zeitpunkt als Großfürst weitgehend selbstständig regierte. Unter Vytautas wurde das Land zu einem der größten Reiche Europas: Sein Gebiet erstreckte sich von der Ostsee bis zum Schwarzen Meer und in östlicher Richtung fast bis nach Moskau. Für den Deutschen Orden bedeutete die Vereinigung Litauens mit Polen den Untergang.

Zwischen 1390 und 1394 belagerten Ordensheere zweimal die Stadt Vilnius, obgleich die bereits erfolgte Christianisierung des Landes ihnen die moralische Grundlage dafür entzogen hatte. 1410 gelang es dem vereinigten litauisch-polnischen Heer, den Deutschen Orden endgültig zu schlagen – in der Schlacht bei Tannenberg, einer der größten Ritterschlachten des Spätmittelalters. Sie sollte im 19. Jh. für die nationale Erhebung Litauens gegen die russische Fremdherrschaft zu einem Symbol der Befreiung von einem übermächtigen Gegner werden. Auch Vytautas wurde zu einer bis heute allgegenwärtigen symbolischen Figur. In beinahe jedem Ort gibt es eine Straße, die nach ihm benannt ist.

Union von Lublin

Nach Vytautas' (1430) und Jogailas' (1434) Tod war die glorreiche litauische Zeit vorbei und es begann die »Polenzeit«. Mit der Union von Lublin 1569 begann der polnische Einfluss in noch stärkerem Maße zu wirken. Für mehr als 200 Jahre wurden die Länder zum polnisch-litauischen Doppelreich zusammengeschlossen und von einem gemeinsamen König regiert. Nach dem Aussterben der Jogaila-Dynastie (1572) wurden die nun zur Realunion verschmolzenen Länder von Herrschern aus ungarischen, schwedischen und sächsischen Königshäusern regiert. 1576 wurde Stephan Báthory in Krakau zum König gekrönt, ein gebildeter Humanist, der in Pa-

Das Mittelalter wird bei zahlreichen Burgfesten im Baltikum in Szene gesetzt (Cēsis)

dua studiert hatte und sich gegen jegliche Intoleranz aussprach.

Symptomatisch für das Verhältnis beider Länder zueinander war, dass der Vertrag über die Rzeczpospolita (die königliche Republik) nur in polnischer Sprache aufgesetzt und das Polnische zur Sprache der herrschenden Schicht wurde, das Litauische hingegen zur Sprache der Bauern. Als Anfang des 16. Jh. die Reformation in Litauen für kurze Zeit Anhänger unter den Fürsten fand, übertrug Martin Mazvydas Luthers Katechismus ins Litauische; 1547 wurde das Werk in Königsberg herausgegeben. Es war das erste Buch in litauischer Sprache. Doch mit der Grün-

dung des Jesuitenkollegs 1569, an dem nur Polnisch gesprochen wurde, wurde der Protestantismus in Vilnius zurückgedrängt. Eine regelrechte Verfolgung von Protestanten wurde durch Stephan Báthory aber 1581 untersagt.

Unter russischem Einfluss

Im Lauf des 16. und 17. Jh. gewann Russland zunehmend an Macht und Einfluss und eroberte sich seine Gebiete zurück. 1655 kam Kiew an Russland zurück, Vilnius und Kaunas wurden vorübergehend russisch besetzt. Der Große Nordische Krieg (1700–1721), den Polen-Litauen auf Seiten Peters des Großen ge-

Das nationale Erwachen

Die schlechte wirtschaftliche und soziale Lage – vor allem der Bauern – begünstigte Mitte des 19. Jh. ein Aufkommen nationaler Befreiungsbewegungen. Zudem forderte die vehemente Russifizierungspolitik Russlands den Widerstand heraus. Polen teilte das Schicksal von Litauen (wie auch Lettland und Estland): die Unterordnung unter russische Herrschaft. Am ersten polnischen Aufstand 1830/31 gegen die Fremdherrschaft waren die Litauer nur sekundär beteiligt. Anders verhielt es sich 1863, als sich vor allem die litauischen Bauern auflehnten. 1861 waren sie – wie überall im russischen Reich – aus der Leibeigenschaft befreit worden, was jedoch ihre Lage nicht verbesserte, sondern ihre Verelendung förderte. Der Aufstand wurde brutal niedergeschlagen: 180 Litauer wurden erschossen, 9000 nach Sibirien deportiert. Man siedelte Russen in Litauen an. In der Folge wurde die lateinische Schrift verboten, Litauisch sollte fortan nur noch in kyrillischer Schrift geschrieben werden (s. S. 51).

Unter Generalgouverneur Graf Murawjew, dem »Henker von Vilnius«, setzte eine verstärkte Russifizierungspolitik ein. Damit begann die Zeit des Bücherschmuggels: In Preußen konnten die Litauer ihre Bücher und Zeitungen in lateinischen Lettern drucken und sie dann ungehindert durch den preußischen Zoll in die Heimat schmuggeln. Die zaristische Politik mischte sich auch in Religionsfragen ein. Katholiken durften nicht mehr im Staatsdienst beschäftigt werden. Der Unterricht in den Schulen fand weitgehend in russischer Sprache statt.

Der zweite Aufstand gegen die Assimilationspolitik des Zaren führte in der zweiten Hälfte des 19. Jh. zur Entstehung einer nationalen litauischen Bewegung. Es kam zu einer Rückbesinnung auf die eigenen Wurzeln, die man vor allem im Glauben der Vorfahren, im alten Liedgut und den Märchen fand. Daneben besann man sich auf die litauische Geschichte aus der Zeit des Großfürstentums. Die litauische Nationalbewegung ist eng verknüpft mit Jonas Basanavičius (1851–1927), der die Zeitschrift »Aušra« (Morgenröte) herausgab.

gen Schweden führte, schadete Litauen sehr, zusätzlich richtete die Große Pest (1709–1714) erhebliches Unheil an.

Fast 400 Jahre hatte das polnisch-litauische Doppelreich bestanden. Doch nun war die Rzeczpospolita geschwächt, und so war es für Preußen, Russland und Österreich ein Leichtes, das Territorium untereinander aufzuteilen (1772–1795). Die litauischen Stammlande kamen zu Russland. Der Druck der russischen Fremdherrschaft bewirkte im 19. Jh. vor allem zweierlei: eine starke Emigrationsbewegung – illegal über die preußische Grenze – nach Amerika und eine nationale Wiedergeburt.

Zum Ende des Jahrhunderts wurde die Forderung nach litauischem Unterricht immer lauter sowie nach der Aufhebung des Druckverbots und der Einführung einer litauischen Kirchensprache. Auch wirtschaftliche und soziale Fragen traten in den Vordergrund. Durch die Pflege der litauischen Dichtung erstarkte das litauische Selbstbewusstsein. Vergeblich versuchte die russische Regierung, die nationale Bewegung zu stoppen. Am 7. Mai 1904 erfolgte eine Aufhebung des Druckverbots. Die Revolution von 1905 brachte den Litauern weitere Rechte sowie die Zulassung des Litauischen an den Schulen.

Auf dem Weg in die Republik Litauen

Der Erste Weltkrieg verwandelte Litauen in ein Schlachtfeld. 1915 besetzten die Deutschen das Land. Nachdem im November 1916 in einer gemeinsamen deutsch-österreichischen Proklamation die Wiederherstellung Polens bekanntgegeben wurde, bemühten sich auch die Litauer um die nationale Unabhängigkeit. Der Zerfall des Zarenreichs, der mit der Februarrevolution begonnen hatte, begünstigte diese Entwicklung. 1917 entstand der Litauische Rat (Lietuvos Taryba), dessen Vorsitzender der 1874 als Sohn eines Kleinbauern geborene Antanas Smetona wurde. Smetona hatte im November 1917 in einer Rede vor deutschen Politikern in Berlin um Unterstützung nachgesucht. Am 16. Februar 1918 wurde die Republik Litauen proklamiert, im März erfolgte die Zustimmung des Deutschen Reichstags. Bis heute wird am 16. Februar die Unabhängigkeit gefeiert. Nach der Niederlage im Ersten Weltkrieg zogen sich die Deutschen aus Litauen zurück.

Zwei Jahre mussten sich die Litauer gegen polnische und russische Ansprüche verteidigen, bis die Sowjetunion im Juli 1920 Litauens Souveränität anerkannte; allerdings besetzten die Polen kurz darauf Vilnius. Kaunas wurde nun zur Hauptstadt des unabhängigen Litauen. Zum ›Ausgleich‹ annektierte Litauen 1923 das Memelgebiet. Im 1924 ratifizierten »Memelstatut« erhält das Memelgebiet einen Autonomiestatus unter litauischer Oberhoheit. Die wirtschaftliche Grundlage des jungen Staates bildete der Agrarsektor. Mit einem Bodenreformgesetz wurden die ehemaligen russischen und polnischen Großgrundbesitzer teilweise enteignet und der Grund und Boden auf Litauer übertragen.

Bis Ende 1926 hielt sich eine parlamentarische Demokratie, im Dezember kam es zu einem Militärputsch, gegen den sich keinerlei Widerstand erhob. Staatspräsident des anschließend installierten autoritären Einparteienstaats wurde Antanas Smetona, der bis 1939 in Alleinherrschaft regierte.

Die Geschichte Lettlands und Estlands bis 1934

Die Zeit zwischen dem 2. und 5. Jh. war für die Balten ein goldenes Zeitalter – nicht zuletzt dank des Bernsteins (s. S. 14.), denn auf ihrem Terrain kreuzten sich die Handelswege von Norden nach Süden und von Osten nach Westen. Es entstand ein dichtes Netz von Häfen und Marktplätzen, und mit der Bedeutung des Handels wuchs auch das Interesse anderer Völker an der Region. Vermehrt tauchten Kriegsschiffe der Wikinger vor der baltischen Küste auf, doch alle Versuche schwedischer und dänischer Könige, im Gebiet der Kuren und Liven Fuß zu fassen, misslangen.

Mit dem frühen 11. Jh. begannen die Expansionsbestrebungen der Kiewer Rus gen Westen, doch nur im heutigen Estland waren die Slawen erfolgreich. Neben den Wikingern und Slawen entdeckten die Deutschen das Baltikum und traten im 12. Jh. ihre Jahrhunderte währende Vorherrschaft an.

Deutsche Vorherrschaft und Christianisierung

Im Jahr 1201 wurde die Stadt Riga von dem deutschen Bischof Albert von Buxhoeveden gegründet. Der einstige Domherr in Bremen hatte, mit einer Bulle des Papstes ausgestattet, einige hundert Mann zusammengetrommelt und war die Daugava hinaufgefahren.

Lübeck war damals der Ausgangspunkt für die Kolonisierung des Baltikums, von hier folgten ihm deutsche Ritter, Adlige, Kaufleute und Missionare, um sich irdisches Reichtum und Lohn im Himmel zu erwerben.

Die Christianisierung des sogenannten Marienlandes durch den Schwertbrüderorden erfolgte vor allem durch Eroberung, Kauf und Lehen, mit deren Hilfe sich der Orden im Laufe der Zeit das gesamte Gebiet der heutigen Länder Estland und Lettland unterwarf. Die Ordensherren wurden für ihre Kriegsdienste mit Landgütern belehnt. In der ersten Hälfte des 13. Jh. wurden alle bedeutenden Städte des Baltikums gegründet und rund 200 Burgen errichtet. Den Ordensbrüdern mit den weißen Mänteln und dem roten Schwert auf der Brust gelang es aber nicht, auch das heutige Litauen zu unterwerfen. 1236 erlitten sie bei Šiauliai eine empfindliche Niederlage, die jedoch die deutsche Dominanz im Baltikum keineswegs beendete.

Deutscher Orden und Hanse

In Lettland und Estland trat der Deutsche Orden die Nachfolge der Schwertbrüder an. 1255 stieg Riga zum Erzbistum auf und wurde damit zu einem eigenständigen Machtfaktor, darüber hinaus traten die Städte Riga und Tallinn (Reval) dem Bund der Hanse bei und blühten zu wohlhabenden Handelszentren auf. Die Städte waren deutsch besiedelt, die Esten und Letten lebten vor den Toren der Städte und wurden nur tagsüber zur Arbeit hineingelassen. Auf dem Land residierten adlige deutsche Grundherren, die sich die Landbevölkerung leibeigen hielten.

Anfang des 16. Jh. stieß die Reformation in Estland und Lettland auf große Zustimmung bei der Landbevölkerung. Die Geistlichen übersetzten die Bibel ins Estnische und Lettische und predigten in der Sprache des Volkes. Damit schufen sie die Basis für eine Schriftsprache und eine Grammatik.

Spielball der Mächte

Hanse und Orden hatten den Höhepunkt ihrer Macht bereits überschritten, als das Gebiet zum Spielball zwischen Russland,

Schweden und dem litauisch-polnischen Reich wurde. 1621 nahm Gustav Adolf von Schweden Riga ein und kurz darauf das gesamte Livland. Fast 100 Jahre dauerte die »Schwedenzeit« – die als eine gute Zeit galt, denn sie verschaffte den Esten und Letten spürbare Freiheiten und Rechte –, bis Peter der Große im Nordischen Krieg 1700–1721 die Schweden vertrieb. Nach der dritten polnischen Teilung im Jahr 1795 fielen auch Kurland und Litauen an Russland. Bis zum Beginn des 20. Jh. sollten die drei baltischen Länder russische Ostseeprovinzen bleiben.

Die deutsche Oberschicht zählte gleichwohl zu den Gewinnern des Nordischen Krieges, denn die Einschränkungen, welche die Schweden vorgenommen hatten, wurden aufgehoben. Die baltischen Städte blieben weiterhin deutsch geprägt, mit deutscher Ratsverfassung, deutscher Amtssprache und einer überwiegend deutschen Bevölkerung. Von der Einbeziehung ins Zarenreich profitierten vor allem die baltischen Hafenstädte Riga und Reval (Tallinn), die sich neben St. Petersburg zu den wichtigsten Umschlagplätzen der russischen Außenhandel entwickelten. Die Lage der ländlichen einheimischen Bevölkerung verschlechterte sich jedoch, die Gutshöfe blieben nach wie vor fest in der Hand deutschbaltischer Barone. Erst auf Druck von Zar Alexander I. fand sich der Landadel zu Agrarreformen bereit. Zwischen 1816 und 1819 erhielten die Bauern in Estland, Kurland und schließlich auch in Livland die bürgerlichen Freiheitsrechte, ausgenommen das Recht auf Grundeigentum. Auch weiterhin konnten die Gutsherren auf Fronarbeit der Bauern zurückgreifen.

Erwachendes Nationalbewusstsein

Die wirtschaftliche und soziale Lage begünstigte das Aufkommen einer nationalen Identität seit Mitte des 19. Jh., nachdem sich in Dorpat (Tartu) estnische und lettische Studentenzirkel gebildet hatten, die für ein Nationalbewusstsein eintraten, das im Geiste der deutschen Romantik auf dem Bekenntnis zur eigenen Sprache und Kultur be-

Deutsche in Lettland   Thema

Obwohl sie die Letten mehrere Jahrhunderte lang beherrscht und unterdrückt haben, erfreuen sich Deutsche in Lettland großer Beliebtheit. Man sagt, das verdanke man den Russen, die noch Schlimmeres angerichtet hätten. Dass dies so ist, muss jedoch bezweifelt werden.

Das Territorium Lettlands stand jahrhundertelang im Brennpunkt politischer Interessenkonflikte. Sowohl die Deutschen, Polen und Schweden im Westen als auch die Russen im Osten stritten sich immer wieder um diese kleine, jedoch strategisch günstig gelegene Ecke Europas. Obwohl die Deutschen dabei kräftig mitmischten und mit der lettischen Bevölkerung nicht zimperlich umgingen, werden sie heute geradezu herzlich willkommen geheißen. Möglicherweise hat es damit zu tun, dass die Zeit Wunden heilt, die Deutsche Vorherrschaft also schon lange zurückliegt, die Erinnerungen an die sowjetische Okkupationszeit dagegen noch recht frisch und unverarbeitet sind.

Vielleicht lässt sich die Sympathie für Deutsche aber auch auf die wenigen Menschen zurückführen, die sich für die Befreiung der Letten und die Entwicklung der lettischen Kultur einsetzten: z. B. Andreas Knopken, der sich 1512 als Beauftragter Luthers in Riga niederließ und erreichen konnte, dass ein Großteil des Rigaer Bürgertums zum Protestantismus konvertierte und damit die Reformationsbewegung in ganz Lettland in Gang setzte. Vor allem aber verhalf er damit unwissentlich den Letten zu einer Schriftkultur. Den Erfolg der Protestanten versuchten sich nämlich auch die Jesuiten zunutze zu machen, die 1585 das erste in lettischer Sprache gedruckte Buch, »Der kleine Katechismus« von dem Jesuiten Erdmann Tolgsdorf, veröffentlichten. Für die Ausbildung der lettischen Bevölkerung setzte sich Pastor Ernst Glück in

Alüksne ein, der seine Übersetzung der Bibel ins Lettische 1689 beendete (s. S. 334 f.). Besonders verdient machte sich Johann Gottfried Herder, der als 20-Jähriger nach Riga kam, von 1764 bis 1769 an der Domschule von Riga als Lehrer und Prediger tätig war und einen großen Beitrag zur Entfaltung der lettischen Kultur leistete, als er sich daranmachte, lettische Volkslieder zu sammeln und ins Deutsche zu übersetzen. 1815 veröffentlichte er in seiner Volksliedanthologie »Stimmen der Völker in Liedern« Beispiele lettischer Dainas (s. S. 54).

Garlieb Merkel erzielte mit seiner 1796 erschienenen Anklageschrift »Die Letten«, in der er den deutschen Adel wegen der grausamen Behandlung der Letten scharf kritisierte, weitreichende Wirkung. Diese und andere Persönlichkeiten bewahren die Letten positiv in Erinnerung. Trotzdem überwiegen, was die deutsche Geschichte in Lettland betrifft, die dunklen Seiten: Nach der Besetzung des Baltikums 1941 ermordeten die Deutschen auch auf lettischem Boden planmäßig Juden und andere Menschen in Konzentrationslagern. Leider ist der lettische Holocaust kaum im Bewusstsein der deutschen Öffentlichkeit. Dabei überlebten von den rund 95 000 Juden, die vor dem Zweiten Weltkrieg in Lettland lebten, nur etwa 1000. Außerdem wurden zwischen November 1941 und dem Winter 1942 aus dem Gebiet des damaligen Deutschen Reiches mehr als 25 000 Juden nach Riga deportiert. Nur etwa drei bis vier Prozent von ihnen überlebten.

ruhte.1869 feierten die Esten in Tartu das erste Sängerfest und setzten damit ein Zeichen der kulturellen Eigenständigkeit. In Lettland fanden ebenfalls »Lettische Abende« zur Pflege der Nationalkultur statt. Man begann mit dem Sammeln von Dainas (Volksliedern) und vier Jahre nach den Esten feierten die Letten ihr erstes Sängerfest.

Industrialisierung und Revolution

Riga entwickelte sich im Zuge der Industrialisierung zur drittgrößten Industriestadt des Zarenreichs. Die Niederlage Russlands im russisch-japanischen Krieg führte zur estnisch-lettischen Revolution von 1905, die Teil eines erschütternden Umsturzversuchs im gesamten Zarenreich war. Das Volk wandte sich hier aber vor allem gegen die deutsche Vorherrschaft. Im Verlauf dieser Revolution wurden mehrere hundert Personen aus Geistlichkeit und Armee ermordet, Gutshäuser gestürmt und in Brand gesetzt. In der nachfolgenden Zeit erlebten beide Länder eine Liberalisierung und wirtschaftliche Blüte. Ziel der Letten und Esten waren jedoch nicht nur soziale Reformen, sondern die nationale Befreiung.

Der Erste Weltkrieg, in dessen Verlauf deutsche Truppen das Baltikum besetzten, verhalf den Balten durch die Auflösungserscheinungen in Russland und in Deutschland zu unerwarteter Freiheit. Das zaristische Russland ging nach der Oktoberrevolution von 1917 unter. Am 24. Februar 1918 erklärten die Esten durch den estnischen Landesrat Maapäev ihre Unabhängigkeit und bildeten eine provisorische Regierung unter Konstantin Päts. Der lettische Volksrat Tautas Padome proklamierte am 18. November 1918 die Unabhängigkeit Lettlands – unter Einschluss des bis dahin verwaltungsmäßig abgetrennten östlichen Landesteils Latgale (Lettgallen). Erster Ministerpräsident der provisorischen Regierung wurde Kārlis Ulmanis.

Die Zeit der Unabhängigkeit

Nach einem kurzen Zwischenspiel der Roten Armee erkannte Sowjetrussland 1920 die Unabhängigkeit und territoriale Integrität Est-

lands und Lettlands an und verzichtete auf alle Souveränitätsrechte über diese Länder.

Die jungen Staaten schlossen sich dem Völkerbund an, wurden international anerkannt, litten jedoch an den Folgen der großen Bevölkerungsverluste und der Kriegsschäden. Aufgrund der starken Zersplitterung der Parteienlandschaft waren Regierungswechsel an der Tagesordnung. Fälle von Vetternwirtschaft und Korruption prägten in der zweiten Hälfte der 1920er-Jahre das politische Leben Estlands und Lettlands und untergruben das Vertrauen in die demokratische Ordnung. Vor diesem Hintergrund kam es – wie auch in Litauen – zur Errichtung autoritärer nationalistischer Regime. 1934 war die parlamentarisch-demokratische Ära in beiden Staaten beendet.

Die Zeit der Besetzungen im Baltikum

Der Hitler-Stalin-Pakt vom 23. August 1939 besiegelte das Schicksal Estlands, Lettlands und Litauens für die kommenden Jahrzehnte und brachte ihnen Unfreiheit, Erniedrigung und Tod. In geheimen Zusatzprotokollen wurde das Baltikum der sowjetischen Interessensphäre zugeteilt; das nationalsozialistische Deutschland gewährte damit Stalin freie Hand für eine »territorial-politische Umgestaltung« des gesamten Baltikums.

»Heim ins Reich«

Schon im Spätherbst 1939 erging aus Berlin ein Aufruf an die ›Volksgenossen‹ im Baltikum, »heim ins Reich« zurückzukehren. Dem leisteten fast alle Deutschbalten mehr oder weniger freiwillig Folge. Mit Hilfe von 48 Transportschiffen wurde die Umsiedlung durchgeführt; damit fand die 700-jährige Geschichte der Deutschen im Baltikum ihr Ende.

Sowjetisierung und Deportation

Im Juni 1940 begann die Rote Armee mit der Besetzung des Baltikums. Anfang August 1940 wurde der »freiwillige Beitritt« der balti-

Die Singende Revolution   Thema

Sängerfeste dienten in der Geschichte Estlands, Litauens und Lettlands immer der Stärkung des Nationalbewusstseins unter den Bedingungen der Fremdherrschaft. Dass man in Liedern nicht nur die Geschichte bewahren, sondern mit ihnen auch Geschichte schreiben kann, zeigte sich im 20. Jh.

Estland kann mit seinen Runengesängen und Volksliedern auf eine mehr als 2500 Jahre alte Tradition zurückblicken. Aus den archaischen, vorchristlichen Gesängen entwickelte sich das estnische Volkslied. 1869 fand in Estland das erste Sängerfest des Baltikums statt. »Wenn die Esten in Not sind, singen sie«, lautet ein Sprichwort, das sich im Sommer 1988 erneut bewahrheitete, als das kleine Estland in den Mittelpunkt des Weltgeschehens rückte.

Nachdem Michail Gorbatschows Reformpolitik den Esten neue Hoffnung auf mehr Eigenständigkeit gegeben hatte, kam es am 11. September 1988 auf dem Lauluväljak, dem Sängerfest-Platz östlich von Tallinns Zentrum, zur größten Demonstration in der Geschichte Estlands: Mehr als 300 000 Menschen versammelten sich zum Singen verbotener Lieder. Jeder dritte Este sang an diesem Abend für die Unabhängigkeit seines Landes. An diesem Tag wurde auch die estnische blau-schwarz-weiße Fahne erstmals wieder aufgezogen, was jahrzehntelang mit Zwangsarbeit in Sibirien geahndet worden war. Rockstar Ivo Linna sang: »Este bin ich, Este bleibe ich.« Und die Sowjetmacht griff nicht ein.

Zwei Jahre später, im Sommer 1990, kamen eine halbe Million Esten beim Sängerfest zusammen – ein Drittel der gesamten estnischen Bevölkerung –, um singend die Unabhängigkeit zu fordern. Gorbatschows Politik der Liberalisierung und Öffnung des Sowjetsystems hatte den Weg für die weitge-

»Freiheit für Estland« – 1990 wurde sie erreicht

hend unblutige Wiederherstellung der baltischen Unabhängigkeit geebnet. Die Balten griffen die Chance der Demokratisierung auf, um das Selbstbestimmungsrecht wiederzuerlangen.

Ebenso wie zur Zeit des nationalen Erwachens im 19. Jh. (s. S. 27) demonstrierten Esten, Letten und Litauer ihren nationalen Selbstbehauptungswillen im gemeinsamen Gesang der Volkslieder, in denen sie sich über die Jahrhunderte der Fremdherrschaft hinweg ihre kulturelle Identität bewahrt hatten. Als »Singende Revolution« wurde diese gewaltfreie Umgestaltung im Baltikum beispielhaft für die anderen Republiken der Sowjetunion.

schen Republiken feierlich vollzogen; damit setzte die Sowjetisierung ein. Trotz dieser Legalitätsfassade weigerten sich die meisten westlichen Staaten, die Annexion des Baltikums völkerrechtlich anzuerkennen. Insofern existierte die baltische Eigenstaatlichkeit zumindest in rechtlicher Hinsicht auch nach 1949 fort, symbolisiert durch diplomatische Vertretungen in Washington, London und anderen westlichen Hauptstädten.

1941 begannen Deportationen sogenannter antisowjetischer Elemente nach Sibirien. Stalins Häscher machten Jagd auf die geistige und wirtschaftliche Elite. In der Nacht zum 14. Juni 1941 wurden 60 000 Menschen aus ihren Häusern geholt; innerhalb von zwei Stunden mussten sie ihre Wohnungen, Häuser und Höfe verlassen. Für die meisten von ihnen bedeutete der Transport im Viehwaggon nach Sibirien den Tod.

Die deutschen Besatzer

Als nach Hitlers Überfall auf die Sowjetunion am 22. Juni 1941 die deutschen Truppen innerhalb kürzester Zeit auch das Baltikum besetzten, wurden sie vielerorts von der Bevölkerung als Befreier begrüßt und bejubelt. Nach einem Jahr sowjetischer Besatzung sahen die Menschen in der deutschen Okkupation das geringere Übel. Doch wie einst die Ordensritter kamen die Deutschen als Eroberer. Und der Terror steigerte sich nur, denn die Deutschen begannen unverzüglich mit der Vernichtung der Juden. Etwa 300 000 Juden, davon zwei Drittel aus Litauen und ein Drittel aus Lettland, fielen ihr zum Opfer (s. S. 30 und S. 128). Die meisten der rund 5000 estnischen Juden konnten dem Holocaust dagegen durch Flucht entrinnen.

Rückkehr der Roten Armee

Die Rückkehr der Roten Armee 1944 brachte zwar eine Befreiung von den deutschen Faschisten, hatte aber eher den Charakter der Eroberung von Feindesland. Etwa eine Viertelmillion Esten, Letten und Litauer begaben sich daraufhin auf die Flucht nach West- und Nordeuropa, meist über die vereiste Ostsee. Von den in der Heimat Verbliebenen versteckten

sich Zehntausende in den Wäldern, um von dort den bewaffneten Kampf gegen die Sowjetmacht aufzunehmen. Von 1945 bis 1953 kam es zu erneuten Deportationen. Im Rahmen der Zwangskollektivierung wurden rund 200 000 Litauer, Letten und Esten in sibirische Lager geschickt – nur wenige kehrten zurück.

Danach begann die sozialistische Gleichschaltung des politischen, wirtschaftlichen und geistigen Lebens in den baltischen Ländern, die zu Sowjetrepubliken wurden. Sie war begleitet von einer massenhaften Ansiedlung von Russen in den baltischen Industriezentren. Diese kamen als Sicherheitskräfte, Fachleute und politische Kader, die für die Neuordnung zuständig waren. Zudem machten Truppen des Moskauer Innenministeriums und des KGB das Baltikum zu einer hochgradig militarisierten Region. Russisch wurde in allen drei Ländern die verbindliche Amtssprache.

Innerhalb weniger Jahrzehnte führte der Zustrom von Einwanderern zu einer dramatischen Veränderung der Bevölkerungsstruktur. Der Anteil der Esten an der Gesamtbevölkerung ihrer Republik fiel von 90 % in der Vorkriegszeit auf 61,5 % im Jahr 1989, jener der Letten von 75 % auf 52 %. Lediglich die Litauer konnten aufgrund der geringeren Industrialisierung ihren Anteil an der Bevölkerung mit 80 % in etwa konstant halten.

Vom passiven Widerstand zum Umbruch

Der Freiheitswille der Litauer, Letten und Esten äußerte sich vorwiegend in einem passiven Widerstand, der hauptsächlich in der Pflege der eigenen Sprachen und der Folklore bestand. Während der Jahre der Stagnation (1964–1985), welche die gesamte Sowjetunion lähmte, verfielen auch die baltischen Staaten in Lethargie. Es kam zu einem kurzen Aufleben oppositioneller Bewegungen in Litauen, Lettland und Estland gegen Ende der 1970er-Jahre, doch wurden diese kurz vor Gorbatschows befreiender Perestroika vom KGB in einer groß angelegten Aktion zerschlagen und ihre Wortführer zu langjährigen Gefängnis- und Arbeitslagerstrafen verurteilt.

Wiedererlangung der Unabhängigkeit

Friedlicher Kampf um Freiheit

Erst mit Michail Gorbatschows Machtantritt im März 1985 und seiner Politik von Glasnost (Offenheit) und Perestroika (Umgestaltung) veränderte sich die Situation der Esten, Letten und Litauer. Bei seinen Besuchen in Tallinn und Riga Anfang 1987 zeigte Gorbatschow Verständnis für die Probleme der baltischen Staaten und stellte Wirtschaftsreformen und politische Liberalisierung in Aussicht, jedoch keine Loslösung. Schon im Sommer 1987 begannen daraufhin die ersten Demonstrationen mit weitergehenden Forderungen. Die Sowjetmacht reagierte mit Verhaftungen und brutaler Gewalt.

1988 entstanden in allen drei Ländern »Volksfront« genannte Bewegungen – Koalitionen aus radikalen Systemgegnern, Umweltschützern und Reformkommunisten. Auf ihren Gründungskongressen verabschiedeten sie Programme, welche die weitgehende Verselbständigung und Demokratisierung der Republiken vorsahen.

Der Weg in die Freiheit begann am 23. August 1989, als eine Million Balten auf der Via Baltica, die Vilnius, Riga und Tallinn verbindet, eine 600 km lange Menschenkette bildeten. Die Menschen forderten den Austritt aus der UdSSR. Zum 50. Mal jährte sich an diesem Tag der für das Baltikum verhängnisvolle Tag des geheimen Zusatzprotokolls zum Nichtangriffspakt zwischen Stalin und Hitler (s. S. 31). Mit dem Sängerfest in Tallinn im September (s. S. 32) nahm dann die Singende Revolution ihren Anfang.

Prozess der Loslösung

Litauisch wurde 1989 in Vilnius wieder zur Amtssprache erklärt, kurz darauf vollzogen auch die Letten und Esten diesen Schritt. Die Menschenkette im Herbst 1989 brachte die Unabhängigkeitserklärung Estlands, im Frühjahr 1990 folgten Litauen und Lettland dem Beispiel. Die Wahlen zum Obersten Sowjet im selben Jahr wurden zur Systemwahl: für oder gegen Unabhängigkeit, für oder gegen De-

mokratie und Marktwirtschaft. Das Ergebnis war ein überwältigender Sieg der Volksfronten in den drei baltischen Republiken – nicht zuletzt dank der Unterstützung eines großen Teils der russischsprachigen Bevölkerung.

Als Parlamentspräsidenten und oberste Staatsrepräsentanten der wieder unabhängigen Republiken wurden in Litauen der Volksfrontvorsitzende Vytautas Landsbergis, in Estland und Lettland die Reformkommunisten Arnold Rüütel und Anatolijs Gorbunovs gewählt. Moskau reagierte mit einer Wirtschaftsblockade, drehte den Ölhahn ab und versuchte die im Baltikum lebende russischsprachige Bevölkerung gegen die gewählte Regierung zu mobilisieren.

Im Januar 1991 spitzte sich die Lage weiter zu: Moskau versuchte in Litauen, Landsbergis zum Rücktritt zu zwingen. Als dieser nicht nachgab, rollten sowjetische Panzer auf das Fernsehzentrum zu, 14 unbewaffnete Zivilisten wurden dabei getötet. In Lettland und Estland wurden Barrikaden gebaut, um die Parlamentsgebäude zu schützen. Die Erstürmung des Innenministeriums in Riga forderte vier Todesopfer. Die Lage blieb angespannt. Erst die Anerkennung Litauens durch Boris Jelzin im Juli 1991 führte zur Entspannung. Den entscheidenden Durchbruch brachte der Putsch gegen Michail Gorbatschow in Moskau im August 1991. Das sowjetische Machtsystem brach in der Folge endgültig zusammen.

Eine neue Ära beginnt

Nach der Unabhängigkeit begann zunächst ein Wettstreit zwischen den drei jungen Staaten um Investoren und Finanzhilfen. Die Inflationsrate erklomm schwindelnde Höhen, die Arbeitslosigkeit stieg und in der Politik gab es Grabenkämpfe, die zu instabilen Regierungen führten. Der Weg in die Demokratie und die Konsolidierung der Wirtschaft gestaltete sich anfangs alles andere als einfach (s. S. 18). »Wir waren naiv, wir wussten überhaupt nicht, wie eine demokratische Gesellschaft funktioniert«, resümierte der estnische Chronist und Fotograf Jaan Kloseiko die Jahre des Umbruchs, die er fotografisch protokollierte.

Perspektiven im 21. Jh.

Nach den ersten Jahren als unabhängige Republiken und der Überwindung der Anfangsschwierigkeiten war die Annäherung an die EU eines der wichtigsten Themen der Innen- und Außenpolitik der drei baltischen Staaten. Russland fand sich mit dem Abgang der drei Länder ab, nachdem 1995 zunächst ein Freihandelsabkommen mit der EU unterzeichnet worden war.

Die politische Lage war und ist labil, was sich vor allem an den in allen drei Ländern wechselnden Regierungskoalitionen erkennen lässt. Trotzdem erfüllten Litauen, Lettland und Estland die Bedingungen, um 2004 zusammen mit sieben weiteren Staaten in die Nato und die EU aufgenommen zu werden. Seither erhalten sie von der EU Mittel in Höhe von 4 % ihres BIP. Diese werden in erster Linie für eine konkurrenzfähige Wirtschaft und eine allmähliche Angleichung der Lebensqualität an die der alten EU-Länder verwendet.

Die drei rohstoffarmen Länder konzentrieren sich heute verstärkt auf ihre menschlichen Ressourcen, um den Forderungen einer Wissenschaftsgesellschaft gerecht zu werden. Wie im übrigen Europa wird derzeit die Familienpolitik heiß diskutiert, denn die Geburtenraten sind rückläufig. Schon jetzt werden junge Familien in besonderem Maße unterstützt – es gibt sowohl einen Mutter- als auch einen Vaterschaftsurlaub.

Trotz ihres Eintritts in die globalisierte Welt und der damit verbundenen Finanzkrise halten alle drei baltischen Staaten ihren traditionellen Werten die Treue. Ein starkes Identitätsbewusstsein, Stolz auf das Erreichte, Fleiß sowie Neugier auf die Zukunft scheinen die richtigen Faktoren zu sein, um Land und Leute in einen soliden Umgestaltungsprozess einzubeziehen. Allerdings lässt die Euro-Einführung sich derzeit nicht verwirklichen. Infolge der Finanzkrise konnten die Kriterien nicht erfüllt werden. Bis wann sie durchgeführt werden kann, steht in den Sternen …

Aufbruchstimmung: 2004 wurden Litauen, Lettland und Estland EU-Mitglieder

Zeittafel

9. Jt. v. Chr.	Erste Besiedlung des nordbaltischen Raums.
3./2. Jt. v. Chr.	Einwanderung der Vorfahren der finno-ugrischen Stämme, im 2. Jt. v. Chr. wandern die Balten ein.
Zeitenwende	Bernsteinhandel mit dem Römischen Reich.
7.–9. Jh.	Einfälle der Wikinger in das Gebiet der Kuren und Liven.
1008	Erste Erwähnung Litauens in den Quedlinburger Annalen.
11.–12. Jh.	Expansionsbestrebungen des altrussischen Reichs; Liven und Lettgallen geraten zeitweilig unter russische Tributherrschaft. 1184 beginnt Meinhard von Segeberg mit der Missionierung der Liven.
1202	Gründung des Schwertbrüderordens, mit dessen Hilfe das Gebiet des heutigen Estlands und Lettlands unterworfen und christianisiert wird.
1237–1561	Ordensritterstaat als Kern der Livländischen Föderation.
1386/87	»Krakauer Hochzeit«, Christianisierung Litauens.
1410	Schlacht bei Tannenberg; das litauisch-polnische Heer schlägt den Deutschen Orden.
16. Jh.	Ab 1523 Durchsetzung der Reformation. 1558–1583: Livländischer Krieg, Untergang des Ordensstaates. Estland wird schwedisch, Livland polnisch, Kurland und Semgallen werden für über 200 Jahre polnisch-litauisches Lehnsherzogtum. 1569 Union von Lublin: enger Zusammenschluss Polens und Litauens.
1600–1629	Polnisch-schwedischer Krieg um Livland; Schweden erobert Riga und Livland nördlich der Daugava.
18. Jh.	1700–1721: Nordischer Krieg; Estland und Livland stehen unter russischer Herrschaft. 2. Hälfte 18. Jh.: Bauernaufstände, Verbreitung der Aufklärung. 1795: Dritte Polnische Teilung; Litauen, das Herzogtum Kurland und Semgallen werden Teil des Russischen Reiches.
19. Jh.	1818/1819: Aufhebung der Leibeigenschaft in Estland, Kurland und Livland. 1831/1863: Aufstände der Polen und Litauer gegen den Za-

ren. Industrialisierung; Abbau des autonomen Sonderstatus der baltischen Provinzen, verbunden mit Russifizierungstendenzen; Natio-
nalstreben der Jungletten und Jungesten. 1861: Aufhebung der
Leibeigenschaft im Zarenreich.

1914–1918: Erster Weltkrieg; ab Februar 1918 ist das gesamte Baltikum von deutschen Truppen besetzt. 1918 erklären Litauen, Estland und Lettland ihre Unabhängigkeit. 1920: Friedensverträge der baltischen Staaten mit Sowjetrussland.	**1914–1920**
Ablösung der parlamentarischen Demokratie durch nationalistisch-autoritäre Regime erst in Litauen, 1934 auch in Estland und Lettland.	**1926–1934**
1939: Hitler-Stalin-Pakt mit geheimem Zusatzprotokoll, in dem das Baltikum der Interessenssphäre der Sowjetunion zugeschlagen wird. Frühsommer 1940: Annexion der baltischen Staaten durch die UdSSR. 1941–1944: Deutsche Besatzung und Judenvernichtung.	**1939–1944**
Rückkehr der Roten Armee und Sowjetisierung, Partisanenkampf.	**1944/1945**
Zwangskollektivierung und Massendeportationen nach Sibirien.	**1949**
1987: erste offiziell geduldete nationale Massendemonstration nach Machtantritt Gorbatschows. 1988: Gründung der national-demokratischen Volksfrontbewegungen in Estland, Lettland und Litauen.	**1987/1988**
Formale Wiederherstellung der Unabhängigkeit.	**1990**
Januar: Putschversuch moskautreuer Kräfte in Vilnius und Riga. August: Die baltischen Staaten sind wieder unabhängig.	**1991**
Litauen, Lettland und Estland werden im Mai Mitglieder der EU.	**2004**
Bei den Wahlen in Litauen im Mai 2009 erringt die parteilose Dalia Grybauskaitė einen überzeugenden Sieg.	**2009**
In Lettland setzt das Mitte-Rechts-Bündnis, Gewinner der Parlamentswahlen, auf ein besseres Verhältnis zur russischen Minderheit.	**2010**
Nach der Finanzkrise zeichnet sich eine leichte Besserung der Wirtschaftslage ab. Tallinn ist Kulturhauptstadt Europas.	**2011**

»Baltikum« als Sammelbegriff für Estland, Lettland und Litauen zu verwenden, legt die Vorstellung einer Einheit nahe, die es historisch und kulturell nur teilweise gibt. Eine bedeutende Gemeinsamkeit der Länder lässt sich aber leicht erkennen: Tradition wird in Litauen, Lettland und Estland gleichermaßen großgeschrieben.

Estnisch, lettisch, litauisch: baltisch?

Im Bewusstsein ihrer Bevölkerung bilden Litauen, Lettland und Estland weder kulturell noch wirtschaftlich oder historisch eine Einheit. Dennoch werden sie immer wieder in einem Atemzug als »baltische Länder« bezeichnet. Das beruht im Wesentlichen auf ihrem gemeinsamen Schicksal als erst seit vergleichsweise kurzer Zeit unabhängige Länder und auf ihrer administrativen Zusammenfassung zu größeren – auch militärischen – Einheiten unter den jeweiligen Machthabern: unter Zaren, Kaisern, Sowjets. Esten, Litauer und Letten reagierten lange jeweils äußerst sensibel auf den Raumbegriff »baltisch«. Balten wurden die Angehörigen der beim einfachen Volk nicht immer geliebten deutschen Oberschicht in den Ostseeprovinzen des Zarenreiches, in Estland, Livland, Kurland genannt, auch deshalb war der Begriff über Jahrhunderte nicht populär. Erst in jüngster Zeit, nachdem die unterschiedlichen historischen Entwicklungen in den einzelnen Ländern aufgearbeitet werden konnten, beginnen sich die drei Länder mit dem Begriff ein wenig anzufreunden.

Wer versteht wen?

Die Esten gehören zusammen mit den Finnen, Kareliern und den inzwischen nahezu ausgestorbenen Liven nicht zur indogermanischen, sondern zur finno-ugrischen Kultur- und Sprachfamilie. Das Estnische verfügt über die stolze Zahl von 14 Fällen, kennt aber weder Artikel noch einen grammatischen Genus. Die Wortstellung im Satz ist relativ frei. Während die Esten sich in ihrer Sprache den Finnen relativ gut verständlich machen können, ist eine Verständigung mit den beiden anderen Nachbarn ohne die Vermittlung einer dritten Sprache unmöglich. Die *lingua franca* ist meist noch oder wieder das Russische. 70 % aller Litauer, Letten und Esten verstehen Russisch. In der jüngeren Generation verständigt man sich eher auf Englisch.

Lettisch und Litauisch sind baltische Sprachen, die neben dem Germanischen und Slawischen eine eigenständige Gruppe der indogermanischen Familie bilden. Die Litauer sind überzeugt, dass sie entweder einen Dialekt des Sanskrit oder des Altgriechischen sprechen. »Wer wissen will, wie unsere Vorfahren gesprochen haben, der soll einem Bauern in einem litauischen Dorf zuhören«, so der berühmte französische Sprachforscher Antoine Meillet. Das Litauische besitzt sieben Fälle, allerdings keine Artikel, dafür aber eine Fülle von Vor- und Nachsilben.

Die sogenannten diakritischen Zeichen über oder unter einzelnen Vokalen werden häufig übersehen; sie entstanden bei der Entwicklung der Schriftsprache im 19. Jh. und weisen auf eine unterschiedliche Aussprache der Vokale hin. Auch heute noch wird in allen drei Ländern viel Russisch gesprochen, allerdings kann man bei der jüngeren Generation Englischkenntnisse voraussetzen. In Estland und Lettland war Deutsch über Jahrhunderte die Amtssprache, auch unter der Zarenherrschaft.

Jede Region ist anders

Ungeachtet der geringen Größe der drei Länder leben hier erstaunlich viele klar zu unterscheidende Volksgruppen, denen jeweils regionale Eigenheiten zugeschrieben werden. So kann man einer litauischen Überlieferung entnehmen, dass die Žemaiten stur sein sollen, die Aukštaiten etwas arrogant, die Suwalken ordnungsliebend und sparsam und die Dzūken fröhlich. Dazu erzählt man sich folgende Anekdote: Der Teufel schleppt fünf Litauer – aus jeder Region einen – in einem Sack im Land umher. Als er sich unter einem Baum ausruhen will, springt sofort der Dzūke

heraus und rennt fröhlich und laut singend von dannen. Der clevere Aukštaite ergreift die Gelegenheit beim Schopf – der Teufel ist ja abgelenkt – und nimmt ebenfalls Reißaus. Auch der Suwalke klettert aus dem Sack. Er setzt sich aber abwartend neben den Teufel, woraufhin dieser ihn nach seinen Gründen fürs Bleiben fragt. Er wolle warten, bis auch die beiden Übrigen verschwunden seien, um dann den leeren Sack mitnehmen zu können, gibt er zur Antwort. Der Kleinlitauer fragt schüchtern, ob er denn wirklich gehen dürfe. Als Letzter meldet sich lautstark der Žemaite aus dem Sack: »Wenn du mich hier hineingesteckt hast, dann hol mich hier auch gefälligst wieder raus!«

In Estland sind es die Bewohner der südlichen Region Mulgimaa, des Gebiets um Viljandi, die als stark und unternehmenslustig angesehen werden. Und in Võrumaa im Süd-

Ins Gespräch kommen: Wegen der Verschiedenheit ihrer Sprachen verständigen sich Litauer, Letten und Esten meist auf Russisch oder Englisch miteinander

Russen im Baltikum – Leben mit den einstigen Besatzern

Die meisten Russen, die heute in den baltischen Staaten leben, sind dort geboren oder leben bereits seit Jahrzehnten dort. Die ungestüme Politik der Esten und Letten in den ersten Jahren nach der Befreiung führte zu heftigen Spannungen – denn wohin sollen die Russen gehen, wenn sie im Baltikum zu Hause sind, hier Freunde und Arbeit haben?

Als im Januar 1991 Spezialeinheiten des sowjetischen Innenministeriums Riga angriffen, um den Freiheitskampf der Letten niederzuschlagen, appellierte der russische Schriftsteller Anatoli Pristawkins im lettischen Fernsehen an die russischen Soldaten, nicht auf ihre Landsleute zu schießen: »Ich lebe zurzeit in Lettland, und alles, was in diesem unglücklichen Land geschieht, betrifft mich unmittelbar … Weil nämlich der Kampf um die Freiheit hier auch unserer Freiheit gilt. Und wenn hier etwas erreicht werden kann, haben auch wir Hoffnung, eines Tages frei zu sein.«

Zu diesem Zeitpunkt waren 34 % der Bevölkerung Lettlands russischstämmig, in der Hauptstadt sogar rund 50 %. Ein großer Teil der in Lettland lebenden Russen hatte den Freiheitskampf der Balten unterstützt. Gleichwohl hörte man, nachdem die Unabhängigkeit der baltischen Staaten 1991 anerkannt worden war, in Lettland immer öfter die Rufe »Lettland den Letten« oder »Russen raus«. Diese waren nicht nur Wahlslogans der rechtsnationalen Partei LNNK, sondern sie drückten den Wunsch breiter Bevölkerungsschichten aus. Ähnlich war die Situation in Estland, wo Russen fast 40 % der Bevölkerung ausmachten. In Lettland und Estland wurden Russen als Kolonisten des verhassten Sowjetregimes angesehen, welche die nationale Identität und Integrität der jungen Staaten gefährdeten. Einzig in Litauen hielt sich die Bevölkerung zurück – wahrscheinlich, weil der Anteil der Russen im Land mit 9 % relativ gering war. Hier findet

man auch das liberalste Minderheitengesetz. Es erlaubt die Erlangung der Staatsbürgerschaft ohne größere bürokratische Hürden. In Estland wurde 1992 ein Staatsbürgerschaftsgesetz verabschiedet, nach dem Staatsbürger werden kann, wer eine Sprachprüfung ablegt und seit mindestens zwei Jahren seinen Wohnsitz im Land hat.

In allen drei baltischen Staaten herrscht ein starkes Nationalgefühl, in Lettland ist es jedoch besonders ausgeprägt. In den ersten Jahren nach der Unabhängigkeit erhielten hier nur diejenigen Russen, die vor 1940 in Lettland geboren worden waren, automatisch einen lettischen Pass. Alle anderen wurden offiziell als »Nichtbürger des Staates Lettland« angesehen und erhielten den sogenannten Grauen Pass, womit sie von den Wahlen ausgeschlossen waren.

Erst auf Druck des Westens wurde am 1. Januar 1996 ein Gesetz zur Erlangung der lettischen Staatsbürgerschaft verabschiedet, das jedoch sehr eng gefasst war. Es geriet zum Stolperstein für die Aufnahme in die EU, denn es widersprach den Grundsätzen zum Schutz der Minderheiten in der EU. Lettland war der einzige Staat der EU, der Antidiskriminierungsvorgaben aus Brüssel nicht umgesetzt hatte und deswegen vor den Europäischen Gerichtshof gezogen werden konnte.

Während der EU-Beitrittsverhandlungen kam es immer wieder zu Forderungen seitens der EU, das Einbürgerungsgesetz zu liberalisieren. Diesen kam die lettische Regierung auch schrittweise nach. Die Bedingungen für die Erlangung der Staatsbürgerschaft entsprechen seit einer Gesetzesnovellierung 1998 den Menschenrechtsstandards zahlreicher internationaler Organisationen. Neben einem Sprachtest, der Basiskenntnisse des Lettischen prüft, müssen die Bewerber einen Multiple-Choice-Test in lettischer Geschichte und Verfassungsgrundlagen absolvieren. Darüber hinaus müssen sie einen Eid auf den lettischen Staat ablegen. Hunderttausende russischstämmige Einwohner wollen sich dieser Prozedur trotzdem nicht unterziehen. Manche möchten lieber weiterhin ohne Visum in die Russische Föderation reisen dürfen, anderen ist die Gebühr zu hoch oder sie können kein Lettisch, und junge Männer wollen auf diese Weise den Militärdienst umgehen. Wieder andere verweigern sich dem Test, weil sie ihn als Demütigung empfinden.

Der russischsprachigen Bevölkerung die Staatsbürgerschaft irgendwann automatisch zu verleihen lehnen die meisten Politiker ab, schließlich soll die Staatsbürgerschaftsprüfung die Russen zum Erlernen der lettischen Sprache bewegen. Sie fürchten außerdem, dass dann die russische Bevölkerung größeren politischen Einfluss bekommen könnte.

Die meisten Russen leben heute in den Industrieregionen der drei baltischen Länder, die sich fast 50 Jahre in einer quasikolonialen Abhängigkeit befanden. Daher mag manches an nach wie vor bestehenden Ressentiments verständlich sein; doch das Baltikum braucht für die Zukunft einen neuen multikulturellen Konsens. Die intellektuelle Elite der jungen Russen, die sogenannten Eurorussen, suchen denn auch nicht die Konfrontation. Sie beherrschen neben Russisch die jeweilige Landessprache und setzen auf Integration.

Noch immer gestaltet sich das Zusammenleben von Russen und Balten schwierig

Gesellschaft und Alltagskultur

osten sollen die Menschen ganz besonders selbstbewusst sein. Dazu hat auch ihr bis heute erhaltener Dialekt beigetragen, dem kürzlich erst eine Fibel gewidmet wurde. Auch die Inseln in Estlands Westen haben einen ganz eigenen Charakter. Die Kraft der dortigen Fischerfrauen ist geradezu legendär. Der Inselhumor ist für die Festlandesten genauso unzugänglich wie der englische Humor für die Festlandeuropäer. Nach den Worten der Insulaner selbst kennt die Geschichte nur drei große Seefahrernationen: England, Hiiumaa und Saaremaa.

In Lettland sind die regionalen Besonderheiten weniger gravierend. Die lettische Verfassung bezeichnet Lettland als »Land der Letten und der Liven«. Das historische Livland mit seiner Ordensstadt Cēsis (Wenden) ist zwar schon vor Jahrhunderten untergegangen, doch das, was von den Liven übriggeblieben ist, fand in den 1930er-Jahren eine neue Heimat an der Ostsee bei Mazirbe. Die heute dort lebenden Liven kämpfen mit Hilfe internationaler Wissenschaftler um das Überleben ihrer vom Aussterben bedrohten livischen Sprache (s. S. 25).

Spuren der Unterdrückung

Der estnische Nobelpreisträger Jaan Kross schildert in seinem umfangreichen Epos »Das Leben des Balthasar Rüssow« bewegend das Leben der einfachen rechtlosen Bauern auf dem Lande im 16./17. Jh. Bis ins 19. Jh. – bis zum Beginn der Abschaffung der Leibeigenschaft und der nationalen Erweckung – waren Letten und Esten nichts anderes als Völker von rechtlosen Bauern, verwaltet von einer größtenteils aus Deutschen bestehenden Oberschicht. Ein ähnliches Bild bot Litauen, nur war hier die Adelsschicht polnisch-litauisch. Auch heute hat noch fast jede Familie ihre Wurzeln in einem Dorf, erst die zweite oder dritte Generation lebt in den Städten.

Dass die Balten meist recht wortkarg sind, eher verschlossen, manchmal geradezu starrköpfig, ist möglicherweise eine Folge dieser langen Unterdrückung – aber auch der nicht enden wollenden Winter.

Die harte Jahreszeit hat viele Volksdichtungen entstehen lassen: Litauer, Letten und Esten schöpfen aus einer großen Fülle alter vorchristlicher Überlieferungen – Sagen, Märchen und Lieder, die mündlich von Generation zu Generation weitergegeben wurden. Dieses überlieferte Kulturgut hat den drei Völkern geholfen, die Jahrhunderte der Fremdherrschaft zu überstehen.

Donnergott und Marienverehrung

Allen – Litauern, Letten und Esten – ist die Natur mit ihren Wäldern, Pflanzen und Tieren auch heute noch heilig. Bis heute werden Bäumen, besonders Eichen und Buchen, heilige – auch heilende – Kräfte zugesprochen. In der Bezugnahme der Menschen auf die Natur, z. B. in Gedichten, bleibt die alte Götterwelt präsent – die Götter waren ja eins mit der Natur. Der besonders verehrte Donnergott Perkūnas wohnte im Himmel, den man sich wie einen Berg vorzustellen hat. Götter konnten auch im Moos oder unter der Baumrinde wohnen. Besonders in Litauen findet der alte, vorchristliche Glaube, in dessen Mittelpunkt die Einheit von Mensch und Erde steht, unter den jungen Balten in jüngster Zeit neue Anhänger. Verschiedene Fernsehreportagen haben dieser alten Glaubensrichtung kritische Aufmerksamkeit beschert.

Der Übergang vom Heidentum zum christlichen Glauben erfolgte in den baltischen Ländern erst recht spät: Die litauischen Žemaiten ließen sich erst im 14. Jh. taufen – und auch das nicht immer ohne Widerstand.

Dass die Litauer heute römisch-katholisch und viele Kirchen der hl. Maria gewidmet sind, hat mit ihrer engen Verbindung zur katholisch geprägten polnischen Geschichte zu tun. Die Esten hingegen gerieten in den nordeuropäisch-protestantisch geprägten Kulturraum. Auch heute sind die Esten überwiegend protestantisch. In Lettland hatte die Reformation 1522 besonderen Erfolg bei den rechtlosen

Festes Ritual im katholischen Litauen: der Kirchgang am Sonntag – und der anschließende Austausch von Neuigkeiten

Leibeigenen und Bauern, dies auch schon als deutliches Zeichen des Widerstands gegen die Herrschaft von Orden und Papst. Heute findet man Katholiken hauptsächlich in Ostlettland, die führende Kirche ist die protestantische. Da in Lettland viele Russen wohnen, nimmt die orthodoxe Kirche dort einen besonderen Platz ein.

Sport wird populär

Sport wird im Baltikum gerade erst als Freizeitbeschäftigung entdeckt – noch sind Jogger in den Stadtparks seltener anzutreffen als beispielsweise in Deutschland, und das Fahrrad verliert erst langsam sein Image als ›Arme-Leute-Drahtesel‹. Segeltörns auf der Ostsee oder den vielen Seen gehören aber schon lange zum Sommervergnügen, genauso wie im Winter Langlaufski. Das Herz der Litauer aber schlägt besonders für eine Sportart: Was

für die Deutschen der Fußball, ist für sie der Basketball. In jedem noch so kleinen Dorf findet sich ein Basketballkorb, und wenn der Club Žalgiris spielt – so benannt nach der siegreichen Schlacht 1410 gegen das Ordensheer –, dann sind die Wogen der Erregung bei den Fernsehübertragungen hoch. Basketball hat eine lange Tradition in Litauen. Bereits in den 1930er-Jahren war Litauen Basketball-Europameister; gern erinnert man sich an die jüngste Vergangenheit: das Jahr 2004, als Litauen bei den Olympischen Spielen in Athen sechs Spiele lang unbesiegt blieb.

In Lettland gilt Novuss als Nationalsport, eine Art Tischbillard, die englische Matrosen in den 1930er-Jahren in die Hafenstädte mitgebracht haben sollen. Auch unter Kindern und Jugendlichen ist er der Hit: Man braucht einen extra angefertigten hölzernen Klapptisch und zwei Stöcke, dann kann man den Gegner durch Geschicklichkeit und hohe Konzentration besiegen!

Feiertage

Litauen
1. Jan. (Neujahr), 16. Feb. (Wiederherstellung des litauischen Staates), 11. März (Tag der Wiedererlangung der Unabhängigkeit), Karfreitag und Ostern, 1. Mai (Tag der Arbeit), 24. Juni (Johannistag), 6. Juli (Jahrestag der Krönung von König Mindaugas), 15. Aug. (Mariä Himmelfahrt), 1. Nov. (Allerheiligen), 25./26. Dez. (Weihnachten).

Lettland
1. Jan. (Neujahr), Karfreitag und Ostern, 1. Mai (Tag der Arbeit; Tag der Konstituierung des Lettischen Parlaments), 4. Mai (Jahrestag der Unabhängigkeitserklärung 1922), 23. Juni (Līgo-Fest), 24. Juni (Johannistag), 18. Nov. (Unabhängigkeitstag), 25./26. Dez. (Weihnachten), 31. Dez. (Silvester).

Estland
1. Jan. (Neujahr), 24. Feb. (Tag der Unabhängigkeit), Karfreitag und Ostern, 1. Mai (Tag der Arbeit), 23. Juni (Siegestag, Schlacht von Võnnu 1919), 24. Juni (Johannistag), 20. Aug. (Tag der Wiedererlangung der Unabhängigkeit), 25./26. Dez. (Weihnachten).

Die Esten begeistern sich für Eishockey; Eishockey-Medaillengewinner werden ganz besonders verehrt. Außerdem sind die Esten begeisterte Langlaufskiläufer und Schlittschuhfahrer. Manchmal, wenn Teile der Ostsee zugefroren sind, werden regelrechte Schlittschuhfeste auf dem Eis zelebriert, mit viel Livemusik und wärmenden Getränken.

Feste und Veranstaltungen

Im Baltikum gibt es zahlreiche Feier- und Gedenktage: Es wird der wiedererlangten Freiheit gedacht und an heidnische Bräuche erinnert; hohe Feiertage wie etwa Ostern oder Weihnachten werden nach alter christlicher Tradition festlich begangen. Das wichtigste Fest des Jahres ist natürlich die Sommersonnenwende.

Sängerfeste

Weltweit berühmt sind die Sängerfeste, die in den drei baltischen Republiken alle vier bzw. fünf Jahre stattfinden (das nächste 2011 in Estland). Dann schmettern Zehntausende auf riesigen Freilichtbühnen unter freiem Himmel Volkslieder und bevölkern in ihren bunten Trachten die Städte. Die Sängerfeste gehören heute zum UNESCO-Welterbe.

Stadtfeste

Typisch sind im Baltikum, besonders in Litauen, die vielen Dorf- und Stadtfeste, die aber immer mit viel Begeisterung und Energie veranstaltet werden. Das Stadtfest von Kaunas sei als Beispiel für die unzähligen Veranstaltungen dieser Art genannt: Die Altstadt ist dann geschmückt, historische Marktbuden werden aufgestellt und Folkloregruppen spielen auf, aber es gibt auch Pop- und Klassikkonzerte (s. S. 155). Vielerorts im Baltikum werden darüber hinaus thematische Events veranstaltet, wie etwa Ritter- oder Bierfeste (Info: www.baltikuminfo.de). 2011 ist Tallinn Kulturhauptstadt Europas, zusammen mit der finnischen Stadt Turku. Über das Kulturprogramm informiert: www.tallinn2011.eu/ee. Riga wird 2013 Kulturhauptstadt sein.

Festivals im Baltikum

In den letzten Jahren hat sich in allen drei baltischen Ländern eine Festivalkultur entwickelt, die dem internationalen Vergleich durchaus standhalten kann. Insbesondere die Zahl der Musikfestivals ist stark gestiegen, aber auch international beachtete Tanz- und Theaterfestivals sind hinzugekommen.

Klassik-Festivals

Das wichtigste Klassik-Festival ist das große Opernfestival in Riga, das auch mit internationalen Opernstars aufwarten kann. Es findet alljährlich im Juni in der Rigaer Nationaloper statt, einem historischen Gebäude

Baltische Mittsommernacht

Thema

Mittsommernacht wird nicht nur in Skandinavien gefeiert, auch in den baltischen Staaten ist die Sommersonnenwende das größte Volksfest und, neben Weihnachten, der wichtigste Feiertag des Jahres. Lodernde Feuer, Musik, Gesang, Tanz und bunte Trachten gehören zu dem jahrtausendealten Fest, das viel von der Kultur des Baltikums vermittelt.

»Oben auf dem Berg, die Litauer, haben ihr Feuer schon hoch. Sie singen eine Weile. Das Feuer brennt über dem Stein, ruhig, nur manchmal greift der Wind von oben her in das offene Rund hinab und dreht die Flammen auseinander. (…) Einer hat zu erzählen angefangen, jetzt, wo die jungen Leute nach und nach den Berg hinab verschwinden und die Zurückbleibenden sich enger zusammensetzen: eine alte Geschichte, vom Mägdlein Neringa (…)«, so schildert der ostpreußische Schriftsteller Johannes Bobrowski (1917–1965) in seinem Roman »Litauische Claviere« das Johannisfest im Memelland. Die alte heidnische Tradition der Sonnenwendfeier lebte Ende des 19. Jh. mit dem »nationalen Erwachen« der baltischen Staaten wieder auf und wurde auch während der Sowjetzeit beibehalten – gleichsam als Protest gegen das Regime.

In der Nacht des Johannisfestes sollen die Vögel und Tiere des Waldes sprechen können, so die Legende, und es ist die einzige Nacht im Jahr, in welcher der Farn blüht. Wer ihn findet, wird nicht nur die Gedanken anderer lesen können, sondern auch sein Glück finden. Ob der Farn nun blüht oder nicht – auf jeden Fall gestattet die Legende den jungen Balten, sich während des Festes in den Wald zu begeben. Gesehen hat die magische Farnblüte zwar noch niemand. Dafür gibt es reichlich Kinder, die im März zur Welt kommen.

Die Magie der Nacht erfasst Jung und Alt. Das Sommersonnenwendfest wird heute noch überall im Baltikum von alten Traditionen und ihren symbolischen Bedeutungen begleitet. Der Höhepunkt sind riesige Johannisfeuer, die vor Sonnenuntergang entzündet werden. Der Brauch, über das Feuer zu springen, um alles Böse zu vertreiben, ist weit verbreitet. Das Feuer gibt Kraft, Mut und Gesundheit für das nächste Jahr, so glaubt man, und es vertreibt die Faulheit aus den Knochen. Auch gegen Rückenschmerzen soll es helfen; daher sitzen viele ältere Menschen mit dem Rücken zum Feuer, das ununterbrochen lodern muss. Man hört Folklorechören zu oder singt selbst – und es wird getanzt, dabei achten die Frauen nicht nur auf ihre Schritte, sondern auch darauf, dass der Blumenkranz in ihrem Haar nicht verrutscht.

Ein Volksglaube warnt: Wer in der magischen Mittsommernacht die Augen vor Sonnenaufgang zumacht, handelt sich Unglück fürs ganze Jahr ein. An dem Aberglauben hat die Christianisierung nichts geändert. Einzig einen neuen Namen konnte das Christentum durchsetzen: Johannisfest – benannt nach Johannes dem Täufer. Ihm zu Ehren wird seither in der Nacht zum 24. Juni gefeiert.

Bereits am Morgen des 23. Juni sind die Städte wie ausgestorben, denn zur Mittsommernacht fahren alle aufs Land. Gefeiert wird meist im Kreis der Familie auf kleinen, privaten Festen, doch es gibt auch einige öffentliche Veranstaltungen. Eine Liste mit allen öffentlichen Festen in den baltischen Ländern erhält man bei der Baltikum Tourismus Zentrale (s. S. 71, www.baltikuminfo.de).

Im Rausch der Mittsommernacht: Singend und tanzend wird gefeiert (hier in Riga)

mit modernster Bühnentechnik. In das Festival wird auch die kleine lettische Stadt Sigulda mit ihrer Ordensburg einbezogen: Letztere wird als Freilichtbühne genutzt. Da die Letten große Opernliebhaber sind, sollte man sich frühzeitig um Karten bemühen (www.opera.lv).

Der Geiger Gidon Kremer, aus Riga stammend, gründete hier sein renommiertes Kammermusikensemble Kremerata Baltica, das aus jungen, hochtalentierten Musikern aus dem Baltikum besteht. Jeweils im Juni veranstaltet er in Rigas Konzertsälen ein Musikfestival der Extraklasse (www.concert.lv; s. S. 255).

Sommerliche Kammerkonzerte mit renommierten Ensembles und Chören aus dem In- und Ausland finden in der Klosteranlage Pažaislis nahe dem litauischen Kaunas statt (Juni–Sept.): Von der einzigartigen Atmosphäre und Akustik der Barockkirche war schon der Geiger Jehudi Menuhin begeistert (www.pazaislis.lt).

Kirchen in Tallinn, Pärnu und Tartu locken Freunde der Orgelmusik im August zum Internationalen Orgel-Festival nach Estland. Manchmal ist zur gleichen Zeit das Ensemble Hortus Musicus mit seinem Repertoire aus zumeist mittelalterlicher Musik zu hören oder ein Konzert des international bekannten estnischen Komponisten Arvo Pärt – dies sind Sternstunden estnischer Musikkultur (www.concert.ee).

mit jenem in Birštonas. Alle zwei Jahre im Mai (das nächste Mal 2012) wird der kleine Kurort zum Geheimtipp der Jazzliebhaber (www.jazz.lt).

Auch Estlands Hauptstadt Tallinn hat ihr eigenes Jazzfestival, »Jazzkaar« (Regenbogen des Jazz). Während der mehrtägigen Veranstaltung Ende April treten internationale Stars der Jazzszene mit lokalen Größen auf. Konzerte finden außerdem in Tartu und Pärnu statt. Auch im Dezember organisiert »Jazzkaar« international besetzte Konzerte (www.jazzkaar.ee). Estlands Ostsee-Kurort Haapsalu wird alljährlich im August zum Mekka der »Ladies in Jazz«. Dann sind die Hotels ausgebucht, Jazzinterpreten mit Schwerpunkt Blues flanieren am Strand und treten im dortigen Kursaal auf (www.augustibluus.ee).

Folklorefestivals

Das älteste Festival im Baltikum für Volksmusik, »Baltica«, wurde schon 1987 gegründet, als man sich auf der Suche nach kultureller Identität auch der Volksmusik zuwandte. Für den Liebhaber ursprünglicher Volksmusik führt kein Weg an diesem großen Ereignis vorbei, es findet alljährlich im Juli jeweils in einer der drei Republiken statt. Handwerk und Kulinarisches werden mit einbezogen, meist ist der Eintritt frei (www.baltikuminfo.de).

Theater- und Tanzfestivals

In Vilnius und Klaipėda findet alljährlich Anfang Mai das Festival des modernen Tanzes, »Naujasis Baltijos sokis«, statt – ein Muss für jeden Modern-Dance-Fan (www.dancefestival.lt). Auch hochgelobte Truppen aus dem westlichen Ausland werden eingeladen. Über das Theater- und Tanzprogramm im Rahmen der Europäischen Kulturhauptstadt: Tallinn 2011 informiert www.tallinn2011.eu/ee.

Riga wartet ebenfalls mit einem Theaterfestival auf, dem »Showcase of Latvian Theatre«. Es vermittelt einen Überblick über das Theatergeschehen auf Lettlands Bühnen. Viele moderne Inszenierungen sind zu sehen, u. a. von Alvis Hermanis, mittlerweile einer der bekanntesten Regisseure Europas (s. a. S. 52; www.theatre.lv).

Jazzfestivals

Seit 15 Jahren treffen sich in Kaunas in der zweiten Aprilhälfte Jazzfans an zum Teil ungewöhnlichen Orten wie etwa Sporthallen, Kirchen oder der wiedererrichteten Synagoge. Dann steigt ein Jazzfestival mit besonderen Themen, z. B. Jazz und Klezmer, Jazz und Folklore (www.kaunasjazz.lt). Das älteste Jazzfestival des Baltikums findet alljährlich im Oktober in Vilnius statt – dann ist dort vor allem Avantgarde-Jazz zu hören. Schon das Ganelin-Trio, die berühmteste Jazzband der ehemaligen UdSSR, hatte hier während der Festivals in den 1980er-Jahren seine umjubelten Auftritte (www.vilnlusjazz.lt). Das Festival in Vilnius ist eng verbunden

Architektur und Kunst

Nicht nur in der Musik haben Litauer, Letten und Esten Hervorragendes geleistet, auch in Theater und Tanz gibt es atemberaubend Neues zu entdecken. Die junge Kunstszene entwickelt sich rasant, die »Baltische Biennale« hat mittlerweile internationale Reputation erreicht. Die Literatur hat es hingegen schwer, baltische Schriftsteller finden im westlichen Europa noch nicht genügend Verleger.

Architektur

Barock in Vilnius, Jugendstil in Riga, baltische Adelshöfe auf dem Land und gotische Kirchen in Tallinn – die architektonische Vielfalt in den drei baltischen Staaten ist groß. Von der Gotik geprägt sind die Burgen und viele der litauischen Kirchen. Erst mit der Gegenreformation im 17. Jh. schwappte eine Welle des Barock über Vilnius hinweg und hinterließ die schönsten Sakralbauten des Baltikums.

Bis zur Mitte des 19. Jh. war die Hansestadt Riga eine von Erdwällen, Wassergräben und Bastionen umgebene mittelalterliche Festung. Erst dann wurden breite Boulevards angelegt mit Wohnhäusern und öffentlichen Bauten im Stil des Eklektizismus. Ende des 19., Anfang des 20. Jh. prosperierte Riga und erlebte um die Jahrhundertwende einen sprunghaften Bevölkerungsanstieg. In den ehemaligen Vorstädten hinter den Boulevards entstanden neue Wohnhäuser – genau zu der Zeit, als der Jugendstil in weiten Teilen Europas populär wurde. Riga ist eine lettische, aber auch eine von Deutschen, Russen und Juden geprägte Stadt, und nirgendwo wird das deutlicher als in den vom Jugendstil geprägten Vierteln der Neustadt (s. S. 237).

Die Blütezeit der lettischen und estnischen Herrenhäuser und Gutshöfe begann ab Mitte des 18. Jh. und reichte bis zum Ersten Weltkrieg. Ob barock, klassizistisch oder im Jugendstil gebaut – umgeben waren die Gutshäuser von zahlreichen Wirtschaftsgebäuden und weitläufigen Parks. Viele dieser Bauten sind heute bestens restauriert (s. S. 398).

Aber auch die neue Zeit hat ihre Spuren hinterlassen: die neue Skyline von Vilnius, Rigas gläserner Konzertsaal, das neue Kunstmuseum in Tallinn. Als der junge finnische Architekt Pekka Vapaavuori 1994 den größten Architekturwettbewerb der estnischen Geschichte gewann, waren die Esten zunächst irritiert, dass ein Finne das größte Kunstmuseum des Baltikums bauen sollte. Doch nach der Eröffnung im Frühjahr 2006 zeigte man sich begeistert: Mit seinem kreissegmentförmigen Grundriss passte der Bau perfekt auf den Hügel in der Nähe von Schloss Kadriorg.

Literatur

Die lettische und estnische Literatur wurde bis ins 19. Jh. von deutschen und deutschsprachigen Autoren dominiert. Litauen hat bereits für das 18. Jh. mit Donelaitis einen Dichter vorzuweisen, dessen Bedeutung für die litauische Literatur immerhin mit jener Dantes für die italienische Literatur verglichen wird.

Erst im Laufe des 19. Jh. entwickelten die baltischen Staaten eine eigenständige Literatur in ihren jeweiligen Sprachen – und die Bevölkerung erwies sich auch gleich als außergewöhnlich lesefreudig: Zur Zeit der ers-

Moderne Bauten haben die Skyline von Tallinn belebt – auch andernorts im Baltikum weht ein frischer Wind in Städteplanung und Architektur

ten Unabhängigkeit nach dem Ersten Weltkrieg hatten die Esten die höchste Pro-Kopf-Produktion von Büchern in ganz Europa. Während der sowjetischen Herrschaft dienten Sprache und Literatur als Mittel, das nationale Bewusstsein aufrechtzuerhalten.

Litauen

Der protestantische Landpfarrer **Kristijonas Donelaitis** (1714–1780) schuf die erste litauische Dichtung: In dem Epos »Die Jahreszeiten«, das erst Jahre nach seinem Tod erschien, schildert er sehr realistisch das Leben der leibeigenen Bauern.

Maironis, eigentlich Jonas Mačilius (1862–1932), gilt als Nationalpoet Litauens. Sein bedeutendstes Werk ist der Gedichtzyklus »Frühlingsstimmen«. In seinen Gedichten beschreibt er die litauische Landschaft, Geschichte und Mythologie voll Verehrung, doch drückt er auch eine persönliche, unbestimmte

Sehnsucht aus: »… allein das Herz findet nicht Ruh, die Hoffnung blickt nicht in seine Tiefen.« Beeinflusst war Maironis von der Romantik, geleitet vom Patriotismus. In Pasandravys, in der einsamen Žemaitija, wurde er zur Zeit der russischen Herrschaft geboren. Er wuchs auf einem kleinen Gut auf, das sein Vater gepachtet hatte. Maironis gilt als Dichter der nationalen Wiedergeburt. Er besuchte das russische Gymnasium in Kaunas, studierte in Kiew und St. Petersburg und kam dann zurück nach Kaunas, wo er an der Universität Theologie und Literatur lehrte. Seine ersten Gedichte wurden in der Zeitschrift »Aušra« (s. S. 51) veröffentlicht.

Etwa die Hälfte aller bedeutenden litauischen Romane und Dichtungen der zweiten Hälfte des 20. Jh. entstanden im Exil, und ziemlich genau die Hälfte aller Schriftsteller floh 1944 vor den Russen nach Deutschland und Amerika.

Architektur und Kunst

Nicht alle Werke der litauischen Literatur wurden von Litauern geschrieben. Der bekannteste litauische Schriftsteller ist eigentlich Pole: **Czesław Miłosz** (1911–2004). Miłosz, der zwei Jahrzehnte in den USA lehrte und 1980 den Nobelpreis erhielt, repräsentiert ein weitläufiges urbanes Denken, geprägt durch das bunte Vielvölkertreiben im Vilnius seiner Jugend, das er in seinem Essay »West- und östliches Gelände« beschreibt. »Im Tal der Issa« erzählt vom Aufwachen und Aufwachsen in Litauen. Erst Anfang der 1990er-Jahre, ein halbes Jahrhundert nachdem er das Land verlassen hatte, besuchte er die Orte seiner Kindheit wieder. Lange vor Miłosz schrieb bereits **Adam Mickiewicz** (1798–1855) in dem polnischen Nationalepos »Pan Tadeusz« schwärmerisch über Litauen.

Auch deutsche Schriftsteller verewigten ihre Heimat in der Literatur: der Memelländer **Hermann Sudermann** mit seinen »Litauischen Geschichten« und der in Tilsit geborene **Johannes Bobrowski** mit seinen »Litauischen Clavieren«.

Als Litauen 2002 Gastland der Frankfurter Buchmesse war, erregten vor allem ein Buch und eine Autorin Aufsehen: **Jurga Ivanauskaite** (1961–2007) mit ihrem Roman »Die Regenhexe«, in dem sie das Schicksal dreier Frauen beschreibt. In den letzten Jahren haben litauische Autoren auch international auf sich aufmerksam gemacht, unter ihnen der Lyriker und Romancier Sigitas Parulskis, der junge Dichter und Herausgeber Eugenijus Ališanka sowie der Dichter und Musiker Gintaras Grajauskas.

Lettland

Lettlands Nationalepos schrieb **Andrējs Pumpurs** (1841–1902): »Der Bärentöter« (Lāčplēsis) gilt bis heute als Freiheitsheld und Beschützer. Ende der 1980er-Jahre – kurz vor dem politischen Umbruch – wurde der Stoff als Rockoper mit großem Erfolg auf die Bühne gebracht.

Im deutschsprachigen Raum sind in der letzten Zeit einige Übersetzungen moderner lettischer Autoren erschienen: **Amanda Aizpuriete** prägt die lettische Literaturszene seit einem Vierteljahrhundert als Lyrikerin und Übersetzerin; sie hat durch drei bei Rowohlt erschienene Gedichtbände auch im deutschsprachigen Raum auf sich aufmerksam gemacht. Auch Prosatexte von **Janis Einfelds** und **Gundega Repše** sind auf Deutsch erschienen.

Das größte Aufsehen erregte in den letzten Jahren jedoch **Dace Rukšane** (geb. 1970). Sie gilt im eigenen Land als Paradiesvogel und Enfant terrible. Gleich mit ihrem ersten Roman »Romanze« sorgte die junge Schriftstellerin im prüden Lettland für einen Skandal, denn sie thematisierte die weibliche Erotik. Das hatte es in Lettland bis dahin nicht gegeben. Und sie hatte Erfolg damit: Ihr Erstling verkaufte sich 10 000-mal. Seither hat sie bei der größten Tageszeitung Lettlands eine eigene Sexkolumne. Aber Dace Rukšane bricht nicht nur Tabus, sie schreibt auch über Gefühle – die Gefühle einer 16-Jährigen im sowjetischen 80er-Jahre-Lettland. »Warum hast Du geweint« ist das dritte Buch von Dace Rukšane, das auch auf Deutsch erschienen ist.

Estland

Die nationale Identität der Esten ist immer wieder Thema des 1920 geborenen Erzählers **Jaan Kross** (1920–2007), Estlands berühmtestem Literaten. Seine – meist historischen – Romane wurden in mehr als 20 Sprachen übersetzt. Kross, der häufig mit Dostojewski verglichen wird, erzählt langsam und weit ausholend. In seinem bekanntesten Roman »Der Verrückte des Zaren« führt er seine Leser ins Estland des 19. Jh., das von Deutschbalten und Russen beherrscht wird. Er erzählt die Geschichte eines estnischen Barons, der sich in ein Bauernmädchen verliebt.

Im deutschsprachigen Europa ist auch das Werk von **Viivi Luik** (geb. 1946) bekannt geworden. In dem Roman »Der siebte Friedensfrühling« setzt sie sich aus der Perspektive eines fünfjährigen Mädchens mit dem Stalinismus auseinander.

Tõnu Õnnepalu (geb. 1962 in Tallinn) studierte Biologie und arbeitete eine Zeit lang als Lehrer an einer Dorfschule. Während eines Parisaufenthalts 1993/1994 entstand sein ers-

Bücherschmuggel im Litauen des 19. Jh.   Thema

Während der russischen Herrschaft kam es in Litauen 1863 zu einem erneuten Aufstand gegen das Zarenregime, das mit einer massiven Russifizierung reagierte. Litauische Bücher durften nur noch in kyrillischen Buchstaben geschrieben werden. Das 40 Jahre geltende Verbot der lateinischen Schrift bewirkte das Gegenteil: Das Bewusstsein für die eigene Sprache und Kultur entwickelte sich besonders stark.

Tilsit wurde im 19. Jh. zu einer Art Patenstadt für die nationale Bewegung in Litauen. Das hatte Tradition: Bereits der erste Katechismus in litauischer Sprache war 1547 in Ostpreußen gedruckt worden. In Tilsit wurden Bücher aller Art, Zeitschriften und Bibeln gedruckt und von Bücherträgern über den Fluss geschmuggelt. Diese Bücherträger – meist einfache Bauern – riskierten ihre Verhaftung und wurden als Helden angesehen.

1879 wurde in Tilsit eine Litauische Literarische Gesellschaft gegründet, ihre Mitglieder – unter anderem deutsche Sprachforscher – entdeckten, dass das Litauische eine alte indogermanische Sprache ist, erforschten Dialekte und ethnografische Bräuche. Schon Johann Gottfried Herder schrieb 1778 in seinem Liederbuch »Stimmen der Völker« über die litauische Sprache: »… indessen hat sie doch von der griechischen Lieblichkeit etwas an sich.«

1883 gründete der Litauer Jonas Basanavičius die Zeitschrift »Aušra« (Morgenröte), die in Tilsit gedruckt wurde und sich zu einem Weckruf für das nationale Bewusstsein in Russisch-Litauen entwickelte. Ihr Hauptthema war die Besinnung auf das kulturelle Erbe und die nationalen Werte. Den Märchen und den Dainos kamen dabei eine besondere Bedeutung zu, ebenso der Geschichte des mittelalterlichen Großfürstentums, die romantisch verklärt wurde. Im Vorwort zum ersten Heft schrieb Basanavičius: »Wie jeder gute und anständige Sohn sich um seine Eltern und Großeltern kümmert, so müssen auch wir, die Litauer der Gegenwart, dem Beispiel des guten Sohnes des alten Litauens folgen; daher müssen wir uns zuallererst mit dem Leben, dem Wesen, der Art und dem Glauben der Ahnen, mit ihren Arbeiten und Sorgen bekannt machen; indem wir ihr Leben kennenlernen, lernen wir uns selbst begreifen.« Die Worte von Basanavičius gelten heute stärker denn je, noch immer versuchen die Litauer ihre nationale Identität vor allem in der frühen Geschichte zu finden.

Die litauische Nationalbewegung nahm im Jahr 1883 ihren Anfang, allerdings stellte die »Aušra« nach ein paar Jahren ihr Erscheinen ein. 1889 folgte jedoch eine neue Zeitschrift, »Varpas« (Die Glocke), die stärker wirtschaftlich und sozial orientiert war. So versuchte man z. B. in Artikeln die Bauernsöhne dazu zu bewegen, ein Handwerk zu erlernen, oder forderte litauische Schulen.

Der Bücherschmuggel wurde zwar bekämpft, konnte aber nie gänzlich unterbunden werden. Tilsit wurde in dieser Zeit zum Herzen von Preußisch-Litauen. 1891 bis 1893 wurden an der preußisch-litauischen Grenze 37 718 Bücher beschlagnahmt, zehn Jahre später waren es sogar 56 182!

Am 7. Mai 1904 wurde der Druck von litauischen Schriften in lateinischen Lettern per Dekret wieder erlaubt. Seit der Unabhängigkeit wird der 7. Mai als »Tag des Buches« gefeiert.

Architektur und Kunst

tes Prosawerk, der Roman »Im Grenzland«, den er unter dem Pseudonym Emil Tode veröffentlichte. In Form eines lyrisch gestimmten Abschiedsbriefs erzählt er von einem jungen schwulen Esten, der als Geliebter eines reichen älteren Mannes Europa bereist und quälende Erkenntnisse gewinnt. Zuvor waren von Önnepalu drei Gedichtbände erschienen; er war auch als Übersetzer zeitgenössischer französischer Literatur ins Estnische in Erscheinung getreten. Tode lebt abseits des Literaturbetriebs auf der Insel Hiiumaa.

Die Theaterszene

Vor allem Litauen und Lettland sind in den letzten Jahren durch hervorragende Regisseure aufgefallen. »Lettland war immer unter dem Einfluss zweier Theatertraditionen: der deutschen und der russischen. Im Idealfall würden sich diese beiden in einer chemischen Reaktion verbinden. Dann ergibt es ein fantastisches Resultat«, sagt der lettische Regisseur **Alvis Hermanis** (geb. 1965), der als Shootingstar der lettischen Theaterszene gilt. Aber auch in der deutschen Theaterwelt ist Hermanis inzwischen ein umworbener Künstler. Seit er das Jaunais Rīgas Teatris (Neue Rigaer Theater) leitet, sind die Vorstellungen dort schon zwei Monate vorher ausverkauft. Obwohl er viele Anfragen aus dem westlichen Ausland hat, inszeniert er höchstens zweimal pro Jahr außerhalb Lettlands.

Der interessanteste litauische Regisseur ist **Oskaras Korsunovas** (geb. 1969), der 1998 das Oskaras-Korsunovas-Theater als unabhängige Bühne experimenteller Theaterformen gründete. Auch international ist Korsunovas sehr gefragt. Sein beeindruckendes künstlerisches Spektrum reicht von provokanten Inszenierungen zeitgenössischer Dramatiker (Ravenhill, von Mayenburg, Stefanowsky) über innovative Bühnenbearbeitungen russischer Prosa (Bulgakov, Charms) bis zu aktuellen Interpretationen der Klassiker (»Der Meister und Margarita« und »Ein Sommernachtstraum«). In seiner Version von Shakespeares »Romeo und Julia« befasst

sich Korsunovas mit dem Thema politisch inkorrekter Liebesleidenschaft und ihres Potenzials für soziale Umwälzungen und Veränderungen. Seine Vorstellungen sind regelmäßig ausverkauft und das Publikum tobt vor Begeisterung.

Auch die Esten lieben das Theater! Jährlich besuchen in Estland mehr Menschen ein Theater, als das Land Einwohner zählt. Und vielfältig ist sie – die darstellende Kunst im nördlichsten der baltischen Staaten! Es gibt estnisches und russisches Schauspiel, große Oper, Operette, Ballett und auch Jugend- und Puppentheater. Mit etwa 70 Neuinszenierungen und mehr als 4500 Vorstellungen im Jahr ist die Leistung der zwölf festen Theatertruppen des Landes beträchtlich. In letzter Zeit hat sich Tallinn zu einem international beachteten Zentrum der Tanzavantgarde und des experimentellen Theaters gemausert.

Von Klassik bis Rock

»Ich glaube, die Leute waren sehr zufrieden mit mir – und ich stolz auf Lettland«, sagte Marie Naumova, die russischstämmige Lettin, die 2002 im Nachbarland Estland als Marie N den Grand Prix d'Eurovision mit »I Wanna« gewann. Ihr verdankt Riga, dass es 2003 Musikhauptstadt Europas wurde.

Singen ist in Lettland – ebenso wie in Litauen und Estland – eine Art Nationalsport. In Riga wurde das Musikleben traditionell von der Kaufmannsgilde gefördert, der seit dem 13. Jh. nur Deutsche angehörten. Richard Wagner arbeitete von 1837 bis 1839 als Kapellmeister an der Rigaer Oper, komponierte hier »Rienzi« und entwickelte auf einer stürmischen Überfahrt gen Westen auf der Ostsee die Idee zum »Fliegenden Holländer«. Auch Clara Schumann und Franz Liszt gaben Konzerte in der nördlichen Metropole.

Nach der lettischen Unabhängigkeitserklärung 1918 gab die gerade neu geschaffene Lettische Nationaloper am 23. Januar 1919 ihre erste Vorstellung: »Der fliegende Holländer« von Richard Wagner. Dieser Tag gilt als ›Geburtstag‹ der Rigaer Oper. Heute werden jedes Jahr drei bis vier Opern und drei Ballettaufführungen auf die Bühne gebracht. Und seit 1998 wird alljährlich ein Opernfestival organisiert (s. S. 44).

Aus Riga stammt auch der Geiger **Gidon Kremer**. Im Jahr 1947 wurde er als Kind einer deutsch-schwedisch-lettisch-jüdischen Musikerfamilie geboren. An der Musikschule in Riga lernte er bei Voldemar Sturesteps, gewann mit 16 Jahren den ersten Preis der lettischen Republik und studierte ab 1965 acht Jahre lang am Moskauer Tschaikowski-Konservatorium bei David Oistrach.

Als Kremer 1970 Sieger des Tschaikowski-Wettbewerbs wurde, ließ man ihn für Auftritte nach Budapest und Wien reisen. 1975 debütierte er mit sensationellem Erfolg in Deutschland und begann eine internationale Karriere. Er erkämpfte sich als erster sowjetischer Künstler das Recht, im Westen zu leben, ohne ausgebürgert zu werden. 1997 gründete er die Kremerata Baltica, ein Streichorchester mit jungen Musikern aus den baltischen Staaten (s. S. 46, 255).

Einer der bedeutendsten Komponisten Estlands ist **Arvo Pärt** (geb. 1935), der 2008 für seine originelle Musik, die von spirituellen Grundtönen geprägt ist, mit dem dänischen Léonie-Sonning-Musikpreis ausgezeichnet werden wird. Arvo Pärt ist vor allem durch seine Weiterentwicklung gregorianischer Gesänge bekannt geworden. Er wurde in seiner damals zur Sowjetunion gehörenden Geburtsstadt Tallinn ausgebildet und zog 1980 nach West-Berlin, wo er bald zu einem Guru der zeitgenössischen Musik avancierte. »Neue Einfachheit« ist das Stichwort, mit dem man Pärts Musik charakterisieren kann. Er schuf die Basis für ein modifiziertes Verständnis von musikalischer Modernität, das längst von jungen estnischen Kollegen wie Lepo Sumera oder Erkki-Sven Tüür in andere Richtungen weitergeführt wird.

Estlands weiteres Klassik-Musikereignis ist blond und attraktiv und existiert gleich zweimal: Die Zwillinge **Anu** und **Kadri Tali** (geb. 1972) gründeten 1997 das Estnisch-Finnische Symphonie-Orchester mit dem Ziel, kulturelle Kontakte der zwei nordischen Nachbarländer zu fördern. Etwa fünf Mal im Jahr bringen sie junge Musiker und erfahrene Profis aus den führenden Orchestern Estlands und Finnlands zusammen, um den Austausch zwischen unterschiedlichen Traditionen und spieltechnischen Niveaus zu ermöglichen. Kadri organisiert und Anu dirigiert. Das Debüt-Album des Orchesters brachte Anu Tali 2003 den renommierten Echo Klassik als »Young Artist of the Year« ein. Inzwischen gehören Musiker aus allen Ländern des nördlichen Europas zur Besetzung des Orchesters, das nun folgerichtig Nordic Symphony Orchestra heißt. Neben der Arbeit mit dem Nordic Symphony Orchestra tritt die Dirigentin auch mit europäischen und amerikanischen Orchestern auf.

Die 1975 geborene **Hedvig Hanson** ist als Jazzsängerin in ihrer Heimat Estland schon seit einigen Jahren ausgesprochen populär und eroberte 2003 mit ihrem internationalen Debüt »What Colour Is Love?« auch das Publikum im restlichen Europa. Hansons Musik ist u. a. von Soul, Funk, lateinamerikanischer und afrikanischer Musik geprägt.

Und in Litauen? Hier sind es neben den Werken des bekannten Komponisten **Mikalojus K. Čiurlionis** (1875–1911; s. S. 150) vor allem die Jazzfestivals, die große Aufmerksamkeit auf sich ziehen. Schon während der Sowjetzeit – in den Jahren des ›Tauwetters‹ nach Stalins Tod – entwickelte sich Litauen zur Wiege des sowjetischen Jazz.

Die junge Kunstszene

Gemeinsamkeiten und Unterschiede

So wie es kein kulturhistorisch einheitliches Gebilde Baltikum gibt, existiert auch keine spezifisch baltische Kunst. Als einziger übergreifender Nenner könnte dafür der sozialistische Realismus in der jüngeren Geschichte gelten. Aber gerade in den baltischen Republiken stieß diese von den Fremdherrschern oktroyierte Doktrin auf eine starke Ablehnung und bewirkte das Gegenteil zu dem zentralistisch angestrebten Internationalismus sow-

Mehr als nur Volkslieder: die lettischen Dainas

Die Dainas – kurze, meist vierzeilige Verse – bilden die Grundlage für die traditionellen Volkslieder der Letten. Sie stellen das bedeutendste kulturelle Erbe Lettlands dar und wurden von den Vorfahren der heutigen Letten jahrhundertelang nur in mündlicher Form überliefert.

Viele Menschen sind bereits stolz, wenn sie einige wenige Volkslieder auswendig vortragen können, und finden es – besonders zu Weihnachten – schön, sich auf eine Tradition berufen zu können. Bei den Letten verhält es sich etwas anders. Für sie sind die Dainas kein Schmuckwerk, das man zu besonderen Anlässen gerne hervorholt, sondern sie sind ihr Lebenselixier – und zwar das der gesamten lettischen Nation.

Der Stellenwert der Dainas in Lettland kann gar nicht hoch genug eingeschätzt werden. Es heißt auch, die Dainas seien das Archiv oder die Enzyklopädie der lettischen Geschichte und Kultur. Denn weil die Letten überwiegend auf dem Land lebten – die Städte waren hauptsächlich von Deutschen bewohnt –, besaßen sie lange Zeit keine Schriftkultur. Die Dainas, die gesungenen vierzeiligen Kurzgedichte, waren also die einzige Möglichkeit, die eigenen Mythen, Geschichten und Werte zu überliefern.

Die Gründe, warum sich diese Kultur gerade in Lettland erhalten konnte, liegen vermutlich in der mehr als 700 Jahre andauernden Periode deutscher Kolonisierung, in der die Entstehung jeglicher nationaler Kultur bereits im Keim unterdrückt wurde. Das gesamte schöpferische Potenzial legten die Letten daher in das Volkslied, in dem sie ihre philosophische Weltsicht, ihre naturwissenschaftlichen Erkenntnisse, ihre Poesie, ihr Leid und ihre Freude ausdrücken konnten.

Der hohe Wert der Dainas liegt auch darin, dass sie kaum durch die christliche Religion manipuliert wurden, wie es bei den folkloristischen Traditionen anderer Völker der Fall war. Dadurch geben sie den Blick frei auf die frühe indogermanische Sprach- und Kulturgeschichte. Vor allem die Lieder über die Jahresbräuche und die Mythologie beschreiben ganz ausgezeichnet die archaischen Weltvorstellungen der indoeuropäischen Völker. Aus diesen Gründen dienen die Lieder immer wieder auch Wissenschaftlern als Informationsquelle.

Während des Nationalen Erwachens (Atmoda), der lettischen Unabhängigkeitsbewegung im 19. Jh., erkannte man, dass dieses wichtige lettische Kulturgut verloren gehen könnte, und begann daraufhin, Material zu sammeln. Die Zusammenstellung der Dainas übernahm Krišjānis Barons (1835–1923), der sich eigens dafür einen Archivierschrank mit unzähligen kleinen Schubladen anfertigen ließ, worin er die Liedtexte, in verschiedene Kategorien sortiert, aufbewahrte. Zwischen 1895 und 1915 erschien dann von ihm das sechsbändige Werk »Latvju Dainas«, die bis heute bedeutendste Sammlung lettischer Dainas. Bis zum heutigen Tag wurden etwa 1,2 Mio. Dainas zusammengetragen – und das bei einer Bevölkerungszahl von nur rund 2,3 Mio. Menschen. Mittlerweile gibt es auch eine Internetseite, auf der Dainas nachzulesen sind – allerdings nur auf Lettisch (www.dainuskapis.lv). Der Schrank von Krišjānis Barons wurde im September 2001 in die Liste der Weltkulturgüter der UNESCO aufgenommen.

Während der ersten Unabhängigkeit in den 20er- und 30er-Jahren des 20. Jh. bemühte man sich intensiv darum, den im 19. Jh. eingeschlagenen Weg fortzusetzen und eine eigenständige lettische Kultur zu formen. Unter der Sowjetherrschaft wurde die lettische Volksliedkultur dann pervertiert, indem man das »sozialistische Daina« erfand und die Liederfeste in gigantische Massenveranstaltungen umwandelte. Im Rigaer Bezirk Mežaparks richtete man 1955 eine Freilichtbühne für 30 000 Zuschauer und 12 000 Sänger ein. Während des Widerstands gegen die Sowjetbesatzung Ende der 1980er- und Anfang der 1990er-Jahre spielte das kollektive Singen eine außerordentlich wichtige Rolle. Nicht zuletzt deshalb wurden die friedlichen Proteste mit dem Beinamen »Singende Revolution« bedacht (s. S. 32).

Auch heute haben die Volkslieder nichts von ihrer Bedeutung verloren. Bei jedem nur möglichen Anlass werden sie gesungen, in der Schule stehen sie auf dem Lehrplan und in der Literatur, Kunst und Musik werden sie vielfältig zitiert. Eine anerkannte Autorität in der Daina-Forschung ist übrigens auch die gegenwärtige lettische Präsidentin Vaira Vīķe-Freiberga. Sie arbeitete lange Zeit als Ethnologin im Exil in Kanada und veröffentlichte gemeinsam mit ihrem Ehemann Imants Freibergs Forschungsarbeiten über die Poetik und Struktur der lettischen Dainas.

Gesammelt und geordnet: Krišjānis Barons trug rund 200 000 Dainas zusammen

jetischer Prägung: Umso intensiver wandte man sich den lokalen Traditionen zu. So können die Traditionspflege und eine überwiegend skeptische Haltung dem Realismus gegenüber in der inoffiziellen Kunst aller drei Länder als eine Form stillen Widerstands gegen das sowjetische System und seine Okkupation bewertet werden. Beispielsweise knüpfte die litauische Malerei an den Expressionismus der ersten Republik an, die lettische Kunst entwickelte eine raffinierte Formensprache und die Esten setzten sich mit der lokalen Überlieferung des Konstruktivismus auseinander.

In der lettischen wie auch der litauischen Fotografie dominierte der Ansatz des entscheidenden Augenblicks, in Estland verschrieb man sich dagegen den Experimenten: Dort etablierte sich relativ früh die sogenannte Kunst mit Fotografie. Vor allem die baltischen Triennalen für Malerei in Vilnius und für Grafik in Tallinn trugen als wichtige, nach dem Vorbild westlicher Großausstellungen ausgerichtete Schauen zur Pflege einzelner Gattungen im Kontext der jeweiligen nationalen Kunstszene bei.

Nach der Wende

Die politische Wende hat in allen drei Ländern einen Strich durch die gehüteten Kunsttraditionen gezogen. Was die sowjetische Ideologie mit Gewalt nicht erreichen konnte – eine ihr genehme Internationalisierung –, streben die Künstler nunmehr aus freien Stücken an: Man möchte nicht mehr einer nationalen, sondern der internationalen Kunstszene angehören. Jüngere, erfolgreiche Künstler beschäftigen sich vorrangig mit neuen Medien. Dies bedeutet einen viel härteren Bruch mit der Tradition als in der westlichen Nachkriegskunst. Denn bis in die Mitte der 1990er-Jahre hinein arbeiteten die Künstler im Baltikum – wie im übrigen kommunistischen Raum –, zensurbedingt und von der internationalen Kunstentwicklung isoliert, fast ausschließlich in klassischen Gattungen: Malerei, Grafik und Skulptur. Nach der Wende hat sich die Situation umgekehrt. So findet sich

Begegnung mit der Moderne: Zentrum für zeitgenössische Kunst in Vilnius

beispielsweise in der litauischen Malerei, die für die sowjetischen Verhältnisse sehr kultiviert und fortschrittlich war, keine nennenswerte Nachfolge. Gerade jetzt, wo der ehemalige Osten mit Erfolgen zum Beispiel polnischer Malerei und der jungen Leipziger Schule auftrumpft, präsentiert man auf wichtigen internationalen Ausstellungen nur neue Medien aus dem Baltikum.

Video, Installation und Fotografie

Zu den angesagtesten Medien gehören in Litauen, Lettland und Estland vor allem Video, Installation und Fotografie. Sie scheinen zurzeit über das brauchbarste und handlichste Instrumentarium für die Analyse der sich schnell wandelnden Gesellschaft zu verfügen und sind für solche Zwecke in der Einfachheit ihrer technischen Handhabung sowie in der Unmittelbarkeit ihrer Aussage traditionellen Künsten überlegen. Man bedenke, dass es im offiziellen, öffentlich verordneten Leben und Bewusstsein der Sowjetbürger keine ernsthaften sozialen Probleme geben durfte: keine Arbeitslosigkeit, Armut, Ungleichheit, Fremdenfeindlichkeit … Umso belastender sind sie über die Nachwendegesellschaft hereingebrochen. Damit hat sich für die Kunst des ehemaligen Ostens ein vorher unbekannter Themenkreis aufgetan, zumal die Künstler selbst als eine der betroffenen Sozialgruppen die Veränderungen früh zu spüren bekamen.

Als ein besonders markantes Beispiel dieser sozial geprägten Nachwendekunst kann das in Deutschland wohl bekannteste Video aus dem Baltikum, »A Loser« (1997) der Estin Kai Kaljo (geb. 1959), gelten. Vor der laufenden Kamera zählt die Künstlerin darin die auf den ersten Blick marginalen Umstände ihres täglichen Lebens auf: Beruf, Familie, Wohnen. Als Hochschullehrerin verdient Kaljo so wenig, dass sie sich mit ihren 37 Jahren keine eigene Wohnung leisten kann und immer noch bei der Mutter wohnt. Der Monolog der Künstlerin ist mit Lachkonserven aus Comedysoaps unterlegt. Ein solches künstlerisches Statement hat natürlich nichts spezifisch Estnisches bzw. Baltisches und

könnte einer jeden Gesellschaft entstammen, die nach großen Umwälzungen von wirtschaftlichen und sozialen Problemen heimgesucht wird.

Lebensbedingungen der Künstler und Kunstmarkt

Mittlerweile ist aber der erste Schock über die neue Armut im Baltikum überwunden. Obwohl in allen drei Ländern immer noch kein nennenswerter Kunstmarkt existiert, haben sich vor allem die jüngeren, international erfolgreichen Künstler die Strategien des Überlebens angeeignet. Die Möglichkeit, künstlerisch arbeiten zu können, sichern sie sich aber nicht wie ihre westeuropäischen Kollegen durch Verkäufe oder gut bezahle Lehraufträge, sondern durch Aufenthalte in Künstlerresidenzen im Ausland und durch staatlich subventionierte internationale Ausstellungsprojekte. Immer mehr finanzielle Unterstützung gibt es auch in den Heimatländern: Preise und Stipendien werden von den jeweiligen Kultusministerien und Kulturfonds vergeben. Die führende Bankengruppe im Baltikum, die schwedisch-estnische Hansabank, hat 2003 einen prestigeträchtigen jährlichen Kunstpreis für den besten zeitgenössischen Künstler der baltischen Länder ausgerichtet. Bisher wurde er an drei vorrangig mit Video und Installation arbeitende Künstler vergeben: 2003 erhielt ihn Arturas Raila (geb. 1967) aus Litauen, 2004 der Lette Gints Gabrans (geb. 1970) und 2005 der Este Mark Raidpere (geb. 1975), der im selben Jahr auch sein Land auf der 51. Biennale in Venedig vertrat.

Die soziale Thematik, die vor der Wende als Teil der staatskonformen sozialistischen Kunst verpönt war, findet immer mehr Anhänger in der Kunst, beispielsweise in der Person der Litauerin Egle Rakauskaite (geb. 1967), die früh durch selbstreflektive Körperaktionen (»Im Honig«, 1996, »Im Fett«, 1998) international bekannt wurde. In einer ihrer neuesten Videoinstallationen beschäftigt sie sich mit dem Massenkonsum. Bereits der Titel »Meine Adresse ist nicht die Straße und nicht das Haus, sondern der Supermarkt …« (2004), der ein populäres sowjetisches Lied paraphrasiert, um-

Architektur und Kunst

schreibt das Anliegen der Künstlerin: Litauen ist ein Land der riesigen, bis tief in die Nacht geöffneten Supermarktketten. Die Geschäfte werden nicht nur für den Einkauf benutzt, sondern auch zwecks Freizeitverbringung aufgesucht. Nicht umsonst heißt der größte und populärste Supermarkt Litauens »Akropolis«.

Mit Massenmedien und Popkultur beschäftigt sich dagegen der Lette Gints Gabrans. Seine vier Jahre lang produzierte Videodokumentation »Starix – How to get on TV« (2004) ist nach dem Muster von Dokusoaps und Realityshows konstruiert. Der Künstler hat sich von der Straße in Riga einen Obdachlosen geholt, den er in einen dandyhaft durchgestylten Star der TV-Talkshows verwandelte.

Begegnung mit baltischer Kunst

Alle oben genannten Projekte wurden bereits in Westeuropa, u. a. auch in Deutschland, präsentiert. Möchte man aber die Kunstszene des Baltikums vor Ort kennenlernen, sollte man neben Insiderinformationen auch etwas Glück mitbringen, denn es könnte passieren, dass gerade zur Zeit des Besuches dort nur große Schauen mit bekannten internationalen Namen und Trends laufen – den überall gleichen Modeketten der Fußgängerzonen nicht unähnlich. Vor allem die größte Ausstellungshalle des Baltikums, das Zentrum für zeitgenössische Kunst (CAC) in Vilnius, ist auf solche Events spezialisiert. Allerdings werden im CAC parallel zu den großen internationalen Ausstellungen auch Projekte einheimischer Künstler vorgestellt.

Galerien und Museen

Die Präsenz der eigenen Künstler wird im Baltikum durch das Fehlen eines intakten Kunstmarktes eingeschränkt. Im Gegensatz zum Beispiel zu Deutschland gibt es dort keine vielfältige Galerienlandschaft. Eine private Galerie kann es sich nicht leisten, nichtkommerzielle Kunst, wozu vor allem die neuen Medien gehören, regelmäßig auszustellen. Wenn auch der Typus der Galerien bzw. der sogenannten Kunstsalons langsam verschwindet, in denen man neben der bilden-

den Kunst auch Schmuck, Keramik, Glas, Leder- und Holzarbeiten kaufen kann, so bleiben doch die meisten privaten Kunstvermittler an gefälligerer und dekorativer Kunst, meist Malerei, orientiert.

Zu den Ausnahmen gehören einige wenige kommunale Ausstellungsräume, so vor allem in Tallinn, wo die in der Altstadt gelegene Kunsthalle mit zugehöriger Galerie sowie die Stadtgalerie und die Galerie des Künstlerverbandes des Öfteren junge einheimische, mit neuen Medien arbeitende Künstler vorstellen. Estland scheint ohnehin zurzeit führend in diesem Bereich zu sein. Das im Februar 2006 in Tallinn eingeweihte Museum für Moderne Kunst (KUMU) ist das erste seiner Art im Baltikum. Das wegen der Lage außerhalb des Zentrums und wegen der Architektur (des finnischen Architekten Pekka Vapaavuori) nicht unumstrittene Gebäude bietet neben den Sammlungen estnischer Kunst seit dem 18. Jh. auch ausreichend Platz für Wechselausstellungen zeitgenössischer Kunst.

Die Situation ändert sich zurzeit: In den Räumen des ehemaligen Revolutionsmuseums wurde 2009 die litauische Nationalgalerie eröffnet. Der Bau konnte sich gegenüber einem simplen Neubau durchsetzen, die litauischen Architekten haben das aus den 1980er-Jahren stammende Gebäude behutsam den Bedürfnissen eines modernen Museums angepasst. Die renommierte Architektin Zaha Hadid hat den Wettbewerb für eine zu bauende Guggenheim-Filiale am Ufer der Neris gewonnen. Ob das ambitionierte Projekt aber jemals realisiert werden kann, steht in den Sternen. In absehbarer Zeit soll junge zeitgenössische Kunst im Rahmen des Kulturhauptstadtprogramms in Litauen an erster Stelle gefördert werden.

Das 1905 erbaute staatliche Kunstmuseum in Riga gehört mit seiner vorzüglichen Sammlung lettischer Moderne ohnehin zu den sehenswertesten Kunstorten des Baltikums.

Giedre Bartelt

Giedre Bartelt wurde in Kaunas (Litauen) geboren; sie betreibt in Berlin eine Galerie mit dem Schwerpunkt Kunst aus Nordosteuropa.

Die baltische Küche knüpft heute wieder an alte Traditionen baltischer Kochkunst an: raffinierte Kartoffelgerichte, geräucherte, aber auch fangfrische Fische aus den Seen, Flüssen und dem Haff, Wild und Pilze aus den heimischen Wäldern – in jeder Region kann man kulinarische Spezialitäten genießen.

Die baltische Küche – eine Bauernküche

In allen drei baltischen Staaten wurden die ursprünglichen Bewohner bis ins 19. Jh. hinein von den Adligen wie Leibeigene behandelt und mussten harte Arbeit auf dem Feld, in den unendlichen Wäldern und in den Ställen verrichten. Deshalb wurden nahrhafte, anspruchslose Gerichte zubereitet – im Sommer häufig auch kalte Speisen, die mit hinaus aufs Feld genommen wurden. Bis heute gehören zur Küche des Baltikums eine Vielzahl kalter, mittlerweile verfeinerter Gerichte, z. B. Sülzen und Salate, daneben verschiedenste Backwaren sowie frische Milchprodukte aller Art.

Auch der Waldreichtum des Baltikums spiegelt sich in der Küche wider – z. B. in einer großen Vielfalt an Pilzgerichten. Beeren spielen – eingelegt, eingekocht oder als Gewürze – eine große Rolle und an Feiertagen wird Wild aufgetischt. Gehaltvolle Suppen und Eintöpfe werden auch heute noch nach Großmutters Rezepten zubereitet, ebenso Geräuchertes und Geselchtes. Viel Wert wird auf frische Zutaten gelegt, die direkt aus dem Wald, dem eigenen Gärtchen, dem Stall oder vom Bauernmarkt kommen.

Die baltische Küche orientiert sich an den Jahreszeiten: Im frostigen Winter sind die Speisen deftig und einfach; sie kommen aus dem Backofen und wärmen Herz und Seele. Im Sommer hingegen wird angerichtet, was leicht und erfrischend ist, geschnitzeltes Gartengemüse etwa, frische Salate in allen Variationen, mit einem Klacks köstlicher saurer Sahne, mit Essig und Öl oder einfach à la nature.

Im gesamten Baltikum wird heute dreimal täglich, meist warm, gegessen. Der Tag beginnt mit einem kräftigen Frühstück mit warmen Würstchen oder Eierspeisen, das Mittagessen besteht häufig aus einer Suppe und einem Fleischgericht; vor allem Schweinefleisch ist beliebt. Das Abendessen fällt meist etwas weniger üppig aus.

Aufgrund der historischen Entwicklung in allen drei Ländern ist die Küche stark beeinflusst von deutschen, russischen und auch schwedischen Traditionen: Man denke nur an die vielen verschiedenen Kohlgerichte mit Schweinefleisch, die eher auf deutschen Einfluss schließen lassen, an die aus Russland stammenden Rote-Bete- und unterschiedlichsten Kohlsuppen oder an die eingelegten Heringe und Sprotten, die denen aus Skandinavien in keinster Weise nachstehen.

Wie wird heute zu Hause gekocht?

Bei Litauern, Letten und Esten – besonders der jüngeren Generation – wird zu Hause durchaus auch italienisch, französisch oder japanisch gekocht; überall ist man kulinarischen Neuerungen gegenüber aufgeschlossen. Vorbei sind die Zeiten, als lediglich Kohlpiroggen und Sauerkraut mit Fleisch auf den häuslichen Tisch kamen. Heute kann in den

59

drei baltischen Staaten jeder, der gern kocht, ein internationales Kochbuch konsultieren – für alle Köstlichkeiten findet er in seinem Land die entsprechenden Zutaten: im Supermarkt nebenan oder in kleinen Gewürzläden, im Indialaden oder in schicken französischen Essboutiquen. Dies gilt natürlich in erster Linie für die Städte. Dafür findet man auf dem Land gute Metzger und Bäcker, die das Brot noch nach herkömmlicher Art backen. Sehr populär sind derzeit im gesamten Baltikum TV-Kochsendungen, in denen neben lokalen Größen auch schon einmal ein Meisterkoch aus Frankreich auftritt.

Geselliges Beisammensein

Die meisten Einwohner der drei baltischen Länder essen und trinken gern – am liebsten in großer Runde. Sie sind traditionell sehr gastfreundlich: Dem Gast wird nur das Beste serviert – und das besonders großzügig. Wer einmal zu Freunden nach Hause eingeladen wird, sollte sich auf einen längeren Abend mit einem großen Angebot an Speisen und Getränken einstellen. Und wer zu Weihnachten bei litauischen Freunden eingeladen wird, der sollte vorher unbedingt eine Weile hungern, denn zum Weihnachtsessen in Litauen gehören zwölf Gerichte, für jeden Monat eines. Die Litauer sehen es nach wie vor als eine Ehre an, dem Gast ständig neu aufzutun. Die legendären russischen Trinksitten sind dagegen heute nicht mehr so verbreitet.

»Ehre das Brot, es ist älter als du«

So lautet ein estnisches Sprichwort. Roggenbrot darf auf keinem Tisch in Estland fehlen, und noch heute, im Zeitalter florierender Supermärkte, gibt es in Estland viele Bäckereien, über deren Tür eine goldene Brezel hängt und die Brotköstlichkeiten aus verschiedenen Getreidesorten anbieten. Sogar Gerstenbrot wird wieder gebacken, ganz so

Frisches Gemüse und Obst aus Garten und Wald wird vielerorts an Straßenständen verkauft

wie früher bei den armen Bauern – sehr gesund, wenn auch etwas gewöhnungsbedürftig. Haferkekse werden ebenfalls, besonders in der Weihnachtszeit, überall gebacken. Und nicht zu vergessen, wenn es um Kohlehydrate geht: das Kamamehl, das aus verschiedenen Getreidesorten besteht und im Sommer, mit Sauer- oder Dickmilch gemischt, ein nahrhaftes, erfrischendes Getränk ist.

In Lettland wird ebenfalls viel Wert auf gutes Brot gelegt. Überall gibt es dunkles, mit Kardamom gewürztes Brot zu kaufen; es wird zu allen Speisen gereicht und in den Dörfern auch heute noch nach eigenen Rezepten selbst gebacken. Die Litauer haben es mit ihrer traditionellen Brotkultur sogar bis in die Schweiz gebracht: Auch dort kann man heute das dunkle, etwas süßlich schmeckende frische Brot in kleinen Spezialläden kaufen.

Kaffeekultur und Süßigkeiten

Die Vorliebe für Süßes ist weit verbreitet. Die Balten frönen der süßen Leidenschaft gern in besonderer Atmosphäre: Gerade in den großen Städten findet man viele Türen, die in gemütliche Cafés führen. Hier wird bei gutem Kaffee – den schon die Hanseaten schätzten und fleißig importierten – so manche mit Beeren gefüllte Sahnetorte, so mancher Butterkeks verzehrt. Oft kann man übrigens auch herzhafte Speisen oder kleine Snacks bestellen.

Kalorienzählen steht in den Cafés in jedem Fall nicht auf der Tagesordnung. Hier werden auch Konfekt und feinste Schokoladen nach alten Rezepten hergestellt. Dem konnte auch die Sowjetmacht nichts anhaben, im Gegenteil: Zu hohen kommunistischen Feiertagen mussten die seinerzeit staatlichen Kaffeehäuser und Schokoladenfabriken Sonderschichten fahren, um die Lust nach Süßem so mancher Genossin der Nomenklatura zu befriedigen. Jedes Land hat seine eigene Süßigkeitenmarke. In Estland heißt das Traditionshaus Kalev nach dem estnischen Nationalepos »Kalivipoeg«. Die entsprechende lettische Marke heißt Laima, das bedeutet

Essen und Trinken

Glück, und Litauen steht dem mit seiner Confiserie Rūta in nichts nach. In ganz Litauen kann man außerdem ein wahrhaft königliches Gebäck kaufen, das aus einem mit viel Eiern gerührten Teig in Form eines Tannenbaums gebacken wird – es heißt Šakotis.

Schinken und andere Köstlichkeiten

In Estland wird auf dem Land auch heute noch viel geräuchert; wegen des feuchten Klimas kennt man hier keine Lufttrocknung von Fleisch. Schinken wird mit Wacholder geräuchert, Würste aus Schweinefleisch oder sogar Wild sind beliebte Snacks zu einem Bier.

Sult, als Kalbssülze oder Fleisch in Aspik, ist der Stolz der Esten. Nahezu jede Familie verfügt über ein Geheimrezept, das in jedem Fall ziemlich aufwendig ist: Schweinefüße, Kalbsschulter, Zwiebeln und Möhren werden gekocht, abgekühlt, abgeschmeckt, gestürzt und aufgeschnitten als Vorspeise gereicht. In vielen Tallinner Restaurants findet man es auf der Tageskarte; auf dem Land aber, in bescheiden anmutenden Gasthäusern, kann dieses Gericht unvergesslich sein.

Estnische Frikadellen aus einer speziellen Mischung verschiedener Fleischsorten, die flach geklopft und in der Pfanne gebraten werden, haben eine gewisse Ähnlichkeit mit den etwas kleineren Hackklößchen, die in Skandinavien serviert werden.

Auch die Litauer sind geradezu Meister in der Technik des Haltbarmachens von Fleisch. Aus den dunklen Wäldern werden verschiedenste Laubhölzer gesammelt, mit denen langsam, lange und zart geräuchert wird. So hängt z. B. die kugelrunde Mettwurst monatelang im Rauchfang über Erlenholz.

Die Litauer lieben Kartoffelgerichte – es gibt an die 70 verschiedene Rezepte, den Erdapfel zuzubereiten. Typisch sind die Cepelinai – mit Fleisch gefüllte, gekochte Kartoffelklöße. Ihren Namen erhielten sie aufgrund ihrer Ähnlichkeit mit den alten Flugschiffen, den Zeppelinen. Von Region zu Region werden sie unterschiedlich zubereitet und mal mit Speck, Pilzen oder Zwiebelmischungen gefüllt.

Besonders in der litauischen Küche ist der Einfluss der jüdischen Küche auch heute noch groß: Kugelis z. B. ist ein wohlschmeckender Leckerbissen aus geriebenen Kartoffeln, Zwiebeln und Eiern. Man denkt an Kartoffelpuffer, doch die Zubereitung ist weitaus raffinierter. Das Gelingen hängt immer auch von der richtigen Kartoffelsorte ab.

In der lettischen Küche kann man den skandinavischen Einfluss in puncto Fischzubereitung schmecken: Geräucherte Strömlinge, Barsch, Zander und Neunauge werden heute wieder geschätzt, nachdem die Fischzubereitung an der lettischen Küste in den Jahren der sowjetischen Herrschaft etwas in Vergessenheit geraten war. Und die Sprotten aus Riga, die lange Zeit nur in der Sowjetunion käuflich zu erwerben waren, sind heute wieder – in Dosen verpackt – ein beliebtes Mitbringsel. In Riga über den Markt zu gehen ist vor allem für Krautliebhaber ein Genuss: An jedem Sauerkrautstand kann man ein anderes gewürztes Kraut probieren, alle nach ureigenen Rezepten angerichtet. Die Blinys, ein köstliches Relikt aus der russischen Küche, sind in Lettland so zart und dünn wie feinste Crêpes in Frankreich, werden aber aus Buchweizen zubereitet. Herzhaft oder süß gefüllt können sie eine ganze Mahlzeit ersetzen.

Was wird getrunken?

Kaffee wird im gesamten Baltikum in großen Mengen genossen. Heutzutage gibt es, wie überall, die einschlägigen Kaffeehäuser mit raffinierten Kaffeesorten. Traditionell wird auch viel Tee getrunken. Auf dem Land sollte man Tee aus selbst angebauten Kräutern probieren: Hier gibt es noch recht viele geheime Mischungen, die so manches Leiden lindern.

Mit einem Gläschen estnischen Gin von der Insel Saaremaa oder einem Gläschen Klarett, einem nach streng gehüteten Rezepten hergestellten Kräuterschnaps, wird in Estland die Mahlzeit abgeschlossen. In Lettland bevorzugt man den Riga-Balsam (Rīgas melnais balzāms), einen Kräuterlikör, der als Allheilmittel gilt und früher nur in Apotheken verkauft wurde. Auch heute noch hilft er mindestens gegen Erkältungen. Selbstverständlich gibt es auch Wein und gerade in den größeren Städten erfreuen sich Wein-Degustationen und schicke Weinhandlungen zunehmender Beliebtheit. Aber ein kühles baltisches Bier, frisch gezapft, ergänzt nicht nur die typisch ländliche Küche aufs Beste. Jedes Land verfügt heute wieder über eigene kleinere Bierbrauereien, die an alte Traditionen anknüpfen. Denn Bier ist heute, wie einstmals, das Lieblingsgetränk der Balten – beispielsweise das »Cēsu« in Lettland, das recht kräftige »Utenos« in Litauen und das »Skolis« in Estland.

Im Restaurant

In allen größeren Städten des Baltikums kann man rund um die Uhr einheimische oder internationale Küche genießen. Die Preise sind noch recht moderat, besonders auf dem Land ist ein Restaurantbesuch sehr preiswert. Luxusrestaurants und Restaurants der Spitzenklasse haben dagegen, wie überall, ihren Preis, und es wird stets großer Wert auf Qualität und guten Service gelegt.

Selbst preiswerte Imbissketten werden ständig auf ihre Qualität hin überprüft – hier stimmt das Preis-Leistungs-Verhältnis. Neuerdings gibt es auch einheimische Restaurant- und Imbissketten, wie in Litauen das Čili und in Lettland die Lido-Kette. Hier bekommt man Landesspezialitäten, auf deren sorgfältige Zubereitung viel Wert gelegt wird. Überhaupt bemüht man sich zunehmend um ein Speisenangebot aus ökologischem Anbau und artgerechter Tierhaltung.

In den großen Städten ist das Angebot gepflegter Restaurants in letzter Zeit besonders groß geworden. Dort ist man um eine Verfeinerung der traditionellen Küche oder Hausmannskost bemüht – mit Erfolg: Viele einheimische Restaurants sind in der Spitzensaison abends nahezu ausgebucht, sodass sich in jedem Fall eine vorherige Tischreservierung

empfiehlt. Italienische Köche sind gerade in Riga und Tallinn en vogue, in Vilnius bevorzugt man die leichte französische Nouvelle Cuisine in der Spitzenpreisklasse. Aber alles ändert sich rasant – und an der Stelle des geliebten italienischen Restaurants kann sich morgen schon ein japanisches befinden.

Leichte Thai-Küche wird in den Städten immer beliebter und die chinesische Küche hat selbst in kleinen Provinzstädten bereits Einzug gehalten. Aber gerade auf dem Land oder unweit des Meeres sollte man seine Ansprüche noch nicht zu hoch ansetzen. Hier wird in vielen Fällen erst einmal die sowjetische Küchenvergangenheit abgearbeitet und das Personal ist noch nicht so geschult. Die kulinarischen Spezialitäten aus den ehemaligen Sowjetrepubliken sind allerdings sehr beliebt: So kann man in georgischen oder ukrainischen Restaurants meist hervorragend speisen und die Weine genießen, die ins heutige russische Imperium nicht mehr eingeführt werden dürfen.

Manche Restaurants legen neuerdings viel Wert auf eine trendige Aufmachung. Es kann vorkommen, dass die Qualität da nicht immer mithält und die Bedienung überfordert ist.

Einzelne Regionen in Lettland (z. B. Latgale) und Litauen (z. B. Aukštaitija und Dzūkija) sind seit einiger Zeit Mitglieder der Culinary Heritage Networks, deren Ziel es ist, europaweit über regionale Speisen und Spezialitäten zu informieren und so zu deren Förderung beizutragen (www.culinary-heritage.com).

Getränke

Alkoholfreie Getränke erhält man in allen Cafés, Kneipen und Restaurants zu moderaten Preisen; in fast allen Gaststätten und Hotels wird auch Alkoholisches ausgeschenkt. Cocktails werden in den meisten Bars gemischt, vielleicht etwas alkoholreicher als in den westlichen Nachbarländern. Es kann durchaus vorkommen, dass besonders Gäste aus dem hohen Norden, wo Alkohol besonders teuer ist, ihre Trinkkapazitäten überschätzen. Es ist übrigens nicht üblich und sogar strafbar, in der Öffentlichkeit bzw. auf der Straße Alkohol zu trinken.

Kulinarisches Lexikon

Zum Frühstück

Deutsch	Litauisch	Lettisch	Estnisch
Brei/Grütze	košė	putra	puder
Brot	duona	maize	leib
Brötchen	bandelė	maizīte	saiake
Buchweizenbrei	grikiū košė	griķu biezputra	tatrapuder
Butter	sviestas	sviests	või
Ei	kiaušinis	ola	muna
Haferflockenbrei	avižū košė	auzu putra	kaerapuder
Honig	medus	medus	mesi
Kaffee	kava	kafija	kohv
Kakao	kakava	kakao	kakao
Käse	sūris	siers	juust
Konfitüre	uogienė	iervārījums	keedis, moos
Milch	pienas	piens	piim
Pfannkuchen	sklindžiai	pankūka	paksud pannkoogid
Rührei	omletas	omlete	omlett
Schinken	kumpis	šķiņķis	sink
Spiegelei	kiaušinienė	vēršacs	munaroog
Tee	arbata	tēja	tee
Wurst	dešra	desa	vorst
Zucker	cukrus	cukurs	suhkur

Suppen

Deutsch	Litauisch	Lettisch	Estnisch
Brühe	sultinys	buljons	puljong
Erbsensuppe	žirniū	zirņu zupa	hernesupp
Gemüsesuppe	daržoviū	dārzeņu zupa	aedviljasupp
Hühnerbrühe	vištienos sultinys	vistas buljons	kanapuljong
Milchsuppe	pieniška sriuba	piena zupa	piimasupp
Rindersuppe	jautienos sultinys	liellopu buljons	loomalihapuljong
Sauerampfer-Suppe	rūgštyniū	skābeņu zupa	oblikasupp
Suppe	sriuba	zupa	supp

Fleisch

Deutsch	Litauisch	Lettisch	Estnisch
Braten	kepsnys	cepetis	praad
Ente	antis	pīle	part
Frikadelle	kotletai	kotlete	kotletid
gebraten	kepta	cepta	praetud kala
geräuchert	rūkyta	žavēta	suitsusealiha
Hähnchen	viščiukas	cālis	kanapoeg
Huhn	vištiena	vista	kana
Kalbfleisch	veršiena	teļa gaļa	vasikaliha
Leber	kepenys	aknas	maks
Rindfleisch	jautiena	liellopu gaļa	loomaliha
Schweinefleisch	kiauliena	cūkas gaļa	sealiha
Wild	žvėriena, paukštiena	medījums	ulukiliha

Fisch	Litauisch	Lettisch	Estnisch
Aal	ungurys	zutis	angerjas
Brathering mit Zwiebeln	kepta su svogūnais	siļķe ar sīpoliem	praetud heeringas sibulaga
Dorsch	menkė	menca	tursk
Fisch	žuvis	zivis	kala
Fisch in Aspik	žuvis drebučiuose	zivju galerts	kala tarrendis
Fischsuppe	žuvienė	zivju zupa	kalasupp
Hecht	lydeka	līdaka	haug
Hering	silkė	siļķe	heeringas
Karpfen	karpis	karpa	karpkala, karp
Lachs	lašiša	lasis	lõhe, lõheliha
Matjesheringe	sūdyta	sālītas siļķes	soolatud heeringas
Neunauge	nėgė	nēģis	silm
Räucheraal	rūkytas ungurys	žavēts nēģis	suitsuangerjas
Rollmops	marinuota	rolmopši	marineeritud heeringas
Schleie	lynas	vimba	liin, linask
Sprotten	šprotai	šprotes	sprotid
Steinbutt	plekšnė	bute	lest
Strömlinge, geräuchert	rūkyta strimelė	reņģes žāvētas	suitsuräim

Beilagen

Bratkartoffeln	keptos	cepti kartupeļi	praetud kartul
Kartoffel	bulvės	kartupeļi	kartul
Kartoffelbrei	bulviū košė	kartupeļu biezputra	kartulipüree
Kartoffelpuffer	bulviniai blynai	kartupeļu pankūkas	kartulikotlett
Salzkartoffeln	virtos	vārīti kartupeļi	keedukartul

Gemüse

Blattsalat	šviežiū daržoviū salotos	svaigu dārzeņu salāti	lehesalat
Gemüse	daržovės	dārzeņi	aedviljad
Gurke	agurkai	gurķi	kurk
Gurke, eingelegt	marinuoti agurkai	marinēti gurķi	marineeritud kurk
Kohl	kopūstai	kāposti	kapsas
Kürbis	moliūgas	ķirbis	kõrvits
Pilze	grybai	sēnes	seened
Rote Bete	burokėliai	biete	peet
Rote-Bete-Salat	burokėliū salotos	biešu salāti	peedisalat
Salat	salotos	salāti	salat
Salzgurke	rauginti agurkai	sālīti gurķi	hapukurk
Sauerkraut	rauginti	skābi kāposti	hapukapsas
Tomate	pomidoras	tomāts	tomat

Diverses	Litauisch	Lettisch	Estnisch
Knoblauch	česnakas	ķipöoki	küüslauk
Meerrettich	krienai	marrutki	mädarõigas
Pfeffer	pipirai	pipari	pipar
Salz	druska	sāls	sool
Senf	garstyčios	sinepes	sinep
Zitrone	citrina	citrons	sidrun

Süßigkeiten und Desserts

Apfelmus	obuoliū tyrė	ābolu biezenis	õunapüree
Biersuppe	alaus sriuba	alus zupa	õllesupp
Brotsuppe	duonos sriuba	maizes zupa	leivasupp
Cremeschnitte	pyragaitis	kūkas	kook
Eis	ledai	saldējums	jäätis
Haferkekse	avižiniai sausainiai	auzu pārslu cepumi	kaeraküpsis
Käsekuchen	varškės apkepas	biezpiena sacepums	kohupiimavorm
Kompott aus	džiovintū vaisiū	žāvetu auglu kompots	kompott kuivatud
Trockenobst	kompotas	kompots	puuviljadest
Kuchen	pyragaitis	kūka	kook
Mohnschnecke	su aguonomis	kūka ar magonēm	moonisaiad
Nachtisch	saldumynai	saldais ēdiens	magusroad
Obst	vaisiai	augļi	puuviljad
Obstsuppe	saldi vaisiū sriuba	augļu zupa	puuviljasupp klimpidega
Rote Grütze	kisielius	ķīselis	kissell
Zimtbrötchen	su cinamonu	kanēļmaizītes	kaneelisaiad

Getränke

Bier	alus	alus	õlu
Bier, dunkles	tamsus	tumšais alus	tume õlu
Bier, helles	šviesus	gaišais alus	hele õlu
Cocktail	kokteilis	koktelis	kokteil
Getränke	gėrimai	dzērieni	joogid
Kräuterlikör	trauktinė, likeris	liķieris	ürdiliköör
Limonade	limonadas	limonāde	limonaad
Mineralwasser	mineralinis vanduo	minerālūdens	mineraalvesi
Orangensaft	apelsinū	apelsīnu sula	apelsinimahl
Preiselbeerlimonade	spanguoliū morsas	morss	jõhvikajook, jõhvikamorss
Rotwein	raudonas	sarkanvīns	punane vein
Saft	sultys	sula	mahl
Sekt, Champagner	šampanas	šampanietis	vahuvein, šampanja
Wein	vynas	vīns	vein
Weißwein	baltas	baltvīns	valge vein
Wodka	degtinė	degvīns	vii

Litauische Spezialitäten

Cepelinai (didžkukuliai)	gebratene Kartoffelknödel mit Füllung
Karka	Schweinebraten mit Meerrettichsauce
Kiaulės ausis (su žirniais / su pupelėmis)	Schweineohr (mit Erbsen / mit Bohnen) – beliebt zum Bier
Rinkinys prie alaus	Knabbermischung zum Bier: gewürzte Toasts, Käse, Räucherfisch
Šaltibarščiai	Joghurtsuppe
Šaltiena	Schweinssülze
Šiupinys	Kartoffeleintopf mit Schweinebraten als Einlage
Suktinis	50-prozentiger Honig- und Waldbeerenlikör
Vėdarai	mit Kartoffeln und Käse gefüllter Darm
Trejos devynerios	Kräuterschnaps aus 27 Kräutern
Žirniai su spirgučiais	Erbsen mit Grieben
Zrazai	litauische Rinderrouladen mit Hackfleischfüllung

Lettische Spezialitäten

biešu zupa ar frikadelēm	Rote-Bete-Suppe mit Fleischklößchen
buberts	Griespudding mit Eischnee
kimeņu sieriņi	Hausgemachter Kümmelkäse
rassols	Heringssalat mit vielen Ingredienzien
reņģes ar burkaniem	Strömlinge in würziger Möhren-Tomaten-Sauce
rīgas šnitcelis	paniertes Schweinekotelett
rīgas melnais balzāms	Magenbitter (seit dem 18. Jh. nach dem gleichen Rezept hergestellt)
skaba putra	Gerstengrütze mit Dickmilch
speķa pīradziņi	Teigpastetchen mit feinem Räucherspeck
zemnieka brokastis	Bauernfrühstück: verschiedene Schinken- und Wurstspezialitäten mit Rührei
zivju pundiņš	Fischauflauf

Estnische Spezialitäten

Hapukapsasupp sealihaga	Sauerkrautsuppe
Hernesupp sutsulihaga	Erbsensuppe mit geräuchertem Fleisch
Maksasrooganoff	Leber in Sahnesauce (nach Stroganoff-Art)
Mulgikapsad	Sauerkrauteintopf mit Schweinefleisch
Silguvorm	Auflauf aus Strömlingen und Kartoffeln
Sült	Sülze
Ühepajatoit	Kartoffel, Gemüse und Schweinefleisch in einem Topf geschmort
Vana Tallinn	Kräuterlikör
Verivorst pohlamoosi ja kartulitega	Blutwurst mit Preiselbeeren und Kartoffeln

Jedem sein Vergnügen – die baltischen Strände gehören allen

Wissenswertes
für die Reise

Informationsquellen

Baltikum-Infos im Internet

Mittlerweile sind die baltischen Länder gut im Internet vertreten. Alle Regionen und größeren Städte besitzen Internetadressen, die über die wichtigsten touristischen Belange zumindest auf Englisch, teilweise auch auf Deutsch informieren. Kleinere Städte haben in der Regel zwar ebenfalls Websites, häufig aber nur in der jeweiligen Landessprache. Auch zahlreiche Reiseveranstalter, Hotels und Restaurants kann man auf ihrer Website besuchen.

Allgemeine Informationen

www.baltikuminfo.de: Die offizielle Seite des Fremdenverkehrsamtes für Estland, Lettland und Litauen ist das umfassendste deutschsprachige Portal für das Baltikum. Egal ob man auf eigene Faust oder pauschal, mit Auto, Bahn, Flugzeug oder Bus anreist, hier findet man ständig aktualisierte und übersichtliche Reiseinfos. Ergänzt wird der Internetauftritt durch Infos von A bis Z, Tipps zu Übernachtungsmöglichkeiten und nicht zuletzt durch eine sehr umfangreiche Linksammlung. Der ausführliche Veranstaltungskalender bietet zudem die Möglichkeit, eine der vielen Kulturveranstaltungen in die Reise einzuplanen.

www.baltictimes.com: Seit 1996 wöchentlich erscheinende englischsprachige unabhängige Internetzeitung mit Nachrichten aus Politik, Wirtschaft, Kultur und Sport sowie Hintergrundanalysen aus den drei baltischen Ländern.

www.baltic-sea-forum.org: Das Baltic Sea Forum ist ein gemeinnütziger Verein, der sich für die wirtschaftliche, kulturelle und politische Zusammenarbeit in der Ostseeregion einsetzt. Das Forum wurde 1992 in Helsinki als deutsch-finnischer Verein unter dem damaligen Namen Pro Baltic Forum gegründet und unterstützt die Kooperation des Baltikums mit der gesamten Ostseeregion. Neben einem Kalender der aktuellen Veranstaltungen sind auf der Website die bisher erschienenen Ausgaben des Baltic Sea Magazine in Deutsch als PDF-Dokumente mit vielen Wirtschaftsthemen gespeichert.

www.infobalt.de: Die Website des Vereins Infobalt e. V. bietet eine Diskussionsplattform über Vergangenheit und Gegenwart der baltischen Staaten sowie aktuelle Infos und Reiseerfahrungen. Ziel des Vereins ist die Pflege von Kontakten und die Förderung des Informationsaustauschs. Die Seite enthält viele kommentierte Literaturempfehlungen. Infobalt ist eines der besten regelmäßig aktualisierten Portale in deutscher Sprache.

www.ratgeber-laender.de: Private Linksammlung zu zahlreichen Ländern der Welt. Auch die drei baltischen Staaten sind jeweils mit einer eigenen Seite vertreten. Übersichtlicher Aufbau, hinter Oberbegriffen wie Reiseinfos, Medien, Sprache, Bücher, Kultur, Wirtschaft, Verkehrsverbindungen öffnet sich immer eine neue Seite mit einer umfangreichen Linksammlung. Die Links sind allerdings nicht immer aktuell, trotzdem lohnt das Stöbern.

Litauen-Infos

www.travel.lt: Das vom litauischen Tourismusdepartement in Auftrag gegebene und von der Europäischen Union finanzierte Portal bietet touristische Informationen über die wichtigsten Städte und Regionen, Nationalparks und Kurorte. Umfangreicher Download von Broschüren im PDF-Format. Eine Suche in der Datenbank ist leider recht umständlich und bringt deshalb nur selten gute Treffer.

www.litauen-info.de: Umfangreiche und mit viel Liebe zusammengestellte Linksammlung des Litauenliebhabers Hans Joachim Kaiser. Ergänzt wird die Sammlung durch einige Reiseberichte und Infos von A bis Z.

Lettland-Infos

www.lettische-presseschau.de: Auf der Website werden aktuelle Pressemeldungen und Artikel über Lettland gesammelt; Herausgeber ist das Lettische Centrum in Münster.

www.li.lv: Website des Lettland Instituts in Englisch. Umfangreiche Sammlung von Hintergrundinfos, teils auch auf Deutsch, z. B. über nationale Minderheiten, Bernstein, lettische Sprache, Volkslieder und Trachten. Außerdem Linksammlung vieler staatlicher Organisationen.

www.latviatourism.lv: Website des Lettischen Fremdenverkehrsamtes. Infos (auch deutsch) zu Anreise, Sehenswürdigkeiten, Unterkünften, Aktivitäten, Festen.

Estland-Infos

www.visitestonia.com: Mehrsprachige, offizielle Website Estlands; auf Deutsch sind die Informationen recht mager, auf Englisch lohnt sich das Stöbern aber durchaus. Infos über Tallinn und die verschiedenen Landesteile sowie relativ einfach zu bedienende Datenbanken z. B. für die Hotelsuche.

www.einst.ee: Website des Estonian Institute, das seit 1989 mit Hilfe des Kulturministeriums die Verbreitung von Informationen über Estland im In- und Ausland betreibt. Auf der englischsprachigen Website sind sehr ausführliche, gut lesbare Geschichtsabhandlungen zu finden. Außerdem können viele vom Institut herausgegebene Broschüren z. B. über estnische Filme, estnisches Theater oder die Nationalsymbole des Landes angesehen und heruntergeladen werden.

www.estnet.info: Sehr umfangreiche, landesweite Zusammenstellung von Unterkünften, Restaurants, Kneipen und Freizeitaktivitäten. Eine Bewertung oder Kommentierung erfolgt allerdings nicht, in einigen Fällen wird man auf die jeweilige Website weitergeleitet.

www.culture.ee: Auflistung fast aller estnischen Museen auf Englisch vom Estonian Institute.

www.maaturism.ee: Webseite des Landtourismusverbandes, bietet Reisenden eine sehr informative und umfangreiche Zusammenstellung der Unterkunftsmöglichkeiten auf dem Lande.

www.manor.ee: Komplette Auflistung aller estnischen Herrenhäuser, allerdings sind die englische und die deutsche Version der Webseite deutlich magerer als die Estnische.

Fremdenverkehrsämter

... in Deutschland
Baltikum Tourismus Zentrale
Katharinenstr. 19–20
10711 Berlin
Tel. 030 89 00 90 91, Fax 030 89 00 90 92
www.baltikuminfo.de

... in Litauen
Staatliches Tourismusdepartement Litauens
c/o The Ministry of Economy
A. Juozapavičiaus 13
LT-09311 Vilnius
Tel. 5 210 87 96, Fax 5 210 87 53
www.travel.lt

... in Lettland
Lettisches Fremdenverkehrsamt
Pils laukums 4
LV-1050 Riga
Tel. 67 22 99 45
Fax 67 35 81 28
www.latviatourism.lv

... in Estland
Estnisches Fremdenverkehrsamt
Roosikrantsi 11
EE-10119 Tallinn
Tel. 627 97 70, Fax 627 97 77
www.visitestonia.com

Auskunftsstellen im Baltikum
Touristeninformationen sind in jeder größeren Stadt zu finden. Sie bieten aktuelle Informationen zu Sehenswürdigkeiten, Veranstaltun-

gen und Stadtbesichtigungen. In der Regel gibt es Broschüren auf Englisch oder Deutsch sowie Kartenmaterial, auch bei der Vermittlung von Unterkünften sind die Touristeninformationen behilflich. Englisch wird immer, Deutsch relativ oft gesprochen.

Diplomatische Vertretungen

... in Deutschland
Botschaft der Republik Litauen
Charité 9
10117 Berlin
Tel. 030 890 68 10, Fax 030 89 06 81 15
www.botschaft-litauen.de, http://de.mfa.lt

Botschaft der Republik Lettland
Reinerzstr. 40–41
14193 Berlin
Tel. 030 82 60 02 22, Fax 030 82 60 02 33
www.mfa.gov.lv/de/berlin

Botschaft der Republik Estland
Hildebrandstr. 5
10785 Berlin
Tel. 030 25 46 06 00, Fax 030 25 46 06 01
www.estemb.de

... in Österreich
Botschaft der Republik Litauen
Löwengasse 47
1030 Wien
Tel. 01 718 54 67, Fax 01 718 54 69
amb.at@urm.lt

Botschaft der Republik Lettland
Stefan-Esders-Platz 4
1190 Wien
Tel. 01 403 31 12, Fax 01 403 31 12 27
embassy.austria@mfa.gov.lv

Botschaft der Republik Estland
Wohllebengasse 9/13

1040 Wien
Tel. 01 503 77 61, Fax 01 503 77 61 20
saatkond@estwien.at, www.vm.ee

... in der Schweiz
Generalkonsulat der Republik Litauen
Ch. Louis-Dunant 15
1202 Genf
Tel. 02 27 48 24 71, Fax 02 27 48 24 81
info@ltconsulate.ch

Honorarkonsulat der Republik Lettland
Münsterhof 13
8001 Zürich
Tel. 04 42 15 16 10, Fax 04 42 21 04 39
lettland@granelli.ch

Honorarkonsulat der Republik Estland
Bergstrasse 52
8712 Stäfa
Tel. 019 26 88 37, Fax 019 26 88 38
estland@bluewin.ch
www.baltics.ch

... in Litauen
Botschaft der Bundesrepublik Deutschland
Sierakausko 24-8
LT-03105 Vilnius
Tel. 5 210 64 00, Fax 5 210 64 46
www.wilna.diplo.de/Vertretung/wilna

Botschaft der Republik Österreich
Gaono 6
LT-01131 Vilnius
Tel. 8/5 266 05 80, Fax 8/5 279 13 63
wilna-ob@bmaa.gv.at

... in Lettland
Botschaft der Bundesrepublik Deutschland
Raiņa Bulv. 13
LV-1050 Riga
Tel. 67 08 51 00, Fax 67 08 51 48
www.riga.diplo.de

Botschaft der Republik Österreich
Elizabetes iela 15-4°
LV-1010 Riga
Tel. 67 21 61 25, Fax 67 21 61 26
riga-ob@bmaa.gv.at

Schweizerische Botschaft
(auch für Litauen zuständig)
Elisabetes iela 2
LV-1340 Riga
Tel. 67 33 83 52/-53, Fax 67 33 83 54
www.eda.admin.ch/riga

... in Estland
Botschaft der
Bundesrepublik Deutschland
Toom-kuninga 11
EE-15048 Tallinn
Tel. 627 53 0
Fax 627 53 04
www.tallinn.diplo.de

Botschaft der Republik Österreich
Vambola 6, 5. Stock
EE-10114 Tallinn
Tel. 627 87 40, Fax 631 43 65

Schweizerische Botschaft in Finnland
(auch für Estland zuständig)
Uudenmaankatu / Nylandsgatan 16 A
SF-00120 Helsinki
Tel. 03 58 9 622 95 00
Fax 03 58 9 62 29 50 50
www.eda.admin.ch/helsinki_emb/e/
home.html

Karten

Zuverlässig und aktuell sind Länder- und Re-
gionalkarten sowie Stadtpläne des lettischen
Verlags Jana Seta (Jana seta Map Shop,
Stabu iela 119, 1009 Riga, Tel. 00 371 67 31
75 40, www.kartes.lv). Die Baltic Countries
Pocket Road Map im Maßstab 1 : 700 000 mit

Stadtplänen von Vilnius, Riga und Tallinn im
Maßstab 1 : 100 000 eignet sich gut für Auto-
touren, auch die einzelnen Länderkarten im
Maßstab 1 : 500 000 sind empfehlenswert.
Von Jana Seta sind zudem detaillierte Stadtpläne der Hauptstädte mit Maßstäben zwischen 1 : 25 000 und 1 : 7000 erhältlich. Zuverlässig ist die Autokarte Marco Polo »Baltische Staaten« im Maßstab 1 : 750 000.

In Litauen, Lettland und Estland sind vor
allem Jana-Seta-Karten an Tankstellen, Zei-
tungskiosken und im Buchhandel erhältlich. Auch die Touristenbüros bieten Kartenmaterial an. Eine gute Bezugsquelle für alle
Karten (einschließlich Jana-Seta-Karten) ist
die Geo Buchhandlung Kiel, Tel. 0431 910
02, Fax 0431 942 49, www.geobuchhand
lung.de.

Lesetipps

Belletristik
Eugenijus Ališanka: Aus ungeschriebenen
Geschichten. Litauisch-Deutsch, Übers. von
Klaus Berthel, DuMont Literatur und Kunst
Verlag, 2005. Der über Litauen hinaus bekannte Lyriker und Journalist Eugenijus Ališanka wurde 1960 während der Verbannung
seiner Eltern in Sibirien geboren. In seinen
Gedichten wirft er neue, bereichernde Blicke
auf die Geschichte seines Landes und des
übrigen Europa.
Werner Bergengruen: Der Tod von Reval.
Kuriose Geschichten aus einer alten Stadt,
dtv, 2006, und Baltische Geschichten, Nym-
phenburger Verlag, 2006. Die beiden Bücher
sind zur Einstimmung auf das Baltikum zu
empfehlen. Als Sohn eines baltendeutschen
Arztes in Riga geboren, ging Bergengruen mit
seiner Familie wegen der Russifizierung des
Baltikums nach Deutschland, blieb seiner
Heimat aber immer verbunden. Seine Romane und Erzählungen zeichnen sich durch
eine geschliffene Sprache und einen span-

nenden Aufbau aus, die auch Marcel Reich-Ranicki in den höchsten Tönen lobte.

Pärtel Ekman: Tallinner Trio, J. H. Röll, 2004. Der 1966 in Tallinn geborene Ekman zählt zu den jungen estnischen Nachwuchsautoren. Dieser Kriminalroman spielt im Estland nach der Unabhängigkeit: Levis Detektivbüro ist knapp bei Kasse und freut sich über die Kundin Eva Simon, die ihren Mann wegen Untreue beschatten lassen möchte. Doch was anfangs wie ein Routineauftrag aussieht, nimmt plötzlich ungeahnte Ausmaße an.

Gintaras Grajauskas: Knochenflöte, Edition Erata, 2003. Neue Lyrik von Litauens berühmtem Dichter, der auch als Jazzmusiker einen Namen hat.

Cornelius Hell (Hrsg.): Meldungen über Gespenster, Otto Müller Verlag, 2002. Sammlung von Erzählungen meist jüngerer litauischer Autoren, die der österreichische Journalist Cornelius Hell, ein ausgezeichneter Kenner der literarischen Szene, herausgegeben hat. In dem Buch erfährt man viel über Litauens Befindlichkeiten zwischen Ost und West.

Jurga Ivanauskaite: Die Regenhexe, dtv, 2004. Keine leichte Lektüre: Nur vordergründig ist es die Geschichte von Vika, einer verheirateten Frau in unserer Zeit, die über die Liebe zu einem Priester nicht hinwegkommt. Neben Vika handelt die Geschichte, die auf drei Zeitebenen spielt und voller Metaphern steckt, von Maria Magdalena und einer litauischen Pilgerin aus dem 16. Jh. (s. S. 50).

Jānis Jaunsudrabiņš: Ich erzähle meiner Frau, Waxmann Verlag, 2006. Der Autor, einer der großen Klassiker der lettischen Lite-ratur (1877–1962), ist eng mit Deutschland verbunden. In dieser autobiografischen Erzählung schildert er seine Flucht von Lettland nach Deutschland am Ende des Zweiten Weltkriegs. Mit dieser Ausgabe wurde er erstmals ins Deutsche übersetzt.

Sandra Kalniete: Mit Ballschuhen im sibirischen Schnee, Droemer/Knaur, 2007. Sehr eindringlich beschreibt die ehemalige Außenministerin Lettlands das erschütternde Schicksal ihrer Familie, die 1941 nach Sibirien deportiert wurde.

Jaan Kross: Der Verrückte des Zaren, dtv, 2003. Gilt als der beste Roman des bedeutendsten estnischen Gegenwartsschriftstellers (geb. 1920). Kross thematisiert in seinen historischen, teils autobiografischen Romanen immer wieder die estnische Identität. Ebenfalls bekannt sind »Professor Martens' Abreise« (dtv, 1995) und »Das Leben des Balthasar Rüssow« (dtv, 1999). Bei dem früheren Werk »Ausgrabungen« (dipa-Verlag, 1994) fällt die Handlung in die Lebenszeit des Autors. Im Sommer 1954 kehren die 1941 und 1949 Deportierten zurück, unter ihnen Peeter Mirk, der in Tallinn Fuß zu fassen versucht. Bei Ausgrabungen auf dem Domberg fördert er nicht nur Knochen, sondern auch viel von der jüngeren estnischen Geschichte zutage.

Henning Mankell: Die Hunde von Riga, dtv, 2000. Es beginnt mit zwei Toten, die in einem Schlauchboot an der südschwedischen Küste angeschwemmt werden. Sie führen Kommissar Wallander ins politisch unruhige Lettland. Als ein lettischer Kollege stirbt, wird Wallander selbst zum Verfolgten. Ein düsteres Buch, aber ein typischer Mankell.

Czeslaw Milosz: Die Straßen von Wilna, Hanser Verlag, 1997. Der polnisch-litauische Literatur-Nobelpreisträger erinnert sich an Vilnius, die Stadt seiner Jugend. Ein poetisches Buch vom Glück und Schmerz der Erinnerung.

Sofi Oksanen: Fegefeuer, Kiepenheuer & Witsch, 2010. Der neue Roman von Sofi Oksanen ist eine Liebeserklärung an Estland.

Das Buch der aus Finnland stammenden Autorin steht auch in Estland auf der Bestsellerliste. Der ergreifende, spannende Roman spielt unter Frauen im heutigen Estland, in Rückblenden wird eine Familientragödie offenbar, die sich vom Ausbruch des Zweiten Weltkriegs bis zum Zusammenbruch des Kommunismus erstreckt

Martin Pollack (Hrsg.): Sarmatische Landschaften – Nachrichten aus Litauen, Belarus, der Ukraine, Polen und Deutschland, S. Fischer, 2005. 25 Schriftsteller erzählen von Sarmatien, jenem legendären Reich zwischen Ostsee und Schwarzem Meer, zu dem auch Litauen gehört.

Mascha Rolnikaite: Ich muss erzählen, Kindler Verlag, 2003. Das bewegende Tagebuch erzählt vom Leiden und Sterben im Vilniusser Ghetto. Ein 14-jähriges Mädchen wird von seiner Mutter und seinen Geschwistern getrennt und kommt ins Konzentrationslager zur ›Vernichtung durch Arbeit‹. Eine traurige, grausame Geschichte zum Weinen.

Sachbuch

Dirk Bleyer, Claudia Marenbach: Baltikum, Bruckmann Verlag, 2006. Großformatiger Bildband mit aktuellem, brillantem Bildmaterial aus den baltischen Ländern. Ergänzende Texte zur Landeskunde.

Marianna Butenschön: Litauen, Beck Verlag, 2002. Eine immer noch sehr lesenswerte Beschäftigung mit dem Land und seiner Geschichte.

Verena Dohrn: Baltische Reise, S. Fischer, 1994. Eintauchen in die Geschichte und Geschichten über das Baltikum. Sehr stimmungsvoll!

Wolfgang Froese: Geschichte der Ostsee, Casimir Katz Verlag, 2002. Ausführliche Gesamtdarstellung der Völker und Staaten an der Ostsee von der Entstehung des Meeres bis in die Gegenwart.

Jutta Rabe: Die Estonia – Tragödie eines Schiffsuntergangs, Delius Klasing Verlag, 2003. Mit 852 Toten ist der Untergang der Estonia im September 1994 die größte Katastrophe der zivilen Schifffahrt nach dem Zweiten Weltkrieg auf der Ostsee. Die Unglücksursache ist immer noch mit vielen Fragezeichen behaftet. Die Berliner Journalistin Rabe, die mehrere TV-Produktionen zu diesem Thema erarbeitet hat, versucht mit ihrem spannenden Buch etwas Licht ins Dunkel zu bringen.

Uwe Rada: Die Memel. Kulturgeschichte eines europäischen Stromes, Siedler, 2010. Die Memel – Nemunas – ist der wichtigste Fluss Litauens. Der Autor geht dem Fluss von der Quelle bis zur Mündung im Nemunas-Delta nach, wobei besonders die Rolle der jüdischen Bevölkerung als Holzarbeiter, Flößer, Holzhändler, Geschäftsleute interessant geschildert wird.

Hermann Schreiber: Preußen und Baltikum unter den Kreuzrittern. Die Geschichte des Deutschen Ordens, Katz Verlag, 2003. Einer der bekanntesten Sachbuchautoren entwirft ein facettenreiches Bild des Deutschen Ordens, der auf eine fast 900-jährige Geschichte zurückblicken kann. Der Bogen spannt sich von seiner Entstehung im hohen Mittelalter bis in die Gegenwart und beleuchtet sein Wirken im Heiligen Land, in Preußen und im Baltikum.

Ralph Tuchtenhagen: Geschichte der baltischen Länder, C.H. Beck, 2003. Vorzüglicher Überblick über die Geschichte der baltischen Länder, über gemeinsame, aber auch unterschiedliche Entwicklungen.

Enn Vetemaa und Kat Menschik: Die Nixen von Estland, Eichborn, 2002. Nach der Lektüre der ›ersten und einzigen illustrierten Enzyklopädie der Nixen‹ ist man überzeugt, dass Estland das Land der Nixen ist. Fein säuberlich werden diese Fabelwesen von Enn Vetemaa nach naturwissenschaftlichen Gesichtspunkten geordnet, Kat Menschik, in Berlin geboren, liefert zu all dem die kongenialen Illustrationen. Ein zauberhaftes Buch zum Schmunzeln.

Das Baltikum als Reiseregion

Mit atemberaubender Geschwindigkeit haben Estland, Lettland und Litauen die graue Sowjetzeit hinter sich gelassen und den Weg zurück nach Europa gefunden. Deshalb wird auch mit jedem Jahr das Reisen ins Baltikum ein bisschen einfacher: Neue attraktive Flug- und Schiffsverbindungen entstehen, Straßen werden ausgebaut und auch das Angebot an Hotels, Restaurants und Cafés ist mittlerweile selbst außerhalb der Hauptstädte recht vielfältig. Erstaunlich abwechslungsreich präsentieren sich die drei kleinen, dünn besiedelten Länder. In vielen Städten ist die Geschichte oft bis zu den Zeiten der Hanse oder der Ordensritter nachvollziehbar, die Natur zeigt sich häufig noch sehr ursprünglich und braucht vielerorts den Vergleich mit Skandinavien nicht zu scheuen. Trotz vieler Gemeinsamkeiten während ihrer langen Geschichte, die den Begriff Baltikum durchaus rechtfertigen, hat sich doch jedes der drei baltischen Länder seine kulturelle Identität bewahrt. Großer Wert wird dabei auf die Pflege musikalischer Traditionen gelegt.

Erholung in der Natur

Nur rund 1,4 Mio. Esten, 2,3 Mio. Letten und 3,5 Mio. Litauer leben in den drei baltischen Ländern, davon die meisten in den Hauptstädten und deren Umgebung. Die geringe Bevölkerungsdichte lässt der Natur viel Raum, die zudem in zahlreichen Natur- und Nationalparks geschützt und bewahrt wird. Aber auch außerhalb dieser geschützten Gebiete ermöglichen weitläufige Wälder, unzählige Seen, Flüsse und Moore sowie abwechslungsreiche Küsten mit kilometerlangen, einsamen Sandstränden und beeindruckenden Dünenlandschaften fast unbegrenzte Möglichkeiten für einen aktiven Urlaub. Ausgedehnte Strandspaziergänge, Hochmoorwanderungen, Radtouren auf wenig befahrenen Nebenstraßen, Reitausflüge, Kanutouren auf Seen und Flüssen oder sogar zu einer der vorgelagerten Inseln sollten bei jedem Baltikumurlaub auf dem Programm stehen.

Diese noch weitgehend unverbrauchte Landschaft fernab vom Massentourismus ist das große Kapital der baltischen Länder, mit dem sie bis jetzt relativ schonend umgehen. Auch die Kur- und Badeorte, von denen viele schon zur Zarenzeit Luxus gewohnte Gäste empfingen, erleben eine Renaissance. Die in die Jahre gekommenen und während der Sowjetzeit eher spartanisch ausgestatteten Kurhotels haben fast alle eine radikale Verjüngungskur hinter sich und präsentieren sich mittlerweile wieder auf der Höhe der Zeit.

Kunst und Kultur

Die drei Hauptstädte Vilnius, Riga und Tallinn – sie werden bei der UNESCO allesamt als Welterbestätten geführt – sind die unumstrittenen Touristenmagneten: weil sie mittlerweile preisgünstig und schnell sowohl von Mitteleuropa als auch von Skandinavien aus zu erreichen sind, weil jede für sich ein architektonisches Kleinod ist und alle mit einem äußerst abwechslungsreichen Kulturprogramm aufwarten können.

Vilnius, einst kulturelles Zentrum der Juden Osteuropas, ist heute eine Perle des Barock. Verwinkelte Gassen und Innenhöfe sowie unzählige Kirchen machen den Charme der Stadt aus.

Riga wirkt städtischer, für viele ist die lettische Hauptstadt die einzige Metropole des Baltikums. Einmalig sind ihre üppig mit Skulpturen und Ornamenten verzierten Jugendstilbauten, die ganze Straßenzüge säumen.

In **Tallinn,** zu Zeiten der Hanse entstanden, sind bis heute große Teile der mittelalterlichen Stadtmauer bewahrt, sie umschließt ein einmaliges Ensemble wunderschön restaurierter historischer Häuser. Diese kommen nicht als tote Kulisse daher, besonders im Sommer pulsiert die Stadt vor Leben, drängen sich die

Besucher in den engen Gassen und bevölkern die unzähligen Cafés und Restaurants.

Aber auch außerhalb der Hauptstädte gibt es für Kulturinteressierte viel zu sehen: alte Ordensburgen, manche noch vollständig intakt, andere nur noch imposante Ruinen, Schlösser und Gutshöfe aus der Zeit des deutschbaltischen Adels, heute zum Teil als Hotels ausgebaut, sowie viele kleine und große Museen, die regionale Eigenarten dokumentieren. Ergänzt wird das kulturelle Angebot allerorts durch Handwerkermärkte, Konzerte, Kunstausstellungen und Stadtfeste.

Tipps für die Reiseorganisation

Individualreisen

Das Baltikum auf eigene Faust zu bereisen ist kein Problem mehr. Für ein verlängertes Wochenende nach Vilnius, Riga oder Tallinn zu reisen kostet dank Billigfliegern, speziell in der Nebensaison, nicht die Welt.

Wer direkt im Zentrum einer dieser Städte wohnen möchte, sollte sein Hotel während der Hauptreisezeit allerdings möglichst frühzeitig buchen, die Kapazitäten sind begrenzt. Außerhalb der Altstädte und in der Nebensaison ist die Unterkunftssuche in der Regel kein Problem.

Will man nicht nur die Hauptstädte erkunden, sollte man mit dem eigenen Pkw anreisen oder sich vor Ort ein Auto mieten. Die komfortabelste, wenn auch nicht unbedingt schnellste Anreisemöglichkeit bietet das Schiff, man spart sich so die doch recht lange Fahrt durch Polen. Die große Baltikumtour (s. S. 80) nur mit öffentlichen Verkehrsmitteln ist trotz des sehr gut funktionierenden Busverkehrs nicht unbedingt empfehlenswert, da zu zeitaufwendig. Außerdem sind der Spontaneität mit öffentlichen Verkehrsmitteln doch enge Grenzen gesetzt.

Unterkünfte sind auf dem Land selbst in der Hauptsaison immer noch direkt vor Ort zu bekommen, allerdings sollte man sich vor Reiseantritt mit gutem Kartenmaterial ausstatten und genügend Zeit für die Unterkunftssuche einplanen. Sehr preisgünstig übernachtet man auf einfach ausgestatteten Campingplätzen und in vielen Privatquartieren.

In den Großstädten gibt es kaum noch Verständigungsprobleme, denn speziell die jungen Esten, Letten und Litauer haben mit beeindruckender Geschwindigkeit Englisch gelernt. Auf dem Land kann es aber noch vorkommen, dass niemand Deutsch oder Englisch spricht. Wer Russisch kann, findet aber immer jemanden, der ihn versteht, ansonsten überbrücken die Freundlichkeit und Hilfsbereitschaft der Balten alle Sprachprobleme.

Pauschalarrangements

Auch die deutschen Reiseveranstalter haben das Baltikum für sich entdeckt und bieten eine Vielzahl von Pauschalreisen an. Ob Kreuzfahrt, Städte-, Gruppen-, Bus- oder Radreise, ob Komplettpaket oder Teilleistung, das Angebot wächst ständig. Neben den großen Reiseveranstaltern, in deren Katalogen sich meist nur einige Angebote finden, gibt es mehrere kleinere Anbieter, die teils schon seit Jahren auf das Baltikum spezialisiert sind. Sie bieten neben Standardprogrammen auch ganz speziell den jeweiligen Wünschen angepasste Leistungen. Wer individuell im Baltikum unterwegs ist, kann sich auch vor Ort noch einzelne Unternehmungen wie Radtouren oder Kanuausflüge organisieren lassen. Zuverlässige Reiseagenturen vermitteln die örtlichen Touristenbüros.

Einige deutsche Spezialveranstalter:
Schnieder Reisen
Hellbrookkamp 29
22177 Hamburg
Tel. 040 380 20 60, Fax 040 38 89 65
www.baltikum24.de

Mare Baltikum Reisen
Eichenstr. 27
20259 Hamburg
Tel. 040 49 41 11, Fax 040 4 90 59 77
www.mare-baltikum-reisen.de

Ebden Reisen
Frankfurter Str. 54
35440 Linden
Tel. 06403 741 17, Fax 06403 729 53
www.ebden-reisen.de

Nehrung Reisen
Am Martinshof 21
79263 Simonswald
Tel./Fax 07683 13 00
www.nehrung-reisen.de

Vorschläge für Rundreisen

10 Tage: Litauen

Die Hafenstadt **Klaipėda** ist mehrmals wöchentlich mit der Fähre von Deutschland (s. S. 83) aus zu erreichen und bietet sich deshalb als Ausgangspunkt für diese knapp 1000 km lange Rundtour durch Litauen an. Von Klaipėda, das eine kleine Altstadt besitzt, setzen Fähren in wenigen Minuten auf die **Kurische Nehrung** über, deren nördliche Hälfte zu Litauen und die südliche Hälfte zu Russland gehört. Mit ihren Stränden und Dünen, vor allem in der Nähe des Touristenzentrums **Nida**, gehört die Nehrung zu den beliebtesten Zielen des Landes. Zurück in Klaipėda führt die Fahrt in südlicher Richtung ins Memelland, nach **Ventė**, **Šilutė** und **Rusnė**, und dann entlang des Nemunas, der über weite Strecken den Grenzverlauf zum Kaliningrader Gebiet markiert, nach **Kaunas.** Die zweitgrößte Stadt Litauens steht touristisch im Schatten von Vilnius, besitzt aber als Kultur- und Wirtschaftszentrum eine große Bedeutung. Von der Burg am Zusammenfluss von Neris und Nemunas

ist nur noch wenig erhalten, sehenswert ist aber die Altstadt mit Kathedrale und Rathaus. Auf dem Weg nach Vilnius lohnt der kleine Umweg zur Wasserburg **Trakai,** die malerisch inmitten einer seen- und waldreichen Landschaft liegt. Die Hauptstadt **Vilnius** ist ein barockes Kleinod mit zahlreichen Kirchen.

Einige Kilometer nördlich von Vilnius liegt der **Mittelpunkt Europas** und in seiner Nähe der **Europa-Park** mit rund 80 modernen Skulpturen. Weiter in Richtung Norden kommt man zum ältesten Nationalpark Litauens, dem **Aukštaitija.** Palūsė, das touristische Zentrum des Schutzgebiets, liegt naturschön inmitten eines von eiszeitlichen Gletschern geformten, waldreichen Seengebiets. Über Utena und Panevėžys geht es nun in Richtung Westen nach **Šiauliai.** Der Ort selbst bietet kaum Sehenswertes, aber in seiner Nähe liegt der **Berg der Kreuze,** einer der wichtigsten Wallfahrtsorte der gläubigen Litauer. Von Šiauliai führt die A 11, vorbei am **Žematija-Nationalpark,** zum bekannten Badeort **Palanga** mit dem größten Bernsteinmuseum des Landes. Von Palanga sind es nur noch rund 25 km in südlicher Richtung bis zum Ende der Tour in Klaipėda.

10 Tage: Lettland

Wegen der direkten Fährverbindung mit Deutschland (s. S. 83) ist **Ventspils** der ideale Ausgangspunkt für alle Urlauber, die mit dem eigenen Auto anreisen. Von dem Hafenort, der eine kleine Altstadt besitzt, führt die Straße in südlicher Richtung meist an der Küste entlang bis nach **Liepāja,** bekannt für seine kilometerlangen weißen Sandstrände. Etwas weiter ist die Fahrt über **Kuldīga** im Landesinneren, einem verschlafenen Städtchen mit vielen alten Holzhäusern an den Ufern der Venta. Von Liepāja führt die A 9 in östlicher Richtung ins Landesinnere, wo man die schönsten Schlösser Lettlands besichtigen kann. In **Jelgava** liegt auf einer Insel im Fluss Lielupe die größte barocke Schlossanlage des Baltikums. Südöstlich bietet **Pilsrundāle,** ein weiterer barocker Palast und einst Residenz der Herzöge von Kurland, einen grandiosen Anblick. Das nahe Schloss **Mežotne** ist heute ein charmantes Hotel.

In der Kleinstadt **Bauska** gibt es eine imposante Ordensruine zu besichtigen. Wer noch mindestens zwei Tage Zeit hat, kann von hier einen längeren Abstecher in den touristisch relativ wenig erschlossenen Ostteil Lettlands, nach Daugavpils und Jēkabpils, machen und dann die Fahrt entlang der Daugava fortsetzen. Eilige nehmen von Bauska die E 67 in nördlicher Richtung zur KZ-Gedenkstätte **Salaspils** und an Riga vorbei zum **Gauja-Nationalpark,** durch den sich der gleichnamige Fluss in einem teils tief eingeschnittenen Urstromtal schlängelt. Hier finden Radfahrer, Wanderer und Kanuten ein weites Betätigungsfeld. Aber auch die Ruinen der Ordensburgen von **Turaida** und **Cēsis** sind sehenswert. Von dem Städtchen **Valmiera,** am Nordrand des Nationalparks, geht die Fahrt zur Küste **Vidzemes jūrmala,** die wegen der langen Sandstrände einen Stopp lohnt, und dann weiter zur Hauptstadt **Riga.** In der ehemaligen Hansestadt und Hauptstadt des Ordensstaates sind viele Zeugnisse der Vergangenheit wie Dom, Schloss oder Schwarzhäupterhaus zu besichtigen, aber berühmt ist die lettische Hauptstadt vor allem wegen ihrer zahlreichen Jugendstilhäuser. Nur rund 20 km westlich liegt der Badeort **Jūrmala** mit Kurhotels, nostalgischen Holzhäusern und endlos langem Sandstrand. Nach rund 900 km endet die Tour durch Lettland am Ausgangspunkt Ventspils.

10 Tage: Estland

Die Rundtour durch Estland hat ohne Abstecher eine Länge von gut 1000 km und beginnt in der Hauptstadt **Tallinn,** die bequem mit dem Flugzeug und neuerdings auch wieder mit der Autofähre via Helsinki zu erreichen ist. Tallinns Altstadt innerhalb der mittelalterlichen Stadtmauern ist der Hauptanziehungspunkt, doch auch in der näheren Umgebung gibt es

so viel Sehenswertes, dass zwei Tage schnell vergehen. Auf direktem Weg sind es mit dem Auto nicht einmal zwei Stunden bis zur westlich gelegenen alten Bischofsstadt **Haapsalu.** In dem traditionsreichen Kur- und Badeort aus der Zarenzeit lohnen die Burgruine und die Altstadt einen längeren Rundgang. Nur wenige Kilometer westlich von Haapsalu setzt die Fähre zur Insel **Hiiumaa** über, die sich wegen des großen Angebots an teils sehr schönen Ferienhäusern auch für einen längeren Aufenthalt eignet. Wer es eilig hat, umrundet die Insel auf der rund 100 km langen Ringstraße und setzt dann auf die größte estnische Insel **Saaremaa** über. Die Bischofsburg im Hauptort **Kuressaare,** die Glintküste im Norden, die Windmühlen von Angla, der Meteoritenkrater von Kaali und einige schöne Strände machen Saaremaa zu einem sehr abwechslungsreichen Ziel. Von **Muhu,** das mit Saaremaa durch einen Damm verbunden ist, gibt es regelmäßige Fährverbindungen zurück aufs Festland.

Nach einem besonders im Frühjahr und Herbst lohnenden Abstecher in das Vogelschutzgebiet **Matsalu** geht es in die Sommerhauptstadt **Pärnu** mit ihren langen Sandstränden und vielfältigen Kurhotels. Wer noch etwas Zeit übrig hat, kann von Pärnu einen Abstecher in den **Soomaa-Nationalpark** machen oder aber gleich nach **Viljandi** weiterfahren, einer ruhigen, in sanftes Hügelland eingebetteten Stadt. Von hier ist es nicht mehr weit bis **Otepää,** dem Zentrum des estnischen Hochlandes, bekannt für seine ganzjährig guten Möglichkeiten für Aktivurlaub.

Nördlich von Otepää liegt die alte Universitätsstadt **Tartu,** die ein reges, von Studenten geprägtes Kulturleben und einen Altstadtkern mit schönen klassizistischen Häusern besitzt. Auf der Weiterfahrt in Richtung Norden erreicht die Hauptstraße bei **Mustvee** das Ufer des **Peipus-Sees.** Besonders das Norduter des größten estnischen Sees wird Naturliebhaber wegen der kilometerlangen, menschenleere Sandstrände begeistern. Über **Pühtitsa** mit seinem sehenswerten orthodoxen Nonnenkloster führt die Straße wieder an die Küste bei **Toila.** In westlicher Richtung geht es dann über **Rakvere,** das wegen seiner Ordensburgruine einen Stopp lohnt, zum **Lahemaa-Nationalpark.** Im Land der Buchten lohnen einsame Strände, beeindruckende Findlingsfelder und einige der schönsten Schlösser des Landes einen längeren Aufenthalt, bevor es auf der gut ausgebauten E 20 zurück nach Tallinn geht.

2–3 Wochen:
Die große Baltikumtour

Auf der Rundtour durch alle drei baltischen Länder werden rund 2600 km zurückgelegt. Wegen der vielen Sehenswürdigkeiten und des recht gemütlichen Reisetempos auf Landstraßen sind zwei Wochen das absolute Minimum. Wer drei Wochen Zeit hat, kann sich auch mal an einem der schönen Strände

eine Pause gönnen oder eine der Hauptstädte ausführlicher besichtigen.

Ein guter Ausgangspunkt für die Tour ist die litauische Hafenstadt **Klaipėda,** da sie mehrmals wöchentlich von Fährschiffen direkt aus Deutschland angelaufen wird. Von hier bietet sich als Erstes ein Abstecher auf die **Kurische Nehrung** und die Fahrt bis zum schönsten Ort Nida an. Nach der Rückkehr nach Klaipėda ist der nördlich gelegene Badeort **Palanga** mit seinen langen Sandstränden und dem Bernsteinmuseum der nächste Stopp. Auch der folgende größere Ort an der Küste, **Liepāja,** schon jenseits der lettischen Grenze, lockt mit sehenswerten Stränden. Von hier führt die Tour ins Landesinnere zu den schönsten Schlössern Lettlands: **Jelgava, Pilsrundāle** und **Mežotne.** Über **Bauska,** das eine stattliche Ordensburgruine besitzt, und die KZ-Gedenkstätte **Salaspils** geht die Fahrt wieder zur Küste in den altehrwürdigen Badeort **Jūrmala** mit seiner se-

Zeit für einen Stopp – vielleicht an einer der Windmühlen auf Saaremaa

henswerten Holzhausarchitektur. Nur wenige Kilometer entfernt bietet die lettische Hauptstadt **Riga,** einst Hansestadt, eine Vielzahl wunderbar erhaltener Jugendstilbauten.

Von Riga geht es nun wieder ins Landesinnere zum **Gauja-Nationalpark,** durch den sich in vielen Schleifen die Gauja windet, ein ideales Revier für Kanuten, aber auch die Ruinen der Ordensburgen von **Turaida** und **Cēsis** lohnen den Besuch. Von Cēsis bietet sich die direkte Rückkehr zur Küste an, einerseits weil die E 67, die Via Baltica, die schnellste Verbindung nach Estland ist, aber auch weil so immer wieder Abstecher zu schönen einsamen Stränden möglich sind.

Auch **Pärnu,** die Sommerhauptstadt Estlands, besitzt lange Sandstrände – außerdem ein großes Angebot an Kurhotels. Wer Pärnu in nordwestlicher Richtung verlässt, kommt bald zur Fähre nach **Muhu,** dem kleinen Anhängsel **Saaremaas.** Die Besichtigung der Insel führt wegen der imposanten Ordensburg in jedem Fall nach **Kuressaare.** Mit einer weiteren Fähre ist die zweitgrößte Insel Estlands, **Hiiumaa,** gut zu erreichen. Wer wenig Zeit hat, umrundet die Insel auf der rund 100 km langen Ringstraße und setzt dann gleich aufs Festland über. Ruhesuchende werden sich von Hiiumaa nicht so schnell losreißen können und eines der komfortablen Ferienhäuser mieten. Erstes Ziel auf dem Festland ist **Haapsalu.** Der traditionsreiche Kurort weiß mit charmanter Altstadt, Ordensburg und Kurhotels zu überzeugen.

Ein Höhepunkt der Tour ist der Besuch **Tallinns,** das wegen seiner vollständig intakten mittelalterlichen Altstadt unzählige Besucher anzieht. Für Naturliebhaber unverzichtbar ist die Fahrt zum östlich von Tallinn gelegenen **Lahemaa-Nationalpark,** aber auch Kulturinteressierte kommen wegen der sehenswerten Schlösser auf ihre Kosten. Bei **Rakvere** biegt die Straße in Richtung Süden ab und berührt bei **Mustvee** das Ufer des riesigen **Peipus-Sees.** Weiter in Richtung Süden liegt die Universitätsstadt **Tartu** mit studentischem Flair und klassizistisch geprägter Altstadt. Das nächste Ziel, **Otepää,** liegt inmitten eines hügeligen Waldgebietes und ist sommers wie winters beliebt bei Aktivurlaubern. Bei dem kleinen Ort **Valga** wird die lettische Grenze überquert: Von nun an geht es durch touristisch relativ wenig erschlossenes Gebiet im Osten Lettlands über **Rēzekne** und **Daugavpils** nach Litauen in den **Aukštaitija-Nationalpark.** Die barocke Altstadt von **Vilnius,** das Wasserschloss **Trakai** und Litauens zweitgrößte Stadt **Kaunas** sind die nächsten Ziele, bevor es entlang des Nemunas ins ehemalige **Memelland** geht. Ein Ausflug ins stille und beschauliche Nemunasdelta ist die letzte Station vor der Rückkehr nach **Klaipėda.**

Reisen mit Kindern

Reisen mit Kindern ins Baltikum sind völlig problemlos, überall ist man kinderfreundlich. Mit Kindern ist vor allem Aktivurlaub angesagt, für den sich fast überall Möglichkeiten ergeben. Sehr vielfältig sind sie an den kilometerlangen Stränden. Meist fallen diese flach ab, was das Plantschen auch für die Kleinsten relativ ungefährlich macht. Allzu viele organisierte Angebote wie Vergnügungsparks sollte man im Baltikum aber noch nicht erwarten. In kleineren Städten, auf dem Land und an Rastplätzen sind Spielplätze noch recht selten.

Reisen mit Handicap

Neu errichtete Hotels höherer Kategorie sind häufig behindertengerecht ausgestattet, viele öffentliche Gebäude und Verkehrsmittel dagegen noch nicht. Auskunft erhält man in Deutschland beim Reise-Service des Bundesverbands Selbsthilfe Körperbehinderter e. V., Tel. 06294 42 81 50, www.bsk-ev. org, Postfach 20, 74236 Krautheim/Jagst.

Einreisebestimmungen

Nötige Papiere

Seit November 2007 sind die Kontrollen an den Grenzen zwischen den alten und den neuen Schengenstaaten weggefallen. Wer aus einem EU-Land per Auto, Zug oder Schiff nach Estland, Lettland, Litauen reist, braucht künftig seine Ausweisdokumente nicht mehr vorzuzeigen.

Seit 2008 sind auch an Flughäfen die Passkontrollen entfallen. Reisende müssen allerdings weiterhin gültige Ausweisdokumente mitführen (geplante Aufenthaltsdauer + drei Monate).

Der Kinderausweis muss unabhängig vom Alter des Kindes mit einem Lichtbild versehen sein. Ab 16 Jahren benötigen Jugendliche einen eigenen Ausweis.

Einfuhr von Tieren

Im gesamten Baltikum gilt der EU-Heimtierpass (für Hunde, Katzen und Frettchen), der von Tierärzten und -ärztinnen ausgestellt wird. Die Tiere müssen gegen Tollwut geimpft sowie mit einem Mikrochip oder einer Tätowierung gekennzeichnet sein. Nähere Informationen: www.bundestieraerztekammer.de.

Einfuhr von Waren

Im Verkehr zwischen EU-Ländern bestehen keine Mengenbegrenzungen für Waren, die für den Privatverbrauch bestimmt sind. Als Grenzwerte gelten: max. 800 Zigaretten, 400 Zigarillos, 200 Zigarren oder 1 kg Tabak sowie 10 l Spirituosen, 20 l weinhaltige Getränke, 90 l Wein oder 110 l Bier.

Werden diese Mengen überschritten, muss die private Verwendung mit Belegen nachgewiesen werden.

Schweizer Bürger dürfen zollfrei einführen: max. 200 Zigaretten, 100 Zigarillos, 50 Zigarren oder 250 g Tabak sowie 1 l Spirituosen, 2 l weinhaltige Getränke sowie 2 l Wein.

Visum für Russland

Vom estnischen Narva kann man problemlos Ausflüge nach St. Petersburg und von der Kurischen Nehrung in das Kaliningrader Gebiet machen, vorausgesetzt man hat sich schon vor Reisebeginn ein Visum der Russischen Föderation besorgt. Vor Ort ist dies nicht mehr möglich!

Botschaft der Russischen Föderation
Unter den Linden 63–65
10117 Berlin
Tel. 030 229 11 10
www.russische-botschaft.de

Anreise

... mit dem eigenen Fahrzeug

Die gut ausgebaute Via Baltica (E 67) ist die wichtigste Straßenverbindung ins Baltikum. Sie führt über Polen entlang der Bernsteinküste bis Tallinn am Finnischen Meerbusen. Durch die zahlreichen Fährverbindungen zwischen Tallinn und Helsinki ist auch die finnische Hauptstadt über diese Route problemlos zu erreichen.

Die drei baltischen Hauptstädte Vilnius, Riga und Tallinn sind ebenfalls über die Via Baltica miteinander verbunden. Informationen über Streckenverlauf und Straßenverhältnisse der Via Baltica findet man unter www.balticroads.net und www.respons.pp.fi/viabaltica.

Zwischen Polen und Litauen gibt es zwei Grenzübergänge, einen auf der Via Baltica bei Kalvarija, der zweite liegt weiter südlich bei Lazdijai und ist für den Schwerlastverkehr gesperrt. Für die Anreise mit dem PKW oder Wohnmobil benötigt man den Fahrzeugschein, den deutschen oder EU-Führerschein sowie Personalausweis oder Reisepass. Die Mitnahme der Grünen Versicherungskarte, auf der alle drei baltischen Länder verzeichnet sind, ist zwar nicht vorgeschrieben, wird aber dringend empfohlen. Falls der Halter des

Fahrzeugs nicht mitreist, sollte man eine Vollmacht von ihm mitführen, bei Mietwagen benötigt man den Mietvertrag.

… mit dem Schiff

Von Deutschland gibt es mehrere bequeme Anreisemöglichkeiten mit dem Schiff. Allerdings ist der Andrang während der Sommerferien bei Pkw und Wohnmobilen recht groß, es empfiehlt sich deshalb, die Tickets rechtzeitig zu buchen.

Aktuelle Informationen zu den Fähren erhält man auch über die Website www.balti kum24.de.

Mit Lisco Baltic Service gelangt man mehrmals wöchentlich von Deutschland nach Litauen, und zwar von Kiel nach Klaipėda (22 Std.) und von Sassnitz/Mukran ebenfalls nach Klaipėda (21 Std.).

Von Rostock nach lettische Ventspils (26 Std.) gelangt man mehrmals wöchentlich mit den Scandlines-Fähren.

Die Strecke von Rostock nach Helsinki und nach einem kurzen Zwischenstopp weiter nach Tallinn (30 Std.) bedient die Gesellschaft Tallink sieja.

Eine interessante Anreisevariante mit dem eigenen Pkw nach Estland ist es, die Fähre ins lettische Ventspils zu nehmen. Von dort geht es in vier Stunden weiter auf die estnische Insel Saaremaa (SSC Ferries, Mai–Sept. mehrmals wöchentlich).

Fährgesellschaften:
Lisco Baltic Service: Ostuferhafen 15, 24149 Kiel, Tel. 0431 20 97 64 20, Fax 0431 20 97 61 02, www.dfdslisco.com.
Scandlines: Am Warnowkai 8, 18147 Rostock-Seehafen, Tel. 0381 207 33 17, Fax 0381 207 33 13, www.scandlines.de.
Tallink Silja: Zeißstraße 6, 23560 Lübeck, Tel. 0451 589 92 22, Fax 0451 589 92 03, www.tallinksilja.com.
SSC Ferries: Kuressaare, Tel. 452 43 76; Ventspils, Tel. 63 60 71 84, www.slkferries.ee.

… mit der Bahn

In rund 19 Std. gelangt man täglich mit der Bahn von Berlin über Warschau nach Vilnius. Der Normalpreis für die einfache Fahrt beträgt etwa 90 €. Man sollte unbedingt darauf achten, dass der Zug nicht über Weißrussland fährt, denn in diesem Fall würde man auch als Transitreisender ein Visum benötigen.

Von Vilnius nach Riga benötigen Züge ca. 5,5 Std., verkehren aber nicht täglich. Wer keinen Anschluss hat, kann problemlos den Bus nehmen. Busse verkehren zwischen Vilnius und Riga mehrmals täglich und benötigen ca. 5 Std. Zwischen Riga und Tallinn gibt es gegenwärtig keine Zugverbindung, Alternativen sind die internationalen Linienbusse.

Aktuelle Informationen über Zugverbindungen: www.bahn.de, www.oebb.at, www.sbb.ch.

… mit dem Bus

Von vielen deutschen Städten verkehren mehrmals wöchentlich Busse im internationalen Linienverkehr ins Baltikum. Die Hauptstädte werden in der Regel täglich angefahren, hier kann man dann in die örtlichen Busse umsteigen, die in der Regel mehrmals täglich in jede Stadt fahren. Die internationalen Busse fahren über Polen mit direkter Einreise nach Litauen. Ab Berlin beträgt die Fahrtdauer etwa 26 Std., das Hin- und Rückfahrticket ab Berlin kostet ab etwa 110 €. Rabatte für Jugendliche, Senioren, Studenten mit Internationalem Studentenausweis, Kinder und Gruppen werden von den meisten Busgesellschaften gewährt.

Nähere Infos unter: www.eurolines.com oder telefonisch über Deutsche Touring, Tel. 01805 79 03 03; www.berlinlinienbus.de oder Tel. 030 861 93 31, Fax 030 861 93 41, info@berlinlinienbus.de.

… mit dem Flugzeug

Das Angebot an sehr preisgünstigen Direktflügen ins Baltikum wird immer größer, was

Von A nach B kommen – in den Hauptstädten ist das besonders einfach

selbst einen Kurzurlaub in den Hauptstädten attraktiv macht.

Ryanair (www.ryanair.com): mehrmals wöchentlich von Frankfurt/Hahn nach Riga und Kaunas, von Bremen und Düsseldorf nach Riga, von Berlin und Düsseldorf nach Kaunas sowie von Düsseldorf nach Tallinn.

Estonian Air (www.estonian-air.ee): fliegt mehrmals wöchentlich Tallinn an.

AirBaltic (www.airbaltic.com): bietet mehrmals wöchentlich Flüge von Berlin, Düsseldorf, Hamburg, München, Wien und Zürich nach Riga an. Die mehrfach ausgezeichnete Fluggesellschaft hat in der letzten Zeit ihr Streckennetz erweitert und den Flughafen Riga zum baltischen Luftkreuz ausgebaut. Sie bietet darüber hinaus günstige Flüge über Riga nach Vilnius an.

Lufthansa (www.lufthansa.com): bedient täglich Tallinn, Riga sowie Vilnius von Frankfurt aus.

Austrian Airlines (www.austrianairlines.de): fliegt täglich von Wien nach Riga, Vilnius und Tallinn.

Flughafentransfer

Vilnius: Bus Nr. 2 fährt ebenso ins Stadtzentrum wie die vor dem Flughafengebäude wartenden Minibusse. Die Fahrt mit dem Taxi kostet ca. 35 LTL.

Riga: Bus Nr. 22 fährt zwischen 5.30 und 22.40 Uhr vom Flughafen ins Stadtzentrum von Riga, Fahrtdauer ca. 30 Minuten.

Tallinn: Die Buslinie 2 verbindet den Flughafen mit dem nahen Stadtzentrum, die Busse verkehren alle 20 bis 30 Min.

Öffentliche Verkehrsmittel

Bus

In allen drei baltischen Ländern sind Busse das bevorzugte Transportmittel, da der Wiederaufbau des Bahnstreckennetzes nur langsam voranschreitet. In jeder größeren Stadt gibt es einen Busbahnhof mit Informationen zu den Abfahrtszeiten. Zwischen den größeren Städten gibt es oft fast stündliche Busverbindungen, und selbst das kleinste Dorf ist noch einmal täglich mit dem Bus zu erreichen. Wer das Baltikum mit öffentlichen Verkehrsmitteln bereisen möchte, muss trotzdem erheblich mehr Zeit als Autotouristen einplanen.

Auch für Fahrten zwischen den einzelnen Ländern sind Busse die beste Alternative, von Vilnius nach Riga und von Riga nach Tallinn sind die Busse jeweils rund 6 Std. unterwegs. Fahrräder können auf Kurzstrecken, falls Platz vorhanden ist, im Gepäckraum transportiert werden, auf internationalen Linien können sie in der Regel nur zerlegt und verpackt transportiert werden.

Ausführliche und aktuelle **Busfahrpläne** erhält man unter www.bussireisid.ee (Estland), www.nordeka.lv (Lettland) und www.toks.lt (Litauen).

Bahn

Das Streckennetz ist in allen Ländern noch nicht wiederhergestellt. Gegenwärtig gibt es in Estland, Litauen und Lettland nur ein begrenztes Streckenangebot. Genaue Informationen über Streckennetz und Fahrpläne gibt es unter www.litrail.lt (Litauen), www.sirius.ldz.lv (Lettland) oder unter www.bahn.de, www.estbahn.de (Estland).

Fähren

Die Fähre vom litauischen Klaipėda nach Smiltynė auf der Kurischen Nehrung verkehrt ungefähr halbstündlich, wegen des großen Andrangs kann es in der Sommersaison trotzdem zu Wartezeiten kommen. Genaue Abfahrtzeiten unter www.keltas.lt.

Alle größeren estnischen Inseln sind problemlos mit Autofähren zu erreichen. Die Gesellschaft AS Saaremaa Laevakompanii (www.laevakompanii.ee) bedient folgende Strecken: Zwischen Virtsu auf dem Festland und Kuivastu auf der Insel Muhu verkehren etwa stündlich Autofähren, von der Insel Muhu gibt es einen Damm auf die Insel Saaremaa.

Von Rohuküla in der Nähe von Haapsalu an der Westküste verkehrt mehrmals täglich eine Autofähre zum Hafen Heltermaa auf der Insel Hiiumaa.

Auch zwischen den Inseln Saaremaa und Hiiumaa gibt es regelmäßige Autofähren, Hafenort auf Saaremaa ist Triigi, auf Hiiumaa Sõru.

Zwischen dem lettischen Hafenort Ventspils und der Insel Saaremaa verkehren von Mai bis September mehrmals wöchentlich Autofähren, Fahrtdauer 4 Std. (www.slkferries.ee).

Flugzeug

Innerhalb der einzelnen Länder spielen Flugverbindungen wegen der kurzen Entfernungen fast keine Rolle. Die jeweiligen Hauptstädte sind dagegen jeweils mehrmals täglich durch Direktflüge miteinander verbunden. Air Baltic fliegt auf den Strecken Tallinn–Riga, Riga–Vilnius und Tallinn–Vilnius, Letztere wird auch von Estonian Air bedient.

Autofahren

Mietwagen

An den Flughäfen und in den größeren Städten haben alle internationalen Vermieter sowie einige lokale Anbieter ihre Büros. In Verbindung mit einer Fluganreise gibt es zum Teil Ermäßigungen. Fahrten mit dem Mietwagen durch alle baltischen Länder sind kein

Problem, auch Einwegmieten sind, in der Regel gegen Aufpreis, möglich. Eine Liste der Autovermieter ist auf der Website der Baltischen Fremdenverkehrszentrale zu finden (s. S. 71).

Straßennetz

Die Hauptstädte Vilnius, Riga und Tallinn sind über die gut ausgebaute Via Baltica miteinander verbunden. Auch viele weitere überregionale Straßen sind in gutem Zustand. In allen drei Ländern gibt es kürzere autobahnähnliche Abschnitte, die allerdings mit deutschen Autobahnen nicht zu vergleichen sind. Auf ihnen sind Linksabbiegerspuren, Zebrastreifen und Bushaltestellen durchaus üblich, außerdem ist mit Fußgängern, Radfahrern und manchmal sogar Pferdegespannen zu rechen.

In der Dunkelheit ist besondere Vorsicht geboten, denn so manches Gefährt ist nur schlecht oder gar nicht beleuchtet. Nebenstrecken sind teilweise unbefestigt, in der Regel aber gut befahrbar. Bei Trockenheit sind sie allerdings staubig, bei Regen unter Umständen glatt.

Verkehrsregeln

Einer der wenigen Unterschiede bei den Verkehrsregeln ist die **Ampelschaltung.** Die Ampeln zeigen Grün, blinkendes Grün, Gelb und Rot. Blinkendes Grün entspricht dem Gelb in Deutschland, wenn die Ampel auf Gelb steht, darf man nicht mehr fahren. Sollten Pfeile innerhalb der Ampellichter vorhanden sein, darf man nur fahren, wenn die Ampel für die Abbiege-Richtung auf Grün steht, auch wenn für diese Fahrtrichtung keine rote Ampel vorhanden ist und für die anderen Fahrtrichtungen Grün angezeigt wird. Außerdem muss rund um die Uhr mit **Abblendlicht** gefahren werden.

Geschwindigkeiten: Innerhalb von geschlossenen Ortschaften sind 50 km/h erlaubt (Achtung: Die Ortsschilder sind hier weiß!), außerhalb von Ortschaften 90 km/h, auf Autobahnen (existieren bisher nur in Litauen) 110 km/h. Mit Geschwindigkeitskontrollen muss man trotz des geringen Verkehrsaufkommens rechnen, Bußgelder werden in der Regel gleich vor Ort in bar kassiert.

Die **Alkoholgrenze** liegt in Estland bei 0,0 Promille, in Lettland bei 0,5 Promille und in Litauen bei 0,4 Promille.

Es herrscht **Anschnallpflicht,** Telefonieren ist nur mit **Freisprechanlage** erlaubt. Von Anfang Dezember bis Anfang März sind in Estland und Lettland **Winterreifen** vorgeschrieben.

Tanken

Das Tankstellennetz ist mittlerweile in allen Ländern modernisiert und dicht, oft sind die Tankstellen, wie bei uns, kleine Supermärkte. Bleifreies Benzin ist überall erhältlich und ist meist mit ›E‹ gekennzeichnet. 95 E entspricht dem deutschen Super Bleifrei. Grüne Zapfpistole: bleifrei; rote Zapfpistole: verbleit; schwarze Zapfpistole: Diesel. Auch die Versorgung mit Autogas ist sichergestellt. Das Bezahlen mit Kreditkarte ist in der Regel kein Problem.

Parken

Die Altstädte von Vilnius, Riga und Tallinn sind teilweise autofrei, an diesen Kern schließt sich ein Bereich mit relativ teuren Parkplätzen an. Außerhalb dieser Parkraumbewirtschaftungszone kann man dann meist kostenlos parken. Hotels im Ortszentrum haben in der Regel einen eigenen, kostenpflichtigen Parkplatz.

Hotels

In den letzten Jahren sind überall viele neue Hotels errichtet worden und bereits existierende wurden grundsaniert. Dies hat zu einem deutlichen Mehr an Komfort geführt, allerdings sind auch die Preise gestiegen. Der Bauboom wird wohl noch einige Zeit anhalten, denn noch gibt es genügend Hotels, die nicht saniert wurden, und auch die ständig steigenden Besucherzahlen – auch auf Kongress- und Geschäftsreisen zurückzuführen – verlangen nach immer mehr Hotelbetten.

Deutlich verbessert hat sich das Angebot innerhalb der Tallinner Altstadtmauern, Engpässe sind hier kaum noch zu erwarten. In Riga ist die Bettenzahl allerdings immer noch begrenzt. In den Hauptstädten gibt es generell eine gute Auswahl an Hotels im gehobenen Segment, das Angebot an Mittelklassehotels ist aber begrenzt. In kleineren Städten und auf dem Land ist die Situation deutlich entspannter, dort findet man häufig noch preiswerte Hotels, muss allerdings manchmal auch Abstriche beim Komfort machen. Wer sparen möchte, sollte in jedem Fall einen Blick auf die Internetseiten einiger Hotels werfen und nach Sonderpreisen schauen. Auf der Website des Baltischen Fremdenverkehrsamtes (www.baltikuminfo.de) gibt es viele Links, die auf Hotelverzeichnisse und Buchungsmöglichkeiten verweisen.

Schlösser und Herrenhäuser

Immer mehr Schlösser und Herrenhäuser erholen sich von der Jahrzehnte währenden Vernachlässigung während der Sowjetzeit und werden neuen Nutzungen zugeführt, wobei der Umbau zu komfortablen Hotels oder Kongresszentren Hochkonjunktur hat. Die meisten Schlösser und Herrenhöfe liegen fernab der großen Städte landschaftlich wunderschön inmitten großer Parks mit uraltem Baumbestand oder an einem See. In der Regel wird viel Wert gelegt auf eine authentische Restaurierung, wobei Unterkunftsmöglichkeiten mit deutlich unterschiedlichem Standard entstehen. Hier findet jeder sein Traumschloss, oft zu erstaunlich günstigen Preisen. Einen – allerdings nicht vollständigen – Überblick über die Schlosshotels im Baltikum bietet www.baltikuminfo.de.

Urlaub auf dem Land

Auch viele Bauernhöfe bieten Unterkunftsmöglichkeiten für Touristen an. Sie liegen oft in den schönsten Gegenden und sind eine der besten Möglichkeiten, Land und Leute hautnah kennenzulernen. Auch wenn die Verständigungsmöglichkeiten wegen fehlender Sprachkenntnisse oft nur begrenzt sind, wird man überall mit typisch baltischer Herzlichkeit empfangen.

Die angebotenen Unterkünfte sind ganz unterschiedlich. Das Angebot reicht vom Zimmer auf B & B-Basis bis zu luxuriösen Ferienhäusern. Aufenthalte können wochen- oder tageweise gebucht werden, die Preise sind ebenso unterschiedlich wie der Standard, man sollte sich deshalb im Voraus genau über sein Quartier informieren, um Enttäuschungen zu vermeiden. In einigen Gegenden, wie beispielsweise auf der estnischen Insel Hiiumaa, stehen auch sehr luxuriöse, oft reetgedeckte Ferienhäuser zur Verfügung. Bauernhöfe bieten teilweise auch Stellplätze für Wohnmobile und Zelte an.

Auf fast jedem Bauernhof gibt es verschiedene Freizeitmöglichkeiten, wie Kanu- oder Radfahren, Wandern, Reiten, Angeln oder Vogelbeobachtung. Vor allem – aber nicht ausschließlich – in Estland ist fast immer eine Sauna vorhanden. Auch hausgemachtes, deftiges, landestypisches Essen wird häufig von den Vermietern angeboten. Manchmal sind die abgelegenen Höfe wegen fehlender Beschilderung nicht so leicht zu finden, deshalb sollte man bei der Buchung unbedingt eine Wegbeschreibung anfordern.

Einen guten Überblick über das Angebot bieten die jeweiligen Broschüren für Landtourismus, die wie die Internetseiten Informationen auch auf Deutsch enthalten. Sie können direkt bei den Verbänden oder über die Baltische Fremdenverkehrszentrale bezogen werden.

Lietuvos Kaimo Turizmo Asociacija
(Verband des litauischen Landtourismus)
Donelaičio 2
44 213 Kaunas
Tel. 37 40 03 54, Fax 37 40 03 50
www.countryside.lt

LLTA (Lauku ceļotājs)
Vīlipa iela 12–21
1083 Riga
Tel. 67 61 76 00, Fax 67 83 00 41
lauku@celotajs.lv
www.countryholidays.lv
Mo–Fr 9–18 Uhr

Eesti Maaturism MTÜ
Vilmsi 53B
10147 Tallinn
Tel./Fax 600 99 99
www.maaturism.ee

Privatunterkünfte

Auch Privatleute vermieten immer öfter einen Teil ihrer Wohnung oder ihres Hauses an Urlauber. Bei dieser Art der Unterkunft sind die Komfortunterschiede und damit auch die Preisunterschiede besonders groß. Das Angebot reicht von Zimmern mit plüschigem Ambiente der 1960er-Jahre bis zu modern renovierten Häusern mit tadelloser Ausstattung. Wer sich die zuweilen etwas mühsame Suche nach einem Privatzimmer vereinfachen

möchte, bekommt in den örtlichen Touristeninformationen freie Zimmer genannt. Fast immer wohnt man mit direktem Kontakt zu den Vermietern und bekommt so einen kleinen Einblick in das Leben der Familie, auch wenn die Verständigung vielleicht nur auf Estnisch, Lettisch, Litauisch oder Russisch möglich ist. Ein Plus bei Privatquartieren ist das oft sehr reichhaltige Frühstück, das auch aus Bratkartoffeln, Pfannkuchen oder einer warmen Suppe bestehen kann. B & B-Gasthäuser sind noch relativ selten, ein seit 1993 etablierter Anbieter ist litinterp (www.litinterp.com) mit Zimmern in Vilnius, Kaunas und Klaipėda.

Jugendherbergen

Der Standard der Jugendherbergen und Hostels ist ebenso unterschiedlich wie das Preisniveau. Eine Übersicht über die Herbergen sowie eine Buchungsmöglichkeit bieten die Internetseiten der nationalen Organisationen. Auch unter www.hihostels.com gibt es Informationen und eine Buchungsmöglichkeit. Der Internationale Jugendherbergsausweis wird anerkannt.

Lithuanian Youth Hostels Association
Filaretu 17
LT-Vilnius C
Tel. 5 215 46 27, Fax 5 212 01 49
www.lithuanianhostels.org

Latvian Youth Hostel Association
17-2 Siguldas Pr.
LV-1014 Riga
Tel. 921 85 60, Fax 751 70 06
www.hostellinglatvia.com

Estonian Youth Hostels Association
Narva 16–25
EE-10120 Tallinn
Tel. 646 14 55, Fax 646 15 95
www.balticbookings.com

Camping

Jedes Jahr entstehen neue Plätze mit westlichem Standard, welche die sehr einfach ausgestatteten Campingplätze aus der Sowjetzeit ersetzen. Neue Campingplätze haben oft nicht nur Stellplätze für Wohnmobile und Zelte, sondern es werden auch kleine Holzhütten vermietet. Die Plätze aus der Sowjetzeit vermieten zwar in der Regel auch Hütten, diese entsprechen aber oft nicht modernen Komfortansprüchen.

In den Nationalparks sind häufig mehrere Plätze zum Zelten ausgewiesen, die meisten liegen ruhig und abgeschieden, oft ist es nur ein Stück Wiese in wunderschöner Lage mitten im Wald oder an einem der Seen oder Flüsse. Die Infrastruktur dieser Naturcampingplätze besteht fast immer nur aus einem Toilettenhäuschen, manchmal ist auch noch ein Wasserhahn vorhanden. Innerhalb der Nationalparks darf man nur auf diesen ausgewiesenen Plätzen übernachten, ansonsten wird freies Campieren ähnlich wie in den skandinavischen Ländern toleriert, aus Umweltschutzgründen sollte man sich aber überlegen, ob man nicht doch einen der preisgünstigen Campingplätze nutzt.

Auch auf Bauernhöfen ist preiswertes Übernachten oder Zelten möglich, Hinweise findet man in den jeweiligen Broschüren »Urlaub auf dem Lande«. Auch auf der Website des Baltischen Fremdenverkehrsamtes (www.baltikuminfo.de) ist eine Liste der Campingplätze in Estland, Lettland und Litauen zu finden.

Raum ist in der kleinsten Hütte: ›Ferienhäuser‹ auf der Insel Hiiumaa (Estland)

Wegen der dünnen Besiedlung und der noch weitgehend intakten Natur fühlen sich vor allem Naturliebhaber und Aktivurlauber in allen baltischen Ländern wohl. Die Möglichkeiten für Betätigung in der Natur sind äußerst vielfältig, doch sollte man darauf vorbereitet sein, dass die Infrastruktur noch nicht überall perfekt ist und man viel selbst organisieren oder sich einem örtlichen Veranstalter anvertrauen muss. Ein umfangreiches Angebot an Aktivitäten bieten die drei Verbände für Urlaub auf dem Lande (www.countryside.lt, www.celotajs.lv, www.maaturism.ee, s. a. S. 88).

Angeln

Mit mehreren tausend Kilometern Küstenlinie sowie unzähligen Flüssen und Seen, in denen es von Fischen nur so wimmelt, sind die Voraussetzungen für Angler geradezu paradiesisch. Kein Wunder also, dass Angeln in allen Ländern sommers wie winters Volkssport ist. Gerade das Eisangeln, eine Sportart, die bei uns noch relativ unbekannt ist, erfreut sich im Baltikum großer Beliebtheit. Informationen über eventuell nötige Angelscheine erteilen die Amateurangelvereine im Baltikum und die örtlichen Touristenbüros.

Fahrrad fahren

Mit Ausnahme der großen Städte, die für Radfahrer ziemlich stressig sind, eignen sich alle Länder hervorragend für kürzere und längere Radtouren. Das Straßennetz ist gut ausgebaut, einige Nebenstraßen sind zwar noch nicht asphaltiert und im Sommer staubig, aber mit dem richtigen Rad ist auch dies kein Problem. Relativ wenig Autoverkehr und nur sanfte Steigungen machen das Radfahren zum entspannten Vergnügen und so ist es kein Wunder, dass die meisten Radtouristen begeistert aus dem Baltikum zurückkommen.

Zu den schönsten Gebieten für Radtouren zählen der estnische Lahemaa-Nationalpark, die Inseln Hiiumaa und Saaremaa, der lettische Gauja-Nationalpark und die Kurische Nehrung in Litauen.

Wer es bequem haben möchte, schließt sich einer Gruppenreise eines Spezialreiseveranstalters in Deutschland oder vor Ort (Adressen über Baltikum Tourismus Zentrale, s. S. 71) an oder lässt sich eine Tour nach eigenen Wünschen ausarbeiten. Längere Radtouren auf eigene Faust erfordern ein wenig mehr Vorbereitung, vor allem gutes Kartenmaterial. In Estland ist die Markierung der Fahrradrouten schon abgeschlossen, in den anderen Ländern wird es wohl noch eine Weile dauern. Vor Ort gibt es mittlerweile einige Verleihstationen, wer längere Touren plant, bringt aber besser das eigene Rad mit. Eine wahre Fundgrube für Radtouristen ist die deutschsprachige Website von Baltic Cycle, einem Gemeinschaftsprojekt des estnischen Fahrradclubs mit der lettischen Velogrupa, dem litauischen Fahrradverband und dem polnischen Club Crotos (www.bicycle.lt). Eine Auflistung der estnischen Fahrradrouten ist unter www.bicycle.ee zu finden. Auch der Fahrradclub ADFC bietet auf seiner Website (www.adfc.de) einige Tipps zu den baltischen Staaten. Viele Routenvorschläge in Lettland sind unter www.latviatourism.lv und www.celotajs.lv zu finden.

Golf

Golf ist in den baltischen Staaten noch eine relativ junge Sportart, die sich aber zunehmender Beliebtheit erfreut. Einige neue Plätze sind, speziell in Estland, schon fertig, viele weitere sind in allen Ländern im Entstehen. Eine aktuelle Auflistung der bereits bespielbaren Plätze und weitere Infos sind auf folgenden Websites zu finden: www.baltikum info.de und http://www.nationalgolf.lt.

Kanu und Kajak

Mit über 10 000 Flüssen und 7000 Seen ist das Baltikum ein Paradies für Kanuten. Auch zahlreiche Küstengewässer, vor allem in Estland, eignen sich hervorragend für Seekajaktouren. Die meisten Gewässer sind relativ einfach zu befahren, Wildwasser sind wegen der oft geringen Höhenunterschiede selten. Die beste touristische Infrastruktur, mit Bootsverleih, Streckenbeschreibungen, Angeboten lokaler Veranstalter und Unterkunftsmöglichkeiten haben in der Regel die Natur- und Nationalparks.

In **Litauen** liegen die besten Routen für Wasserwanderer im Osten, Nordosten und Südosten. Auf Nemunas und Neris kann man praktisch ganz Litauen von der weißrussischen Grenze bis zur Kurischen Nehrung durchqueren. Auch im Aukštaitija-Nationalpark gibt es viele Möglichkeiten für Kanutouren.

In **Lettland** bietet der Gauja-Nationalpark die besten Möglichkeiten, die Gauja windet sich in vielen Schleifen praktisch durch den gesamten Park, wobei teils eindrucksvolle Sandsteinufer passiert werden.

In Estland ist der Soomaa-Nationalpark mit seinen teils breiten, teils verschlungenen Wasserläufen das klassische Revier der Kanuten, aber auch im Südosten gibt es tiefe Flusstäler, die von steilen Sandsteinfelsen eingerahmt werden. Neben den beiden großen Inseln Saaremaa und Hiiumaa gibt es vor der estnischen Küste, z. B. in der Kolgabucht, viele kleine Eilande. Die Gewässer sind überwiegend flach und windgeschützt und bilden ein fantastisches Revier für Seekajaktouren.

Wer sich die Planung und Durchführung von Touren nicht zutraut oder Boote mieten möchte, findet vor Ort oft lokale Veranstalter, eine rechtzeitige Anmeldung – telefonisch

Paradiesische Zustände: Kanu- und Kajakfahrer können zwischen unzähligen Seen und Flüssen wählen

oder via E-Mail – ist allerdings fast immer nötig, weil die meisten kleinen Anbieter kein Büro haben. Websites von Anbietern:
Litauen: www.valtine.lt, www.gerasvejas.lt
Lettland: www.makars.lv und www.campo.laivas.lv
Estland: www.retked.ee, www.soomaa.com, www.estland.ee, www.veetee.ee sowie www.lootuur.ee

Reiten

Eine immer größere Zahl von Bauernhöfen bietet Reiterferien an. Die Angebote reichen von Reitunterricht über Reitausflüge bis zu mehrtägigen Touren. Am schnellsten wird man bei der Suche nach geeigneten Reiterhöfen in den Broschüren und auf den Websites der Verbände für Urlaub auf dem Lande (s. S. 88) sowie auf der Internetseite des Baltischen Fremdenverkehrsamtes (www.baltikuminfo.de) fündig.

Schwimmen / Strände

Die Strände des Baltikums zählen zu den schönsten der gesamten Ostsee. Kilometerlang, menschenleer, unverbaut und naturbelassen begeistern sie jeden Naturliebhaber. Kleine sandige Buchten, die immer wieder von steinigen Abschnitten unterbrochen sind, findet man praktisch entlang der gesamten Küstenlinie. Für ihre langen Sandstrände berühmt sind die Bucht von Pärnu in Estland,

der Küstenabschnitt südlich der estnisch-lettischen Grenze, Vidzemes jūrmala, die lettischen Badeorte Jūrmala und Liepāja sowie Palanga und die Kurische Nehrung in Litauen.

Fast wie am Meer fühlt man sich am Nordufer des riesigen Peipus-Sees. Hier findet man endlose Sandstrände, die von Dünen und Wäldern begleitet sind. Aber auch in unzähligen anderen Seen in allen Ländern lässt es sich im Sommer herrlich baden.

Segeln

Entlang der Küsten existiert eine Vielzahl von Jachthäfen für Segelsportler. Ihre Ausstattung ist oft noch recht einfach, auch der Bootsverleih steckt noch in den Kinderschuhen. Unter www.tourism.lt/leisure/sail.htm sind die Beschreibungen einiger litauischer Jachthäfen und unter www.west-coast.lv Informationen über den lettischen Hafen Pavilosta zu finden. Zusammenstellungen der estnischen Gästehäfen bietet die Website www.marinas.nautilus.ee. Gruppen können eines der historischen Segelschiffe des estnischen Vereins für alte Schiffe chartern, Infos unter www.historicships.ee.

Vogelbeobachtung

Vor allem in Litauen, aber auch in den anderen baltischen Ländern ist die Begegnung mit Störchen etwas Alltägliches. Selbst am Wegesrand oder mitten in den Dörfern sind sie anzutreffen. Aber auch sonst sind die Feuchtgebiete, Seen, Flüsse und Küsten Heimat zahlreicher Vögel, unter ihnen auch so seltene Arten wie Seeadler, Moorschneehuhn und Schwarzstorch. Ein ganz besonderes Schauspiel bietet sich im Frühjahr und Herbst, wenn Millionen von Zugvögeln im Baltikum rasten. Die bevorzugten Rastgebiete der Zugvögel sind die schilfbestandenen Feuchtwiesen der seichten Matsalu-Bucht an der westestnischen Küste, die beiden Inseln Saaremaa und Hiiumaa sowie das Delta des Nemunas in Litauen. Die guten Beobachtungsmöglichkeiten von zahlreichen Türmen haben sich mittlerweile auch bei Ornithologen herumgesprochen, die immer zahlreicher kommen.

Allgemeine Infos über Beobachtungsplätze und Vogellisten: www.fatbirder.com, www.putni.lv, www.nerija.lt. Folgende örtliche Veranstalter bieten Vogelbeobachtungen an: www.soomaa.com.

Wandern

Überregionale Wanderrouten existieren bis jetzt noch nicht, doch speziell in den Natur- und Nationalparks entstehen immer mehr markierte Wanderwege, die sich für kurze Ausflüge oder Tagestouren anbieten. Zahlreiche Hochmoore sind mit Holzbohlenwegen präpariert worden, sodass man diese faszinierenden Landschaften ohne nasse Füße zu bekommen besichtigen kann. In der Regel gibt es am Start jeder Wanderung eine Infotafel mit dem Wegverlauf, in einigen Nationalparkzentren sind auch detaillierte Wanderkarten oder zumindest Skizzen erhältlich.

Wellness, Kuren und Sauna

Ein Gang in die Sauna ist zwar nicht unbedingt eine sportliche Aktivität, aber versäumen sollte man dieses Vergnügen auf keinen Fall. Die Esten sind zusammen mit den Finnen weltweit die eifrigsten Saunagänger. So ist es auch nicht verwunderlich, dass zu fast jedem estnischen Bauernhof eine traditionelle, mit Holz beheizte Sauna gehört. Auch viele Hotels bieten ihren Gästen einen Saunabesuch. Oft ist die für uns ungewohnte Morgensauna sogar kostenlos. Auch in Lettland und Litauen

ist die Sauna nicht unbekannt, aber lange nicht so weit verbreitet wie in Estland.

Kur- und Wellnessangebote haben im Baltikum eine lange Tradition. In den letzten Jahren wurden viele traditionsreiche Kur- und Wellnesshotels saniert und modernisiert. Die Kombination aus exzellenter medizinischer Betreuung, Mineralwasserquellen, Heilschlamm, salzhaltiger Meeresluft, Kiefernduft sowie Sport- und Fitnessangeboten machen einen Aufenthalt in einem der Kur- und Wellnesshotels zum Vergnügen.

Die bekanntesten Kurorte sind Pärnu, Haapsalu, Toila und Kuressaare in Estland, Jürmala in Lettland und Birštonas und Druskininkai in Litauen. Mittlerweile bieten auch mehrere Reiseveranstalter Kuraufenthalte an (Adressen über die Baltikum Tourismus Zentrale, s. S. 71).

Wintersport

Wer auf Jubel, Trubel, Heiterkeit und Après-Ski verzichten kann, findet auf einigen Reiterhöfen Möglichkeiten zu winterlichen Ausritten und Schlittenfahrten. Urlaub auf dem Bauernhof kann mit Skilanglauf und Skiwandern kombiniert werden. Wenn die Seen zugefroren sind, erfreut sich auch das Eisangeln großer Beliebtheit. Skilangläufer und Snowboarder finden teils exzellente Möglichkeiten, während die Abfahrtshänge (max. 300 m hoch) nur Anfänger und Familien begeistern.

Skigebiete in Lettland sind Baili, Briezkalns, Gaizinkalns, Sigulda und Zviedru Cepure. Von der Wintersonnenwende bis Frühlingsanfang besitzt Estland mit Otepää sogar eine ›Winterhauptstadt‹, die jedes Jahr im Januar einen Langlauf-Weltcup ausrichtet. Otepää ist das größte Wintersportzentrum des Baltikums mit hervorragenden Möglichkeiten zum Skilanglauf, aber auch für Snowtubing, Pferdeschlittenfahrten, Fahrten mit Motorschlitten oder Eisklettern.

Einkaufen

Geschäfte

Die großen Supermärkte führen neben einigen örtlichen Produkten alles, was man von zu Hause gewohnt ist. In Kleinstädten und Dörfern ist das Angebot des oft einzigen Supermarktes oder Ladens deutlich kleiner und das Ambiente erinnert manchmal noch etwas an die farblose Sowjetzeit. Vilnius, Riga und Tallinn sind mit ihren modernen Shopping-Centern und Edelboutiquen kaum noch von anderen westlichen Metropolen zu unterscheiden, leider sind auch die Preise für Luxusgüter kaum niedriger als bei uns.

Öffnungszeiten

In der Regel sind die großen Geschäfte, Kaufhäuser und Supermärkte in den Städten von 10 bis 20 oder 21 Uhr geöffnet. Einige Lebensmittelläden haben selbst an Feiertagen durchgehend geöffnet. Bei kleineren Läden oder außerhalb der Stadtzentren fallen die Öffnungszeiten z. T. deutlich kürzer aus, auf dem Land ist auch eine Mittagsruhe durchaus üblich.

Märkte / Straßenstände

Der Zentralmarkt von Riga mit seinem riesigen Angebot an frischem Obst, Gemüse, Fisch und Fleisch zählt zu den größten und sehenswertesten Märkten Europas. In der Nähe von Sehenswürdigkeiten findet man recht häufig Stände mit Souvenirs. Im Sommer wird in den Dörfern oder an der Straße auch häufiger Obst und Gemüse angeboten.

Fotomaterial: Wer fotografiert, egal ob analog oder digital, sollte alles nötige Material von zu Hause mitbringen, denn selbst in den Hauptstädten kann die Suche nach Filmen, Akkus oder Speicherkarten unter Umständen recht mühsam werden.

Souvenirs

Kunsthandwerk steht in allen baltischen Ländern hoch im Kurs. Neben Hunderten von Souvenirläden, die sich in allen Altstädten finden, die eher touristische Massenware anbieten, gibt es auch Adressen wie den Berga Bažars in Riga (s. S. 254), die Katharinengasse in Tallinn (s. S. 367) und den Antonius-Hof in Tartu (s. S. 412), wo man hochwertige Waren bekommt.

Bernstein

Der Bernstein spielt im gesamten Baltikum eine herausragende Rolle, besonders häufig bekommt man ihn in Litauen angeboten. Von unbearbeiteten Splittern über polierte Steine jeder Größe bis hin zu handwerklich und künstlerisch hochwertigen Schmuckstücken reicht das Sortiment in so gut wie jedem Souvenirladen.

Woll- und Leinenwaren

Beliebt und typisch ist auch Gestricktes aus Wolle wie Pullover, Mützen, Schals, Socken und Handschuhe. Besonders vielfältig ist das Angebot auf dem Tallinner Wollmarkt nahe der Stadtmauer. Auch für hochwertige Wäsche und Kleidung aus Leinen ist das Baltikum bekannt.

Schokolade

Bekannt sind die Schokoladen und Pralinen aus dem Traditionshaus Kalvev, das nach dem estnischen Nationalepos »Kalevipoeg« (s. S. 431) benannt ist. Die Letten schwören auf ihre Laima-Schokolade und die Litauer halten sich an Rūta, wenn es um Süßes geht.

Alkohol

Wer Hochprozentiges sucht, wird bei Wodka schnell fündig, aber auch traditionelle Kräuterliköre wie der estnische Vana Tallinn und der lettische Rīgas melnais balzāms schmecken zu Hause noch ausgezeichnet.

Generell gilt, dass die drei Hauptstädte mit weitem Abstand das beste Nachtleben besitzen. Beim Vergleich von Tallinn, Riga und Vilnius schneidet die estnische Hauptstadt am besten ab, denn die Finnen, die in Scharen von Helsinki herüberkommen, sorgen besonders an den Wochenenden für viel Trubel. Ob schräge Bar, kultiger Szenetreff, moderner Club, gemütlicher Weinkeller oder eines der zahlreichen Restaurants – die hellen Sommernächte in Tallinn sind lang und berühmt. Aber nicht nur die Finnen, auch die Tallinner gehen gerne mal in die Kneipe und lassen sich ein A le Coq oder ein Saku Original zapfen. Aber auch wer es eher klassisch mag, kommt in Tallinn in der Oper oder einem der vielen Theater auf seine Kosten. In Estlands zweitgrößter Stadt Tartu ist zwar nicht ganz so viel los wie in Tallinn, aber die vielen Studenten beleben die sehr vielfältige Restaurant- und Kneipenlandschaft.

Auch in Riga und Vilnius gibt es eine gute Mischung aus Kunst, Kultur und Unterhaltung. Die lettische Nationaloper besitzt wegen ihres internationalen Staraufgebots einen exzellenten Ruf. Ein ganz besonderes Vergnügen ist ein abendlicher Bummel durch die Republik Užupis, ein Künstlerviertel mitten in Vilnius, das zwar kleiner als der Pariser Montmartre ist, aber fast genauso viel Charme besitzt.

Wer sich ins Nachtleben stürzen möchte, sollte sich am Kiosk die englischsprachigen Infohefte »In your Pocket« und »City Paper – The Baltic States« mit aktuellen Tipps zu Veranstaltungen, Unterkünften, Restaurants und Kneipen holen (www.inyourpocket.com, www.balticsworldwide.com).

Viel ruhiger geht es in den kleineren Städten zu. Hier muss man schon ein wenig nach dem Nachtleben suchen und manchmal auch unverrichteter Dinge ins Hotel zurückkehren. Positive Überraschungen wie die äußerst lebendige Jazzszene in Klaipėda sind dabei aber nicht ausgeschlossen. Auf dem Land bleibt fast immer nur der nächtliche Spaziergang am Strand oder der Blick in den oft strahlend funkelnden Sternenhimmel.

In den Städten finden sich neue szenige Kneipen neben alteingesessenen Lokalen

Ausfuhr

Die Ausfuhr von **Antiquitäten** aus Litauen, Lettland und Estland ist nur mit staatlichem Ausfuhrzertifikat möglich.

Für die Ausfuhr von **Zigaretten** aus baltischen Ländern gelten Sonderbestimmungen: Ausgeführt werden dürfen aus Litauen und Lettland maximal 200 Zigaretten, aus Estland 200 Zigaretten oder 250 g Rauchtabak.

Elektrizität

Netzspannung: 220 Volt, 50 Hz. Die dünnen Euro-Norm-Stecker ohne Schutzkontakt passen, Schuko-Stecker nicht immer, daher sollte man einen Adapter mitnehmen.

Etagenzählung

Bei der Angabe von Etagen in Adressen ist zu berücksichtigen, dass in allen drei baltischen Ländern das Erdgeschoss als Stockwerk mitgezählt wird.

Rauchen

Auch in den baltischen Staaten wurde in den letzten Jahren Rauchern das Leben immer schwerer gemacht. In allen Ländern gilt mittlerweile ein weitreichendes Rauchverbot, das sich auf Arbeitsplätze, Schulen, Kinos, Konzerthallen, Haltestellen, öffentliche Verkehrsmittel, Sportzentren, Restaurants, Bars, Cafés und Diskotheken erstreckt.

Schulferien

Die Schulferien dauern in allen drei Ländern ungefähr drei Monate, von Anfang Juni bis Ende August.

Trinkgeld

Während der Sowjetzeit war Trinkgeld unüblich, doch mittlerweile kann man sich an bekannten Gegebenheiten orientieren, also im Restaurant bei gutem Service 5–10 % geben. Auch Taxifahrer und Zimmermädchen freuen sich über ein Extra.

Wasser

Vom gesundheitlichen Standpunkt ist das Trinkwasser in den meisten Orten nicht zu beanstanden. Allerdings wird es mancherorts dermaßen stark gechlort, dass es nicht gut schmeckt. In einigen Gebieten kommt auch schon mal Wasser aus der Dusche, das aus Hochmooren stammt.

Zeit

Die Zeitdifferenz zu Deutschland beträgt im ganzen Baltikum +1 Std. Wie in den übrigen Ländern der EU wird auf die Sommerzeit umgestellt (1. So im März–letzter So im Okt.).

Verhaltenstipps

Die Menschen im Baltikum sind ähnlich wie die in Skandinavien zurückhaltend und drängen sich nicht auf. Auch Frauen reisen im Allgemeinen sicher und unbehelligt, selbst wenn sie alleine unterwegs sind. Smalltalk ist eher unüblich und Unterhaltungen verlaufen wortkarg, was man aber nicht mit Unhöflichkeit verwechseln sollte. Auch bei der Begrüßung geht es meist nüchtern zu, Umarmungen und Küsse sind die Ausnahme, die Hand zu geben dagegen üblich. Touristen sollten daran denken, dass es verboten ist, auf öffentlichen Plätzen Alkohol zu trinken. Verstöße werden mit Geldstrafen geahndet.

Währung

Litauen, Lettland und Estland haben unterschiedliche Währungen; Estland hat zum 1. Januar 2011 den Euro eingeführt. Die Preise im Reiseteil Estland sind in Euro vermerkt. Allerdings dienen sie nur der groben Orientierung und sind ca.-Preise, da sich das Gefüge nach der Euro-Umstellung erst einpendeln muss. Dies wird mit Sicherheit einige Zeit dauern. Bisher kann man in Litauen und Lettland nur in Ausnahmefällen mit Euro bezahlen.

Litauen

Seit 1993 ist der Litas (LTL, auch Lt.) alleingültiges Zahlungsmittel: 1 Litas = 100 Centai, seit 2002 ist er an den Euro gebunden:
1 EUR = 3,45 LTL,
1 CHF = 2,27 Litas.

Lettland

Die Landeswährung ist der lettische Lat (LVL, auch Ls.): 1 Lats = 100 Santīmi, 2005 wurde der Lat fest an den Euro gebunden:
1 EUR = 0,72 LVL,
1 CHF = 0,47 Lats.

Sperrung von EC- und Kreditkarten bei Verlust oder Diebstahl*:

+49 116 116

oder +49 30 4050 4050
(*Gilt nur, wenn das ausstellende Geldinstitut angeschlossen ist, Übersicht: www.sperr-notruf.de)

Weitere Sperrnummern:
– MasterCard: +49 69 79 33 19 10
– VISA: +49 69 79 33 19 10
– American Express: +49 69 97 97 2000
– Diners Club: +49 69 66 16 61 23
Bitte halten Sie Ihre Kreditkartennummer, Kontonummer und Bankleitzahl bereit!

Geldwechsel

In allen drei baltischen Ländern können Euro bei **Banken** (Öffnungszeiten Mo–Fr 9–16 Uhr) oder in Wechselstuben an Flughäfen oder in größeren Hotels in die Landeswährung umgetauscht werden.

Geldautomaten: In allen größeren und kleineren Städten gibt es zahlreiche Geldautomaten, an denen man mit der Maestro-Karte Geld abheben kann, vielerorts ist dies auch mit der Kreditkarte möglich.

Kreditkarten: In der Regel akzeptieren Tankstellen, größere Hotels, Restaurants und Geschäfte Kreditkarten.

Reisebudget

Das Preisniveau liegt in allen baltischen Ländern derzeit noch unter dem von Westeuropa. Allerdings haben die Preise mit dem EU-Beitritt deutlich angezogen, und mit einer weiteren Angleichung ist in den nächsten Jahren zu rechnen. Gegenwärtig gibt es noch ein relativ starkes Preisgefälle zwischen Stadt und Land, wobei die Hauptstädte noch einmal teurer sind. Lebensmittel, öffentliche Verkehrsmittel, Benzin und auch der Eintritt in Museen sind deutlich billiger als bei uns (zwischen 10 % und 30 %). Moderne Hotels in den Hauptstädten haben fast schon westeuropäisches Preisniveau, sehr preiswert kann man aber noch auf einfach ausgestatteten Campingplätzen übernachten, auch die kleinen Hütten dort sind sehr günstig. Die Restaurantpreise liegen noch deutlich unter denen in Deutschland, Schweiz und Österreich.

Sparen kann man z. B. mit der Vilnius, Riga oder Tallinn Card (s. Reiseteil dieses Buches), die freien Eintritt in Museen und Sehenswürdigkeiten gewähren. Für Studenten lohnt sich die Mitnahme des internationalen Studentenausweises, eine Auflistung der Ermäßigungen findet sich unter www.isic.de.

Reisezeit

In Litauen ähnelt das Wetter dem in Norddeutschland, in Estland eher dem im südlichen Skandinavien. Das Klima trägt je nach Lage eher maritime oder kontinentale Züge. In den letzten Jahren waren die Sommer außergewöhnlich warm und niederschlagsarm.

Frühling und Herbst sind relativ mild, die Winter besonders im Binnenland kalt und schneereich. Hier sind auch Temperaturen bis –20 °C keine Seltenheit. Schnee fällt manchmal schon im Oktober und selbst zu Ostern kann es noch einzelne Schneeflocken geben.

Die Hauptreisezeit ist mit den Monaten Juni, Juli und August relativ kurz, in den Hauptstädten ist sie deutlich länger. Deshalb eignen sie sich durchaus als Ganzjahresziele. Die Niederschläge verteilen sich relativ gleichmäßig über das ganze Jahr.

Sommer
Die wärmsten Monate Juni, Juli und August sind die besten und auch beliebtesten Monate für eine Reise ins Baltikum. Sie sind wegen

Klimadaten Vilnius (Litauen)

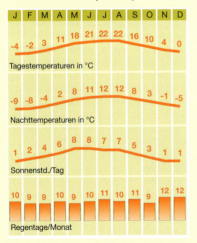

J	F	M	A	M	J	J	A	S	O	N	D
-4	-2	3	11	18	21	22	22	16	10	4	0

Tagestemperaturen in °C

| -9 | -8 | -4 | 2 | 8 | 11 | 12 | 12 | 8 | 3 | -1 | -5 |

Nachttemperaturen in °C

| 1 | 2 | 4 | 6 | 8 | 8 | 7 | 7 | 5 | 3 | 1 | 1 |

Sonnenstd./Tag

| 10 | 9 | 9 | 10 | 9 | 10 | 11 | 10 | 11 | 9 | 12 | 12 |

Regentage/Monat

der langen Sommerferien allerdings auch die Ferienmonate der Einheimischen. Noch hat man aber selbst in der Hochsaison nie das Gefühl, dass es zu voll wird. Es gibt nach wie vor kilometerlange, menschenleere Strände und selbst bei Wanderungen durch die bekanntesten Nationalparks trifft man oft keine Menschenseele. Das Baltikum ist eben doch sehr dünn besiedelt und trotz der jedes Jahr kräftig steigenden Touristenzahlen noch lange nicht überlaufen. Bei Temperaturen zwischen 20 °C und 30 °C und Wassertemperaturen der Flüsse und Seen bis zu 20 °C – das Meer ist in der Regel etwas kühler – ist das Klima ideal für jede Art von Freiluftaktivitäten.

Auf vielen Sommerfestivals herrscht eine ausgelassene Stimmung, ein besonderes Erlebnis sind die Mittsommerfeiern (s. S. 45). Auch Kulturinteressierte kommen im Sommer am einfachsten auf ihre Kosten, denn alle Museen und Sehenswürdigkeiten sind geöffnet. Wegen der nördlichen Lage sind schon in Litauen die Tage länger als bei uns, und in Estland wird es um Mittsommer kaum noch dunkel. Berühmt sind die Weißen Nächte von Tallinn, die man aber ebenso gut, nur viel ruhiger und stimmungsvoller, auf Saaremaa, Hiiumaa oder im Lahemaa-Nationalpark erleben kann.

Während der Hauptreisezeit im Sommer haben leider auch die Mücken Hochsaison. Die surrenden Plagegeister sind zwar nicht so zahlreich und aggressiv wie im Norden Skandinaviens, wer aber Wanderungen z. B. im sumpfigen Soomaa-Nationalpark plant, sollte sich mit einem Mückenschutzmittel seines Vertrauens eindecken. Mit etwas Glück kann man im Hochsommer durchaus tagelang durch die Natur stapfen, ohne auch nur einen einzigen Mückenstich abzubekommen.

Frühjahr und Herbst
Dies sind die Jahreszeiten für Genießer, die sich auch vom Risiko einer Schlechtwetterperiode nicht abschrecken lassen. Der Früh-

J	F	M	A	M	J	J	A	S	O	N	D
-2	-2	3	10	17	20	22	21	16	11	4	0

Tagestemperaturen in °C

| -8 | -7 | -4 | 1 | 6 | 10 | 12 | 12 | 8 | 4 | 0 | -5 |

Nachttemperaturen in °C

| 1 | 0 | 1 | 2 | 7 | 12 | 16 | 17 | 14 | 10 | 7 | 4 |

Wassertemperaturen in °C

| 1 | 2 | 4 | 6 | 8 | 10 | 8 | 7 | 5 | 3 | 1 | 1 |

Sonnenstd./Tag

| 9 | 7 | 8 | 8 | 8 | 9 | 11 | 11 | 12 | 12 | 13 | 12 |

Regentage/Monat

Klimadaten Riga (Lettland)

ling kommt etwas später als bei uns und Ende September können sich die Wälder im Norden schon herbstlich färben. In der Vor- und Nachsaison sollte man sich auf ein eingeschränktes touristisches Angebot einstellen und sich darüber freuen, dass man im Hotel und am Strand unter Umständen allein ist. Für alle Hauptstädte sind Frühjahr und Herbst eine ideale Zeit. Flüge und Hotels sind deutlich günstiger als im Sommer und in den Altstädten herrscht kein Trubel mehr.

Winter

Winterurlaub im Baltikum – das ist bis jetzt noch die absolute Ausnahme, obwohl sich im lettischen Valmiera und Sigulda sowie im estnischen Otepää durchaus gute Wintersportmöglichkeiten bieten (s. S. 93). Wer während der kurzen Tage mit knirschendem Schnee unter den Schuhsohlen durch Tallinn, Riga oder Vilnius schlendert, erlebt die baltischen Hauptstädte von einer ganz anderen, teils melancholischen Seite. Immer beliebter werden die stimmungsvollen Weihnachtsmärkte.

Wettervorhersage

Wetterinformationen auf Deutsch gibt es im Internet unter www.wetter.de, www.wetteronline.de oder www.wetter.net.

Kleidung und Ausrüstung

Auch im Sommer sollte man einen dicken Pullover und einen Anorak einpacken, falls das schöne Wetter mal Pause macht. Am Strand ist ein Windschutz ein nicht zu verachtender Luxus. Wer Zelten geht oder Wanderungen vorhat, sollte ein Mückenschutzmittel einpacken. Für Wanderungen genügen in der Regel leichte Trekkingschuhe, für Strandwanderungen, bei denen man hin und wieder über grobe Kieselsteine und durch flaches Wasser geht, sind wasserfeste Sandalen eine Wohltat. Viele der markierten Wanderwege durch die zahlreichen Hochmoore sind mit Bohlenwegen versehen, sodass man für diese Unternehmungen keine Gummistiefel benötigt.

Klimadaten Tallinn (Estland)

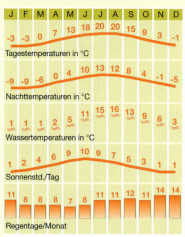

J	F	M	A	M	J	J	A	S	O	N	D
-3	-3	0	7	13	18	20	20	15	9	3	-1

Tagestemperaturen in °C

| -9 | -9 | -6 | 0 | 4 | 10 | 13 | 12 | 8 | 4 | -1 | -5 |

Nachttemperaturen in °C

| 1 | 1 | 1 | 2 | 5 | 11 | 15 | 16 | 13 | 9 | 6 | 3 |

Wassertemperaturen in °C

| 1 | 2 | 4 | 6 | 9 | 10 | 9 | 7 | 5 | 3 | 1 | 1 |

Sonnenstd./Tag

| 11 | 8 | 8 | 8 | 7 | 8 | 11 | 11 | 12 | 11 | 14 | 14 |

Regentage/Monat

Gesundheitsvorsorge

In den größeren Städten haben Apotheken westlichen Standard und sind gut bestückt. In Vilnius, Riga und Tallinn findet man auch Apotheken mit 24-Std.-Dienst (Vilnius, Gedimino pr. 27, Tel. 5 261 01 35; Riga, Audēju iela 20, Tel. 67 21 33 40; Tallinn, Tõnismägi 5, Tel. 644 22 82). In kleineren Orten und auf dem Land ist das Angebot in dieser Hinsicht eher mager. Man sollte deshalb benötigte Medikamente in ausreichender Menge von zu Hause mitnehmen.

Vor Reiseantritt sollte man sich bei der Krankenkasse die Europäische Versicherungskarte besorgen. Trotzdem sind unterschiedlich hohe Zuzahlungen vor Ort zu leisten, detaillierte Infos gibt es bei der DVKA, der Deutschen Verbindungsstelle für Krankenversicherung im Ausland, Tel. 0228 953 00, www.dvka.de. Da bei Privatbehandlungen aber nur in Höhe des deutschen Leistungskatalogs abgerechnet wird und auch ein Rücktransport in der Regel nicht abgedeckt ist, empfiehlt sich der Abschluss einer zusätzlichen privaten Auslandskrankenversicherung.

Schutzimpfungen sind nicht vorgeschrieben. Wer allerdings in den Sommermonaten in ländlichen Gegenden wandern oder Rad fahren möchte, sollte rechtzeitig vor Reiseantritt an eine Schutzimpfung gegen die durch Zecken übertragene FSME-Erkrankung denken. Weitere Infos unter www.zecke.de und www.travelmed.de. Sehr zu empfehlen ist außerdem die Mitnahme eines Mückenschutzmittels (s. a. S. 98).

Ärztliche Versorgung

Die medizinische Versorgung vor Ort entspricht nicht immer ganz westeuropäischem Standard, ist aber durchaus akzeptabel. Viele Ärzte sprechen Englisch oder Deutsch. Adressen von niedergelassenen Ärzten und Kliniken findet man in den Gelben Seiten vor Ort, auch große Hotels und Touristeninformationen können in der Regel weiterhelfen.

Sicherheit

Wer auf dem Landweg anreist, sollte verstärkt auf sein Auto achten. Dies gilt auch für Städte mit internationalem Seehafen. Hier sollte man sein Fahrzeug nur auf bewachten Parkplätzen abstellen.

Auch sonst sollte man das Fahrzeug immer abschließen und keine Wertsachen im Auto lassen. Sicherheitshalber sollte man sich vor Reiseantritt bei seiner Autoversicherung nach Einschränkungen oder Zusatzversicherungen für die baltischen Länder erkundigen.

Wer Wertsachen im Hotelsafe einschließt, im Gedränge Vorkehrungen gegen Taschendiebe ergreift und in den großen Städten nachts dunkle Gassen meidet, wird das Baltikum als recht sicheres Reisegebiet kennenlernen und kaum schlechte Erfahrungen machen.

Notruf

Estland (Festnetz und Handy)

Feuerwehr	112
Polizei	110
Ambulanz	112

Lettland (Festnetz und Handy)

Feuerwehr	01 oder 112
Polizei	02 oder 112
Ambulanz	03 oder 112

Litauen

Feuerwehr	01, Handy 112
Polizei	02, Handy 112
Ambulanz	03, Handy 112

Internetcafés

In den größeren Städten gibt es genügend Internetcafés, auch Hotels, Touristeninformationen, öffentliche Bibliotheken und Kulturzentren verfügen z. T. über einen Anschluss. In Estland ist die Versorgung besonders gut, über das ganze Land verteilt gibt es fast 1000 WiFi-Zugänge (www.wifi.ee), auch in Lettland (www.wifi.lv) und Litauen (www.wifi.lt) ist WiFi (Wireless Fidelity) im Kommen.

Post

Die Postämter haben meist Mo–Fr 9–18, Sa 9.30–15 Uhr geöffnet. Briefkästen sind gelb und tragen in Litauen die Aufschrift *Paštas,* in Lettland *Pasts* und in Estland *Eesti post.*

Radio und Fernsehen

Radio- und Fernsehprogramme sind überwiegend in der jeweiligen Landessprache, aus Moskau sind einige russischsprachige Sender zu empfangen. Ausländische Filme werden z. T. nicht synchronisiert, sondern mit Untertiteln ausgestrahlt. In vielen Hotels kann man über Satellit deutsche Sender empfangen, allerdings ist die Auswahl oft beschränkt. Die Frequenzen der Deutschen Welle sind unter www.dw-world.de zu erfahren.

Telefonieren

In den letzten Jahren wurde das analoge Telefonsystem in allen baltischen Ländern durch ein digitales ersetzt, was die Qualität und die Zuverlässigkeit des Telefonierens erheblich verbessert hat. Damit ging auch eine Umstellung der Telefonnummern einher:

In **Litauen** wählt man innerorts nur die siebenstellige Nummer, wer in eine andere Stadt telefonieren möchte, muss zuerst eine 8 und dann den Citycode wählen.

In **Lettland** wurden mittlerweile auch die Telefonnummern von sieben- auf achtstellig umgestellt: Festnetznummern erhielten zusätzlich eine 6 am Anfang, Handynummern, die bisher mit 9, 6, 2, 8, 55, 58 oder 59 begannen, eine 2.

In **Estland** ist die Umstellung mittlerweile erfolgreich abgeschlossen, die siebenstellige Telefonnummer enthält die Ortsvorwahl.

Um von Telefonzellen, die relativ häufig sind, anrufen zu können, benötigt man eine Telefonkarte, die an Kiosken und Tankstellen, bei der Post und in einigen Geschäften zu unterschiedlichen Preisen erhältlich ist. Manchmal funktioniert auch die Kreditkarte.

Ländervorwahlen: Litauen 00 370, Lettland 00 371, Estland: 00 372, Deutschland 00 49, Österreich 00 43, Schweiz 00 41.

Englischsprachige Auskunft: in Litauen und Lettland 118, in Estland 1182.

Mobiltelefone sind weit verbreitet und die Netzabdeckung ist gut. Mit deutschen Mobilfunk-Betreibern bestehen Roaming-Abkommen. Preisgünstiger ist das Telefonieren mit Prepaid-Karten, die man in Geschäften und an Kiosken bekommt. Man erhält eine SIM-Karte inklusive einer Telefonnummer, unter der man für die Zeit des Aufenthalts erreichbar ist.

Zeitungen

Deutschsprachige Zeitungen sind nur selten erhältlich und dann auch nur mit einiger Verspätung. Die besten Chancen hat man noch auf den internationalen Flughäfen.

Die »Baltische Rundschau« ist eine deutschsprachige Monatszeitung mit aktuellen Nachrichten aus den drei baltischen Ländern. In größeren Städten wird sie an Bahnhöfen und in Hotels angeboten. Auch die englischsprachige »Baltic Times« erscheint monatlich.

Litauisch

Ausspracheregeln: Im Litauischen gibt es eine Reihe von Sonderzeichen, die sich von unserem Alphabet unterscheiden und auch anders ausgesprochen werden. Selbstlaute: **a** (kurz oder lang wie in T**a**g), **ą** (lang wie La-dung), **e** (kurz wie ä), **ę** (lang wie ä), **ė** (wie ein langes, geschlossenes e), **i** wie kurzes i), **į, y** (wie langes i), **o** (wie langes o), **u** (wie kurzes u), **ų, ū** (wie langes u). Mitlaute: **ch** (wie deutsches ch), **c** (wie z), **č** (wird als tsch ausgesprochen), **r** (wird stark gerollt), **š** (wie sch), **v** (wie w), **z** (wie stimmhaftes s), **ž** (wie g in Gara**g**e).

Lettisch

Aussprachergeln: Bei fast allen Wörtern liegt die Betonung auf der ersten Silbe. Vokale mit einem Querstrich (ā, ē, ī, ū) werden lang, Vokale ohne Querstrich kurz ausgesprochen: **o** offen und fast wie uo, **c** wie im deutschen Kon**z**ert, **č** wie in Kla**tsch**e, **ģ** sehr weich, wie gj (**G**ier), **h** Rachen-ch wie in a**ch**, **ķ** weiches kj wie in **Ky**oto, **ļ** weiches lj wie in Brasi**li**en, **ņ** weiches nj wie in So**nj**a, **r** gerolltes r, **s** stimmlos wie in Hau**s**, **š** stimmloses sch wie in Wä**sch**e, **z** stimmhaftes s wie in Va**s**e, **ž** stimmhaftes sch wie in Gara**g**e, **au** wie in M**au**s, **ai** wie in M**ai**s, **ei** wie in h**ey**, **ui** wie in pf**ui**, **ie** wie **i** je.

Estnisch

Ausspracheregeln: Im Estnischen wird bis auf sehr wenige Ausnahmen immer die erste Silbe betont. Als Faustregel gilt, dass alles so gesprochen wird wie man es schreibt. Doppelvokale werden lang und Doppelkonsonanten hart ausgesprochen. Das **h** wird immer mitgesprochen, meist als schwacher Hauchlaut. Diphtonge (Doppellaute) werden einzeln gesprochen (ai wie a-i). Die Buchstaben **c, q, x, y, š** (wie sch), **ž** (wie sch) kommen nur in Fremdwörtern vor. **V** klingt wie w, **r** wird gerollt, **rr** stark gerollt.

Allgemeines

	Litauisch	Lettisch	Estnisch
Guten Tag	laba diena	labdien	tere päevast
Hallo	labas	sveiki	tere
Guten Morgen	labas rytas	labrīt	tere hommikust
Guten Abend	labas vakaras	labvakar	tere õhtust
Gute Nacht	labanakt	ar labu nakti	head ööd
Auf Wiedersehen	iki pasimatymo	uz redzēšanos	head aega/nägemist
ja/nein	taip/ne	jāćnē	jah/ei
bitte	prašom	lūdzu	palun
danke	ačiū	paldies/pateicos	tänan
Entschuldigung!	atsiprašau!/atleiskite!	atvainojiet!	vabandage!
Ich verstehe nicht.	Aš nesuprantu.	Es nesaprotu.	Ma ei saa aru.

Einkaufen

Wie viel kostet das?	Kiek tai kainuoja?	Cik tas maksā?	Kui palju see maksab?
teuer/billig	brangus/pigus	dārgi/lēti	kallis/odav
Geld	pinigai	nauda	raha
Bank	bankas	banka	pank
Lebensmittelgeschäft	maisto produktų	pārtikas veikals	toidupood
Markt	turgus	tirgus	turg
Kann ich das anprobieren?	Ar galili pasimatuoti?	Es varu šo uzlaikot?	Kas saab seda proovida?

Unterwegs	Litauisch	Lettisch	Estnisch
Bitte, wo ist …?	Prašom, kur yra …?	Sakiet lūdzu, kur ir …?	Kus on …?
rechts/links	dešineje/kairėje	pa labi/pa kreisi	paremale/vasakule
geradeaus	tiesiai	taisni	otse
Eingang/Ausgang	įėjimas/išėjimas	ieeja/izeja	sissepääs/väljapääs
geöffnet	dirba	atvērts	avatud
geschlossen	nedirba	slēgts	suletud
Stadt	miestas	pilsēta	linn
Straße	gatvė	iela	tänav
Platz	aikštė	laukums	väljak, plats
Kirche	bažnyčia	bazīnca	kirik
Museum	muziejus	muzeja	muuseum
Burg/Schloss	tvirtovė/pilis	pils	loss
Fluss	upė	upe	jõgi
See	ežeras	ezers	järv/mere
Strand	krantas	jūrmala	rand
Touristen-	Informacija	tūrisma informācijas	turismiinfo-
information	turistams	centrs	punkt
Flughafen	aerouostas	lidlauks	lennujaam
Bahnhof	geležinkelio stotis	stacija	raudteejaam
Busbahnhof	autobusų stotis	autoosta	bussijaam
Bushaltestelle	autobuso stotele	autobusa pietura	peatus
Hafen	uostas	osta	sadam
Fähre	keltas	prāmis	praam
Auto	automobilis	mašīna, auto	auto
Tankstelle	degalinė	degvielas uzpildes stacija (DUZ)	bensiinijaam
Benzin	benzinas	benzīns	bensiin
Diesel	dyzeliniai degalai	dīzelis	diisel
Volltanken bitte!	Prašom pilną pripilti!	Lūdzu pilnu bāku!	Täis paak, palun!
Autowerkstatt	auto servisas	auto darbnīca	autoremonditöökoda
Postamt	paštas	pasts	postkontor

Übernachten

Hotel	viešbutis	viesnīca	hotell
Campingplatz	kempingas	kempings	kämping
Haben Sie ein freies Zimmer?	Ar turite laisvą kambarį?	Vai jums ir vel brīvi numuri?	Kas Teil on vaba tuba?
Ich habe ein Zimmer reserviert.	Aš užsakiau kambarį.	Es reservēju istabu.	Mul on tuba reserveeritud.
Einzel-/Doppel-zimmer	vienvietis/dvinietis kambarys	vienvietas/dubult-gultas istaba	ühe/kahe … toaline
… mit Toilette/Bad/Dusche	… su tualetu/vonia/dučas	… ar tualeti/vannas istabu/dušu	… koos WC vanni/duššiga
… mit Frühstück	… su pusryčiais	… ar brokasti	… hommikusöögiga

Zeitangaben	**Litauisch**	**Lettisch**	**Estnisch**
heute	šiandien	šodien	täna
morgen	rytoj	rītdien	homme
gestern	vakar	vakar	eile
jetzt	dabar	tagad	praegu
Wann?	Kada?	Kad?	Millal?
Wie spät ist es?	Kuri valanda?	Cik vēls?	Mis kell on?
Montag	pirmadienis	pirmdiena	esmaspäev
Dienstag	antradienis	otrdiena	teisipäev
Mittwoch	trečiadienis	trešdiena	kolmapäev
Donnerstag	ketvirtadienis	ceturtdiena	neljapäev
Freitag	penktadienis	piektdiena	reede
Samstag	šeštadienis	sestdiena	laupäev
Sonntag	sekmadienis	svētdiena	pühapäev

Zahlen

1	vienas	viens	üks
2	du	divi	kaks
3	trys	trīs	kolm
4	keturi	četri	neli
5	penki	pieci	viis
6	šeši	seši	kuus
7	septyni	septiņi	seitse
8	aštuoni	astoņi	kaheksa
9	devyni	deviņi	üheksa
10	dešimt	desmit	kümme
11	vienuolika	vienpadsmit	üksteist
12	dvylika	divpadsmit	kaksteist
13	trylika	trīspadsmit	kolmteist
14	keturiolika	četrpadsmit	neliteist
15	penkiolika	piecpadsmit	viisteist
16	šešiolika	sešpadsmit	kuusteist
17	septyniolika	septiņpadsmit	seitseteist
18	aštuoniolika	astoņpadsmit	kaheksateist
19	devynlolika	deviņpadsmit	üheksateist
20	dvidešimt	divdesmit	kakskümmend
30	trisdešimt	trīsdesmit	kolmkümmend
40	keturiasdešimt	četrdesmit	nelikümmend
50	penkiasdešimt	piecdesmit	viiskümmend
60	šešlasdešimt	sešdesmit	kuuskümmend
70	septyniasdešimt	septiņdesmit	seitsekümmend
80	aštuoniasdešimt	astoņdesmit	kaheksakümmend
90	devyniasdešimt	deviņdesmit	üheksakümmend
100	šimtas	simts	sada
200	du šimtai	divsimts	kakssada

300	trys šimtai	trīssimts	kolmsada
400	keturi šimtai	četrsimts	nelisada
500	penki šimtai	piecsimts	viissada
1000	tūkstantis	tūkstotis	tuhat

Notfall

Hilfe!	Gelbėkite!	Palīgā!	Appi! Aidake!
Polizei	policija	policija	politsei
Unfall	nelaimingas atsitiki-mas	nelaimes gadījums	avarii
Ambulanz	greitoji pagalba	ātrā palīdzība	kiirabi
Krankenhaus	ligoninė	slimnīca	haigla
Arzt / Apotheke	gydytojas / vaistinė	ārsts / aptieka	arst / apteek
Rufen Sie bitte einen Arzt / die Ambulanz!	Prašali pakviesti gyoytojas!	Lūdzu, izsauciet ārstu / ātro palīdzību!	Kutsuge palun arsti / kiirabi!
Panne	avarija	avārija	õnnetus juhtum
Pannendienst	avarine pagalba	avāriju dienests	avariiteenistus
Wir hatten einen Unfall.	Mums atsitiko nelai-mingas atsitikimas.	Mēs cietāmē avārijā.	Meil on õnnetus.

Die wichtigsten Sätze

Allgemeine Floskeln

Sprechen Sie Deutsch / Englisch?	Ar kalbate vokiškai / angliškai?	Vai jūs runājat vāciski/angliski?	Kas te räägite Saksa / Inglise keelt?
Ich verstehe nicht.	Aš nesuprantu.	Es nesaprotu.	Ma ei saa aru.
Ich heiße …	Mano vardas …	Mani sauc …	Minu nimi on …
Wie geht's?	Kaip riekalai?	Kā labi iet?	Kuidas läheb?
Ich komme aus …	Aš atvažiavau iš …	Es esmu no …	Mina elan …

Im Lokal

Ist hier frei?	Ar čia laisva?	Šeit brīvs?	Kas siin on vaba?
Bitte, bringen Sie mir die Speisekarte.	Prašali atnešti meniu.	Lūdzu, atnesiet man ēdienakarti.	Andke palun menüü.
Ich möchte bestellen.	Aš noriu užsisakyti.	Es vēlos pasūtīt.	Tahaks tellida.
Die Rechnung, bitte!	Prašau sąskaitą!	Rēķinu, lūdzu!	Arve palun!

Auf der Straße

Wie komme ich nach …?	Kaip man paterti į …?	Kā nokļūt …?	Kuidas mulle sõita … ?
Wo kann man … kaufen?	Kur galiu nusipirkti …?	Kur es varu … nopirkt?	Kus saab osta … ?
Wo ist hier eine Apotheke?	Kur čia vaistinė?	Kur ir aptieka?	Kus asub apteek?
Welcher Bus fährt nach …?	Kuris autobusas važiuoja į …?	Kurš autobuss brauc uz …?	Milline buss sõidab …. ?

Das Baltikum lässt sich gut auf eigene Faust entdecken

Unterwegs
im Baltikum

Café in Nida auf der Kurischen Nehrung

Kapitel 1

Litauen

Der geografische Mittelpunkt Europas liegt in Litauen. Die größte der drei baltischen Republiken mit ihren grünen Tälern, verwunschenen Seen, dunklen Wäldern, weißen Dünen ist nur ein bisschen größer als die Schweiz. Sie ist in einzelne Kantone eingeteilt, die sich in ihren Traditionen und Bräuchen, ihren Dialekten und Eigenarten unterscheiden.

Aukštaitija ist die größte Region. Die Landschaft ist hier hügelig und seenreich. Sie befindet sich nördlich von Vilnius und umfasst den gesamten Norden und Nordosten des Landes. Einzigartig ist der Aukštaitija-Nationalpark.

Im Süden Litauens liegt die dicht bewaldete Dzūkija mit dem Kurort Druskininkai und dem beeren- und pilzreichen Dzūkija-Nationalpark. Hier werden über Jahrhunderte besonders die musikalischen Traditionen gepflegt, und so nennen die Litauer diese Region auch »Land der Lieder«. Schon an der Grenze zu Polen leben die Suvalken, die Suvalkija ist die kleinste, jedoch landwirtschaftlich am intensivsten genutzte Region.

Die Kurische Nehrung, ehemals Teil Ostpreußens, heute Kulturerbe der UNESCO, und Kleinlitauen, Mala Lietuva, nehmen den äußerst westlichen Streifen des Landes ein.

Die Žemaitija (Niederlitauen) im Nordwesten längs der Ostseeküste ist eine Landschaft mit Bächen, Sümpfen, Hügeln. Auch das ehemalige Memelland am Nemunasdelta, die pulsierende Hafenstadt Klaipėda und das heute wieder attraktive Ostseestädtchen Palanga mit seiner turbulenten Betriebsamkeit gehören zur Žemaitija.

Land zwischen Dünen und Wäldern

»Litauen heißt das Land, das mein ganzes Sinnen und Fühlen beherrscht. ... Ich begleite Sie in ein fernes, nebliges, zärtliches, leises Land ...«, schwärmte der Dichter und Politiker Oscar Miłosz (1877–1939) in einer Rede in Paris 1919, und ein paar Jahre später prophezeite er: »Sehr großes Leid wird über Litauen kommen, aber gegen Ende des Jahrhunderts wird das Land zu einem Athen des Ostens werden ...«

Zwischen hellgrünen Hügeln und schwarzen Wäldern schlängeln sich kleine Flüsse und liegen dunkle Seen. Vereinzelte Gehöfte sind in der weiten, lieblichen Landschaft verstreut – so bietet sich Litauen dem Besucher beim Anflug auf die Hauptstadt Vilnius dar. Und die Ankunft per Zug hat niemand besser beschrieben als Alfred Döblin: »Wie schön lebendig wird die Landschaft. Die Hügel werden zu Bergen. Flammendes Rot und Gelb der welkenden Bäume, dazwischen das schweigende Dunkelgrün der hohen Tannen. ... Draußen kleine Häuser, einzeln, in Gruppen, in Straßen, Bahnhof Wilno.«

Litauen ist die größte der drei baltischen Republiken – mit rund 65 000 km^2 ist das Land größer als die Schweiz und annähernd so groß wie Bayern. Fast ein Drittel Litauens ist mit Wald bedeckt; der Wald ist der mythische Ort des Landes. »Schön wie im Wald«, pflegen die Menschen hierzulande auch zu sagen, wenn sie ihrem Wohlgefühl angesichts eines herrlichen Anblicks Ausdruck verleihen wollen. Dass die Litauer mit der Natur tief verbunden sind, zeigt sich in den alten Volksliedern, den Dainos, über die schon Goethe schrieb: »... diese Lieder (sind) anzusehen als unmittelbar vom Volke ausgegangen, welches der Natur, und also der Poesie, viel näher ist als die gebildete Welt.«. Auch in der zeitgenössischen Lyrik gehören die Natur und die Verbindung des Menschen zu ihr zu den großen Themen. 430 Regionalparks und fünf Nationalparks im Land zeugen ebenfalls von der besonderen Wertschätzung der Natur und der Umwelt – nicht umsonst bedeutet das litauische Wort für Ökologe »Verteidiger der Natur«.

Die Litauer sind stolz darauf, das letzte heidnische Volk Europas gewesen zu sein. Die Diskussion um eine Wiederbelebung der heidnischen Traditionen bewegt nach wie vor die Gemüter im Lande und findet auch in den Medien eine große Resonanz.

Stets war Litauen den Begehrlichkeiten der Nachbarn ausgesetzt: Polen, Deutschland, Russland. Nach der jahrhundertelangen Überfremdung des Landes besinnen sich die Litauer heute gern auf die Großmachtzeit der Fürsten Mindaugas, Gediminas und Vytautas. Die Herrscher des mittelalterlichen Großfürstentums sind so präsent, dass ihre Porträts in manchen Häusern hängen. Insbesondere Vytautas ist eine Symbolfigur geblieben: In beinahe jeder Stadt und jedem Dorf des Landes gibt es eine Straße, die nach ihm benannt ist, und Vytautas wurde zum beliebtesten Namen für den männlichen Nachwuchs.

Erst im 14. Jh. christianisiert, wurde Litauen immer wieder von fremden Herrschern erobert. Den Heimsuchungen der Geschichte fielen nicht nur Gebäude und Straßen zum Opfer, sondern auch ganze Bevölkerungsgruppen. Die größte Tragödie war der Verlust der jüdischen Einwohner während des Zweiten Weltkriegs. Danach begannen 50 Jahre Sowjetherrschaft, die einhergingen mit einer brutalen Unterdrückung der Kirche und der Verbannung vieler Bischöfe und Priester. Doch der Glaube wurde nicht ausgelöscht. Im Gegenteil: Die katholische Kirche entwickelte sich zum Zentrum des Widerstands. Auch heute noch sind 80 % der Bevölkerung katholisch. Der Katholizismus hatte sich schon Jahrhunderte zuvor behauptet und erwies sich als stärker als die Reformation, die von Preußen und Schweden nach Litauen gelangte, aber weiter zog nach Lettland und Estland.

Im ganzen Land gibt es viele schöne Barockkirchen und Klöster zu entdecken. EU-Förderprogramme ermöglichen seit kurzem die Restaurierung oder den Wiederaufbau vieler ehemals vernachlässigter Kostbarkeiten.

Die litauische Unabhängigkeitserklärung vom März 1990 wurde von der Sowjetunion zunächst mit einer Wirtschaftsblockade, dann im Januar 1991 mit dem Einsatz von Militär beantwortet. Der Moskauer Putsch vom August des gleichen Jahres brachte dann schließlich die Befreiung. Seither versucht die Gesellschaft, sich aus eigenen Kräften zu helfen.

Historisch war Litauen schon immer ein Treffpunkt zwischen Ost und West: Viele internationale Handelswege durchzogen das Land, und es diente als Durchgangsgebiet für zahlreiche Armeen. Verwundert blickte die Welt auf Litauen, das plötzlich 1989 durch Berechnung französischer Kartografen, die den Kontinent neu vermessen hatten, zum Mittelpunkt Europas avancierte. Dem folgte der EU-Beitritt im Mai 2004. Trotz der Wirtschaftskrise geht es langsam wieder bergauf, die guten Verkehrsverbindungen, der Zugang zur Ostsee, die wachsende Beliebtheit des kleinen Landes bei Touristen aus Europa und auch wieder aus Russland tragen dazu bei.

Fast ein Drittel Litauens ist mit Wald bedeckt. Für die Litauer ist er mehr als nur Pflanzen und Tiere, für sie ist er ein mythischer Ort

Steckbrief Litauen

Daten und Fakten

Name: Lietuva

Fläche: 65 303 km²
Hauptstadt: Vilnius
Amtssprache: Litauisch
Einwohner: ca. 3,32 Mio.
Bevölkerungswachstum: – 0,7 %
Lebenserwartung: Männer 62,0 Jahre,
Frauen 76,3 Jahre

Währung: Litas (LTL). Zurzeit erhält man für 1 € etwa 3,49 LTL.
Zeitzone: MEZ + 1 Stunde
Landesvorwahl: + 370
Internet-Kennung: .lt

Landesflagge: Das Gelb steht für die Sonne, Grün für die Natur und Rot soll die Erde symbolisieren. Dies sind auch die Farben, die am häufigsten bei litauischen Webarbeiten verwendet werden.

Geografie

Litauen liegt im Nordosten Europas an der Ostsee. Die Länge der Küstenlinie beträgt 99 km. Das Land besitzt keine Inseln.

Im Norden grenzt Litauen an Lettland (588 km), im Osten an Weißrussland (660 km), im Süden an Polen (103 km) und an das Kaliningrader Gebiet/Russische Föderation (273 km). Die maximale Ausdehnung von Nord nach Süd beträgt 276 km, von Ost nach West 373 km.

Mit 65 300 km² Fläche ist Litauen die größte Republik des Baltikums. Ein Drittel des Territoriums ist mit Wäldern bedeckt, im Wesentlichen finden sich hier Kiefern und Tannen, aber auch Birken. Es gibt 18 Flüsse, die länger als 100 km sind. Insgesamt zählt das Land 750 Flüsse mit einer Länge von über 10 km. Der Nemunas (Memel) ist mit 937 km der längste Fluss, gefolgt von der Neris mit 510 km, einem Nebenfluss des Nemunas. Im Land gibt es an die 2300 Seen,

die alle recht fischreich sind. Vielfach sind sie durch Flüsse miteinander verbunden oder gehen ineinander über. Der tiefste See ist der Vištytis-See in der Nähe von Marijampolė.

Die litauische Landschaft ist flach bis sanft-hügelig. Der höchste Berg Litauens ist der Juozapinės (293 m) im Osten des Landes nahe der weißrussischen Grenze. Die größte Stadt des Landes ist mit 541 300 Einwohnern die Hauptstadt Vilnius. Dahinter folgen Kaunas mit rund 500 000, Klaipėda mit 190 000 und Šiauliai mit 147 000 Einwohnern.

Geschichte

Erste Spuren menschlicher Besiedlung finden sich in Litauen schon zu Beginn der mittleren Steinzeit, etwa 8000–4000 v. Chr. Indogermanen besiedeln 2500–2000 v. Chr. das heutige Litauen. Erstmals wird Litauen 1009 in den »Quedlinburger Annalen« erwähnt. Gegen die Vorherrschaft des Deutschen Ritterordens kämpfen im 13. Jh. litauische Fürstentümer gemeinsam. Im Jahr 1385 erfolgt die Vereinigung Litauens mit Polen, auch die letzten litauischen Fürsten nehmen den christlichen Glauben an. In der Schlacht von Tannenberg 1410 schlägt Großfürst Vytautas die Ordensritter vernichtend, sein Reich erstreckt sich um 1430 bis an das Schwarze Meer und ist eines der mächtigsten in ganz Europa.

Im 18. Jh. wird Litauen Teil des russischen Imperiums, das 19. Jh. ist geprägt von Aufständen und Widerstand gegen die Zarenherrschaft und von einem Erwachen litauischen Nationalbewusstseins. Im Zuge der nationalen Erweckung finden 1869/1873 erste große Sängerfeste statt.

Nach dem Ersten Weltkrieg erfolgt die erste Unabhängigkeit Litauens, bis es 1940 im Zuge des Hitler-Stalin-Pakts in den sowjetischen Staatsverband ›eingegliedert‹ wird. 1990 erklärt sich Litauen erneut unabhängig, seit 2004 ist das Land Mitglied der EU und der Nato.

Staat und Politik

Litauen ist eine unabhängige demokratische Republik. Das Parlament (Seimas) wird alle vier Jahre von den 141 Abgeordneten gewählt, die zwölf verschiedenen Parteien angehören – linken und liberalen ebenso wie konservativen Parteien.

Das Staatsoberhaupt (zzt. die parteilose Staatspräsidentin Dalia Grybauskaitė) erfüllt repräsentative Aufgaben, unterzeichnet Gesetze und ernennt den Ministerpräsidenten, der die wichtigste Figur in der Staatsorganisation ist. Im Oktober 2008 konnte die konservative »Vaterlandsunion« die Parlamentswahlen gewinnen, an der Regierungsspitze steht Ministerpräsident Andrius Kubilius, die Wahlbeteiligung lag allerdings nur bei 40 %.

Wirtschaft und Tourismus

Seit 2008 ist die litauische Wirtschaft infolge der Finanzkrise nicht mehr auf Wachstumskurs. Die Wirtschaft ist zu 97 % privatisiert und den EU-Normen angepasst. 75 % des BIP werden im Dienstleistungssektor erwirtschaftet, 7 % in der Landwirtschaft. Zu den wichtigsten mineralischen Rohstoffen gehören Bernstein, Torf, Sand und Ton. Die offizielle Arbeitslosenrate beträgt 7,8 %. Der Durchschnittslohn liegt aufgrund der Finanzkrise unter 1500 LTL.

Der Tourismus hat sich in den letzten Jahren zu einem profitablen Wirtschaftssektor entwickelt, wobei die Schaffung eines sanften Tourismus im Vordergrund steht. Derzeit mangelt es allerdings noch an preiswerteren Unterkünften und an Campingplätzen. Urlaub auf dem Bauernhof erfreut sich zunehmender Beliebtheit. Die meisten Touristen (rund 120 000 jährlich) kommen aus Deutschland, doch besuchen auch die Nachbarn das Land gern – rund 85 000 Polen sowie 68 000 Letten und Esten kommen alljährlich.

Bevölkerung und Religion

Rund 84 % der 3,32 Mio. Einwohner sind Litauer, 6,7 % sind Polen, die drittgrößte Bevölkerungsgruppe sind Russen mit etwa 6,3 %. Ein Drittel der Bevölkerung lebt auf dem Land. Die Bevölkerungsdichte liegt bei 52 Einwohner/km^2.

80 % der Bevölkerung bekennen sich zum römisch-katholischen Glauben. Ein Großteil der russischen Bevölkerung gehört der russisch-orthodoxen Kirche an. Die Kirchen finanzieren sich überwiegend durch Spenden, da sie keine staatlichen Zuwendungen erhalten. Neuerdings gibt es wieder Anhänger alter heidnischer Kulte, die sich in der Romuva-Bewegung zusammengeschlossen haben.

Auf einen Blick
Litauen

Sehenswert

1 **Vilnius:** Die größte Stadt des Landes ist kulturelles Zentrum und bietet zahlreiche Einkaufsmöglichkeiten (s. S. 116).

2 **Kaunas:** Litauens heimliche Hauptstadt ist reich gesegnet mit Museen – vom Kunst- bis zum skurrilen Teufelsmuseum (s. S. 140).

3 **Aukštaitija-Nationalpark:** Litauens ältester Nationalpark ist noch immer ein Refugium für seltene Pflanzen und Tiere – und ein schönes Wanderparadies (s. S. 159).

4 **Druskininkai:** In der hübschen Kleinstadt im Süden des Landes lassen sich Wellness und Natur genießen (s. S. 171).

5 **Kurische Nehrung:** Weite Dünenlandschaften und der legendäre Künstlerort Nida machen die Nehrung zu einem ganz besonderen Reiseziel (s. S. 182).

Schöne Routen

Von Kaunas am Nemunas entlang nach Jurbarkas: Die alte Handelsstraße führt zu sehenswerten Backsteinburgen und Schlössern und bietet herrliche Landschaftsansichten (s. S. 168).

Von Varėna nach Birštonas: Auf einsamen Straßen geht es im Süden Litauens an Seen, Mooren und Kiefernwäldern vorbei (s. S. 175).

Von Palanga nach Šiauliai: Die A 11 führt durch alte Handelsstädtchen und erlaubt schöne Abstecher zu litauischen Wallfahrtsorten (s. S. 211).

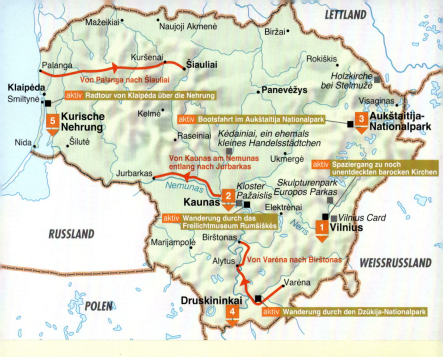

Meine Tipps

Vilnius Card: Sie gilt 24 Stunden und man erhält damit Vergünstigungen und viele Leistungen wie den Eintritt in Museen, aber auch Rabatt in einigen Restaurants (s. S. 134).

Skulpturenpark Europos Parkas: Zeitgenössische internationale und nationale Kunst ist im Herzen Europas verteilt: im 55 ha großen Museum unter freiem Himmel (s. S. 137).

Kloster Pažaislis: Litauischer Barock in Reinkultur. Im Zentrum steht die sechseckige Klosterkirche (s. S. 155).

Kėdainiai: Der ehemalige internationale Handelsknotenpunkt ist heute liebevoll restauriert mit Kirchen, Synagogen, Minarett (s. S. 156).

Holzkirche bei Stelmužė: Die schönste Holzkirche Litauens im Norden ist ein Meisterwerk der Holzbaukunst (s. S. 168).

aktiv unterwegs

Spaziergang zu noch unentdeckten barocken Kirchen: Der Weg durch Vilnius führt zu Kleinoden, die noch ihrer Entdeckung in der Stadt harren (s. S. 133).

Wanderung durch das Freilichtmuseum Rumšiškės: Originalgebäude aus allen Landesteilen sind hier aufgebaut (s. S 152).

Bootsfahrt im Aukštaitija Nationalpark: Sich dem Nationalpark über idyllische Flüsschen zu nähern hat seinen Reiz (s. S. 160).

Wanderung durch den Dzūkija-Nationalpark: Der Park ist mit seinen Mooren und Wäldern noch ein Geheimtipp (s. S. 176)

Radtour von Klaipėda über die Nehrung: Durch bewaldete Dünen und Kiefernwälder führt der Fahrradweg von Nida nach Juodkrantė (s. S. 195).

Fast 600 000 Menschen leben in Vilnius, davon nur 50 % Litauer und je 20 % Russen und Polen. Vilnius war nie eine Stadt nur einer Nation; die Vielvölkergeschichte bestimmt bis heute ihre Atmosphäre. Im Lauf der Jahrhunderte siedelten hier europäische ebenso wie asiatische Völker und trieben Handel.

Wenn man in die Altstadt von Vilnius mit den malerischen engen Gassen und den geduckten Häuschen eintaucht, kommt man ins Schwärmen: Vilnius ist betörend schön. Nicht ohne Grund wurde es schon oft das »Rom des Baltikums« oder »Jerusalem des Nordens« genannt – eine europäische Metropole, in der die Zeit stehen geblieben zu sein scheint.

Die Stadt wirkt wie ein steinernes Bilderbuch der europäischen Architekturgeschichte: Hier Renaissance oder Klassizismus, dort Backsteingotik oder Barock – daneben die Kuppeln der russisch-orthodoxen Kirchen und die Gründerzeitbauten des Bürgertums. Vilnius hat sein Gesicht bis heute nicht verloren, auch wenn die Hügel jenseits des Flüsschens Neris neue Wohnblöcke tragen und moderne Bürotürme in den Himmel ragen.

Altstadt

Cityplan: S. 119
Kopfsteinpflaster und nur wenige Autos auf den Straßen – das lädt zum Flanieren ein. Ein Rundgang durch die Altstadt beginnt am besten auf dem Burgberg, denn vom Gediminasturm, dem Wahrzeichen der Stadt, bietet sich ein herrlicher Blick über Vilnius.

Gediminas-Turm **1**

Als Großfürst Gediminas Anfang des 14. Jh. den Regierungssitz von Trakai nach Vilnius verlegte, ließ er eine Burg auf einem Hügel am Zusammenfluss von Neris und Vilnia bauen. Die sogenannte **Obere Burg** wurde aus Feld- und Ziegelsteinen im gotischen Stil errichtet und ersetzte eine Holzburg. Nach einem Brand ließ Vytautas sie Anfang des 15. Jh. neu aufbauen: Hinzugefügt wurden eine Befestigungsmauer mit drei Türmen und ein dreistöckiger Palast. Heute sind nur noch Reste des Palastes, an dessen Rekonstruktion jedoch gearbeitet wird, sowie der wiederaufgebaute achteckige **Gediminas-Turm** zu sehen. Ein Museum im Turm dokumentiert die Geschichte der Stadt und ihrer Burgen. Archäologische Funde weisen darauf hin, dass hier einst eine heidnische Kultstätte lag (Arsenalo 5, Di–So 10 –19 Uhr, 4 LTL).

»Eine Stadt, in der die Wolken aussehen wie Barock und umgekehrt«, schrieb der Literaturnobelpreisträger Czesław Miłosz über Vilnius; er muss genau an dem Turm, auf dem die gelb-grün-rote litauische Flagge weht, gestanden haben, denn dies ist die schönste Aussichtsplattform der Stadt. Nicht nur über die Dächer der Altstadt schweift hier der Blick, sondern auch auf den benachbarten Kreuzberg mit den markanten drei kalkweißen Kreuzen, die zum Gedenken an die Christianisierung Litauens aufgerichtet wurden. Nachdem die Sowjets sie in den 1950er-Jahren zerstört hatten, stehen sie seit 1989 wieder an dieser Stelle.

Altes Arsenal **2**

Das **Alte Arsenal** unterhalb des Burgbergs beherbergt das **Museum für angewandte**

Kunst. Ursprünglich im gotischen Stil erbaut, wurde das Alte Arsenal in den 1980er-Jahren im Stil des 17. Jh. restauriert. Es zeigt in einer Dauerausstellung vor allem religiöse litauische Kunst des 15.–19. Jh. (Taikomosios dailės muziejus, Arsenalo 3 a, www.muziejai.lt, Di–Sa 11–18, So 11–16 Uhr, 8 LTL).

Neues Arsenal 3

In den erhaltenen Räumen des ursprünglich aus dem 16. Jh. stammenden **Neuen Arsenals** ist das **Nationalmuseum** untergebracht. 1855 gegründet, besitzt es heute rund 450 000 Exponate. So wird man eingehend über die bewegte Geschichte Litauens informiert: Zu sehen sind archäologische Funde der Frühzeit, historische Münzen, Dokumente, Karten und Bilder. Der Tisch, an dem 1795 Litauens und Polens Schicksal entschieden wurde, ist ebenfalls ausgestellt. Sehenswert ist auch die neue Ausstellung über die Litauische Republik in der Zwischenkriegszeit. In der ethnografischen Abteilung kann man sich über die Trachten der verschiedenen Regionen Litauens informieren sowie Rekonstruktionen zum Thema bäuerliche Lebensformen besichtigen (Lietuvos nacionalinis muziejus, Arsenalo 1, www.muziejai.lt, Di–Sa 10–17, So 10–15 Uhr, 4 LTL).

Kathedralenplatz

Der jetzige Kathedralenplatz war einst das Zentrum der **Unteren Burg,** deren Hochzeit im 16. Jh. lag, als sie von italienischen Baumeistern umgebaut wurde. Zum Burgkomplex gehörte ein wunderschöner Großfürstenpalast sowie ein Park mit Skulpturen und Springbrunnen. Im 17. Jh. während des Kriegs mit Russland zerstört, wurde die Anlage nicht wieder aufgebaut, obwohl sie zuvor jahrhundertelang der kulturelle und administrative Mittelpunkt des Landes gewesen war. Neben der Kathedrale finden archäologische Ausgrabungen statt und es wird an einer Rekonstruktion des Palasts gearbeitet, die bis 2009 abgeschlossen sein soll.

Von der unteren Burg sind Grüfte und Kellergewölbe sowie der untere Teil des **Glockenturms** 4 geblieben. Rund, aus dicken Steinen gemauert, erheben sich drei Stockwerke mit Schießscharten und obenauf der achteckige Glockenturm. Schon im 13. Jh. hatte Mindaugas hier eine Kirche neben dem Fürstenpalast errichten lassen. Später wurden Wälle, Türme und Befestigungsmauern, hinzugefügt, die im 15. Jh. mit der Oberen Burg verbunden wurden. Ein Modell der Anlage im Burgmuseum zeigt, dass sie erhebliche Ausmaße hatte. Die Kreuzritter konnten sie nicht erobern und bis zur Erfindung der Feuerwaffen gelang es niemandem, sie einzunehmen.

Die **St.-Stanislaus-Kathedrale** 5 (Arkikatedra bazilika) im Zentrum von Vilnius beschreibt Alfred Döblin in seiner 1926 erschienenen »Reise in Polen« so: »Die Kirche sieht aus wie ein griechischer Tempel oder ein polnisches Stadttheater. Weichselantike.« Erst 1783–1801 entstand das heutige Gebäude. Dort wo die Kathedrale heute steht, befand sich einst – wie Ausgrabungen ergeben haben – eine heidnische Kultstätte für den baltischen Donnergott Perkūnas. Verschiedene Gotteshäuser folgten, bis der litauische Architekt Laurynas Stuoka-Gucevičius (1753–1798), der in Paris den Klassizismus kennengelernt hatte, den heutigen Bau schuf. An der Westfassade der Kathedrale tragen sechs 20 m hohe dorische Säulen in Dreiergruppen den Portikus. In den dahinter liegenden Nischen sieht man sechs Barockfiguren des Italieners Tomaso Righi, welche die vier Evangelisten, flankiert von Abraham und Moses, darstellen. Im Giebelrelief ist die Familie Noahs beim Dankopfer zu sehen.

Zwei kleine Kapellen im Barockstil aus dem frühen 17. Jh., die Kapelle des Heiligen Kasimir und die Valavičių-Kapelle, sind im Innern erhalten. Besonders schön ist die Kasimir-Kapelle. Sie wurde zu Ehren des Enkels von Jogaila, Fürst Kasimir (1458–1484), erbaut, der hier nach seiner Heiligsprechung 1602 beigesetzt wurde. Die Fresken zeigen Szenen aus dem Leben des hl. Kasimir.

Pilies gatvė

Entlang der **Pilies gatvė,** der ältesten und im Mittelalter längsten Straße der Stadt, bauten

Vilnius

die Handwerker und Kaufleute ihre Häuser. Heute reihen sich hier Cafés, Restaurants und Läden aneinander. Die von der Pilies gatvė abgehenden kleinen Gassen sind vielfach von Bögen überspannt, unter denen sich einst Tore befanden. Da Vilnius häufig angegriffen wurde, konnte man so die Straßen absperren.

Die gotischen Häuser in der Bernardinų gatvė, die links von der Pilies gatvė abbiegt, wurden im Laufe der Jahrhunderte im Renaissance- oder Barockstil umgebaut. Doch in einigen Kellern, in denen inzwischen Galerien oder Kneipen eröffnet haben, ist noch das gotische Rundgewölbe zu sehen, und in manchen Innenhöfen, die man durch Tore erreicht, sind noch die gotischen Spitzgiebel erhalten. Lange Zeit standen diese Tore offen;

nun, da die Altstadt renoviert wird und Firmen oder betuchtere Klientel in die Gebäude einziehen, sind die meisten Tore geschlossen.

Einen schönen Innenhof sieht man noch am **Mickiewicz-Haus** 6. Hier wohnte im Jahr 1822 der Dichter Adam Mickiewicz (1798–1855), Polens Goethe, der in Vilnius studierte. In dem Gebäude, das zur Universität gehört, ist ein Gedenkmuseum für den Dichter eingerichtet, dessen berühmtes Gedicht »Pan Tadeusz« mit den Worten beginnt: »Litauen! Mein Vaterland!« (Bernardinų 11, Di–Fr 10–17, Sa, So 10–14 Uhr, 5 LTL).

Das gotische Ensemble

Am Ende der Straße wird der Blick frei auf das gotische Ensemble der **Anna- und Bernhardiner-Kirche** 7 (Šv. Onos ir Bernardinų) mit

Von der Legende zur Geschichte

Untere Burg und Obere Burg, Mauern, Wälle und Türme schützten die Stadt Vilnius vor den deutschen Ordensrittern. Im 16. Jh. begann ihr Goldenes Zeitalter als europäische Hauptstadt im Rang von Florenz. Noch heute künden mächtige Paläste im Barock- und Empirestil vom ehemaligen Reichtum der Stadt.

Der Legende nach gründete Großfürst Gediminas die Stadt. Am Abend einer Jagd nächtigte er am Ufer der Vilnia, als er von einem heulenden Wolf auf einem Hügel über der Vilnia-Mündung träumte. Er wollte ihn mit Pfeilen erlegen, doch der Körper des Wolfes war aus Eisen. Am nächsten Tag erklärte ihm ein Traumdeuter, dass er auf diesem Hügel eine Burg erbauen müsse, die ebenso unbezwingbar sein würde wie der Wolf.

Ihren Namen erhielt die Stadt von dem Fluss Vilnia, »die Welle«. Erstmals urkundlich erwähnt wurde sie in einem Brief von 1323, in dem Gediminas Händler und Handwerker in Europa aufforderte, in seine Stadt zu kommen. Mangels anderer Quellen gilt dieses Datum als Gründungsjahr der Stadt, obwohl sie damals schon ein blühender Handelsplatz mit unterer und oberer Burg war.

Besiedelt war das Gebiet bereits seit 4000 vor unserer Zeit. 1387, als Litauen das Christentum annahm, erhielt Vilnius das Magdeburger Stadtrecht. Unter Fürst Vytautas wuchs es, und schon im 15. Jh. fand in der Stadt zweimal im Jahr eine internationale Messe statt. Im Jahr 1522 nahm die erste Druckerei ihre Arbeit auf. Zeitgleich wurde der Bau einer 3 km langen Stadtmauer zum Schutz gegen Tatarenüberfälle beendet. Einige Reste sind bis heute noch erhalten und ein einziges Stadttor: das Tor der Morgenröte (s. S. 124).

Ab 1562 gab es eine Postverbindung von Krakau über Wien nach Venedig. Als sich Po-

len und Litauen 1569 in der Union von Lublin enger zusammenschlossen, begann eine langsame Polonisierung der Stadt. Vilnius verlor an Bedeutung, Krakau und Warschau spielten nun eine stärkere Rolle. Die Schriftsprache des Großfürstentums Litauen war Weißrussisch, daneben setzte sich nun die Sprache und Kultur des polnischen Adels durch. Litauisch wurde zur Sprache der ländlichen Bevölkerung.

Nach der dritten polnischen Teilung 1795 wurde Vilnius zur Hauptstadt eines russischen Generalgouvernements, es war die drittgrößte Stadt des russischen Reichs nach Moskau und St. Petersburg. Die russische Herrschaft dauerte bis zum Ende des Ersten Weltkriegs. Doch die Bevölkerung beugte sich der russischen Macht nicht immer kampflos. Den von Polen geführten Aufständen gegen die Zaren 1831 und 1863 schlossen sich auch Litauer an. Die Folgen für Vilnius waren: 1832 die Schließung der Universität und 1864 ein Verbot der lateinischen Schrift. Die Wirtschaft jedoch prosperierte, denn die Eisenbahnlinie St. Petersburg–Warschau wurde über Vilnius geführt. 1897 lebten in Vilnius über 150 000 Menschen, davon 50 % Juden. Denn im 19. Jh. hatte sich Vilnius zum Zentrum der jüdischen Kultur entwickelt. Der Erste Weltkrieg setzte diesem Zeitabschnitt ein erstes Ende. Im Herbst 1915 wurde die Stadt für zwei Jahre von den Truppen Kaiser Wilhelms II. besetzt. Im September 1917 versammelten sich litauische Politiker, um die Unabhängigkeit des Landes wiederherzustellen. Sie wurde am 16. Februar 1918 erklärt. Auch Polen erlangte seine Unabhängigkeit und nahm schon zwei Jahre später in einem Handstreich dem jungen Nachbarstaat Litauen die Hauptstadt ab. Bis zum Beginn des Zweiten Weltkriegs gehörte Vilnius zu Polen, danach wieder für zwei Jahre zu Litauen, bis 1941 deutsche Truppen in die Stadt einzogen.

45 Jahre dauerte die sowjetische Besatzungszeit, bis 1990 die Unabhängige Republik Litauen proklamiert wurde. Nachdem eine Wirtschaftsblockade und andere Druckmittel nicht gewirkt hatten, ließ Moskau am 13. Januar 1991 den Fernsehturm und das Rundfunkzentrum in Vilnius von Panzern besetzen. 14 unbewaffnete Zivilisten kamen dabei ums Leben. Das Militär drohte, auch das Parlamentsgebäude zu stürmen, vor dem 150 000 Menschen Wache hielten.

Der Platz vor dem Parlament heißt nun Platz der Unabhängigkeit. Die von Linden gesäumte Hauptachse der Neustadt wird wieder Gediminas-Prospekt genannt statt Lenin-Prospekt. Hier liegen die Ministerien und Banken. Auch der Lukiškių aikštė, der größte Platz der Stadt, trägt wieder seinen alten Namen, nachdem er über vierzig Jahre Lenin-Platz hieß.

Vilnius Ende des 16., Anfang des 17. Jh. (Kupferstich aus »Civitates Orbis Terrarum« von Georg Braun und Frans Hogenberg)

dem ehemaligen Kloster des Bernhardinerinnenordens, das jetzt die Kunstakademie der Stadt beherbergt. Der Volksmund sagt über die nebeneinander stehenden Kirchen, dass die Annakirche wie ein junges, anmutiges Mädchen wirke, die Bernhardinerkirche dagegen wie eine ältere, erfahrene Frau, massiver und schwerer. 1987 kamen die Menschen am Jahrestag des Hitler-Stalin-Pakts aus der Messe in der Annakirche und versammelten sich vor dem Gotteshaus. Hier wurde zum ersten Mal der Gedanke formuliert, dass Litauen wieder unabhängig werden müsse.

Die **Annakirche** gehört zu den schönsten spätgotischen Kirchenbauten Nordosteuropas. Auch Napoleon bewunderte sie, als er 1812 nach Litauen kam, und soll gesagt haben: »Wenn ich könnte, würde ich diese Kirche auf meine Handfläche nehmen und nach Paris tragen.« Ihr Baumeister ist unbekannt. Das Besondere und Einmalige an der kleinen Kirche ist, dass sie aus 33 verschiedenen Backsteinformen erbaut wurde.

Die **Bernhardinerkirche** wurde Anfang des 16. Jh. im gotischen Stil von Michael Enkinger errichtet und als Wehrkirche in die Stadtbefestigung einbezogen. Besonders ist vor allem das Innere des größten gotischen Sakralbaus der Stadt: Acht hohe Pfeiler grenzen die drei Kirchenschiffe voneinander ab. Die Wände der Seitenschiffe sind mit mehrfarbigen gotischen Fresken ausgemalt, die erst 1981 freigelegt wurden.

An der Šv. Mykolo gatvė

Gegenüber vom gotischen Ensemble erhebt sich ein weiterer Sakralbau: die barocke **Michaelskirche** 8 (Šv. Mykolo). Der Kanzler des Großfürstentums ließ sie 1594 erbauen; sie wurde zur ewigen Ruhestätte seiner Familie. Diese katholische Kirche war auch in den Kriegsjahren für Gottesdienste auf Litauisch geöffnet.

Schräg gegenüber lockt das kleine, aber sehr ansprechend gestaltete **Bernsteinmu-**

seum 9 mit Verkaufsgalerie (s. S. 135). Unter gläsernen Bodenplatten sieht man den Ostseestrand, wo Kazimieras Mizgiris, der Besitzer der Galerie, seine Bernsteine sammelt. Sie werden zu wunderbaren Schmuckstücken verarbeitet und hier in der Galerie in Vitrinen sehr ansprechend präsentiert (Gintaro muziejus-galerija, Šv. Mykolo 8, www.ambergallery.lt, tgl. 10–19 Uhr, kein Eintritt).

Didžioji gatvė

Die Pilies gatvė öffnet sich zu einem Platz, an dem man an zahlreichen Souvenirständen Kunsthandwerk erwerben kann. Am südlichen Ende des Platzes erhebt sich die russisch-orthodoxe **Pjatnizkaja-Kirche** 10 (Piatnickajos cerkvė). Sie wurde im 14. Jh. für die erste Frau des Großfürsten Algirdas, eine russische Prinzessin, errichtet und markiert den Beginn der Didžioji gatvė, im 19. Jh. eine der besten Adressen der Stadt. Vielleicht haben deswegen westliche Modedesigner hier ihre Filialen eröffnet.

Anfang des 20. Jh. lebte in Didžioji gatvė Nr. 1 der österreichische Medizinprofessor Frank, dessen Frau Christina Sängerin war und gut bekannt mit Beethoven und Haydn. Auf Anregung der Familie wurde ein Oratorium von Haydn im Rathaus aufgeführt. 1812 hielt sich kurzzeitig der französische Schriftsteller Stendhal in dem Haus auf, der die napoleonische Armee als Versorgungsoffizier auf ihrem Russlandfeldzug begleitete. Heute beherbergt das Gebäude das französische Kulturzentrum mit dem Café de Paris.

In dem renovierten ehemaligen **Chodkevičiu-Palast** 11 befindet sich eine Gemäldegalerie mit litauischer Kunst aus dem 16.–19. Jh. Der zweite Stock ist mit Möbeln des 19. Jh. eingerichtet (Didžioji 4, www.ldm.lt, 4 LTL, Di–Sa 12–18, So 12–17 Uhr, 2 LTL).

Vorbei an der russisch-orthodoxen **Nikolauskirche** 12 (Šv. Mikalojaus) im barocken Stil gelangt man auf den **Rathausplatz** (Rotušės aikštė), der aufwendig restauriert wurde. Das erste **Rathaus** 13 der Stadt, ein gotischer Bau aus dem Jahr 1387, wurde durch einen Brand zerstört. Das jetzige Gebäude im klassizistischen Stil baute Ende des 18. Jh.

Hier schlägt das Herz der Stadt: der Kathedralenplatz mit dem Glockenturm

123

der Architekt Laurynas Stuoka-Gucevičius, der auch der Kathedrale ihre heutige Gestalt gab. Als Vilnius dem russischen Reich zugeschlagen wurde, zog das Theater in das ehemalige Rathaus ein; heute hat die Touristeninformation hier ihren Sitz.

Hinter dem Rathaus liegt ein Gebäude aus den 1960er-Jahren: das **Zentrum für zeitgenössische Kunst 14**, gebaut als Ausstellungspavillon für die 50-Jahr-Feier der Oktoberrevolution. Hier zeigt ein ambitioniertes Kuratorenteam seit Jahren litauische und andere Avantgardekunst ebenso wie große internationale Ausstellungen. Ein Raum im ersten Stock ist George Maciunas gewidmet, dem Fluxus-Pionier und einzigen litauischen Künstler, der weltweit Aufsehen erregt hat. Die Rahmenbedingungen für Künstler sind in Litauen bis heute schwierig – zu viele Künstler und zu wenig Publikum, von einem florierenden Kunstmarkt kann nicht die Rede sein (s. S. 53).

Doch im Café des Zentrums gibt man sich optimistisch: »I am an artist, I love myself« – Ich bin Künstler, ich liebe mich – steht über der Bar (Šiuolaikinio meno centras, Vokiečių 2, www.cac.lt, Di–So 11–19 Uhr, 6 LTL).

Die **Kasimirkirche 15** (Šv. Kazimiero) ist mit ihrer rosa-weißen Stuckfassade die erste frühe Barockkirche in Litauen. Jesuiten ließen sie 1604–1618 nach dem Vorbild der römischen Hauptkirche der Jesuiten, Il Gesù, erbauen. Benannt wurde sie nach dem heiligen Kasimir, dem litauischen Schutzheiligen. Die Kuppel wird von einer mächtigen Krone erhöht, dem Zeichen der Jogaila-Dynastie. Nach der dritten polnischen Teilung wurde der Bau in eine orthodoxe Kirche umgewandelt, im Ersten Weltkrieg hielten die deutschen Truppen hier protestantische Gottesdienste ab; die Sowjets machten aus ihr ein »Museum der Religion und des Atheismus«, bevor sie in unseren Tagen ihre eigentliche Bestimmung zurückerhielt.

Die Kirche wurde etliche Male geplündert – das erste Mal, als Napoleons Armee durch die Stadt zog. Blickfang gegenüber der Kirche ist das bestens renovierte **Jugendstilhotel Astorija** (s. S. 134).

Aušros vartų gatvė

Ganz in der Nähe – schon in der Aušros vartų – steht das imposante Gebäude der **Philharmonie 16**, das prächtigste Haus im Stil des Historismus in Vilnius. Durch einen Torbogen auf der rechten Seite gelangt man zum ehemaligen **Basilianerkloster 17** mit seinem schönen barocken Eingangstor.

Die Straße steigt ein wenig bergan und verengt sich. Aus der russisch-orthodoxen **Heiliggeistkirche 18** (Šv. Dvasios) dringen vielleicht die Gesänge des Frauenchors durch den davor liegenden Klostergarten. Die Heiliggeistkirche wurde im 17. Jh. für die russisch-orthodoxe Gemeinde der Stadt erbaut, deren Mitglieder in diesem Stadtteil lebten. Gegenüber wurde zu der Zeit eine Herberge für russische Kaufleute betrieben. Nach einem Brand 1749 erhielt das Gotteshaus durch den Architekten Glaubitz ihre heutige Gestalt. Es ist die wichtigste orthodoxe Kirche Litauens und Sitz des Erzbischofs, außerdem befindet sich in ihrem Hof ein Kloster. Prächtige Ikonen, wunderbare Fresken und die Sarkophage mit den Gebeinen der im 14. Jh. ermordeten Märtyrer Antonius, Iwan und Eustachius in der Krypta lohnen einen Besuch. Die Farbenpracht – Rosa, Hellgrün, Meeresblau und Gold – wirkt geradezu poppig. Täglich um 17 Uhr findet der Gottesdienst statt; dann hat man Gelegenheit, den herrlichen Gesängen zu lauschen.

Das Innere der barocken **Theresienkirche 19** (Šv. Terėses) ist äußerst prunkvoll mit Fresken und acht vergoldeten Altären ausgestattet. Hinter dem Bau liegt das alte Kloster der Unbeschuhten Karmeliterinnen, in dem jetzt eine Pension, das Domus Maria, untergebracht ist.

Weiter oben hört man durch das offene Fenster der Kapelle im alten Stadttor **Tor der Morgenröte 20** (Aušros vartai) die Gebete der Gläubigen vor der goldenen Madonna. Das kleine Bild der Madonna aus Eichenholz ist hinter einem Kleid aus kunstvoll verziertem, vergoldetem Silber versteckt. Es sollte die Stadt vor einer Feuersbrunst schützen und wurde im 17. Jh. für wundertätig erklärt. Viele polnische Pilger kommen zum Beten.

Das einzige noch erhaltene Tor der alten Stadtmauer: Aušros vartai

Als der Papst 1993 Litauen besuchte, zelebrierte er hier eine Messe. Der Legende nach entstand das Marienbild nach dem Vorbild der Barbora Radvilaite (1520–1551). König Zigismund II. August wollte das Mädchen, dem man große Schönheit nachsagte, heiraten. Sie stammte aus einer der reichsten litauischen Familien, aber dennoch war der Hof gegen die Heirat, weil sie eine Bürgerliche war. So ließ Zigismund sich heimlich trauen. Ein Jahr vor ihrem Tod wurde Barbora Radvilaite schließlich als Königin anerkannt.

Das Tor ist das einzige noch erhaltene der ehemaligen Stadtmauer. Weil hier das Bildnis der Madonna hängt, wurde es nicht wie die anderen Tore geschleift. Auf der Rückseite des Aušros-Tors prangt das litauische Wappen, der Reiter – in der Sowjetzeit war es das einzige noch verbliebene Wappen in der Stadt.

Das jüdische Viertel

Wer vom Stadttor die Aušros vartų zurückgeht und links in die Etmonų gatvė biegt, erreicht am Ende der Straße das Gebäude des **Jugendtheaters** 21 (Valstybinis jaunimo teatras), lange Jahre Litauens Forum für die interessantesten Inszenierungen. 1942–1943 spielte hier das Ghetto-Theater.

Der israelische Dramatiker Joshua Sobol schrieb über die letzten Tage dieses Theaters im Ghetto sein weltberühmtes Theaterstück »Ghetto«, das Peter Zadek im Jahr 1984 erstmals auf eine deutsche Bühne brachte. »Mir lebn ejbig! Ess brent a Welt …«, das Lied des jüdischen Kabaretts aus dem Ghetto, wurde 50 Jahre nach Vernichtung des Ghettos an einem Gedenktag in der Altstadt von Vilnius auf Jiddisch gesungen.

Rechts an der Hauswand der Rūdininkų gatvė Nr. 18 erinnert eine **Gedenktafel** 22 daran, dass hier eines der Tore stand, durch die über 30 000 Juden aus dem Großen Ghetto in den Tod gingen. Vor der Einrichtung des Ghettos war diese Straße dicht bewohnt gewesen, hier gab es viele jüdische Läden. Der freie Platz mit Grünfläche entstand erst nach dem

125

Litauen: Vilnius

Krieg, nachdem die Häuser des alten Ghettos abgerissen waren. Eine Gedenktafel am gegenüberliegenden Ende des Platzes erinnert in Hebräisch und Litauisch an die kämpfenden Opfer des Ghettos von Vilnius.

Die enge Mėsinių gatvė führt auf die Vokiečių gatvė, die »Deutsche Straße«. Hier siedelten im Mittelalter deutsche Händler, Kaufleute und Handwerker. Im Hinterhof des Hauses Nr. 20 befindet sich die einzige **evangelisch-lutherische Kirche 23** der Stadt; sie wurde kürzlich restauriert. Das 1555 erbaute Gotteshaus birgt einen Rokokoaltar von 1741. »Dejschische gas« nannten die Litwaken, die Juden von Vilnius, diese Straße vor dem Krieg, als hier viele Häuser und Geschäfte in jüdischem Besitz waren. Während der deut-

schen Besatzung lagen links und rechts die beiden Ghettos.

Als die Sowjets später die Stadt einnahmen, beschlossen sie, vom Rathaus eine breite Prachtstraße durch die Altstadt zu ziehen. Den Anfang sollte die Vokiečių machen. Die Häuser auf der linken Seite blieben stehen. Es entstanden der grüne Mittelstreifen und auf der rechten Seite neue Wohnblöcke. Im Zuge dieser Baumaßnahmen fiel auch die Große Synagoge von 1573 den Bulldozern zum Opfer. Sie lag hinter den Wohnblöcken, wo sich jetzt ein Kindergarten und ein Spielplatz befinden.

Zeitweise gab es 105 Synagogen in der Stadt des Gaon – Elijah ben Salomon Salman (1720–1797) –, des berühmtesten Talmud-

Abendliches Vilnius: Wie ein Band durchziehen Pilies und Didžioji gatvė die Altstadt

Gelehrten Litauens, der Vilnius zum Zentrum des jüdischen Geistes machte. Hier in der Žydų gatvė steht ein **Denkmal** 24 für ihn, direkt vor seinem ehemaligen Wohnhaus. Bis zu ihrer vollständigen Vernichtung im Zweiten Weltkrieg war die jüdische Gemeinde Osteuropas, mit Wilne (Vilnius) als Mittelpunkt, mehrere Jahrhunderte die bedeutendste jüdische Gemeinschaft der Welt.

Die schmale Stiklių gatvė war einst das Zentrum des zweiten Ghettos; heute ist sie eine restaurierte Altstadtgasse mit Cafés, Restaurants und kleinen Läden. In der Gaono gatvė liegt auf der rechten Seite die **Österreichische Botschaft** 25. Das Gebäude aus dem 16. Jh. diente der jüdischen Gemeinde 80 Jahre lang (bis 1941) als »Haus des Ge-

bets«. Gegenüber erinnert eine Gedenktafel an das Tor zum Kleinen Ghetto, in dem die Deutschen rund 10 000 Juden zusammentrieben. Das Viertel und die Synagoge sollen restauriert bzw. wieder aufgebaut werden. Die jüdische Gemeinde der Stadt hat heute etwa 4000 Mitglieder (www.litjews.org).

Universitätsviertel

Zentrum der Altstadt ist seit 1579 die Universität – eine der ältesten und größten in Europa und ein Palastkomplex für sich, mit einem Dutzend Innenhöfe, vorwiegend im Renaissancestil. Die Alma mater ist quasi eine Stadt in der Stadt.

Aus dem 1569/1570 gegründeten Jesuitenkolleg entwickelte sich zehn Jahre später

Jüdische Geschichte in Litauen und Lettland

Im 14. Jh. siedelten erstmals Juden in Litauen. In den folgenden Jahrhunderten wurde das Großfürstentum Polen-Litauen für Juden aus allen Teilen Europas zum Asyl vor Verfolgung und Anfeindung. Die litauischen Juden (Litwaken) erlebten im Lauf von sechs Jahrhunderten Blütezeiten ihrer Kultur, aber auch ihren endgültigen Niedergang.

Der litauische Großfürst Vytautas (1392–1430; S. 25) schützte die Juden und stellte sie den Christen gleich. 100 Jahre später wurden sie für kurze Zeit vertrieben. Belegt ist, dass 1568 erstmals eine jüdische Gemeinde in Vilnius Steuern zahlte, 1573 wurde hier die erste Synagoge errichtet. Im 17. Jh. waren etwa ein Drittel der Einwohner Juden. In Riga trafen um die Mitte des 17. Jh. die ersten jüdischen Kaufleute aus Polen und Litauen ein. Sie mussten den Aufenthalt in der Hansestadt mit Mieten und Zöllen teuer bezahlen. Durch die polnischen Teilungen 1771–1795 kam die Mehrheit der polnisch-litauischen und lettischen Juden unter zaristische Herrschaft. 1785 wurde die erste jüdische Gemeinde in Livland gegründet. 1791 verfügte Katharina die Große ein Gesetz, nach dem die zuvor vor allem auf dem Land lebenden Juden in die Städte zwangsumgesiedelt wurden. Hier durften sie nur noch untereinander Gewerbe und Handel betreiben; damit begann die Geschichte des osteuropäischen *Schtetls* (jiddisch »Städtlein«).

Im 18. Jh. entwickelte sich die Haskala, die osteuropäisch-jüdische Aufklärung, die Teil der allgemeinen europäischen Aufklärung war. Ihr Ziel war die Erneuerung des Judentums und die Verbreitung jüdischer Bildung und weltlicher Wissenschaft. Vilnius war das bedeutendste Zentrum der Haskala.

1822 erlaubte der Generalgouverneur von Riga den Juden, in der Stadt zu wohnen und Handel und Gewerbe zu treiben. Gleichzeitig wurde ihnen der Aufenthalt in anderen Städ-

ten jedoch verboten. Ab 1840 existierte in Riga die erste jüdische Schule. Gegen Ende des 19. Jh. stellten Juden mit 20 000 Einwohnern knapp 10 % der Bevölkerung von Riga.

In Vilnius wurde 1847 im Rahmen einer Bildungsreform unter Nikolaus I. eine russischsprachige Rabbinerschule mit angeschlossenem Gymnasium gegründet. Ziel der zaristischen Politik war die Anpassung der Juden an die orthodox geprägte Gesellschaft. Dies sollte durch Berufsverbote, Wohnbeschränkungen, Aberkennung von Grundbesitzrechten, Zwangstaufe und Militärpflicht für Juden erreicht werden. Aufkommender Antisemitismus unter Russen und Polen, der sich in den Pogromen von 1881 mörderisch entlud, bewirkte einen Zusammenschluss der Juden und die Besinnung auf ihre eigene Kultur. Gleichzeitig fand eine Spaltung der Juden Osteuropas in Zionisten und Sozialisten statt. In Vilnius wurde 1897 der »Bund« gegründet, die größte jüdisch-sozialistische Partei Osteuropas. In Riga vereinigten sich lettische Sozialdemokraten zur Schaffung eines autonomen Lettland mit dem jüdischen »Bund«.

1935 lebten in Riga über 43 000 Juden, 1944, als die rote Armee Livland befreite, gab es in Lettland nur noch 300 jüdische Überlebende. In Vilnius bildete 1939 die jüdische Bevölkerung mit fast 40 % neben Litauern und Polen die größte Gruppe der rund 200 000 Einwohner. Schon in den ersten Tagen nach dem deutschen Überfall auf Litauen führten Teile der litauischen Bevölkerung Pogrome gegen

Juden durch. Allein in Kaunas ermordeten sogenannte litauische Freiheitskämpfer in zwei Tagen 4000 Juden – unmittelbar vor dem Eintreffen der Deutschen in der Stadt.

Im September 1941 errichteten die Nazis in der Altstadt von Vilnius zwei Ghettos, in denen die Juden auf engstem Raum und unter menschenunwürdigen Bedingungen zusammenleben mussten. Bereits während der Umsiedlung in eines der Ghettos wurde ein Teil der jüdischen Bevölkerung erschossen. Noch größere Vernichtungsaktionen – die fast ausschließlich von litauischen Sondereinheiten unter Aufsicht der SS durchgeführt wurden – fanden im Wald von Paneriai südwestlich der Stadt statt. Ende 1941 wurde eines der Ghettos aufgelöst – da waren bereits über 50 000 Juden aus Vilnius umgebracht worden. Am 23. September 1943 wurde auch das letzte

Ghetto aufgelöst. Noch lebende Ghettobewohner wurden in Vernichtungslager deportiert oder im Wald von Paneriai erschossen. Nur etwa 100 jungen Menschen gelang kurz vor Auflösung des Ghettos die Flucht durch die Kanalisation. Sie schlossen sich den Partisanen in Weißrussland an und kamen später mit der Roten Armee zurück in die Stadt.

Die Überlebenden des Ghettos setzten den Toten ein Denkmal, das jedoch 1953 abgerissen wurde. In der UdSSR durfte der jüdischen Opfer der Nationalsozialisten nicht gedacht werden. Es gab nur Gedenkstätten des antifaschistischen und kommunistischen Kampfes. Seit 1991 gibt es im Wald von Paneriai wieder ein jüdisches Denkmal. Seit dieser Zeit existiert in Vilnius auch wieder eine aktive jüdische Gemeinde – mit einem Kindergarten, einer Schule und einem Kulturzentrum.

Bis zum Einmarsch der Deutschen gab es in den litauischen Städten große jüdische Viertel; Vilnius war das Zentrum des jüdischen Lebens

Litauen: Vilnius

die **Universität** 26 – auf Initiative von Stephan Báthory, dem König von Polen und Großfürsten von Litauen, der ein gebildeter Humanist war und in Padua studiert hatte. Vorerst gab es nur die theologische und philosophische Fakultät, 1641 kam die juristische hinzu. Sie unterstand, bis zu seinem Verbot im Jahr 1773, dem Jesuitenorden. Im Jahr 1832 – Litauen gehörte inzwischen zu Russland – ließ Zar Nikolaus I. die Universität schließen. Mit ihren zwölf Innenhöfen und 13 Gebäuden, die ab dem 16. Jh. entstanden, bildet sie bis heute den bedeutendsten Architekturkomplex der Stadt.

Auf der rechten Seite führt der zur Universiteto gatvé hin offene Bibliothekshof mit dem Bibliotheksgebäude und dem – nicht vollkommen gelungenen – Denkmal von Donelaitis (s. S. 49) in das Innere der Universität. Die im Jahr 1570 gegründete **Bibliothek**, die angesehenste des Landes, umfasst heute fast 5 Mio. Bücher, von denen 180 000 aus dem 15.–18. Jh. stammen.

Durch einen Torbogen betritt man den **Sarbievius-Hof**, benannt nach dem Dichter Motiejus Sarbievius (1595–1640), der in lateinischer Sprache dichtete, der Unterrichtssprache der Universität. In diesem Hof liegt die gut sortierte **Buchhandlung Littera** (s. S. 135), die in überwölbten und mit Deckenmalereien verzierten Räumen untergebracht ist. Nach rechts gelangt man über ein paar Stufen in den an drei Seiten von dreigeschossigen Gebäuden aus dem 17. Jh. mit Arkadengängen umschlossenen **Großen Hof** oder Skarga-Hof, der nach Petras Skarga (1536–1612), dem ersten Rektor der Universität, benannt ist. Bei der Restaurierung zur 400-Jahr-Feier wurden Fresken aus der Entstehungszeit entdeckt, die die Gründer der Universität darstellen.

An der vierten Seite des Hofs liegt die wunderschöne barocke **Johanniskirche** 27 mit dem freistehenden Glockenturm. Während der Sowjetzeit wurde sie als Papierlager zweckentfremdet. Neben dem Gotteshaus steht ein großer moderner Wohnblock, der nicht in das Altstadtbild passt, ihm musste in den 1960er-Jahren die alte Post weichen. In

dem grün-weißen Haus Nr. 26 gegenüber wurde am 16. Februar 1918 vom Balkon des ersten Stockwerks die Unabhängigkeit Litauens proklamiert. Jedes Jahr findet hier am Gedenktag eine Kundgebung statt.

An die Kirche grenzt das Hauptgebäude der Universität, über dem Eingang steht geschrieben: Alma Mater Vilnensis. Vom Großen Hof gelangt man nach rechts in den Observatoriumshof, einen kleinen Hof, der be-

In Büchern lesen – oder in Bildern: die Buchhandlung Littera im Universitätsviertel

herrscht wird von dem auffälligen Gebäude der Sternwarte mit seinen zwei zylindrischen Türmen. Dahinter öffnet sich der kleine Druckereihof. Wendet man sich vom Sarbievius-Hof nach links, gelangt man in fünf weitere malerische Innenhöfe, die zur Piliès gatvė führen (Infos über die Universität: www.vu.lt).

Die Atmosphäre der Universität gleicht noch immer jener, die Alfred Döblin in seiner »Reise in Polen« beschrieb: »Ein uraltes, fabelhaft solides, sehr beruhigendes Gebäude. ... Kommt mir nicht gebaut, sondern organisch gewachsen vor.«

Man sollte nicht versäumen einen Blick in den Hof des **Alumnatpalasts** 28 zu werfen (Universiteto 4). Einst lebten Studenten in dem sehr schönen dreistöckigen Renaissancekomplex aus dem 17. Jh. mit offenen umlaufenden Arkaden, heute sind hier Behörden und ein Café untergebracht.

Jenseits der Universiteto gatvė steht auch der **Präsidentenpalast** `29`. Napoleon bewohnte den ehemaligen Bischofspalast auf seinem Russlandfeldzug.

sowjetischer Besatzung, immer war der Prospekt die Flaniermeile der Stadt. Im Gegensatz zur engen Altstadt kann man hier unter Linden spazieren und in Cafés in der Sonne sitzen.

Neustadt

Cityplan: S. 119

Staatliches Jüdisches Museum

Das **Haus der jüdischen Gemeinde** `30` im ehemaligen Tarbut-Gymnasium ist einer der Standorte des Staatlichen Jüdischen Museums. Hier werden Wechselausstellungen gezeigt, außerdem sind in einer ständigen Ausstellung aus der Großen Synagoge (s. S. 126) gerettete Gegenstände zu sehen.

Im **Holocaust-Museum** `31`, das in einem kleinen grünen Haus in der Pamėnkalnio 12 untergebracht ist, wird das Schicksal der jüdischen Bevölkerung von Vilnius während des Holocaust dokumentiert. Das Museum entstand erst nach der Unabhängigkeit. Ein erstes Museum, das von den wenigen überlebenden Juden aus der Stadt errichtet worden war, wurde 1949 wieder geschlossen. Im Museum werden auch die Aufzeichnungen des polnischen Journalisten Kasimierz Sakowicz aufbewahrt, der nahe Paneriai (s. S. 137) gelebt und die Erschießungskommandos miterlebt hat. Das Museum veranstaltet sehr gute Führungen, auch auf Deutsch.

Valstybinis Vilniaus Gaono žydų muziejus, www.jmuseum.lt; Haus der jüdischen Gemeinde: Pylimo 4, Mo–Do 10–17, Fr 10–16 Uhr; Holocaust-Museum: Pamėnkalnio 12, Mo–Do 9–17, Fr 9–16, Sa 10–16 Uhr.

Gediminas-Prospekt

Die 1836 angelegte, fast 2 km lange Hauptstraße der Stadt führt vom Kathedralenplatz bis zum Parlament. Die meisten Gebäude entlang des **Gediminas-Prospekt** (Gedimino prospektas) entstanden im 20. Jh.: Wohnhäuser, Banken, Behörden, Hotels und das Theater; dazwischen findet man viele nette Restaurants, Geschäfte und Cafés. Ob zur Zarenzeit, während der Jahre der Freiheit oder unter

Östlich der Altstadt

Cityplan: S. 119

Peter-und-Paul-Kirche `32`

Das Äußere der barocken **Peter-und-Paul-Kirche** (Šv. Petro ir Povilo) verrät nicht, welche Schätze sie im Innern birgt. Gewölbe und Wände sind über und über mit Ornamenten und etwa 2000 weiß schimmernden Stuckfiguren aus der christlichen Mythologie und der Geschichte Osteuropas bedeckt. Seit 300 Jahren sind sie in ihre Tätigkeiten vertieft – erstarrte Gesten der Apostel, Heiligen und Fürsten. Der Eindruck ist überwältigend.

Einst soll hier das Heiligtum der Göttin Milda gestanden haben. Hetman Mykolas Kasimir Pacas, der die Stadt befreite, beschloss, an diesem Ort eine gewaltige Kirche bauen zu lassen, nachdem zuvor eine Holzkirche im Krieg mit Moskau abgebrannt war. Er selbst ließ sich unter der Schwelle bestatten und auf seinen Grabstein schreiben: »Hic jacet peccator« – Hier ruht ein Sünder. In den Jahren 1668 bis 1685 wurde die Kirche nach einem Entwurf des Architekten Jan Zaor erbaut. An der Innenausstattung arbeiteten die italienischen Bildhauer Peretti und Galli. Durch seine Lage außerhalb der Altstadt wurde der Bau nie zerstört, sondern blieb bis heute in seinem Originalzustand. Die Kirche liegt unmittelbar hinter dem Kalnų-Park am Ufer der Neris.

Das Künstlerviertel Užupis

Hinter dem Flüsschen Vilnia auf einem Hügel weit oberhalb des Kalnų-Parks liegt das **Künstlerviertel Užupis**. Es ist einer der ältesten Vorstädte von Vilnius und wurde bereits im 15. Jh. erwähnt. Ursprünglich von Handwerkern bewohnt galt Užupis in der Sowjetzeit als vergessen und heruntergekommen. Nach der Unabhängigkeit Litauens im Jahr 1991 zogen

aktiv unterwegs

Spaziergang zu noch unentdeckten barocken Kirchen

Tour-Infos

Start: Nähe Gedimino-Prospekt
Länge: ca. 5 km
Dauer: 2 Stunden
Cityplan: s. S. 119

Nicht weit vom Gedimino-Prospekt steht in der Tilto 12 etwas verborgen die barocke **St.-Georg-Kirche** 34, unverkennbar mit ihren drei übereinandergesetzten Giebeln. Im Innern beeindrucken die gut erhaltenen Fresken an den Wänden des Gewölbes. Einen besonderen Musikgenuss verspricht die barocke Orgel. Organisten des Landes schätzen sie ob ihres ungewöhnlich reinen Klanges.

Über den Gedimino-Prospekt geht es in Richtung Totorių links in die Liejyklos auf den belebten Daukanto-Platz mit seinem Präsidentenpalast. Recht bescheiden nimmt sich die **Heilig-Kreuz-Kirche** 35 mit ihren beiden Glockentürmen auf dem Platz aus, sie wurde für den an materiellen Gütern nicht gerade gesegneten Mönchsorden der „Barmherzigen Brüder" Ende des 17. Jh. gebaut. Im Inneren jedoch funkeln Goldverzierungen auf Marmor und ein prächtiger Barockaltar, den eine wundertätige Madonna schmückt.

Dann geht es durch die Totorių zur **Kirche St. Maria Trost** 36 (Savičiaus 13/2). Vom Augustiner-Orden Mitte des 18. Jh. in Auftrag gegeben, ist sie eine der späten Barockkirchen in Vilnius, unverkennbar mit ihrem schmalen Turm. Unter dem Zaren wurde sie in eine orthodoxe Kirche verwandelt, Mitte des 20. Jh. unter dem kommunistischen Regime als Garage zweckentfremdet und harrt nun ihrer Nutzung.

Rechts in die Bokšto und links in die Subačiaus: Zwei schlanke Glockentürme der **Christi-Himmelfahrt-Kirche** 37 ragen in den Himmel, die aus Spenden deutscher Kaufleute Mitte des 18. Jh. erbaut wurde. Damals noch stand sie jenseits der Stadtmauern. Ein paar Jahre später wurde sie umfassend restauriert. Ein Blick ins Innere: beeindruckende Fresken und ein schöner barocker Altar.

Als letzte Kirche des verborgenen Barocks gilt es in der Rašu 6 die **Herz-Jesu-Kirche** 38 zu entdecken, die für die Nonnen des Salesianerordens geschaffen wurde. Alles am Bau, der auf dem Grundriss eines Kreuzes errichtet wurde, wirkt massiv, ganz besonders die Kuppel. Zur Sowjetzeit wurden Kirche wie auch das dazugehörige Kloster als Gefängnis benutzt.

viele Studenten der Kunstakademie sowie Künstler, Musiker und Schauspieler aus den Plattenbauten der Vororte nach Užupis. Wohnungen und Häuser waren hier billig und wurden nach und nach instand gesetzt. Alte Häuser, idyllische Hinterhöfe, Galerien, Restaurants und kleine Läden prägen das reizvolle Viertel, das immer beliebter wurde. Die 7000 Bewohner gründeten 1997 ihre eigene ›Spaßrepublik‹ – mit vier Flaggen (für jede Jahreszeit eine), einem Präsidenten, dem Filme- und Liedermacher Romas Lileikis, und einer Verfassung mit 41 Artikeln. In der kleinen ›Republik‹ werden die normalen Regeln

auf den Kopf gestellt bzw. einfach neue postuliert – eine reizvolle Mischung aus Anarchie und Idylle. Gleich auf dem Marktplatz erhebt sich das Wahrzeichen von Užupis, ein goldener Posaunenengel: der Engel, der durch ein Horn bläst und die Renaissance von Užupis, aber auch ganz Osteuropas verkündet. Wenn man die Straße bis zum höchsten Punkt hinaufgeht, wird man im **Restaurant Tores** (s. S. 135) mit dem schönsten Blick auf die Stadt belohnt.

Auf dem anderen Ufer der Neris wird viel gebaut: Hochhäuser, Bankgebäude, wie man sie überall in der Welt antrifft. Einzig der

Tipp: Hotelpreise

Die hier genannten Hotelpreise beziehen sich auf ein Doppelzimmer und schließen das Frühstück meist ein. Vor der Buchung sollte man nach Special-Weekend-Rates und Nebensaisonermäßigungen fragen. Über folgende Internetseiten kann man günstige Rates bekommen: www.baltic-hotels.net, www.baltichotels.com, www.selectlithuania.com und www.hotels.lt.

Europa-Turm 33 ragt mit seinen 146 m und einer Aussichtsplattform im 31. Stock aus der neuen Skyline heraus, sonntags kann man von 12–20 Uhr kostenlos auf Vilnius alt und neu blicken.

Infos

TIC: Vilniaus 22, Tel. 5 262 96 60, Fax 5 262 81 69, www.turizmas.vilnius.lt, Juni–Sept. Mo–Fr 9–18, Sa, So 10–16 Uhr. Karten, Hotels, Touren in die Umgebung.

TIC: Didžioji 31 (im alten Rathaus), Tel. 5 262 64 70, Fax 5 262 07 62, turizm.info@vilnius.lt, Mo–Fr 9–18, Sa, So 10–16 Uhr. Infos zu Stadtrundfahrten und Touren. Auf einer neuen Homepage www.vilniusroute.lt werden Ausflüge in und um Vilnius vorgestellt.

Internetcafé: Mitten auf der Pilies gatvė, in der Altstadt, kann man im Collegium gemütlich sitzen und weltweit kommunizieren: Pilies 22, www.dora.lt, Mo–Fr 8–23, Sa, So 10–23 Uhr.

Vilnius Card: Die Card (ca. 15 €) ist in den Touristenbüros und auch einigen Hotels erhältlich und gewährt manche Vergünstigungen wie Stadtrundfahrt, Eintritt in Museen, Nutzung öffentlicher Verkehrsmittel.

Übernachten

Luxus ▶ Radisson SAS Astorija 1 : Didžioji 35/2, Tel. 5 212 01 10, Fax 5 212 17 62, www.vilnius.radissonsas.com. Die 120 Zimmer im schön restaurierten Jugendstilgebäude gegenüber der Kasimirkirche sind bestens renoviert. Seit seiner Fertigstellung im Jahr 1902 ist es das erste Hotel am Platz. DZ 690 LTL.

Nobel ▶ Stikliai 2 : Gaono 7, Tel. 5 264 95 95, Fax 5 212 38 70, www.stikliaihotel.lt. Gehört der Relais&Chateaux-Kette an, mitten im historischen Zentrum. Man wohnt und speist luxuriös in noblem Ambiente. Aber auch die Preise sind nicht alltäglich. DZ 700 LTL.

Extravagant ▶ Shakespeare Boutique Hotel 3 : Bernardinų 8/8, Tel. 5 266 58 85, www.shakespeare.lt. Ein den Dichtern gewidmetes Hotel: ein Zimmer für Tolstoj, eins für Goethe, eins für Dostojewskij – und natürlich eins für Shakespeare. In allen 31 Zimmern kann man es sich mit Büchern und selbst gebrautem Tee gemütlich machen. Auch im Restaurant speist man wie in einer Bibliothek. Zentrale, doch ruhige Altstadtlage; von den Zimmern blickt man auf die Kirchen und Dächer der Stadt! DZ 650 LTL.

Komfortabel ▶ Hotel Mabre Residence 4 : Maironio 13, Tel. 5 212 20 87, Fax 5 212 22 40, www.mabre.lt. In einem ehemaligen Kloster kann man am Rande der Altstadt mit Blick auf das Künstlerviertel Užupis angenehm und besonders ruhig wohnen. Das großzügige Frühstück wird im zum Hotel gehörigen Restaurant Hazienda eingenommen. DZ 400 LTL

Solide ▶ Citygate 5 : Bazilijonų 3, Tel. 5 210 73 06, Fax 5 210 73 07, www.citygate.lt. Direkt am Stadttor, nicht weit vom Markt liegt dieses familiär geführte Haus. Der freundliche Empfang beginnt mit dem guten Frühstück und dem ausgesprochen angenehmen Service. DZ 350 LTL.

Preiswert ▶ Old Town Hostel 6 : Aušros Vartų 20/10, Tel. 5 262 53 57, Fax 5 268 59 67, booking@lithuaniahostels.org. Zentrale Lage, nette Atmosphäre, schöner Innenhof, Tee, Kaffee und Internet frei, aber natürlich schnell ausgebucht. 40 LTL pro Bett.

Essen & Trinken

In Vilnius herrscht kein Mangel an Restaurants und Cafés. In Cafés (kavine), Bars (baras) und Snack-Bars (užkandine) bekommt man kleine Gerichte und Getränke. Im Sommer haben zahlreiche Straßencafés geöffnet. Litauische Küche findet man eher in den kleinen Restaurants, Kavines und Užkandines.

Die größeren Restaurants bieten den Gästen in der Regel internationale Küche.

Stilvoll georgisch ▶ Adria **1**: Islandijos 4, Tel. 6 407 77 60, www.adriarestoranas.lt. Das feine und freundliche Restaurant hat in Vilnius Tradition: Hier tafelte schon die russisch-litauische Nomenklatura. Beste georgische Küche und ausgesuchte georgische Weine, alles exzellent serviert. Günstig am Rand der Altstadt gelegen. Manchmal georgische Gesangseinlagen. Ab 45 LTL.

Traditionsbewusst ▶ Medininkai **2**: Aušros Vartų 8, Tel. 5 266 07 71, www.medininkai.lt, tgl. 12–24 Uhr. Hier speist man Litauisch in historischen Räumen, bei warmer Witterung auf dem Sommerhof. Die Küche ist um eine neue raffinierte Note bemüht, die Speisen sind dennoch reichlich. Menü ab 50 LTL.

Gehobener Künstlertreff ▶ Neringa **3**: Gedimino pr. 23, Tel. 5 261 40 58, www.restoranasneringa.lt, Mo–Mi 7–23 Uhr, Do, Fr 7–24, Sa 8–24, So 8–22 Uhr. Hier trafen sich Vilnius-Intellektuelle, hörten Jazz und dichteten, wie der russisch-amerikanische Nobelpreisträger Joseph Brodsky, der Ende der 1960er-Jahre mit seinem Dichterfreund Tomas Venclova zusammensaß und das Café verewigte: »In Wilna entweicht die Zeit durch die Tür des Cafés ...« Nicht nur das Ambiente spiegelt diese Zeit wider, auch die Karte, die neben internationalen Gerichten Blini mit Kaviar, aber auch Bœuf Stroganoff und Čepelinai bietet. Menü ab 30 LTL.

Fantastische Aussicht ▶ Tores **4**: Užupio 40, Tel. 5 262 93 09, www.tores.lt, tgl. 11–24 Uhr. Bei diesem Blick vergisst man glatt zu essen! In Vilnius' Künstler-Community Užupis, oben auf dem Hügel, sitzt man besonders schön im Garten. Die Küche bietet einen Mix aus litauisch-europäischen Gerichten zu vernünftigen Preisen. Ausstellungen, DJ- und Swing-Dance-Abende. Suppen ab 7, kleine Gerichte ab 10 LTL.

Preiswert-folkloristisch ▶ Čili Kaimas **5**: Vokiečių 8, Tel. 5 231 25 36, tgl. 10–24 Uhr, Fr, Sa bis 2 Uhr. Original litauische Gerichte in dörflicher Atmosphäre. Viele Fleischgerichte, aber auch köstliche Pilzsuppe – alles sehr preiswert, schnell, appetitlich serviert!

Einkaufen

Die meisten Läden haben Mo–Fr 10–19 und Sa 10–17 Uhr geöffnet.

Bernstein und **Kunstgewerbe** findet man in fast jedem zweiten Laden in der Pilies gatvė. Designer wie Armani, Boss, Dolce & Gabbana, Escada und Prada haben ihre Filialen in der Didžioji gatvė um das alte Rathaus herum.

Bernstein ▶ Galerie des Bernstein-Museums **9**: Šv. Mykolo 8, www.ambergallery.lt. Nirgendwo ist der Bernsteinschmuck so edel wie hier. Hier überzeugen die große Auswahl und die gute Beratung.

Bücher ▶ Littera **1**: Universiteto 3. Auch wenn man gerade kein Buch kaufen will – der Laden ist so schön, dass man ihn unbedingt gesehen haben muss. Auch englischsprachige Literatur.

Mode ▶ Juozas Statkevičius Couture **2**: Odminių 11, www.josefstatkus.com. Frankreich und die Vereinigten Staaten, wo er sich Josef Statkus nennt, hat er schon erobert. Nun kann man seine Haute Couture auch in Vilnius bewundern. **Pandora** **3**: Rūdninkų 6–3, Tel. 69 99 00 33. Eigenwillige, trotzdem tragbare Mode und besonders schöne Schuhe, Stiefel, Schals, verführerisch in einer kleinen neuen Boutique dekoriert. Alles sehr stylish. **Ramunė Piekautaitė** **4**: Didžioji 20, www.ramunepiekautait.com. Designermode. Nicht nur Leinen und Wolle (typisch für Litauen) benutzt die Designerin, auch Seide kommt zum Einsatz.

Kunsthandwerk ▶ Souvenirmarkt **5**: Pilies 23. Keramik, Bernstein und Holzarbeiten sowie weitere kunsthandwerkliche Souvenirs

Tipp: Litinterp Bernardinū

In einem alten Gebäude haben junge Unternehmer ein Gästehaus eingerichtet, das **Litinterp Bernardinų** **7**, Bernardinų gatvė, Tel. 5 212 38 50, www.litinterp.lt. Hier stimmt das Preis-Leistungs-Verhältnis. Das Personal steht mit Rat und Tat bei allen Fragen zur Verfügung. Filialen sind in Kaunas und Klaipėda. DZ 100 LTL.

werden hier an verschiedenen Ständen angeboten.

Antiquitäten ▶ **Vilnaus Antiquaro Centras** `6`: Dominikonų 16, www.antiques.lt. Ob Möbel, Schmuck, Ikonen oder Spiegel – alles ist sorgfältig ausgewählt und präsentiert.

Abends & Nachts

Trendy, nicht zu chic ▶ **Connect** `14`: Vokiečių 2, Mi–Sa 23–4 Uhr. Im Gebäude des Zentrums für zeitgenössische Kunst wird getanzt und gechillt bis in die frühen Morgenstunden hinein.

En vogue ▶ **Paparazzi** `1`: Totorių 3, Tel. 5 212 01 35, www.paparazzi.lt, tgl. 16–3 Uhr, Fr, Sa bis 6 Uhr. Superschick und supercool sitzt man auf Sofas oder an der Bar. Viele kommen schon zum After-Work-Drink.

Eine gepflegte Atmosphäre ▶ **Sky-Bar** `2`: Konstitucijos 20 (22. Stock Hotel Reval Lietuva), Tel. 5 272 62 72, www.sky-bar.lt, tgl. 17–1, Fr, Sa bis 2.30 Uhr). Blau wie der Himmel ist das Interieur der Sky-Bar. Riesige Fenster geben hier klarer Sicht den Blick auf Vilnius' Barockkirchen frei. Am Wochenende legen DJs auf, dann gibt es auch eine kleine Küche für den kleinen Hunger.

International ▶ **Dramentheater** `3` (Lietuva nacionalinis dramos teatras): Gedimino pr. 4, Tel. 5 262 97 71, www.teatras.lt. Die drei Musen bewachen prominent den Eingang. Im Repertoire des Hauses sind klassische und moderne Stücke.

Konzerte ▶ **Kongresshalle** `4` (Vilnau kongresų rųmai): Vilniaus 6/14, Tel. 5 261 88 28, www.lvso.lt. In der Konzerthalle finden sowohl Klassik- als auch Jazzkonzerte statt, ebenso wie Veranstaltungen des Jazzfestivals (s. u.). **Philharmonie** `16` (Lietuvo nacionalinė filharmonija): Aušros vartų 5, Tel. 5 266 52 16 (Kasse), 266 52 59 (Information), www.filharmonija.lt. Im Jahr 1940 eröffnete hier die Philharmonie, in der auch Jazzkonzerte stattfinden. Gute Akustik.

Oper, Ballett ▶ **Opern- und Ballett-Theater** `5` (Lietuvo nacionalinis operos ir baleto teatra): Vienulio 1, Tel. 5 262 07 27, www.opera.lt. Das Gebäude des Litauischen Musiktheaters wurde erst 1974 erbaut.

Für jeden verständlich ▶ **Puppentheater** `6` (Vilnaus teatras LĖLĖ): Arklių 5, Tel. 5 262 86 78. Nicht nur Kinder lieben die Aufführungen mitten in der Altstadt.

Feste und Veranstaltungen

Fasching (Užgavėnės): Sieben Wochen vor Ostern, an einem Dienstag im Februar oder März, wird auf den Straßen der Stadt Vilnius gefeiert.

Kaziukas-Jahrmarkt (erstes Märzwochenende): Am Namenstag des hl. Kasimir findet ein folkloristischer Handwerkermarkt in der Altstadt statt: Töpfer, Schmiede, Weber, Holzschnitzer und Korbflechter des Landes treffen sich in Vilnius.

Modern Baltic Dance Festival (Anf. Mai): International renommiertes Festival für zeitgenössischen Tanz (www.dance.lt).

Vilnius Festival (Ende Mai–Ende Juni): Hochkarätiges Musiktheaterfestival mit der Nationalphilharmonie (www.filharmonija.lt und www.vilniusfestivals.lt).

Christopher Sommerfestival (Kristupo Festivalis; Juli/Aug.). Großes Musikfestival (Klassik und Jazz), das sich auf die Kirchen und Konzerthallen der Stadt verteilt (www.kristupofestivaliai.lt).

Theaterfestival (Ende Sept./Anf. Okt.): www.sirenos.lt. Ein Event für alle Theaterliebhaber.

Jazzfestival (Okt.): www.vilniusjazz.lt. Eine Institution in Vilnius.

Weihnachten: Das traditionelle Weihnachtsfest beginnt mit heidnischen Bräuchen: Am 23. Dez., dem Tag des Blukas-Festes, wird ein Baumstumpf durch die Straßen von Vilnius getragen.

Verkehr

Flüge: Der Flughafen Vilnius (www.vilnius-airport.lt) liegt lediglich 6 km südlich des Zentrums. Neben diversen westlichen Linien starten und landen hier Flugzeuge der Air Baltic (www.airbaltic.com), die günstige Tarife anbieten. Eine Taxifahrt vom Flughafen in die Altstadt kostet etwa 35 LTL. Vor dem Flughafengebäude fahren außerdem Bus Nr. 2 sowie Minibusse in Richtung Stadtzentrum ab. Der Weg vom Flughafen ins Zentrum und

umgekehrt ist nicht immer hinreichend ausgeschildert.
Züge: Bahnhof Vilnius, Geležnikelio 16, Tel.
233 00 86, www.litrail.lt, Reservierungsbüro:
Tel. 262 69 47, tgl. 8–21 Uhr. Verbindungen
nach Klaipėda, Kaunas, Šiauliai, nach Russland sowie Weißrussland; von/nach Deutschland, Österreich und in die Schweiz (s. S. 83).
Busse: Für Fahrten innerhalb Litauens eignen sich am besten Busse. Verbindungen
gibt es von/nach Klaipėda, Kaunas, Šiauliai
und in kleinere Orte. Der Busbahnhof befindet sich in der Sodų 22, www.toks.lt.
Mietwagen: Alle großen Mietwagenanbieter
haben auch Filialen in Vilnius (s. a. S. 85).

Innerstädtischer Verkehr

Busse: In Vilnius verkehren Busse, Minibusse
und Trolleybusse. Fahrpläne in Touristenbüros oder im Internet: www.vilniustransport.lt.
Taxi: Tel. 5 240 00 04, 5 212 88 88. Taxis sind
preiswert, aber man sollte den Preis im Voraus festlegen und darauf achten, dass das
Taxometer eingeschaltet ist.

In der Umgebung

Genozid-Gedenkstätte Paneriai
▶ 2, J 16

Etwa 10 km südwestlich vom Stadtzentrum
liegt die **Genozid-Gedenkstätte Paneriai.**
Im Wald von Paneriai wurden während des
Zweiten Weltkriegs etwa 100 000 Menschen
ermordet, meist Juden sowie einige Angehörige von Untergrundorganisationen. Die Erschießungskommandos von Paneriai waren
fast ausschließlich litauische Sondereinheiten
unter Aufsicht der SS. Der polnische Journalist Kasimierz Sakowicz, der im Wald nahe
von Paneriai lebte, schrieb auf, was er von
dem grausamen Geschehen beobachtet
hatte. Seinen Bericht bewahrt das Holocaust-
Museum (s. S. 132) in Vilnius auf. In einem
kleinen Museum sind persönliche Gegenstände der Ermordeten, Dokumente und Fotografien ausgestellt (Panerių memorialas,
www.jmuseum.lt, Agrastų 17, April–Okt. Mi–
Sa 11–18, Nov.–März 10–17 Uhr).

Verkehr
Züge: Die Züge Richtung Trakai halten an der
Station Paneriai.

Europa-Park ▶ 1, J 15

Der geografische Mittelpunkt Europas liegt in
Litauen. Bei 54° 54' nördlicher Breite und
25° 19' östlicher Länge kreuzen sich nach Be-
rechnungen der französischen Akademie der
Wissenschaften aus dem Jahr 1989 die Linien
Gibraltar–Ural und Nordkap–Kreta, und so
befindet sich der magische Punkt etwa
25 km nördlich von Vilnius. **Europos centras,**
wie die Litauer stolz den Mittelpunkt Europas
nennen, wurde jahrelang durch einen großen
Findling markiert. Anlässlich des EU-Beitritts
des Landes wurde ein Monument enthüllt, das
der litauische Bildhauer Gediminas Jokųbo-
nis entwarf: eine weiße Granitsäule mit einer
Krone aus goldenen Sternen. Sie symbolisiert
Litauens Verbundenheit mit Europa.

Doch die eigentliche Attraktion ist der
Skulpturenpark Europos parkas: Rund
90 Plastiken wurden hier in einem 5 ha großen
Freilichtpark errichtet. Auf Initiative des litauischen Bildhauers Gintaras Karosas waren
auch internationale Künstler beteiligt. Karosas
selbst hat das »Monument des Zentrum
Europas« beigesteuert, das Entfernungen zu
den europäischen Metropolen anzeigt. Im
Park finden sich Skulpturen bekannter Künstler, z. B. von Dennis Oppenheim, der einen
überdimensionalen Stuhl mit Pool schuf, und
Sol LeWitts doppelt negative Pyramide. Aber
auch Arbeiten junger unbekannter Bildhauer
sind hier zu sehen. Einen Lageplan erhält man
an der Eintrittskasse (www.europosparkas.lt,
tgl. 9 bis Sonnenuntergang, Eintritt 21 LTL).

Verkehr
Anfahrt per Taxi oder Auto: Fahrzeit etwa
20 Min. von Vilnius. Die Kalvarijų gatvė stadtauswärts entlang bis zum Kreisverkehr San-
tarivkės. Dann Richtung Žalieji Ežerai (Grüne
Seen) und weiter den Verkehrsschildern
»Europos parkas« folgen.
Busse: Trolleybus 10 bis zur Haltestelle Žal-
girio. Von dort fährt ein Bus Richtung Skir-
giškės bis zum Europos parkas.

Aukštaitija

Die Aukštaitija, das sogenannte Hochland, ist die größte der fünf Regionen Litauens. Sie bildet den ursprünglichen Kern des litauischen Staates und umfasst den Norden und Nordosten des Landes mit seinem dicht bewaldeten Hügelland und auch die beiden bedeutendsten litauischen Städte, Vilnius und Kaunas.

Die Aukštaitija ist eng mit der Mindaugas-Dynastie verbunden, die ab dem 13. Jh. das Schicksal des Landes bestimmte. Wie noch heute gut zu erkennen, wohnten die Menschen auf Höfen, deren Ländereien im Laufe der Zeit durch Erbteilung immer kleinflächiger wurden. Die Aukštaitija wird auch das »Land der Dichter« genannt, denn hier lebten in den letzten Jahrhunderten bedeutende Schriftsteller. Hier wird auch das reinste Litauisch gesprochen. Die Bewohner der Region gelten zudem als besonders gebildet und selbstbewusst.

Von großem Liebreiz ist die seen- und waldreiche Landschaft des Aukštaitija-Nationalparks. Kaunas mit seiner über 700-jährigen Geschichte, seinen einzigartigen Museen, sehenswerten Kirchen und Klöstern gilt als die heimliche Hauptstadt Litauens.

Trakai ▶ 2, H 16

»Die Lage von **Trakai** ist so schön und so romantisch, dass es zahlreiche Besucher anziehen würde und die Bewohner dadurch reich geworden wären, wenn es in Süd- oder Westeuropa läge …«, so schwärmte bereits im 19. Jh. der litauische Historiker Mykolas Balinskis.

Man kann nicht aus Litauen abreisen, ohne in der »Stadt auf dem Wasser« gewesen zu sein. Trakai war vor Vilnius großfürstliche Residenz und ist das Wahrzeichen des Landes: Die gotische Wasserburg aus Backstein mit ihren roten massiven Wachtürmen liegt verträumt im blauen See, umrahmt von grünen Wäldern in einer Seenplatte von zehn Seen, deren größter der Galvė-See ist. Für die Litauer ist Trakai ein Symbol der erfolgreichen Kämpfe gegen die Kreuzritter.

Die Burg

Man betritt die **Burg** über einen langen Holzsteg. Durch den Torturm gelangt man in den Großen Hof, der von Mauern umgeben ist. In den Westkasematten auf der linken Seite, die einst als Lebensmittel- und Waffenlager dienten, ist heute ein Teil des Historischen Museums untergebracht. Am Ende des Hofes trennt ein tiefer Graben die Vorburg von der Hauptburg, über eine Brücke gelangt man in den Innenhof, der mit hölzernen Galerien umsäumt ist. Hier finden häufig Konzerte und Theateraufführungen statt.

Die meisten Räume gehören zum **Historischen Museum**. Anhand von archäologischen Funden und Münzen, von Fotodokumenten und vielfältigen anderen Exponaten werden dort die Geschichte Litauens und die Restaurierungsarbeiten an der Burg dokumentiert. Aus den Fenstern hat man einen überwältigenden Blick auf die Seenplatte (tgl. 10–19 Uhr).

Die Burg entstand im 14. Jh. Zerstört wurde sie während des Krieges mit Russland 1655. Mit dem aufkeimenden Nationalbewusstsein Ende des 19. Jh. richtete sich das Interesse auf einen Wiederaufbau. Das, was wir heute sehen, ist das Ergebnis der

Restaurierungsarbeiten, die in den 1950er-Jahren begannen und Nikita Chruschtschows Missfallen erregten, weil die Litauer sich damit – so seine Unterstellung – zu sehr auf ihre Vergangenheit als Großmacht besinnen würden.

Die Stadt

Zwar ist die Inselburg der eigentliche Anziehungspunkt, doch die Stadt Trakai selbst ist ebenfalls sehenswert. Sie war Sitz des Fürstentums, bevor Gediminas diesen nach Vilnius verlegte. Er vermachte die Stadt Trakai seinem Sohn Kęstutis, der eine Burg auf der Halbinsel bauen ließ, von der heute nur noch Reste erhalten sind. Ursprünglich glaubte man, diese Halbinselburg sei älter als die Wasserburg. Neueste archäologische Funde haben aber ergeben, dass beide etwa gleichzeitig von Kęstutis erbaut wurden – um die Mitte des 14. Jh. Die Stadt erstreckt sich auf der Halbinsel zwischen Bernhardiner-, Galvė- und Totoriškių-See. Sie war – vor allem unter Großfürst Vytautas – im 15. Jh. eine der wichtigsten Residenzen, aber auch eine blühende Handelsstadt mit Magdeburger Stadtrecht. Doch Vilnius drängte nach vorn, und damit verlor Trakai im 16. Jh. an Bedeutung.

Über der kleinen Stadt ragen die Türme der **Kirche** auf. 1409 unter Vytautas erbaut, ist sie eine der ältesten Kirchen Litauens. Im barock ausgestalteten Innern ist die »Madonna von Trakai« bemerkenswert, ein Gemälde in Öl auf Holz. Maria trägt ein mit Ornamenten und Blumen verziertes Gewand aus Metall und eine Krone. Im Arm hält sie das Kind und in der linken Hand eine Blume als Symbol der Lebensfreude.

In der Altstadt liegt das **Viertel der Karäer**, das man an den gelben Holzhäusern erkennt. Die Karäer sind eine jüdische Glaubensgemeinschaft, die nur das Alte Testament, nicht aber den Talmud anerkennt. Ihrer Tradition gemäß sind sie streng asketisch. Die jüdische Sondergemeinschaft entstand im 8. Jh. Aus der Türkei kamen ihre Anhänger auf die Krim, wo sie bis zum 18. Jh. in den Bergen siedelten. Ende des 14. Jh. besiegte Vytautas die Krim und brachte 383 Karäer-

Tipp: Camping

Wunderschön am Galvė-See gelegen ist der Campingplatz Slėnyje, die Litauer zeichnen ihn mit vier Sternen aus. Im Sommer frühzeitig buchen (Kempingas Slėnyje Slėnio 1, Tel. 68 61 11 36, www.camptrakai.lt).

Familien als Gefangene mit. Er siedelte sie, neben anderen Orten, in Trakai an und bildete aus ihnen seine Burg leute. Heute wohnen in Trakai noch etwa 120 Karäer.

Im **Museum der Karäer** erfährt man Interessantes über das Leben und die Gebräuche der Karäer (Karaimų etnografinė paroda, Karaimų 22, Mi–So 10–18 Uhr, 4 LTL).

Infos

TIC: Vytauto 69, Tel. 52 85 19 34, www.trakai.lt, Mo–Fr 8.30–17.30 und Sa 9–15 Uhr.

Essen & Trinken

Urig ► **Kibinai:** Karaimų 65, Tel. 52 85 58 65, Mo–Do 11–22, Fr, Sa 11–23 Uhr. Im kleinen Holzhaus kann man die traditionelle karäische Küche probieren, die Pastetem Kibinai sind besonders lecker. Draußen genießt man den Seeblick. 10 LTL.

Karäisch-usbekische Küche ► **Čingischanas:** Karaimų 20 A, Tel. 60 39 61 50. Noch ein Geheimtipp: mit viel Begeisterung werden hier mitten in Trakai verschiedene zentralasiatische Gerichte frisch zubereitet, im Sommer auf der Terrasse mit Grill und Wasserpfeife. 10 LTL.

Aktiv

Tret- und Ruderboote ► An der Fußgängerbrücke zur Wasserburg zu mieten.

Termine

Festival des Mittelalters (Ende Mai): Theateraufführungen, Konzerte mit mittelalterlicher Musik.

Ritterspiele (Anf. Juli): im historischen Ambiente auf der Burg.

Verkehr

Züge: Etwa 20 x tgl. von/nach Vilnius (Fahrzeit 30 Min.).
Busse: häufige Verbindungen mit Vilnius.

Kernavė ▶ 2, H 15

Das Städtchen **Kernavė**, etwa 40 km nordwestlich von Vilnius malerisch an der Neris gelegen, war bereits in vorchristlicher Zeit besiedelt. Es ist berühmt für seine fünf Burghügel, die infolge von Gletscherverschiebungen während der Eiszeit entstanden sind und auf denen litauische Fürsten in stattlichen Burgen residierten. Von den Burgen ist heute nichts mehr zu sehen, doch kann man die Hügel besteigen, so beispielsweise die höchste Erhebung, den ›Thron des Mindaugas‹ (30 m).

Grabungen

Der Ort selbst, ein einstmals blühendes Handelsstädtchen – so die livländische Chronik –, wurde beim Angriff der Kreuzritter 1390 völlig zerstört und brannte nieder. Im Laufe der Zeit wurde die Stadt von einer dicken Erdschicht zugedeckt, die über die Jahrhunderte unberührt blieb. Daher wird Kernavė heute auch das litauische Troja genannt; hier finden seit 1990 systematische archäologische Grabungen statt.

An den **Grabungen** wird verstärkt auch die Öffentlichkeit beteiligt: Die Stadt Kernavė lädt jährlich zu »Tagen der lebendigen Archäologie« ein. Im Jahr 2004 wurde es zum UNESCO-Welterbe erklärt.

Das Gelände mit den **Schüttburgen** kann besichtigt werden: April–Okt. Di–Sa 10–17.30 Uhr. Das **archäologisch-historische Museum,** in dem die Ausgrabungsergebnisse ausgestellt sind, ist umfassend renoviert und informiert (voraussichtlich ab Mai 2011) interessant über litauische Siedlungsgeschichte (6 LTL).

Infos

TIC: Kerniaus 4 a, Tel. 382 473 85, www.kernave.org.

 # Kaunas ▶ 2, G 15

Cityplan: S. 142/143

Kaunas liegt inmitten einer waldreichen Landschaft am sogenannten Meer von Kaunas, dem riesigen Nemunas-Stausee. Dass es als litauischste unter den litauischen Städten gilt, liegt u. a. daran, dass von den 500 000 Einwohnern der Stadt 420 000 Litauer sind. Im 15. und 16. Jh. war Kaunas als nordöstliches Handelszentrum Mitglied der Hanse. Der Name leitet sich von *kaunasi* (kämpfen) ab – tatsächlich sagt man den Bewohnern der Stadt einen starken Unabhängigkeitswillen und ausgeprägten Pioniergeist

Besonders nachts wirkt sie zeitlos und unvergänglich: die Wasserburg von Trakai

nach. In Kaunas manifestierte sich der Widerstand gegen die sowjetische Besatzung besonders stark. Schon gleich nach dem Einmarsch sowjetischer Truppen in die Tschechoslowakei 1968 entstanden hier Dissidentenbewegungen, die Meinungsfreiheit sowie die Bewahrung nationaler Kultur und Sprache forderten und in der Selbstverbrennung des Studenten Romans Kalanta im Jahr 1972 und nachfolgenden Straßenunruhen gipfelten.

Generationen von Schriftstellern, Künstlern, Komponisten und Politikern haben ihre Spuren in der Stadt hinterlassen. Nirgendwo wird so sehr auf Schritt und Tritt an die ruhmreiche Vergangenheit erinnert: Gedenktafeln finden sich an fast jedem Haus, Denkmäler

und kleine Heimatmuseen in vielen Straßen. Mit seinen über 40 Museen gebührt Kaunas zu Recht der Titel »Stadt der Museen«.

Seine Blüte erlebte Kaunas zwischen den Weltkriegen: Damals war es für kurze Zeit Hauptstadt der jungen Republik Litauen. Der Einzug der Moderne schlug sich im Bau einiger bemerkenswerter Gebäude nieder, etwa des Historischen Museums im Jahr 1921 und der ersten litauischsprachigen Universität 1925. Diese Entwicklung wurde 1940 durch den Einzug der Sowjets gestoppt und kam 1941 endgültig zum Erliegen, als die Nazis Kaunas einnahmen. In den 1950er- und 1960er-Jahren versuchten die sowjetischen Besatzer, die Stadt in einen Industriestand-

Kaunas

ort, insbesondere für Rüstungsgüter, umzuwandeln. Im Zuge dessen wurde Kaunas zu einer grauen, trostlosen und für Touristen unzugänglichen Stadt.

Seit der neuen Unabhängigkeit versucht Kaunas an seine große Zeit zwischen den Weltkriegen anzuknüpfen – mit Erfolg: Kulturell hat die Stadt viel zu bieten, auch im Zuge der Internationalen Hanse-tage, die im Mai 2011 stattfanden und mit Sängerfesten und kulturellen Großveranstaltungen auch internationales Publikum anlockten. Der hier beschriebene Rundgang führt von der Altstadt in die Neustadt.

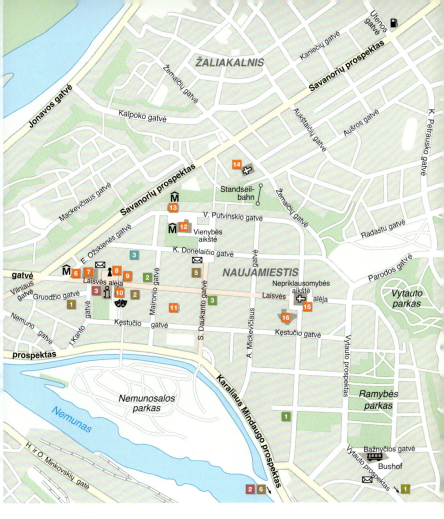

Die Burg **1**

Am Zusammenfluss von Nemunas und Neris wurde schon im 13. Jh. eine steinerne Festung errichtet. Den deutschen Kreuzrittern gelang es mehrfach, diese **Burg** (Kauno pilis) einzunehmen und zu zerstören. Die Litauer aber bauten sie immer wieder auf. Heute kann man nur noch einen dicken runden **Wehrturm und die Backsteinmauern** der ehemaligen Anlage besichtigen, alles andere wurde im 17. Jh. von der Neris weggeschwemmt und im 18. Jh. teilweise im Kampf gegen Russen und Schweden zerstört. Die

Anlage wurde schon 1961 rekonstruiert, eine komplette Wiedererrichtung soll in den kommenden Jahren abgeschlossen werden.

Vom **Santakos-Park** auf der Landspitze hat man einen schönen Blick auf die Turmspitzen der Stadt und den Zusammenfluss von Neiris und Nemunas. Als Papst Johannes Paul II. 1993 die junge Republik Litauen besuchte, sprach er auf jenem Platz im Park.

Rathausplatz **2** und Umgebung

An dem sehr schönen, teils von gotischen Häusern und Kirchen gesäumten **Rathaus-**

143

»Heimliche Hauptstadt« und »Stadt der Museen« wird Kaunas auch genannt

platz (Rotušės aikštė) schlug einst das Herz der Stadt: Hier fanden Versammlungen, Festlichkeiten und Markttage, aber auch Hinrichtungen statt; hier hielten die jeweiligen Machthaber ihre Paraden ab. Auch heute ist der Rathausplatz wieder sehr lebendig. Unter Kastanien- und Ahornbäumen haben in der wärmeren Jahreszeit Restaurants und Cafés ihre Stühle aufgestellt, in den kleinen Läden ringsherum kann man Antiquitäten und Andenken kaufen. Eine ganz besondere Atmosphäre entwickelt sich freitags nachmittags: Nach ihrer amtlichen Trauung im Rathaus – zu Sowjetzeiten hieß er »Hochzeitspalast« – feiern die Brautleute mit ihren Gästen auf der Straße. Dann fahren auf dem Kopfsteinpflaster festlich geschmückte Limousinen auf.

Das **Rathaus** erinnert mit seinem hohen, schlanken Turm eher an eine Kirche und beherrscht den Platz. Die Einwohner von Kaunas nennen es den »weißen Schwan«. Der heutige Bau mit seinen barocken Formen wurde erst 1771–1780 von dem tschechischen Architekten Jonas Mateker entworfen. Die fünf Stockwerke des Turms scheinen, wie bei einem Fernrohr, jeweils aus dem vorangegangenen hinauszusteigen; daher wirkt der Turm höher, als er tatsächlich ist. Im 19. Jh.

gehörte. Die Kirche war in der Sowjetzeit geschlossen, wird heute aber restauriert und soll bald wieder in barockem Glanz erstrahlen.

Die Westseite des Platzes wird vom Denkmal des mit Kaunas ganz besonders verbundenen litauischen Dichters Maironis (1862–1932) dominiert. Der berühmteste Vertreter der nationalen Wiedergeburt Litauens, ein ehemaliger Priester, erwarb das hinter dem Denkmal gelegene Stadtpalais aus dem 17. Jh. im Jahr 1910 und wohnte dort bis zu seinem Tod. In dem Gebäude ist heute das sehenswerte **Museum für litauische Literatur** untergebracht, dessen Schwerpunkt das Werk von Maironis ist. Das Grabmal des Dichters befindet sich an der Kathedrale, auf der Seite zur Vilniaus gatvė hin. Heute ist der Dichter auf der 20-LTL-Note abgebildet (Maironio Lietuvos literatūros muziejus, www.maironiomuziejus.lt, Mi–So 9–17 Uhr, 6 LTL).

Das Ensemble aus **Trinitatiskirche** (Šv. Trejybes) und **Masalskis-Palast** an der nordwestlichen Ecke des Rathausplatzes wurde im Jahr 1634 errichtet und ist eines der bedeutendsten Baudenkmäler der litauischen Hochrenaissance. Heute beherbergt der Palast ein Priesterseminar.

Gegenüber der Jesuitenkirche steht eine alte **Apotheke** aus dem 17. Jh. Wer sich über die Geschichte der Medizin und Pharmazie im Baltikum informieren will, dem sei der Besuch des höchst amüsanten und informativen Museums empfohlen: In fünf Sälen und dem Kellergeschoss sind neben der vollständigen Einrichtung der Apotheke Heilkräutersammlungen sowie – teilweise skurrile – Geräte zu sehen (Medicinos ir farmacijos istorijos muziejus, Di–So 11–18 Uhr).

Perkūnas-Haus 3

Vom Rathausplatz biegt man rechts in die Aleksoto gatvė ein und erblickt schon von Ferne das **Perkūnas-Haus** (Perkūno namai), benannt nach dem litauischen Donnergott. Dieses spätgotische Haus aus der Hansezeit mit seinem spitzen Giebel, Erker und seinen Ziertürmchen, ist ähnlich wie die filigrane Annakirche in Vilnius, aus 16 verschiedenen

diente das Rathaus für die Zarenfamilie auf ihren Reisen nach Europa als Nobelherberge. Im gotischen Keller des Hauses, das auch als Gefängnis genutzt wurde, befindet sich heute ein **Keramikmuseum:** Dass die Töpferkunst in Litauen hoch angesehen ist, davon zeugen zeitgenössische Keramiken (Keramikos muziejus, Di–So 11–17 Uhr, 6 LTL).

Links neben dem Rathaus erheben sich die zwei weißen Türme der barocken **Jesuitenkirche** (Šv. Stanislovo) über den Gebäuden des ehemaligen Jesuitenklosters, zu dessen bedeutendsten Lehrern der berühmte polnische Nationaldichter Adam Mickiewicz

Tipp: Europas älteste Drahtseilbahn

Auf der anderen Seite des Nemunas – erreichbar über die Aleksotas-Brücke und ihre Verlängerung (Skriaudžių gatvė) – bringt Sie eine historische Drahtseilbahn in nur wenigen Minuten auf den Aleksotas-Hügel mit einer Aussichtsplattform (Mo–Fr 7–12 Uhr, 13–16 Uhr, 1 LTL).

roten Ziegelsteinarten gebaut. Im Volksmund wird das Haus als »Spitzenstoff aus roten Backsteinen« bezeichnet. Über die Geschichte und Bedeutung des Gebäudes wird noch heute gerätselt: Vielleicht stand hier einmal ein Tempel für den Donnergott – bei Umbauarbeiten fand man eine bronzene Statue, die angeblich Perkūnas darstellt. Das Haus hatte eine wechselvolle Geschichte: Es wurde schon als Kapelle und als Schauspielhaus genutzt, heute dient es als Kunstschule. Das Innere ist zurzeit noch wenig spektakulär, soll aber in Kürze restauriert werden.

Vytautas-Kirche 4

Schräg gegenüber, am Ufer des Nemunas, ragt die gotische **Vytautas-Kirche** (Vytauto bažnyčia) auf, eines der ersten Backsteingebäude der Stadt. Sie wurde auf Veranlassung des litauischen Großfürsten Vytautas (s. S. 25) für die in Kaunas lebenden ausländischen – zumeist deutschen – Christen errichtet. Vytautas wollte mit dem Bau seine litauischen Landsleute dazu bewegen, das Christentum anzunehmen.

Peter-und-Paul-Kathedrale 5

Mit dem Bau der **Peter-und-Paul-Kathedrale** (Šv. Petro ir Povilo arkikatedra), Litauens größtem gotischem Sakralbau, wurde 1408 unter Großfürst Vytautas begonnen. Trotz mehrfacher Umbauten hat die Kirche ihren gotischen Charakter bewahrt. Im Stadtbild wirkt der große Backsteinbau zwischen den niedrigen Häusern recht wuchtig, umso

mehr überrascht das Interieur im spätbarocken Stil. Besonders prächtig fällt der Hauptaltar von 1775 mit seinen Kreuzigungsszenen aus. Man betritt die Kirche durch den Südeingang, mit Eintritt der Dunkelheit wird sie in der Regel geschlossen.

Vilniaus gatvė

Die **Vilniaus gatvė,** die als 1 km lange Fußgängerzone direkt in die Laisvės alėja übergeht, ist eine beliebte Flaniermeile. Auf beiden Seiten der Straße liegen nette, zum Teil altmodisch anmutende Geschäfte, gemütliche Konditoreien, in denen es nach frischem Gebäck duftet, und neuerdings kleine Läden, in denen viel Kunstgewerbe verkauft wird. Man sollte auch einen Blick in die Seitenstraßen werfen; zahlreiche Häuser stammen hier noch aus dem 16. Jh. Nachdem die Altstadt über Jahrzehnte verfallen und vernachlässigt war, wird heute an allen Ecken und Enden liebevoll und behutsam restauriert und gebaut. Sogar die historischen roten Telefonhäuschen wurden, dem Zeitalter des mobilen Telefons zum Trotz, wieder aufgebaut.

Im Garten des Hauses Nr. 33, dem **ehemaligen Präsidentenpalais,** erinnern Skulpturen an die Periode, als Kaunas Hauptstadt war. Sie stellen die drei litauischen Präsidenten dar, die das Land zwischen den Kriegen von Kaunas aus regierten.

Den viel befahrenen Savanorių prospektas passiert man durch eine Fußgängerunterführung. Im Sommer trifft man hier Beerensammler und Pilzsucher an, die ihre frischen Funde aus den Wäldern um Kaunas feilbieten. Am östlichen Ende der Vilniaus beginnt das neue Zentrum, die Neustadt.

Laisvės alėja

Die **Laisvės alėja** (Freiheitsallee) ließ in der zweiten Hälfte des 19. Jh. der russische Zar als 1,7 km lange Achse anlegen und auf die russisch-orthodoxe Kathedrale ausrichten. Die Straße wurde zunächst nach dem hl. Georg benannt und ab 1919, dem zweiten Jahr der Unabhängigkeit Litauens, in Freiheitsallee umgetauft. Die sowjetischen Besatzer machten sie zur Stalinallee, was die mutigen Bürger von Kaunas nach Stalins Tod 1953 sofort wieder änderten. Seit 1982 ist die Straße für Autos gesperrt; die Allee war die erste Fußgängerzone in Litauen überhaupt und zog damals schon mit ihren gepflegten Restaurants und netten Geschäften viele Touristen an. Auch heute noch lässt sich hier herrlich flanieren, und Bänke unter Linden laden zum Ausruhen ein. Das Rauchen ist übrigens schon seit einigen Jahren auf der gesamten Allee verboten.

Linker Hand liegt das **Zoologische Museum** 6 mit seiner beeindruckenden Sammlung seltener präparierter Tiere. Ein bekannter Zoologe hat sie in den 1920er-Jahren zusammengestellt (Zoologijos muziejus, Di–So 11–17 Uhr, 7 LTL).

Die **Hauptpost** 7, ein eindrucksvolles Gebäude aus dem Jahr 1931, entstand nach einem Entwurf des Architekten Vladimiras Vizbaras. Während Kaunas' Hauptstadtjahren tat er sich als Neuerer der Stadtarchitektur hervor und verband hier kühn Art déco mit Konstruktivismus. Folkloristische Elemente wie Baum- und Pflanzenimitationen prägen die Fassade, Eingangsportal und Treppen sind aus reinem Granit. Das Postamt war in den 1930er-Jahren in Sachen Telekommunikation eines der modernsten Postämter Europas (Laisvės alėja 102).

Neben der Hauptpost steht das **Denkmal des Großfürsten Vytautas** 8, der auf sein Schwert gestützt dargestellt ist – ein Werk des litauischen Bildhauers Vincas Grybas. Es wurde 1932 aus Anlass des 500. Todesjahres des Großfürsten hier aufgestellt. Während der Sowjetzeit verschwand das Original auf mysteriöse Weise, die Replik wurde 1990 am Jahrestag des Hitler-Stalin-Pakts wieder aufgestellt.

Ein weiteres sehenswertes Gebäude aus der Zeit zwischen den Kriegen ist das imposante ehemalige Bankgebäude (Laisvės alėja 96) mit seinem Portal aus Granit, heute Sitz der **Stadtverwaltung** 9. Gegenüber, auf der rechten Straßenseite, befindet sich das hübsche, im Jugendstil gestaltete **Musiktheater** 10, in dem 1882 die ersten Aufführungen stattfanden und das zu einem historisch be-

deutenden Ort wurde, da hier am 15. Mai 1920 der litauische *Sijm* (das Parlament) zu seiner ersten Sitzung zusammentrat. Die erste Aufführung einer Oper in litauischer Sprache war »La Traviata« am Silvesterabend 1920, bis heute steht sie am Silvesterabend auf dem Spielplan. Ein Stück weiter gelangt man zum **Schauspielhaus** 11, das heute zu den besten Theatern des Landes zählt. Es wurde 1920 mit Hermann Sudermanns »Johannisfeuer« eröffnet (Laisvės alėja 91).

Vienybės aikštė

Die S. Daukanto gatvė führt uns zum **Vienybės aikštė,** dem legendären »Platz der Einheit«. Zwischenzeitlich hieß er Lenin-Platz und war mit einem Lenin-Denkmal geschmückt, das heute als Relikt aus der Sowjetzeit im Grūtas-Skulpturenpark (s. S. 174) aufgestellt ist. Für jeden Litauer hat dieser große Platz eine besondere Bedeutung: Hier trifft man sich am Silvesterabend, um die 35 verschiedenen Glockentöne vom nahen Glockenturm des Militärmuseums zu hören und sich so vom alten Jahr zu verabschieden. Der Platz mit seinem Freiheitsdenkmal ist ein Entwurf des Architekten Karolis Reisonas, der in ganz Litauen Gebäude im Stil von Art déco, Konstruktivismus und Funktionalismus geschaffen hat.

Am Vienybės aikštė fällt ein ungewöhnliches Museumsgebäude ins Auge, das Čiurlionis-Museum, und in seiner unmittelbaren Nachbarschaft das Militärmuseum; beide Gebäude tragen unübersehbar die Handschrift des Architekten Karolis Reisonas. Er erbaute sie zwischen 1931 und 1936 gemeinsam mit seinem Kollegen Vladimiras Dubeneckis. Der Eingang zu den Museen befindet sich in der Putvinskio gatvė, gegenüber dem Teufelsmuseum.

Čiurlionis-Museum 12

Das **Čiurlionis-Museum** ist gewiss einer der Höhepunkte einer Besichtigung von Kaunas. Noch heute ist der Name des Künstlergenies und Maler-Komponisten (s. S. 150) jedem Litauer ein Begriff, sein Werk gilt geradezu als litauisches Nationalheiligtum. Das Museum

Tipp: Musik-CD

Eine CD mit verschiedenen frühen Klavierkompositionen von Čiurlionis kann im Museum sehr günstig erworben werden (40 LTL). Sie vermittelt einen Einblick in das kompositorische Werk des Maler-Komponisten, dessen Musik Parallelen zu seinen vom Symbolismus geprägten Bilderzyklen und kosmischen Visionen erkennen lassen.

beherbergt außer den ca. 300 höchst fragilen Gemälden von Mikalojus K. Čiurlionis, aber auch anderer Künstler, einen kleinen Konzertsaal, in dem man sich Kompositionen von Čiurlionis anhören kann. An das ungewöhnliche Museumsgebäude aus den 1930er-Jahren, das im etwas monumentalen Art-déco-Stil gehalten ist, wurde in den 1960er-Jahren eine neue Galerie angebaut, beide Bauten sind durch einen Glasgang miteinander verbunden.

Čiurlionis begann seine Laufbahn als Komponist, erst in den letzten Jahren seines kurzen Lebens (1875–1911) widmete er sich der Malerei. Seine vom Symbolismus geprägten Bilder fasste er vielfach zu Zyklen zusammen, denen er aus der Tonkunst entnommene Titel wie etwa »Sonate«, »Präludium« oder »Fuge« verlieh; sie lassen Parallelen zu musikalischen Kompositionen erkennen. 1906 schuf Čiurlionis Bilderzyklen, die abstrakte Tendenzen in der Malerei vorwegnahmen.

Im Haupttrakt des Museums ist litauische Kunst vom 17. Jh. bis zur Mitte des 20. Jh. ausgestellt. Gerade im Vergleich mit dem Werk von Čiurlionis haben diese Gemälde zumeist unbekannter Künstler ihren besonderen Reiz. In den Bildern der Gruppe Ars aus den 1930er-Jahren, deren Mitglieder zum Teil in Paris studierten, lassen sich unschwer Anregungen aus der litauischen Volkskunst erkennen.

Die Abteilung für litauische angewandte Kunst und Kunsthandwerk verdient ebenfalls Beachtung: Kreuze aus Eisen, Skulpturen aus Holz sowie Stickereien sind hier anschaulich präsentiert – die Sammlung hat nichts mit verstaubten Volkskunstausstellungen gemein (M. K. Čiurlionio dailės muziejus, www.ciurlionis.lt, Di–So 11–18 Uhr, 6 LTL).

Teufelsmuseum 13

Das **Teufelsmuseum** auf der anderen Straßenseite – mit seinen knapp 3000 Exponaten ganz dem Beelzebub gewidmet – wird von den Kaunasser Bürgern besonders geschätzt. Der Maler Antanas Žmuidzinavičius (1876–1966) trug im Lauf seines Lebens Teufelsfiguren aus aller Welt zusammen. Die Sammlung bildete den Grundstock für das Museum und wird laufend komplettiert. Hier offenbart sich litauischer Humor: Der Teufel ist eher ein skurriler Kauz denn Abbild des Bösen. Ebenfalls ausgestellt sind Žmuidzinavičius' impressionistisch anmutende Bilder (Velnių muziejus, Putvinski 64, Di–So 11–17 Uhr, 6 LTL).

Auferstehungskirche 14

Die elegante weiße **Auferstehungskirche** (Prisikelimo bažnyčia), ebenfalls ein Bau des Architekten Karolis Reisonas, liegt auf dem Žaliakalnis-Berg. Hinter dem Einheitsplatz in der Putvinskio führt eine Zahnradbahn aus deutscher Herstellung auf die Anhöhe, anschließend sind es nur noch wenige Schritte bis zum Kircheneingang. In den 1930er-Jahren sollte die Kirche das moderne Symbol für die Wiedergeburt des Landes werden, unter den Nazis wurde sie zu einem Warenlager und die Sowjets ließen im Kirchenschiff Radioapparate herstellen. Erst heute wird der Bau wieder als katholische Kirche genutzt. Wenn man die Treppen zum Dach erklimmt, wird man mit einem wunderbaren Panoramablick über die Altstadt, die Neustadt, Nemunas und Neiris belohnt; es fährt aber auch ein Fahrstuhl hinauf (www.prisikelimas.lt).

Erzengel-Michael-Kirche 15 und Umgebung

Zurück auf der **Laivės alėja,** sucht man heute vergeblich nach dem traditionsreichen Café Tulpė im Haus Nr. 17: Während der Sowjetzeit war es das Lieblingslokal des Literatur-

Nobelpreisträgers Joseph Brodsky gewesen, der hier mit seinem Kollegen Tomas Venclova einen »anständigen Cognac mit Kaffee« trank; sogar noch vor wenigen Jahren war es ein Künstlertreffpunkt. Heute weisen nur noch ein paar in das Pflaster eingelassene Kacheln auf das legendäre Café hin. Das Haus selbst beherbergt jetzt ein Bekleidungsgeschäft.

Am Ende der Allee glitzern die zahlreichen Kuppeln der silbergrauen ehemaligen Garnisonskirche aus dem Jahr 1895. Der berühmte Petersburger Architekt Leontij Benois, Großvater des weltbekannten Schauspielers, Schriftstellers und Filmregisseurs Peter Ustinov, errichtete die Kathedrale im neobyzantinischen Stil; zur selben Zeit hatte er in Petersburg den Anbau des Russischen Museums zu verantworten. Von den Einwohnern der Stadt wurde der russische *Sobor,* die **Erzengel-Michael-Kirche** (Šv. Mykolo arkangelo bažn.), nie sonderlich geliebt. Während der Sowjetzeit beherbergte sie ein Museum, heute ist sie ein katholisches Gotteshaus.

Etwas abseits steht am Ende der Laivės alėja die **Žilinskas-Kunstgalerie** 16. Vielleicht liegt sie zu Recht am Rande der Aufmerksamkeit, bleibt doch die Provenienz vieler Bilder, die der Mäzen Mykolas Žilinskas dem litauischen Staat in den 1980er-Jahren vermachte, im Dunkeln. Žilinskas hatte sich vor der russischen Okkupation nach West-Berlin retten können und wurde dort ein erfolgreicher Geschäftsmann und Kunstsammler. Das Gebäude ist von außen nicht besonders beeindruckend, birgt im Innern jedoch eine umfangreiche Sammlung westeuropäischer Kunst

Nur einen Steinwurf voneinander entfernt: Žilinskas-Galerie und St.-Michael-Kirche

M. K. Čiurlionis –
Komponist und Maler

»Es ist schwer, in Worte zu fassen, wie sehr mich diese wunderbare Kunst bewegt hat, die nicht nur die Malerei bereicherte, sondern auch die Vorstellung von Polyphonie und Rhythmus in der Musik erweiterte ... Dies ist ein neuer geistiger Kontinent und Čiurlionis wird zweifelsohne sein Kolumbus bleiben.«

So schwärmte der französische Schriftsteller und Philosoph Romain Rolland von Mikalojus Konstantinas Čiurlionis.

Čiurlionis, der 1875 in Varėna geboren wird, wächst in Druskininkai nahe der Grenze zu Polen auf. Sein Vater, ein Organist, führt das älteste von neun Kindern schon früh an die Musik heran. Die Biografie von Čiurlionis steht zunächst ganz im Zeichen der Musik: Mit vierzehn Jahren kommt er in die Musikschule des Fürsten Oginski von Plungė in Niederlitauen, der ihm wegen seiner außergewöhnlichen musikalischen Begabung ein Studium am Warschauer Konservatorium (1893–1901) finanziert. Ein Auslandsstudium in Leipzig schließt sich an. Die musikalischen Vorbilder sind Chopin und Bach, was sich in Čiurlionis' frühen Klavierwerken niederschlägt. Als sein Gönner Oginski stirbt, muss Čiurlionis Deutschland verlassen. Er entdeckt sein Interesse für die Malerei und studiert in Warschau an der Kunstakademie (1904–1906). Hier steht er in Kontakt mit litauischen Intellektuellen, die ein freies, demokratisches Litauen fordern. In seinen Warschauer Jahren liest er die modernen Autoren seiner Zeit: Ibsen, Dostojewski, Poe, studiert Nietzsche und die Philosophie altorientalischer Gelehrter, beschäftigt sich mit Kabbala und Astrologie. Er unternimmt eine Bildungsreise zu den großen europäischen Gemäldegalerien jener Jahre: Wien, München, Dresden, Berlin, Nürnberg. Nach dem polnischen Aufstand 1905 zieht der Künstler nach Vilnius. Er hält sich häufig in Druskininkai, dem Ort seiner Kindheit, bei seiner Familie auf. Hier entstehen berühmte Bilder: fragile Kompositionen vornehmlich in Temperafarben, die er in dünnen, durchsichtigen Schichten auf Papier aufträgt. Er lernt Litauisch bei seiner zukünftigen Frau, der Schriftstellerin Sofija Kymantaitė, in seiner Familie sprach man nur Polnisch. Er gründet einen Chor und stellt seine Bilder im litauischen Kunstverein aus. 1908 geht Čiurlionis nach St. Petersburg, wo er sich ganz auf die Malerei konzentriert. Er lebt in erbärmlichen Verhältnissen – seine »Meeressonate« malt er in einem fensterlosen Raum. Trotzdem erhält er große Anerkennung für seine Bilder, die er in einer privaten Petersburger Galerie ausstellen kann. Eine Ausstellung im »Salon russischer Künstler« wird von Freunden um den legendären Impresario Sergej Diaghilew organisiert. Parallel werden seine Kompositionen an den »Petersburger Abenden für zeitgenössische Musik« gespielt. 1910 erhält er von der Künstlergruppe »Blauer Reiter« um Kandinsky eine Einladung nach München. Doch im selben Jahr fällt er einer Geisteskrankheit anheim und stirbt am 10. April 1911 in einem Warschauer Sanatorium.

Innerhalb von sechs Jahren, 1904–1910, hatte Čiurlionis an die 300 bildnerische Werke geschaffen und neben 60 Préludes – noch im Jahr vor seinem Tod – eine große Fuge komponiert. Wie in seinen Kompositionen brachte Čiurlionis auch in der Malerei Zyklen hervor, etwa die zwölf »Tierkreiszeichen«, eine Abfolge hochpoetischer Bilder. Auf den Jahreszeiten-Bildern wie z. B. »Frühling« tauchen litauische Landschaftsmotive auf. In dem Bilderzyklus »Winter« sind kristalline Formen schon fast abstrakt dargestellt. Gerade die abstrakten Strukturen in seiner Malerei geben in der Forschung immer wieder Anlass zu der These, Čiurlionis sei noch vor Kandinsky der erste abstrakte Maler gewesen.

»Seine Kunst ist gerade dort am überzeugendsten, wo er menschenleere Weltlandschaften darstellt. Im leeren Raum, in der unendlichen Ausdehnung, spürt man die webende, tönende Weltseele«, schreibt der Freund und Kunstkritiker Nikolaj Worobjow über Čiurlionis.

Die Bilder von M. K. Čiurlionis haben in den letzten Jahren vor seinem Tod Anerkennung gefunden und sind auf vielen Ausstellungen gezeigt worden. Heute wird der größte Teil seines malerischen Werks in der Gemäldegalerie in Kaunas angemessen präsentiert. Seine Musik wird auch außerhalb Litauens viel gespielt. Auf internationalen, dem Zusammenspiel von Farbe und Musik gewidmeten Ausstellungen erregen die Bilder von Čiurlionis immer wieder Aufmerksamkeit und Erstaunen.

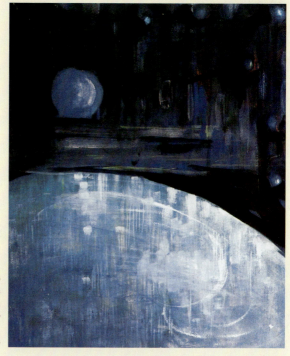

Mikalojus Konstantinas Čiurlionis: Die Erschaffung der Welt III, 1905/06, Tempera auf Papier

aktiv unterwegs

Wanderung durch das Freilichtmuseum Rumšiškės

Tour-Infos

Start: Eingang Freilichtmuseum
Länge: 6 km
Dauer: 3 Stunden und mehr
Öffnungszeiten: Ostern–Oktober Di–Sa 10 – 18 Uhr, in den Wintermonaten sollte man die Öffnungszeiten vorher erfragen.
Wichtige Hinweise: Tel. 34 64 73 92, www. muziejai.lt/Kaisiadorys/Buities_muz.DE.htm
Karte: ▶ 2, G 15

Der gut ausgeschilderte **Rundwanderweg** durch das ca. 175 ha große parkähnliche Gelände mit seinen historischen Häusern und Dorfanlagen aus ganz Litauen beginnt auf einem leicht ansteigenden Pfad rechts des Eingangs. Schon von Weitem erblickt man ein Gehöft aus dem 19. Jh.: ein bescheidenes hölzernes Wohnhaus, Scheune und Stall.

Typisch für die wald-und pilzreiche Region **Dzūkija:** eine kleine laubenartige Klete zum Trocknen der Pilze, aber auch zum Übernachten für die Waldarbeiter. Zu Gehöften der wohlhabenden Region **Aukštaitija** gelangt man über einen Waldpfad und weiter über Wiesen und Weiden. Ein größeres Gehöft zeigt die Lebensweise der reichen Bauern, die sich viel Vieh in größeren, unterteilten Ställen leisten konnten, ganz im Gegensatz zu den gedrungenen Häuschen der armen Kleinbauern, die mit dem Vieh unter einem Dach schlafen mussten. Der Waldweg führt vorbei an ausgehöhlten Baumstämmen (mit Bienenstöcken) in die Region **Suvalkija,** für die schmucke Bauernhöfe charakteristisch sind. Im Inneren des Wohnhauses verdient das für die damalige Zeit ausgeklügelte Zentralheizungssystem Beachtung.

Mit einem schönen Blick vom Hügel auf sanfte Täler und Wiesen, vorbei an historischen Windmühlen gelangt man in die flache **Žemaitija.** Mehrere Gehöfte von Großbauern sind hier zusammengetragen und originalgetreu wiederaufgebaut, aber auch bescheidene Katen der Leibeigenen am Waldesrand. Der Weg zum **Ausgang** schließlich führt durch den Wald und vorbei an einem ansprechenden historischen **Wirtshaus,** das allerlei Spezialitäten Litauens anbietet.

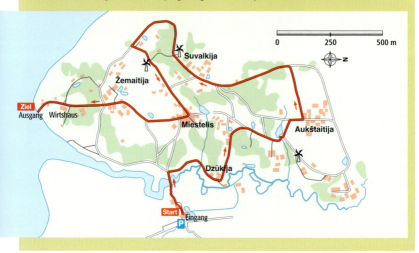

vom 16. Jh bis zum Beginn des 20. Jh. Allerdings wurde die Echtheit der »Meisterwerke«, darunter Gemälde von Rubens und Renoir, immer wieder angezweifelt. Sicher ist dagegen, dass der litauische Staat durch die Schenkung des Mäzens, der daran die Forderung nach einem eigenen Museumsbau geknüpft hatte, um fast 1500 Bilder reicher wurde (M. Žilinsko dailės galerija, Di–So 11–17 Uhr, 6 LTL).

Das IX. Fort 17

Etwas außerhalb von Kaunas, am nördlichen Stadtrand neben der Autobahn in Richtung Klaipėda, kann man heute eine beeindruckende Gedenkstätte besichtigen: Das **IX. Fort,** eine ehemalige Festung aus dem Jahr 1883, die in den 1920er und 1930er-Jahren der litauischen Republik als Haftanstalt diente. Hier wurden rund 80 000 Menschen von den Nazis ermordet, vor allem Juden aus dem Ghetto von Kaunas, aber auch Deportierte aus anderen Ländern sowie sowjetische Kriegsgefangene. Nach dem Zweiten Weltkrieg benutzten die Sowjets den Bau als Gefängnis und als Ausgangspunkt für die berüchtigten Deportationen nach Sibirien (IX forto muziejus, Žemaičių 73, Mi–Mo 10–16, im Sommer bis 18 Uhr, 6 LTL).

Infos

TIC: Laisvės 36 (am Ende der Freiheitsallee), Tel. 37 32 34 36, Fax 37 42 36 78, turizmas@takas.lt, www.kaunastic.lt, Mai–Sept. Mo–Fr 9–18, Sa 9–14, Okt.–April Mo–Fr 9–18 Uhr. Infos zu Kaunas und Umgebung, Buchung von Ausflügen, auch zum Kloster Pažaislis und zum Freilichtmuseum Rumšiškės. Keine Vermittlung von Unterkünften. Zweigstelle: in der Burg, Papilio 17, Tel. 37 32 34 36, Fax 37 42 36 78, www.kaunopilis.lt, info@kaunastic.lt.

Übernachten

Die Preisangaben beziehen sich auf ein Doppelzimmer, in der Regel mit Frühstück. An Wochenenden gibt es häufig Spezialtarife, auch außerhalb der Saison.

Für gehobene Ansprüche ▶ Best Western Santaka 1: J. Gruodžio 21, Tel. 37 30 27 02, Fax 37 30 27 00, www.santaka.lt. Das seit 2005 zur Hotelkette Best Western gehörende Haus gilt als das beste Hotel von Kaunas. Liebevoll wurde ein ehemaliges Geschäftskontor aus Backstein restauriert. Kleiner Pool mit Spa, im ehemaligen Weinkeller eine nette Bar, gutes Restaurant mit internationaler Küche. DZ 500 LTL.

Nobel ▶ Hotel Kaunas 2: Laisvés 29, Tel. 37 75 08 50, www.kaunashotel.lt. In bester Lage und mit viel Tradition im Herzen der Stadt. Junger effizienter Service. Bei der Reservierung sollte man nach Balkonzimmern fragen, Preise sind verhandelbar. DZ 340 LTL.

Kleines Altstadthotel ▶ Kunigaikščių Menė 3: Daukšos 28, Tel. 37 32 08 00, Fax 37 32 08 72, www.hotelmene.lt. Hier besticht die Lage in einer hübschen Altstadtgasse; einfache, ruhige Zimmer. Für abends ein kleines Restaurant mit litauischer Küche im Kellergewölbe. DZ 300 LTL.

Budgethotel ▶ Apple Economy Hotel 4: M. Valanciaus 19, Tel./Fax 37 32 14 04, www.applehotel.lt. In minimalistischem Design gehaltenes Hotel, einfache kleine Zimmer, sehr nettes, hilfsbereites Personal. DZ 190 LTL.

Sehr traditionsbewusst ▶ Metropolis 5: S. Daukanto 21, Tel. 37 22 03 55, Fax 37 22 03 55, www.takiojineris.com. Das älteste Haus am Platz versprüht den Charme vergangener Zeiten. Zentral in der Nähe der Museen gelegen. Die Zimmer sind von unterschiedlicher Qualität. DZ 170 LTL.

Sporthotel ▶ Kaunas Žalgiris Yachtclub 6: Gimbutienės 35, Tel./Fax 37 37 04 22, www.jachtklubas.lt. Wunderbar am Kaunas-Meer gelegen, Preis-Leistungs-Verhältnis stimmt, man kann schwimmen, paddeln und segeln. Gutes Restaurant. Der Campingplatz neben dem Hotel wird von diesem verwaltet. DZ 160 LTL.

Essen & Trinken

Im Landhausstil ▶ Medžiotojų Užeiga 1: Rotušės 10, Tel. 37 32 09 56, www.medziotojai.lt, Mo–So 11–24 Uhr. Die »Jägerstube« am Rathausplatz ist gediegen eingerichtet. Gutbürgerlich, litauische Spezialitäten, viele Wildgerichte. Hauptgerichte 28–60 LTL.

Tipp: Stadtführungen

Kenntnisreiche **Stadtführungen** **1** in Englisch und Deutsch, durch Kaunas und auch in die Umgebung der Stadt organisiert Mūsų Odisėja (M. Valančiaus g. 19, Tel. 37 20 78 79, www.musuodiseja.lt).

Bürgerlich ▶ **Prie Svarstyklių** **2**: T. Masiulio 18 E, Tel. 37 22 03 55, Mo–So 10–1 Uhr. Beliebtes Restaurant in der Nähe der Klosteranlage Pažaislis, beliebt bei litauischen Gästen, auch mittags gute und chinesische Küche, im Sommer sitzt man draußen inmitten von originellen Eisenskulpturen. Hauptgericht 30 LTL.

Trendy ▶ **Miesto Sodas** **3**: Laisvės 93, Tel. 37 42 44 24, www.miestosodas.lt. Modernes Restaurant für den Snack zwischendurch, gute Salatbar. An der Hauptstraße gelegen. Schöne große Sommerterrasse. Köstliche frische Salate 15 LTL.

Preiswert ▶ **Kipšas** **13**: Putvinskios 64, Tel. 698 700 98. Kleines traditionsreiches Kellerlokal mit guten, einfachen, meist litauischen Gerichten, die auch von den Bürgern der Stadt geschätzt werden. Ca. 10 LTL.

Einkaufen

Die Laisvės alėja, die Hauptstraße von Kaunas (Fußgängerzone), eignet sich hervorragend zum Einkaufen, hier gibt es noch kleine Läden, die z. B. Gestricktes oder Gewebtes anbieten. Allerdings verändert sich die Geschäftslandschaft rapide: wo gerade noch ein Antiquariat war, ist heute eine Drogeriekette.

Kaufhaus ▶ **Akropolis** **1**: Karaliaus Mindaugo 49, Tel. 37 32 11 25, www.akropolis.lt, tgl. 10–22 Uhr. Ein Konsumtempel mit allem, was nicht nur das litauische Herz begehrt, auch Lebensmittel. Eine erstaunliche Auswahl auch fremdsprachiger Bücher und ein kleines Restaurant.

Confiserie ▶ **Rūta** **2**: Laisvės 88, Tel. 618 270 60, www.ruta.lt, Mo–Fr 10–18, Sa 10–15 Uhr. Die traditionsreiche litauische Schokoladenfabrik produziert bis heute ihre Speziali-

täten in altbekannter Qualität: Pralinen, Schokoladen, Bonbonnieren.

Volkskunst ▶ **Saultė** **3**: Daukanto 15, Tel. 37 20 75 20, www.lietuvostautodaile.lt, Mo–Fr 10–17 Uhr. Tischdecken aus feinem Linnen, litauische Volkskunst vom Verband für Kunsthandwerk. Liebevoll zusammengestellt.

Abends & Nachts

Gesellige Biergaststätte ▶ **Avilys** **1**: Vilniaus 34, Tel. 37 20 34 76, Fax 37 22 51 37, www.avilys.lt, Mo–So 11–1 Uhr. Gutes hausgebrautes Bier wird hier in drei Kellerräumen bis in die Nacht ausgeschenkt, auch Snacks und Speisen. Recht preiswert.

Club ▶ **Ex-it** **2**: Jakšto 4, Tel. 37 20 28 13, Di–So 22–6 Uhr. Angesagte Adresse in der Stadt, auf zwei Etagen, Funk und Hip-Hop.

Cocktailbar ▶ **Skliautas** **3**: Rotušės 26 a, Tel. 37 20 68 43. Mo–So 11–1 Uhr. Mit alten Fotos vom Kaunas der 1930er-Jahre ausgestattete kleine Bar mit guten Drinks.

Theater ▶ Kaunas versucht sich neben Vilnius als Kulturstadt zu präsentieren. Bemerkenswert ist vor allem das Musikleben. Der leichten Muse hat sich das **Musiktheater** **10** in seinem hübschen Jugendstilgebäude in Kaunas verschrieben: Laisvės 91, Tel. 37 20 06 33, www.randburg.com/li/kaunasmu_ge.html. Die Operettenvorstellungen sind durchaus sehenswert. Das **Schauspielhaus Kaunas** **11** (Laisvės 7, Tel. 37 22 41 98, Fax 37 20 76 93, www.dramosteatras.lt) knüpft unter dem neuen Leiter, Gintaras Varnas, an das zeitgenössische internationale Theatergeschehen an.

Aktiv

Fahrräder ▶ **Verleih:** Die Touristeninformation (s. S. 153) verleiht Räder, innerhalb der Stadt sind Radfahrer aber noch eine Seltenheit. Siehe auch: www.bicycle.lt.

Fliegen ▶ **Kaunas Acrobatic Flying Club** **2**: Veiverių 132, Tel. 687 451 32, www.aerokaunas.lt. Man kann auf dem kleinen S. Darius und S. Girėnas Flughafen in Aleksotas mit kleinen Maschinen oder selber fliegen oder sich im Fallschirmspingen üben. Das hat seinen Preis, um die 80 €/Std.

Wassersport ▶ **Yachtklub** `6`: Zum Baden, Schwimmen, Angeln und Bootfahren lockt das Kaunasser Meer, Informationen über den Yachtklub, in dessen Nähe sich auch ein schöner Strand befindet (www.jachtklubas.lt).

Termine

Stadtfest: Das Stadtfest von Kaunas, das jährlich in der zweiten Maihälfte stattfindet, ist in ganz Litauen berühmt: Straßenumzüge in historischen Kostümen, Budenzauber auf dem Marktplatz und überall kulinarische Spezialitäten (www.kaunas.lt).

Kaunas Jazz (letztes Aprilwochenende): Überragendes Festival mit litauischen und internationalen Jazzgrößen (www.kaunasjazz.lt).

Pažaislis-Musikfestival: Festival im gleichnamigen Kloster, s. S. 156.

Verkehr

Flüge: Der Flughafen Karmėlava, Tel. 37 39 15 53, www.kaunasair.lt, liegt ca. 12 km nordöstlich der Stadt. Ryanair fliegt ihn von Frankfurt/Hahn aus an (s. S. 84). Für die Fahrt mit dem Taxi vom Flughafen ins Stadtzentrum zahlt man ca. 60 LTL, mit dem Sammeltaxi zahlt man nur 8 LTL bis zur Endstation an der Burg, Bus Nr. 120 fährt ebenfalls zur Burg.

Züge: Der Bahnhof befindet sich an der M. K. Čiurlionis 16 (vom Zentrum zu Fuß ca. 10 Min.), Info-Tel. 37 22 10 93. Von hier aus kann man kleinere Städte Litauens besuchen, wie überall im Baltikum sind aber Busse der Bahn vorzuziehen.

Busse: Viele komfortable Busse und Minibusse, die manchmal allerdings sehr voll werden können, fahren vom Busbahnhof in zahlreiche Orte des Landes, aber auch in andere europäische Städte. Der Busbahnhof befindet sich an der Vytauto 24–26, vom Zentrum ca. 5 Min. zu Fuß entfernt (Tel. 37 40 90 60, manchmal nur auf Litauisch; internationale Buchungen unter Tel. 37 32 22 22, www.baltic-line.com/fplan. htm).

Fahrziele und Abfahrtszeiten sind an den einzelnen Gates auf Tafeln verzeichnet, allerdings nicht immer ganz übersichtlich. Fahrkarten kauft man im Bus oder im Voraus am Schalter (5.45–20.45 Uhr).

In der Umgebung von Kaunas

Kloster Pažaislis ▶ 2, G 15

In landschaftlich wunderschöner Lage – umgeben von Wiesen und Wäldern und nahe einem Jachthafen – liegt auf einer Halbinsel am Westufer des Stausees Kaunasser Meer (Kauno marios) eines der beeindruckendsten Architekturensembles des litauischen Barock: das **Kloster Pažaislis** (Pažaislio vienuolynas). Am besten erreicht man es im eigenen Auto oder im Rahmen einer vom Tourist Information Center organisierten Besichtigungstour.

1667 begannen die Bauarbeiten, die erst 1730 abgeschlossen wurden, bereits 1712 wurde das Kloster geweiht. Der Stifter, der litauische Adlige und Kanzler von Litauen Kristupas Zigmantas Pacas, hatte in seiner Jugend in Italien den Kamaldulenser-Orden kennengelernt, der sich der Mission in Polen hervorgetan hatte. Diesem Orden, der sich durch besonders strenge Regeln auszeichnet und als einziger Orden Eremitenhäuser – streng abgeschlossene Mönchsklausen – kennt, wurde das Kloster übergeben. Von den ursprünglich zehn Häuschen sind heute noch zwei erhalten.

Das Ensemble wurde von italienischen Architekten entworfen. Im Mittelpunkt der symmetrischen Anlage liegt die Klosterkirche. Sie ist mit Fresken reich geschmückt, die vor allem der florentinische Maler Michelarchangelo Palloni (1637–1713) schuf. Er kam auf Einladung Pacas' nach Kaunas und stattete auch die Kathedrale aus.

Als Litauen zum Russischen Reich gehörte, war Pažaislis ein russisch-orthodoxes Kloster; 1920 wurde es wieder katholisch. Während der Sowjetzeit wurde in der Anlage zunächst eine psychiatrische Klinik, dann ein Museum eingerichtet. Heute ist Pažaislis, das derzeit aufwendig restauriert wird, ein Frauenkloster, in dem 200 Nonnen leben. Besucher können im Kloster bescheiden übernachten und an den Gottesdiensten teilnehmen. Zu Berühmtheit gelangte das Kloster ebenfalls wegen seines renommierten Mu-

Tipp: Zapyškis

Am südlichen Ufer des Nemunas kann man etwa 17 km westlich von Kaunas an der F 140 (▶ 2, F 15) ein Kleinod litauischer Gotik entdecken: Mitten auf einer grünen Wiese steht die **St.-Johannis-Kapelle,** ein Kirchlein ganz aus Backstein aus dem Jahr 1578, das allen Kriegen und Überschwemmungen getrotzt hat. Heute wird es nicht mehr als Gotteshaus benutzt, doch finden hier im Sommer Konzerte mit sakraler Musik statt (www.zapys kis.lt/main.php).

sikfestivals, das auch von großen Interpreten klassischer und zeitgenössischer Musik geschätzt wird (Pažaislio vienuolynas, www. pazaislis.lt).

Termine

Pažaislis-Musikfestival (Ende Mai bis Ende Aug.): Das Festival lockt viele Freunde der klassischen Musik an. Infos ebenfalls auf www.pazaislis.lt.

Verkehr

Am besten erreicht man das Kloster mit dem **Auto** oder im Rahmen einer vom Tourist Information Center organisierten **Besuchstour,** es gibt aber auch **Busse** (Nr. 5, 9 und 12; Haltestelle Masiulio gatvė). Während des Festivals werden außerdem Minibusse vom Busbahnhof eingesetzt.

Kėdainiai ▶ 2, G 14

Kėdainiai, rund 50 km nördlich von Kaunas, ist mit seinen vielen liebevoll restaurierten Kirchen und Bürgerhäusern aus den Epochen Renaissance, Barock und Klassizismus ein typisches Beispiel für ein litauisches Handelsstädtchen. Die verkehrsgünstige Lage an der Via Baltica förderte seine Entwicklung zu einem Handelsknotenpunkt; im 15. Jh. erhielt Kėdainiai das Magdeburger Stadtrecht. Prägend für die Geschichte der Stadt war die

hier besonders große religiöse Toleranz, vor allem während der Herrschaft des angesehenen Fürstengeschlechts Radvila, dessen Angehörige Anhänger der Reformation waren.

Im 17. und 18. Jh. erlebte Kėdainiai seine Blütezeit; Deutsche, Juden, Polen und sogar schottische Calvinisten siedelten am Ufer des Flüsschens Nevėžis. Für sämtliche Konfessionen wurden Gotteshäuser gebaut – und so gab es Synagogen, orthodoxe, evangelische und katholische Kirchen und sogar ein Minarett; auf sechs Marktplätzen wurde Handel getrieben. Infolge der Schweden- und der Russlandkriege verlor die Stadt ihre Bedeutung. Heute kann man Kėdainiai leicht zu Fuß erobern, alle Sehenswürdigkeiten sind ausgeschildert. Um den großen Marktplatz (Didžioji rinka) stehen alte Kaufmannshäuser aus dem 17. und 18. Jh., die in den letzten Jahren – im Zuge des 7 Litauens – farbenfroh herausgeputzt wurden.

Mitten durch die Stadt verläuft die lange Didžioji-Straße, eine ehemalige Handelsstraße nach Kaunas und Riga, links und rechts davon gehen verwinkelte Kopfsteinpflastergassen ab. Das kleine **Regionalmuseum** in Haus Nr. 19, ein ehemaliges Karmeliterkloster, ist ein wahres Schmuckstück: In 16 Räumen wird von der Blütezeit der Stadt unter der Radvila-Familie erzählt, aber auch von den dunklen Seiten der Geschichte, wie den Deportationen der jüdischen Einwohner der Stadt unter den Nationalsozialisten (Kėdainių krašto muziejus, Didžioji 19, Di–Sa 10–17 Uhr, www.muziejai.lt/Kedainiai/Kedai niu_muz.DE.htm, 5 LTL).

Ebenfalls sehenswert ist die hölzerne **St. Josephskirche** (Šv. Juozapo): Durch einen Torbogen (Didžioji 19) verlässt man die Hauptstraße und gelangt in die Radviliu. Die Stabkirche mit ihren beiden Türmchen und dem getrennt stehenden Glockenturm wurde zu Beginn des 18. Jh. vom Karmeliterorden in Auftrag gegeben. Während der Sowjetzeit diente sie als Lagerhalle, heute ist sie wieder ein schlichtes Gotteshaus.

Gegenwärtig bemüht sich die Verwaltung um eine Wiederbelebung der jüdischen Kultur in der Stadt. Am alten Markt, dem Senoji rinka, wurden in Flussnähe zwei Synagogen wieder aufgebaut, die einmal die Herzstücke des jüdischen Lebens in ganz Litauen waren. An der sogenannten Sommersynagoge, einer der wenigen Synagogen Litauens im Barockstil, studierte im 18. Jh. der berühmte jüdische Gelehrte Elijahu, der »Vilner Gaon« (s. S. 126). In dieser Synagoge finden seit einigen Jahren regelmäßig internationale Konferenzen, Lesungen, Ausstellungen und Konzerte statt, die von der Stadtverwaltung gemeinsam mit dem Jüdischen Museum in Vilnius organisiert werden.

Infos

TIC: Didžioji 1, Tel./Fax 347 603 63, www. visitkedainiai.lt, So geschl. Hier kann man sich umfassend über den Ort wie auch die ländliche Umgebung informieren; Vermittlung von Unterkünften.

Übernachten

Gepflegt ▶ Hotel Grėjazs Namas: Didžioji 36, Tel. 347 515 00, www.grejausnamas.lt.

Neustes comfortables Hotel mitten im Zentrum. DZ 220 LTL.

Erschwinglich ▶ Aroma Rex Hotel: Didžioji 52, Tel. 347 685 05, www.aroma.lt. Ein kleines und einfaches Hotel im Stadtzentrum; aber es wird ein äußerst üppiges, ländliches Frühstück serviert. DZ 180 LTL.

Zentral ▶ Hotel Smilga: Senoji16, Tel. 347 566 26,www.hotelsmilga.lt. Nettes einfaches Hotel, freundlich geführt, annehmbares Restaurant. 170 LTL

Essen & Trinken

Urig ▶ Po Šiaudiniu Stogu: Jazminų 1, Tel. 347 615 72. Gasthaus mit litauischer Küche und lokalem Bier. Sehr preiswert. Hauptgericht 10 LTL.

Preiswert ▶ Café Savas Kampas: Didzioji 39, Tel. 347 576 36. Kleines, nettes Straßencafé mit litauischen Snacks und sogar Pizza – die größte kostet 12 LTL.

Termine

Während der Gurkenernte in den umliegenden Dörfern findet in Kėdainiai neuerdings all-

Fast allein auf weiter Flur: die gotische Kirche von Zapyškis westlich von Kaunas

Tipp: Für Pferdenarren

In dem kleinen Dorf **Niūronys** (▶ 2, J 13) am Ufer des Šventoji, ca. 5 km nördlich von Anykščiai, liegt ein beliebtes Pferdegehöft mit Reithallen und einem kleinen Museum zu Themen rund um Ross und Reiter. Man kann in der Halle reiten, aber auch in Begleitung ausreiten und Kutschfahrten unternehmen. Übernachtungsmöglichkeiten sind in Planung (Tel. 38 15 17 22, www.arkliomuziejus.lt).

jährlich im Juli ein **Gurkenfest** statt, mit einer Gurkenkönigin und Kostproben aller möglichen Gurkenspezialitäten. Informationen über das TIC.

Über **Konzerte**, u. a. auch Jazzkonzerte, in der ehemaligen Synagoge informiert das TIC.

Verkehr

Busse: Der Busbahnhof liegt ca. 1 km vom Stadtzentrum entfernt an der Basanavičiaus 93, Tel. 347 603 33. Hier treffen die Busse aus Kaunas und der Umgebung ein. Der letzte Bus in Richtung Kaunas fährt gegen 21 Uhr.

Anykščiai und Umgebung ▶ 2, J 13

In der Kleinstadt **Anykščiai** (13 000 Einwohner), die sich an Litauens längstem Fluss erstreckt, dem romantischen Šventoji, haben sich bis heute viele Dichter und Schriftsteller niedergelassen. Das »Litauische Weimar« gilt als klimatisch besonders begünstigt. Die sanfte, hügelige Landschaft und die zahlreichen Seen und Flüsschen haben viele litauische Schriftsteller zu poetischen Werken inspiriert, der berühmteste unter ihnen war Antanas Baranauskas (1835–1902).

Literaturmuseum

In Anykščiai selbst ist vor allem das **Literaturmuseum** sehenswert. Es ist eng mit Antanas Baranauskas verbunden, dem das Land viele schöne Gedichte sowie einen Teil

der Übersetzung der Bibel ins Litauische verdankt. Es war das Anliegen des Dichters und späteren Weihbischofs, der in St. Petersburg, Kaunas, München und Rom studiert hatte, zu beweisen, dass auch die litauische Sprache subtile Empfindungen und Eindrücke wiederzugeben vermag. In seinem berühmten Gedicht »Der Hain von Anykščiai«, das jedes Schulkind in Litauen auswendig lernt, schildert er, wie ein herrlicher Wald, der den Litauern alles bedeutet, aus Not abgeholzt wird, sodass nur noch ein Hain übrig bleibt. Aber auch dieser, liebevoll gepflegt und gehegt, fällt schließlich der Axt zum Opfer.

Der Gebäudekomplex des Literaturmuseums liegt auf einem kleinen Hügel gegenüber vom Busbahnhof. Vom Bauernhof, den Baranauskas' Eltern bewirtschafteten, ist nur noch die strohgedeckte Klete (ein Vorratshäuschen) geblieben. Um diesen ehemaligen Speicher, der schon 1927 in ein Museum umgewandelt wurde, vor Witterungseinflüssen zu schützen, hat man ihm vor einiger Zeit ein Glasdach verpasst.

Das kleine **Baranauskas-Gedenkmuseum** beherbergt u. a. Möbel, Bücher, Memorabilien und Manuskripte aus dem Besitz des Dichters und seiner Familie. Auch wenn man des Litauischen nicht mächtig ist, bekommt man eine Vorstellung von Leben und Werk des litauischen Nationaldichters. Neben dem Speicher ist das eigentliche Gutshaus zu besichtigen; es ist dem Dichter und Apotheker Antanas Vienuolis-Žukauskas (1882–1957) gewidmet, der hier lebte und arbeitete (A. Baranauskas muziejus ir A. Vienuolio memoralinis muziejus, Vienuolio 4, www.baranauskas.lt, Mo–So 9–17 Uhr, 6 LTL).

Schmalspurbahn

Anykščiai wartet mit einer weiteren Attraktion auf: Vom Bahnhof auf der linken Seite des Flusses fährt eine der letzten **Schmalspurbahnen** des Landes ab. Die denkmalgeschützte Bahn wird auf der Strecke nach Panevėžys eingesetzt, meist geht es jedoch ins 10 km entfernte Rubikiai; ein historischer Speisewagen lockt mit köstlichen litauischen Snacks, Wein und Bier. Das Dorf Rubikiai liegt am Ufer des gleichnamigen Sees – mit 16 Inseln ein idealer Ort zum Schwimmen, Rudern und Angeln (Siaurasis Geležinkelis, Vilties g. 2, Tel. 45 46 35 27, www.ngr.lt).

In der Umgebung

Ein typisches Beispiel für die tiefe Naturverbundenheit der Litauer ist der **Hain von Anykščiai** – Ort der Inspiration für das gleichnamige Gedicht. Er liegt südlich des Städtchens in einem Naturschutzgebiet. Der Weg dorthin ist nicht zu verfehlen, denn er ist von Eichenpfählen gesäumt. »O wie schön rauscht ruhig der Wald, nicht nur Wohlgeruch hauchend, / Rauscht und braust und tönt fröhlich mit vielen klingenden Stimmen. / Aber um Mitternacht ist es so still, daß du hörst, wie ein junges Blatt, auch ein zartes Blütchen auf einem Zweig sich entfaltet ...«, so beschrieb Baranauskas den Hain.

Der **Puntukas-Stein** am östlichen Ufer des Šventoji, ein im Sommer gern besuchter Ausflugsort, zeugt von der heidnischen Vergangenheit der Litauer: Der riesige Findling soll als Kultstein und Heiligtum heidnischer Götter gedient haben.

Infos

TIC: Gegužės 1, Tel./Fax 38 15 91 77, www.antour.lt, Mo–Fr 9–16, Sa 10–15 Uhr. Hier werden auch Unterkünfte, u. a. Urlaub auf dem Land, vermittelt. In letzter Zeit sind neue ansprechende Privatunterkünfte entstanden: www.antour.lt/en/kaim/.

Übernachten

Modern ▶ **Mindaugo karūna:** Liudiškių 18, Tel. 381 585 20, Fax 381 586 40, www.mindaugokaruna.lt. Ein neueres Hotel im Grünen in der Nähe des gleichnamigen Sportzentrums, mit Sauna und Schwimmbad. Die Zimmer sind modern und komfortabel eingerichtet. DZ 300 LTL.

Kleines Familienhotel ▶ **Puntukas:** Baranausko 15, Tel. 381 513 45, Fax 381-518 08. Das zentral gelegene, saubere Hotel bietet auch Familien günstige Übernachtungsmöglichkeiten, im Restaurant gibt es litauische Speisen. DZ 200 LTL.

Essen & Trinken

Beide Hotels mit Restaurants.
Einfach ▶ **Nykštys:** Baranausko 10, Tel. 381 517 74. Ländliche, preiswerte Küche.

Aktiv

Das TIC hält Informationen über Freizeitaktivitäten wie **Kanufahrten** auf dem Fluss Šventoji sowie **Wasserski- und Motorbootfahren** auf dem Rubkių-See bereit. Außerdem vermittelt es **Leihräder.**

Termine

Ein Erlebnis sind die sommerlichen **Konzerte** im Park um den Burghügel Voruta, ca. 1 km nördlich des Ortes in der Nähe des Šventoji. Infos über das TIC.

Verkehr

Busse: tgl. 4 x nach Kaunas und Vilnius, Info-Tel. 381 513 26, 381 513 33. Der Busbahnhof liegt an der A. Vienuolio 1.
Schmalspurbahn: s. links.

3 Aukštaitija-Nationalpark ▶ 2, K 13/14

Karte: S. 165

Im Herzen der **Aukvtaitija** liegt der gleichnamige **Nationalpark** mit seinen über 100 verwunschenen, teilweise glasklaren Seen – Relikten der Eiszeit –, murmelnden Bächen, dunklen Wäldern und alten Dörfern: ein Paradies für Liebhaber von Flora und Fauna. Noch wird der Park nicht von Touristenmassen bevölkert, noch ist die Redensart »schön wie im Wald«, mit der Litauer paradiesisch Anmutendes beschreiben, hier ganz wörtlich zu nehmen.

Als das Gebiet 1974 zum Nationalpark erklärt wurde, hoffte man dadurch den Bau des Atomkraftwerks Ignalina im gleichnamigen Bezirk verhindern zu können. Doch die sowjetische Atomlobby setzte sich durch und so wurde 1975 ca. 15 km von dem kleinen Industriestädtchen Visaginas entfernt der erste Atommeiler vom Typ Tschernobyl gebaut. Insgesamt vier Atommeiler waren geplant,

aktiv unterwegs

Bootsfahrt im Aukštaitija-Nationalpark

Tour-Infos

Start: Anreise am besten per Auto. Busse verkehren von Vilnius und Kaunas nach Utena.

Länge: ca. 85 km

Dauer: 3 Tage

Kanu-/Kajakverleih: TIC in Utena, Utenis 5, www.utenainfo.lt, Tel./Fax 389 543 46

Wichtige Hinweise: Infos über das TIC in Utena. Busstation Utena: Tel. 389 617 40

Karte: s. S. 165

Von dem Dorf **Saldutiškis** am **Aisetas-See** westlich des Aukštaitija-Nationalparks kann man zu einer schönen Tour mit Camping in freier Wildnis (nur außerhalb des Nationalparks gestattet) aufbrechen. Der Aisetas-See ist 40 m tief und hat eine Länge von 16 km; durch seine Breite von nur 0,5 km hat er eher die Form eines Flusses. Das Ufer liegt mit 8–10 m recht hoch. An den See grenzt eines der größten Waldgebiete Litauens, der Labanoras-Wald. Das Wasser scheint dunkel, ist jedoch sehr sauber und warm und lädt zum Baden ein. Am Uferrand rauschen Wassergras und Schilf, dazwischen blitzen weiße Wasserlilien. Im See gibt es fünf kleine Inseln mit dichten Büschen und Bäumen – ein Paradies für seltene Vogelarten. Der See ist sehr fischreich und bietet so viel Abwechslung, dass es sich lohnt, hier mehrere Tage zu verbringen. Will man nicht verweilen, geht es in nördlicher Richtung weiter über den Fluss Aiseta (ca. 4 km lang), der in den **Fluss Kiaunė** übergeht. Dieser ist dicht mit Schilf bewachsen – ein Wasserdschungel beinahe, der bei Hitze leider auch sehr mückenreich ist.

Bald wird der Fluss wieder breiter, Wasserlilien säumen nun sein Ufer, und man erreicht den **See Kiaunas,** der sich durch ein sehr niedriges Ufer auszeichnet, das teilweise in Sumpf übergeht. Der See ist von Wald umgeben und wirkt wie eine dichte Wasserwiese, eine grüne Decke mit weißen, gelben und rosa Blumen. Schwäne und Wildenten leben hier. Nun geht es auf dem nur ca. 2 m breiten Fluss Kiaunė ans andere Ende des Sees. Für einige Zeit wird waldreiches Gebiet verlassen. Am Ufer stehen vereinzelt Häuser, auf den Wiesen weidet Vieh. Hier nisten Kraniche – deutliches Zeichen dafür, dass der Fluss sauber und fischreich ist. Nach einigen Kilometern beginnt wieder der Wald, man erreicht den **See Gilutas,** der bereits innerhalb des Nationalparks liegt. Sein Ufer ist flach, sumpfig und waldig. In nur fünf Minuten durchquert man den See und paddelt weiter auf dem Fluss Kiaunė, dessen Ufer von nun an undurchdringlich bewachsen ist.

Dann beginnt der schwierigste Teil der Tour: Die Durchquerung des sumpfigen **Sekluotis,** der voller Algen und Moos ist, dauert – obwohl das Gewässer nur 30 m breit und 1 km lang ist – etwa 30 Minuten. Am anderen Ende, dann nun wieder am Fluss Kiaunė, liegt das Dorf Kukliai. Das Wasser ist hier sehr klar und nur 1,5 m tief; man kann das Boot am Ufer festmachen und baden.

Nach einigen weiteren Kilometern – insgesamt sind bereits 75 km zurückgelegt – erreicht man den großen Fluss **Žeimena,** der aus dem gleichnamigen See im Naturpark in Richtung Süden fließt. Der nur 1–2 m tiefe Žeimena ist ein wasser- und kurvenreicher Fluss mit einer Breite von 20 bis 30 m und so klarem Wasser, dass man wie in einem Aquarium Pflanzen und Fische beobachten kann. Das Ufer ist sandig und bewaldet – an manchen Stellen ist der Wald sogar so dicht, dass er einen Tunnel bildet. Bäche münden in den Žeimena. Nach einigen weiteren Kilometern erscheinen erste Holzhäuser, über dem Fluss hängen Holzbrücken für Fußgänger. Bald kündigt das Rauschen der Autos das Städtchen **Švenčionėliai** an, das Ende der Tour.

doch nachdem der zweite Reaktor 1987 fertiggestellt war, gelang es der Unabhängigkeitsbewegung Sąjūdis 1988, den weiteren Ausbau zu stoppen (s. S. 17).

Rund 30 000 ha umfasst der Nationalpark, mehr als 70 % seiner Fläche bestehen aus Wäldern, in denen Hirsche, Wildschweine, Wölfe, kanadische Nerze, Luchse und Elche leben. Zwischen Wiesen, Wäldern, Mooren und Heide liegen etwa 100 Seen und 30 Flüsse. Von den knapp 40 Dörfern und Siedlungen im Nationalpark haben viele ihre alte Struktur und die traditionellen Holzgebäude bewahrt. Gekennzeichnete Wander- und einige Fahrradwege – in Zukunft sollen es mehr werden – führen durch den Park. Es gibt zwölf Campingplätze sowie zahlreiche Badeplätze und Feuerstellen. Auch für Bootstouren – ob mit Ruderboot oder Kanu – eignet sich dieses Gebiet hervorragend, denn nahezu alle Seen sind miteinander verbunden, zum Teil durch Flüsse, zum Teil gehen sie ineinander über. Da die Winter in dieser Region meist recht kalt und schneereich sind, versucht man in letzter Zeit verstärkt, den Wintertourismus zu beleben: Vor Ort können Skier, Schlitten und Schlittschuhe ausgeliehen werden.

Es empfiehlt sich, mindestens einen Tag für den Besuch dieses einzigartigen Nationalparks einzuplanen, allerdings sollte man an den Reisekomfort nicht zu hohe Ansprüche stellen, Naturerlebnis pur steht im Mittelpunkt, ganz besonders für die Mitarbeiter der Nationalparkverwaltung. Auch die derzeitige Wirtschaftskrise geht am Nationalpark nicht unbemerkt vorbei. Der Eintritt wird in Palūšė erhoben und beträgt 3 LTL – ein wahrhaft symbolischer Preis!

Palūšė 1 und Umgebung

Palūšė (»beim Luchs«), das nur wenige Kilometer von dem bescheidenen Kreisstädchen Ignalina entfernt liegt, ist ein guter Ausgangspunkt für die Erkundung des Nationalparks; hier befindet sich auch die Parkverwaltung. Es gibt mehrere Campingplätze sowie sehr einfache Unterkünfte und einige

Wald ist nicht gleich Wald: Das zeigt sich auch bei Wanderungen durch den Aukštaitija-Nationalpark, der sich auf gekennzeichneten Wegen erkunden lässt

nette kleine Cafés. Allmählich mausert sich der Ort zu einem Touristenzentrum. Sehenswert ist die schlichte Holzkirche des Ortes, **St. Joseph** (Šv. Juozapo), die sich malerisch auf einem Hügel am Ufer des Lūšiai-Sees erhebt. 1757 wurde der nahezu quadratische Bau aus nur mit einer Axt behauenen Holzbalken vollendet. Im Innenraum stehen drei geschnitzte Altäre aus dem 18. Jh. Ungewöhnlich ist, dass der frei stehende achteckige Glockenturm die gleiche Höhe wie die Kirche hat; unter dem Pyramidendach ist eine Galerie untergebracht, von der man über die Baumwipfel gucken kann. Die Kirche ist nicht immer zugänglich, deshalb sollte man vorher anrufen (Tel. 386 474 78).

Von Palūšė kann man eine 5 km lange, ausgeschilderte Waldwanderung nach **Meironys** **2** unternehmen. Das dortige Ökologische Zentrum (Ekologinio vietimo centras) vermietet einfache Zimmer und Waldhüter informieren über Flora und Fauna (Tel. 386 531 35 und 474 78).

Etwas länger ist die Wanderung nach **Šakarva** **3**, einem sehr hübschen, denkmalgeschützten Dorf an einer schmalen Ausbuchtung des Lūšiai-Sees. In der Nähe des Dorfes liegen im Wald verstreut Überreste von Gräbern aus dem 10. Jh.

Rund 10 km sind es bis **Kaltanėnai** **4**, einem alten Dorf am Žeimenys-See, das einen schönen Marktplatz und eine Kirche mit Kloster aus dem 17. Jh. sowie einige alte, zum Teil bewohnte Bauernhäuser aufzuweisen hat.

Zentrum und Nordwesten des Nationalparks

Bei **Ginučiai** **5** stehen Reste von sogenannten **Urwäldern,** zumeist sind es Eichenwälder, die wegen ihrer Seltenheit geschützt sind. Man kann sie nur in Begleitung eines Waldhüters betreten, der in der alten Wassermühle gern vermittelt wird (s. S. 164). Vom 2 km entfernten **Ledakalnis,** dem sogenannten Eisberg, hat man einen herrlichen Blick über den Nationalpark.

**Komposition in Rot, Gelb und Grün:
See im Aukštaitija-Nationalpark**

Stripeikiai **6** lohnt wegen seines originellen **Imkereimuseums** einen Besuch, dem einzigen seiner Art in Litauen. In mehreren kleinen Holzhäusern informiert es über die Geschichte der Bienenzucht. Zu sehen ist u. a. eine Holzskulptur, die den Bienengott Babila darstellt. Im Museum kann man auch köstlichen Honig erwerben (April–Okt. tgl. 10–18 Uhr).

Der nordwestlichste Ort des Nationalparks ist **Tauragnai** **7** am Tauragnas-See, dem tiefsten See Litauens (60,5 m). Sein Name bedeutet »Büffelhorn« und geht auf die leicht gekrümmte Form des Sees zurück. Schon 1387 wurde der Ort in der livländischen Chronik erwähnt: Der Großfürst von Wilna, Jogaila, der in Erbstreitigkeiten mit seiner eigenen Familie lebte, hatte das kleine fischreiche Dorf Tauragnai dem Bischof von Wilna vermacht, um einen Friedensvertrag mit dem Deutschen Orden zu seinen Gunsten in die Wege zu leiten. Von den sanften Hügeln am See hat man einen wunderbaren Blick auf die Landschaft.

Infos

Parkverwaltung & Informationszentrum: Tel./Fax 386 531 35, www.anp.lt, Infos zu Wanderwegen, Landkarten, Informationen zu Fahrradverleih, spezielle Führungen, Vogelbeobachtungen sowie darüber hinaus Vermittlung von Privatunterkünften. Eine Liste von Privatpensionen, Bauernhöfen, die Zimmer oder Häuser vermieten, Campingplätzen findet man unter ›accomodation‹ auf der Website der Parkverwaltung www.anp.lt und unter www.ignalinatic.lt/en, aber auch bei www.paluse.lt.

Übernachten

Obwohl die Anzahl der Privatquartiere in den Dörfern des Nationalparks ständig steigt (Vermittlung durch die Infostellen, s. o.), ist eine vorherige Buchung ratsam, dies gilt insbesondere in den Sommermonaten.

... in Palūšė:
Sehr preisgünstige, schlichte **Holzhäuschen** (30–100 LTL) stehen für Gäste bereit. Aus-

Tipp: In einer Wassermühle wohnen

In Ginučiai am Almajas-See (zwischen Palūšė und Tauragnai) wurde eine alte Wassermühle (Vandens malūnas) mit ihren Nebengebäuden zu einer idyllischen Unterkunft umgebaut. In den nicht allzu anspruchsvollen Müllerzimmern hört man den Mühlbach rauschen, in dem man auch ein erfrischendes Bad nehmen kann. Den kleinen Snack am Abend sollte man lieber im Voraus beim liebenswürdigen, aber nicht allzu sprachkundigen Personal bestellen (Tel. 386 528 91, turizmas. anp@is.lt, DZ 100 LTL).

kunft erteilt die Parkverwaltung, die auch Campingplätze vermittelt (Tel./Fax 386 531 35, www.paluse.lt).

... in der Nähe von Šakarva:

In dem kleinen Dorf Antaksnės gibt es mehrere komfortable Gästehäuser, z. B. Pas Joną, Tel. 386 850 80, www.kaimo-turizmas.lt, DZ 90 LTL.

... außerhalb des Nationalparks:

Komfortabel ▶ **Hotel Labanoras:** in dem gleichnamigen Dorf (an der Straße Nr. 114 in westl. Richtung), Tel. 655 709 17, www.hotel labanoras.lt. Fahrradverleih. DZ 150 LTL.

Essen & Trinken

In fast allen Dörfern im Nationalpark gibt es bescheidene Einkehrmöglichkeiten.

Mit Terrasse ▶ **Aukštaičiū užeiga:** Tel./Fax 386 474 36, tgl. 9–23 Uhr. Der neue Besitzer des Restaurants ist Mitglied im europäischen Verband Kulinarisches Kulturerbe und um eine authentische Küche bemüht. Hauptgericht 35 LTL.

Einkaufen

Wer eine längere Wanderung im Nationalpark plant, sollte sich in Palūšė mit Lebensmitteln versorgen; im Dorfzentrum gibt es verschiedene Möglichkeiten.

Aktiv

Boote ▶ In Palūšė lässt sich bei der Parkverwaltung und über die Tourismuszentrale in Erfahrung bringen, wo man **Kanus** und **Ruderboote** mieten kann.

Exkursionen ▶ **Palūšės Valtinė:** Tel. 686 900 30 www.valtine.lt. Das Unternehmen arbeitet äußerst flexibel, organisiert Exkursionen und besorgt fast alles, was der Besucher begehrt, auch Picknick-Verpflegung. In den Wintermonaten empfiehlt es sich, vor der Reise Kontakt aufzunehmen.

Wintersport ▶ **Litauisches Wintersportzentrum:** Sporto 3, Ignalina, Tel. 386 541 02, Fax 386-541 93, www.lzsc.lt. Vier Bergtrassen, am Seeufer Loipen, Eisfläche, Schlittschuhverleih. **Skiverleih:** beim Tourismuszentrum (s. S. 163).

Fahrrad: Parallel zur Straße Nr. 114 verläuft ein Fahrradweg.

Termine

Honig- und Brotfest in Stripeikiai: Immer am 15. August findet zum Abschluss der regionalen Honigernte in und um das Imkereimuseum ein Fest statt, mit Honig- und Brotmarkt, Imkerpräsentationen, Konzerten und originellen Theateraufführungen.

Verkehr

Züge: mehrmals tgl. nach Vilnius und Visaginas, doch ist der Bus der Bahn vorzuziehen. Tel. Bahnhof: 386 529 75.

Busse: Von Ignalina verkehren im 2-Std.-Takt Busse ins 5 km entfernte Palūšė.

Biržai und Umgebung

▶ **2, H 11**

Das Städtchen **Biržai** im Nordosten des Landes verzeichnet mit seinen knapp 16 000 Einwohnern Litauens höchsten Bierverbrauch pro Kopf. Das ist kein Wunder, denn Biržai gilt heute wieder als die Hauptstadt der Bierbrauerei. Zu Sowjetzeiten musste diese alte Tradition, die auf das 17. Jh. zurückgeht, in den Hintergrund treten, denn die Obrigkeit sah typisch Litauisches nicht gern. Heute

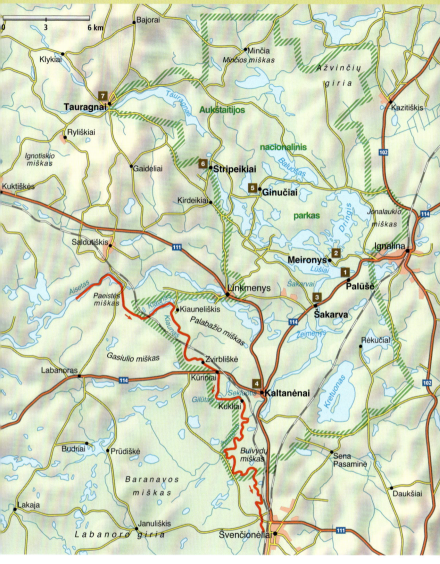

wetteifern allein sieben Brauereien wieder um die Gunst der Besucher. Biržai liegt in reizvoller, von Kalkstein geprägter Landschaft an der historisch wichtigen Handelsroute zwischen Moskau und Vilnius. Über Jahrhunderte wurde es vom polnisch-litauischen Adelsgeschlecht der Radzivil (Radvila) regiert; unter ihrer Herrschaft gewann die Stadt an Macht und Reichtum. Im Zentrum von Biržai erstreckt sich der Sirvena-See, der schon im 16. Jh. am Zusammenfluss von Apaščia und Agluona entstand. Über den See führt die längste Fußgängerbrücke Litauens.

Tipp: Bierstadt Biržai

Um den Besuchern die Biertradition der Stadt nahezubringen, hat man sich etwas einfallen lassen: Im Heimatkundemuseum (s. u.) sind einige Räume dem Bier und seiner Herstellung gewidmet. Der Gerstensaft kann von Besuchern verkostet werden, dazu wird selbst hergestellter Käse und geräucherte Wurst gereicht – zu Minipreisen. Im Juli findet ein Festival rund ums Bier statt.

Schlossburg Radvila

Wenn man der Hauptstraße des Ortes, der Vytauto, bis zum See folgt, erblickt man die **Schlossburg Radvila** (Radvilo pilis), das Wahrzeichen der Stadt. Perkūnas Radvila ließ sie im 16. Jh. erbauen und einen großen Teich anlegen. Ein Jahrhundert später jedoch wurde die Burg von den Schweden zerstört. Im wiederaufgebauten, mit hübschen Arkaden versehenen Schloss unterzeichneten der russische Zar Peter der Große und Kurfürst August der Starke 1701 einen Pakt gegen die Schweden. Der Wiederaufbau wurde von einem damals berühmten Kriegsbaumeister geleitet, dem Holländer Adam Freitag, der auch der Leibarzt des litauischen Großfürsten war. Einige Jahre später gelang es den Schweden erneut, das Schloss in Schutt und Asche zu legen. Erst Ende des vergangenen Jahrhunderts wurde die Anlage als Schlossburg im Stil der Spätrenaissance wiedererrichtet. Mit ihrer langen Burgbrücke, den Teichen und Seen laden Schlossburg und Park zum Verweilen ein. Auch das **Heimatkundemuseum Sėla** im Schloss ist einen Besuch wert: Neben Sälen, die der Bierherstellung gewidmet sind, gibt es andere, in denen die wechselvolle Geschichte der Stadt dokumentiert wird (www.birzai.lt, April–Nov. 11–18, Dez.–März 11–17 Uhr, 6 LTL).

Im klassizistischen **Palais Astravas** (Astravas pielis) am See, das gegenüber der Schlossburg inmitten einer weitläufigen Parkanlage liegt, hat heute eine bedeutende litauische Leinenfabrik ihren Firmensitz. Es wurde in der Mitte des 19. Jh. erbaut, zu Sowjetzeiten restauriert und sieht heute wieder aus wie ein St. Petersburger Adelspalais. Im Sommer öffnen sich die Pforten des repräsentativen Vestibüls für Konzerte. Das TIC erteilt Auskunft über diese immer sehr eindrucksvollen Veranstaltungen.

Rund um Biržai

Die Umgebung von Biržai ist geprägt von einer einzigartigen Kalksteinlandschaft mit zahlreichen unterirdischen Karsthöhlen, Gängen und Löchern. Manche Kalklöcher sind so groß wie ein Wohnhaus, manche mit Wasser gefüllt. In den Höhlen, die nur die Einwohner der Umgebung genau kennen, fanden während des Zweiten Weltkriegs Partisanen Unterschlupf. In der Nähe des Dorfes **Kirkilai** soll im 19. Jh. ein ganzes Pferdefuhrwerk von

einer unterirdischen Höhle regelrecht verschluckt worden sein. Berühmt ist auch die sogenannte Kuhhöhle, deren Name daher rührt, dass ihr eine Kuh zum Opfer fiel. Ein 40 m langer Gang führt in die Höhle.

Man findet diese in der Nähe des Dorfes **Karajimiškis,** der Weg dorthin ist ausgeschildert. Am besten lässt man sich von einem ortskundigen Einheimischen begleiten, den die Parkverwaltung in Biržai vermittelt (Ramuniu 2, Tel. 450 342 64).

Infos

TIC: Vytauto 27, Tel./Fax 450 334 96, Mo–Fr 10–17, Sa 10–14 Uhr, www.birzai.lt.

Übernachten

In ruhiger Lage ▶ **Hotel Tyla:** Tylos 2, Tel. 450 327 41 und 450 311 22, Fax 450 325 70, www.tyla.lt. Neues, sehr preisgünstiges Hotel etwas außerhalb am Ufer des Flüsschens Apascia gelegen. Moderne Zimmer und ausgesprochen aufmerksamer Service. DZ 230 LTL inkl. gutem litauischem Frühstück.

Ansprechend geführt ▶ **Helveda:** J. Janonio 7, Tel. 450 311 50, www.helveda.projektas.lt. Nettes Gästehaus im Zentrum. DZ 220 LTL.

Essen & Trinken

Gemütlich ▶ **Apaščia:** Vytauto 61, Tel. 450 325 45, apascia@takas.lt Gemütliche Gaststube mit lokalem Bier im Ausschank. Dazu passen die verschiedenen litauischen Gerichte. Sehr preiswert, ab 12 LTL.

Einfach ▶ **Pizzeria:** Rotuše 28, Tel. 450 318 42. Einfache, preiswerte Pizzeria, die jeden Hunger stillt. 12–30 LTL.

Ländliche Abgeschiedenheit am Nemunas: Haus nahe der Ortschaft Veliuona

Verkehr

Busse: Vom Busbahnhof fahren Busse nach Kaunas, Vilnius und Šiauliai, Tel. 450 513 33; Informationen über das TIC.

Stelmužė ▶ 2, L 12

Das malerische Dorf **Stelmužė** liegt an der Grenze zu Lettland, 11 km nördlich der Kreisstadt Zarasai, in einer touristisch noch wenig erschlossenen, kiefernreichen Landschaft. Es birgt einen besonderen Schatz: Eine einschiffige Holzkirche inmitten von Wäldern und Seen. Sie lohnt einen Abstecher in den Norden des Landes.

Holzkirche

Für viele Litauer ist die **Kirche zum Heiligen Kreuz,** die 1650 ohne Nägel und nur mit der Axt errichtet wurde, die schönste Holzkirche des Landes – nicht zuletzt deshalb, weil in ihrem Innern ein Altar und eine mit meisterhaft geschnitzten Figuren verzierte Kanzel aus Holz erhalten sind. Über die Geschichte der Kirche und ihrer Künstler ist bisher wenig bekannt, man weiß nur, dass sie von Leibeigenen gebaut wurde, die auf dem Gut Stelmužė dienten. Heute werden wieder Gottesdienste in der Kirche abgehalten; im Hauptschiff sind auch Kruzifixe und wertvolle Gemälde aus umliegenden Kirchen untergebracht.

Tipp: Fahrradtour

Die beschriebene Tour von Kaunas am Nemunas entlang nach Jurbarkas (s. rechte Spalte) ist auch eine beliebte Fahrradroute. In letzter Zeit ist sie gut ausgeschildert, allerdings muss man dabei etliche Kilometer auf der Hauptstraße fahren. Für ein Picknick am Flussufer kann man sich in kleinen Läden am Straßenrand bestens ausrüsten. Ausführlich dargestellt ist die Tour in: »mel-Nemunas-Radweg. Eine Radfahrbeschreibung«, Lututė 2003. Das Büchlein ist zu bestellen über: www.bicycle.lt.

Gegenüber der Kirche steht eine weitere Sehenswürdigkeit des Landes: eine knorrige **Eiche,** die über 1500 Jahre alt sein soll. Der Umfang ihres Stamms beträgt 11 m, zurzeit muss er mit Balken gestützt werden. Der Baum ist den Litauern heilig, von ihm sollen besondere Kräfte ausgehen. Im Juni, zur Sonnenwende, werden bei der Eiche uralte Riten wieder lebendig: Es wird getanzt und ein großes Feuer entzündet. Am darauffolgenden Tag wird in der Kirche der Johannistag gefeiert. So bleiben heidnische und christliche Bräuche auch heute lebendig miteinander verbunden (Tel. 385 524 56, Mi–So 10–18 Uhr).

Verkehr

Nach Stelmužė fährt mehrmals täglich ein Bus von Zarasai, am schönsten ist jedoch eine Fahrt mit dem Fahrrad auf der Landstraße.

Von Kaunas am Nemunas entlang nach Jurbarkas
▶ 2, G 15–E 15

Karte: rechts

Wegen der abwechslungsreichen Flusslandschaft, der imposanten Burgen und Schlösser am Ufer des Nemunas, der Hügel und Wälder ist diese Route auf der asphaltierten, gut ausgebauten Straße A 141 ganz besonders reizvoll. Sie eignet sich hervorragend für einen Tagesausflug.

Raudondvaris [1]

Die A 141 ist eine alte Handelsstraße, schon im Mittelalter rollten auf ihr Fuhrwerke in Richtung Ostsee. Kurz hinter Kaunas lohnt ein erster Halt in **Raudondvaris.**

Oberhalb des Ortes erhebt sich auf einem Burghügel ein rotes **Backsteinschloss** mit rundem Wehrturm aus dem Jahr 1615. Es wurde mehrfach umgebaut, im 19. Jh. gehörte es dem litauischen Grafen Tiškevičius, der über große Ländereien verfügte. Er ließ es umbauen und erweitern. Das Rote Schloss ist in dem Roman »Einsetzung eines Königs« von

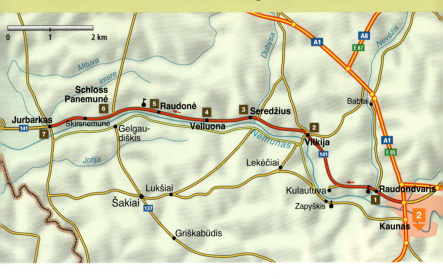

Arnold Zweig verewigt, der während des Ersten Weltkriegs als Schreiber des deutschen Oberkommandos auf Schloss Raudondvaris stationiert war. Man kann das Schloss besichtigen – vom 25 m hohen Burgturm hat man einen herrlichen Blick auf die Nemunas-Landschaft.

Lohnend ist auch das kleine Heimatmuseum im Schloss: Es ist dem Komponisten Juozas Naujalis (1869–1934) gewidmet, der hier geboren wurde und als Vater der litauischen Musik gilt (Di–Sa 10–17 Uhr).

Vilkija und Seredžius

Etwa 18 km weiter liegt der alte Flößerort **Vilkija** 2 malerisch am Fluss, einst Zollstation an der alten Handelsstraße von Königsberg nach Vilnius – von Preußen ins Russische Imperium. Oberhalb des Dorfes steht die 1908 erbaute neogotische, zweitürmige Kirche des hl. Georg. Hinter Vilkija beginnt der schönste Teil der Fahrt durch das **Nemunastal**. Links der Straße, zum Fluss hin, sieht man weite, blühende Wiesen, manchmal auch Weiden, die ins Wasser des Flusses reichen, rechts, bergan, stehen einzelne Höfe oder bunte Holzhäuser.

Ein Zwischenstopp in **Seredžius** 3 lohnt sich allemal – hier mündet der Dubysa in den

Nemunas: Über dem alten Handelsstädtchen erhebt sich der aufgeschüttete Burgberg Palemonsa, der einen Panoramablick auf Fluss und Landschaft gewährt. Zur Zeit der Kreuzritter stand hier eine Holzburg.

Veliuona 4

Veliuona, schon 50 km von Kaunas entfernt, besaß bereits im 13. Jh. eine Kreuzritterburg, die auf einem der vielen Hügel rings um den Ort stand. 1500 erhielt das einst blühende Städtchen das Magdeburger Stadtrecht; von seinem Reichtum zeugt bis heute die im Stil der Spätrenaissance erbaute Mariä-Himmelfahrt-Kirche, in der wertvolle Holzschnitzereien zu bewundern sind.

Sehenswert ist auch der Gutshof Veliuona, ein kleines klassizistisches Holzschloss. In den Sälen ist eine bescheidene, aber sehr sehenswerte Ausstellung über das Leben auf und um den Gutshof im 19. Jh. untergebracht (nach Voranmeldung: Tel. 447 426 52).

Raudonė 5

Auch in **Raudonė**, 8 km weiter, auf der rechten Seite des Nemunas steht ein Backsteinschloss, das sich im 17. Jh. ein zu Reichtum gekommener preußischer Kaufmann und Waldbesitzer im Stil der Renaissance er-

Litauen: Aukštaitija

bauen ließ. Im 18. Jh. schenkte die russische Zarin das Anwesen einem ihrer Günstlinge, dem Fürsten Zubow. Das Schloss blieb in den Händen des russischen Fürstengeschlechts und wurde mehrfach umgebaut, doch konnte es seinen ursprünglichen Charakter bewahren. Im Sommer kann man den Schlossturm besteigen und wird mit einer herrlichen Aussicht belohnt (www.jurbarkas.lt, So–Mo 11–18 Uhr, freier Eintritt).

Panemunė

Nach weiteren 9 km erhebt sich auf der rechten Seite – noch vor dem Dorf Skirsnemunė – kurz vor der Kreuzung nach Raseiniai das **Schloss Panemunė** `6`, ein wuchtiges Residenzschloss im Renaissance-Stil. Es ist eng mit dem Namen eines seiner Besitzer, des litauischen Adligen und Freiheitskämpfers Antanas Gelgaudas verbunden, der es im 19. Jh. umfassend renoviert hatte. Dem russischen Zaren aber waren Schloss und Besitzer ein Dorn im Auge, die russische Verwaltung ließ es daher in der Mitte des 19. Jh. verwüsten.

Heute ist im Schloss eine Dependance der Kunstakademie Vilnius untergebracht, die sich um eine behutsame Renovierung bemüht und im Sommer eine rege Ausstellungstätigkeit in den Räumen des Schlosses entfacht. So kann man Arbeiten litauischer Maler der 1950er-Jahre sehen, die heute wieder sehr in Mode sind; es werden aber auch junge avantgardistische Künstler präsentiert. Die Kunstakademie Vilnius (Tel. 5 210 54 44) gibt gern Auskunft über das Programm.

Jurbarkas `7`

Nach ungefähr 12 km kommt auf der rechten Seite **Jurbarkas** (15 000 Einwohner) in Sicht. Das ehemalige Georgenburg – benannt nach der gleichnamigen, heute allerdings nicht mehr existierenden Kreuzritterburg – ist eine kleine litauische Provinzstadt mit bedeutender Vergangenheit: Im 16. Jh. genoss sie besondere Handelsprivilegien und im 17. Jh. erhielt sie das Magdeburger Stadtrecht.

Sehenswert ist der **Gutshof Jurbarkas** (Vyduno 21), der im 18. Jh. von der einflussreichen litauischen Adelsfamilie Radvila, der auch die Schlossburg in Biržai gehörte, bewirtschaftet wurde. Heute sind auf dem Gelände und im ehemaligen Gutshaus beeindruckende Skulpturen des litauischen Bildhauers Vincas Grybas zu sehen, der 1941 in Jurbarkas von den Nationalsozialisten ermordet wurde (Tel. 447 547 86, Di–So 19–15 Uhr). Für einen Abschiedsblick auf den Nemunas empfiehlt sich die hübsche Terrasse des Hotels Jurbarkas, eines neueren und ansonsten nicht besonders spektakulären Hotelbaus am Ufer des Flusses.

Kurz hinter Jurbarkas beginnt vor dem Ort Šmalininkai (Schmalleningken) Kleinlitauen, das ehemalige Memelland (s. S. 203).

Infos

TIC: Dariaus ir Girėno 94, Tel. 447 702 01, www.jurbarkas.lt. Hier sind auch Informationen zu Ferien auf dem Bauernhof und Ausflügen in die Umgebung erhältlich.

Übernachten

Unter deutscher Leitung ▶ **Jurodis:** Naujasodziu km., Jurbarko r., Tel. 650 910 00, Tel./Fax 447 522 30, www.gasthaus.lt. Etwas außerhalb von Jurbarkas, in unmittelbarer Nähe des Flusses gelegen, bietet diese kleine Pension einen wunderbaren Blick auf die Umgebung. Besonders gutes und reichhaltiges Frühstück mit einheimischen Spezialitäten. DZ 180 LTL.

Schöne Aussicht ▶ **Jurbarkas:** Dariaus ir Girėno 98, Tel. 447 513 45, Fax 447 547 79, www.hoteljubarkas.lt. Das Hotel besticht durch seine Lage am Fluss. Der nette Service lässt das plattenbauartige Äußere schnell vergessen. Im Restaurant kann man angenehm und preiswert speisen. Zu empfehlen sind die Gerichte mit Fisch – angeblich direkt aus dem Fluss. DZ 150 LTL.

Termine

Ende Mai findet auf Schloss Raudonė das traditionelle **Schlossfest** statt mit historischen Aufführungen; dann kommt auch das kulinarische Erbe zum Zuge (Tel. 447 702 01).

Dzūkija und Suvalkija

Zwei waldreiche Regionen befinden sich in Litauens Süden: die Dzūkija und die Suvalkija. Die kleinste litauische Region, die Suvalkija an der Grenze zu Polen, ist dünn besiedelt. An den Nemunas-Schleifen bei Druskininkai und Birštonas, zwei Heilbädern mit salzhaltigen Mineralwasserquellen, ist die Landschaft ganz besonders idyllisch.

 Druskininkai ▶ 2, G 18

Cityplan: S. 173
Schon im 18. Jh. begann man am Ufer des Nemunas die Heilkräfte der salzigen Mineralquelle (*druska* = Salz) zu nutzen. Der polnische König Stanislaus August erklärte den Ort 1794 per Dekret zur Heilstätte, doch dann begann die russische Herrschaft, und so wurden erst 1837 erste Sanatorien für Beamte des Russischen Reichs in Druskininkai gebaut. Einen Aufschwung erlebte der Ort am Nemunas-Ufer durch den Bau der Eisenbahnlinie nach Warschau: Prunkvolle Villen entstanden, hübsche Holzhäuschen und breite Alleen. Reizvoll machen den einst bedeutendsten Kurort Litauens, der heute 22 000 Einwohner zählt, nicht nur die Quellen und Moorbäder, sondern die Ruhe der Wälder und die überaus wohltuende Luft. Endlose Wanderwege laden zu Erkundungen ein,

Im Kurpark von Druskininkai promenierten schon im 19. Jh. russische Gäste

Druskininkai

man kann eine Fahrt im historischen Raddampfer auf dem Nemunas unternehmen oder in den verwunschenen Seen um das Städtchen baden und angeln. Mit etwas Glück lassen sich im Wald Elche auf freier Wildbahn entdecken. In der Stadt selbst tut sich einiges: Man will an die ruhmreiche Vergangenheit als exklusiver Kurort für betuchte polnische und russische Gäste anknüpfen – heute kommen auch immer mehr deutsche Kurgäste. Die gesamte Kuranlage am Nemunas-Ufer ist neu gestaltet, besonders attraktiv ist sicher der **Aquapark** (s. S. 174), in dem sich an die 1500 Gäste vergnügen können. Namenhafte Hotelketten haben sich im Ort niedergelassen. Druskininkai ist eng mit dem Namen des großen litauischen Maler-Komponisten M. K. Čiurlionis verbunden, der hier seine Kindheit verbrachte und als junger Mann seine erste Symphonie, »Miške« (Im Wald), komponierte. Die Hauptstraße, die lange Čiurlionio gatvė, führt durch den gesamten Ort.

Stadtrundgang

Das **Čiurlionis-Gedenkmuseum** 1, bestehend aus vier bescheidenen Holzhäuschen, ist unbedingt einen Besuch wert, auch wenn es von außen etwas unscheinbar wirkt. Staffelei, Palette und Reproduktionen von Werken des Künstlers (s. S. 150) erinnern an Čiurlionis' letzte Lebensjahre, die er überwiegend der Malerei widmete. Von seinem ehemaligen Wohnhaus mit der hübschen Veranda kann man im Sommer direkt in den Garten gehen; wenn dort seine spätromantischen Klavierwerke – Bearbeitungen litauischer Volkslieder – aufgeführt werden, lohnt sich der Besuch allemal; dann lässt sich bisweilen nachempfinden, welch eine Inspirationsquelle die Landschaft für den Künstler gewesen sein muss

(M. K. Čiurlionio memorialinis muziejus, Čiurlionio 35, Di–So 11–17 Uhr, 2 LTL).

Jacques Lipchitz (1891–1973), der berühmte kubistische Bildhauer, wurde 1891 in Druskininkai geboren. Sein Elternhaus in einer Seitenstraße der Čiurlionis gatvė beherbergt heute das **Lipchitz-Gedenkmuseum** 2. In seiner Heimatstadt besuchte Lipchitz die Handelsschule, bevor er nach Paris ging und dort zu einem der bedeutendsten Bildhauer des 20. Jh. wurde (Muziejus Ž. Lipšico, Šv. Jokūbo 17, Di–Fr 10–17, So 10–16 Uhr, 3 LTL).

Unweit des kleinen Museums erinnert eine farbenfrohe **russisch-orthodoxe Kirche** 3 mit ihren sechs Zwiebeltürmen an vergangene Jahrhunderte, als russische Gäste im Ort promenierten. Die Hauptstraße verläuft weiter bis zum **Kurpark** 4, der malerisch am Nemunas-Ufer liegt. Drei gepflegte Wege führen zu den Trinkbrunnen, die am Flussufer sprudeln. Im Park liegen auch die meisten Sanatorien. Im neuen Glanz erstrahlt das renommierte, im neoklassizistischen Stil errichtete Behandlungszentrum **Druskinikų Gydykla**. Hier kann man sich noch relativ preiswert massieren lassen, in Moorbädern und in einem Mineralwasserbecken entspannen.

Den Besuch eines kleinen originellen Museums am Ortseingang sollte man ebenfalls nicht versäumen. Das **Forstmuseum »Echo des Waldes«** 5 ist dem Wald, seinen Farben und seinen Geräuschen gewidmet. Auf drei Etagen erfährt man hier alles über die Wälder der Dzūkija (Miško muziejus »Girios aidas«, Čiurlionio 102, www.dmu.lt/aidas, Mi–So 10– 18 Uhr, 6 LTL).

Der Čiurlionis-Weg

Bleibt man am Ort, lohnt sich ein Ausflug auf dem **Čiurlionis-Weg** nach Senoji Varėna,

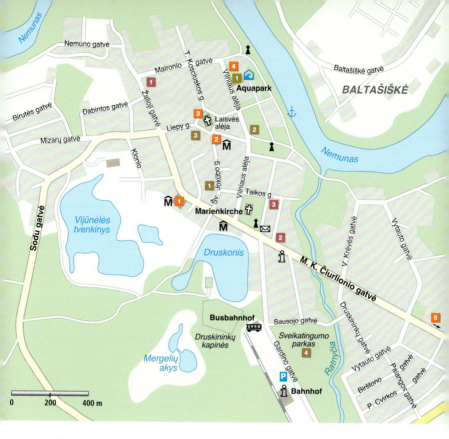

BALTAŠIŠKĖ

Aquapark

Marienkirche

Busbahnhof

Druskininkų kapinės

Mergelių akys

Bahnhof

0   200   400 m

Vijūnėlės tvenkinys

Druskonis

Sveikatingumo parkas

M. K. Čiurlionio gatvė

---

dem Geburtsort des Künstlers. Zu dessen 100. Geburtstag wurden 1975 entlang der Straße 24 Skulpturen aus Eiche aufgestellt, die nicht nur Bezüge zum Werk des Maler-Komponisten aufweisen, sondern auch viel über litauische Mythen und Traditionen erzählen. Seinerzeit wurde das Projekt von der sowjetischen Obrigkeit nicht gern gesehen, betonte es doch in starkem Maße die kulturelle Eigenständigkeit der Litauer. Die Länge der Strecke beträgt knapp 46 km, man kann den waldreichen Weg durch den Dzūkija-Nationalpark aber auch in Etappen zurücklegen.

Infos

TIC: Čiurlionio 65, Tel./Fax 313 517 77, www.druskininkai.lt, Mo–Fr 10–18, Sa 10–14 Uhr. Infos zum Ort und zu Ausflügen, Fahrradverleih, Vermittlung von Unterkünften.

TIC: gegenüber vom Busbahnhof, Tel. 313 608 00, Fax 313 529 84.

Übernachten

Bewährter Service ▶ Best Western Hotel Central 1: Sv. Jokubo, 22, Tel. 313 605 33, www.centralhotel.eu. Neues Hotel in Druskininkai für gehobene Ansprüche. Die Zimmer sind mit Reproduktionen der Gemälde von Čiurlionis geschmückt. DZ 380 LTL.

Luxushotel ▶ Europa Royale 2: Vilniaus 7, Tel. 313 422 21 Fax 313 422 23, www.europaroyale.com. Aufwendig restauriertes Kurhotel mit schönem Ausblick auf den Fluss. Angeboten werden alle Leistungen eines Spa-Hotels. Angenehme Bar, gute Restaurants mit internationaler Küche. DZ 360 LTL.

Komfortabel ▶ Medūna 3: Liepų 2, Tel. 313 580 33, Fax 313 580 34, www.meduna.lt.

173

Mittelklasse-Hotel, in dem viel Wert auf den Spa-Bereich gelegt wurde. Romantik wird hier großgeschrieben. Ein nettes Restaurant mit einem aufwendigen Frühstücksbuffet. DZ 250 LTL.

Anspruchsvoll ▶ Camping 4: Gardino 3, Tel. 313 608 00, camping@druskininkai.lt. Ein neuer Campingplatz an der Ortseinfahrt; einer der modernsten in ganz Litauen, man kann Wohncontainer ab 120 LTL mieten.

Essen & Trinken
Europäische Küche ▶ Galia 1: Vilniaus al. 210, Tel. 313 605 15, www.galia.lt. Im gleichnamigen Hotel mit einem aufmerksamen Service. 50 LTL.

Immer bewährt ▶ Forto Dvaras 2: M.K. Čiurlionio 55, Tel. 313 554 38. Litauische Küche mit lokalen Produkten verspricht diese preiswerte litauische Restaurantkette. Man wird nicht enttäuscht, besonders nicht in Druskininkai, wo es an guten Restaurants noch etwas mangelt. Hauptgerichte ab 9 LTL.

Beliebte Pizzeria ▶ Sicilija 3: Taikos 9, Tel. 313 518 65 50, 8–23 Uhr. Verschiedene Pizzen. 30 LTL.

Aktiv
Der Ort besitzt ausgedehnte und gut ausgeschilderte **Wanderwege. Fahrräder** werden in den Hotels vermietet oder vom TIC vermittelt (10 LTL/Std.).

Erlebnisbad ▶ Aquapark 1: Vilniaus 13, Tel. 313 523 38, www.akvapark.lt. Utopisch anmutendes, riesiges Bad mit diversen Schwimmbecken, Rutschen, Saunen, auch für Kinder bestens geeignet (ab 40 LTL).

Termine
Internationales Dixieland-Festival (29. Juli): Das renommierte Festival im Kurpark belebt alljährlich den Kursommer (www.druskinin kai.lt).

Verkehr
Anfahrt am besten mit dem **Auto** (der Zugverkehr wurde eingestellt).
Busse: Verbindungen in die Dörfer der Umgebung, außerdem bequeme Überlandbusse

nach Kaunas, Vilnius und Palanga; Busbahnhof: Gardino 1, Tel. 313 513 33.

Grūtas-Park ▶ 2, G 18

Bei einem Ausflug in den **Grūtas-Park** (Grūto parkas) bekommt man einen Eindruck von Litauens sowjetischer Vergangenheit. Ein litauischer Geschäftsmann hat in einem sumpfigen Waldgebiet, 7 km von Druskininkai entfernt, zahlreiche sowjetische Denkmäler wieder aufgestellt, die nach der Erlangung der Unabhängigkeit Anfang der 1990er-Jahre im ganzen Land demontiert worden waren: Stalin, Marx, Lenin, der KGB-Begründer Dserschinski, kommunistische Lokalgrößen. Sie alle sind auf dem ca. 20 ha großen Gelände zu sehen.

Der Grūtas-Park zieht jährlich fast eine viertel Million Besucher an. Gleich am Eingang zum Skulpturenpark steht einer jener Viehwaggons, mit denen in den 1940er-Jahren Hunderttausende Litauer nach Sibirien verschleppt wurden. Ein Teil des Parks ist mit Stacheldrahtzaun und Wachtürmen umgeben: ein nachgebauter sowjetischer Gulag. Aus Lautsprechern erklingen sowjetische Soldatenlieder.

Auf dem Gelände befindet sich auch ein Informationszentrum, das Fotos, Plakate und Propagandamaterial jener Jahre zeigt (auch auf Englisch). Dem mit Pilzkonserven zu Geld gekommenen Geschäftsmann Malinauskas, der den Park 2002 aus privaten Mitteln errichten ließ, wurde vorgeworfen, er verhöhne die Opfer der kommunistischen Gewaltherrschaft. Er gab den Vorwurf zurück: »Ob wir wollen oder nicht, das ist Teil unserer Vergangenheit, unserer Geschichte, die wir nicht verdrängen dürfen« (Grūto parkas, www.gruto parkas.lt, tgl. 9–19 Uhr, 7 LTL).

Essen & Trinken
Im Restaurant des Grūtas-Parks kann man nostalgisch ›sowjetisch‹ speisen. Limonade gibt es wie in den 1970er-Jahren aus Limonadeautomaten; sehr gutes Sahneeis (Tel. 313 555 11).

Einst Denkmäler, heute Mahnmale: die Skulpturen im Grūtas-Park bei Druskininkai

Marijampolė und Umgebung ▶ 2, F 16

Der im fruchtbaren Südwesten des Landes gelegene Ort mit seinen 51 000 Einwohnern ist das Verwaltungszentrum der Suvalkija. Wäre seine Umgebung nicht so attraktiv, müsste man dem Städtchen nicht unbedingt einen Besuch abstatten. Sehenswert ist allerdings der Bahnhof aus rotem Backstein mit seinem Wasserturm aus dem Jahr 1926.

In der Marijampolė-Region erstreckt sich der **Vištytis-See,** einer der tiefsten und klarsten Seen des Landes. Hier finden im Sommer Segelregatten statt.

Infos

TIC: Kudirkoy 41, Tel. 343 511 09, Fax 343 568 25, www.marijampole.lt, Mo–Sa 10–17 Uhr.

Übernachten

Idyllisch gelegen ▶ **Viktorija:** Čižiak, Tel. 342 475 21, Fax 342-547 31, www.viktorija.lt. Gepflegtes Landhotel am Vištytis-See, Cam-

pingplatz in der Nähe. Boots- und Fahrradverleih. DZ 150 LTL.

Von Varėna nach Birštonas ▶ 2, H 17–G 16

Karte: S. 179

Varėna 1

Wer sich von der Hauptstadt Vilnius auf den Weg in den Süden Litauens, die Dzūkija, macht, durchfährt eine Landschaft mit tiefen Fichtenwäldern (ein Eldorado für Pilzsammler!), sandigem Boden, Seen und Moorgebieten. Nach 75 km ist die Kleinstadt **Varėna** erreicht. Es gibt zwei Orte dieses Namens, die nur 5 km voneinander entfernt liegen. In dem älteren Varėna hatte Großfürst Vytautas Anfang des 15. Jh. seine Jagdresidenz. Eine spätere Legende machte daraus einen von der Göttin der Jäger und Fischer gegründeten Ort. Als die 5 km weiter südlich verlaufende Eisenbahnstrecke St. Petersburg – Warschau 1862 eröffnet wurde, entstand um den Bahn-

aktiv unterwegs

Wanderung durch den Dzūkija-Nationalpark

Tour-Infos

Start: Informationszentrum Marcinkonys
Länge: 7 km
Dauer: 2–3 Stunden
Schwierigkeitsgrad: leicht
Markierung: durchgängig
Karte: ▶ 2, G 17/18–H 17/18

Eine Wanderung, die Einblick in die noch unberührte Naturlandschaft des größten Nationalparks Litauens mit seiner besonderen Flora und Fauna gibt, ist ganz nahe an der Grenze zu Weißrussland möglich. Mit seinen Mooren, urwüchsigen Kiefernwäldern, Seen und kleinen Dorfmuseen ist der Park noch ein touristischer Geheimtipp. Am Informationszentrum im Dorf **Marcinkonys,** das sich an einer Dorfstraße entlangzieht, weist ein unübersehbarer Pfeil aus Holz den Weg. Dieser führt an hübschen alten Gehöften und ein paar Holzhäuschen neueren Datums vorbei und durch Kiefernwald ins Dörfchen **Naujaliai.** Rechts des Weges fließt die **Zackagiris.** Weiter geht es am Fluss **Grūda** entlang, an dessen Ufer hinter einer kleinen Holzbrücke ausgehöhlte Kiefern stehen. In ihrem Inneren sind auch heute noch **Bienenstöcke.**

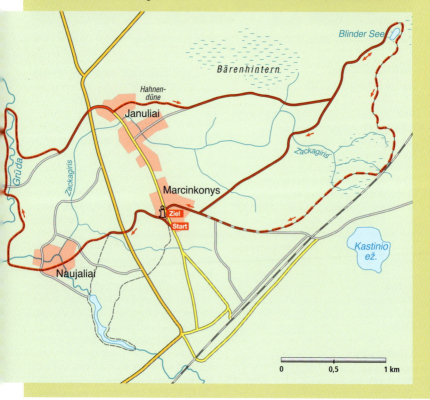

hof ein zweites Varėna. Dort kam Mikalojus Konstantinas Čiurlionis (s. S. 150) zur Welt.

Infos

TIC: Vytauto 12, Tel. 310 315 01, Fax 310 512 00, www.varena.lt.

Dzūkija-Nationalpark

Südlich von Varėna, an der Grenze zu Weißrussland, liegt das zum Dzūkija-Nationalpark gehörende **Čepkeliai-Naturschutzgebiet** (Čepkelių gamtinis rezervatas), das größte Moorgebiet Litauens. Hier bieten sich nicht nur besonders günstige Lebensbedingungen für seltene Pflanzen, auch Schlangen, Fisch- und Seeadler, Kraniche, Elche, Auerhähne und Wölfe haben ihren Lebensraum im Hochmoor mit seinen 21 Seen gefunden. Das 5800 ha große Sumpfgebiet darf man nur mit einem kundigen Führer besichtigen. Das Gebiet ist von Holzplankenwegen durchzogen. Auf dem wankenden Moorboden bekommt man in der unendlichen Einsamkeit, in der Zwiesprache mit der Natur, ein anderes Gefühl für Raum und Zeit. Im Dorf **Marcinkonys** 2 befindet sich das Infozentrum für das Moorgebiet (s. S. 178).

Von Marcinkonys fährt man eine kleine ausgeschilderte Straße nach **Merkinė** 3, dem Zentrum des Dzūkija-Nationalparks. 85 % des Parks, der erst 1991 geschaffen wurde, bestehen aus tiefen Wäldern, vor allem mit Fichtenbestand, die reich an Pilzen und Beeren, aber auch an Elchen und Wölfen sind. Die Landschaft ist noch sehr ursprünglich und lädt zu herrlichen Wanderungen, aber auch zu Fahrradtouren ein.

Merkinė wird in den Chroniken erstmals 1377 erwähnt, es liegt ausgesprochen malerisch am Zusammenfluss von Merkis und Nemunas. Wie Ausgrabungen gezeigt haben, existierte hier bereits vor 10 000 Jahren eine Siedlung. Vom Burghügel, den einst eine Burg schmückte, hat man einen herrlichen Blick auf die beiden Flüsse. Jogaila, Großfürst von Litauen und König von Polen (s. S. 25), verlieh Merkinė die Stadtrechte. Kirche, Kloster und Burgberg können auf eine ereignisreiche Ge-

Überall in der Dzūkija wurden Bienen als bescheidene Erwerbsquelle gezüchtet. Der Honig dieser Waldbienen ist besonders schmackhaft und man sollte ihn unbedingt erwerben, zum Beispiel im Informationszentrum in Marcinkonys.

Durch Sand und Kiefernwald geht's weiter zur **Hahnendüne,** einer weißen Wanderdüne. Mit etwas Glück lässt sich hier Wild beobachten, auch Elche wurden an dieser Stelle schon gesichtet. Der Weg führt jetzt durch einen im Herbst sehr pilzreichen Wald, der allmählich in moorigen Untergrund übergeht. Wollgrasflöckchen wiegen sich im Wind. Hin und wieder sind statt des Weges Holzschwellen in den moorigen Untergrund gelegt. Im Spätsommer und Herbst wachsen überall Preiselbeeren und Blaubeeren, im Frühjahr überziehen die Blüten von Arnika und wilden Nelken die Landschaft. Beeren und auch Pilze, zumeist Steinpilze, Edelreizker und Butterpilze werden bis in den Herbst vor allen in den kleinen Dörfern des Nationalparks für wenig Geld angeboten. Links vom Weg kann man ein kleines Hochmoor sehen, den sogenannten **Bärenhintern,** mit typischem Hochmoorgebüsch, auch seltene Vögel wie zum Beispiel Auerhahn und Sumpfhuhn sind hier zu entdecken. Wieder geht's über das Flüsschen Zackagiris. Biber haben bei der Holzbrücke ihre Burgen gebaut.

Der Weg gabelt sich an einer Kreuzung, man kann nun noch ca. 4 km zum sogenannten »Blinden See« (Aklažeris), einem Hochmoor, wandern, oder man begibt sich zum Ausgangspunkt zurück.

Im **Informationszentrum** (s. S. 178) ist eine Stärkung aufgetischt. Sie besteht meist aus regionalen Produkten wie Honig, selbst gemachtem Käse und frischem Salat, man kann aber auch warme litauische Speisen im Voraus bestellen. Auf Wunsch sorgen die Mitarbeiter für musikalische Folklore.

Tipp: Pilze

In der Pilzsaison im Herbst bieten kleine, unscheinbare Landgaststätten in und um Varėna frisch zubereitete Pilzgerichte an, meist auf Nachfrage.

schichte zurückblicken: Litauische und polnische Großfürsten hielten sich gern zur Jagd auf, selbst Peter der Große soll hier auf Bärenjagd gegangen sein. Im Zweiten Weltkrieg wurde die jüdische Bevölkerung Merkinės umgebracht, die Stadt größtenteils niedergebrannt. Erhalten geblieben ist die turmlose gotische Hallenkirche Mariä Himmelfahrt mit vielen Renaissance- und Barockelementen.

Im **Heimatmuseum** des Dorfes, das in einer kleinen ehemaligen Kirche untergebracht ist, kann man viel über die lokale Geschichte und die der Dzūkija erfahren (Merkinės kraštotyros muziejus, Dariaus ir Girėno a. 1, Mi–So 9–19 Uhr).

Drei Häuser weiter befindet sich in der ehemaligen KGB-Zentrale ein weiteres sehenswertes Museum: das **Museum der Freiheitskämpfe und -leiden** während der Sowjetzeit. Hier, in den unendlichen Wäldern der Dzūkija, hielten sich nach dem Zweiten Weltkrieg viele litauische Partisanen versteckt (Seinų 12, Mi–So 12–17 Uhr).

In Merkinė und den umliegenden Dörfern wird die berühmte schwarze Keramik hergestellt: Dafür wird Lehm nach alten und wohlgehüteten Rezepten unter Beifügung von Fichtenharz in der Erde gebrannt. Die Touristeninformation erteilt nähere Auskünfte und kann einen Besuch in einer der zahlreichen **Keramikwerkstätten** vermitteln. Ein Lehrpfad zum Thema Schwarze Keramik, der durch verschiedene Dörfer der Umgebung führt, wird derzeit weiter ausgebaut.

Infos

Das Informationszentrum für den **Dzūkija-Nationalpark** und das **Čepkeliai-Moorgebiet** befindet sich in Marcinkonys, Tel. 310 44 466, www.dzukijosparkas.lt. Auf Anfrage kön-

nen Führungen durch das Moorgebiet organisiert werden. Die Betreiber des Informationszentrums vermitteln auch gern Übernachtungsmöglichkeiten in den umliegenden Dörfern. Besonders reizvoll ist es, in authentischen Dörfern um Marcinkonys ein Häuschen zu mieten, so etwa in Puvociai. Sehr einfach, sehr ruhig, sehr beeindruckend. Wenn man die Mitarbeiter früh genug informiert, werden auch Mahlzeiten oder Verpflegungen organisiert, darüber hinaus Kanufahrten auf dem Fluss Ūla.

Übernachten

Einfach ▶ Eglis: Marcinkonys, Tel. 616 444 66. Das Gästehaus der Parkverwaltung im Čepkeliai-Moorgebiet ist mit mehreren bescheidenen Zimmern ausgestattet, die sich für kleinere Gruppen eignen. Unbedingt im Voraus reservieren. DZ 180 LTL.

Alytus 4

Von Merkinė geht es über die A 129 Richtung Norden, immer parallel zu dem sich in breiten Schleifen nach Norden windenden Nemunas, der jedoch zu weit entfernt ist, als dass man ihn sehen könnte. Felder und Wälder wechseln in der spärlich besiedelten Landschaft. Kaum ein Dorf liegt am Weg. Häufig überholt man auf der Strecke ein Pferdefuhrwerk. Nach ungefähr 25 km wird, von der Hauptstraße A 129 noch etwa 2 km entfernt, der Ort **Alytus** erreicht.

Das Städtchen mit seinen rund 78 000 Einwohnern bietet keine besonderen Sehenswürdigkeiten, im Stadtzentrum gibt es jedoch ein recht neues, preiswertes Restaurant im Hotel Vaidila, sodass man hier gut eine Pause einlegen kann.

Infos

TIC: Rotušės 14 a, Tel. 315 520 10, Fax 315 519 82, www.alytus.lt. Infos über Unterkünfte, Vermittlung von mehrtägigen Kanufahrten auf dem Nemunas. Im Rahmen eines EU-Projektes wird eine Wasserroute entlang des Nemunas von Druskininkai nach Rusnė ausgebaut, erste Schwimmdocks wurden in Alytus aufgestellt.

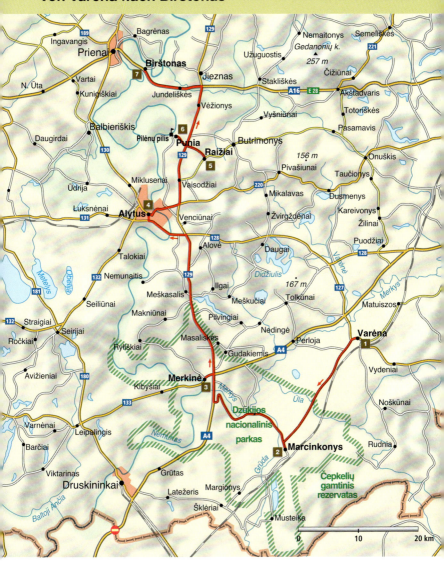

Übernachten

Rustikal ▶ Hotel Vaidila: Rotušės 12 a, Tel. 315 561 88, Fax 315 561 89, www.vaidila.lt. Das neuere Drei-Sterne-Hotel im Stadtzentrum von Alytus, nicht weit vom Kurortas Park gelegen, hat ein nettes Restaurant und einen Bierkeller. DZ 200 LTL.

Stadtvilla ▶ Hotel Senas Namas: Užuolankos 24, Tel. 315 534 89, www.senas namas.lt. Von diesem angenehmen, schlichten Familienhotel aus lassen sich Exkursionen in die landschaftlich reizvolle, noch recht unberührte Natur um Alytus unternehmen. DZ 170 LTL.

Litauen: Dzūkija und Suvalkija

Raižiai und Punia

Von Alytus geht die Fahrt auf der A 129 weiter in Richtung Punia. Ungefähr 5 km vor Punia lohnt sich ein Abstecher nach **Raižiai** **5** mit seinem Friedhof, auf dem man Tatarengräber aus dem 19. Jh. vorfindet.

Zurück auf der A 129 wird nach wenigen Kilometern **Punia** **6** erreicht. An bessere Zeiten erinnert am Zusammenfluss von Nemunas und Punele der Burgberg Margis – einer der höchsten Burgberge in Litauen, auf dem einst, zur Kreuzritterzeit, die sagenumwobene Burg Pilenai gestanden haben soll und später ein Schloss, von dem nur noch das Fundament übrig ist. Der Ort war gut gewählt – mit beeindruckendem Blick über den breiten Nemunas, in den die schmale Punele schießt, von dichtem Wald umgeben.

Birštonas **7**

Weiter geht es in Richtung **Birštonas**. Wie in Druskininkai hat man auch in Birštonas seit dem 19. Jh. die heilenden Mineralwässer genutzt und gern schöne Villen gebaut. Schon zur Zeit der Kreuzritter gab es hier eine Burg, Großfürst Vytautas kam zur Jagd, und im 16. Jh. hatte der kleine Ort sogar Stadtrechte.

Heute ist Birštonas ein Kurstädtchen, das seine Sowjetvergangenheit noch nicht vollständig abgestreift hat. Neben ein paar hübschen Holzvillen aus dem 19. Jh. findet man hier noch zahlreiche Plattenbauten. Allerdings wird an allen Ecken und Enden gebaut: Die Stadt will sich in den kommenden Jahren zu einem modernen Kurort mit modernen Hotels und Kuranlagen entwickeln. Das Zeug dazu hat sie allemal: Birštonas liegt idyllisch an einer weiten Schleife des Nemunas und seine Heilquellen haben eine lange Geschichte: Sie waren bereits den Kreuzrittern bekannt. Das milde, der Gesundheit zuträgliche Klima verdankt der Ort seiner geschützten Lage und den dichten Wäldern der Umgebung. Der Spaziergang zum Nemunas-Ufer, der Deichpromenade, lohnt.

Infos

TIC: Jaunimo 3, Tel. 319 657 40, Fax 319 656 40, www.birstonas.lt. Hier erhält man freundliche Auskunft zu allen Kuranwendungen, den diversen Möglichkeiten sportlicher Betätigung wie etwa Segelfliegen oder Ballonfahrten.

Übernachten

Neben den großen Sanatorien **Tulpės** (B. Sruogos 4, Tel. 319 655 25, Fax 319 655 20, www.tulpe.lt) und **Versmė** (B. Sruogos 9, Tel. 319 656 73, Fax 319 656 63, www.versme.com), bieten auch kleinere Hotels gute Übernachtungsmöglichkeiten an:

Zentral gelegen ▶ **Audenis:** Lelijų 3, Tel. 319 613 00, Fax 319 613 02, www.audenis.lt. In der Ortsmitte gelegen, ein ruhiges, komfortables Hotel der Mittelklasse, im Sommer kann man auf der Terrasse des kleinen Cafés sitzen. DZ 230 LTL.

Schönes Ambiente ▶ Sonata: Algiro 34, Tel./Fax 319 657 33, 319 658 25, www.sonatahotel.lt. Mitten im Kiefernwald in der Nähe des Nemunas sehr ruhig gelegen. Ein gut geführtes Hotel der Mittelklasse. Auch das Restaurant ist ansprechend, gepflegte litauische und internationale Küche. DZ 200 LTL.

Aktiv

Wassersport ▶ Besucherzentrum: Tel. 319 656 10, www.nemunokilpos.lt. Das Zentrum des **Nationalparks Nemuno kilpų** (Nemunas-Schleifen) berät über alle möglichen sportlichen Betätigungsmöglichkeiten auf dem Nemunas und dem kleineren Verknė. Im Angebot sind Kanufahrten sowie Bootsexkusionen und darüber hinaus Fahrten in Wikingerbooten.

Skitourismus ▶ TIC: (s. links) Viele Litauer fahren im Winter Ski am Nemunas, der Wintertourismus wird in dieser Region ausgebaut. Eine Skiausrüstung kann über das TIC angefordert werden.

Termine

Internationales Jazzfestival: Alle zwei Jahre Ende März (das nächste Mal 2012) trifft sich die litauische Jazzgemeinde im Kurort, dann sind die Unterkünfte weitgehend ausgebucht (www.jazz.birstonas.lt).

Verkehr

Busse: Vom Busbahnhof in der Ortsmitte verkehren Minibusse nach Kaunas (stdl.) und Vilnius (alle 2 Std.) sowie in die Orte und Dörfer der näheren Umgebung.

In Litauen noch fast unbekannt: Landschaft am Nemunas

Kurische Nehrung und Kleinlitauen

Muße und Ruhe – es duftet nach Kiefern, Moos, Sand und Föhren. Ein nordisches Mittelmeer ohne die Aufdringlichkeit des südlichen Mittelmeers, ohne den Trubel und ohne Bettenburgen. Auf der einen Seite des Haffs die Nehrung, auf der anderen Kleinlitauen, das ehemalige Memelland: Moor, Heide und Haff mit stillen Fischerdörfern.

5 Kurische Nehrung

▶ 2, B 12–13

Karte: S. 184

Sand, endloser, feiner, kilometerweiter Sand. Im Sommer flirrende Sonne in einer wüstenartigen Landschaft, im Winter Schneeberge oder Wind, der tiefe Spuren im Sand hinterlässt. Dieser aus reinem Sand bestehende Naturdamm erstreckt sich in einem sichelförmigen Bogen rund 100 km lang und ist an manchen Stellen weniger als 1 km, an der schmalsten gar nur 400 m breit, sodass man die Nehrung in einer halben Stunde bequem vom Haff zur See überqueren kann. Die riesi-

Gut für die Natur, bequem für ›Strandläufer‹: Bohlenwege durchziehen die Dünen

gen Wanderdünen, die stillen Wälder und die leeren Strände machen die Nehrung zu einem der eigenartigsten Orte an der Ostseeküste und zu einem Urlaubsparadies für alle, die Ruhe suchen.

Legende und Wissenschaft

Als es die Nehrung noch nicht gab, lagen vor der Küste eine Reihe von Inseln. Auf einer dieser Inseln lebte ein schönes Mädchen mit langen goldblonden Zöpfen, sie trug den Namen Neringa. Sie wuchs zu einer Riesin heran und half den Fischern: trieb ihnen Fische in die Netze und rettete ihre Schiffe. Eines Tages verursachte der Meeresgott Bangputys (Wellenbläser) solche Stürme, dass die Fischer Neringa abermals baten ihnen zu helfen. Neringa schöpfte Sand in ihre Schürze und trug ihn zwischen die Inseln. Sie arbeitete so lange, bis die Inseln miteinander verbunden waren und die Dünen hoch genug, um die tobende See aufzuhalten. So entstand ein ruhiges Gewässer: das Haff. Neringa trieb viele Fische hinein, sodass die Fischer nun nicht mehr aufs Meer hinaus mussten. Der Meeresgott versuchte ihr Werk zu zerstören, doch er kam nicht dagegen an, und die Stürme verstummten. Aus Dankbarkeit gaben die Fischer der Landzunge den Namen Neringa.

So weit die Legende, die wissenschaftliche Erklärung klingt natürlich nüchterner: Die letzte Eiszeit vor etwa 13 000–15 000 Jahren hinterließ im Meer eine Kette von Endmoränenhügeln. Vor ca. 7000 Jahren spülte eine nordwärts gerichtete Meeresströmung von Samland (dem Land zwischen dem Frischen und dem Kurischen Haff) Sand zwischen die Inseln, der nach und nach die Zwischenräume ausfüllte. So entstand eine Landzunge, die das Haff vom offenen Meer trennte, zuerst nur bis Nida, später weiter nordwärts bis Klaipėda. Starke Westwinde schufen die hohen Dünen. In dem damals warmen Klima wuchsen schnell Gras und Gestrüpp; Linden, Eichen, Birken und Fichten bildeten Wälder.

Geschichte

Im Ersten Weltkrieg wurde die Nehrung geteilt, nach dem Zweiten kam sie unter sowje-

Tipp: Unterkunft

Die Nehrung ist das Sylt Litauens. Im Sommer ist hier viel los, und jeder Haffbewohner vermietet sein Häuschen. Die Preise im Sommer für ein Häuschen oder einzelne Zimmer sind höher als für ein Doppelzimmer im Hotel in Vilnius. In der Wintersaison zahlt man bedeutend weniger, doch ist es häufig recht feucht und windig.

tische Herrschaft. Heute gehört eine Hälfte von ihr zu Litauen, die andere zu Russland. Im Jahr 1961 wurden alle Dörfer zu einer Gemeinde zusammengefasst und zur Stadt **Neringa** erklärt. Schon 3000 Jahre vor unserer Zeitrechnung hatten sich die ersten Siedler in dieser Region niedergelassen. Bis zum 13. Jh. lebten hier baltische Stämme: die Kuren, Žemaiten und Semben. Der Deutsche Ritterorden führte die Heerstraße von Königsberg nach Livland über die Nehrung. *Mare curonensis* wurde das Kurische Haff in einer Chronik von 1320 genannt. Neben den Kuren ließen sich auch Deutsche auf der Nehrung nieder. Die Kuren waren Fischer, die Deutschen hingegen Bauern und Verwalter.

In deutschen Chroniken aus dem 13. Jh. finden sich Aufzeichnungen über den Fischfang im Haff. Gesiedelt wurde am Haff, nicht am Meer. Das Leben auf der Nehrung war bestimmt durch den Kampf gegen die Naturgewalten. Zu Beginn des 16. Jh. und vor allem im Siebenjährigen Krieg (1756–1763) wurde der ursprüngliche Wald aus Eichen, Linden, Birken und Fichten abgeholzt, das ökologische Gleichgewicht kam ins Wanken, die Dünen begannen zu wandern und begruben 14 Dörfer unter sich. Anfang des 19. Jh. musste der preußische Staat viel zahlen, um die Nehrung vor der völligen Versandung zu bewahren: Auf Hunderten Hektar Land pflanzte man widerstandsfähige Bergkiefern und legte Vordünen an. Seit 200 Jahren sind die Menschen nun schon damit beschäftigt, die Dünen zu bepflanzen, festzulegen und auszubessern. Heute ist die große Düne bei

Kurische Nehrung

Nida gefährdet: Starker Westwind trägt den Sand ins Haff – in den letzten 20 Jahren ist die Düne 15 m niedriger geworden.

Von Klaipėda (s. S. 197) zur Kurischen Nehrung verkehren Auto- und Personenfähren. Es ist noch nicht lange her, da planten die Litauer hier ein Touristenzentrum. Zum Glück erkannten sie bald, dass die Nehrung dem Massenansturm nicht gewachsen sein würde, und erklärten sie im Jahr 1976 zum Landschaftsschutzgebiet. Zudem galt es während der Sowjetzeit, die geheimen Militärstationen vor feindlichen Blicken zu bewahren. 1991 wurde die Nehrung zum Nationalpark Kuršiu nerijos erklärt. Schon vor dem Zweiten Weltkrieg stand die Kurische Nehrung unter strengem Naturschutz; Versuche der Nazis, in Nida ein Kraft-durch-Freude-Bad einzurichten, scheiterten. Damals war der Autoverkehr auf der Nehrung verboten. Auch heute versucht man ihn in Grenzen zu halten. Autofahrer können die Straße nach Nida nur noch gegen eine Gebühr passieren, die Besucherzahl ist von daher beschränkt.

Eine Fahrt auf der Nehrung

Karte: links

Die alte Poststraße von Klaipėda nach Königsberg führt von Norden nach Süden über die Nehrung. Wenn der russische Zar westwärts fuhr, benutzte er diesen schmalen Weg, der bei Sturm durchaus nicht ungefährlich war. Auch der Gelehrte Wilhelm von Humboldt befuhr die Nehrung 1809 und beschrieb die Fahrt: »So fuhr ich fast 24 Stunden lang, einen Tag und eine mondhelle Nacht, immer am Seestrande entlang, immer mit einem Rade im Wasser. Die See war sehr bewegt, ohne eigentlich zu stürmen. Manchmal ist sie so schlimm, dass neulich die Wellen das Verdeck der Chaise eines Reisenden weggerissen haben.«

Ganz so aufregend ist die Fahrt heute nicht mehr. Mit dem Auto benötigt man von Smiltynė nach Nida nunmehr eine knappe Stunde. Es darf unterwegs nur auf den gekennzeichneten Parkplätzen gehalten werden. Am schönsten ist die Fahrt über die Nehrung aber mit dem Fahrrad (s. S. 195).

Smiltynė **1** und die Festung Kopgalis

In **Smiltynė** (Sandkrug), dem nördlichsten Ort der Nehrung, kommt man mit der Fähre aus Klaipėda an. Smiltynė gehört zu Klaipėda und hat den schönsten Strand der Stadt.

In der Festung **Kopgalis,** die 1865–1871 von preußischen Ingenieuren erbaut wurde, jedoch ihren eigentlichen Zweck nie erfüllte, ist seit 1979 ein **Meeresmuseum** mit Riesenaquarium und einem Delfinarium untergebracht. Es ist natürlich Anziehungspunkt für Kinder – ganze Schulklassen kommen mit der Fähre hierher. Von der Festung hat man einen wunderbaren Blick auf das Gewirr von Speichern, Kränen und Schiffen im Hafen von Klaipėda (Lietuvos jūrų muziejus, www.juru. muziejus.lt, Juni–Aug. Di–So 10.30–18.30, Mai, Sept. Mi–So 10.30–17.30, Okt.–April Sa, So 10.30–17 Uhr, 12 LTL).

Alksnynė **2**

Über den Hageno kalnas (Hagenshöhe, 38 m) und die Meškadaubis (Bärenschlucht) geht es nach **Alksnynė,** wo die Fahrt zunächst an einem Schlagbaum endet. Hier wird die Berechtigung zur Zufahrt kontrolliert oder bezahlt. Für ein Auto zahlt man 20 LTL, pro Person 10 LTL. Mit den Gebühren soll das Naturschutzgebiet instand gehalten werden.

Zwischen Sanddünen begleiten Kiefern- und Fichtenwälder sowie helle Birken den Weg, teilweise reichen sie bis an den Strand. Mal ist der Blick nach rechts frei auf die Ostsee, mal nach links auf das Kurische Haff: Durch idyllische Schilfbuchten und blühende Schwertlilien schaut man auf die schimmernde Wasserfläche, die glatt wie ein Binnensee ist. Doch die Idylle trügt: Das so friedlich daliegende Haff ist stark bedroht, nicht nur durch Klaipėdas Abwässer und die in den Hafen einlaufenden Schiffe, sondern ebenfalls durch die Zellulose-Industrie auf der russischen Seite memelaufwärts. Bei großer Hitze »blüht« das Haff: Es kommt zur Schaum-

bildung auf dem Wasser. Umweltschützer laufen Sturm gegen diese Entwicklung.

Juodkrantė **3** und Umgebung

Die Dünenwanderungen konnten dem ältesten Ort der Nehrung, **Juodkrantė** (Schwarzort), nichts anhaben, da es hier noch Reste des alten Waldes gibt. Einige Fischerhäuser sowie die Holzvilla Hubertus mit dem viereckigen Turm und den Balkonen zeugen noch vom Charme, den Juodkrantė als beliebter Bade- und Kurort einmal hatte. Diese Gebäude stehen inzwischen unter Denkmalschutz. In den letzten Jahren hat Juodkrantė durch eine neu angelegte, 2 km lange Promenade sehr gewonnen, auf der man am Haff entlangspazieren kann. 1997–1999 entstand hier ein Park mit 31 Skulpturen litauischer und internationaler Künstler.

Zahlreiche Wanderwege durchziehen die umliegenden Dünen und Wälder. Am südlichen Ortsrand führt ein Pfad hinaus zum **Hexenberg** (Raganų kalnas), auf dem ein idyllischer Rundweg von 82 hölzernen Figuren aus der litauischen Märchen- und Sagenwelt gesäumt wird. Ende der 1970er-Jahre waren Holzschnitzer eingeladen worden, den Pfad zu gestalten.

Bereits 1429 fand Juodkrantė in Briefen des Deutschritterordens Erwähnung. 1743 wurde hier die erste Schule der Nehrung gebaut. Die neogotische **Kirche** des Ortes stammt aus dem Jahr 1884.

Im 19. Jh. war Juodkrantė bekannt für seine Bernsteinvorkommen. 1860 wurde ein Bernsteinhafen angelegt, durch den viele Arbeiter angelockt wurden, doch schon im Jahr 1900 hatten sich die Vorkommen erschöpft. Bei den Ausgrabungen in der Bucht fand man fast 500 Bernsteinstücke aus dem Mesolithikum und Neolithikum. Sie wurden im Prussia-Museum von Königsberg ausgestellt, heute sind einige Stücke in deutschen Museen zu sehen oder in Privatbesitz. Kopien kann man im Bernsteinmuseum von Palanga (s. S. 207) besichtigen.

Don Ostseestrand erreicht man über asphaltierte Wanderwege durch den Kiefern wald nach etwa 1500 m.

Litauen: Kurische Nehrung und Kleinlitauen

Infos

TIC: Liudviko Rėzos 54, im Hotel Ąžuolynas, Tel. 469-534 90, Fax 469-534 85, www.visit neringa.com, Mai–Sept. Di–So 9–17 Uhr.

Übernachten

Villa mit Tradition ▶ Villa Flora: Kalno 7 a, Tel. 469 530 24, Fax 469 534 21, www.vila flora.lt. Kleine Zimmer, aber dafür gibt es Balkone, eine nette Atmosphäre und ein besonders gutes Restaurant. DZ ab 240 LTL.

Modern ▶ Ąžuolynas: Liudviko Rėzos 54, Tel. 469 533 10, www.hotelazuolynas.lt. Das Ferienhotel mit 200 Betten direkt am Haff hat Tennisplätze, Pool, ein großes Fitnessangebot und einen Bootsverleih. DZ ab 170 LTL.

Familiär ▶ Kurėnas: Liudviko Rėzos 10, Tel./Fax 469 531 01. Kurėnas ist die litauische Bezeichnung für Kurenkähne. Oberhalb des gleichnamigen Cafés werden einige Zimmer vermietet. Schön, großzügig und bester Service. DZ ab 180 LTL.

Essen & Trinken

Im Sommer wird an **kleinen Buden** überall im Ort **frischer Räucherfisch** angeboten.

Italienisch ▶ Sorrento: Liudviko Rėzos 1 a, Tel. 469 531 00, www.sorrento.lt, tgl. 12–22 Uhr. In der blauen Holzvilla wird italienische Küche serviert. Es handelt sich um eine Dependance des gleichnamigen Vilniusser Restaurants. 30 LTL.

Gärten mit Blumen, bunt gestrichene Häuser: Idyll auf der Kurischen Nehrung

Bemerkenswerte Küche ▶ **Vela Bianca:** Liudviko Rėzos, Tel. 469 500 13. Es hat sich herumgesprochen, dass hier mit viel Liebe international und auch litauisch gekocht wird. Der Blick aufs Haff ist einmalig. 50 LTL.

Verkehr
Busse: Verbindungen von/nach Nida und Smiltynė.

Pervalka und Preila
Hat man Juodkrantė verlassen, sieht man schon bald den **Garnių kalnas,** den Reiherberg, auf dessen Bäumen jährlich rund 6000 Vögel – Reiher und Kormorane – ihre Nester bauen. Holzstufen führen von der Straße auf

Tipp: Reiseorganisation für die Nehrung

Nehrung-Reisen ist ein ungewöhnlicher Reisespezialist für die kurische Nehrung. Von einer Deutsch sprechenden Litauerin geführt, der die Vermittlung von Kultur und Gastfreundschaft auf der Nehrung besonders am Herzen liegt, werden Unterkünfte, Ausflüge und kundige Führungen vermittelt. Auschra, die Inhaberin, hat sich nebenbei auf die alten Gesänge der Nehrung spezialisiert: Nehrung-Reisen, 93124 Nida, Pamario 35 7, Tel./Fax 469 521 35, www.nehrung-reisen.de.

eine Aussichtsplattform, von der man in viele Nester schauen kann und einen Rundblick über Haff und Ostsee genießt.

Kurz vor der Abzweigung zum Ort Pervalka liegen die **Kupsten** (Tote Dünen), eine bizarre Dünenlandschaft. Vom 53 m hohen **Naglių kopa** (Neegelschen Berg) blickt man über das ganze Haff. Unter ihm liegt das Dorf Neegeln begraben. »Die Dünen, dieser wandernde Wüstensand, waren goldgelb, afrikanisch und der Himmel afrikanisch blau. Jemand muss sich doch erinnern an die frischen Winde, die einfallenden Zugvögel, die kurischen Wimpel und das kurische Platt ...«, schrieb in den 1970er-Jahren wehmütig die Dichterin Marie Luise Kaschnitz.

Pervalka 4 (Perwelk), erst 1836 gegründet, ist der kleinste Ort der Nehrung. Hier siedelten die Bewohner der umliegenden versandeten Dörfer auf einer kleinen Halbinsel, die ins Haff reicht. Perwelk heißt in der Sprache der Kuren »hergeschleppt«, ein treffender Name, denn die Einwohner hatten nach der Versandung ihrer Dörfer ihre Habe hierher geschleppt. Südlich von Pervalka liegt die 53 m hohe Düne **Skirpsto kopa** (Kirbste-Berg), unter der das Dorf Karvaiµiai (Karwaiten) begraben ist. Auf der Düne hat man eine Eichenskulptur errichtet, zum Gedenken an den Dichter, Philosophen und Theologen Ludwig Rhesa (Liudviko Rėzos), der 1776 im Dorf geboren wurde. Er lehrte an der Universität Königsberg

187

Nida

und machte sich um die Veröffentlichung der litauischen Dainos (Volkslieder) in Deutschland verdient. Sein Sammelband (1825) wurde von Goethe wohlwollend rezensiert. Zwischen Pervalka und Preila liegt das Hauptgebiet der Elche, der Elchbruch. Die Chancen, einen Elch zu sehen, sind hier am größten; der Bestand ist wieder gewachsen.

Auch **Preila** 5 (Preil) liegt abseits der Straße am Haff. Es ist das jüngste Dorf der Nehrung. Erst 1843 wurde es von Fischern aus dem versandeten Alt-Neegeln gegründet. Hier gibt es viele alte Fischerhäuser, und man hat versucht, die neue Bebauung diesem Stil anzupassen. Im Sommer findet immer samstags ein Fischermarkt statt, auf dem man einheimische Spezialitäten probieren kann.

Übernachten

Gut geführt ▶ Königin Luise Villa: in Pervalka direkt am Haff, Tel. 469 551 90, Fax 469 551 91, www.luize.lt. Neues Apartmenthotel mit wunderbarem Blick aufs Kurische Haff. Auf der Terrasse kann man auch gut speisen. Sehr gut ausgestattete Apartments – sogar mit Kamin – ab 350 LTL.

Nida ▶ 2, B 14

Cityplan: S. 189; **Karte:** S. 184
Der letzte Ort des litauischen Teils der Nehrung ist **Nida** 6, die ehemalige Künstlerkolonie Nidden. Nida galt als das schönste Dorf der Sowjetunion und ist das touristische und administrative Zentrum Neringas. Erstmals wurde es 1385 als Noyden in den Chroniken des Deutschritterordens erwähnt, doch fand man auch Spuren einer Siedlung aus dem Neolithikum. Das frühere Nida lag weiter südlich. Die Einwohner flohen im 17. Jh. vor der Pest und der Versandung. In den 20er- und 30er-Jahren des 20. Jh. war Nida das wichtigste Ausflugsziel der Ostpreußen. Noch immer wirkt der Ort mit seinen mehr als 50 alten Fischerhäusern da und dort ein wenig verschlafen, vor allem am Haff. Im Kern des Dorfes sind in den 1960er-Jahren Mietskasernen entstanden, die man nun begrünt, um sie besser an die Natur anzupassen.

Rundgang

Mitten im Ort, immer noch majestätisch, liegt das ehemalige **Hotel Königin Luise** 1. Sein Haupthaus, von dessen Zimmern man durch Kastanienbäume einen wunderbaren Blick auf das Haff hat, lässt noch den alten Charme erahnen. Im Januar 1807 übernachteten hier Königin Luise und Friedrich Wilhelm III. von Preußen, die sich auf der Flucht vor dem französischen Heer nach Memel befanden. Um etliche Nebengebäude ergänzt, wurde das Hotel zum Erholungskomplex Juratė.

Folgt man der Pamario gatvė Richtung Norden, sieht man kurz darauf die **evangelische Kirche und den Friedhof** 2. Kuren,

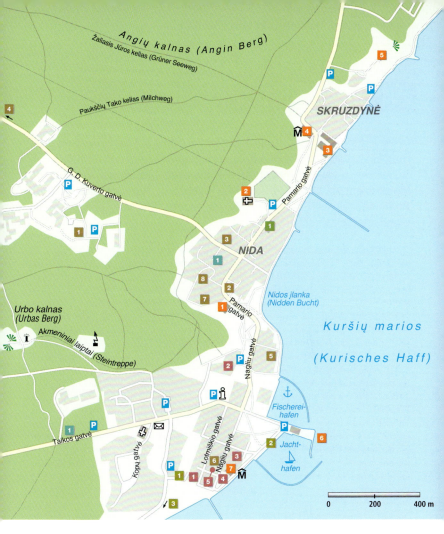

Deutsche und Litauer – der Friedhof gibt Auskunft über die Menschen, die auf der Nehrung gelebt haben. Die Kreuze sind aus Holz mit geschnitzten Tier- und Pflanzenornamenten. Die neogotische Kirche wurde 1888 erbaut und in der Sowjetzeit als Museum zweckentfremdet. 100 Jahre nach ihrer Einweihung fand erstmals wieder ein Weihnachtsgottesdienst in der Kirche statt. 1992 wurde sie der evangelischen Gemeinde zurückgegeben. Die Restaurierung wurde von früheren Bewohnern des Ortes mitfinanziert.

Etwas weiter am Haff entlang in nördlicher Richtung liegt rechter Hand der **ehemalige Künstlergasthof Blode** 3, heute Hotel Nidos Smiltė. Auf Hermann Blodes berühmter kleiner Künstlerveranda fanden sich die ersten Maler ein und entdeckten die Schönheit der Nehrung. Um 1890 entstand die Niddener Künstlerkolonie, die in den Jahren vor dem Ersten Weltkrieg ihre erste Blütezeit erlebte. Auch nach dem Ersten Weltkrieg waren die Künstler wieder da (s. S. 190). Im Hotel kann man sich eine kleine Ausstellung anschauen.

Thomas Mann und die Künstlerkolonie in Nidden

In der ersten Hälfte des 20. Jh. war Nidden (Nida) auf der Kurischen Nehrung ein beliebtes Ziel bedeutender deutscher Maler und Schriftsteller. Es wurde zu einer Künstlerkolonie, die berühmte expressionistische Maler wie etwa Lovis Corinth, Max Pechstein, Karl Schmidt-Rottluff, Erich Heckel und Ernst Mollenhauer anzog. 1929 kam auch Thomas Mann auf die Kurische Nehrung.

Thomas Mann logierte im legendären Gasthof Blode, der von mehr oder weniger betuchten Künstlern und Schriftstellern aus ganz Deutschland immer wieder gern aufgesucht wurde. Die einzigartige Landschaft mit ihren Wanderdünen, die der Wind vor sich her trieb, mit ihren urigen Fischerhäuschen, deren Farben schon von ferne leuchteten, das Haff mit seiner leicht gekräuselten Oberfläche hatten ihn in ihren Bann gezogen und er entschloss sich spontan, hier ein Sommerhaus zu bauen. Auf dem Schwiegermutterberg am Dorfrand wurde noch im selben Jahr mit dem Bau des Hauses begonnen, ab Sommer 1930 konnte es die Familie bewohnen. Es wurde im Stil der Fischerhäuser auf der Nehrung unter Kiefern über dem Haff errichtet. Jedes der sechs Kinder hatte ein eigenes kleines Zimmer. Besonders eindrucksvoll ist das ehemalige Arbeitszimmer des Schriftstellers, der hier im Sommer täglich zwischen 9 und 12 Uhr an seinem Roman »Joseph und seine Brüder« arbeitete und den »Italienblick« weit über das Haff mit seinem weißen Strand genoss.

Drei Jahre lang, von 1930 bis 1932, verbrachte die Familie Mann hier den Sommer, bevor sie aus Deutschland emigrierte. Im Jahr 1939 wurde das Haus von den Nazis beschlagnahmt und danach von Reichsmarschall Göring als Jagdhaus genutzt.

In der ersten Zeit nach dem Zweiten Weltkrieg verfiel das Haus, wurde aber später zu einem Pilgerziel litauischer Intellektueller, die sich des vormaligen Bewohners erinnerten. Mittlerweile ist das Gebäude liebevoll restauriert und dient als Tagungsstätte der Thomas-Mann-Gesellschaft, deren Ziel es ist, den kulturellen Dialog Litauens mit seinen Nachbarn zu fördern. In den unteren Räumen sind Fotografien und Bücher des Nobelpreisträgers zu sehen, die Thomas-Mann-Verehrer aus aller Welt anziehen.

Die Familie Mann verkehrte in jenen Sommerjahren im Künstlergasthaus Blode. Das erste Haus am Platz war schon über Jahrzehnte im Familienbesitz. Hermann Blode, der kunstsinnige Wirt, gewährte jedem Künstler, der hier in der einmaligen Landschaft am Haff malen wollte, freie Kost und Logis. Die Gegenleistung bestand lediglich in einem Bild, das auf die Wände der zum Haff führenden Veranda gehängt wurde. Beliebte Motive waren die sagenhaften Wanderdünen, die Küstenlandschaft mit ihren Fischerbooten und das Haff mit seiner urwüchsigen Vegetation.

Blodes Gasthof, das Herzstück der Künstlerkolonie von Nidden, wurde in den 1920er-Jahren von dem expressionistischen Maler Ernst Mollenhauer übernommen, der sich in die Wirtstochter verliebt und sie geheiratet hatte. Unter seiner Leitung wurde Nidda zu einer ›Filiale‹ der »Brücke-Maler«. Berühmt war der Gasthof auch für seine Künstlerfeste, zu denen die Tänzerin Gret Palucca ebenso kam wie der Architekt Erich Mendelsohn.

Die Sammlung der Familie Blode umfasste damals bedeutende Werke des Expressionismus, die unter den Nazis dann als »entartet« galten und häufig abgehängt werden mussten. In den Wirren der letzten Kriegstage ging die Sammlung unwiederbringlich verloren, Teile sollen von Rotarmisten buchstäblich verheizt worden sein.

Dass heute in Nida wieder Spuren der einstmals so vitalen Künstlerszene zu entdecken sind, ist der Tochter des Malers und letzten Gastwirts Ernst Mollenhauer zu verdanken. Maja Mollenhauer kam in den 1990er-Jahren in ihre alte Heimat am Haff zurück. Ihr Geburtshaus war schon in den 70er-Jahren fast völlig abgerissen worden – es hatte einem Neubau weichen müssen, in dem heute das traditionsbewusste Hotel Nidos Smiltė untergebracht ist.

Auf Initiative von Maja Mollenhauer wurde im umgebauten ehemaligen Pferdestall des früheren Familiengasthauses eine kleine Ausstellung zur Geschichte des Gasthofs und der Künstlergalerie eingerichtet. Alte Postkarten und private Fotografien zeigen das geräumige Haus, an dessen Außenwand damals die Verse des ›Pferde- und Elchmalers‹ Heinrich Krüger zu lesen waren: »Wer blöden Augs vorüber zaht, der schaut hier nichts als Sand, doch wess'n Herz die Schönheit glukt, dem dünkts ein Wunderland.«

Drei Sommer lang Wohn- und Arbeitsstätte: das Thomas-Mann-Haus in Nida

Haff-Fischerei und Kurenkahnwimpel

Thema

Um die Mitte des 19. Jh. sann man auf Maßnahmen, die Haff-Fischerei zu kontrollieren. Auf Beschluss der Königsberger Regierung sollte »jeder Berechtigte bei Ausübung der Fischerei … eine wenigstens zwei Fuß lange und einen Fuß breite Flagge derjenigen Farbe, welche der Ortschaft, woselbst er seinen Wohnsitz hat« auf dem Boot mit sich führen.

Auf diese Weise wollte man einer Verminderung des Fischbestands entgegenwirken. Es war nun möglich, Fischer, die sich unerlaubter Fangmethoden bedienten, zu identifizieren. Ab etwa 1870 bekamen die kurischen Wimpel eine reiche Verzierung. An langen Winterabenden schnitzten die Fischer die Motive: Elche, Häuser, Kirchen, Wasser, Dünen, einen Leuchtturm oder auch die Sonne. Der Wimpel, der um die Mastspitze drehbar war, bestand aus Holz und Blech. Er diente zugleich als Windrichtungsanzeiger. Jeder Ort hatte andere Symbole.

Schon 1877 gab es eine neue Vorschrift: Weithin sichtbar musste nun der Name des Heimatortes auf dem Segel angebracht sein. Doch die Kurenkahnwimpel existierten wei-

ter. 1929 gab es etwa 450 wimpelführende Fischerkähne auf dem Haff, 1945 fand dieser Brauch ein Ende. In der Sowjetzeit setzte sich mit der Gründung von Kolchosen die industrielle Fischerei durch. Außerdem konnten die neuen Bewohner der Nehrung mit den Kurenkähnen schwer umgehen. So senkten Motorkutter ihre Netze in das Haff, aus Japan führte man riesige Schleppnetze ein, mit denen man anfangs im fischreichen Haff eine große Beute machte. Doch damit begann der Raubbau. Heute ist das Fischen im Haff von April bis September verboten. Dennoch gibt es auf der Nehrung überall – auch im Sommer – frischen Fisch zu kaufen. Es existieren nur noch zwei Kurenkähne, die für touristische Nostalgiefahrten eingesetzt werden.

Kleine Kunstwerke: die geschnitzten Wimpel der Kurenfischer

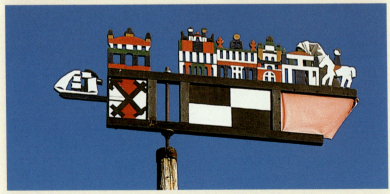

Das **Historische Museum** `4` gegenüber dokumentiert die Geschichte des Ortes von der Steinzeit bis zum Zweiten Weltkrieg (Neringos istorijos muzeijus, Pamario 53, Juni–Mitte Sept. tgl. 10–18, Mitte Sept.–Mai Mo–Sa 10–17 Uhr, 5 LTL).

Nicht nur die deutschen Expressionisten machten Nidden bekannt, auch die Ballade von Agnes Miegel »Die Frauen von Nidden« und natürlich Thomas Mann (s. S. 190). Am Haff entlang führt der Weg Richtung Norden, bis linker Hand Stufen zum Schwiegermutterberg führen, auf dem sich Thomas Mann 1929 ein reetgedecktes Haus bauen ließ. Nur drei Sommer verbrachten die Manns in ihrem Feriendomizil. Im Sand sitzend schrieb Thomas Mann hier an dem Wüstenroman »Joseph und seine Brüder«. Heute befinden sich im **Thomas-Mann-Haus** `5` ein kleines Museum und eine Forschungsstelle (Tomo Mano namelis, Skruzdynės 17, www.mann.lt, im Sommer Di–So 10–18, im Winter Mi–So 10–17 Uhr).

Im Zentrum von Nida liegt der **Hafen** `6`. Spaziert man durch die Naglių gatvė in Richtung der Hohen Düne, scheint es, als sei die Zeit stehen geblieben. Hier sieht es noch so aus, wie Thomas Mann es Anfang der 1930er-Jahre beschrieben hat: »Im Fischerdorf findet man an den Häusern vielfach ein besonders leuchtendes Blau, das sogenannte Niddener Blau, das für Zäune und Zierrate benützt wird. Alle Häuser, auch das unsere, sind mit Stroh- und Schilfdächern gedeckt und haben am Giebel die heidnischen gekreuzten Pferdeköpfe.« Die stilisierten Pferdeköpfe sind zu sehen wie auch Blumenmuster und Initialen der Namen ehemaliger Besitzer. Einige Bewohner haben in den Gärten kleine Cafés eröffnet.

Am Ende der Straße befindet sich in einem der Fischerhäuser das **Ethnografische Museum** `7`, zu erkennen an einem Kurenkahn im Garten. Hier kann man erfahren, wie die Fischer einst in diesen Häusern lebten. Im Garten finden sich auch einige Exemplare von Kurenkahnwimpeln. Diese wurden 1844 eingeführt, damit man die Hafffischerei überwachen konnte (s. links; Žvejo etnografinė sodyba, Naglių 4, Mai–Sept. tgl. 10–18, Okt.–April Di–Sa 11–17 Uhr, 5 LTL).

Parnidden-Düne und Ostseestrand

Hauptattraktion von Nida ist die **Parnidden-Düne** (Parnidžio kopa), zu der ein steiler Weg mit 159 Holzstufen hinaufführt. Mit einer Höhe von 52 m gehört sie zu den höchsten Dünen Europas. Auf dem Plateau stehen die Reste einer Sonnenuhr, die 1999 bei einem Sturm zerstört wurde. Man sieht über ganz Nida hinweg auf das Haff und die Ostsee – dazwischen Sand und Himmel. Noch stärker ist der Eindruck im sogenannten Tal des Schweigens, einer weiten Senke zwischen zwei Dünen. Geht man hinunter, sieht man nichts als Sand. Eine Wanderung in den Dünen ist überaus erholsam und entspannend, doch dürfen die markierten Wege nicht verlassen werden.

Auch der Nehrungswald eignet sich wunderbar für Spaziergänge. Nach etwa 15-minütigem Spaziergang erreicht man den **Badestrand der Ostsee**. Das Wasser der Strände ist sauber, denn Abwässereinleitungen gibt es auf der gesamten Nehrung nicht. Kurz hinter Nida verläuft die Grenze zu Russland.

Infos

TIC: Taikos 4, Tel. 469 523 45, www.visit neringa.com, Juni–Aug. Mo–Sa 9–20, So 9–15, Sept.–Mai Mo–Fr 10–18 Uhr.

Übernachten

Modern ▶ Nidus `1`**:** Kuverto15, Tel. 469 520 01, www.nidus.lt. Ansprechende Gestaltung, zu Haff und Strand kann man gemütlich laufen. Alle Zimmer sind mit Sonnenbalkons ausgestattet. 230 LTL.

Originell ▶ Vila Banga `2`**:** Pamario 2, Tel. 469 511 39, www.nidosbanga.lt. Wer in einem Fischerhäuschen in einer gemütlichen Pension wohnen möchte, ist hier genau richtig. Auch Ferienhäuschen. 200 LTL.

Stimmungsvoll ▶ Vasara `3`**:** Kurverto 8–4, Tel. 699 339 19, www.vasara.org. Vasara bedeutet Sommer, und so sonnig und luftig kommt dieses nette Hotel zwischen Meer und Haff auch daher. Besonders aufmerksames Personal. 190 LTL.

Strandnah ▶ Litorina `4`**:** Smlltynės 19, Tel. 469 525 28, Fax 469 511 02, www.litorina-

Manchmal kommt man dem Wasser ganz nah – bei der Radtour über die Nehrung

dubingiai.lt. Dieses Hotel liegt weit vom Ortskern entfernt. Alle Zimmer haben einen Balkon; sehr komfortabel, auch in der Nebensaison gut beheizbar! DZ ab 180 LTL.

Am Wasser ▶ Inkaro Kaimas 5 : Naglių 26, Tel. 469 521 23, www.inkarokaimas.lt. Gemütlich-rustikales Holzhaus am Haff mit zwei Appartements und einem Doppelzimmer – alle mit Balkon oder Terrasse und Haffblick. App. ab 170 LTL.

Rustikal ▶ Poilsis Nidoje 6 : Nagliū 11, Tel. 699 316 98, www.neringahotels.lt. Diese sehr familiär gehaltene Pension in einem Holzhaus bietet nette Extras, so kann man den Garten mitbenutzen und bei gutem Wetter auch grillen. 190 LTL.

Mit Tradition ▶ Nidos Smiltė 3 : Skruzdynės 2, Tel. 469 522 21, 469 522 19, Fax 469 527 62, www.smilte.lt. Das ehemalige Künstlerhotel von Hermann Blode liegt direkt am Haff. Renovierte, aber einfache Zimmer in drei verschiedenen Häusern. DZ ab 160 LTL.

Hotelanlage ▶ Jurate 7 : Pamario 3, Tel. 469 523 00 und 469 526 18, www.kopos.lt/jurate. Größter Ferienkomplex in Nida mit mehreren Häusern, Zimmern und Appartements, zum Teil mit Haffblick. DZ ab 140 LTL.

Privatpension ▶ Miško Namas 8 : Pamario 11, Tel./Fax 469 522 90, www.miskonamas.com. Schöne Zimmer und Appartements im Holzhaus mit Garten. DZ ab 130 LTL.

Essen & Trinken

Gehoben ▶ Seklyčia 1 : Lotmiškio 1, Tel. 469-529 45, www.neringaonline.lt, tgl. 12–24 Uhr. Litauische Spezialitäten, besonders gut: geräucherter Aal! Sehr schön sitzt man im Vorgarten des Holzhauses mit Blick auf die Große Düne. Hauptgericht ab 40 LTL.

Einfaches Restaurant ▶ Prusų Rumai 2 : Naglių 29 a, Tel. 469 523 17, tgl. 8–24 Uhr. Historische Fotos an den Wänden, gutes Essen (Fisch!). Ab 30 LTL.

Haffblick ▶ Sena Sodyba 3 : Naglių 6/2, Tel. 469 527 82, Mai–Okt. tgl. 10–22 Uhr. Besonders schön sitzt man im Garten; fangfrischer Fisch, z. B. Scholle mit Salat für 30 LTL. Die Pfannkuchen sind umwerfend!

Gute Küche ▶ Ešerine 4 : Naglių 2, Tel. 469 5 27 57, tgl. 10–24 Uhr. Moderne Gast-

aktiv unterwegs

Radtour von Klaipėda über die Nehrung

Tour-Infos

Start: Klaipėda, Altes Fährterminal, Ževė 8, tgl. 6–24 Uhr
Länge: ca. 120 km
Dauer: 2 Tage / 2 Übernachtungen
Schwierigkeitsgrad: einfach
Karte: ▶ 2, B/C 13–14 und S. 184

Um die Kurische Nehrung per Fahrrad zu entdecken, setzt man mit der Fähre von Klaipėda auf die Nehrung über. In Smiltynė beginnt die Fahrt, nachdem man kurz hinter dem Ort die Eintrittsgebühr für den Nationalpark entrichtet hat. Nun folgt man der Hauptstraße Richtung Nida. Bei viel Autoverkehr ist besondere Vorsicht geboten, bisher existiert ein Radweg nur ab **Juodkrantė** (s. S. 185). Von dort bis Nida kommt man in den Genuss eines neu angelegten Fahrradwegs durch den Nehrungswald mit einzigartigen Ausblicken auf die Dünen. Bis **Nida** sind es ca. 50 km.

Am nächsten Tag kann man sich mit einem Boot privat nach **Rusnė** (s. S. 205) übersetzen lassen. Rusnė liegt auf einer Halbinsel zwischen den Flüssen Atmata und Skirvytė, in die sich der Nemunas teilt, um hier ein Flussdelta zu bilden. Einst teilte sich der Fluss bei Rusnė in 13 Arme. Sümpfe und feuchte Wiesen prägen hier die Landschaft. Im 18. und 19. Jh. war Rusnė ein blühender Handelsplatz für Holz, Getreide und Fisch.

Hermann Sudermann, der Dichter des Memellands, beschreibt den Ort in seiner »Reise nach Tilsit«, in der das Fischerpaar Ansas und Indre vom Kurischen Haff zu einer Fahrt den Fluss hinauf nach Tilsit aufbricht: »Auf der rechten Seite kommt Ruß, der große Herrenort, in dem so viel getrunken wird wie nirgends auf der Welt. Vor dem Rußner Wasserpunsch fürchten sich ja selbst die Herren von der Regierung.« Das ist verständlich, denn eine Flasche Portwein wird mit einer halben Flasche Weinbrand, einem Viertel Liter Rußner Wasser und 150 g Zucker erhitzt. Das Ganze wird von zwei (!) Männern getrunken.

Nun geht es ins 8 km entfernte **Šilutė** (s. S. 204), Sudermanns Heimatstadt. Von dort setzt man die Fahrt auf der P 195 Richtung Kintai und Ventė fort.

Die Tour durch die flache Fluss- und Wiesenlandschaft bietet ein einmaliges Naturerlebnis. Die Straße ist wenig befahren. Am Haff angelangt, biegt man links ab nach **Ventė** (s. S. 206), das auf einer Landzunge im Haff liegt. Auf der Spitze, der Windenburger Ecke, steht der Leuchtturm von 1863. Einst befand sich hier eine der ersten Ordensburgen (1360), die nach der Schlacht bei Tannenberg jedoch verfiel. Heute ist die Landzunge ein Natur- und Vogelschutzgebiet mit einer ornithologischen Station. Auf der Straße zur Vogelwarte gibt es zwei neue Hotels, auch mit gutem Campingplatz (s. S. 206). Am Straßenrand wird fangfrisch geräucherter Fisch aus dem Haff preiswert angeboten.

Am nächsten Tag geht es weiter am Haff entlang in Richtung Kintai. **Kintai** ist ein malerisches Fischerdorf mit einem großen Kiefernwald. Hier befinden sich Campingplätze und ein Segelclub. Die 1705 erbaute Kirche wurde mit den Steinen der alten Ordensburg von Ventė errichtet. Noch führt die Route am Haff entlang über Svencelė nach Dreverna. Von hier sind es noch etwa 10 km nach **Priekulė** am Fluss Minija. Die Stadt hat sich den typischen Charakter einer ostpreußischen Kleinstadt mit zweistöckigen Steinhäusern bewahrt, denn sie wurde im Zweiten Weltkrieg nicht zerstört.

Die Hauptstraße von Priekule nach Klaipėda gilt es zu meiden, da sie stark befahren ist. Entweder nimmt man nach **Klaipėda** (s. S. 197) die Bahn oder fährt auf Nebenstraßen an der Minija entlang Richtung Dovilai und dann von dort weiter nach Klaipėda.

Litauen: Kurische Nehrung und Kleinlitauen

stätte mit Blick aufs Haff und die Große Düne. Hauptgericht ab 40 LTL.

Einfach ▶ Bangomusa Baras 5 **:** Nagliu 5, Tel. 469-525 17, tgl. 8–24 Uhr. Im blauen Fischerhaus bei litauischer Hausmannskost schmeckt es hier bestens, auch ein gutes Frühstück wird serviert! Ab 30 LTL.

Einkaufen

Bernstein ▶ Bernsteingalerie 1 (Gintaro galerija-muziejus): Pamario 20, www.ambergallery.lt, Mitte April–Sept. tgl. 9–21 Uhr. Die mit einem kleinen Museum verbundene Galerie führt sehr schönen Bernsteinschmuck.

Abends & Nachts

Trendy ▶ In Vino 1 **:** Taikos 32, Tel. 655 779 97. Man sollte keine zu hohen Erwartungen an Nidas Nachtleben stellen. In den Dünen mit wunderbarem Ausblick lässt sich jedoch zum Sonnenuntergang und auch später ein gutes Glas Wein genießen.

Aktiv

Wassersport ▶ Bootsverleih 1 **:** Nagliu, gegenüber vom Seklyčia-Restaurant. **Tret- und Ruderboote:** Verleih von Booten wie auch von Surfbrettern am Lotmiškio neben dem Restaurant Seklyčia. **Segel- und Motorboote** 2 **:** Kann man am Hafen ausleihen ab 50 LTL/Std. Dort werden auch Ausflüge auf Kurenkähnen angeboten! **Jachtcharter:** im Jachthafen, Tel. 8 68 54 671, info@jachtaneringa.w3.lt. Mit oder ohne Crew, vermietet auch Motorboote. Die Preise sind Verhandlungssache.

Jeder kann seiner Wege gehen – in der weitläufigen Dünenlandschaft der Nehrung

Fahrräder ▶ In vielen Hotels Radverleih. Im TIC von Nida kann man Fahrräder mieten, die zugestellt und auf der ganzen Nehrung wieder abgeholt werden. Ca. 38 LTL/Tag. **Infos zu Fahrradtouren:** www.bicycle.lt/kuesten radweg/veroeffentlichungen/

Rollerblades ▶ **Vermietung:** in vielen Hotels und am Anleger.

Termine

Musikfestival (Aug.): Festival klassischer Musik in Nida und Juodkrantė, das vom Theater in Klaipėda organisiert wird (www.klaipeda.lt).

Thomas-Mann-Festival: jedes Jahr im Juli, www.mann.lt.

Verkehr

Busse von/nach Smiltynė. Von dort **Fähren** nach Klaipėda.

Klaipėda ▶ 2, B 13

Cityplan: S. 199

Für Zar Peter den Großen war St. Petersburg das »Tor zum Westen«; für die Litauer ist es Klaipėda, das ehemalige Memel. Das historische Schicksal der Stadt lässt sich an der Umbenennung der Hauptstraße, der heutigen Lindenstraße (Liepėpų gatvė) nachvollziehen: Unter dem Zaren hieß sie Alexanderstraße, während der kurzen Unabhängigkeitsperiode Smetona-Straße, dann wurde sie zur Adolf-Hitler-, zur Stalin- und schließlich zur Gorkistraße. Einzig die Linden haben überdauert und sind nun Namensgeber.

Politisch bildete Memel bis zum Ersten Weltkrieg den Nordostzipfel von Ostpreußen, doch hier wurde fast so viel Litauisch wie Deutsch gesprochen. Über Jahrhunderte war die Stadt von unterschiedlichen Kulturen geprägt, neben Litauern und Deutschen trugen Juden und auch Engländer zum Völkergemisch bei. Während des Zweiten Weltkriegs wurden zwei Drittel der Stadt zerstört. Nach dem Krieg kamen Litauer und Russen hierher und die Stadt wurde in Klaipėda umbenannt – so hieß im 9. Jh. die erste baltische Sied-

Tipp: Kanufahrten & Fahrradtouren

Irklakojis **3** : Auf der Kurischen Nehrung vermittelt besonders kompetent und engagiert eine kleine Gruppe junger Unternehmer aus Nida Touren dieser Art und geben nebenbei auch Einblick in die besondere Kultur der Nehrung. Sie gehen gern auf individuelle Wünsche ein (Kopų 3–7, 93122 Nida, Tel. 618 819 57, www.irklakojis.lt).

lung an dieser Stelle. Unter sowjetischer Herrschaft wurde Klaipėda zur »geschlossenen Stadt«, zum militärischen Sperrgebiet. Heute leben die über 200 000 Menschen zumeist in den Trabantenstädten im Süden der Stadt. Die Altstadt neben der Burg wird liebevoll restauriert und die sogenannte Neustadt rechts der Danė knüpft heute wieder an ihre Vergangenheit als lebhafter Handelsort mit vielen Läden, Restaurants und Theatern an.

Auch wer keine Großmutter hat, die aus dem Memelland stammt, wird in den engen kopfsteingepflasterten Straßen sentimental. Man fühlt sich in die Kindheit zurückversetzt: Plätze mit Fliederbüschen, blühende Wiesen, auf denen Wäsche trocknet, und Ball spielende Kinder – vielerorts in Klaipėda scheint die Zeit stehen geblieben zu sein. Im Gegensatz zum benachbarten Palanga strahlt die Hafenstadt noch eine gewisse Ruhe aus. Dass hier früher viele Kaufleute gewohnt haben, lässt sich an den Speichern und Fachwerkhäusern erkennen, die nach und nach wieder instand gesetzt werden.

Altstadt

Das Herz der Altstadt schlägt auf dem **Theaterplatz** (Teatro aikštė). Hier führten schon im 18. Jh. fahrende Gesellen Stücke auf, zu Beginn des 19. Jh. wurde das erste **Theater** **1** gebaut, aber erst 1857 das jetzige Gebäude. Richard Wagner dirigierte hier die Königsberger Philharmonie, als er sich auf der Flucht vor seinen Gläubigern im benachbarten Riga

Klaipėda

aufhielt (www.kldteatras.lt). Der Platz wird dominiert vom **Simon-Dach-Brunnen** 2 mit der bronzenen Figur des Ännchen von Tharau (Tavaros Anika), dem Wahrzeichen der Stadt. 1912 wurde an dieser Stelle ein Brunnen errichtet, der jedoch ein Opfer des Zweiten Weltkriegs wurde; heute ziert eine nach alten Fotos geschaffene Nachbildung den Platz. Der Barockdichter und Musikprofessor aus Königsberg, Simon Dach, widmete sein Gedicht »Ännchen von Tharau« der von ihm geliebten Pfarrerstochter. Er verfasste sein berühmtes Gedicht im Jahr 1637, als die Pfarrerstochter Anna Neander einen anderen geheiratet hatte: »Ännchen von Tharau ist's, die mir gefällt. / Sie ist mein Leben, mein Gut und mein Geld. / Ännchen von Tharau hat wieder ihr Herz / Auf mich gerichtet, in Lieb und in Schmerz. / Ännchen von Tharau, mein Reichtum, mein Gut! / Du meine Seele, mein Fleisch und mein Blut!« Dach verfasste die Zeilen auf Plattdeutsch, erst Johann Gottfried von Herder übersetzte sie nach dessen Tod. Heute verkaufen rund um den Brunnen fliegende Händler Schmuck und Souvenirs.

Vom Theaterplatz geht es in die Jono gatvė, die Johannisstraße. Sie ist eine der ältesten Straßen der Stadt und wurde nach der berühmten Johanniskirche benannt, die, wie fast alle Kirchen Klaipėdas, im Krieg zerstört wurde. Parallel dazu verläuft die Turgaus gatvė, die Marktstraße, in der noch schöne Gebäude aus dem 19. Jh. zu sehen sind. In der Tiltų gatvė, Ecke Turgaus befindet sich die aus dem 17. Jh. stammende **Grüne Apotheke** 3, benannt nach einem grünen Pulver, mit dem sich angeblich so manches Gallenleiden kurieren ließ. Das Pulver kann man leider heute nicht mehr erwerben, dafür aber kuriose Apothekenutensilien im Schaufenster bewundern.

Das **Historische Museum von Kleinlitauen** 4 ist keineswegs nur etwas für Memelnostalgiker und Liebhaber von Volkstrachten. Man erfährt hier viel über das Zusammenleben von Litauern, Deutschen und Juden in den letzten Jahrhunderten. Bemerkenswert ist die Fotosammlung, besonders die Fotos aus dem Zweiten Weltkrieg (Mažosios Lietuvos istorijos muziejus, Didžioji vandens 6, www.mlimuziejus.lt, Di–So 10–17.30 Uhr, 6 LTL).

Hinter dem Markt kommt man zum Turgaus aikštė. Am früheren Friedrichsmarkt wohnten vor dem Krieg vorwiegend jüdische Händler, heute wird der Platz neu gestaltet und soll zukünftig wieder einer der Mittelpunkte der Stadt werden. Rechts zweigt die Aukštoji gatvė ab, wo sich die **Alte Post** 5 (Aukštoji 13) befindet. Unter Philatelisten gilt sie als Geheimtipp, denn hier werden Sonderstempel vergeben. Bevor man in die Didžioji vandens gatvė einbiegt, sollte man noch einen Blick auf die hübschen restaurierten Speicherhäuser werfen, die heute Galerien und Cafés beherbergen.

Um die Ecke befindet sich das **Schmie-demuseum** 6, das sehr anschaulich und aufwendig in die Kunst des Schmiedens ein-führt – auch anhand von praktischen Bei-spielen zum Mitmachen: Die alte Werkstatt ei-nes deutschen Schmiedemeisters aus Klaipėda wurde in eine Ausstellungshalle um-gewandelt, in der u. a. schmiedeeiserne Wet-terfahnen, Zäune und Kruzifixe ausgestellt sind (Kalvystės muziejus, Šaltkalvių 2, www. mlimuziejus.lt, Di–So 10–17 Uhr, 6 LTL).

Am Ende der Tiltų lohnt ein Gang durch das dichte Gedränge in der **Markthalle** 7. Schon von Weitem sieht man die vielen Blu-menstände. Hier kann man auch recht güns-tig litauische Wurstwaren direkt vom Bauern kaufen, aber auch ausgezeichneten Käse und litauische Brotsorten. Zum Glück hat man die Bauern der Umgebung noch nicht unter Hinweis auf die strengen EU-Lebensmittel-gesetze aus der Halle gedrängt (Mo–Sa 8–17, So 8–14 Uhr).

Jenseits der Pilies gatvė, der Burgstraße, sind die Ruinen der alten **Memelburg** 8 zu besichtigen. In letzter Zeit wurde hier viel Mühe darauf verwandt, die Reste möglichst zeitgemäß zu präsentieren, auch mit Hilfe von Videos und Animationen. Seit 2002 verzeich-net die Anlage mit dem Museum alljährlich Besucherrekorde (Senji perkėla, Pilies 4, www.mlimuziejus.lt, April–Okt. tgl. 10–18, Nov.–März Di–Sa 10–18 Uhr, 4 LTL).

Neustadt

Östlich der Brücke, welche die Altstadt mit der Neustadt verbindet, liegt ein alter **Drei-master** 9, einst ein finnisches Segelschul-schiff, in dem sich das beliebte, einer li-tauischen Brauerei gehörende Lokal Meridia-nas befindet.

199

Über die Brücke zur Neustadt – der ehemaligen Friedrichsstadt – und ihre Fortsetzung, die Herkaus Manto gatvė, erreicht man den Vilties-Platz, auf dem früher das obligatorische Lenin-Denkmal gestanden hat. Heute wirkt der Platz noch etwas leer; er soll aber in Kürze umgestaltet werden. An der Nordseite zieht das **Hotel Amberton Klaipėda** (s. u.) mit spätem 1970er-Jahre-Schick die Blicke auf sich. Rechts gelangt man in die Liepų gatvė, die Lindenstraße. Schon im 18. Jh. ließen sich die wohlhabenden Bürger der Stadt hier ihre Villen bauen. Leider ist vom einstigen Glanz nicht viel geblieben, doch bemühen sich die Stadtväter, an die Vorkriegszeit anzuknüpfen, als die Allee die Flaniermeile der Stadt war.

In einem ehemaligen Bankgebäude ist ein sehenswertes **Uhrenmuseum** 🔟 untergebracht. Alles, was irgendwie mit dem Thema Zeit messen zu tun hat, ist hier versammelt (Klaipėdos laikrodžių muziejus, Liepų 12, Di–So 12–17 Uhr, 6 LTL).

Gleich daneben (Liepų 16) dominiert das **Hauptpostamt** 1️⃣1️⃣ des Memellandes mit seiner neogotischen Backsteinarchitektur die Allee. Von hier aus wurde in vergangenen Jahrhunderten die Post ins russische Imperium expediert. Ein Blick ins Innere lohnt sich: Die Schalterhalle wurde ausgesprochen sorgfältig restauriert. Im Turm der Post stimmt ein Glockenspiel das »Ännchen von Tharau« an, allerdings nur auf Wunsch – man muss sich im Postamt an einen der hilfsbereiten Schalterbeamten wenden. 1987 wurde ein neues Carillon aus Thüringen installiert.

Die **Gemäldegalerie** 1️⃣2️⃣ beherbergt eine eher unspektakuläre Sammlung russischer und litauischer Kunst aus den letzten Jahrhunderten. Das Gebäude soll aber in nächster Zeit modernisiert und die Sammlung an den Geschmack eines internationalen Museumspublikums angepasst werden (Paveikslų galerija, Liepų 33, tgl.12–18 Uhr, 6 LTL).

Zum Abschluss des Rundgangs sollte man dem **Mažvydas-Skulpturenpark** 1️⃣3️⃣ (M. Ma-

**Auf Schritt und Tritt beobachtet –
Jugendstilhaus in Klaipėda**

žvydo skulptūrų parkas) am Ende der Lindenallee einen Besuch abstatten. Hier befand sich bis 1977 der Zentralfriedhof der Stadt, auf dem im 19. Jh. auch viele Deutsche ihre letzte Ruhe fanden. In den Jahren der sowjetischen Herrschaft wurde der Friedhof eingeebnet. Im Skulpturenpark stehen heute rund hundert Skulpturen – und es werden immer mehr, denn als Zeichen der Versöhnung und Verständigung veranstaltet die Stadt alljährlich ein renommiertes internationales Skulpturensymposium.

Infos

TIC: Turgaus 7, Tel. 46 41 21 86, Fax 46 41 21 85, www.klaipedainfo.lt. Infos und Vermittlung von Unterkünften, Touren, Tickets für Veranstaltungen. Gute Landkarten.

Übernachten

Erstes Haus am Platz ▶ **Europa Royale** 1️⃣: Ževų 21, Tel. 46 40 44 44, Fax 46 40 44 45, www.groupeuropa.com. Das Haus ist zentral in einem alten Bürgerhaus nahe dem Theaterplatz gelegen. Viel Wert wurde auf stimmigen Dekor gelegt. Die Zimmer zum Hof hin sind teilweise recht dunkel. Diesen kleinen Nachteil gleicht das üppige Frühstück aus. DZ ab 450 LTL.

Gediegen ▶ **Amberton Klaipėda** 2️⃣: Naujoji Sodo 1, Tel. 46 40 43 72, Fax 46 40 43 73, www.ambertonhotel.com. Das zentral gelegene Hotel hat seine sowjetische Vergangenheit völlig überwunden. Die Zimmer sind klein, aber komfortabel eingerichtet. Der Panoramablick über die Stadt vom 12. Stock aus ist einmalig, hier befindet sich auch ein gutes Grillrestaurant. DZ 440 LTL.

Komfortabel ▶ **Promenada** 3️⃣: Šaulių 41, Tel. 46 40 30 20, Fax 46 40 30 21, www.

Tipp: Travel Agency

Über die ausgesprochen angenehme Serviceagentur Dorlita Travel Agency kann man Unterkünfte buchen und sich gut beraten lassen, auch in Hinblick auf Exkursionen (Torma 10.1, Tel 46 41 13 46, dorlita@tlnklal.net).

promenada.lt. Ein modernes Hotel nicht weit von Bahnhof und Busbahnhof, freundliche helle Zimmer. Das Haus wird individuell geführt und geht besonders nett auf alle Wünsche der Gäste ein. Das Restaurant bietet nichts Außergewöhnliches, rustikales Ambiente. DZ 220 LTL.

Klein, aber fein ► **Preliudija** **4** : Kepėjų 7, Tel. 46 31 00 77, www.preliudija.com. Mitten in der Altstadt in einem Haus aus dem 19. Jh. Die Zimmer sind klein, aber geschmackvoll eingerichtet. Sehr freundlicher, persönlicher Service. DZ 200 LTL.

Essen & Trinken

Obwohl Klaipėda am Haff liegt, kann es nicht mit Fischrestaurants glänzen, es dominieren gute Bierstuben mit deftiger Kost.

Alteingesessen ► **Anikės Teatras** **1** : Sukilėlių 8/10, Tel. 46 31 44 71, 11–24 Uhr. Im Sommer der Hotspot der Stadt: Auf der Terrasse mitten auf dem Theaterplatz kann man dem bunten Treiben – bei sehr gutem Kuchen, Suppen, hervorragenden Desserts und sogar deutschen Weinen – entspannt zuschauen. Hauptgerichte 40 LTL.

Laut und lustig ► **Memelis** **2** : Žvejų 4, Tel. 46 40 30 40, www.memelis.lt, 9–24 Uhr. Ein Gasthaus in einem restaurierten Speicher auf drei Etagen, inkl. Bierbrauerei und Restaurant mit internationaler Küche im dritten Stock – das alles im Herzen der Altstadt und zu günstigen Preisen. Hauptgerichte 30 LTL.

Unschlagbare Folklorekette ► **Forto Dvaras** **3** : Naujoji Sodo 44, Tel. 46 30 02 11, 10–24 Uhr. Beste litauische Hausmannskost in pseudorustikalem Ambiente. 20 LTL.

Bistro ► **Čili Kaimas** **4** : Manto 11, Tel. 46 31 09 53, www.cilli.lt, 10–24 Uhr. Gute Qualität, gutes Preis-Leistungs-Verhältnis – die litauische Kette ist einfach nicht zu schlagen. Hauptgericht 20 LTL.

Einkaufen

Gutes **Leinen, Bernstein** und **Kunstgewerbe** gibt es in einer Reihe Altstadtläden.

Kunstgewerbe ► **Art Manija** **1** : Didžioji vandens 13, Tel. 46 31 14 07. Origineller Laden, eine Alternative zum Souvenirangebot.

Leinen und mehr ► **Linas** **2** : Didžioji vandens 5, Tel. 46 21 34 78. Sehr gutes Angebot an Leinen, Tischwäsche und Wollsachen.

Schmuck, Kleidung ► **Žemaiatija** **3** : Aukštoji 5, Tel. 46 41 04 86. Von litauischen Künstlern gestaltete Waren. Geschmackvolle Bernsteinketten.

Abends & Nachts

Gute Drinks ► **Hemigways Pub** **1** : Žvejų 21, Tel. 46 40 44 4. Die besten Drinks der Stadt in der Bar des Europa Royale, viele betuchte Einwohner, es kann auch recht voll und lustig werden

Jazzkneipe ► **Jazzkneipe Kurpiai** **1** : Kurpių 6, Tel. 46 38 22 30. Eine der besten Jazzkneipen im jazzverrückten Litauen, im Holzschuppen geht es manchmal hoch her. Man kann schon mittags kommen, dann kann man manchmal hochkarätigen Spielern beim Proben zuhören.

Eventschuppen ► **Švyturio Menų Dokas** **2** : Naujoji Uosto, Tel. 685 600 50, www.dokas.info. Der neue Hotspot der Stadt: Ehemalige Docks wurden in Hallen für Konzerte, Performances, Ausstellungen umgewandelt, bunter Kulturmix mit Ambitionen.

Aktiv

Fahrradtouren ► Für Touren in die Umgebung sollte man das **TIC** (s. S. 201) konsultieren, von dem auch Gruppentouren vermittelt werden. Die Stadt selbst ist fürs Fahrradfahren weniger geeignet.

Golf ► **National Golf Resort** **1** : Tel. 463 117 01, www.nationalgolf.lt. Für Golfliebhaber gibt es auf dem Weg in Richtung Palanga bei Stančiai diesen neuen, hervorragenden Golfplatz.

Termine

Das **neue Kultur- und Kommunikationszentrum Klaipeda** (auch Englisch, Darzu 10/Baznyciu 4, Tel. 46 31 03 57, www.kulturpolis.lt) gibt Auskunft über alle kulturellen Veranstaltungen, Museen, Galerien.

Fest des Meeres: Alljährlich um den 20. Juli feiert die Stadt ein großes Volksfest, das dem Meer gewidmet ist. Im Hafen, in der Altstadt

Sommer am See bei Šilutė

und in der Neustadt finden Konzerte, Kunstausstellungen und Schiffsparaden statt. Die baltischen Nachbarstaaten werden ebenfalls einbezogen (www.svente.lt).

Internationales Musikfestival: Von der Oper organisierter ›musikalischer August‹ mit Aufführungen des Symphonieorchesters (www.muzikinis-teatras.lt).

Verkehr

Züge: Es gibt drei Züge nach Vilnius, die für die Strecke allerdings 6 Std. benötigen.

Busse: 10 x tgl. nach Kaunas, 14 x tgl. nach Vilnius. Vom Busbahnhof in der Priestočio gatvė, Tel. 46 41 15 47, benötigt man auf Schusters Rappen 10 Min. ins Stadtzentrum, alle 20 Min. pendelt auch ein Minibus. Zum 25 km entfernten Flughafen von Palanga verkehrt ein Shuttlebus (12 LTL).

Fähren: Der internationale Hafen (Naujoji perkėla) für Fähren nach Dänemark und Deutschland befindet sich im Südteil der Stadt, der Weg ist ausgeschildert (Perkėlos gatvė 10, Tel. 46 31 09 74, www.spk.lt). Auf die Kurische Nehrung setzt man am besten von der Altstadt aus über; der alte Hafen (Se-noji perkėla) liegt hinter der Burg, Info-Tel. 46 31 42 57, 46 31 11 17, www.keltas.lt. Ein Auto inkl. Passagiere hin und zurück 60 LTL. Von hier aus kann man auch mit einem Wassertaxi nach Nida übersetzen (deutscher Unternehmer; Tel. 46 36 61 42, 46 30 02 75, Fax 46 36 60 24, www.vandenstaxi.lt, ca. 60 LTL).

Das Nemunasdelta in Kleinlitauen (Memelland)

▶ 2, B/C 13/14

Das wie ein Dreieck geformte Haff ist die Verbindung zwischen der Nehrung und dem Nemunasdelta. Still sind die südlichen Ufer des Haffs, Fischerdörfer liegen in den weit verzweigten Flüsschen des Deltas.

Wer nach Ruhe sucht, ist in dieser abgeschiedenen und noch recht untouristischen Gegend richtig und wird mit besonderen Naturerlebnissen belohnt. Heide, Moore, Polder, Erlenwälder sowie seltene Vögel – all das findet der Individualtourist hier vor (www.ncmu nodelta.lt).

Litauen: Kurische Nehrung und Kleinlitauen

Šilutė

Große Reize hat das von einer neogotischen Kirche überragte Städtchen selbst heute allerdings nicht zu bieten. Es eignet sich vielmehr als Ausgangspunkt für Touren in die Umgebung mit ihren Mooren, Wäldern und Naturreservaten. In der Heide- und Moorlandschaft zwischen Šilutė und dem Haff kann man wunderschöne Spaziergänge machen.

Ein Gasthaus von 1511 gab dem Ort den Namen: Heidekrug (lit. *šilas* = Heide). Der Marktplatz sah einst das bunte Treiben der Händler, die mit Schiffen aus Tilsit, Memel (Klaipėda) oder Königsberg über den Fluss Šyša kamen. Bis zu 1500 Bauernwagen trafen im Ort ein. Als besonders interessant galt der Pferdemarkt, zu dem auch holländische und englische Händler kamen. Heute findet hier lediglich ein kleiner Wochenmarkt statt. Der deutsche Gutsbesitzer Hugo Scheu, der 1889 ein Gut bei Heidekrug kaufte, stiftete nicht nur die **evangelische Kirche** (1910–26) mit der größten Turmuhr Litauens, sondern auch das städtische Krankenhaus, das Gymnasium sowie ein **Heimatmuseum,** das einen interessanten Einblick in die wechselvolle Geschichte von Kleinlitauen gibt (Šilutės muziejus, Lietuvininkų 36, Di–Sa 11–17 Uhr, 3 LTL).

Mit dem Versailler Vertrag 1919 wurde das Memelland vom Deutschen Reich abgetrennt und französischer Verwaltung unterstellt. Erst 1923 wurde in Šilutė eine Erklärung unterzeichnet, das Memelland als Kleinlitauen an Litauen anzuschließen. Gegenüber vom Museum erinnert ein **Denkmal** an die Vereinigung des Memellandes mit dem litauischen Kerngebiet. Zwischen den Kriegen wurde Šilutė zur Kreisstadt und gewann an Bedeutung für die Region. Auch Industrie siedelte sich an. Noch heute werden in Šilutė Möbel produziert, die auch im Ausland einen guten Ruf genießen.

Macikai

Wer sich auf die Spuren des Schriftstellers Hermann Sudermann begeben möchte, muss sich nach **Macikai** (3 km nordöstlich, das ehemalige Gut Matzicken) begeben. Der Schriftsteller, der durch seine »Litauischen

Geschichten« bekannt wurde, wurde hier geboren. In seinem Geburtshaus hat man ein kleines Museum eingerichtet, das über das Leben und Werk Sudermanns informiert. Leider ist es nicht immer geöffnet, daher sollte man vorher anrufen (Hermano Zudermano memoralinis muziejus, Tel. 441 622 07)!

Infos

TIC: Lietuvininkų 10, Šilutė, Tel. 441 777 95, Fax 441 777 85, www.silute.lt, Mo–Fr 8–12, 13–17 Uhr. Auch Privatunterkünfte werden hier vermittelt.

Lebensader Nemunas – hier bei Minija: Der Fluss ist insgesamt 937 km lang

Übernachten

Gutbürgerlich ▶ Deims: Lietuvininkų 70, Šilutė, Tel. 441 523 45, www.deims.lt. Seit 1873 besteht das grundlegend renovierte Hotel. Sehr angenehme Übernachtungsmöglichkeiten und gutes Restaurant mit Fischspezialitäten. Die Anmietung von Schiffen und Booten für Fahrten übers Nemunsasdelta ist möglich. DZ 230 LTL.

Einfach ▶ Restaurant Magnolija: Lietuvinkų 29, Šilutė, Tel. 441 760 30. Preiswertes kleines Restaurant in der Hauptstraße, um qualitätvolle Speisen bemüht. 20 LTL

Verkehr

Züge nach Klaipėda und Tilsit (Sowetsk); Bahnhof: Geležinkelio 4, Šilutė, Tel. 441 511 09, 441 534 60.

Busse: Verbindungen mit Vilnius, Klaipėda und Kaunas sowie in die umliegenden Dörfer; Busbahnhof: Tilžes 22, Tel. 441 523 33.

Rusnė

Von Šilutė sind es etwa 10 km nach Rusnė (Ruß), der größten Insel im Nemunasdelta. Nach der litauischen Unabhängigkeit wurde das Gebiet zum Regionalpark Nemunasdelta

Tipp: Filme zum Haff

Einfühlsam und äußerst beeindruckend schildern der Regisseur Volker Koepp und sein Kameramann Thomas Plenert das heutige Leben am Kurischen Haff in den Filmen »Kurisches Haff« 2001 und »Memelland« 2009. Tolle Naturaufnahmen.

erklärt. Hier teilt sich der Nemunas in die beiden Flussarme Atmata und Skirvytė. Das Dorf **Rusnė** mit seinen massiven Holzhäusern war schon im 15. Jh. von Fischern besiedelt. Da das Gebiet nur etwas mehr als 1 m über dem Meeresspiegel liegt, wird der Ort ständig von Überschwemmungen heimgesucht. Feuchte Wiesen und Sümpfe prägen die Landschaft und der ewige Kampf der Menschen mit dem Wasser ist spürbar. Man sollte sich die kleine protestantische **Backsteinkirche** aus dem 19. Jh. anschauen und das **Ethnografische Museum** besichtigen. Das über 200 Jahre alte Fischergehöft erzählt vom Leben der Menschen in dieser Region (Skirvytėlės 8, Mai–Sept. tgl. 10–18 Uhr).

Ventė

Von Šilutė nach **Ventė** fährt man über die Landstraße an die 12 km. Bei schönem Wetter hat man von hier einen immer von Neuem faszinierenden Blick über das Haff auf die Kurische Nehrung, denn der Ort liegt auf einer Landzunge im Haff. Im 14. Jh. lag hier eine der ersten Burgen des Deutschen Ordens, jetzt befindet sich an diesem südlichsten Zipfel des Nemunasdeltas eine **ornithologische Station** neben dem 1863 erbauten Leuchtturm mit einer Beobachtungsplattform – ein Paradies für Vogelkundler. Rund 5 Mio. Zugvögel fliegen jährlich hier vorbei und mehr als 100 000 Vögel werden hier jährlich beringt. In einem kleinen Museum kann man sich mit der Vogelwelt dieser Gegend vertraut machen (Ventės ornitologijos stotis, Juni–Sept. 10–17 Uhr, Okt.–Mai Mo–Fr 10–17 Uhr, 1 LTL; Informationen über die Vogelwelt findet man auf www.birdlife.lt).

Übernachten

Gepflegter Komplex ▶ **Hotel Ventainė:** Tel. 441 685 25, www.ventaine.lt. Hotel, verschiedene Blockhütten, Restaurant, Campingplatz, Bootsverleih. Im Sommer ist der Komplex oft ausgebucht, im Frühling und Herbst umso angenehmer. Preise auf Anfrage.
Für Individualisten ▶ **Sturmu Svyturys:** Tel. 687 977 56, 370 65 02 94 20, www.sturmusvyturys.lt. Am Ufer des Kurischen Haffs, in der Nähe der Vogelstation Ventė, liegt das aus alten Steinen neu errichtete Hotel-Restaurant. Liebevolle Zimmerausstattung, regionale Küche. DZ ca. 270 LTL.

Minija

Richtung Klaipėda am Nemunas entlang führt der Weg nach **Minija** (Minge), das die Einheimischen gern »unser Venedig« nennen, denn an beiden Ufern des Flusses, der in die Atmata fließt, stehen idyllische Fischerhäuser. Doch die Idylle trügt, denn im Winter ist Minija ebenso wie Rusnė oft von Hochwasser geplagt, sodass viele Fischer in das weiter nördlich und trockener gelegene **Kintai** (Kinten) umgesiedelt sind. Deswegen sind viele Häuser vom Verfall bedroht, doch man hat sich zur Rettung dieses malerischen Ortes ausgedacht, hier Sommerhäuser für litauische Künstler einzurichten.

Rund 20 Fischerhäuser reihen sich am Ufer der Minija aneinander. Eine Fahrt per Kahn die Minija hinab ist sehr reizvoll, da man die unberührte Natur aus einer anderen Perspektive zu sehen bekommt: Seerosen, Schilf, ins Wasser ragende Bäume und dahinter geduckte Häuser. In den 80er-Jahren des 20. Jh. wurde Minija zur Kulisse für die Verfilmung von Sudermanns »Reise nach Tilsit«.

Essen & Trinken

Dorfgaststätte ▶ **Mingės egzotika:** Tel. 686 666 00. In diesem Lokal lässt sich gut speisen, hier trifft man auch auf die Fischer und Kapitäne, die Touristen mit ihren Schiffen die Minija entlangschippern. Boote und Übernachtungsmöglichkeiten können von hier aus gebucht werden. Fahrt nach Nida übers Haff ca. 60 LTL.

Žemaitija

Žemaitija oder auch Niederlitauen wird das flache Land im Nordwesten Litauens genannt. Es umfasst die Ostseeküste und die Region zwischen Nemunas und der Grenze zu Lettland. Den Žemaiten schreibt man eine gewisse Sturheit zu – sie waren auch die Letzten in Europa, die das Christentum annahmen.

Palanga ▶ 2, B 12

Karte: S. 213

Palanga 1, das bedeutet feiner weißer Sand, ausgedehnte Kiefernwälder, Dünen, munteres Strandleben und einzigartige Sonnenuntergänge im Meer. Palanga ist einer der schönsten und renommiertesten Badeorte am Mare Balticum. Der vielseitige Kurort wird auch als Sommerhauptstadt des Landes bezeichnet.

Bereits in der ersten Hälfte des 19. Jh. erwarb der litauische Fürst Tiškevičius den damals kleinen Hafen Palanga und legte damit das Fundament für dessen Entwicklung zu einem Badeort: Er ließ den Hafen ausbaggern und mit einem Landesteg für seine Schiffe versehen. Bald aber versandete der Hafen und der Pier wurde zur Promenade. In den letzten Jahren wurden immer wieder große Teile der Landungsbrücke von heftigen Stürmen weggerissen, im Jahr 1997 wurde sie aber – mit Stahl, Beton und Holzdielen umfassend erneuert – dem Publikum wieder zugänglich gemacht.

Schon im 19. Jh. zog es vor allem Kurgäste aus dem Russischen Reich in die Stadt, die mit Parkanlagen, Heilanstalten und einem Hafen aufwarten konnte. Für den russischen Adel stand Palanga an der Ostsee neben Sotschi am Schwarzen Meer hoch im Kurs, konnte man es doch von St. Petersburg über den Landweg gut erreichen. Die Holzvillen einiger russischer Kaufleute schmücken auch heute noch Alleen der Stadt.

Mittlerweile haben sich erneut zahlreiche Russen hier niedergelassen, um zu kuren, zu feiern und das Strandleben in seiner Vielfältigkeit zu genießen.

Über die Basanavičiaus gatvė zum Strand

Palanga hat, wie eh und je, nichts mit einem verschlafenen Kurort zu tun. Das abendliche Flanieren über die **Basanavičiaus gatvė,** die in einen 470 m langen Landungssteg übergeht, erinnert an einen Bummel über die Friedrichstraße in Westerland auf Sylt zur Hochsaison. Vielleicht ist es hier romantischer, denn für Autos ist das Zentrum von Palanga gesperrt. Unter Kastanienbäumen schlendert man an aufgeputzten Holzvillen vorbei, überall gibt es Cafés und Restaurants. An lauen Sommerabenden kann sich die Hauptstraße allerdings in eine Partymeile erster Güte verwandeln, dann legen berühmte DJs aus Russland oder Amerika auf, dann fließt nicht nur Krimsekt in Strömen, sondern auch feinster Champagner, der ansonsten in Litauen eher selten zu finden ist. Alles, was Rang und Namen im Land hat, muss sich im Sommer einmal in Palanga auf der Basanavičiaus zeigen.

Bevor es über die Dünen zum Strand geht, passiert man am Ende der Basanavičiaus einen kleinen Platz mit dem **Jūratė-Brunnen.** In seiner Mitte ist eine Skulptur von Jūratė zu sehen, der Tochter des Meeresgottes, die sich in innigster Umarmung mit dem einfachen Fischer Kastytis befindet, in den sie sich unsterblich verliebt hat. Juratė – so die Legende – lebte in einem Bernsteinschloss auf dem Meeresgrund. Dorthin nahm sie den Fischer mit. Doch der Göttervater Perkūnas wollte nicht dulden, dass sie sich einen Sterblichen ausgesucht hatte, und zerschmetterte das Bernsteinschloss mit seinem Donnerkeil. So erklärt die Legende, warum das Meer hier immer wieder Bernstein ans Ufer schwemmt.

Um den Brunnen herum herrscht lebhaftes Treiben: Kinder werden auf Ponys herumgeführt, Karusselle sind aufgestellt und an Buden werden Getränke und Eis verkauft. Der Strand ist berühmt für seinen mehlfeinen Sand und die Schatten spendenden Kiefernwälder. Im Sommer herrscht hier ausgelassenes Strandleben.

Botanischer Garten

Nach intensivem Strandvergnügen bietet sich ein Spaziergang zum **Botanischen Garten** an, der nur wenige Schritte vom Meer entfernt liegt. Dieser große Park wurde im 19. Jh. von den französischen Gartenarchitekten Edouard André kunstvoll angelegt: Auf 110 ha kann man ein einzigartiges Rosarium bewundern, das sein Vorbild im Rosengarten von Baden-Baden hat. Natürlich gibt es auch die verschiedensten Baum- und Straucharten sowie Gewächshäuser für tropische Pflanzen und Wasserfontänen, die in Springbrunnen plätschern. Die Ruhe macht den Garten zu einem Refugium, in dem man sich vom manchmal recht hektischen Partyleben des Kurortes erholen kann.

Inmitten des Botanischen Gartens erhebt sich der **Birutė-Hügel** (Birutės kalnas), ein Heiligtum aus heidnischer Zeit, auf einer bewaldeten Düne. Birutė, die Tochter eines Adligen – so heißt es in einer Sage –, hütete hier das ewige Feuer, bis Großfürst Kęstutis sie entführte und zur Frau nahm. Sie gebar Vytautas den Großen und soll angeblich nach Kęstutis' Tod (1382) wieder zurückgekommen und hier bestattet worden sein. Für alle Litauer ist Birutė zum Symbol für Vaterlandsliebe und Treue geworden. Von dem 22 m hohen Hügel, auf dessen Anhöhe sich eine Backsteinkapelle befindet, hat man einen ausgezeichneten Blick auf das ansonsten flache Land. In der Grotte des Parks finden im Sommer beeindruckende Dichterlesungen und Künstlerkonzerte statt.

Das Bernsteinmuseum

Die eigentliche Attraktion von Palanga ist das **Bernsteinmuseum,** das in einem Schloss beheimatet ist. Ein Spross des berühmten litauischen Adelsgeschlechts derer von Tiškevičius ließ sich den Neorenaissancebau zwischen 1897 und 1902 von dem deutschen Architekten Franz Heinrich Schwechten errichten, der auch die Gedächtniskirche in Berlin erbaut hat.

Den Grundstock für das 1963 eröffnete Museum bildete die gräfliche Sammlung. Bernstein soll in Palanga schon im 17. Jh. in Werkstätten bearbeitet worden sein; im 19. Jh. war der Ort dann sogar das Zentrum der Bernsteinindustrie des gesamten Baltikums.

Heute umfasst die Sammlung 25000 Exponate, von denen man in 15 Sälen rund 5000 bewundern kann. Interessant sind vor allem der prähistorische Bernsteinschmuck und die Einschlüsse von kleinen Lebewesen oder auch Pflanzenresten, sogenannten Inklusen. Im Museum kann man Bernsteinschleifern bei der Arbeit zusehen – und faszinierende Entdeckungen machen: Bernstein leuchtet nämlich keineswegs nur honiggelb, wie man ihn landläufig kennt, sondern kann in den verschiedensten Schattierungen vorkommen (Gintaro muziejus, Vytauto 17, www.pgm.lt, Di–Sa 10–20, So 10–19 Uhr, 8 LTL).

Infos

TIC: Kretingos 2, Tel. 460 488 11, Fax 460 488 22, www.palangatic.lt, Mai–Sept. Mo–Fr 9–18, Sa, So 9–15, Okt.–April Mo–Fr 9–18 Uhr. Infos zu Unterkünften, sportlichen Betätigungen, Ausflügen in die Umgebung.

Übernachten

Luxushotel ▶ Palanga: Birutės 60, Tel. 460 414 14, Fax 460 414 15, www.palangahotel.lt. Neues Kurhotel, superschick, aus Glas und Holz, im Herzen von Palanga mit allem – aber

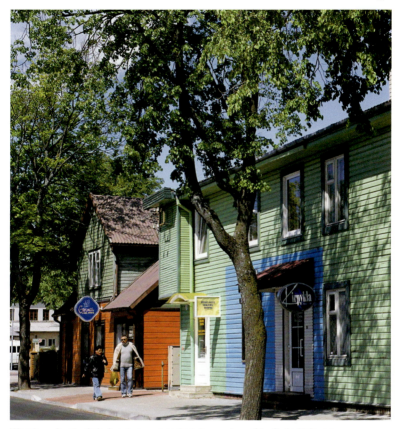

Wem's zu bunt wird, der muss woanders langgehen: Straße in Palanga

wirklich allem –, was zu einem Kurhotel der Luxusklasse dazugehört. DZ 350 LTL.

Netter Service ▶ Kerpe: Vytauto 76, Tel. 460 523 79, Fax 460 523 49, www.kerpe hotel.lt. Endlich ein ruhiges neueres Hotel – ganz besonders geeignet für Gäste, die Litauen per Fahrrad erkunden wollen. Es gibt nicht nur einen ausgesprochen aufmerksamen Service, sondern man kann sein Fahrrad auch rundherum checken lassen. DZ ab 250 LTL.

In ruhiger Lage ▶ Alita: Kretingos 54, Tel. 460 400 11, Fax 460 400 12, www.feliksas.lt. Ein kleines neueres Hotel, gleich am Stadteingang gelegen; es hat fünf gemütliche Zimmer – Großfamilien sollten im Voraus buchen. DZ 250 LTL.

Meeresblick ▶ Medūza: Kontininkų 9, Tel. 460 564 50, Fax 460 481 48, www.pkme duza.lt. Das Hotel entfaltet nach der umfassenden Renovierung neuen, freundlichen Charme. Man hat einen schönen Blick aufs Meer oder in die Kiefern. DZ 200 LTL.

In schönem Ambiente ▶ Vila Ramybė: Vytauto 54, Tel. 541 24, www.vilaramybe.lt. Um in dieser Jugendstilvilla in ruhiger Lage zu übernachten, muss man lange im Voraus buchen, aber es lohnt sich. Sieben der 12 Doppelzimmer haben eine eigene Terrasse. DZ 150 LTL.

Litauen: Žemaitija

Essen & Trinken

Wer ein ruhiges Restaurant mit guter Küche sucht, wird die Wahl nicht ganz einfach finden. Auf der Basanavičiaus findet man verschiedene Gaststätten, die dem Eventtourismus huldigen und nicht unbedingt westeuropäischem Geschmack entsprechen.

Berühmt ▶ Žuvinė: Basanavičiaus 37 a, Tel. 460 480 70, www.feliksas.lt, tgl. 10–24 Uhr. Gutes Fischrestaurant mit frischem Fisch aus der Ostsee. Nicht unbedingt preiswert. Hauptgericht 50 LTL.

Originell ▶ Vila Ramybė: Vytauto 54, Tel. 460 541 24, www.vilaramybe.lt, tgl. 9–24 Uhr. Gute litauische Küche in einer Holzvilla, im Sommer speist man auf der Holzterrasse. Oft ausgebucht, weil es so schön ruhig ist. 25 LTL.

Preiswert ▶ Čilli: Basanavičiaus 45, Tel. 460 516 55 und 460 541 24, www.cilli.lv, tgl. 10–24 Uhr. Die große litauische Restaurantkette bietet immer noch das beste, originellste Essen für die ganze Familie. 15 LTL.

Einkaufen

Souvenirs kauft man besser auf dem Land oder in Klaipėda, in Palanga ist alles merklich teurer.

Abends & Nachts

Chill-out ▶ Fortas: Nėries 39, Tel. 460 515 55, www.club.lt, tgl. ab 12 Uhr, Ende offen. Tanzen, Chillen, Dinieren: In zwölf verschiedenen Sälen der ›Palanga-Festung‹ ist alles bis in die frühen Morgenstunden möglich.

Sonnenuntergang in Bernsteinfarben: am Pier von Palanga

Aktiv

Wassersport ▶ In der Žvejų 2, Tel. 460 538 34, neben der Rettungsstation am Strand, kann man alle möglichen leisen und lauten **Wasserfahrzeuge** ausleihen.

Termine

Von Juli bis August finden in Palanga zahlreiche **klassische Konzerte** statt, aber auch hochkarätige **Volksmusikensembles** treten auf; berühmte Interpreten halten sich dann in der Kurstadt auf. Auskunft: Konzerthalle, Tel. 460 523 23, oder TIC (s. S. 208).

Verkehr

Flüge: Flughafen Palanga, Tel. 460 520 20, www.palanga-airport.lt, 6 km nördlich des

Zentrums. Air Baltic, www.airbaltic.com, bietet günstige Tarife von/nach Deutschland an. Im Sommer fahren Minibusse nach Palanga, Auskunft über TIC, Taxis nach Palanga kosten etwa 20 LTL.

Busse: tgl. häufige Verbindungen von/nach Klaipėda, Kaunas, Šiauliai und Vilnius. Die Busstation befindet sich in der Kretingos gatvė 1, Tel. 460 533 33.

Mietwagen: Alle großen Mietwagenanbieter haben auch Filialen in Palanga.

Stadtverkehr: Innerhalb von Palanga verkehren Busse und Minibusse. 5 LTL.

Von Palanga nach Šiauliai

▶ 2, B–F 12

Karte: S. 213

Kretinga **2**

Man verlässt Palanga in östliche Richtung auf der A 11 (E 272). Nach 10 km erreicht man **Kretinga** (Krottingen), einen beliebten Ausflugsort der Palanger Badegäste, die des Strandlebens müde sind und etwas besichtigen wollen. Schon im 13. Jh. gab es hier eine žemaitische Burg. Man fährt über den hübschen alten Marktplatz in die Stadt und erblickt die **Mariä-Verkündigungskirche** aus dem Jahr 1615. Die Holztür zur Sakristei ist ein Meisterwerk der Renaissance-Schnitzkunst. Das Franziskanerkloster neben der Kirche wurde Anfang des 17. Jh. gebaut und beherbergt heute eine Zweigstelle der katholischen Fakultät der Universität Kaunas. Die sehenswerte Bibliothek kann man nach vorheriger Anmeldung über die Universität besichtigen (Tel. 37 22 17 36).

Die Familie des litauischen Fürsten Tiškevičius (s. S. 208) ließ sich 1874 in Kretinga ein **Schloss** bauen. In seinen fürstlichen Sälen ist heute ein **Heimatmuseum** untergebracht, mit einer gut bestückten Bernsteinsammlung (Kretingos muziejus, Vilniaus 20, Tel. 445 535 05, www.kretingosmuziejus.lt, Mi–So 10–17 Uhr, 6 LTL).

Die **Orangerie** des Schlosses ist ein sehr origineller Glaskuppelbau. Man kann ein

Litauen: Žemaitija

künstliches Bächlein murmeln hören und diverse exotische Pflanzen bewundern. Hier speist man darüber hinaus sehr angenehm; das Restaurant Pas Grafa (Zum Grafen) ist täglich von 10 bis 18 Uhr geöffnet (Tel. 445 513 66).

Žemaitija-Nationalpark

Kurz vor Plungė biegt eine Straße nach Salantai ab, wo man Orvydas Garten besuchen (s. Tipp S. 214) oder direkt über ein kleines Sträßchen in den **Žemaitija-Nationalpark** (Žemaitijos nacionalinis parkas), den jüngsten Nationalpark Litauens (1991 eingerichtet) fahren kann. Hier werden auf ca. 21 000 ha vor allem Elche, Fischotter und Falken geschützt. Der Park ist seen- und waldreich, einzelne Gebiete darf man nur mit einem kundigen Führer betreten.

In **Plateliai 3** – mit seiner hübschen gelben Dorfkirche und den bunten Holzhäuschen romantisch am gleichnamigen See (Platelių ežeras) gelegen – befindet sich die Parkverwaltung (s. u.). Hier wird kompetent und ausgesprochen freundlich über Flora und Fauna, Angelmöglichkeiten und Unterkünfte informiert; außerdem kann man ein instruktives Video über den Nationalpark erwerben.

Ganz in der Nähe der Parkverwaltung, in der Didžioji 22, sind in einem ehemaligen Kornspeicher alte Masken und Kostüme ausgestellt, die im Sommer zum Johannisfest, aber auch zu anderen christlichen Feiertagen getragen wurden und werden. Die Nationalpark-Information erteilt Auskunft und verschafft Zugang.

Die Landschaft um den See ist eine der schönsten in der Žemaitija. Der Platelių ežeras entstand vor über 10 000 Jahren als Formation der Endmoränen der letzten Eiszeit.

Tipp: Einkehren in Plateliai

Das sehr nette Gasthaus Senas Ąžuolas in der Nähe des Plateliai-Sees bietet preiswerte litauische Küche und – nach Anmeldung – auch fangfrischen Fisch (Tel. 448 491 77).

Vom See aus kann man Wander- oder auch Fahrradtouren auf den wenig befahrenen Straßen unternehmen.

Von Plateliai führt eine kleine Straße mitten durch den Nationalpark auf die Hauptstraße nach **Plungė 4**. In Plungė verdient das kleine Holzhäuschen neben der Backsteinkirche Aufmerksamkeit: Hier lebten nach ihrer Hochzeit ab 1909 Mikalojus Konstantinas Čiurlionis (s. S. 150) und seine Frau. Im Park von Plungė befindet sich ein Gutshaus, das Fürst Mykolas Oginski, der große Gönner des Maler-Komponisten, Ende des 19. Jh. hatte erbauen lassen und in dem er seine Musikschule, an der Čiurlionis als Stipendiat studierte, untergebracht hatte. Heute kann man hier das im Jahr 1994 gegründete, allerdings wenig spektakuläre Žemaitische Kunstmuseum besuchen, das vor allem Schenkungen von žemaitischen Künstlern zeigt, die vor der Unabhängigkeit 1991 im Ausland gelebt haben. In einer der schönsten Parkanlagen Litauens kann man außerdem die Eiche des Donnergottes Perkūnas bewundern: Sie ist 25 m hoch und hat einen Durchmesser von 1,75 m.

Infos

Nationalparkverwaltung: Plateliai, Didžioji 10, Tel./Fax 448-493 37, www.zemaitijosnp.lt.

Abstecher zum Žemaičių kalvarija 5

Der **Žemaičių kalvarija,** der žemaitische Kalvarienberg, ist einer der bedeutendsten Wallfahrtsorte der katholischen Litauer. Anfang des 17. Jh. bauten Dominikanermönche hier ein Kloster und 19 Kapellen – entlang eines 7 km langen Kreuzwegs für die Stationen des Leidenswegs Christi. Das Ende des Wegs markieren die zwei Türme der 1785–1789 erbauten barocken Kirche Mariä Heimsuchung. Am Altar ist ein im 17. Jh. in Rom geweihtes Bildnis der Madonna mit Kind zu sehen, das wundertätig sein soll. In der ersten Julihälfte finden hier alljährlich große Prozessionen statt. Der Abstecher zum Kalvarienberg geht über die A 164 von Plungė aus und ist ausgeschildert (Info-Tel. 444 432 00).

Von Palanga nach Šiauliai

Telšiai 6

Zurück auf der Hauptstraße A 11 fährt man ca. 25 km nach **Telšiai,** dem Verwaltungszentrum der Žemaitija, seit 1926 auch Bischofssitz. Die Stadt, die zu den ältesten des Landes gehört, liegt idyllisch auf Hügeln am Fluss Durbinis.

Der **Bischofsdom** des hl. Antonius von Padua – eine kleine, aber innen reich geschmückte barocke Kirche – erhebt sich über der Stadt. Ihr achteckiger Turm wurde erst 1864 erbaut. Die Altstadt ist gut erhalten; alle Gassen führen sternförmig auf den hübschen Marktplatz zu. Wen es nach Süßem gelüstet, der kann in einer der kleinen Bäckereien frisch gebackenen Kuchen erstehen.

Im **Heimatkundemuseum Alka,** einem bemerkenswerten Museumsbau aus dem Jahr 1936, wird die Geschichte der Žemaitija anhand historischer Fotos und einer guten Sammlung angewandter Kunst anschaulich dargestellt. Es verfügt auch über eine interessante Bildergalerie, deren bedeutendstes Exponat das Gemälde »Huldigung der Könige« von Lucas Cranach darstellt (Žemaičių muziejus »Alka«, Muziejaus 31, http://zam. mch.mii.lt, Mi–Sa 9–17, So 10–16 Uhr, 6 LTL).

In der Dependance des Alka-Museums, dem **Freilichtmuseum** im Park am Mastis-See, sind žemaitische Häuser aus dem 19. und 20. Jh. zu besichtigen. Die für diese Region typischen Bauernhäuser haben einen Kamin in der Mitte, der von beiden Seiten durch Flure eingeschlossen wurde. Bereits 1967, noch zu Zeiten der Sowjetunion, wurden hier die Höfe eines Großgrundbesitzers, eines leibeigenen Bauern, eine Schmiede und eine Windmühle aufgestellt. Liebevoll wurde auch die Inneneinrichtung rekonstruiert. Eine Pferdekutsche lädt zur Fahrt durch das Freilichtmuseum ein (Žemaitijos kaimo muziejus, Parko 8 a, Mi–So 11–17 Uhr, im Winter vorher anrufen: Tel. 444 700 01, 2 LTL).

Infos

TIC: Turgaus 21, Tel. 444 535 97, www.tel siai.lt. Vermittelt auch Quartiere in der Umgebung.

Übernachten

Wohnlich ▶ **Hotel Pas Stefa:** Respublikos 49, Tel. 444 745 20, www.passtefa.lt. Nettes kleines Hotel mit litauischem Restaurant im Gewölbekeller mitten in der Altstadt, sollte man auf dem Weg zum »Berg der Kreuze« (s. S. 216) übernachten wollen. 200 LTL.

Kuršėnai 7

Die Landschaft vor dem nächsten Ort, Kuršėnai, ist hügelig und lieblich. Die im Sommer goldgelben Felder stehen in einem starken Kontrast zu den tiefgrünen Wäldern, vereinzelt sieht man dunkelblaue Seen – eine Landschaft von seltener Schönheit und Ein-

213

Tipp: Orvydas Garten

Von Kretinga aus empfiehlt sich ein kleiner Abstecher nach **Salantai** (etwa 12 km auf der Straße 226 in nördliche Richtung, dann der Beschilderung Richtung Gargždelė folgen). Hier befindet sich Orvydas Garten (Orvydų sodyba), ein ungewöhnliches Skulpturenlabyrinth. Vater (1905–1989) und Sohn Orvydas (1952–1992) waren beide Steinmetze und Bauern von Beruf. Ursprünglich schuf der Vater Grabsteine und Holzskulpturen für den Friedhof von Salantai. Neben seiner Steinmetztätigkeit begann er, größtenteils religiöse Skulpturen, Kreuze sowie Grabsteine aus Holz und Stein im žemaitischen Umland zu sammeln und einfach auf sein Grundstück zu stellen. Hier sollten sie vor den antireligiösen Kampagnen der Sowjets sicher sein. Der Sohn teilte bald die Sammelleidenschaft seines Vaters, er schloss sich den Franziskanern an und kämpfte als Mönch in den noch vom Kommunismus geprägten 1980er-Jahren für den Erhalt des sogenannten Museums der Absurditäten.

Die im verwinkelten Garten ausgestellten Skulpturen aus Holz und Stein bilden eine surreale und mystische Bilderwelt: Grabsteine, Marienbilder, Findlinge, Baumstämme, Schnitzwerk sind in einem einzigartigen Freilichtmuseum zu besichtigen. Der Garten, der schon in den 1960er-Jahren die ersten Besucher anzog, ist immer noch im Besitz der Familie. Er ist täglich geöffnet, in den Wintermonaten sollte man aber vorher anrufen (Tel. 44 55 87 19).

Ergebnis religiös motivierter Sammelleidenschaft: Orvydas Garten bei Salantai

samkeit. Kurz vor Kuršėnai, in der Ortschaft Pakumulšiai, kann man links zu einem hübschen See mit Badestrand abbiegen. Er liegt direkt hinter der Straße, ist aber von dort nicht zu sehen. **Kuršėnai** erstreckt sich an den beiden Ufern des Flusses Venta. Der Name des Ortes stammt von dem baltischen Volksstamm der Kuren, die vom 7. bis 13. Jh. Teile Lettlands und Nordlitauens besiedelten, Ende des 13. Jh. jedoch vom Deutschen Ritterorden besiegt und vernichtet wurden.

Šiauliai ▶ 2, F 12

Karte: S. 213

Nach **Šiauliai** 8 ist die Strecke ca. 20 km zur Schnellstraße ausgebaut. Das Städtchen mit seinen etwa 147 000 Einwohnern verfügt zwar nicht über herausragende Sehenswürdigkeiten, hat aber gerade in den letzten Jahren auf Bemühen der Stadtverwaltung einen besonderen Charme entwickelt; viele alte Häuser und Plätze sind renoviert und überall wurden Skulpturen mit Motiven aus der Geschichte der Stadt aufgestellt. Die Vilniausstraße lockt als Fußgängerzone mit netten Cafés, Läden und erwähnenswerten Museen.

Historische Bedeutung erhielt der Ort 1236, als es in der Schlacht von Schaulen (Šiauliai) Fürst Mindaugas, der mehrere litauische Stämme vereinigt hatte, gelang, den Schwertritterorden vernichtend zu schlagen. Im Laufe der Geschichte hatte die Stadt mehrfach unter Kriegen, Plünderungen und Seuchen zu leiden. Schon im Ersten Weltkrieg wurde sie stark in Mitleidenschaft gezogen, nach dem Zweiten Weltkrieg waren nur noch 15 % der ehemaligen Stadt übrig. Heute verzeichnet Šiauliai einen wirtschaftlichen Aufschwung, nicht zuletzt dank der florierenden Textilbranche.

Stadtbesichtigung

Für die Besichtigung der Stadt sollte man einen halben Tag reservieren, die meisten Sehenswürdigkeiten gruppieren sich um die Vilniaus gatvė. Ein guter Ausgangspunkt ist die **St. Peter-und-Paul-Kathedrale** (Šv. Petro ir

Povilo) in der Aušros gatvė im Westen des Stadtzentrums. Unübersehbar ist der weiße Glockenturm des Renaissancebaus von 1594 – mit seinen 70 m einer der höchsten Glockentürme in ganz Litauen. Bemerkenswert schlicht ist das Interieur der Kirche, die als einzige alle Kriege, Brände und Brandschatzungen überstanden hat.

Gleich hinter der Kirche, am Talšos-See, fällt eine ca. 21 m hohe goldene Skulptur ins Auge, die einen Bogenschützen darstellt. 1986, zum 750. Geburtstag der Stadt, wurde der Platz davor, der **Saulės laikrodžio aikštė**, als Sonnenuhr mit Zifferblatt angelegt: In den Boden des Platzes sind eiserne Ziffern eingelassen, der Schatten der Goldskulptur fungiert als Zeiger. Der goldene Schütze, das Gemeinschaftswerk von drei Künstlern, ist das Wahrzeichen der Stadt. Er geht auf den Namen der Stadt zurück, der von *šaulys* (Schütze) oder auch von *saulė* (Sonne) abgeleitet ist. Nach wenigen Schritten durch die vom Platz abgehende Šalkauskio gatvė erreicht man die Vilniaus gatvė.

In Šiauliai werden die berühmten Fahrräder der Marke »Schwarzer Panther« produziert, deshalb gibt es hier ein **Fahrradmuseum** – für begeisterte Radfahrer ein Muss (Dviračiu muziejus, Vilniaus 139, Di–Fr 11–18, Sa 11–16 Uhr, 6 LTL).

Das über die Grenzen von Šiauliai bekannte **Aušra-Museum** (Vilniaus 47, Tel. 41 52 43 91), benannt nach der ersten litauischen Zeitung ›Morgenröte‹ aus den 1920er-Jahren, ist mit seinen Filialen einen Besuch wert (Di–Fr 9–17, Sa–So 11–17 Uhr, 6 LTL). Schwerpunkte der Sammlung sind Ethnografie und die Geschichte Litauens. Zum Museum gehört auch eine einmalige Sammlung litauischer Fotografie, die zurzeit nicht immer zugänglich ist, da sie umgestaltet wird.

Über die Geschichte der jüdischen Bevölkerung von Nordlitauen kann viel erfahren, wer die **Frenkel Vila** besucht: In der ehemaligen Villa eines jüdischen Industriellen, die 1920–40 eine jüdische Privatschule untergebracht war, kann man sich über das Leben in Šiauliai und Umgebung informieren (Vilniaus 74, Tel. 41 52 43 89, Di–Sa 11–17 Uhr, 6 LTL).

Infos

TIC: Vilniaus 213, Tel. 41 52 31 10, Fax 41 52 31 11, www.siauliai.lt/tic. Freundlich und effizient, Unterkünfte, Touren und Fahrradverleih werden organisiert.

Übernachten

Cityhotel ▶ Šaulys: Vasario 16–osios 40, Tel. 41 52 08 12, Fax 41 52 09 11, www.saulys.lt. Helles, geschmackvoll eingerichtetes Hotel. Aufmerksamer Service. DZ 300 LTL.

Gut geführt ▶ Medžiotojų Užeiga: Dubijos. 20, Tel. 41 52 45 26, Fax 41 52 45 25, www.medziotojuuzeiga.lt. Eines der ersten Hotels in Privatbesitz, mit ansprechenden Zimmern, Sauna und einem kleinen Swimmingpool. DZ 250 LTL.

Essen & Trinken

Entlang der Fußgängerzone von Šiauliai gibt es verschiedene nette Cafés, Konditoreien und Lokale.

Besondere Gestaltung ▶ Medžiotojų Užeiga: Dubijos 20, Tel. 41 52 45 26, www.medziotojuuzeiga.lt. Das Restaurant gehört zum gleichnamigen Hotel; gute Küche mit Wildgerichten in etwas gewöhnungsbedürftigem Ambiente: An den Wänden hängen ausgestopfte Tiere. Hier speisen viele Jagdbegeisterte. 30 LTL.

Originell ▶ Juonė Pastuogė: Aušros Pastuogė 31a Tel. 41 52 49 26, www.jonis.lt. Hier wird für viele Gäste reichlich litauisch gekocht, man kann bei Livemusik an Wochenenden im überdachten Innenhof sitzen oder in den anderen Räumen des urigen Gasthauskomplex. Das Preis-Leistungs-Verhältnis stimmt. 30 LTL.

Termine

Stadtfest (Ende Sept.): u. a. Kunstaktionen, Volkskunstmärkte und Folklorekonzerte. Veranstalter: Kulturverwaltung Šiauliai, Tel. 41 52 63 88.

Verkehr

Busse: tgl. häufige Verbindungen von sowie auch nach Klaipėda, Kaunas, Vilnius; Busbahnhof: Tilžės gatvė, Tel. 41 52 50 58.

Berg der Kreuze ▶ 2, F 12

Karte: S. 213

17 km nördlich von Šiauliai ist der Weg zum **Berg der Kreuze** 9 (Kryžių kalnas) ausgeschildert, einem der wichtigsten nationalen Denkmäler Litauens. Der Berg hat eine lange Geschichte: Für das katholische Litauen war er seit jeher ein magischer Ort des Glaubens, aber auch des Nationalbewusstseins.

Der Berg der Kreuze ist mit Tausenden von Kreuzen aller Größen und Arten bedeckt (geschätzt werden rund 15 000). Dicht an dicht stehen sie: geschnitzt und gedrechselt – große Kreuze sind mit kleinen Kreuzen behängt. Nach Amerika ausgewanderte und zu Wohlstand gekommene Litauer haben

Farbe im Leben: Wohnhaus im Umland von Šiauliai

ebenso Kreuze hierher gebracht wie einfache Bauern und Arbeiter und andere Pilger aus dem ganzen Land. Doch es gibt nicht nur litauische Inschriften, sondern auch lettische, polnische, deutsche und estnische. Vereinzelt sieht man auch russisch-orthodoxe Kreuze. Auf Inschriften liest man Widmungen für in Sibirien verschollene Angehörige wie: »Ihr könnt unser Herz ausreißen, aber nicht unseren Willen zur Freiheit« oder »Für ein freies Litauen«.

Wahrscheinlich stand auf dem Berg einst eine hölzerne Festung, die als Bastion gegen die Kreuzritter errichtet wurde. Litauische Chroniken vermerken eine Festung Kula oder Kulan; Namensgeber ist der Fluss Kulpe, der hier fließt.

Seit den litauischen Aufständen gegen den Zarismus in den Jahren 1831 und 1863 begannen sich die Kreuze zu häufen; Ende des 19. Jh. wurde der Berg auch außerhalb des Landes als Wallfahrtsort bekannt. Nach den Repressionen und Deportationen der frühen Sowjetzeit 1941–1952 tauchten hier immer mehr Kreuze für nach Sibirien verschleppte Familienangehörige auf. 1961 beschlossen die Sowjetbehörden, den Berg der Kreuze wegen »religiösem Fanatismus« mit Bulldozern niederzuwalzen, die Kreuze wurden verbrannt. Zeitgleich wurden Heiligenfiguren in den Dörfern zerstört. Doch die Menschen brachten neue Kreuze und richteten die niedergerissenen wieder auf; es begann ein regelrechter Krieg zwischen den Behörden und der Bevöl-

217

kerung, der erst mit dem Abzug der Sowjets endete. Im September 1993 besuchte Papst Johannes Paul II. den Berg der Kreuze.

Der Berg der Kreuze kennt keinen Eigentümer und keine Verwaltung, er gehört dem ganzen litauischen Volk und kann Tag und Nacht besucht werden. Vor Ort kann man kleine Kreuze oder Kruzifixe kaufen und selbst aufstellen.

Kloster Tytuvėnai ▸ 2, F 13

Rund 45 km südwestlich von Šiauliai und etwa 19 km von dem Ort Kelmė entfernt liegt das **Bernhardinerkloster Tytuvėnai** (ausgeschildert). Mit seiner Basilika der Heiligen Jungfrau Maria, einem einzigartigen Renaissance- und Barockensemble, gehört es zu den schönsten und noch weitgehend unentdeckten Sakralbauten des Landes. Allein schon seine Lage inmitten von Seen und Wäldern macht den Besuch zu einem beeindruckenden Erlebnis. Während der Zarenherrschaft wurde das Kloster geschlossen und blieb während der Sowjetzeit unbeachtet, heute wird es behutsam restauriert. In der Kirche werden wieder Gottesdienste abgehalten, das Kloster selbst soll in Kürze in eine geistliche Akademie umgewandelt werden und für Pilger offen stehen.

Kirche und Kloster wurden 1614–1639 als Stiftung eines litauischen Adligen errichtet. Er beauftragte einen Architekten aus Vilnius, Tomas Kasperas, mit dem Bau der dreischiffigen Basilika im Stil der Renaissance, die beiden barocken Türme und der Giebel wurden erst 150 Jahre später errichtet. Im Inneren sind ein spätbarocker Altar und Gemälde aus dem 18. Jh., die alle Kriege überstanden haben, sehenswert. Das Kloster ist für Besucher nicht immer zugänglich. Um die Fresken aus dem 18. Jh. im Innern besichtigen zu können, muss man sich an Mitarbeiter der Anlage wenden. Die Kirche ist tagsüber geöffnet.

Infos

TIC: Kelmė, Birutės 4, Tel. 427 614 39, Fax 427 690 52, www.kelmevic.lt, Mo–Fr 9–17

Uhr. Infos zu Ausflügen in die Umgebung, Bootsverleih, Zimmervermittlung.

Tytuvėnai-Regionalparkverwaltung: Tutvėnai, Miško 3, Tel. 427 590 30, www.trp.lt. Mo-Fr 9–17 Uhr, an Wochenenden nach Vereinbarung. Infos zum Kloster, zum Parkbesuch, zu Unterkünften.

Übernachten

Beliebt ▸ Sedula: Ferienanlage im Dörfchen Skogalio, Tel. 427 567 95, www.sedula.lt. Ein familienfreundliches Hotel mit Restaurant, auch Bungalows werden vermietet. Bootsverleih, im Sommer häufig ausgebucht. DZ 190 LTL.

Schlicht ▶ Samana: Taikos 2, Tel./Fax 97 562 49. Einfache Unterkunft, im Wald gelegen. Bis zur Klosteranlage sind es ca. 15 Min. DZ 120 LTL.

Termine

Die Philharmonie Šiauliai organisiert alljährlich im Sommer im Kloster Tytuvėnai ein **Musikfestival** unter dem Motto »Dialog zwischen den Jahrhunderten«. Es musizieren bei dieser Gelegenheit Musiker aus Litauen und benachbarten Ländern. In den Klostergewölben erklingt Alte Musik, aber auch Zeitgenössisches (Tel. 41 52 52 07, www.filharmoija. siauliai.lt).

Tipp: Angeln & Zelten

Am fischreichen Gauštvinis-See im Tytuvėnai-Regionalpark kann man urwüchsig zelten und im sauberen See schwimmen. Sein grünes Ufer eignet sich für ein zünftiges Picknick. Wer angeln will, erhält Angelscheine und Angelzubehör in der Verwaltung (s. S. 218, Tel./Fax 97 566 51).

Verkehr

Busse: von Kelmė fährt unregelmäßig ein Überlandbus; man sollte sich vorher beim TIC in Kelmė erkundigen.

Jedes Kreuz ein Gebet: der Kryžių kalnas nördlich von Šiauliai

Schloss Lielstraupe in Vidzeme

Kapitel 2

Lettland

Ein Urlaub in Lettland beginnt häufig mit der Ankunft in Riga. Dort konzentriert sich ein Großteil der Sehenswürdigkeiten des Landes. Mittelalterliche Altstadt und schmuckvolle Jugendstilbauten, historische Holzhäuser und Bauwerke aus der Sowjetzeit zeugen von der wechselhaften Geschichte der größten Stadt des Baltikums. Nur 20 km von Riga entfernt erstreckt sich entlang der Rigaer Bucht der Kurort Jūrmala mit alten Holzvillen, Restaurants und einem sauberen Badestrand.

Die Provinz Kurzeme (Kurland) besticht mit der reizvollen Mischung aus einer 300 km langen Küste mit den aufstrebenden Hafenstädten Liepāja und Ventspils sowie Burgen und Gutshöfen im Landesinnern, wo auch die Kleinstadt Kuldīga zum Besuch einlädt.

Zemgale (Semgallen) lohnt sich besonders für den kulturell interessierten Touristen. Mehr als die eintönige Landschaft geben die prunkvollen Barockschlösser Rundāle und Jelgava her sowie die mächtige Burgruine in Bauska.

Das katholische Latgale (Lettgallen) trägt auch den Beinamen »Land der blauen Seen«: In der Hochebene von Latgale lassen sich zwischen Rēzekne und Krāslava Hunderte von Seen auf engstem Raum finden.

Vidzeme (Livland) umfasst die Region nordöstlich von Riga. Der Gauja-Nationalpark eignet sich wunderbar für Aktivurlauber, die mittelalterlichen Städte Sigulda oder Cēsis sind ideal für mehrtägige Aufenthalte.

Im Land der Lieder

Eine 500 km lange Küste, bis auf einige Stellen meist menschenleer, lädt mit ihren feinsandigen Stränden zum Baden ein. Im Landesinnern findet der Besucher neben verträumten Kleinstädten, endlosen Wäldern, unzähligen Seen und Flüssen zahlreiche Burgen und Schlösser vor. Die Metropole Riga beeindruckt vor allem mit ihren eleganten Jugendstilbauten.

Lettland – das ist das Land der Lieder. Die im gesamten Baltikum beliebten Sängerfeste finden in Lettland ganz besonders großen Anklang. Die Letten singen einfach zu gern, vor allem gemeinsam, und sind mächtig stolz auf ihre Gesangskultur. Zu jeder passenden Gelegenheit wird gesungen, am liebsten Dainas – kurze vierzeilige Lieder, die in unzähligen Varianten wiederholt werden können. Sie wurden über Jahrhunderte nur mündlich überliefert und gelten heute als Wiege der lettischen Kultur. Immerhin 2,5 Mio. Liedtexte wurden in den letzten 150 Jahren gesammelt, auf jeden Einwohner kommt also ungefähr ein Lied. Das ist vermutlich einmalig in der ganzen Welt und dennoch kaum jemandem bekannt.

Der Gesang bewirkte sogar politische Veränderungen: Nach Jahren des stillen Leidens unter der Sowjetokkupation machten die Letten 1989 international auf sich aufmerksam, als sie gemeinsam mit Litauern und Esten eine Menschenkette von Tallinn über Riga bis nach Vilnius bildeten und ihrem Protest durch Gesang Ausdruck verliehen.

Mit 713 000 Einwohnern ist Riga die größte Stadt des Baltikums. Die lettische Hauptstadt präsentiert sich dem Besucher auf den ersten Blick mit majestätischer Gelassenheit. Doch so ruhig und homogen die Stadt aus der Ferne auch wirken mag – kaum eine andere Ostseemetropole schaut auf ein so wechselhafte Geschichte zurück: Krieg, Eroberung, Unterdrückung und Deportation folgten dicht aufeinander und veränderten jedes Mal das Antlitz der Stadt. Die Deutschen verliehen Riga das hanseatische Aussehen, später prägten Polen, Schweden und Russen das Gesicht der Stadt.

In den letzten 20 Jahren hat sich Riga zu einer pulsierenden Großstadt gewandelt, in der es abends ähnlich lebendig zugeht wie in Tallinn. Doch neben zahlreichen Bars, Restaurants und Kneipen, die sich mittlerweile in der Altstadt angesiedelt haben, gibt es in Riga auch ein attraktives Kulturangebot. Die Nationaloper und das Neue Rigaer Theater haben sich beispielsweise mittlerweile auch international einen hervorragenden Ruf erarbeitet.

Lettland ist aber nicht nur Riga, auch wenn sich fast alles auf die mit Abstand größte Stadt des Landes konzentriert und hier ein Drittel der Bevölkerung lebt. Auf dem Land gibt es als Kontrast viel Natur zu entdecken, und selbst in der Hauptsaison sind, abgesehen vom traditionsreichen Seebad Jūrmala, das vor den Toren Rigas liegt und viele Möglichkeiten zum Wassersport bietet, viele Strände praktisch menschenleer.

In den vier landschaftlich völlig unterschiedlichen Nationalparks kann man stundenlang wandern, Rad fahren oder Bootstouren unternehmen, ohne einem einzigen Menschen zu begegnen. Für Kulturliebhaber gibt es sowohl alte Hansestädte als auch ehemalige Guts- und Herrenhäuser zu besichtigen. Zeugnisse deutscher Vergangenheit tauchen in fast jeder Kleinstadt auf: Fleißig haben die deutschen Kreuzritter Burgen zur Festigung und Sicherung ihrer Macht bauen lassen. Als souveräner Staat trat Lettland erstmals 1918 in Erscheinung. Davor wurde es von fremden Mächten beherrscht, vor allem von Deutschen und Russen. Heute, zwei Jahrzehnte nach dem Zerfall der Sowjetunion, ist Lettland zu einem modernen Staat gereift und Mitglied der EU. Der bis 2007 anhaltende Wirtschaftsboom ist jedoch Vergangenheit: Die Weltwirtschaftskrise hat das kleine Land besonders hart getroffen. Weil außerdem der Durchschnittslohn immer noch einer der niedrigsten innerhalb der EU ist, haben seit der Öffnung der EU-Arbeitsmärkte für die neuen Beitrittsländer Zehntausende das Land verlassen. In vielen Dörfern sind fast nur die alten Menschen zurückgeblieben.

Nicht immer spannungsfrei verläuft das Zusammenleben der Letten mit den Russen, die sich während der Sowjetokkupation in Lettland angesiedelt haben oder schon hier geboren wurden. Beinahe jeder dritte Einwohner Lettlands ist russischer Abstammung. Seit der Unabhängigkeit fühlen sich viele von ihnen von der lettischen Regierung diskriminiert: Sie müssen eine Staatsbürgerschaftsprüfung ablegen, wollen sie den lettischen Pass erhalten. Die meisten bleiben dennoch, Lettland ist nun mal ihre Heimat.

Bis zum Beginn der Weltwirtschaftskrise Ende 2007 sorgte die bis dahin recht positive Wirtschaftsentwicklung auch für Aufbruchstimmung innerhalb der Touristikbranche. Doch nun stehen viele der neu eröffneten Familienpensionen leer: Schade eigentlich, denn auch wenn in der Regel kein Fünf-Sterne-Luxus zu erwarten ist – herzliche baltische Gastfreundschaft bekommt man fast überall geboten. Besonders schön ist es in dem kleinen Land zur Zeit der Mittsommernacht, wenn die Letten mit selbst gebrautem Bier und typisch lettischem Kümmelkäse am Feuer den längsten Tag des Jahres mit Līgo-Liedern besingen. Dann kommt man der zurückhaltenden, aber äußerst warmherzigen lettischen Mentalität am besten auf die Spur.

**Lettlands Natur soll in ihrer Schönheit und Ursprünglichkeit erhalten bleiben:
Der Nationalpark Slītere ist eines von zahlreichen Naturschutzgebieten im Land**

Steckbrief Lettland

Daten und Fakten

Name: Latvija

Fläche: 64 589 km²

Hauptstadt: Riga

Amtssprache: Lettisch
Einwohner: 2,3 Mio.
Bevölkerungswachstum: – 0,6 %
Lebenserwartung: Frauen 78,1 Jahre,
Männer 68,3 Jahre

Währung: Lettischer Lats (LVL).
1 LVL besteht aus 100 Santīmi, für 1 €
bekommt man etwa 0,71 LVL.

Zeitzone: MEZ + 1 Std.

Landesvorwahl: + 371
Internet-Kennung: .lv

Landesflagge: Die rot-weiß-rot gestreifte
Flagge wurde erstmals in der zweiten Hälfte
des 13. Jh. in der Livländischen Chronik erwähnt: Lettische Stämme sollen eine rote
Flagge mit einem weißen Streifen im Krieg
gegen estnische Stämme getragen haben.
Rot symbolisiert das Blut, das für die Erlangung der Selbstständigkeit vergossen
wurde, Weiß steht für das Recht, die Ge-
rechtigkeit, die Wahrheit und die Ehre des
lettischen Volkes.

Geografie

Lettland ist der mittlere der drei baltischen
Staaten und liegt im Nordosten Europas an
der Ostsee. Im Norden grenzt es an Estland,
im Süden an Litauen, im Osten an die Russische Föderation und im Südosten an Weißrussland. Mit einer Fläche von 64 589 km² ist
Lettland etwas kleiner als Irland. 44,1 % der
Landesfläche sind bewaldet. Lettland besteht
größtenteils aus einer flachen Landschaft
mit rund 3000 Seen (größter See: Lubans
80,7 km²) und rund 12 000 Flüssen. Die Daugava, der größte Fluss, durchzieht das Land
vom Südosten bis nach Riga und mündet
kurz darauf in die Rigaer Bucht. Die Küste an
Ostsee und Rigaer Bucht ist insgesamt
494 km lang und größtenteils von Kiefern-

wäldern gesäumt. Die höchste Erhebung ist
der 311,6 m hohe Gaiziņkalns.

Rund 10 % des lettischen Staatsgebiets
sind unter Naturschutz gestellt. Am bedeutendsten sind dabei die vier Nationalparks,
des Weiteren gibt es ein Biosphärenreservat,
vier strenge Naturreservate/Wildnisgebiete,
neun Landschaftsschutzgebiete, 42 Naturparks und etliche kleinere Naturschutzzonen.

Die Hauptstadt Riga ist mit derzeit 713 000
Einwohnern nicht nur die größte Stadt Lett-
lands, sondern auch des gesamten Balti-
kums. Dahinter folgen Daugavpils (105 000
Einwohner), Liepāja (85 000 Einwohner), Jel-
gava (65 000 Einwohner), Jūrmala (56 000
Einwohner), Ventspils (43 000 Einwohner) und
Rēzekne (36 000 Einwohner).

Geschichte

Erste Spuren menschlicher Besiedlung finden sich in Lettland ab dem 9. Jt. v. Chr. Im 3./2. Jt. v. Chr. wandern die Vorfahren der finno-ugrischen sowie baltische Stämme ein.

Im ersten Drittel des 13. Jh. wird ein Großteil des heutigen lettischen Gebiets vom Schwertbrüderorden unterworfen und es wird die Livländische Konföderation gegründet. Bis 1558 bleibt das Gebiet unter deutscher Vorherrschaft. Nach dem Livländischen Krieg fällt ein Großteil des Territoriums an Polen-Litauen. Im 17. Jh. gerät das Gebiet unter schwedische Vorherrschaft, nach dem Nordischen Krieg wird es Bestandteil des Russischen Zarenreichs.

Zwischen 1918 und 1940 erlebt Lettland seine Erste Unabhängigkeit, wird dann aber zwangsweise in die Sowjetunion eingegliedert. Im Laufe des Zweiten Weltkriegs und in den Jahren danach werden Zehntausende Letten nach Sibirien deportiert. Gleichzeitig sorgt die sowjetische Führung dafür, dass in Lettland Russen angesiedelt werden. Im Jahr 1991 erkämpft sich Lettland seine Zweite Unabhängigkeit, seit 2004 ist es vollwertiges Mitglied sowohl der Nato als auch der EU.

Staat und Politik

Lettland ist eine parlamentarische Demokratie. Die Verfassung (Satversme) aus dem Jahr 1922 wurde 1999 wieder in Kraft gesetzt. Das Parlament (Saeima) setzt sich aus 100 Abgeordneten zusammen und wird alle vier Jahre gewählt. Der Staatspräsident (seit 2007 Valdis Zatlers) unterzeichnet die Gesetze, ernennt den Ministerpräsidenten und erfüllt repräsentative Aufgaben. Derzeit regiert eine Koalition aus Bürgerpartei, Neue Zeit, Grüne/Bauern-Union, Volksunion und Zivilunion

unter der Führung von Valdis Dombrovskis das Land.

Wirtschaft und Tourismus

Lettlands Wirtschaft ist seit Ende der 1990er-Jahre zu 98 % privatisiert. 70 % des BIP werden im Dienstleistungssektor erwirtschaftet, 20 % von der Industrie und 5 % von der Landwirtschaft. Mit zweistelligen Wachstumsraten konnte man vor und nach dem EU-Beitritt glänzen. Doch 2008 brach die Wirtschaft im Zuge der Weltwirtschaftskrise völlig ein. Nur ein Kredit von EU und IWF in Höhe von 7,5 Milliarden Euro konnte den Staatsbankrott verhindern. Deshalb ist auch die Einführung des Euro auf unbestimmte Zeit verschoben. Das BIP reduzierte sich im Jahr 2009 um 18 % gegenüber dem Vorjahr. Die Inflationsrate lag Ende Juli 2010 bei -1,8 %, die Arbeitslosenrate Ende Juni 2010 bei 19,1 %.

Der Tourismus nimmt in Lettland eine immer wichtigere Stellung ein. Vor allem in rückständigen Gebieten bemüht man sich, mit dem Programm Ferien auf dem Lande Touristen anzulocken. Die meisten ausländischen Gäste, nämlich 12,5 %, kommen derzeit aus Deutschland, 9,6 % aus Russland und aus Finnland sowie 9,5 % aus Litauen.

Bevölkerung und Religion

Mit etwa 2,3 Mio. Einwohnern ist das Land recht dünn besiedelt. Den größten Teil der Gesamtbevölkerung machen mit 59,4 % die Letten aus. 27,6 % der Bevölkerung sind Russen, 3,6 % Weißrussen, 2,5 % Ukrainer, 2,3 % Polen, 0,4 % Juden und 0,1 % Deutsche. Die Mehrheit der lettischen Bevölkerung ist protestantisch. Die lutherische Kirche hat ca. 450 000 Mitglieder, die katholische Kirche etwa 430 000 und die russisch-orthodoxe Kirche ungefähr 350 000 Mitglieder.

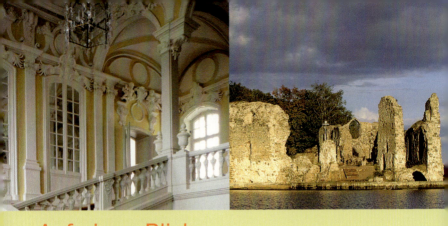

Lettland

Sehenswert

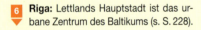

Riga: Lettlands Hauptstadt ist das urbane Zentrum des Baltikums (s. S. 228).

Jūrmala: Der größte Kurort des Baltikums bietet Urlaubern hervorragende Erholungsmöglichkeiten (s. S. 256).

Liepāja: Die Hafenstadt gilt nach Riga als vitalste Stadt des Landes (s. S. 280).

Schloss Rundāle: Das berühmte Barockschloss wurde nach Entwürfen des Architekten Rastrelli erbaut (s. S. 299).

Aglona: Die spätbarocke Basilika ist eine der beliebtesten Pilgerstätten in Osteuropa (s. S. 315).

Gauja-Nationalpark: Das Ursprungstal der Gauja birgt zahlreiche Höhlen und Felsen (s. S. 327).

Schöne Routen

Von Liepāja nach Ventspils und zum Kap Kolka: Die 250 km lange Route verläuft entlang der kaum besiedelten Küstenabschnitte zwischen Liepāja und Ventspils (s. S. 287) bzw. Ventspils und Kap Kolka (s. S. 293).

Von Rēzekne nach Daugavpils: Hunderte von Seen auf engstem Raum und die in neun eleganten Schleifen dahinfließende Daugava sind Höhepunkte der Strecke von Rēzekne nach Daugavpils (s. S. 313).

Durch den Gauja-Nationalpark: Die Rundfahrt von Sigulda nach Cēsis und über Straupe zurück umfasst die interessantesten Sehenswürdigkeiten des Gauja-Nationalparks (s. S. 327).

Meine Tipps

Okkupationsmuseum in Riga: Es informiert über die Besetzung Lettlands durch Nazideutschland und Sowjetrussland und lässt lettische Geschichte verstehen (s. S. 233).

Ethnografisches Freilichtmuseum: Etwas außerhalb von Riga gelegen, stellt es die historischen Provinzen Lettlands vor und lässt lettische Geschichte erleben (s. S. 249).

Naturpark Daugavas loki: In neun Kurven schlängelt sich die Daugava durch ein idyllisches Flussdelta (s. S. 317).

Münchhausen-Museum: Sechs Jahre verbrachte Freiherr von Münchhausen in dem kleinem Dorf namens Dunte (s. S. 323).

Schmalspurbahn: Die letzte öffentliche Schmalspurbahn des Baltikums verkehrt zwischen Gulbene und Alūksne (s. S. 341).

aktiv unterwegs

Bummel über den Zentralmarkt von Riga: In den fünf riesigen Hallen des Zentralmarktes bekommt man fast alles, was man fürs Leben so braucht (s. S. 246).

Fahrradtour durch Jūrmala: Mit dem Fahrrad kommt man in Jūrmala fast überall hin: zum Strand, Villen und Naturpark (s. S. 262).

Fahrradtour am Kap Kolka: Eine Fahrradtour verleiht einen wunderbaren Eindruck vom Slītere-Nationalpark (s. S. 266).

Spaziergang durch den Naturpark Tērvete: Auf verschlungenen Pfaden zu den Märchenfiguren der lettischen Schriftstellerin Anna Brigadere (s. S. 300).

Kanufahrt auf der Gauja: Eine Kanufahrt auf der Gauja ist der seichten Strömung wegen auch für Anfänger geeignet (s. S. 334).

227

Mit etwa 713 000 Einwohnern ist Riga die größte Stadt des Baltikums. Neben der gut erhaltenen Altstadt beeindruckt vor allem die Vielzahl an prächtigen Jugendstilbauten. Die über 800 Jahre alte Hansestadt beherbergt die meisten Sehenswürdigkeiten und ist auch in kultureller Hinsicht der Mittelpunkt der jungen lettischen Republik.

Die Hauptstadt Lettlands trägt nicht zu Unrecht den inoffiziellen Titel »Perle des Baltikums«. Riga ist eine vielseitig schillernde Erscheinung – eine Metropole voller Geschichte und pulsierendem Leben. Allein schon die Silhouette von Ordensschloss, Dom und Petrikirche lässt auf eine glanzvolle Vergangenheit schließen. Die 1201 von dem Bremer Bischof Albert an der Stelle einer livischen und kurischen Siedlung gegründete Stadt wuchs innerhalb weniger Jahrzehnte zu einer bedeutenden Handelsstadt heran, die wegen ihrer günstigen Lage an der Mündung der Daugava in die Rigaer Bucht schnell zu Reichtum gelangte.

Nur 80 Jahre nach ihrer Gründung, 1282, wurde sie Mitglied der Hanse. Das machte Riga zu einem begehrten Ort – mit der Folge, dass sich über Jahrhunderte Deutsche, Schweden, Polen und Russen um die attraktive Stadt stritten. Zum Glück hat der historische Stadtkern die zahlreichen Auseinandersetzungen weitgehend unbeschadet überstanden, sodass er 1997 in die Liste des UNESCO-Welterbes aufgenommen werden konnte. Um die Wende zum 20. Jh. erlebte Riga einen Bauboom. Ein großer Teil der damals neu errichteten Häuser wurde im Jugendstil gestaltet. Rund 800 erhaltene Gebäude, etwa jedes dritte Haus im Stadtzentrum, legen davon Zeugnis ab.

Riga bietet über seine sehenswerte Architektur hinaus noch mehr: Als Metropole des Baltikums verfügt es über ein äußerst vitales Stadtleben. Hier konzentrieren sich nicht nur zwei Drittel der lettischen Wirtschaft, Riga besitzt auch 30 Museen, 26 Hochschulen sowie 12 Theater und Opernhäuser, die der Stadt ein kulturell facettenreiches Gesicht geben und viel zur Lebensqualität beitragen. Auf den Boulevards der Neustadt und in den schmalen Gassen von Vecrīga, der Altstadt, reihen sich mittlerweile schicke Boutiquen aneinander.

Die Rigaer lieben es, durch die herausgeputzten Straßen zu flanieren und in einem der gemütlichen Straßencafés auf dem Dom-, Liven- oder Rathausplatz zu sitzen. Die Innenstadt gilt ihnen als Bühne, auf der sie von ihrem, zumindest in finanzieller Hinsicht, meist ernüchternden Alltag Abstand nehmen können. Die Mehrheit der Rigaer lebt noch immer in den grauen Vorstädten, die sich seit der Singenden Revolution Ende der 1980er-Jahre kaum verändert haben. Der Alltag ist schwer, nur wenige verdienen gut, und vor allem die Alten können kaum von ihrer schmalen Rente leben. Davon bekommt man im schicken Stadtzentrum nur wenig mit – ein Grund mehr, den Blick über den Tellerrand von Vecrīga in die Außenbezirke zu wagen.

Altstadt

Cityplan: S. 230

Torņa iela

Ein schöner Startpunkt für einen Rundgang durch die verwinkelten Straßen der Altstadt ist der **Pulverturm** 1 (Pulvertornis), der sich an der Ecke Smilšu iela/Torņa iela erhebt. Der backsteinerne Rundbau mit 3 m dicken Mauern ist der einzige erhaltene der ehemals 28 Festungstürme der Stadt. Vermutlich Anfang des 14. Jh. errichtet, wurde er 1621 von den Schweden zerstört und 1650 von ihnen selbst wieder aufgebaut. Im Turm und in dem 1939 angeschlossenen Nebengebäude befindet sich heute das **Kriegsmuseum,** das vor allem wegen eindrucksvoller Fotos, die den lettischen Unabhängigkeitskampf Anfang der 1990er-Jahre dokumentieren, einen Besuch wert ist (Kara muzejs, www. karamuzejs.lv, Fr–Mi 10–18, Do 11–19 Uhr, Eintritt frei).

Die rechts vom Pulverturm abgehende **Torņa iela** stellt in ihrer Gesamtheit ein Architekturdenkmal dar, weil sie Reste der ehemaligen Schutzmauer birgt. Nachdem man im 17. Jh. eine Verteidigungslinie aus Erdwällen errichtet hatte, verlor die Mauer an Be-

deutung. In der Folgezeit wurde der Platz zwischen Wall und Mauer bebaut. Die rechte Seite wird von den **Jakobskasernen** (Jēkaba kazarmas) eingenommen, drei zusammenhängenden, im 18. Jh. im Stil des Klassizismus erbauten zweigeschossigen Häusern. Mittlerweile befinden sich in den Gebäuden schicke Boutiquen, Cafés und Souvenirläden. Auf der anderen Straßenseite erkennt man den in den 1970er-Jahren rekonstruierten **Rahmerturm** (Rāmera tornis) mit einem kleinen Stück Stadtmauer. Das **Schwedentor** 2 (Zviedru vārti) verbindet die Torņa iela mit der eigentlichen Altstadt; 1698 wurde es während der schwedischen Herrschaft erbaut und blieb als einziges der 25 Rigaer Stadttore bis heute erhalten. Weil die schwedischen Besatzer einen möglichst direkten Weg von der Altstadt zu den neueren Befestigungsanlagen benötigten, brachen sie einfach ein Loch in ein Wohnhaus.

Höchst unterschiedliche ›Geschwister‹: Gebäudeensemble »Drei Brüder«

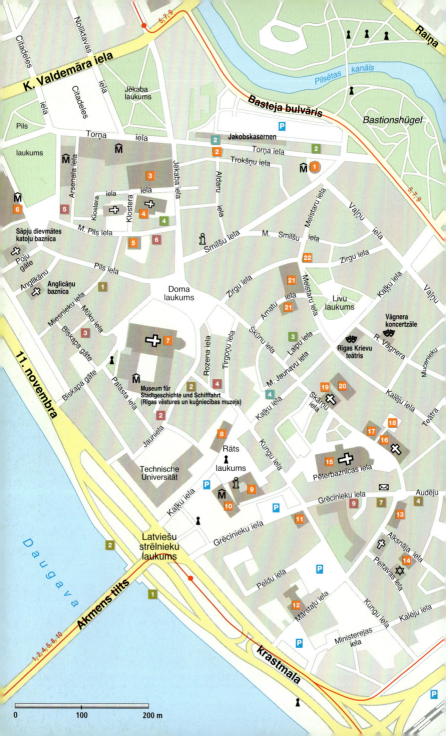

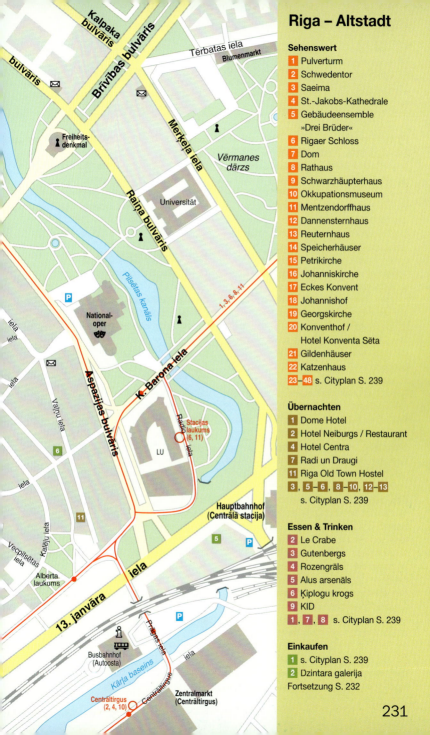

Riga – Altstadt

Sehenswert

1 Pulverturm
2 Schwedentor
3 Saeima
4 St.-Jakobs-Kathedrale
5 Gebäudeensemble »Drei Brüder«
6 Rigaer Schloss
7 Dom
8 Rathaus
9 Schwarzhäupterhaus
10 Okkupationsmuseum
11 Mentzendorffhaus
12 Dannensternhaus
13 Reuternhaus
14 Speicherhäuser
15 Petrikirche
16 Johanniskirche
17 Eckes Konvent
18 Johannishof
19 Georgskirche
20 Konventhof / Hotel Konventa Sēta
21 Gildenhäuser
22 Katzenhaus
23 – 48 s. Cityplan S. 239

Übernachten

1 Dome Hotel
2 Hotel Neiburgs / Restaurant
4 Hotel Centra
7 Radi un Draugi
11 Riga Old Town Hostel
3, 5 – 6, 8 –10, 12 –13
   s. Cityplan S. 239

Essen & Trinken

2 Le Crabe
3 Gutenbergs
4 Rozengrāls
5 Alus arsenāls
6 Ķiplogu krogs
9 KID
1, 7, 8 s. Cityplan S. 239

Einkaufen

1 s. Cityplan S. 239
2 Dzintara galerija

Fortsetzung S. 232

Riga – Altstadt

Rund um die St.-Jakobs-Kathedrale

Über die schmale **Trokšņu iela** gelangt man direkt zum repräsentativ-monumentalen Gebäude der **Saeima** **3** , seit 1920 Sitz des lettischen Parlaments. Ironischerweise diente das 1863–1867 von Jānis Frīdrihs Baumanis und Robert Pflug im Stil florentinischer Renaissance-Paläste errichtete Gebäude vor der ersten Unabhängigkeit Lettlands lange als Versammlungsort der überwiegend von Deutschen bestimmten livländischen Landtage.

Links daneben steht die erstmals 1225 erwähnte katholische **St.-Jakobs-Kathedrale** **4** (Sv. Jēkaba katedrāle), die trotz zahlreicher Umbauten romanische und gotische Elemente der Früh- und Hochgotik bewahren konnte. Besonders gelungen ist der 80 m hohe gotische Kirchturm, an dem – außerhalb des Turms und unter einer eigens angebrachten Überdachung – eine Glocke hängt. Sie läutete früher bei Feuer, Überschwemmungen und Hinrichtungen, der Legende nach aber auch dann, wenn eine untreue Ehefrau vorüberging – weshalb die Glocke recht häufig geschlagen haben soll (Mo–So 7–19 Uhr).

Das unter dem Namen **»Drei Brüder«** **5** (Trīs brāļi) bekannte Ensemble von Wohnhäusern in der Maža pils iela erhielt seinen Namen in Anlehnung an die »Drei Schwestern« in Tallinn (s. S. 363). Allerdings unterscheidet sich die Baugeschichte erheblich: Während die »Drei Schwestern« von einem Kaufmann für seine drei Töchter gebaut wurden, entstanden die »Drei Brüder« (s. S. 229) zu unterschiedlichen Zeiten: Das Haus rechts mit dem gotischen Stufengiebel (Nr. 17) gilt als das älteste Wohnhaus der Stadt (vermutlich Ende 14. Jh.). Das gelbe Haus in der Mitte (Nr. 19) ist fast genauso alt; allerdings wurde die Fassade laut Giebelinschrift 1646 im holländischen Barockstil erneuert. Das Haus links mit dem Barockgiebel (Nr. 21) ist der ›jüngste Bruder‹ und erhielt sein heutiges Aussehen Anfang des 18. Jh. Einen Blick sollte man in das **Architekturmuseum** im rechten Haus werfen, dort sieht man die gut erhaltenen Stuben des Erdgeschosses (Arhitektūras muzejs, www.archmuseum.lv, Mo 9–18, Di–Do 9–17, Fr 9–16 Uhr, Eintritt frei).

Das Rigaer Schloss **6**

Das **Rigaer Schloss** (Rīgas pils) war jahrhundertelang Hauptsitz des Deutschen Ordens. Seine Baugeschichte ist von Krieg und Zerstörung geprägt: Die erste Ordensburg befand sich noch bei der Georgskirche (s. S. 236) in der Skārņu iela, wurde aber nach langjährigen Auseinandersetzungen von den Rigaer Bürgern zerstört, die ihrerseits 1330 eine Niederlage erlitten und vom Orden gezwungen wurden, eine neue Burg außerhalb der Stadtmauern zu bauen. Wie diese Burg ausgesehen hat, ist kaum bekannt, denn 1484 rächten sich die Rigaer für ihre Demütigung und zerstörten die Burg erneut. Doch eine weitere Niederlage war nicht zu verhindern, und so mussten die Bürger die Burg ein zweites Mal errichten, was bis 1515 unter der Aufsicht des Baumeisters Nyggels aus Tallinn geschah. Aus dieser Zeit stammen die zwei erhaltenen Wehrtürme, die noch heute das Panorama zur Daugava hin prägen. Im Verlauf des 18. und 19. Jh. wurde die Hauptfassade im frühklassizistischen Stil umgestaltet. Das Schloss war auch Sitz der schwedischen und später russischen Gouverneure und ist seit 1995 die Residenz des Präsidenten der lettischen Republik. Ein Teil des Ensembles ist frei zugänglich, dort sind drei Museen untergebracht: das Museum für ausländische Kunst, das Jānis-Rainis-Museum für Literatur und Kunstgeschichte sowie das **Museum für lettische Geschichte,** in dem man einen hervorragenden Überblick über die Geschichte des Landes erhält. Interessant sind die Räume für Ur- und Frühgeschichte sowie die Ausstellung lettischer Trachten (Latvijas nacionālais vēstures muzejs, www.history-museum.lv, Di–So 10–17 Uhr, 1 LVL).

Rund um den Dom

Über die repräsentative Pils iela gelangt man zum mächtigen **Dom** 7 (Doma bacnīza), dem größten mittelalterlichen Gotteshaus des Baltikums. Seine lange Baugeschichte spiegelt sich auch in den unterschiedlichen Stilen wider, die von der Romanik bis zum Barock reichen. Den Auftakt für das Bauprojekt machte der Stadtgründer Bischof Albert selbst, als er im Jahr 1211 den Grundstein legte. Die ältesten Gebäudeteile sind Chor und Querschiff.

Das beeindruckende gotische Nordportal – ebenfalls aus dem 13. Jh. stammend –, das sich zum Domplatz öffnet, war früher der Haupteingang. Ein Großteil der Inneneinrichtung fiel den Bilderstürmern der Reformation zum Opfer; heute prägen hauptsächlich Kunstwerke des Manierismus und Barock das Innere der Kirche. Bemerkenswert sind u. a. die Schnitzereien an der barocken Holzkanzel und die Glasfenster aus dem 19. Jh., die wichtige Ereignisse aus der Stadtgeschichte illustrieren. Ein Meisterwerk der Schnitzkunst ist der Orgelprospekt von Jacob Raab aus dem Jahr 1602.

Höhepunkt einer Besichtigung ist sicherlich die prächtige **Walcker-Orgel** von 1884, die zu ihrer Entstehungszeit die größte Orgel der Welt war und immer noch durch ihre 6718 Pfeifen, vor allem aber durch die Schönheit ihres Klangs besticht (www.doms.lv, 20-minütige Orgelkonzerte: tgl. 12 Uhr, 5 LVL, Besichtigung: 1. Mai–30. Sept. Mi und Fr 9–17, Do und Sa–Di 9–18, 1. Okt.–30. April tgl. 10–17 Uhr, Eintritt frei).

Am Anfang der hinter dem Dom verlaufenden Palasta iela bietet im Obergeschoss des Domklosters das **Museum für Stadtgeschichte und Schifffahrt** einen sehr interessanten Überblick über die Entwicklung der Stadt Riga. Highlights sind Teile eines Schiffs, das bei Ausgrabungen auf dem Albertplatz entdeckt wurde, sowie der Große Christoph (Lielais Kristaps), eines der drei Wahrzeichen Rigas (Rīgas vēstures un kuģniecības muzejs, www.rigamuz.lv, 1. Mai–30. Sept. Do 12–19, Fr–Mi 10–17, 1. Okt.–30. April Mi–So 11–17 Uhr, 3 LVL).

Auf dem weitläufigen **Domplatz** (Doma laukums) vertreiben sich vor allem im Sommer die Touristen in den hübschen Straßencafés und Kneipen die Zeit. Von hier lohnen sich auch Abstecher in die abgehenden Seitenstraßen, in denen einige sehenswerte Jugendstilgebäude stehen.

Rathaus und Schwarzhäupterhaus

Der **Rathausplatz** (Rātslaukums) war jahrhundertelang der zentrale Marktplatz der Stadt, im Zweiten Weltkrieg wurde er fast vollständig zerstört. In den 1990er-Jahren baute man mit viel Mühe und Geld das **Rathaus** 8 wieder auf sowie auf der anderen Seite des Platzes eines der bedeutendsten Gebäude der Rigaer Stadtgeschichte: das **Schwarzhäupterhaus** 9 (Melngalvju nams).

Im Jahr 1334 erstmals erwähnt, ist es ein hervorragendes Beispiel für die baltische Backsteingotik, allerdings wurde es im 17. Jh. nach der Art der holländisch-flämischen Zunfthäuser umgebaut, wobei die gotischen Giebelstufen zusätzliche dekorative Elemente, darunter Metallverzierungen, und die Fassade eine Kalenderuhr sowie ein mit Figuren bestücktes Barockportal bekamen. Seinen eigenartigen Namen erhielt das Haus durch die Compagnie der schwarzen Häupter, eine Vereinigung unverheirateter fahrender Kaufleute, die den hl. Mauritius als ihren Schutzpatron betrachtete. Das Schwarzhäupterhaus diente ihnen als Versammlungs- und Veranstaltungsraum. Sie waren in der ganzen Stadt für ihre ausgelassenen Feste bekannt.

Okkupationsmuseum 10

Neben dem Schwarzhäupterhaus steht ein von den Rigaern auch Schwarzer Sarg genanntes Gebäude aus den späten 1960er-Jahren. Früher befand sich darin das Mu-

seum zum Andenken an die lettischen Schützen, die im Ersten Weltkrieg auf russischer Seite kämpften, die Revolution unterstützten und u. a. eine Leibgarde Lenins stellten. In den 1990er-Jahren wurde dann das **Okkupationsmuseum** gegründet. Es dokumentiert mit seiner Ausstellung die Besetzung Lettlands durch die Nationalsozialisten und Sowjetrussen und ist eines der interessantesten Museen Lettlands, da es die systematische Zerstörung der nationalen Eigenständigkeit Lettlands und die Verbrechen am lettischen Volk anschaulich ins Gedächtnis ruft (Latvijas okupācijas muzejs, www.occupation museum.lv, 1. Mai–30. Sept. 11–18, 1.Okt.– 30. April Di–So 11–17 Uhr, Eintritt frei).

Bürgerarchitektur rund um die Mārstaļu iela

In der Altstadt von Riga stehen mehrere prunkvolle Häuser aus dem 17. Jh., die zu Wohlstand gelangte Bürger für sich errichten ließen und die heute als hervorragende Beispiele barocker Architektur im Baltikum gelten können. In dem 1695 erbauten **Mentzendorffhaus** [11] Ecke Grēcinieku iela/Kungu iela befindet sich ein Museum, das mit seiner Ausstellung einen Eindruck von der Lebensweise eines Rigaer Bürgers im 17./18.Jh. gibt. Das gut erhaltene Gebäude hatte verschiedene Besitzer, bevor der Kaufmann August Mentzendorff es 1884 erwarb. Knapp 100 Jahre später, als die Renovierung des Hauses begann, wurden die einzigartigen Decken- und Wandmalereien entdeckt, die im heutigen Museum bewundert werden können (Mencendorfa nams, Mi 10–17, Do 12–19, Fr–So 10–17 Uhr, 1 LVL).

Leider immer noch nicht restauriert ist das von der Haupttouristenroute etwas abgelegene, nach einem reichen Kaufmann benannte **Dannensternhaus** [12] (Dannenšterna nams) in der Mārstaļu iela 21, das eine faszinierende Mischung aus Palast und Speicher darstellt. Dienten die zwei unteren Stockwerke des Vorderhauses als Wohn- und Ge-

Perfekte Kulisse für den Auftritt: das Schwarzhäupterhaus

schäftsräume, so wurden die darüber liegenden fünf als Warenlager genutzt.

Ein weiteres Beispiel nördlicher Barockarchitektur ist das **Reuternhaus** [13] (Reiterna nams) an der Ecke Mārstaļu iela/Audēju iela. Der Auftraggeber des zwischen 1684 und 1688 erbauten Hauses war Johann Reutern, ein vom schwedischen König in den Adelsstand erhobener Kaufmann, der seine politische Parteinahme zugunsten der Schweden auch im Gesims des Hauses öffentlich dokumentierte – dort besiegt nämlich ein steinerner schwedischer Löwe den russischen Bären. Scheinbar beiläufig ließ Reutern auch noch sich selbst und seine Frau in den Kapitellen der korinthischen Säulen verewigen.

Speicherviertel

In der Peitavas iela, der Vecpilsētas iela und vor allem der Alksnāja iela stehen einige **Speicherhäuser** [14], die der Altstadt ihr unverwechselbares Kolorit geben und interessante Einblicke in die Blütezeit Rigas im 16. und 17. Jh. bieten, als der Handel mit Gütern aus Übersee florierte und Riga als Umschlagplatz für Waren aus dem russischen Raum diente. Große Speicher wurden für die Rigaer Händler zur Notwendigkeit. 24 von ehemals 160 Gebäuden sind erhalten, leider wurden bisher nur wenige renoviert. Das älteste Speicherhaus (Alksnāja iela 7/9) entstand zwischen 1552 und 1559. Nur ein paar Schritte entfernt liegt der **Albertplatz** (Alberta laukums), der nach dem Stadtgründer Bischof Albert benannt ist und als Entstehungsort Rigas gilt. Hier verlief früher die in die Daugava mündende Riga, die später versandete und zugeschüttet wurde; hier lag auch der natürliche Hafen der Liven. Bei Ausgrabungen fand man Knochen und zwei versunkene Schiffe, die im Museum für Stadtgeschichte und Schifffahrt zu bewundern sind (s. S. 233).

Petrikirche und Johanneskirche

Mit ihrem ungewöhnlichen, spitz zulaufenden Turm beherrscht die **Petrikirche** [15] (Sv. Pētera baznīca) die Silhouette der Altstadt. Die für das Baltikum typischen Elemente der

Backsteingotik und des frühen Barock prägen die große, dreischiffige Basilika. Der Kirchturm hat eine lange Geschichte: Nach mehreren Bränden schuf man Ende des 17. Jh. einen neuen Turm mit der damals höchsten Holzturmspitze Europas. Doch bereits Anfang des 18. Jh. und dann noch einmal 1941, nach dem Beschuss durch deutsche Artillerie, fiel er den Flammen zum Opfer. Seine Rekonstruktion orientierte sich an den historischen Entwürfen, diesmal wurde jedoch Metall anstelle von Holz verwendet. In 133 m Höhe bekrönt ein vergoldeter Hahn die Turmspitze. Ein Lift führt hinauf zur Aussichtsplattform, von der sich ein Panoramablick über Riga bietet (1. Mai–30. Okt. Di–So 10–18, 1. Nov.–30. April Di–So 10–17 Uhr, Kirche 1 LVL, Turm 3 LVL).

Hinter der Petrikirche steht an der Skārņu iela die spätgotische **Johanniskirche** 16 (Jāņa baznīca). Der einst zu einem Dominikanerkloster gehörende Backsteinbau mit dem auffälligen Stufengiebel an der Nordseite entstand Ende des 15. Jh. An der Außenmauer, die der Petrikirche zugewandt ist, lassen sich zwei Steinmasken entdecken: Mönche mit offenen Mündern. Angeblich stellten sich an Feiertagen Dominikanermönche dahinter und predigten. Außerdem stößt man auf ein Gitter, das einen Hohlraum einfasst. In diesen ließen sich der Legende nach während des Baus der Kirche zwei Mönche einmauern, um durch ihr Opfer den Schutz der Kirche zu sichern.

An der Skārņu iela

Das gelbe zweistöckige Gebäude neben der Johanniskirche ist der sogenannte **Eckes Konvent** 17 (Ekes Konvents) von 1435. Es hat die Jahrhunderte unbeschadet überstanden und diente ursprünglich als Nachtasyl, bis 1592 der bei der Bevölkerung recht unbeliebte Ratsherr Nikolaus Ecke das Gebäude erwarb und in den Räumen ein Witwenheim einrichten ließ. In die Außenfassade wurde 1618 ein sehenswertes, vermutlich in Nürnberg geschaffenes Sandsteinrelief integriert.

Zwischen Johanniskirche und Eckes Konvent führt eine schmale Gasse durch ein altes Klostertor zum **Johannishof** 18 (Jāņa sēta), wo eine in den 1960er-Jahren rekons-

truierte Stadtmauer mit hölzernem Wehrgang, Fragmente des ersten Bischofsitzes sowie Reste eines ehemaligen Klosterkreuzgangs zu sehen sind. Zur Kalēju iela gelangt man durch einen Torbogen, den ein Rigaer Stadtwappen schmückt.

Die **Skārņu iela** ist eine der ältesten Straßen Rigas, hier siedelten bereits im 13. Jh. die ersten Deutschen, und hier wurde auch der erste städtische Markt abgehalten. So verwundert es nicht, dass man hier auf das älteste Gebäude der Stadt trifft, die **Georgskirche** 19 (Jura baznīca). Sie wurde erstmals 1205 als Kapelle des Schwertbrüderordens erwähnt, der bis 1297 an dieser Stelle seine erste Ordensburg hatte. Ab dem 16. Jh. wurde die Kirche 500 Jahre lang nur noch als Speicher genutzt und erst Anfang des 19. Jh., mittlerweile unter drei Speichern verborgen, wieder freigelegt. Heute residiert in den Räumen das **Museum für angewandte Kunst** (Dekoratīvi lietišķās mākslas muzejs, www.dlmm.lv, Di, Do–So 11–17, Mi 11–19 Uhr, 2 LVL).

Hinter der Kirche gelangt man durch einen Durchgang in den **Konventhof** 20 (Konventa sēta): einen in den 1990er-Jahren renovierten Gebäudekomplex mit Restaurants und einem Hotel. Die Anfänge des Hofs lagen im 13. Jh., als der Schwertbrüderorden an dieser Stelle das Ordensschloss errichtete, das 1297 durch die Rigaer niedergerissen wurde (s. S. 232). Danach übernahm der Konvent des Heiligen Geistes das ehemalige Ordensschloss und richtete hier ein Obdach ein. Ab Mitte des 16. Jh. bestand der Konventhof nur noch aus Wohnhäusern und Speichern.

Rund um die Gildenhäuser

Die Kalēju iela führt auf die **Meistaru iela** mit ihren kleinen bunten Handwerkerhäuschen. Sie verläuft entlang des Livenplatzes bis zum Pulverturm. An der Ecke zur Amatu iela stehen die **Gildenhäuser** 21 mit der Großen Gilde, dem dazugehörigen Wohnhaus und der Kleinen Gilde. Die beiden Gilden entstanden Mitte des 14. Jh.: Deutsche Kaufleute schlossen sich zur Großen Gilde und deutsche Handwerker zur Kleinen Gilde zusammen – Letten waren nicht zugelassen. Die heutigen

Gildenhäuser stammen aus dem 19. Jh., besitzen aber noch vollständig erhaltene Räume aus den früheren Gildehäusern. Das Gebäude der Großen Gilde (Lielā ģilde) wurde 1857 nach einem Entwurf von Karl Beine in Anlehnung an Formen der englischen Gotik komplett umgebaut; es beherbergt die Münsterstube des ersten Gildehauses aus dem 14. Jh. und die in der ersten Hälfte des 15. Jh. angebaute Brautkammer. Im gleichen Gebäude befindet sich heute der Konzertsaal der Philharmonie. Das erste Gebäude der Kleinen Gilde (Mazā ģilde) auf der anderen Seite der Amatu iela entstand Mitte des 14. Jh. An seiner Stelle erhebt sich heute das 1866 nach einem Entwurf von J. D. Felsko ebenfalls im Stil der englischen Gotik errichtete Haus.

Sehenswert ist auch das **Katzenhaus** 22 an der Ecke Zirgu iela/Meistaru iela. Angeblich ließ ein reicher lettischer Kaufmann, dem der Beitritt in die Gilde verwehrt wurde, aus Wut darüber 1909 auf dem Dach seines Hauses schwarze Katzenfiguren anbringen – mit dem Hinterteil in Richtung Gildehäuser. In der Folge kam es zu einem Gerichtsprozess, den der Händler verlor. Die Katzen wurden umgedreht und müssen seither den Anblick der Gildehäuser ertragen. Auf dem zumeist sehr belebten **Livenplatz** (Līvu laukums) kann man den Stadtrundgang ausklingen lassen, hier befinden sich sowohl Bierkneipen und Restaurants als auch Souvenirstände.

Neustadt

Cityplan: S. 239

Die **Neustadt** (Centrs) besitzt einen völlig anderen Charakter als die Altstadt. Im Gegensatz zur gemütlichen Altstadt mit ihren ver-

Ein schöner Ort, um einen lauen Sommerabend zu genießen: der Livenplatz

Riga – Neustadt

winkelten, manchmal beinahe mittelalterlich anmutenden Straßen wird die Neustadt von breiten Boulevards geprägt, die von prächtigen Häusern aus der Zeit der Wende zum 20. Jh. gesäumt werden. Als im 19. Jh. die Altstadt aus allen Nähten platzte, beschloss der Stadtrat 1856, die Befestigungswälle abzutragen und die Freiflächen in Parks umzuwandeln. Von nun an durften auch außerhalb der Altstadt Steinhäuser gebaut werden. Der wirtschaftliche Aufschwung um die Jahrhundertwende bescherte Riga zudem eine Vielzahl prächtiger Jugendstilhäuser, von denen die meisten in der Neustadt zu finden sind.

Freiheitsdenkmal 23

Ein guter Startpunkt für einen Rundgang durch die Rigaer Neustadt ist das **Freiheitsdenkmal** (Brīvības piemineklis) vor den Toren der Altstadt. Es steht auf dem Brīvības bulvāris, Rigas 15 km langer Hauptverkehrsader, welche die Stadt in zwei Teile teilt. Mit ihren zahlreichen eindrucksvollen Repräsentativbauten wird sie an Feiertagen als Paradestraße genutzt, vor allem während der Sängerfeste und der jährlichen Feierlichkeiten zur Unabhängigkeit. Zu Beginn der 1990er-Jahre war der Platz um das Freiheitsdenkmal regelmäßig zentraler Versammlungsort für Demonstrationen. Die Freiheitsstatue ist das bedeutendste Denkmal Lettlands und stammt noch aus der Zeit der Ersten Unabhängigkeit: Am 18. November 1935, dem 15. Jahrestag der Ausrufung der Freien Republik Lettland, wurde es eingeweiht und musste in der Folgezeit immer wieder verteidigt werden, denn die Sowjets versuchten mehrfach, das Denkmal zu entfernen oder umzudeuten. Auch dem Argument, das Bauwerk könne aufgrund des zunehmenden Verkehrsaufkommens einstürzen, entzogen die Rigaer geschickt jede Grundlage, indem sie den Platz um die Statue kurzerhand zur Fußgängerzone erklärten.

Die schlanke Mädchenfigur aus Kupfer, die auf dem 42 m hohen Obelisken steht und drei Sterne in ihren anmutig erhobenen Händen

hält, verkörpert die Freiheit Lettlands, die drei Sterne symbolisieren die drei historischen Provinzen Latgale, Kurzeme und Vidzeme. Zu Füßen des Obelisken veranschaulichen aus Granit gemeißelte Skulpturengruppen und -reliefs Themen aus der lettischen Literatur und Mythologie. Das Denkmal entstand aus einer Zusammenarbeit zwischen dem lettischen Bildhauer Kārlis Zāle und dem Archi-

tekten Ernests Štālbergs. Die Freiheitsstatue wird streng bewacht – egal bei welchem Wetter: Die Ehrenwache, die sich stündlich ablöst, schützt diesen würdevollen Ort.

Bastejkalns-Park

Der von Rigaern und Touristen gleichermaßen gern besuchte **Bastejkalns-Park** mit seinem Pilsētas kanāls umschließt die Alt-

Jugendstilbauten in Riga

Etwa 800 Jugendstilgebäude stehen im Stadtzentrum von Riga, eines schöner als das andere. Viele von ihnen wurden im Stil der Nationalen Romantik erbaut, einer lettischen Weiterentwicklung des Jugendstils, und tragen Gestaltungselemente der traditionellen Holzbauweise und Ornamentik.

Ende des 19. Jh. tauchte in Europa mit dem Jugendstil eine neue Kunstrichtung auf, die den Historismus schon bald ablösen und sämtliche Bereiche der Kunst, des Kunsthandwerks und der Architektur durchdringen sollte. Der Jugendstil, dessen Blütezeit nur etwa 20 Jahre währte, war vor allem eine Reaktion auf die ihm vorausgehenden Zeitströmungen, als der Historismus mehr oder weniger in grotesken Schwulst ausferte und im Zuge der industriellen Revolution die Produktion kitschiger, maschinell hergestellter Massenware in Mode kam. Er war allerdings niemals eine einheitliche Kunstrichtung mit einer festgelegten Ästhetik. Es handelte sich bei ihm eher um unterschiedliche Strömungen, die sich nur in der Abwendung vom Historismus und der Forderung nach der Verschmelzung von Kunst und Leben einig waren. Die Kunst sollte in die Alltagswelt im Sinne einer umfassenden künstlerischen Neugestaltung der uns umgebenden Dinge einbezogen werden.

Was die Entwicklung des Jugendstils in der Architektur betrifft, so bestimmte vor allem die Suche nach der Einheit von Konstruktion und Dekoration sowie die Erprobung neuer Materialien und Bautechniken die Arbeit der Baukünstler. Die Funktionen eines Gebäudes sollten auch in der äußeren Gestaltung sichtbar gemacht werden. Im Gegensatz zum Historismus, wo der Fassadenschmuck die Funktion und die Bedeutung eines Gebäudes nur metaphorisch zum Ausdruck brachte, versuchten die Jugendstil-

architekten, Häuser von innen nach außen zu konstruieren und in der Fassade die räumliche Gestaltung des Gebäudes widerzuspiegeln. Symmetrie spielte dabei im Gegensatz zu den vorhergehenden Kunststilen eine untergeordnete Rolle.

Innerhalb der lettischen Jugendstilepoche bildeten sich drei unterschiedliche Stilrichtungen heraus: der dekorative, der lotrechte und der national-romantische Stil. Der dekorative Jugendstil unterschied sich vom Historismus nur oberflächlich. Obwohl der Fassadenschmuck dieser Häuser mit seinen flächenhaft floralen Ornamenten und Fantasiegebilden ein anderer war, verhielt sich die Konstruktion des Gebäudes noch relativ beziehungslos zur Dekoration. Später achteten die Architekten mehr darauf, die Fassadengestaltung der räumlichen Struktur des Gebäudes anzupassen und verwendeten Ornamente bewusster.

Um 1908 wurde immer hochstrebender gebaut und es wurden häufig gotische Formen zitiert. Auch die Fenster und ornamentalen Reliefs erhielten eine vertikale Ausrichtung. Vorbild für viele dieser im lotrechten Jugendstil erbauten Häuser war das damals recht bekannte Berliner Kaufhaus Wertheim.

Dass der Jugendstil in Riga eine unverwechselbare Ausprägung erhielt, ist den Bemühungen der lettischen Architekten zu verdanken, eine den lettischen Nationalcharakter widerspiegelnde und die lettische Geschichte repräsentierende Formensprache zu erschaffen. Die meisten Häuser im Stil der Nationalen Romantik wurden in den Jahren zwischen 1905 und 1911 erbaut und tragen Merkmale der lettischen Holzbauweise und der traditionellen lettischen Ornamentik. Wichtig war auf jeden Fall, natürliche Materialien zu verwenden und keine Imitate. Dem Betrachter fallen diese Gebäude vor allem wegen ihrer steilen Giebel – teilweise mit Dachschindeln aus Schiefer –, aufgrund des mittelalterlichen Fachwerks oder des Bruchsteinmauerwerks im Bereich des Erdgeschosses ins Auge.

Einer der berühmtesten Vertreter des dekorativen Jugendstils ist sicherlich Michail Eisenstein (1867–1921, s. S. 244), von dem etwa 20 Häuser in Riga stehen. Konstantīns Pēkšēns (1859–1928) war einer der ersten akademisch ausgebildeten lettischen Architekten, die die 1869 eröffnete Fakultät für Baukunst im Rigaer Polytechnischen Institut besuchten. Pēkšēns gehörte zu jenen Architekten, die den Bruch mit dem Historismus endgültig vollzogen und seine Häuser im Gegensatz zu Michail Eisenstein aus der Funktion heraus gestalteten. Dabei legte er eine enorme Produktivität an den Tag, mehr als 250 Häuser sind ihm zu verdanken. Die nicht minder begabten Eižens Laube und Alexandrs Vanags waren Schüler und zeitweilige Werkstattmitarbeiter von Konstantīns Pēkšēns. Sie stehen vor allem für die Nationale Romantik. Nicht unerwähnt bleiben sollten auch die Architekten Jānis Alksnis und Pauls Mandelštams, die ebenfalls sehenswerte Jugendstilgebäude in Riga gebaut haben.

Versteinerte Miene: Fassadendetails an einem Haus in der Elizabetes iela

stadt und verbindet diese gleichzeitig elegant mit der Neustadt. Alte Bäume, Blumen, ein verzweigtes Wegesystem, Skulpturen, Brunnen und künstliche Wasserfälle machen den Park zu Rigas grüner Lunge und geben der Stadt eine gelassene Atmosphäre. Mittelpunkt der Anlage ist der **Bastionshügel 24** (Bastejkalns), der sich gegenüber dem Pulverturm (s. S. 229) erhebt und 1863 aus dem Schutt aufgetürmt wurde, der beim Abtragen der Verteidigungswälle entstand.

Vom Freiheitsdenkmal gelangt man in südlicher Richtung zur prächtigen **Nationaloper 25** (Nacionālā opera), die mittlerweile internationalen Rang erlangt hat (s. S. 255). Das in den 1860er-Jahren von Ludwig Bohnstedt als Deutsches Theater im Stil des Neoklassizismus erbaute Haus fällt vor allem wegen seiner großartigen Hauptfassade mit dem Portikus auf, dessen Giebelfeld eine allegorische Figurengruppe um Apollo schmückt.

Auf der anderen Seite des Kanals steht am Raiņa bulvāris das Hauptgebäude der **Universität 26** (Latvijas Universitāte). Es wurde zwischen 1860 und 1885 für das Rigaer Polytechnikum errichtet. Hier hatte auch die 1870 gegründete Architekturfakultät ihren Sitz, deren erster Dekan, Gustav Hilbig, auch der Architekt des Hauses war. An der Fassade aus gelbem Ziegelstein sind Gestaltungselemente sowohl der romanischen als auch der byzantinischen Baukunst zu erkennen.

Wöhrmannscher Garten und Esplānade

Der **Wöhrmannsche Garten** (Vērmanes dārzs) ist einer der ältesten Parks von Riga und wegen seiner zentralen Lage und gelungenen Gestaltung die wohl meistbesuchte Grünanlage der Stadt. Nach Besichtigungen kann man hier wunderbar ausruhen und die Zeit damit verbringen, einfach nur das Alltagsleben der Rigaer zu betrachten.

Wer den Wöhrmannschen Garten Richtung Brīvības bulvāris verlässt, gelangt zur

Etage für Etage ein Meisterwerk: Bau von M. Eisenstein in der Elizabetes iela

Tērbatas iela, wo ein außergewöhnlich guter **Blumenmarkt 27** (Puķu tirgus) Tag und Nacht geöffnet ist. Die beeindruckend große Auswahl und die geschmackvolle Gestaltung der Blumengestecke lassen das Herz jeden Blumenliebhabers höher schlagen.

Überquert man den Brīvības bulvāris, gelangt man zu den Parkanlagen der **Esplanāde** und zur russisch-orthodoxen **Christi-Geburt-Kathedrale 28** (Kristus dzimšanas katredrāle). Das von vier kleinen und einer großen Kuppel gekrönte Gotteshaus wurde 1884 nach einem Entwurf von Robert Pflug im byzantinischen Stil errichtet. Während der Sowjetokkupation war hier das Haus des Wissens mit einem Planetarium und einem Café untergebracht. Die wertvolle Inneneinrichtung, die dabei zum Teil zerstört und nach der Wende teilweise entwendet wurde, hat die Kirchengemeinde inzwischen weitgehend wiederherstellen lassen.

Ein Abstecher führt zum **Jüdischen Zentrum 29** von Riga in der Skolas iela 6, einer Nebenstraße der Esplanāde. In seiner Ausstellung »Juden in Lettland« informiert das Museum nicht nur über das vielfältige jüdische Leben seit dem 18. Jh. und das Leiden der lettischen Juden während der deutschen Okkupation bis 1944, sondern gibt auch einen Überblick über das neue jüdische Leben seit der Unabhängigkeit Lettlands (Rīgas ebreju kopienas muzejs »Ebreji latvija«, Mo–Do, So 12–17 Uhr, Spende erbeten).

Die der orthodoxen Kathedrale gegenüberliegende Seite der Esplanāde ist ganz der Kunst gewidmet. Hier errichtete man 1905 das **Staatliche Kunstmuseum 30**, das die wichtigste Sammlung lettischer und ausländischer Malerei und Plastik in Lettland beherbergt. Ausgestellt sind Werke bedeutender lettischer Maler wie Vilhelms Purvītis und Jānis Rozentāls. Für Letzteren wurde auf dem Vorplatz des Museums ein Denkmal aufgestellt (Valsts Mākslas muzejs, www. lnmm.lv, Sa–Mo, Mi 11–17, Fr 11–20 Uhr, 1 LVL).

Jugendstilbauten am Kronvaldpark

Dämonische Masken, Löwenköpfe, Sphinxe, stilisierte Blumengirlanden, entblößte Frauenkörper – viele Häuserfassaden im Rigaer Stadtzentrum sind so opulent und schmuckreich gestaltet, als ginge es darum, einen Schönheitswettbewerb zu gewinnen. Und so war es wahrscheinlich auch, als der Jugendstil in Riga seine kurze, aber heftige Blüte erlebte, was der Stadt in den 1930er-Jahren den Beinamen Paris des Nordens einbrachte. Tatsächlich kann Riga in puncto Anzahl und Pracht der Häuser ohne Weiteres mit den anderen Jugendstil-Metropolen Europas – Paris, Brüssel und Wien – mithalten: Im Stadtzentrum ist fast jedes dritte Haus im Jugendstil erbaut. Insgesamt gibt es in Riga etwa 800 Jugendstilbauten – eine solche Dichte an Bauten dieses Stils ist wohl nirgendwo sonst auf der Welt zu finden. Während man in der Altstadt nur hier und da auf Jugendstilbauten stößt, reiht sich in der Neustadt in einigen Straßen ein Jugendstilhaus an das andere. Die Neustadt war quasi die Spielwiese der Rigaer Jugendstil-Architekten, auf der sie sich erprobten und schon bald ihren eigenen lettischen Stil fanden (s. S. 240).

An Pracht und Fantasie wahrscheinlich nicht zu überbieten ist ein kleines Viertel am hübschen **Kronvaldpark** (Kronvalda parks), welches sich durch seine einheitliche Bebauung auszeichnet. Als sein Mittelpunkt gilt die **Alberta iela** 31, in der faszinierende Architekturkunstwerke mit einer geradezu überbordenden Fassadengestaltung stehen. Architekt von sechs der Häuser war Michail Eisenstein (s. S. 241): Zwischen 1903 und 1906 ließ er Haus Nr. 2, 2 a, 4, 6, 8 und 13 nach seinen Plänen erbauen. Die prächtigen Häuserfassaden mit ihren Masken, Löwen, einfallsreich gestalteten Fenstern und einer über das Dach hinausragenden, nur zu dekorativen Zwecken erbauten Fassade (Nr. 2 a) sind glänzende Beispiele des frühen, dekorativen Jugendstils. In der Alberta iela erregen aber auch die Werke anderer Architekten die Aufmerksamkeit der Passanten: Das 1908 von Eižens Laube gestaltete Haus Nr. 11 mit seinen beiden runden Erkern wurde ganz im Stil der Nationalen Romantik errichtet. Das Eckhaus Alberta iela 12/Strēlnieku iela wurde 1903 von Konstantīns Pēkšēns unter Mitarbeit von Eižens Laube erbaut und ist mit stilisierten Details in der Formensprache der Renaissance und des Mittelalters geschmückt. Besonders sehenswert ist hier das Treppenhaus. Im obersten Stockwerk dieses Gebäudes ist eine Ausstellung über Jaņis Rozentāls, einem berühmten Jugendstilmaler und Rūdolfs Blaumanis, einem bedeutenden Schriftsteller, zu sehen (Mi–So 11–18 Uhr). Außerdem ist hier das **Rigaer-Jugendstil-Informationszentrum** untergebracht (www.jugendstils.riga.lv, Di–So 10–18 Uhr, 2/2,50 LVL).

Weitere Häuser von Michail Eisenstein befinden sich in der **Strēlnieku iela** 32, darunter Nr. 4 a mit einer fast schon als übertrieben üppig zu bezeichnenden Dekoration, sowie drei Häuser in der **Elizabetes iela** 33, die sehr gut Eisensteins Hinwendung vom Historismus zum Jugendstil dokumentieren: Während Haus Nr. 33 noch im Stil des Historismus erbaut wurde, ist das gegenüberliegende Haus Nr. 10 b schon dem frühen Jugendstil zuzurechnen. An der Fassade des Hauses Nr. 10 a sind keinerlei historische Gestaltungselemente mehr zu entdecken.

An der Daugava

Cityplan: S. 239

Promenade

Die stark befahrene Straße 11. novembra krastmala sollte einen nicht von einem Spaziergang entlang der Uferpromenade abhalten. Besonders schön ist es abends, wenn in der Ferne die Sonne untergeht und der Widerschein der nächtlichen Beleuchtung auf der Daugava schimmert. Ein guter Startpunkt ist beim **Großen Christoph** 34, einer Kopie des etwa 500 Jahre alten Originals (s. S. 233) – eines Wahrzeichens der Stadt. Ab hier wird die Promenade in Richtung Passagierhafen breiter. Hinter der Vanšu tilts finden – vor allem im Sommer – ab und an Märkte statt, manchmal legen historische Schiffe an. Geht man weiter in Richtung Eisenbahnbrücke, ist man näher an der Altstadt; in diesem Bereich liegen Ausflugsschiffe vor Anker.

Ķīpsala 35

Die kleine Insel Ķīpsala auf der Daugava ist heute eher als Standort der Rigaer Messehallen bekannt. Dennoch lohnt es sich, auf dem Balasta dambis spazieren zu gehen, auf dem viele von reicheren Letten restaurierte Holzhäuser stehen. Hier, wo bereits seit Anfang der 1970er-Jahre restauriert wird, kann man am ehesten erahnen, wie Riga aussehen könnte, wenn alle Holzhäuser restauriert wären. Außerdem hat man von hier einen wunderbaren Panoramablick auf den Passagierhafen und die Altstadt. Hier auf Ķīpsala lebte während des Zweiten Weltkrieges auch Žanis Lipke, der während der Okkupation durch die Nazis (1941–1945) zusammen mit seiner Frau Johanna schätzungsweise 55 Juden rettete, indem er sie in einem Bunker unter dem Schuppen hinter seinem Holzhaus versteckte. Derzeit entsteht im Mazais Balasta dambis 8d die Žanis- Lipke-Gedenkstätte, die voraussichtlich 2011 eröffnet wird (Žaņa Lipkes memoriāls, www.lipke.lv).

Moskauer Vorstadt

Cityplan: S. 239

Die **Moskauer Vorstadt** (Maskavas forštate), deren Hauptstraße – Maskavas iela – gewissermaßen direkt nach Moskau führt, wurde früher fast ausschließlich von Russen und Juden bewohnt und hat immer noch einen besonderen Charme. Man kann etliche Holzhäuser aus dem 19. Jh. entdecken, die sich allerdings meist in einem bedauerlichen Zustand befinden.

Spīķeri 37

Zwischen der Maskavas iela, der Turge eva und der Krasta iela, direkt hinter dem Zentralmarkt, stehen ein gutes Dutzend zweistöckiger Backsteingebäude aus den 1870er-Jahren. Obwohl seinerzeit von namhaften Architekten konzipiert und seit 1996 sogar Teil des UNESCO-Welterbes, wussten die Stadtväter lange Zeit nicht so recht, was sie mit ihnen anfangen sollten. Der Abriss schien vorprogrammiert, bis sich endlich ein Investor

fand, der die Vision hatte, im **Spīķeri** die freie Kunst- und Kulturszene zu bündeln (www. spikeri.lv).

Im Sommer 2009 öffnete in den oberen beiden Etagen eines kürzlich restaurierten Speicherhauses die bislang wichtigste Institution des Spīķeri seine Pforten – das **KIM?.** In den beiden kleinen Galerieräumen finden wöchentlich wechselnde Ausstellungen junger einheimischer Künstler statt. Dazu gibt es regelmäßig Vortrags- und Diskussionsveranstaltungen, Kunstperformances, Musikevents sowie Video- und Filmvorführungen. Ähnlich große Resonanz wie das KIM? findet das **Meta-Kafe,** das im Sommer 2009 im Erdgeschoss des Ausstellungshauses eröffnet wurde (www.kim.lv, Di–Do 14–19, Fr 14–20, Sa 12–19, So 12–17 Uhr, Eintritt frei; www. metakafe.lv, Mo–Fr 9–23, Sa–So 10–23 Uhr, Frühstück Sa–So 10–15 Uhr).

Frei liegende Backsteinmauern, zum Teil mit alten Plakaten beklebt, gedämpftes Licht – das alles deutet aher auf einen Musik-Club hin: Im **Dirty Deal Café** gleich neben dem KIM? werden aber auch Kinoveranstaltungen, Ausstellungen und vor allem Aufführungen des hauseigenen Dirty Deal Teatro veranstaltet (www.dirtydeal.lv, Öffnungszeiten je nach Veranstaltung, meist nur abends).

Ebenfalls im Speicherkomplex residiert seit 2006 das großzügig vom lettischen Staat geförderte Kammerorchester **Sinfonietta Riga.** Das besondere Ambiente des schmucken orchestereigenen Spīķeriu koncertzāle in einem der renovierten Speicherhäuser tut sein Übriges, um in der Gunst beim Publikum zu steigen. Das Konzertprogramm reicht von der Barockmusik bis Kompositionen des 20./21. Jh., aber auch Jazz, afrikanische Rhythmen und sogar Adaptionen von Elvis Presley Songs gehören zum Repertoire (www.sinfoniettariga.lv).

Akademie der Wissenschaften 38

Nur ein paar Schritte vom Zentralmarkt entfernt markiert die **Akademie der Wissenschaften** (Zinātnu Akadēmija) den Anfang der Moskauer Vorstadt. Das auffallende Hoch-

aktiv unterwegs

Bummel über den Zentralmarkt von Riga

Tour-Infos

Öffnungszeiten: offenes Gelände, Fleisch-halle Di–Sa 7–18, So/Mo 7–17, Fischhalle Di–Sa 8–17, So/Mo 8–16, Obst- und Gemüse-halle, Milchhalle Mo 8–17, Di–Sa 8–18, So 8–16, Halle für Gastronomie tgl. 7.30–20 Uhr
Dauer: 1–3 Stunden
Wichtige Hinweise: www.rct.lv
Karte: S. 239

Nur wenige Schritte von der Altstadt entfernt eröffnet sich dem Besucher eine vollkommen andere Welt als die des relativ glatt polierten, für Touristen geradezu hergerichteten Stadt-kerns. Der **Rigaer Zentralmarkt** (Centrāltir-gus) 36, durch den Bahndamm von der Alt-stadt getrennt, ist das eigentliche Herzstück der Stadt. So gut wie alle Rigaer kommen mehr oder weniger häufig auf das insgesamt 72 000 m² große Marktgelände. Täglich kau-fen dort zwischen 80 000 und 100 000 Besu-cher ein. Die Markthändler an über 3000 Marktständen bieten meistens günstigere und in den meisten Fällen auch frischere Wa-ren als die meisten Supermärkte an.

Nach seiner Eröffnung 1930 war der Markt der größte und modernste in ganz Europa. Den Zweiten Weltkrieg überstand er nur mit viel Glück unbeschadet. Noch immer ist er ei-ner der größten Märkte in Europa. Für die Dä-cher der fünf 35 m hohen Hallen wurden Teile zweier Zeppelinhangars vom Luftschiffhafen Wainoden (Vaiņode) verwendet.

Die **Fläche vor den Hallen** nimmt einen nicht unerheblichen Teil des Marktgesche-hens ein. Neben Obst und Gemüse und Blu-men werden hier auch Kleidung, Haushalts-gegenstände, technische Geräte, CDs, DVDs und Bücher angepriesen. Bei jedem Wetter entdeckt man zwischen den Ständen ältere Frauen, die sich zu ihrer niedrigen Pension et-

Reges Treiben herrscht auch vor den Hallen des Zentralmarkts in Riga

was dazuverdienen müssen. Geduldig wartend hoffen sie, Selbstgestricktes, Plastiktüten oder sonstige Gegenstände gewinnbringend verkaufen zu können.

Die **Fleischhalle** (Gaļas paviljons) ist die größte der Hallen und steht quer zu den anderen. Die Auswahl beschränkt sich auf die üblichen Fleischsorten von Tieren aus Mastbetrieben, an einigen Ständen gibt es auch Lamm- und Kaninchenfleisch. In der **Milchhalle** (Piena paviljons) wird u. a. auch der milde lettische Käse feilgeboten, dessen Sortenvielfalt traditionsgemäß eher beschränkt ist. Probieren und vielleicht auch kaufen sollte aber man den typisch lettischen Kümmelkäse (»ķimeņu siers«). Darüber hinaus wird nicht nur frische Milch, sondern auch frischer Sauerrahm, Butter oder Topfen – alles direkt von Bauern – verkauft. Die **Halle für Gastronomie** (Gastronomijas paviljons) verspricht mehr, als sie halten kann, denn Imbisse, Cafés oder Bistros sucht man hier vergebens. Stattdessen entdeckt man hier überwiegend das typische lettische dunkle Brot und außerdem immer wieder leckeren Honig aus eigener Produktion. In der **Obst- und Gemüsehalle** (Sakņu paviljons) fällt neben diversen Obst-, Gemüse- und Beerensorten vor allem das immense Angebot an Sauerkraut und eingelegten Gurken ins Auge.

Den größten Eindruck auf Besucher wird vermutlich die **Fischhalle** (Zivju paviljons) machen, denn das Angebot ist überwältigend: Lachs, Scholle, Forelle, Karpfen, Hering sind hier eine Selbstverständlichkeit. Typisch lettisch sind alle Arten von geräuchertem Fisch, den man zuhauf in den Auslagen erblickt. Geschmacklich ist der Räucherfisch übrigens sehr viel besser, als sein manchmal etwas unappetitliches Aussehen vermuten lässt. Nicht entgehen lassen sollte man sich eine Portion roten Kaviar, also die Eier des Lachs, zusammen mit frischem Weißbrot und Butter.

haus wurde 1958 ganz nach dem Geschmack Stalins erbaut und trägt den Beinamen ›Stalins Geburtstagstorte‹. Ursprünglich als Haus für die Kolchosebauern geplant, wurde es nach Fertigstellung der Akademie der Wissenschaften übergeben. Die sich mit jedem Stockwerk verjüngende Dachkonstruktion sollte angeblich verhindern, dass das Gebäude gezielt aus der Luft bombardiert werden konnte. Von der 65 m hohen Aussichtsplattform bietet sich ein schöner Blick auf Altstadt, Daugava und die Moskauer Vorstadt (Tel. 26 49 12 37, Mai–Sept. tgl. 9 Uhr bis Einbruch der Dunkelheit, 2 LVL).

Jesuskirche 39

Die evangelisch-lutherische **Jesuskirche** (Jezus baznīca) ist mit 37 m der höchste klassizistische Holzbau Lettlands. Das achteckige Gebäude des Architekten Friedrich Breitkreutz wurde 1822 eingeweiht und ist u. a. auch Sitz der deutschen evangelischen Gemeinde in Riga. Im Regelfall finden hier am ersten Sonntag im Monat um 13 Uhr deutschsprachige Gottesdienste statt (www.kirche.lv, www.jezusdraudze.lv, Gottesdienste Do 18, So/Fei 10 Uhr).

Denkmal
Große Choral Synagoge 40

Die ehemalige **Große Choral Synagoge** war einst die größte Synagoge in Riga. Doch am 4. Juli 1941, kurze Zeit nach der deutschen Okkupation, wurden in ihr einige Hundert Juden eingeschlossen, das Gotteshaus angezündet und niedergebrannt. Heute sind von ihr nur das Fundament und Mauerreste zu sehen. Eine große, schräg stehende Betonmauer mit den eingravierten Namen der Opfer erinnert an dieses Verbrechen gegen die Menschlichkeit (Piemineklis ebreju glābējiem).

Rigaer Ghetto 41

Im Bereich der Ludzas iela lag zwischen 1941 und 1943 das **Rigaer Ghetto** (G 5). Die deutschen Besatzer sperrten hier gleich nach ihrem Einmarsch mindestens 30 000 Juden aus Riga und Umgebung ein, von denen etwa 26 000 noch im selben Jahr in den Wäldern außerhalb der Stadt erschossen wurden. Anschließend wurden im Ghetto Zehntausende Juden aus dem deutschen Reichsgebiet interniert – fast keiner überlebte. An diese grauenhaften Geschehnisse erinnert derzeit noch nicht einmal eine Gedenktafel. Immerhin: Ein Ghetto-Museum ist in Planung und soll sogar in absehbarer Zeit an historischer Stelle eröffnet werden (www.shamir.lv).

Am Stadtrand

Cityplan: S. 239

Bruderfriedhof 42

Zum Bruderfriedhof und zum Villenvorort Mežaparks fährt die Straßenbahn Nr. 11, in die man auf der K. Barona iela einsteigen kann. Nach ca. 20 Minuten erreicht sie die Haltestelle Brāļu kapi. Von hier aus sind es nur noch fünf Minuten zu Fuß zum **Bruderfriedhof** (Brāļu kapi), der wichtigsten lettischen Gedenkstätte nach dem Freiheitsdenkmal. Er wurde zwischen 1924 und 1936 in Gemeinschaftsarbeit von Kārlis Zāle, dem bedeutendsten lettischen Bildhauer, den Architekten Aleksandrs Birzenieks und Pēteris Feders sowie dem Landschaftsarchitekten Andrejs Zeidaks erbaut. Etwa 2000 lettische Gefallene des Ersten Weltkriegs und des anschließenden Befreiungskriegs wurden auf dem Brüderfriedhof bestattet.

Nach dem Zweiten Weltkrieg beerdigten hier die Sowjets Gefallene der Roten Armee, später auch sowjetische Funktionäre, und schliffen dafür die Namenszüge lettischer Gefallener von den Grabsteinen ab. Diese Grabsteine wurden inzwischen jedoch restauriert und die Rotarmisten sowie die sowjetischen Funktionäre auf einen anderen Friedhof umgebettet.

Dieselbe Stadt – und doch eine völlig andere: Riga bei Nacht

Mežaparks 43

Das schicke Villenviertel **Mežaparks** (Waldpark) liegt nur fünf Haltestellen weiter stadtauswärts links und rechts vom Kokneses prospekts. In diesem ehemaligen Waldgebiet baute man Anfang des 20. Jh. die erste Gartenstadt Europas. Die Innenstadt war zu eng und zu laut geworden, und viele Menschen trieb ein Bedürfnis nach Ruhe und Natur aus dem Stadtkern heraus. In der Folge entstanden hier zahlreiche hübsch anzusehende Villen unterschiedlicher Stilrichtungen. Besonders sehenswert sind Gebäude in der rechts vom Kokneses prospekts abzweigenden Hamburgas iela. An der Endhaltestelle der Straßenbahn liegt idyllisch am Ķīšezers der **Zoologische Garten.**

Im Jahr 1912 gegründet, gehört er zu den ältesten Zoos in Europa. Immerhin 475 Tierarten können hier auf einer Fläche von 22 ha besichtigt werden, sehr interessant ist u. a. die Reptiliensammlung im neu erbauten Tropenhaus (Rīgas zooloģiskais dārzs, rigazoo.lv, Kasse: 15. April–14. Okt. Mo–So 10–18, 15. Okt.–14. Apr. 10–16 Uhr, 4 LVL).

Die am Zoo verlaufende Atpūtas aleja führt nach etwa 1 km zur riesigen, bis zu 12 000 Sänger und 30 000 Zuschauer fassenden **Freilichtbühne** (Mežaparka lielā estrāde), in der u. a. alle fünf Jahre das lettische Liederfest veranstaltet wird. Biegt man auf dem Weg dorthin vorher rechts ab, gelangt man zum Ufer des Ķīšezers und zu einer **Bootsanlegestelle** (Laivu stacija), von der am Wochenende ein kleines Schiff in vier Stunden Fahrtzeit über die mit dem Ķīšezers verbundene Daugava zurück nach Riga fährt (s. S. 255).

Motormuseum 44

Das **Motormuseum** ist das größte seiner Art im Baltikum und mittlerweile über die Grenzen Lettlands hinaus bekannt für seine ausgezeichnete Sammlung. Einer der Besuchermagneten ist das Unfallauto des sowjetischen Parteichefs Leonid Breschnew. Mehr als 200 historische, meist sowjetische Autos sind mittlerweile zu sehen, u. a. Stalins Packard-Nachbau mit einer 5 cm dicken Panzerglasscheibe. Autoliebhaber kommen allemal

auf ihre Kosten, aber auch Fahrradfans, denn hier sind Modelle aus der ehemals renommierten Fahrradfabrik von Riga zu bewundern (Rīgas motormuzejs, www.motormuzejis.lv, S. Eizenšteina 6, Bus Nr. 5, Abfahrt Hauptbahnhof (Centrālā stacija) Richtung Mežciems, bis Haltestelle Motormuzejs, tgl. 10–18 Uhr, 1,50 LVL).

Ethnografisches Freilichtmuseum 45

Schon außerhalb der Stadtgrenzen befindet sich hinter dem großen Juglas ezers eines der bedeutendsten Museen Lettlands. Auf einer Fläche von etwa 80 ha zeigt das **Ethnografische Freilichtmuseum** mehr als 100 sowohl originale als auch rekonstruierte Gebäude der lettischen Bauernkultur. Das im Jahre 1924 gegründete Museum ist eines der ältesten Freilichtmuseen in Europa und vermittelt einen hervorragenden Einblick in die Entwicklung der historischen Regionen Lettlands – Kurzeme, Zemgale, Latgale und Vidzeme. Drei Holzkirchen, ein Wirtshaus, mehrere Windmühlen, ganze Bauernhöfe, Brunnen, eine Schmiede und sogar ein komplettes kurisches Fischerdorf wurden aus allen Ecken des Landes hierher transportiert, die ältesten Häuser sind über 300 Jahre alt.

Am ersten Juniwochenende findet auf dem Museumsgelände alljährlich ein großer Jahrmarkt für Kunsthandwerk mit aufwendigen Folklorevorführungen statt.

Für den Besuch sollte man mindestens einen halben Tag einplanen (Brīvības gatve 440, mit dem Bus Nr. 1 von Merķeļa iela Richtung Pansionāts bis Brivdabas muzejs, www.ltg.lv/german/brivdabas.muzejs, tgl. 10–17 Uhr, 1 LVL).

Holocaust-Gedenkstätten

▶ 1, G 9

Cityplan: S. 239

Biķernieki

Im Wald von **Biķernieki** (Biķernieku mežs) 46 am westlichen Stadtrand von Riga wurden

Tipp: Holzarchitektur in Riga

Seit 1995 gehört Riga nicht nur wegen der Jugendstilbauten zum UNESCO-Welterbe, sondern auch wegen seiner Holzhäuser, von denen die ältesten aus dem 18. Jh. stammen. Etwa 2000 gibt es, mehr als in jeder anderen europäischen Hauptstadt – zum UNESCO-Kulturerbe zählen rund 500 von ihnen. Dass eine so große Zahl von Holzhäusern in Riga entstehen konnte, verdankt sich dem Umstand, dass Zar Peter I. 1710 ein Verbot für den Bau von Steinhäusern außerhalb des Befestigungswalls erließ. Leider ist heute ein Großteil der Holzhäuser dem Verfall preisgegeben, denn den Eigentümern fehlt es meist an Geld, um die teure Restaurierung zu bezahlen.

Eine neuartige Methode, die Holzhäuser zumindest vorläufig vor dem Verfall zu bewahren, ist eine Verblendung aus Glas. Mit einer solchen Schutzschicht wurden beispielsweise einige marode Bauten an der Kaln

ciema iela versehen, die vom Flughafen in die City führt. Dort, am linken Ufer der Daugava, steht ein Ensemble von 34 hölzernen Gebäuden aus der zweiten Hälfte des 19. Jh., u. a. das älteste Holzhaus der Stadt, das Hartmana muižiņa (Nr. 28).

Holzhäuser sind überall in Riga zu finden, auch im Zentrum. Die Stadtteile mit der höchsten Dichte an Holzhäusern sind Āgenskalns, d. h. die Gegend rund um die Kalnciema iela, und die Moskauer Vorstadt (Maskavas forštate) hinter dem Zentralmarkt. Dort befindet sich das größte Holzgebäude des Baltikums, die Jesuskirche (Jēzus luter. bazn.). Auf dem Eiland Ķīpsala, dem Wohnort reicherer Letten, stehen ebenfalls hübsche Holzhäuser. Hier, wo bereits seit Anfang der 1970er-Jahre restauriert wird, kann man am ehesten erahnen, wie Riga aussehen könnte, wenn alle Holzhäuser restauriert wären.

---

zwischen 1941 und 1944 etwa 40 000 Juden aus ganz Europa sowie sowjetische Kriegsgefangene und andere ›staatsfeindliche Elemente‹ erschossen und in Massengräbern verscharrt.

Im Zentrum der im Jahr 2001 eingeweihten Gedenkstätte Biķernieki 45 (2. pasaules kara upuru kapi) steht ein schwarzer Granitblock mit einem Vers aus dem Alten Testament »Ach Erde, bedecke mein Blut nicht, und mein Schreien finde keine Ruhestatt!« (Hiob 16,18). Umgeben ist er von Tausenden von Steinen, die an menschliche Gestalten gemahnen. Jenseits des Steinfelds führt ein Weg an den eingefassten Massengräbern im Wald entlang (Bus 16 Richtung Garkalnes Mucenieki ab Merķeļa iela bis Kapi, etwa 100 m hinter der Haltestelle führt ein gepflasterter Weg nach rechts).

Rumbula

Die **Gedenkstätte Rumbula** 47 südöstlich der Stadtgrenze erinnert mit eindrucksvollen Skulpturen an die fast 28 000 lettischen Ju-

den, die am 30. November und 8. Dezember 1941 von den Nazis aus dem Rigaer Ghetto (s. S. 247) hierhergebracht und erschossen worden waren (weitere Infos: www.rumbula. org). Mit dem Auto ab Riga auf der A 6 Richtung Jēkabpils. Kurz nach der Stadtgrenze weist vor einem Waldstück ein unübersehbares metallenes Monument nach links zur Gedenkstätte Rumbula.

KZ-Gedenkstätte Salaspils

Das Polizei- und Arbeitserziehungslager Salaspils bestand von Ende 1941 bis Oktober 1944 und wurde von sowjetischen Kriegsgefangenen sowie deportierten Juden errichtet, von denen ein Großteil während des Arbeitseinsatzes starb. Von seinen Bedingungen her war es einem deutschen Konzentrationslager vergleichbar. Die Opferzahlen sind bis heute nur schwer ermittelbar: Vermutlich haben etwa 12 000 Menschen das Lager durchlaufen, mindestens 3000 von ihnen kamen hier um. Der Anteil von Kindern soll dabei außergewöhnlich hoch gewesen sein.

Um das Andenken an die Opfer des faschistischen Terrors für immer zu bewahren, wurde 1966/67 an der Stelle des Lagers die **Gedenkstätte Salaspils** `48` errichtet. Sieben überdimensionale Steinfiguren erinnern heute auf dem Gelände, wo mindestens 15 Baracken gestanden haben. Mit beständigem dumpfem Klopfen durchbricht ein in einen schwarzen Marmorblock eingelassenes Metronom die Stille (etwa 22 km südöstlich von Riga, A 6 Richtung Jēkabpils; kurz vor Salaspils weist das Schild »Salaspils 1941–44« nach links zur Gedenkstätte).

Infos

Rīgas TIC Švābes namā: Rātslaukums 6, Tel. 67 03 79 00 u. 67 18 15 34, www.riga tourism.com, Mo–Sa 9–18 Uhr. Zentrale Informationsstelle und Zimmervermittlung im Schwarzhäupterhaus (s. S. 233).

Latvijas Tūrisma attīstības valsts aģentūra: Brīvības 55, Tel. 67 22 99 45, www.latviatourism.lv, tgl. 9–18 Uhr. Infos über Reiseziele in ganz Lettland, große Auswahl an Prospekten.

Internetcafés: Eine Stunde kostet in der Regel zwischen 0,50 und 1 LVL. Empfehlenswert das Elik in Kaļķu 11, Tel. 67 22 70 79, www.elikkafe.lv, tgl. 0–24 Uhr, 0,85 LVL/Stunde.

Übernachten

Luxuriös ▶ Dome Hotel `1`: Miesnieku 4, Tel. 67 50 90 10, www.domehotel.lv. Das Edelhotel mit 15 Zimmern eröffnete 2009 in einem restaurierten Haus aus dem 16. Jh. Die gelungene Mischung aus gemütlichen Elementen und Hightech-Einrichtung, eine Terrasse mit Aussicht auf den Dom und ein Spa begeistern auch verwöhnte Gäste. DZ ab 250 LVL.

Modernisierter Jugendstil ▶ Hotel Neiburgs `2`: Jauniela 25/27, Tel. 67 11 55 22, www.neiburgshotel.com. Das 2010 neu eröffnete Hotel logiert in einem der schönsten Jugendstilbauten in der Altstadt. DZ ab 130 LVL.

Exquisites Design ▶ Hotel Bergs `3`: Elizabetes 83/85 (Berga bazārs), Tel. 67 77 09 00, www.hotelbergs.com. Das Hotel in einem restaurierten Backsteingebäude (19. Jh.) präsentiert sich in modernem Design, aufgelo-

ckert mit afrikanischen Kunstwerken und alten Kaminen. Die Appartements sind sehr groß. DZ ab 116 LVL.

Kühle Eleganz ▶ Hotel Centra `4`: Audēju 1, Tel. 67 22 64 41, www.hotelcentra.lv. Schlichte, aber moderne Zimmer. In der Nähe gibt es Kneipen und Bars. DZ ab 78 LVL.

Modernes Ambiente ▶ City Hotel Bruņinieks `5`: Bruņinieku 6, Tel. 67 31 51 40, www.cityhotel.lv. Obwohl etwas außerhalb des Zentrums gelegen, lohnt es sich, das renovierte Hotel in einem Jugendstilhaus als Unterkunft zu wählen. Ein Vorzug ist das gute Preis-Leistungs-Verhältnis. DZ ab 70 LVL.

Jugendstil inklusive ▶ Laine `6`: Skolas 11, Tel. 67 28 88 16, www.laine.lv. Etwas versteckt im Hinterhof eines Jugendstilhaus bei der Parkanlage Esplanāde, bietet das kleine, ruhige Hotel guten Komfort. DZ ab 49 LVL.

Super Preis-Leistungs-Verhältnis ▶ Radi un Draugi `7`: Mārstaļu 1/3, Tel. 67 82 02 09, www.draugi.lv. Hotel mit einfacher, aber ordentlicher Ausstattung im Herzen der Altstadt. DZ ab 47 LVL.

Skandinavisches Flair ▶ Konventa Sēta `20`: Kalēju 9/11, Tel. 67 08 75 01, www.konventa.lv. Das behagliche Hotel ist im Konventhof (s. S. 236) untergebracht. DZ ab 44 LVL.

Sauber und ruhig ▶ Lenz Bed & Breakfast `8`: Lenču 2, Tel. 67 33 33 43, www.guesthouselenz.lv. Nur einen Steinwurf von der Alberta iela mit ihren Jugendstilhäusern entfernt liegend, umfasst das Lenz insgesamt 25 angenehm ruhige Zimmer. DZ ab 35 LVL.

Neu und modern ▶ B&B Riga `9`: Ģertrūdes 43, Tel. 67 27 85 05, www.bb-riga.lv. Familiär geführte Pension in einem renovierten Haus mit 26 hellen Zimmern sowie vier Appartements mit Küche. Kostenloser drahtloser Internetzugang. DZ ab 31 LVL.

Wie zu Hause ▶ Homestay `10`: Stokholmas 1, Tel. 67 55 30 16, www.homestay.lv. Sympathische Unterkunft in einem schmucken Häuschen mit Garten im Villenvorort Mežaparks. Drei helle, gemütliche Zimmer, außerdem Gemeinschaftsküche. DZ ab 35 LVL.

Jugendherberge ▶ Riga Old Town Hostel `11`: Vaļņu 43, Tel. 67 22 34 06, www.rigaoldtownhostel.lv. Die bei Rucksacktouristen be-

Tipp: Unterkunftsuche

Obwohl in den letzten Jahren in Riga zahlreiche Hotels gebaut wurden, ist es noch immer nicht ganz leicht, ein Hotel mit einem guten Preis-Leistungs-Verhältnis zu finden. Einen guten Überblick über alle Hotels bietet die Website www.allhotels.lv.

liebte Unterkunft am Rande der Altstadt überzeugt mit sauberen und komfortablen Zimmer. Urige Bar. Rechtzeitig reservieren. DZ 20 LVL, Mehrbettzimmer ab 6 LVL/Person.

Backpackerhostel ▶ The House Hostel 12: K. Barona 44 (Eingang Lāčplēša), Tel. 67 35 02 27, Mobil 26 49 12 35, www.rigahostel.com. Das kleine Hostel in einem Jahrhundertwendebau bietet vielfältige Aktivitäten von Bungeejumping bis zu Konzertbesuchen an. Einfache, einfallsreich möblierte Zimmer DZ 27 LVL, Mehrbettzimmer ab 10 LVL/Pers., Frühstück 5 LVL.

Camping ▶ Rīga City Camping 13: Rietumu 2, Tel. 67 06 50 00, www.rigacamping.lv. Der am zentralsten gelegene Campingplatz Rigas befindet sich auf der anderen Seite der Daugava auf der Flussinsel Ķīpsala. 5 LVL/Zelt, 10 LVL/Wohnwagen, plus 2,50 LVL/Person pro Nacht.

Essen & Trinken

Längst hat sich in den meisten Restaurants neben der lettischen die internationale Küche etabliert. Trotzdem überwiegt nach wie vor die einheimische Küche, die bei gekonnter Anrichtung exzellent schmeckt.

Promitreff der Extraklasse ▶ Vincents 1: Elizabetes 19, Tel. 67 33 28 30, www.restorans.lv, Mo–Fr 12.30–16 (Mittagsmenü), Mo–Sa 18–23 Uhr. Das vermutlich beste Restaurant des Baltikums ist eine feste Größe in der Rigaer Szene und wurde bereits vielfach ausgezeichnet. Küchenchef Mārtiņš Rītiņš kombiniert internationale Gourmetküche mit lettischer Tradition. Hauptgericht 15–20 LVL
Meeresgetier exklusiv ▶ Le Crabe 2: Jauniela 24, Tel. 67 21 24 16, www.lecrabe.lv,

tgl. 12–24 Uhr. Das in dem neuen Hotel Justus untergebrachte Feinschmeckerrestaurant hat sich in Riga schnell einen Namen als Lokal mit gutem Preis-Leistungs-Verhältnis gemacht. Auch für Fischverächter ist gesorgt, sogar für Vegetarier. Hauptgerichte 7–20 LVL.
Einfach Extraklasse ▶ Bergs 3: Berga Bazars, Elizabetes 83/85, Tel. 67 77 09 57, Mo Sa 12–23 Uhr. Allein die Desserts wären einen Besuch wert. Die Karte ist übersichtlich: Doch ein Dutzend Hauptspeisen – von Zanderfilet bis Entenrücken – reichen, um zu überzeugen. Mittagsmenü 7 LVL, Hauptspeise 10–15 LVL.
Mit Terrasse ▶ Gutenbergs 3: Doma laukums 1, Tel. 67 81 40 90, www.gutenbergs.eu, tgl. 18–23 Uhr, Dachterrasse Mai–Sept. Der Besuch des zum gleichnamigen Hotel gehörigen Lokals lohnt allein schon wegen der Terrasse. Der mehrfach ausgezeichnete Küchenchef Krists Ulass und sein Team kochen internationale Gerichte. 8–14 LVL.
Echtes Mittelalter ▶ Rozengrāls 4: Rozena 1, Tel. 67 22 47 48, www.rozengrals.lv, tgl. 12–24 Uhr. In einem Gewölbekeller serviert das mittelalterlich gekleidete Personal ausschließlich solche Speisen, die man auch bereits im Mittelalter kannte. 8–14 LVL.
Lettisch verfeinert ▶ Neiburgs 2: Jauniela 25/27, Tel. 67 11 55 44, www.neiburgs.com, tgl. 11–23 Uhr. Innerhalb kürzester Zeit hat sich das Neiburgs im Erdgeschoss des gleichnamigen Hotels zu einem der beliebtesten Lokale in Riga gemausert. Sowohl das Interieur mit Designerlampen über den Tischchen überzeugt als auch die gekonnt verfeinerten lettischen Spezialitäten. Hauptgericht 8–13 LVL.
Deftig lettisch ▶ Alus arsenāls 5: Pils laukums 4 (Eingang Arsenāla), Tel. 67 32 26 75, www.alus-arsenals.lv, Mo–Fr 11–24, Sa 12–24, So 12–23 Uhr. In dem in einem Gewölbekeller untergebrachten Restaurant findet man eine große Auswahl typisch lettischer Gerichte. Hauptgericht 6–13 LVL.
Theatertreff im Hinterhof ▶ Teātra bāra restorāns 5: Lāčplēša 25, Tel. 67 28 50 51, www.teatrabars.lv/restorans, tgl. 11–23 Uhr. Essen, Einrichtung und Publikum sind so innovativ wie das Jaunais Rīga Teātris (www.

Bis ins Detail durchgestylte Gesamtkunstwerke: die Szenebars in Riga

jrt.lv), zu dem das Lokal gehört. Internationale Küche gibt es hier zu akzeptablen Preisen. 5–10 LVL.

Knoblauch ohne Ende ▶ Ķiploku krogs **6**: Jēkaba 3/5, Eingang (Mazā Pils), Tel. 67 21 14 51, www.kiplokukrogs.lv, Mo–Sa 12–23, So 13–23 Uhr. Ohne Knblauch geht hier gar nichts: Wirklich jedes angebotene Gericht gibt es mit Knoblauch, selbst Desserts und Getränke sind damit gewürzt, etwa Knoblauch-Eis oder Knoblauch-Wodka. Hauptspeise um 6 LVL.

Riesenauswahl ▶ Lido Atpūtas centrs **7**: Krasta 76, Tel. 67 50 44 20, www.lido.lv, Tram 3, 7, 9 oder Bus 12 bis ›Lido‹, tgl. 10–23 Uhr. In einem der größten Rundholzblockbauten des Baltikums werden über 1000 (!) lettische und internationale Speisen sowie herrlich schmeckendes, frisch gebrautes Bier angeboten. Damit Kindern und Jugendlichen nicht langweilig wird, wurde außerhalb ein großer Vergnügungspark mit Rollschuhbahn eingerichtet. Hauptgericht 3–5 LVL.

Lettische Vielfalt ▶ Vērmanītis **8**: Elizabetes 65, Tel. 67 28 62 89, www.lido.lv, Mo Sa 9–22, So 10–21 Uhr. Selbstbedienungsbistro mit einer großen Auswahl lettischer Spezialitäten. Alles wird frisch zubereitet. Zur Mittagszeit ist das Lokal meistens brechend voll, da sollte man es meiden. Hauptspeise 3–5 LVL.

Salat und Wein ▶ KID **9**: Grēcinieku 8, Tel. 26 69 99 66, www.restaurantkid.lv, So–Mi 10–23 Uhr, Do 11–24, Fr/Sa 10 bzw. 11 Uhr bis ultimo. Bar-Restaurant mit internationaler Küche, umfassende Weinkarte. Filialen: Tērbatas 41/43, Pulkveža brieža 2. Salat ca. 4 LVL.

Einkaufen

Jugendstil zum Mitnehmen ▶ Art Nouveau Riga **1**: Strēlnieku 9, Tel. 67 33 30 30, www.artnouveauriga.lv, tgl. 10–18 Uhr. Einziger Souvenirshop, der sich ausschließlich dem Thema Jugendstil widmet. Von Miniaturausgaben einiger Häuserfassaden über Postkarten und Bücher bis hin zu Jugendstilmöbeln ist hier fast alles zu haben, was mit Rigaer Jugendstil zu tun hat.

Bernstein ▶ Das Baltische Gold erhält man mittlerweile an nahezu jeder Straßenecke in Riga. **Dzintara galerija** **2**: Torņa 4, tgl. 10–

Tipp: Stadtmagazine

Aktuelle Infos über Veranstaltungen und wichtige Adressen findet man in diversen , diversen, meist englischsprachigen Stadtmagazinen, die in Hotels und Informationsstellen erhältlich sind, manche davon gratis: Populär ist »Rīga in your pocket«, ebenfalls empfehlenswert das Magazin »Riga Insight«.

20 Uhr. Toller Shop in den Jakobskasernen mit einer reichen Auswahl an Bernsteinprodukten, von Schmuck bis hin zu Kugelschreibern.

Boutiquen ▶ Berga Bažars 3: Marijas 13/IV, Tel. 67 50 23 10, www.bergabazars.lv, die meisten Shops öffnen Mo–Fr 10–19, Sa 10–17, einige aber auch So. Schick restaurierte Einkaufspassagen an der Elizabetes iela mit exquisiten Läden, guten Cafés und Restaurants.

Lettisches Handwerk ▶ Laipa 3: Laipu 2/4, Tel. 67 22 99 62, Mo–Fr 10–18, Sa 10–16 Uhr. Souvenirshop, der traditionelle lettische Handwerksprodukte wie Leinenkleidung und Töpferwaren anbietet.

Selbst Gestricktes ▶ Hobbywool 4: Mazā pils 6, www.uzadi.lv, Mo–Fr 10–19, Sa 11–17 Uhr. In diesem netten Laden bekommen eifrige Stricklieseln alle Zutaten, die sie brauchen, vor allem Wolle in allen Farben und Formen, aber auch Fertiggestricktes.

Lebensmittel ▶ Stockmann 5: 13. Janvāra 8, www.stockmann.lv, tgl. 9–22 Uhr. Departmentstore neben dem Hauptbahnhof mit der wohl besten Lebensmittelabteilungen in der Stadt.

Kaufhaus ▶ Galerija Centrs 6: Audēju 16, www.galerijacentrs.lv, tgl. 9–22, Erdgeschoss 8–22 Uhr. Das zentralste und älteste Kaufhaus Rigas wurde 2006 gründlich erneuert. Neben einem Rimi-Supermarkt gibt es viele trendige Shops und Cafés.

Abends & Nachts

Grandiose Aussicht ▶ Skyline Bar 1: Elizabetes 55, Tel. 67 77 22 22, www.skyline

bar.lv, Mo–Do 16–1, Fr–Sa 15–2, So 15-1 Uhr. Die moderne Skyline Bar im 26. Stock des Radisson Blu Hotel Latvija steht auch Nicht-Hotelgästen offen.

Cocktails ▶ Balsambar 2: Torņa 4/b, Tel. 67 21 44 94,www.balzambars.lv, So–Do 11–24, Fr–Sa 11–3 Uhr. Recht beliebte Bar, in der man den berühmten Rigaer Kräuterlikör Rīgas melnais balzāms mal als Zutat verschiedener Cocktails probieren kann – was durchaus einen Versuch wert ist.

Mehrere Tanzflächen ▶ Club Essentiell 3: Skolas 2, Centrs, www.essential.lv, Do 22–6, Fr/Sa 22–8, So 22–5 Uhr. Einer der größten Clubs der Stadt und bei den Rigaern sehr beliebt. Am Wochenende legen DJs aus ganz Europa auf. Eintritt 3–5 LVL.

Studis, Touris, Teenies ▶ La Belle Époque 4: Mazā Jaunavu 8 (Eingang Mazā Monētu), Mo–Sa 17–3 Uhr. In dieser Keller-Bar in einer kleinen Seitenstraße mitten in der Altstadt von Riga ist das Bier ist noch billig, die Musik laut und das Licht schummrig. Ein Geheimtipp – noch.

Theater ▶ In Riga werden sechs staatliche Opern- und Theaterbühnen unterhalten, außerdem gibt es einige unabhängige Theater und eine stattliche Anzahl von Laienbühnen, die alle auf hohem Niveau arbeiten. **Latvijas Nacionālā Opera** 25: Aspazijas bulv. 3, Tel. 67 07 37 77, www.opera.lv. Von den drei großen Opern im Baltikum (Riga, Vilnius sowie Tallinn) wagt die Rigaer Bühne derzeit den modernsten und mutigsten Kurs. **Jaunais Rīgas Teātris** 5: Lāčplēša 25, Tel. 67 28 07 65, www.jrt.lv. Die lettischsprachige Bühne wird von Alvis Hermanis geleitet, der mit seinen experimentellen Inszenierungen mittlerweile auf allen Theaterfestivals der Welt zu Hause ist.

Kino ▶ Kino ›Rīga‹ 6: Elizabetes 61, Tel. 67 18 11 44, www.kino-riga.lv. Das schönste Kino von Riga, 1923 nach einem Entwurf von Frīdrihs Skujiņš gebaut, gleicht mit seiner Rokokofassade eher einem Theater.

Aktiv

Bootsausflüge ▶ Boot »Jelgava« 1: Tel. 29 55 44 05, www.kugis.lv, Abfahrt zwischen

Akmens tilts und Dzelzceā tilts, Mo–Fr 11–18.30 Uhr. »**Liepāja**« **2** : Tel. 29 53 91 84, Abfahrt zwischen Akmens tilts und Vanšu tilts, Mo–Fr 11–17 Uhr. Mai–Okt. Panoramafahrten, Ausflüge zur Rigaer Bucht sowie Fahrten nach Mežaparks.

Stadtrundgang ▶ LiteraTour: Der Übersetzer Matthias Knoll bietet eine spannende Möglichkeit an, lettische Literatur und die Altstadt gleichzeitig kennenzulernen: In Parks und Gassen, auf Plätzen und Brücken rezitiert er aus Werken lettischer Schriftsteller und vermittelt so einen Einblick in die Geisteswelt der lettischen Nation. Dauer: 2 Std., 7–10 LVL/Pers. Tel. 67 55 49 42 oder 29 50 67 19, www.literatur.lv.

Termine

Internationales Opernfestival (Mitte Juni): Tel. 67 07 38 45, www.opera.lv. Hochkarätig besetztes Sommerfestival der Nationaloper.
Folklorefestivals: www.dziesmusvetki2008. lv. Alle drei Jahre findet in einem der drei baltischen Länder das Folklorefestival Baltica statt (das nächste 2018 in Lettland) und alle fünf Jahre das Nationale Sängerfest (das nächste im Sommer 2013).
Internationales Kino-Forum Arsenāls (Sept., in geraden Jahren): Tel. 67 21 37 21, www. arsenals.lv. Das bedeutendste Kinofestival Lettlands.
Kremerata Baltica: Tel. 67 97 25 46, www. kremerata-baltica.com. Das von dem berühmten Geiger Gidon Kremer gegründete Kammerorchester gastiert regelmäßig Ende Juni in Riga und Sigulda.

Verkehr

Flüge: Der Flughafen (Lidosta Rīga) liegt ca. 14 km von der Altstadt entfernt. Die Buslinie Nr. 22 verbindet Flughafen und Innenstadt (ca. 30 Min.). Im Stadtzentrum fährt der Bus von der Haltestelle Katedrale vor der russisch-orthodoxen Kirche am Brīvības bulvāris ab. Alternativ bietet airBaltic einen Flughafentransfer an (alle 30 Min., Taxis vor der Ankunftshalle, ins Zentrum ca. 7–9 LVL).
Züge: Es werden nicht mehr alle Landesteile von der lettischen Bahn bedient (www.si

rius.ldz.lv). Für Fahrten nach Jūrmala sind die Nahverkehrszüge sehr geeignet.
Busse: Schneller als mit der Bahn kommt man mit Reisebussen voran, sie fahren vom Busbahnhof (autoosta) ab. Mit ihnen erreicht man alle Landesteile (0,25 LVL/Min.). Prāgas iela 1, Tel. 90 00 00 09 (0,25 LVL/Min.), www. autoosta.lv. Teurere, aber deutlich schnellere **Minibusse** haben einen eigenen kleinen Bahnhof an der Ecke Marijas/Elizabetes iela.

Innerstädtischer Verkehr
In Riga verkehren zwischen 5 Uhr und Mitternacht regelmäßig Straßenbahnen, Trolleybusse und Busse. Eine Fahrt ohne Umsteigen kostet 0,70 LVL, wenn man das Ticket beim Fahrer erwirbt. Billiger sind e-talons, elektronische Tickets, die man u. a. an Kiosken oder Automaten erhält und jeweils beim Einsteigen in das Verkehrsmittel an einem elektronischen Lesegerät entwerten muss (Tel. 80 00 19 19, www.rigassatiksme.lv).
Taxiruf: Tel. 83 83 (Rīgas Taksometru Parks), Tel. 20 00 85 00 (Baltic Taxi), Tel. 27 80 09 00 (Lady-Taxi).
Mietwagen: So gut wie alle internationalen Autovermietungen sind in Riga ansässig. Ein recht preisgünstiger Anbieter ist addCar rental (am Flughafen), dessen Autos im Internet gebucht werden können, Tel. 26 58 96 74, www.addcarrental.lv.

Tipp: Bootsfahrt

Seit dem Jahr 2009 befahren vier elektrisch angetriebene **Holzboote** den Stadtkanal und ein Teilstück der Daugava. An acht Haltestellen rund um die Altstadt von Riga kann man ein- und aussteigen, z. B. beim Freiheitsdenkmal (s. S. 238). Pläne mit Haltestellen und Abfahrtszeiten sind in den Touristeninformationen erhältlich. Die Boote verkehren nur in den warmen Monaten halbstündlich zwischen 12 und 22 Uhr. Eine komplette Rundfahrt dauert etwa eine Stunde und kostet 4 LVL (Tageskarte 10 LVL). Infos: Tel. 67 22 90 08, www.kmk.lv.

Jūrmala und Umgebung

Nur 25 km von Riga entfernt erstreckt sich der größte Kurort des Baltikums. Weiße Sandstände, mildes Seeklima, Heilquellen und elegante Sommervillen machten ihn schon im 19. Jh. bekannt. In den letzten Jahren erlebte die »Stadt auf der Welle«, wie sie sich selbst nennt, eine Renaissance.

Jūrmala   ▶ 1, G 9

Cityplan: S. 258

Die rund 56 000 Einwohner zählende Stadt Jūrmala mit dem Auto zu durchqueren kann viel länger dauern als erwartet: Sie besteht nämlich aus mehreren zusammengewachsenen Ortschaften, die sich auf dem teilweise nur wenige hundert Meter breiten Streifen zwischen dem Fluss Lielupe und der Rigaer Bucht auf einer Länge von ca. 25 km aneinanderreihen.

Noch im 18. Jh. existierten in der Gegend lediglich einige kleinere Fischerdörfer. Erst zu Beginn des 19. Jh. begannen die Rigaer diese Küstenregion als Erholungsort für sich zu entdecken, vor allem, seit Zar Nikolaus I. 1838 die kleine Ortschaft Ķemeri wegen ihrer schwefelhaltigen Heilquellen zum Kurort ernannt hatte. Von da an setzte in Strand- und Ortsnähe eine intensive Bautätigkeit ein. Schnell wurde die aufstrebende Stadt international bekannt und zu einem beliebten Treffpunkt der europäischen Highsociety, was die renommiertesten Architekten des Landes dazu bewog, in dem beliebten Kurort einige Meisterwerke zu schaffen – mit der angenehmen Folge, dass heute in Jūrmala mehr als 200 Architekturdenkmäler zu bestaunen sind.

Während der sowjetischen Okkupation war Jūrmala eines der begehrtesten Reiseziele innerhalb der Sowjetunion. Mittlerweile ist ein großer Teil der damals errichteten sozialistischen Massenunterkünfte eleganten Hotels der höheren Preisklasse gewichen. Die Touristenzahlen steigen rapide und alles deutet darauf hin, dass Jūrmala auf dem besten Weg ist, an seine glanzvollen Zeiten Ende des 19. und Anfang des 20. Jh. anzuknüpfen.

Majori

Der Ortsteil **Majori** ist das Herzstück von Jūrmala. Hier reihen sich Restaurants, Bars und Souvenirgeschäfte aneinander, auch die meisten Hotels sowie die Touristeninformation findet der Besucher hier. In Majori verläuft die einzige Fußgängerzone der Stadt, die 1,5 km lange **Jomas iela,** die vor allem im Sommer zur Flaniermeile wird, wenn im berühmten Konzertsaal Dzinteri Popkonzerte oder Unterhaltungsshows stattfinden. Wem das Treiben auf der hektischen Straße nicht behagt, dem sei ein Spaziergang auf der näher am Meer verlaufenden **Jūras iela** ans Herz gelegt, in der einzigartige Villen aus dem 19. und beginnenden 20. Jh. stehen. In einer der kleineren Verbindungsstraßen dazwischen befindet sich in einer hübschen Holzdatscha die **Rainis- und Aspazija-Gedenkstätte** [1], wo der berühmte lettische Poet Jānis Rainis mit seiner Frau Aspazija seine letzten drei Sommer verlebte (Pliekšāna 5/7, Mi–So 11–18 Uhr, 1 LVL). Über die Geschichte Jūrmalas erfährt man mehr im **Stadtmuseum** [2], wo auch wechselnde Ausstellungen lettischer Künstler organisiert werden (Tirgoņu 29, Tel. 67 76 47 46, Mi–So 10–17 Uhr, 1 LVL, Fr Eintritt frei).

Westlich von Majori

Eine Bahnstation weiter liegt **Dubulti,** das sehr viel ruhiger als Majori ist und u. a. eine interessante lutherische **Jugendstilkirche** in der Nähe des Bahnhofs besitzt, die 1909 von Wilhelm Bockslaff errichtet wurde. Hier und weiter außerhalb wohnen vor allem Einheimische oder Städter, die sich im Sommer eine Datscha mieten. In den Ortsteilen **Pumpuri, Melluži** oder **Asari** lohnt sich ein Spaziergang auch durch die Wohngebiete, die jenseits der Bahngleise, also weiter vom Meer entfernt liegen. Hier ist noch die entspannte Ferienatmosphäre spürbar, die den Charme Jūrmalas ausmacht.

Östlich von Majori

Die ruhigen Wohnviertel **Dzintari, Bulduri** und **Lielupe** sind mit vielen großzügigen Villen bebaut. Hier findet man – vor allem auf dem Bulduru, Meža und Vienības prospekts – wunderbar anzusehende **Sommerhäuser aus dem 19. Jh.,** die überwiegend im neoklassizistischen, neogotischen oder historistischen Stil erbaut wurden. Besonderer Beliebtheit erfreut sich der **Strand von Bulduri,** der im Sommer bei gutem Wetter hoffnungslos überfüllt ist, denn er liegt nur wenige Gehminuten von der Bahnstation entfernt.

Fährt man nach Buļļuciems bei Lielupe, gelangt man zum **Naturpark Ragakāpa** 🔳 mit einer 800 m langen und 100 m hohen Dünenkette innerhalb eines Kiefernwaldes in unmittelbarer Nähe zum Strand. In ihrer Umgebung wurden erst vor kurzem breite Holzstege angelegt, auf denen Besucher zu den schönsten Stellen des Parks gelangen, u. a. zu einigen Aussichtsplattformen, von denen aus sich bis über 300 Jahre alte Kiefern und einige seltene Pflanzen- und Vogelarten entdecken las-

Bäderarchitektur in Jūrmala, die Urlaubsflair verbreitet

siehe Detailkarte

sen. Außerdem gibt es vier unterschiedliche thematische Naturlehrpfade. Auf dem Gelände des Naturparks befindet sich darüber hinaus das **Freilichtmuseum Jūrmala,** unter dessen Gebäuden auch u.a. ein Fischerhof aus dem 19. Jh. ist (Tiklu 1 a, Tel. 67 75 49 09, Di–So 10–18 Uhr, 1 LVL, Di Eintritt frei).

Infos

Tūrisma informācijas centrs: Majori, Lienas 5, Tel. 67 14 79 00, www.jurmala.lv, Mo–Fr 9–19, Sa 10–17, So 10–15 Uhr. Infos über Jūrmala, Vermittlung von Unterkünften.

Jūrmalas tūrisma birojs: Jomas 50, Tel. 67 76 44 93, www.jurmalatour.lv. Die Organisa-

Jūrmala

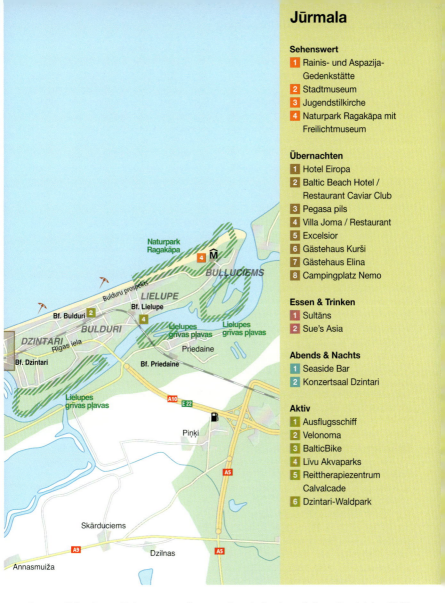

tion von Exkursionen, Betreuung von Gruppen, Vermittlung von Privatzimmern und Ferienhäusern werden hier angeboten.

Hier gibt es auch alle Informationen zum
Mobile-Guide, mit dem man Infos zur Geschichte der Stadt und zu bestimmten Gebäuden, Straßen, Plätzen über das Mobiltele-
fon erhalten kann (Inforamtionstelefon 90 00
61 73).

Übernachten

Modernisierte Villa ▶ Hotel Eiropa 1:
Majori, Jūras 56, Tel. 67 76 22 11, www.
eiropahotel.lv. Ein elegantes Hotel in einem

Lettland: Jūrmala und Umgebung

restaurierten Holzhaus, die Einrichtung ist sehr stilvoll, das Gebäude ist in einer ruhigen Wohngegend nahe dem Meer gelegen. DZ ab 101 LVL.

Luxuskoloss ▶ Baltic Beach Hotel **2** **:** Majori, Jūras 23/25, Tel. 67 77 14 11, www.balticbeach.lv. Renoviertes 5-Sterne-Hotel am Meer, mit Kurzentrum. DZ ab 121 LVL, in der Nebensaison deutlich niedriger.

Historische Holzvilla ▶ Pegasa pils **3** **:** Dzintari, Jūras 60, Tel. 67 76 11 49, www.hotelpegasapils.com. Hotel in einem der schönsten Holzhäuser Jūrmalas (beim Konzertsaal Dzinteri). DZ ab 55 LVL, im Sommer ab 104 LVL.

Ruhig in zentraler Lage ▶ Villa Joma **4** **:** Majori, Jomas 90, Tel. 67 77 19 99, Tel./Fax 67 77 19 90, www.villajoma.lv. Modernes, aber in traditioneller Holzbauweise errichtetes Hotel in der Fußgängerzone. Eher kleine, aber komfortable Zimmer, teilweise mit Fachwerkbalken, hervorragendes Restaurant. DZ ab 40, Hochsaison ab 100 LVL.

Familienfreundlich ▶ Excelsior **5** **:** Majori, Kaudzišu 20, Tel. 67 76 11 10. Kleine Wohnungen mit Kochgelegenheit, einfach, aber sehr gepflegt. Ideal für Familien. Einzimmerwohnung 15–30 LVL, Zweizimmerwohnung 40–80 LVL.

Kleine Appartements ▶ Gästehaus Kurši **6** **:** Dubulti, Dubultu prosp. 30, Tel. 67 76 93 50, www.kurshihotel.lv. 16 Appartements in einer reihenhausähnlichen Anlage, ein Autostellplatz gehört jeweils dazu. Appartements 50–70 LVL.

Schlicht ▶ Gästehaus Elīna **7** **:** Majori, Lienes 43, Tel. 67 76 16 65, mobil 29 23 52 30, www.elinahotel.lv. Bescheidene, aber ordentliche Unterkunft an der Hauptverkehrsstraße von Jūrmalay. Frühstück extra. DZ ab 30 LVL.

Camping ▶ Nemo **8** **:** Vaivari, Dubultu prospekts 51, Tel. 67 73 23 50, www.nemo.lv. Gut ausgestatteter Campingplatz in einem Waldgebiet am Meer; Wassersportmöglichkeiten sowie eine Sauna und eine eigene Schwimmanlage mit großer Rutsche. Übernachtung ist auch in kleinen Häuschen möglich. DZ ab 11,50 LVL, Übernachtung im Zelt 3 LVL/Person, Wohnmobil 10 LVL.

Essen & Trinken

Mit Strandblick ▶ Caviar Club **2** **:** Majori, Jūras 23/25, Tel. 67 77 14 28, www.balticbeach.lv, tgl. 12–22 Uhr. Restaurant im Hotel Baltic Beach mit Sommerterrasse, wunderschöner Blick aufs Meer, gute Weinkarte, oft Livemusik, 10–14 LVL.

Gourmetlokal ▶ Villa Joma **4** **:** Majori, Jomas 90, Tel. 67 77 19 99, www.villajoma.lv. IM Restaurant des gleichnamigen Hotels kocht einer der besten Köche Lettlands. Beliebt ist der arktische Fisch. Auch die Desserts sollte man unbedingt probieren. 10 LVL.

Deftig ▶ Sultāns **1** **:** Majori, Jomas 31, Tel. 67 76 20 82, www.restoran-orient.lv, tgl. 11–1 Uhr. Kaukasische, russische und europäische Gerichte. 5 LVL.

Asiatisch ▶ Sue's Asia **2** **:** Majori, Jomas 74, Tel. 67 75 59 00, www.suesasia.lv, tgl. 12–23 Uhr. Indische, thailändische und chinesische Küche. 5 LVL.

Abends & Nachts

Über Bäumen ▶ Seaside Bar **1** **:** Majori, Jomas 47/49, Tel. 67 78 44 90, www.hoteljurmala.lv, 15–2 Uhr. Bar im 11. Stock des Hotels Jūrmala Spa, fantastischer Ausblick, kühles Design.

Musik und Unterhaltung ▶ Konzertsaal Dzinari **2** **:** Majori, Turai-das 1, Tel. 67 76 20 92 oder 67 76 20 05, www.dzk.lv. Der über die Grenzen Lettlands hinaus bekannte Konzertsaal mit Freilichttribüne bietet vor allem im Sommer viele hochkarätig besetzte Klassik-, aber auch Pop- und Jazzkonzerte.

Aktiv

Schiffsausflug ▶ Ausflugsschiff **1** **:** Majori, Rīgas 2, Tel. 29 23 71 23 (TIC Jūrmala), www.jurmala.lv. Von Anfang Mai bis Ende September verkehrt das Schiff innerhalb Jūrmalas und zwischen Jūrmala und Riga. Nach Riga 5–10 LVL, innerhalb von Jūrmala 3 LVL.

Radverleih ▶ Velonoma **2** **:** Bulduri, im Gebäude des Bahnhofs Bulduri, Tel. 28 68 73 78, www.velonoma.lv, tgl. 10–18 Uhr. 1 Std. 1,50 LVL, mehr als 5 Stunden 7 LVL. **BalticBike** **3** **:** Majori, gegenüber Bahnhof Majori nahe der Touristeninformation, Tel. 67 78

83 33, www.balticbike.lv. BalticBike-Fahrräder mietet man per Telefon und Kreditkarte. Weitere Mietstationen befinden sich in den Ortsteilen Dzintari in der Turaides iela sowie in Bulduri im Vienības prospekts 1A. 1 Std. 0,70 LVL, 24 Std. 6 LVL.

Erlebnis-Schwimmbad ▶ Līvu Akvaparks
4: Lielupe, Viestura 24, Tel. Tel. 67 75 56 36, www.akvaparks.lv. Größtes seiner Art in Lettland mit mehreren Rutschen, Mo–Fr 12–22, Sa 11–22, So 11–21 Uhr, 2 Std. 12,80 LVL, 4 Std. 15,90 LVL.

Reiten ▶ Reittherapiezentrum Calvalcade
5: Vaivari, Asaru prosp. 61, Tel. 67 76 61 22. Reitmöglichkeit direkt beim Rehabilitationszentrum Vaivari. Auch für Kinder geeignet, da die Pferde hier gut geschult sind. Besonders empfehlenswert ist das Reiten am Strand. 30 Min. 6 LVL.

Ideal für Kinder ▶ Dzintari-Waldpark 6:
Dzintari, Jomas iela/Turaidas iela (Parkplatz beim Eingang am Dzintaru prospekts), Tel. 67 14 79 00. Seit dem Jahr 2008 gibt es im Kiefernwald von Dzintari den rund 3 ha großen Dzintari-Waldpark (Dzintaru meža parks), in dem man wunderbar spazieren gehen oder sich auch die Zeit in Cafés vertreiben kann. Es gibt hier einen riesigen modernen Spielplatz, außerdem eine kreuz und quer durch den Wald führende Inlineskater-Bahn mit Mietstation. Vom 33,5 m hohen Aussichtsturm hat man einen fantastischen Blick.

Verkehr

Züge: mehrmals stdl. Züge von/nach Riga, aber auch in Richtung Sloka, Ķemeri und Tukums. In jedem Ortsteil gibt es einen Bahnhof; man steigt am besten am Bahnhof von Majori aus. Ansonsten fahren **Minibusse** sehr häufig und sind das schnellste Verkehrsmittel. Sie halten wie Taxis auf Handzeichen und sind nur wenig teurer als Züge oder Busse, allerdings sollte man unbedingt auf das angeschriebene Fahrziel achten. (Fahrpläne für Busse und Minibusse auf www.jurmala.lv)
Hinweis für Autofahrer: Wer mit dem Auto anreist, muss vor der Brücke über die Lielupe an einem Automaten einen zeitlich begrenzten Passierschein lösen (1 LVL/24 h).

Tipp: Wanderung

Sehr reizvoll ist eine zwei- bis dreistündige Wanderung durch das große Moor ca. 3 km südlich von Ķemeri, zu erreichen über eine unbefestigte Seitenstraße der A 10. Ein 2,8 km langer, schmaler Holzsteg führt durch eine eindrucksvolle Moorlandschaft mit zahlreichen kleinen Seen.

Ķemeri und Umgebung
▶ 1, F 9

Etwas außerhalb von Jūrmala und ungefähr 40 km von Riga entfernt liegt der ehemalige Kurort **Ķemeri** in einem recht großen Waldpark und umgeben von dem ca. 38 ha großen Ķemeri-Nationalpark. Man erreicht Ķemeri mit dem Zug in Richtung Tukums oder mit dem Auto über die A 10.

Noch im 19. Jh. kamen Kurgäste aus ganz Europa in dieses heute eher verlassen wirkende Städtchen. Kaum zu glauben, aber es gibt inzwischen Investoren, die Ķemeri wieder zu altem Glanz verhelfen (und dabei natürlich auch mitverdienen) wollen. Das großzügig angelegte **ehemalige Sanatorium,** im 19. Jh. der Mittelpunkt des Kurgeschehens, wurde komplett restauriert und wird im April 2011 als 5-Sterne-Hotel feierlich eröffnet (www.kempinski.com). Die fünfgeschossige Heilstätte, die früher auch als Weißes Schloss bekannt war, ist 1936 nach dem Entwurf von Eižens Laube im klassischen Stil mit Elementen des Modernismus erbaut worden.

Durch den **Kurpark** verläuft in malerischen Schleifen der Fluss Vēršupīte, über den sich zahlreiche Brücken spannen. An einer der Quellen sollte man unbedingt die angenehme Wirkung des schwefelsauren Mineralwassers auf dem Körper genießen. Es wird seit Jahrhunderten für die Heilung u. a. etwa von Hautkrankheiten und Gelenkschmerzen verwendet.

Ķemeri-Nationalpark

Den Kurort Ķemeri umgibt der **Ķemeri-Nationalpark** mit einer urwüchsigen Moor- und

aktiv unterwegs

Fahrradtour durch Jūrmala

Tour-Infos

Start: Bahnhof Majori
Länge: ca. 5–10 km (je nach Strecke)
Dauer: je nach Fahrtempo ca. 2–5 Stunden
Radverleih: z. B. www.balticbike.lv, Mietstation direkt vor der Touristeninformation gegenüber dem Bahnhof Majori
Weitere Touren: Informatinonen zu vielen andere interessante Touren gibt es in der Touristinfo von Majori.

Da Jūrmala so lang und schmal ist, lohnt es sich, das kleine Städtchen mit dem Fahrrad zu erkunden, zumal das Netz der Fahrradwege hier so gut ausgebaut ist wie wahrscheinlich nirgendwo sonst in Lettland. Die hier vorgeschlagene Tour verbindet die Ortsteile Majori und Bulduri.

Die Fahrradtour von Majori nach Bulduri führt durch die ältesten Ortsteile Jūrmalas entlang der am nächsten zum Meer gelegenen Straßen (mit Ausnahme von Dubulti, das weiter westlich liegt). Hier stehen die vermutlich schönsten Villen des Ortes, die Ende des 19. Jh. bzw. Anfang des 20. Jh. erbaut wurden. Sie verdeutlichen mit ihrem Prunk, dass Jūrmala schon damals der Lieblingsort der lettischen Oberschicht war. Und so ist es auch heute, weshalb man zwischen den historischen Villen auch immer wieder topmoderne, zeitgenössische Designerbungalows entdecken kann.

Direkt am **Bahnhof Majori** gibt es auf der anderen Seite der Hauptverkehrsstraße, der Lienes iela, eine Fahrrad-Mietstation von BalticBike. Von dort kann man nun zu Fuß auf der Jomas iela spazieren gehen, der Fußgängerzone von Jūrmala. Wer genug gesehen hat, wechselt über die Querstraße **Tirgoņu iela** einfach auf die Jūras iela zwischen Jomas iela und Strand, wo es einen relativ neuen Fahrradweg gibt.

Die **Jomas iela** führt bis zum **Konzertsaal Dzintari** (s. S. 260), wo es eine weitere Mietstation von BalticBike gibt. Hier kreuzt die belebte Tureidas iela mit ihren zahlreichen Restaurants, sie führt übrigens auch zur Bahnstation Dzintari.

Auf dem links abzweigenden Dzintaru prospekts wird es dann etwas ruhiger. Sehenswert sind hier neben etlichen hübschen Villen

auch der **Dzintari-Waldpark** (s. S. 261), in dem auch ein kleiner Aussichtsturm steht.

Etwas weiter lädt im Dzintaru prospekts 52/54 das **Sommerhaus von Kristaps Morbergs** zu einer Besichtigung ein, ein Denkmal der neogotischen Holzarchitektur aus dem späten 19. Jh. Es wurde 2007 gründlich restauriert und steht seitdem Besuchern offen (Tel. 67 22 7175 oder 29 36 15 15, Mai-Sept. tgl 9–19 Uhr, sonst nur nach telefonischer Voranmeldung, Eintritt frei).

Etwas weiter stößt der Dzintaru prospekts auf die Krišjāņa Barona iela, an der das Hotel Lielupe steht sowie – etwas versteckt – die kleine **Evang.-lutherische Kirche Bulduri**. Sie wurde 1889 für die deutsche Bevölkerung erbaut und diente zu Sowjetzeiten als Fotoarchiv. Nach einer gründlichen Renovierung um die Jahrtausendwende steht sie seitdem zu Gottesdienstzeiten Besuchern offen.

Bei der Weiterfahrt auf dem Bulduru prospekts gelangt man an der Querstraße Vienības prospekts zum **Bistro-Café Brown Sugar,** das mit seinem kulinarischen Angebot zu einem Verbleib einlädt. Gebäck, Café, aber auch warme Speisen gibt es hier, und das meistens in hoher Qualität (Bulduru prospekts 33, Tel. 67 75 10 40, tgl. 9–20 Uhr). Hier, auf der schmalen Straße Richtung Strand, befindet sich auch die dritte Station von BalticBike, an der man sein Fahrrad abstellen kann. Ein Spaziergang auf dem nahe gelegenen Strand wäre nun bestimmt eine gute Option. Oder aber man besorgt sich auf dem **Markt** von Bulduri noch frisches Obst und Gemüse, bevor man am **Bahnhof** von Bulduri in den Zug steigt und zurück nach Riga oder Majori fährt.

Eine andere Möglichkeit ist, mit dem Fahrrad am Strand nach Majori zurückzufahren, dort sein Fahrrad abzustellen und den Abend in einem der zahlreichen Restaurants in der Jomas iela ausklingen zu lassen.

Sumpflandschaft. In seinen Auenwäldern nistet u. a. der Weißrückenspecht und auf seinen kalkhaltigen Wiesen findet man hin und wieder Orchideen. Mit etwas Glück lässt sich auch ein Schwarzstorch erspähen. Die Strandseen und Moore sind Brutplätze verschiedenster Wasser- und Wattvögel. Vor allem in Zugzeiten rasten hier Tausende von Gänsen und Kranichen. Der flache Ķaņieris-See eignet sich am besten für **Vogelbeobachtungen.** Hier und insbesondere am Valgums-See kann man nicht nur Ruderboote mieten, sondern auch angeln.

Infos

Meža māja: Ķemeri, Tel. 67 14 68 19, nacionalparks@kemeri.gov.lv, www.kemeri.gov.lv, Mai–Sept. tgl. 10.30–17 Uhr. Führungen durch den Nationalpark. Etwas schwer zu finden, da außerhalb von Ķemeri: die Hauptstraße von Ķemeri Richtung Jaunķemeri, nach ein paar Hundert Metern führt links ein Weg zum Meža māja.

Übernachten

Familienfreundlich am Meer ▶ Melnais Starkis: Jaunķemeri, Kolkas 12, Tel. 67 73 90 12, www.melnaisstarkis.lv, DZ 30 LVL. Das kleine Hotel, nur 400 m vom Meer entfernt, eignet sich für Familien, nicht zuletzt, da es vor dem Haus eine schöne große Wiese zum Spielen gibt.

Für Aktive ▶ Valguma pasaule: bei Smarde, Tel. 63 18 12 22 oder 29 41 40 22, www.valgumapasaule.lv. Ein idyllisch gelegener Erholungskomplex direkt am Valgums-See mit Gelegenheit zu Nordic-Walking und Radfahren. Die komfortable Inneneinrichtung des von außen schlichten Gasthauses überrascht. DZ 20–40 LVL.

Aktiv

Radverleih – Velonoma: Ķemeri, direkt im Bahnhofsgebäude, Tel. 20 25 72 95, www.velonoma.lv, pro Fahrrad 4 LVL/2 Std. bzw. 7 LVL/Tag.

Verkehr

Züge: mehrmals stdl. nach Riga und Tukums.

Kurzeme

Mit seinem über 300 km langen Strand ist Kurzeme (Kurland) ideal für einen Badeurlaub. Vor allem die Westküste verlockt zu einsamen Spaziergängen. Kulturelle Abwechslung bieten dagegen die aufblühenden Hafenstädte Liepāja und Ventspils. An der Rigaer Bucht laden Fischerdörfer zu einem beschaulichen Aufenthalt ein, im Landesinnern sind vor allem alte Burgen und Schlösser zu entdecken.

Ein Großteil der Fläche Kurzemes war während der Sowjetokkupation militärisches Sperrgebiet. Daher wurde die Region viele Jahre mehr oder weniger sich selbst überlassen – mit dem positiven Nebeneffekt, dass sich Pflanzen und Tiere relativ ungestört entfalten konnten und seltene ökologische Nischen entstanden bzw. erhalten blieben.

Von der Mitte des 15. bis ins 18. Jh. hinein war Kurzeme von den anderen lettischen Provinzen getrennt und erlebte währenddessen seine Blütezeit. Nach dem Zusammenbruch des Livländischen Ordensstaates 1455 kam die Region unter polnische Lehnsherrschaft und konnte in der Folgezeit eine relativ unabhängige Politik betreiben. Unter Herzog Jakob Kettler baute Kurzeme seine Flotte aus, intensivierte die Wirtschaftsbeziehungen nach Übersee und trachtete sogar nach eigenen Kolonien: Ein Teil von Gambia sowie die Karibikinsel Tobago kam tatsächlich in kurländische Hand. Bis heute erinnert auf Tobago die Great Courland Bay an diese Zeit.

Das Westufer der Rigaer Bucht ▶ 1, F 8

In den Naturpark Engure-See

Die kleine Ortschaft **Ragaciems** am Rande des Ķemeri-Nationalparks (s. S. 261) lohnt zwar keinen eigenen Abstecher, bei der Durchfahrt kann man aber einige Stände am Straßenrand entdecken, an denen Frauen geräucherten Fisch zum Kauf anbieten. Geräucherter Fisch schmeckt in Lettland meist hervorragend und man sollte sich die Gelegenheit, ihn zu probieren, nicht entgehen lassen – vielleicht an einem der Picknicktische im Kiefernwald beim Strand. Sehr gerne werden die Makrelen, Schollen oder Lachse mit Käse, Knoblauch oder süßem Pfeffer zubereitet gegessen. Ragaciems bietet sich zudem als Übernachtungsort für Ausflüge in den Ķemeri-Nationalpark an.

Nach etwa 23 km Fahrt auf der P 128 gelangt man an eine Kreuzung, auf der man rechts auf die P 131 abbiegen muss, will man in **Engure** ankommen. Die kleine Ortschaft ist beschaulicher als Ragaciems und besitzt einen sehenswerten kleinen **Fischerhafen,** in dem einige zum Teil etwas in die Jahre gekommene Fischerboote vor Anker liegen.

Kurz hinter Engure beginnt auf der linken Straßenseite der 1998 offiziell zum Naturschutzgebiet erklärte **Naturpark Engure-See** (Engures ezera dabas parks), das größte Lagunen-Gewässer in Lettland und einer der wichtigsten Brutplätze für zahlreiche Watt- und Wasservogelarten. Schon seit mehr als 40 Jahren werden am Engure-See von einer schwimmenden ornithologischen Station aus Vögel beobachtet und mit Ringen versehen. In der Nähe befindet sich ein Vogelbeobachtungsturm; von dort lässt sich gut erkennen, wie sich in dieser eigenwilligen Seenlandschaft Schilfbewuchs und offene Wasserflächen abwechseln. Um zum Beobachtungsturm zu gelangen, biegt man etwa 2 km hinter Bērzciems bei dem Hinweisschild »Engures ornitoloģisko pētijumu centrs« nach links auf eine unbefestigte Straße ab. Nach 2 km erreicht man die ornithologische Station. Von dort sind es etwa 800 m Fußweg zum Beobachtungsturm (Ornithologische Forschungsstelle: Tel. 63 10 03 53).

Einige Stellen im Naturpark dürfen übrigens nur in Begleitung eines Ortskundigen aufgesucht werden, von daher empfiehlt es sich, einen Fremdenführer zu engagieren (s. u.). Im Rahmen einer geführten Wanderung lassen sich auf dem sogenannten Orchideenpfad etwa 20 der 32 in Lettland vorkommenden Orchideenarten kennenlernen. Im Jahr 2002 wurden am Westufer des Engure-Sees bei Krievragciems Wildpferde und Wildkühe angesiedelt, die hier in einem Freigehege zu beobachten sind. Am See gibt es außerdem fünf Bootsstationen, die während der Saison Touristen zur Verfügung stehen. Auch Angler kommen hier auf ihre Kosten – der See ist vor allem für seine Hechte bekannt.

Von Mērsrags nach Roja

Wer den Naturpark Richtung Kap Kolka verlässt, kommt in das schön in die Landschaft eingebettete Fischerdorf **Mērsrags.** Auch hier lohnt es sich, geräucherten Fisch zu probieren. Sehenswert ist in Mērsrags vor allem der Leuchtturm etwas außerhalb der Ortschaft und das unter Naturschutz stehende Salzgrasland am Meer, in dem über 60 Vogelarten beheimatet sind.

Etwa 18 km von Mērsrags entfernt erstreckt sich der **Steinige Strand von Kaltene** (Kaltenes akmeņainā piekraste) hinter dem gleichnamigen Ort. Hunderte von bis zu 1 m hohen Steinen liegen hier verstreut im Meer und am Strand und sind durch einen Naturpfad erschlossen. Ein weiterer Pfad – ein sogenannter **Vogelpfad** – wurde erst kürzlich in unmittelbarer Nähe des Steinstrandes eingerichtet und führt u. a. zu einem Beobachtungsturm. Die Küste von Kaltene ist nämlich auch einer

der bedeutendsten Nistplätze für Vögel in Lettland. Im Laufe des Jahres finden hier Tausende von Wasser- und Stelzvögeln Unterschlupf – mehr als 50 verschiedene Arten.

Eines der reizvollsten Fischerstädtchen an der lettischen Küste ist **Roja**, etwa 8 km von Kaltene entfernt. Hier gibt es nicht nur einen interessanten Fischerhafen, sondern auch einen schönen Strand. Die Ausstellung des **Fischereimuseums** dokumentiert die Geschichte der Fischerei und Seefahrt an der Küste von Nordkurzeme (Selgas 33, Juni–Sept. Di–Sa 10–18, So 10–15, Okt.–Mai Di–Sa 10–17 Uhr, 0,50 LVL).

Infos

Informationszentrum in Mērsrags: Dzintaru 1–9, Mērsrags, Tel. 63 23 56 43, www.mersrags.lv oder www.eedp.lv.

TIC Roja: Selgas 33, Roja, Tel. 63 26 95 94, www.roja.lv, Di–Sa 10–18, So 10–15 Uhr. Infos zu Roja u. Umgebung, Hotelvermittlung.

Fremdenführer: Herr Šiliņš, Tel. 67 83 09 99 oder 29 47 44 20, Führungen im Naturpark Engure-See.

Übernachten

Notunterkunft ▶ Hotel Rojupe: Umgebung von Roja, Tel. 63 26 02 72 oder 29 44 17 80, zsmadaras@one.lv. Ungefähr 5 km außerhalb von Roja. Eine einfache Unterkunft in großem Haus, in dem auch Seminare stattfinden. Dennoch komfortable Zimmer. DZ ab 30 LVL.

Komfortabel ▶ Pieŗūras nams: Ķesterciems, Lauku 2A, Tel. 26 43 55 15, www.piejurasnams.lv, DZ ab 25 LVL. Bequemes Hotel südlich von Engure: Kurz hinter dem Ort macht die P 131 eine leichte Kurve nach rechts, stattdessen muss man geradeaus Richtung Ķesterciems fahren. Das Piejūras nams befindet sich kurz vor Ķesterciems rechter Hand.

Nahe am Meer ▶ Hotel Roja: Jūras 6, Roja, Tel./Fax 63 23 22 26 oder 29 47 76 02, www.rojahotel.lv. 200 m vom Meer und dem Fluss Roja entfernt, auch Programme für Gruppen. DZ ab 22 LVL.

Rustikale Gemütlichkeit ▶ Villa Elizabete: Jūras 88, Engure, Tel. 29 11 75 10, Fax 63

aktiv unterwegs

Fahrradtour am Kap Kolka

Tour-Infos

Start: Besucherzentrum in Kolka oder an jedem beliebigen Punkt der Route

Länge: ca. 50 km

Dauer: 1–2 Tage, je nach Fahrtempo

Schwierigkeitsgrad: mittel – etwa zwei Drittel Schotterstraßen und Waldwege

Radverleih: z. B. Gasthaus Ūši in Kolka (www.kolka.info) oder Gasthaus Pitagi in Košrags (www.pitagi.lv)

Infos im Web: www.ziemelkurzeme.lv und www.kolkasrags.lv

Karte: ▶ 1, D/E 7

Rund um das Kap Kolka gibt es eine 65 km lange Radwanderroute mit dem Namen »Kolkas aplis« (Kolka-Ring). Im Verlauf der ein- bis zweitägigen Tour bekommt man einen wunderbaren Eindruck vom Slītere-Nationalpark

mit seiner einzigartigen Naturlandschaft, von den livischen Fischerdörfern an der Westküste und dem wilden Kap Kolka im Norden. Am besten parkt man sein Auto am **Besucherzentrum Kolka** 1 (Kolkasraga apmekl. centrs), wo man auch eine Tasse Kaffee oder Tee trinken, Souvenirs kaufen und Informationen erhalten kann. Schwimmen ist am Kap Kolka wegen der starken Strömung leider verboten. Im Frühjahr ist das Kap Kolka auch für Vogelbeobachter von Bedeutung. Und nicht zuletzt beginnt hier einer der vier Naturpfade des Nationalparks. Die Fahrräder kann man beispielsweise im **Gasthaus Ūši** 2 in Kolka ausleihen, das auch für eine eventuelle Übernachtung empfehlenswert ist (s. S. 269). Von dort aus führt die Strecke entlang der Westküste auf einem Waldweg durch fünf livische Dörfer: Vaide, Saunags, Pitrags, Košrags und Mazirbe. Das Dorf Vaide ist vor

16 14 21, www.villaelizabete.lv. Gepflegtes Blockhaus an der Hauptstraße, rund 300 m 2om Meer entfernt. DZ ab 20 LVL.

Viel Holz, wenig Luxus ▶ Kaltenes Akmeņi: Kaltene, Tel. 63 26 88 65 oder 29 48 99 49, www.celotajs.lv. Rund 300 m vom Meer entfernt, in der Nähe des Steinigen Strandes von Kaltene, modernes Haus, gute lettische Küche. DZ ab 20 LVL.

Schlicht ▶ Stērstītes: Ragaciems, Tel. 29 28 31 62, sterstites@inbox.lv. Spärlich eingerichtetes Gästehaus zwischen Kaņierissee und Meer. 18 LVL/Zimmer.

Camping ▶ Kempings Vecupe: Tel. 20 21 40 63, www.kempingi.lv. Spärlich eingerichteter Campingplatz nahe Abragciems, etwa 1 km vom Meer entfernt. Zelt 1 LVL/Person.

allem wegen der skurrilen **Geweih-Sammlung 3** auf dem Gelände des Campingplatzes Purvziedi einen Halt wert (Ragu kolekcija, www.purvziedi.viss.lv). Das Dorf Košrags besteht u. a. aus einer Reihe historischer **Fischerhäuser 4,** die in traditioneller Bauweise ohne jeden Nagel errichtet wurden und zum UNESCO-Weltkulturerbe zählen. Wer nicht schon mit dem Auto in Mazirbe war, sollte unbedingt noch den kleinen Abstecher in das bedeutendste der livischen Dörfer machen (s. S. 294). Hier gibt es u. a. auch einen kleinen **Schiffsfriedhof 5** (Laivu kapsēta) in einem Waldstück am Strand zu sehen, der sich in den 1960er-Jahren gebildet hat, als die sowjetische Armee den Fischfang an der Küste einschränken wollte. Daraufhin wurden die nutzlos gewordenen Schiffe in die Dünen gestellt. Das 1939 gebaute **Haus des Livischen Volkes 6** ist eines der wichtigsten Symbole der livischen Identität. Hier finden immer wieder Veranstaltungen statt, außerdem gibt es eine Sammlung von livischen Alltagsgegenständen sowie eine Fotoausstellung Einblicke in die livische Kultur (Lībiešu tautas nams, www.livones.lv).

Von Košrags führt eine einsame alte Forststraße bis nach Dūmele und passiert dabei das für Touristen unzugängliche **Bažu Moor 7** (Bažu purvs). Nach Regentagen kann die sandige Strecke an dieser Stelle schon mal schwer passierbar sein. Hinter Dūmele geht es bis nach Kolka wieder über eine asphaltierte Straße, die u. a. an den sog. **See-Wiesen 8** (Ezerplavas) vorbeiführt. Den See, den es hier angeblich gegeben hat, floss 1838 ins Meer ab. An seinem Grund wurden uralte Baumstümpfe und Schiffswracks entdeckt.

In Melnsils gelangt man dann wieder auf die Landstraße P131, die an der Küste zum Kap Kolka zurückführt. An der **Evaži-Steilküste 9** (Evažu stāvkrasts) führt ein hübscher Pfad entlang.

Nationalpark Slītere
▶ 1, D/E 7

Der 150,6 km² große, im Jahr 2000 eingerichtete **Nationalpark Slītere** (Slīteres nacionālais parks) ist eine der faszinierendsten Landschaften Lettlands und eignet sich hervorragend für Wanderungen oder Fahrradtouren (s. links). Die Natur profitierte während der Sowjetherrschaft von der Grenzlage zu Westeuropa: Ein Großteil der Küstenregion war militärisches Sperrgebiet. Der kaum besiedelte Nationalpark, dessen Kern ein einzigartiger Küstenurwald ist, könnte fast schon als geologisches Freilichtmuseum bezeichnet werden, denn die verschiedenen Landschaftsphänomene erzählen die Entstehungsgeschichte der Ostsee. Noch gut zu erkennen ist z. B. eine bis zu 50 m hohe Hügelkette – **Blaue Berge von Slītere** (Zilie kalni) genannt –, die früher die Küstenlinie der Ostsee bildete und vor gut 10 000 Jahren durch das Wasser des Baltischen Eissees geformt wurde. Eine weitere Besonderheit dieser Region sind mehrere baumbestandene Dünenketten *(kangari),* in deren Tälern sich kleine Gewässer und Sümpfe *(vigas)* ausbreiten. Die längste Dünenkette heißt Viskangars und erreicht eine Länge von beinahe 20 km.

Tipp: Ausflug zum Schlossgut Jaunpils

Einen Abstecher wert ist die kleine Ortschaft Jaunpils, ca. 28 km südlich von Tukums, mit dem sehr gut erhaltenen **Schlossgut Jaunpils** (Jaunpils pils; ▶ 1, E 10), das 1301 als Ordensburg errichtet wurde. 1576 erwarb Matthias von der Recke die Burg, ein Abkömmling eines der bedeutendsten Adelsgeschlechter Westfalens, der schon bald nach dem Zerfall des Livländischen Ordens 1561 neben Gotthard von Kettler zum mächtigsten Mann des Herzogtums Kurland aufgestiegen war. Er ließ den Bau zu einem Schloss mit manieristischen Elementen umgestalten. Die üppigen Stuckverzierungen und Wandbemalungen fielen leider 1905 einem Feuer zum Opfer.

Ein Museum in der Burg informiert über deren mittelalterliche Geschichte, außerdem bietet ein Hotel Zimmer mit echter Burgatmosphäre an (Doppelzimmer je nach Größe und Ausstattung zwischen 15 und 60 LVL). Für Touristengruppen gibt es unterhaltsame Veranstaltungen wie z. B. Burgführungen mit als Mönch, Magd und Minnesänger verkleideten Darstellern oder mittelalterliche Festessen.

An jedem zweiten Samstag im August findet auf dem Schlossgut Jaunpils ein mittelalterliches Spektakel mit Tanz, Musik und natürlich viel Essen und Trinken statt.

Reizvoll ist auch die nähere Umgebung der Burg: Ein das Schloss von drei Seiten umgebender romantischer **Mühlenteich**, uralte Bäume und eine evangelisch-lutherische **Kirche** von 1592 lassen sich hier finden. In der Kirche verdienen vor allem der Altar sowie die Kanzel von 1646, beide wie die Kirche im Stil des Manierismus gehalten, besondere Aufmerksamkeit (Anfahrt: von Tukums über die P 104; www.jaunpilspils.lv, Tel. 63 10 70 82 oder 26 10 14 58, Burgmuseum tgl. 10–17 Uhr, 0,50 LVL).

Von Roja gelangt man auf der P 131 zunächst zum 500 m langen **Steilküstenpfad von Evaži** (Evažu stāvkrasta taka), von dem sich ein reizvoller Blick über die Rigaer Bucht bietet. Kurz darauf erreicht man **Kolka,** die größte Ortschaft im Nationalpark, von der es nicht mehr weit zum **Kap Kolka** (Kolkasrags) ist. Hier treffen Ostsee und Rigaer Bucht aufeinander, weshalb es auch als das »Kap der zwei Meere« bekannt ist. Das Meer ist hier besonders wild, und es verwundert kaum, dass vor der Küste mehr Schiffswracks auf dem Meeresgrund liegen sollen als sonst irgendwo in der Ostsee. Am Strand kann man noch die Reste des alten Leuchtturms entdecken; der jetzige, 1884 errichtet, ragt am Ende einer 6 km langen Sandbank vor der Küste auf.

Ein weiterer Leuchtturm steht bei der Ortschaft Slītere im südwestlichen Teil des Nationalparks: Von dem 1850 erbauten **Leuchtturm von Slītere** (Slīteres bāka) bietet sich ein wunderbarer Blick über die Wälder des Nationalparks sowie – bei gutem Wetter – bis zur estnischen Insel Saaremaa. Im Turm befinden sich das **Informationszentrum** des Nationalparks sowie eine Ausstellung zu den Leuchttürmen Lettlands. Hier beginnt auch einer der vier sehr empfehlenswerten Naturpfade des Nationalparks, der Slīteres dabas taka, den man allerdings nur mit einem Fremdenführer begehen darf. Die drei anderen Naturpfade – Kolkas raga dabas taka, Ēvažu stāvkrasts un dabas taka und Pēterezera dabas taka – können ohne Fremdenführer besucht werden.

An der zum Slītere-Nationalpark gehörenden Westküste reihen sich in dem unter besonderem Schutz stehenden kulturhistorischen Gebiet **Livenküste** (Lībiešu krasts) mehrere Dörfer mit einer einzigartigen Kulturgeschichte aneinander. Sie sind die Heimat der finno-ugrischen Liven, einem der kleinsten Völker Europas (s. S. 295). Südlich des Nationalparks liegt das kleine Städtchen **Dundaga** mit der größten und ältesten Burganlage Nordkurzemes, deren ursprüngliche Form sich allerdings nur noch erahnen lässt.

Außerdem gibt es einen hübschen Park und eine protestantische Kirche von 1766 mit einem Altarbild des wohl berühmtesten lettischen Malers, Jānis Rozentāls, von 1912.

Infos

Informationszentrum Slīteres bāka: im Leuchtturm von Slītere, Tel. 63 20 08 53, www.slitere.lv, 15. Mai–15. Okt. Di–Do 10–18, Fr–Sa 10–19, So 10–18 Uhr.
Touristeninformation Dundaga: Dundaga, Pils iela »Dundagas pils«, Tel. 63 23 22 93 oder Handy 29 44 43 95, www.dundaga.lv oder www.ziemelkurzeme.lv, tgl. 9–17 Uhr.
Fremdenführer: Jānis Jansons, Tel. 26 43 76 43 (Führungen in deutscher Sprache).
Kap Kolka Besucherzentrum: Am Ende der P124 Ri. Kap Kolka, Tel. 29 14 91 05, www.kolkasrags.lv, ganzjährig geöffnet.

Übernachten

Vielfältig ▶ Ūši: nur wenige hundert Meter vom Kap Kolka entfernt, Tel. 29 47 56 92, 29 29 34 83, www.kolka.info. Zwei Lettinnen führen in diesem Zwei-Zimmer-Gästehaus liebevoll Regie. Zelten, Rad- und Kanuverleih und diverse andere Aktivitäten sind möglich. DZ 28 LVL ohne Frühstück, 38 LVL mit Frühstück.
Weitere Unterkünfte: s. S. 294.

Verkehr

Busse: Von Riga verkehren tgl. Busse nach Kolka und zurück (Fahrtdauer für eine Strecke etwa 4 Std.).
Hinweis für Autofahrer: Im gesamten Gebiet des Nationalparks sind die Straßen unbefestigt. Tankstellen gibt es auch nicht – man sollte also auf jeden Fall vorher tanken.

Tukums und Umgebung
▶ 1, F 9

Die Schnellstraße A 10 verbindet Riga mit Ventspils und führt dabei auch über die landschaftlich reizvoll gelegenen Kleinstädte Tukums und Talsi, die sich gut als Ausgangspunkte für Touren in die Umgebung eignen. Auch wer nur auf der Durchfahrt ist, sollte sich die Gelegenheit für eine kurze Besichtigung der beiden Provinzstädte nicht entgehen lassen.

Aus Riga kommend, erreicht man nach etwa 65 km Fahrt die rund 19 000 Einwohner zählende Stadt Tukums an dem kleinen Fluss Slocene. Vor 1000 Jahren waren die Liven hier ansässig und betrieben Bernsteinhandel. Aus dieser Zeit stammt der Name der Stadt: *Tukku mägi,* zu Deutsch »ein Haufen Hügel«. Tatsächlich liegt Tukums (Tuckum) auf mehreren leichten Erhebungen in einer ansonsten flachen Landschaft. Stadt und Umgebung warten mit mehreren sehenswerten Schlössern und Gutshöfen auf.

Stadtzentrum

Im Zentrum der kleinen Stadt erstreckt sich der **Brīvības laukums** (Freiheitsplatz), der von Häusern aus dem 18. und 19. Jh. gesäumt wird. Der viereckige **Turm der Ordensburg** mit dem Fragment der Ringmauer ist der einzige Überrest einer Burganlage aus dem 14. Jh. Seit 1995 beherbergt er ein **Museum zur Stadtgeschichte** (Di–Sa 10–17, So 11–16 Uhr, 0,60 LVL). Unweit des Burgturms erhebt sich die **evangelisch-lutherische Kirche** von 1687, deren Grundgestalt trotz mehrerer Umbauten erhalten blieb. Im Kircheninnern sind vor allem das Altargemälde »Christus am Kreuz«, Glasgemäldefenster aus den 1930er-Jahren und die Orgel von 1769 sehenswert. Der Aufstieg zur Spitze des Kirchturms lohnt: Von hier aus genießt man einen schönen Ausblick auf die Stadt.

Schloss Durbe

Zu dem am Stadtrand auf einer Anhöhe gelegenen **Schloss Durbe** (Durbes pils) gelangt man am besten über die Pasta iela, die Rīgas iela und anschließend rechts ab durch die Durbes iela. Das kürzlich restaurierte Gebäude wurde im 17. Jh. errichtet und 1820 nach einem Entwurf des Architekten Johann Georg Berlitz im Stil des Klassizismus umgestaltet. Sehenswert ist auch der ca. 25 ha große Schlosspark mit einer Rotunde aus dem 19. Jh. (Schlossbesichtigung Di–Sa 10–

17, So 11–16 Uhr, der Park ist jederzeit zugänglich, 1,50 LVL).

In der Umgebung

Nur 5 km nordöstlich von Tukums und über die Rīgas iela gut erreichbar, liegt in Milzkalne das beeindruckende **Gut Schlockenbeck** (Šlokenbekas muiža), ein rechteckiger, nach dem Vorbild der befestigten römischen Siedlungen gestalteter Gebäudekomplex aus dem 15. Jh., der im 17. und 18. Jh. umgebaut wurde. Besonders interessant ist hier die mit vielen Schießscharten sowie zwei – ursprünglich wahrscheinlich vier – Toren versehene Ringmauer, welche die einzige freie Seite der Anlage schützt (www.slokenbekasmuiza.viss.lv).

Etwa 7 km nordwestlich von Tukums, an der A 10 Richtung Talsi, trifft man auf ein deutlich jüngeres Gebäude, das **Schloss Neu-Mocken** (Jaunmoku pils). Wegen seiner harmonischen Verbindung von Elementen des Jugendstils mit neogotischen Formen wirkt es bereits auf den ersten Blick ansprechend. Es wurde im Jahr 1901 nach einem Entwurf des renommierten Rigaer Architekten Wilhelm Bockslaff im Auftrag des Rigaer Bürgermeisters Armisteads als Jagdschloss und Sommersitz errichtet.

Mehr als einen Blick wert ist vor allem der Kachelofen im Vestibül, auf dem 50 bemalte Kacheln vom Leben in Riga und Jūrmala zu Beginn des 20. Jh. erzählen, außerdem gibt in den Räumlichkeiten ein Museum und ein Hotel (Tel. 63 10 71 25 oder 26 18 74 42, www.jaunmokupils.lv, Museum tgl. 9–17 Uhr, Hotel s. u.) .

Infos

TIC: Talsu 5, Tel. 63 12 44 51, www.visittukums.lv (sehr informativ!), Juni–Aug. Mo–Fr 9–18, Sa 9–15, So 10–14, Mai, Sept. Mo–Fr 9–18, Sa 9–15, Okt.–April Mo–Fr 9–18 Uhr.

Übernachten

Wie im Schloss leben ▶ **Gästehaus Jaunmoku pils** (Schloss Neu-Mocken): an der Landstraße von Riga nach Ventspils km 75, Tel. 63 10 71 25 oder 26 18 74 42, www.jaunmokupils.lv. Unterschiedliche Zimmer von schlicht über gediegen bis prachtvoll-plüschig. DZ 40-80 LVL.

Einfach, aber akkurat ▶ **Eishalle Tukums:** Stadiona 3, Tukums, Tel. 63 10 74 70 oder 26 63 32 73, www.tlh.lv. Ordentliche Zimmer mit Fernseher und modernem Bad, in denen häufig auch lettische Eishockeyspieler übernachten. DZ 25–45 LVL.

Wellness ▶ **Hotel Harmonija:** Jāņa 3 a, Tukums, Tel. 63 12 57 75 oder 29 45 00 74, www.harmonija.lv. Hotel mit vielen Wellnessangeboten. DZ 28 LVL ohne Frühstück.

Sehr bescheiden ▶ **Leviņas:** Am Ende der Kandavas iela, in der Nähe des Bahnhofs Tukums II, Tel. 29 42 84 79, www.ievinas.lv. Zimmer mit Minimalausstattung in Holzhaus, WC im Garten. Dafür Sauna, Parkplatz und Terrasse. DZ ab 20 LVL.

Verkehr

Züge: Es gibt zwei Bahnhöfe in Tukums – Tukums I und Tukums II; fürs Zentrum bei Tukums I aussteigen. Zwischen Riga und Tukums verkehren alle 90 Minuten Züge. Weitere Infos unter Tel. 63 11 62 49.

Busse: von Tukums nach Riga, Talsi, Kuldīga und Ventspils. Info-Tel. 63 18 20 68.

Talsi und Umgebung
▶ 1, E 8

Die etwa 45 km lange Wegstrecke auf der A 10 zwischen Tukums und **Talsi** ist nicht unbedingt mit Sehenswürdigkeiten gesegnet; auch die Landschaft bietet wenig Abwechslung. Der Weg lohnt sich dennoch, denn die 13 000 Einwohner zählende Stadt Talsi (Talsen) liegt auf neun Hügeln, die sich im Wasser zweier Seen spiegeln und ist, nicht zuletzt aufgrund ihrer vielen Parks und Gärten, eine der schönsten Städte Lettlands. Die Umgebung ist ebenfalls reizvoll, weil für lettische Verhältnisse geradezu hügelig, weshalb dieser Landstrich, der bis nach Kandava reicht, auch den Beinamen »Kurländische Schweiz« trägt – was allerdings ein wenig übertrieben ist, da die höchsten Hügel gerade einmal um die 200 m ü. d. M. erreichen.

Stadtzentrum

Die verträumte Atmosphäre des Städtchens verdankt sich vor allem den zahlreichen verwinkelten Gassen mit alten Holz- und Steinhäusern. Wie eine Schlange durchzieht die Liela iela die Innenstadt. Sie führt über den zentralen Pilsētas laukums hinauf auf einen der neun Hügel, wo sich majestätisch die **evangelisch-lutherische Kirche** von Talsi erhebt. In der Zeit von 1802 bis 1836 war Karl Ferdinand Amenda, ein enger Freund Beethovens und Lehrer der Kinder Mozarts, Pastor in dem 1567 erbauten Gotteshaus.

Über die K. Milanbaha iela gelangt man zur ehemaligen Stadtresidenz des Freiherrn von Firck, die Ende des 19. Jh. erbaut wurde und in der heute das **Heimatmuseum** von Talsi untergebracht ist. In dem neoklassizistischen Gebäude, das von einer hübschen Parkanlage umgeben ist, werden neben der ständigen Ausstellung zur Stadtgeschichte auch einige Kunstwerke regionaler Künstler gezeigt (Talsu novada muzejs, Tel. 63 22 27 70, www.talsumuzejs.lv, Di–So 10–17 Uhr, 0,80 LVL).

Das Herz von Talsi ist der grasbewachsene alte **Burgberg** am Talsi-See, auf dem im vorchristlichen Lettland eine der größten kurischen Holzburgen gestanden haben soll. Überreste sind jedoch leider nicht erhalten geblieben.

Der andere See der Stadt, der **Vilkmuižas-See,** ist dagegen ein bedeutender archäologischer Fundort. Auf seinem Grund sowie an seinen Ufern wurden 1936 metallische Schmuckstücke sowie einer der ältesten europäischen Öfen für die Metallbearbeitung und nicht zuletzt Hinweise auf Feuerbestattungen gefunden. Damit war der Beweis erbracht, dass die finno-ugrische Kultur einigen Einfluss auf die kurische gehabt haben muss.

Gutshöfe in der Umgebung

Lohnend ist ein Besuch von **Gut Dižstende** 6 km südlich von Talsi, kurz hinter der Kreuzung der P 120 und der A 10. Es wurde im Jahr 1528 durch Ordensmeister Walter von Plettenberg als Lehen an Philipp von der Brüggen übergeben und danach mehrmals umgebaut und erweitert. Bemerkenswert

sind das alte Wohnhaus aus dem 16. Jh. und der im 18. und 19. Jh. im Stil des Klassizismus erbaute Gebäudekomplex mit neuem Wohnhaus, Wagenschuppen und Stall sowie der 18 ha große Park.

Das **Landgut Pastende** in der gleichnamigen Ortschaft 5 km südwestlich von Talsi befand sich über mehrere Jahrhunderte im Besitz der Familie Hahn, die das Gebäude Ende des 18. Jh. errichten ließ. Besonders die Kolonnade vor dem Haupteingang des klassizistischen zweistöckigen Bauwerks und die weit hervorragenden Simse fallen ins Auge.

Infos

TIC für die Region Talsi: Liela 19/21, Tel. 63 22 41 65, www.talsitourism.lv, Juni–Aug. Mo–Fr 9–18, Sa 10–15, So 10–14, Sept.–Mai Mo–Fr 9–17.30 Uhr. Vermittlung von Unterkünften, Organisation von Exkursionen.

Übernachten

Groß und klein ▶ **Hotel Talsi:** Kareivju 16, Tel. 63 23 20 20 oder 63 23 20 22, www.hoteltalsi.lv. Mit über 100 Betten das größte Hotel im Ort, am Vilkmuižas-See gelegen. Unterschiedliche Zimmergrößen und (ein bisschen) luxuriös. DZ 34–80 LVL.

Klein, aber fein ▶ **Martinelli:** Lielā 7, Talsi, Tel. 63 29 13 40, www.martinelli.lv. Die von Ingūna und Agnis Dombrovici geführte Pension hat nur drei Zimmer, in denen Vorhandenes geschickt mit Modernem vermischt wurde. Außerdem gibt es hier auch kleines

Tipp: Museum für Agrartechnik

Etwa 2 km südwestlich des Zentrums von Talsi befindet sich das eigentümliche, aber sehenswerte Museum für Agrartechnik, auch bekannt als **Museum Kalēji** mit einer Sammlung landwirtschaftlicher Geräte, uralter Traktoren sowie Autos aus sowjetischer Produktion (Celtnieku 11, Tel. 63 29 13 43, www.kaleji.et.lv, Mai–Sept. Mo–Fr 9–17, Sa/So 10–15, Okt.–April Mo–Fr 9–17 Uhr, 1 LVL).

Café (kafejnīica) mit relativ guter Weinauswahl. DZ 45–55 LVL.
Gemütlich ▶ **Saule:** Saules 19, Tel. 63 23 22 32, www.saulehotel.lv. Behagliche Herberge am Fuße des Burgbergs, Fahrradverleih möglich. DZ 25 LVL.

Essen & Trinken
Wein und Kaffee ▶ **Martinelli:** Lielā 7, Talsi, Tel. 63 29 13 40, www.martinelli.lv, Mo–Do 10–22, Fr, Sa 10–24, So 12–22 Uhr. Kleines Café mit Kaminofen und Miniaturbar, in dem man neben Wein und Kaffee auch die üblichen typisch lettischen Speisen zu sich nehmen kann. 6 LVL.
Pizza und Bier ▶ **Māra:** Lielā 16, Tel. 63 29 12 56 oder 63 29 12 69, Pizzeria Mo–Sa 8–19, So 10–16, Bierkeller Mo–So 11–23, Biergarten Mai–Sept. 10–2 Uhr. Einfache Pizzeria und Bierkeller, im Sommer hat auch ein Biergarten geöffnet. 5 LVL (Pizza).

Verkehr
Busse: mehrmals tgl. nach Riga, Ventspils und Kuldīga; Busbahnhof: Dundagas 15, Tel. 63 22 21 05.

Westlich von Talsi
▶ **1, D 8**

Usma-See
Die A 10 führt weiter zum rund 30 km westlich von Talsi gelegenen **Usma-See** (Usmas ezers), dem größten und schönsten See Kurzemes. Mit seinen Sandstränden und guten Angelmöglichkeiten gilt er als ideales Erholungsgebiet und ist bei Campingurlaubern besonders beliebt. Freizeitangebote wie Weikboardfahren sorgen für Abwechslung Die von den pilz- und moosreichen Urwald überzogene Moricsala-Insel – eine von sieben Inseln im See – steht seit 1912 unter Naturschutz und ist damit das älteste Naturschutzgebiet Lettlands. Betreten werden darf sie allerdings nicht (www.usma.lv).

Neun Hügel und zwei Seen: Talsi, eine der schönsten Städte Lettlands

Ugāle
Durch die 10 km hinter dem Usma-See liegende kleine Ortschaft **Ugāle** sollte man nicht einfach hindurchbrausen, denn hier ist ein Juwel barocker Baukunst zu bestaunen: Die Ende des 17. Jh. erbaute evangelisch-lutherische **Kirche von Ugāle** besticht vor allem durch die gelungene Gestaltung ihres Innenraums. Zur Ausstattung gehört u. a. die aus dem Jahr 1701 stammende und damit älteste Orgel Lettlands mit einem meisterhaft geschnitzten Orgelprospekt von Michael Marquart. Nach weiteren 38 km gelangt man zur Hafenstadt Ventspils (s. S. 289).

Übernachten
Camping, Cottages und mehr ▶ **SPA Hotel USMA:** Usma-See, Tel. 63 63 04 91, www.usma.lv. Ein Restaurant und Einkaufsmöglichkeiten sind vorhanden. Hotel: DZ ab 36 LVL, Campingplatz: Sommerhaus 24 LVL/2 Personen, Zelt 5 LVL, Wohnmobil 7 LVL plus jeweils 1 LVL/Person. **Bukdangas:** Usma-See, über A 10, bei km 136 links abbiegen, dann noch 4 km, Tel. 29 25 64 87, www.bukdangas.lv. Vom einfachen Zeltplatz bis zum schicken Cottagehäuschen gibt es hier alles, außerdem Vermietung von Fahrrädern und Motorbooten. Zelt 1 LVL/Person, Zelt 5 LVL, Wohnwagen 7, Cottagehäuschen ab 35 LVL. **Lejastiezumi:** Südöstlich des Usma-Sees, Tel. 26 66 85 17, www.lejas tiezumi.lv. Sowohl Übernachtung in Landhäusern als auch Zelten ist möglich. Zufahrt über P 120. DZ 18–40 LVL, Zelten 2,50 LVL/Person.

Naturpark Urstromtal Abava ▶ **1, E 9**

Biegt man, von Tukums kommend, nach ungefähr 24 km von der A 10 nach links auf die P 130 ab, gelangt man in den **Naturpark Urstromtal Abava** (Abavas ielejas dabas parks). Das idyllische Tal gilt als einer der schönsten Landstriche Lettlands, nicht umsonst fand es Eingang in die lettische Dichtkunst. Die teilweise vom abfließenden Schmelzwasser der eiszeitlichen Gletscher tief in den Stein gewaschene Abava schlängelt sich durch eine liebliche Landschaft mit Blumenwiesen und kleinen Wäldern. Den Flusslauf selbst begrenzen mehrere Sandsteinfelsen mit kleinen Höhlen sowie Wehre, die Kanufahrern aber nur geringe Probleme bereiten.

Fans des Kanusports finden sich hier im Sommer zahlreich ein, denn die Abava mit ihrer teils lebhaften, dann wieder ruhigen Strömung bietet vor allem Anfängern ein geeignetes Terrain.

Kandava

Bereits in **Kandava** (Kandau) eröffnet sich ein wunderbarer Blick auf das malerische Urstromtal der Abava. Doch vor der Weiterfahrt verdient das idyllische Städtchen erst einmal Aufmerksamkeit: Gleich am Ortseingang liegt der **Burgberg** der Kuren, die hier bis zum Beginn des 13. Jh. ihre Festung hatten. Dann jedoch riss der Deutsche Orden die Macht an sich und ließ im heutigen Zentrum an der Liela iela eine mächtige Befestigungsanlage erbauen, von der allerdings nur der zweigeschossige **Pulverturm** und ein paar Mauerreste übrig geblieben sind.

Sehenswert ist auch die historische **Altstadt** von Kandava mit ihren engen Gassen und Häusern, die aus dem 18. und 19. Jh. stammen. Zum Abschied lädt – etwas außerhalb des Zentrums, in der Verlängerung der Liela iela – die romantische alte **Steinbrücke** über die Abava zu einem Halt ein: Sie ist eine der ältesten Brücken Lettlands und beeindruckt durch ihre besonders harmonische Gestaltung.

Infos

TIC Kandava: TIC Kandava: Kürorta 1b, Tel. 63 18 11 50, www.kandava.lv, Juni–Sept. Di–Fr 8.30–12.30 und 13–18, Sa 9–13, Okt.–Mai 8.30–12.30 und 13–17 Uhr.

Übernachten

Moderne Ausstattung ▶ **Hotel Kandava:** : Sabiles 3, Kandava, Tel. 63 18 16 43, www. hotelkandava.lv. Hotel mit 40 Betten, das kürzlich renoviert wurde. DZ ab 25 LVL.

Essen & Trinken

Einfache lettische Küche ▶ **Kandava:** Sabiles 3, Kandava, Tel. 63 18 16 43, www. hotelkandava.lv, tgl. 10–21 Uhr. Lettische Gerichte für relativ wenig Geld. 4 LVL.

Bistro ▶ **Mango:** Kürorta 2, Kandava, Tel. 26 53 30 60, Mo–So 10–18 Uhr. Einfaches Essen zum Sattwerden. 3 LVL.

Verkehr

Busse: mehrmals tgl. von der Liela iela in Kandava nach Riga, Talsi und Kuldīga.

Von Kandava nach Sabile

Verlässt man Kandava auf der P 130 Richtung Sabile, gelangt man schon nach etwa

1 km zum **Schwefelquellen-Moor** (Cuču purvs), einer für das Abava-Tal völlig untypischen Landschaftsform. Ein Besuch der früher wegen seiner Schwefelquellen und seiner Süßwasserkalk-Vorkommen auch als Kurort genutzten Gegend lohnt sich vor allem im Juni und Juli, wenn das seltene Strauch-Fingerkraut blüht.

Weiter südöstlich liegt das Touristenzentrum **Plosti,** wo man nicht nur ausführliche Informationen über Wanderrouten bekommt und Kanus mieten, sondern auch an organisierten Touren teilnehmen kann.

Einen Spaziergang wert ist auch die am gegenüberliegenden Abava-Ufer gelegene kleine, aber legendenumwobene **Teufels-** **höhle** (Velna ala) mit dem davor liegenden mannshohen **Teufelsstein** (Velna akmens).

Übernachten

Bäuerlich behaglich ▶ Imulas: An der P 130 zwischen Kandava und Sabile, Tel. 63 12 36 47 oder 29 19 64 94, www.imulas.lv. Gemütliche Unterkunft in großem Blockhaus. Mit Restaurant. DZ ab 20 LVL.

Ideal für Aktivurlauber ▶ Plosti: An der P 130 zwischen Kandava und Sabile, Tel. 26 31 03 03, www.plosti.lv. Großes Info- und Erholungszentrum mit Restaurant, Fahrradverleih und Bootsvermietung, auch Zelten ist möglich. Häuschen mit vier Betten 40 LVL, Schlafplatz in Dreibettzimmer 5 LVL/Person.

Ländliches Kurzeme: Viehwirtschaft im Kleinen – zur Deckung des Grundbedarfs

Lettland: Kurzeme

Camping ▶ **Zviedru cepure:** zwischen Sabile und Matkule, Tel. 26 40 54 05, www.zviedrucepure.lv. Campingplatz mit 3 Hütten, 12 Betten; unbegrenzter Platz für Zelte. 2–3 LVL/Person.

Sabile und Umgebung

Als das Herz des Abava-Tals könnte man die verträumte Ortschaft **Sabile** (Zabeln) bezeichnen, deren Name sogar im Guinnessbuch der Rekorde eingetragen ist, weil sich hier der nördlichste Weinberg der Welt befindet. Allerdings ist der Berg ziemlich klein und die Erträge sind so gering, dass sie nur für den eigenen Verbrauch bestimmt sind. Der Geschmack ist auch nicht mit einem französischen Spitzenwein zu vergleichen; dennoch wird der hiesige Tropfen auf dem alljährlich im Juli stattfindenden Weinfest nicht fehlen. Weinproben, Weinspiele, Musik- und Theateraufführungen bieten dann eine gute Gelegenheit, mit den Bewohnern von Sabile in Kontakt zu kommen.

Vom Weinberg (Vīna kalns) hat man einen hübschen Ausblick auf die Stadt und die umgebende Landschaft. Den Nachbarhügel Sabiles pilskalns krönte früher eine kurische Burg, von der heute allerdings nichts mehr zu sehen ist.

Bis zum Einmarsch der Deutschen war Sabile ein bedeutendes Zentrum der Juden in Lettland. Daran erinnert die 1890 erbaute **Synagoge** (Sinagoga) im Zentrum des Ortes. Heute wird das ehemalige Gotteshaus als Ausstellungsraum und Konzerthalle genutzt.

Tipp: Reiten & Rodeln

Am südlichen Ufer der Abava (zu erreichen über Sabile, dann etwa 3 km Richtung Matkule) erhebt sich die sogenannte Schwedenmütze (Zviedru cepure), ein kleiner Hügel mit 300 m langer ganzjährig betriebener Rodelbahn, im Winter Skipiste mit Skilift; auch Reitexkursionen mit und ohne Führer sind möglich (Tel. 26 40 54 05, www.zviedrucepure.lv; wenn möglich, vorher anmelden).

Sehenswerte Kunst unter freiem Himmel entdeckt man etwas außerhalb von Sabile. Im **Freilicht-Kunstmuseum Pedvāle** zeigt der lettische Bildhauer Ojārs Arvīds Feldbergs in wechselnden Ausstellungen Objekte verschiedener Künstler, die mit der natürlichen Umgebung eine faszinierende Beziehung eingehen (www.pedvale.lv, Tel. 63 25 22 49, 1. Mai–12. Okt. tgl. 10–18, 13. Okt.–30. April tgl. 10–16 Uhr, 1,50 LVL).

Etwa 4 km westlich von Sabile weist auf der Landstraße P130 nach Kuldīga ein Schild auf den kleinen Wasserfall **Abavas Rumba** hin, der weniger zum Anschauen als zum Baden einlädt. Nach ein paar Kilometern gelangt man zu den ebenfalls ausgeschilderten **Māras Kambari,** mehreren Sandsteinhöhlen am Ufer der Abava, die nach der Erdmutter Māra, einer der drei wichtigsten Götter in der lettischen Mythologie, benannt sind.

Infos

TIC Sabile: Pilskalna 6, Tel. 63 25 23 44, www.sabile.lv, Mo–Fr 11–15 Uhr.

Übernachten

Unter Künstlern wohnen ▶ **Pedvale:** bei Sabile, Tel. 63 25 22 49, 29 13 33 74, www.pedvale.lv. Liebevoll gestaltete Unterkunft mit 16 Betten auf dem Gelände des Freilicht-Kunstmuseums. Im Sommer unbedingt reservieren! DZ ab 24 LVL. Zelten ist möglich.
Camping ▶ **Abavas rumba:** bei Sabile, Tel. 29 46 08 24. Einfache Campinggelegenheit direkt am Wasserfall Abava rumba, 4 km hinter Sabile Richtung Kuldīga gelegen. 2–3 LVL/Person.

Essen & Trinken

Unter Künstlern speisen ▶ **Dāre:** bei Sabile, Tel. 63 25 22 73, www.pedvale.lv, So–Do 10–19, Fr/Sa 10–20 Uhr. Geschmackvoll eingerichtetes Restaurant nahe der Kunstwerke im Freilicht-Kunstmuseum Pedvāle. 5–8 LVL.
Weine aus Sabile ▶ **Sabile vīns:** Rīgas 11, Sabile, Tel. 26 16 13 71, tgl. 10–22 Uhr. Ein einfaches Restaurant mit Sommerterrasse, in dem man (nicht immer) Wein aus Sabile verkösten kann. 5 LVL.

Termine

Weinfest (am vierten Wochenende im Juli): Sabiles Vīna svētki rund um den Weinberg von Sabile (s. links). Weitere Infos bei der Touristeninformation Sabile (s. links).

Kuldīga ▶ 1, D 9

Ziemlich genau im Herzen von Kurzeme liegt das rund 14 000 Einwohner zählende **Kuldīga** (Goldingen). Ein Zauber muss auf dieser beschaulichen Kleinstadt ruhen, denn die Zeit scheint hier stehen geblieben zu sein. Die Sowjets schenkten dem Ort keinerlei Aufmerksamkeit und so entwickelte sich weder eine Industrie, noch entstand eine Infrastruktur – bis heute existiert keine Bahnverbindung.

Die Stadt blickt auf glanzvolle Zeiten zurück: Im 17. Jh. war sie vorübergehend die Hauptstadt von Kurzeme. Heute konzentriert man sich ganz auf den Tourismus – zu Recht, denn Kuldīga hat einiges zu bieten. Allein schon die Lage an den Stromschnellen der Venta und die romantische Backsteinbrücke geben ihr etwas Besonderes, aber auch die malerische Altstadt mit ihren engen Gassen und ihrem nahezu geschlossenen Ensemble von Bauten aus dem 18. und 19. Jh. machen Kuldīga zu einem reizvollen Ausflugsziel. Im Jahre 2008 wurden übrigens die Altstadt und die Brücke in die UNESCO-Welterbeliste eingetragen.

An der Venta

Kommt man von Sabile, zeigt sich Kuldiga von der Schokoladenseite: Idyllisch liegt die Stadt hinter den **Stromschnellen der Venta** (Ventas rumba) – mit 249 m der angeblich breiteste Wasserfall Europas – und es ist schön anzusehen, wie gleichmäßig das Wasser über die nur 2 m hohe Stufe fällt. Zum harmonischen Bild trägt auch die **Backsteinbrücke** (Senais ķieģeļu tilts) aus dem Jahr 1874 bei, mit 165 m eine der längsten ihrer Art in Europa. Überquert man sie, erblickt man gleich links eine begrünte Erhöhung, auf der einmal eine mächtige **Ordensburg** gestanden hat, die aber während des

Tipp: Schräge Sammlung

Eine eigenwillige Privatsammlung hat der Sabiler Bürger Alfons Elerts zusammengetragen: Neben 2000 Paaren alter Socken, einem Krawattenteppich, alten Motorrädern und einer Witzsammlung stellt er von Kindern gemalte Bilder aus (Blaumaṇa 4, Tel. 63 25 27 89, Mai–Okt. 8–22 Uhr).

Nordischen Krieges 1701 von den Schweden bis auf Reste eines Kreuzgewölbes zerstört wurde.

Ganz in der Nähe der Ordensburg lädt das **Museum der Stadt Kuldīga** in einem hübschen Holzhaus mit interessanter Geschichte zu einem Besuch ein: Zuerst diente dieses Gebäude bei der Weltausstellung 1900 in Paris als russischer Pavillon. Einem Unternehmer aus Liepāja gefiel das Holzhaus so sehr, dass er es kurzerhand kaufte und nach Kuldīga transportieren ließ, um es seiner Verlobten zu schenken. Die Museumsausstellung zeigt viele archäologische Fundstücke aus der Region, veranschaulicht natürlich die Stadtgeschichte, organisiert darüber hinaus aber auch Kunstausstellungen und birgt eine einzigartige Mini-Ausstellung von Spielkarten (Kuldīgas novada muzejs, Pils 5, Tel. 63 35 01 79, Di–So 9–17 Uhr).

Bacnīcas iela

Rechts der Alekšupīte, die sich in schmalen Kanälen durch die Stadt schlängelt, macht die Baznīcas iela einen Bogen um die stolze und erstmals 1252 als Holzkirche erwähnte **Katharinenkirche** (Sv. Kātrinas baznīca). Ihre heutige Gestalt erhielt sie in den Jahren zwischen 1555 und 1565, der älteste Gebäudeteil ist das Südportal. Im Innern ist die Kirche überwiegend im Stil des Manierismus und des Barock gestaltet, Aufmerksamkeit verdienen vor allem der Altar und die Kanzel des Holzschnitzers Nikolaus Soeffrens des Älteren sowie eine deutschsprachige Tafel aus dem Jahr 1801, die von den Feierlichkeiten zur Jahrhundertwende berichtet. Geht man

Eine der längsten Backsteinbrücken Europas: die alte Brücke über die Venta

auf der Baznīcas iela weiter, kommt man an einigen historischen Gebäuden vorbei. Das Haus Nr. 17 war das **Wohnhaus des Bürgermeisters Steffenhagen** (Strafenhägena nams). Auf dessen Einladung hin soll hier 1702 der schwedische König Karl VII. übernachtet haben. Schräg gegenüber steht das älteste Fachwerkhaus der Stadt, in dem früher die **herzogliche Hofapotheke** (Hercoga Jēcaba galma aptieka) ihren Sitz hatte. Baznīcas iela Nr. 7 ist das **älteste Holzhaus von Kurzeme** (Vecākā koka māja Kurzemē), es wurde 1630 errichtet und 70 Jahre später umgebaut. Rechts von der Baznīcas iela zweigt die Liepāja iela ab, die zentrale Fußgängerzone der Stadt. Schön kann man hier an einigen Beispielen die für Kuldīga typischen Haustüren sehen, über denen häufig ein kleines Fensterchen eingefügt ist.

Am Rathaus

Am Ende der Baznīcas iela stehen das 1860 im Stil der Neorenaissance erbaute Neue Rathaus, von dem aus die Stadt heute verwaltet wird, sowie das **Alte Rathaus** (Kuldīgas vecais rātsnams) aus dem 17. Jh., in dem sich jetzt die Touristeninformation befindet. Sehr sehenswert ist die sich nur wenige Schritte rechts vom neuen Rathaus erhebende, 1640 erbaute katholische **Dreifaltigkeitskirche** (Sv. Trīsvienības baznīca), die vor allem mit ihrer großzügigen Innenausstattung beeindruckt: einem bemalten Beichtstuhl von 1649, einer Madonnenskulptur aus dem 16. Jh., der Kanzel aus dem frühen 18. Jh., zwei im Rokokostil gestalteten Seitenaltären sowie einem von Zar Alexander I. im Jahr 1818 gestifteten Hauptaltar.

Außerhalb von Kuldīga

Kuldīga eignet sich sehr gut für einen längeren Aufenthalt, da man von hier aus zu vielen interessanten Zielen starten kann, z. B. den **Sandsteinhöhlen im Naturpark Rieżupe** (Rieżupes dabas parks; nordöstlich von Kuldīga), die durch den Abbau von weißem Sand entstanden, den man für die Glasproduktion benötigte. Das nun brachliegende 500 m lange Höhlenlabyrinth hat sich mittlerweile zur Touristenattraktion entwickelt, u. a. weil die Führungen durch das Tunnelsystem sehr unterhaltsam gestaltet werden (Führungen: 15. April–15. Okt., tgl. 11–18 Uhr, 3 LVL, Tel. 29 55 50 42 oder 29 26 73 08, unbedingt vorher anrufen).

Infos

TIC Kuldīga: Baznīcas 5, Tel./Fax 63 32 22 59, www.visit.kuldiga.lv, Mai–Sept. Mo–Fr 9–17, Sa 10–16, So 10–14, Okt.–April Mo–Fr 9–17 Uhr, weitere Infos: www.kuldiga.de.

Übernachten

Zentral ▶ Metropole: Baznīcas 11, Tel. 63 35 05 88, Fax 63 35 05 99, www.hotel-metropole.lv. Relativ neues Hotel im Herzen der Altstadt, mit Restaurant. DZ ab 40 LVL.

Gutes Preis-Leistungs-Verhältnis ▶ Jānanams: Liepājas 36, Tel. 63 32 34 56, Fax 63 32 37 85, www.jananams.lv. Sauberes, freundliches und komfortables Hotel in einem renovierten Gebäude; gutes Restaurant. DZ ab 27 LVL.

Jugendherberge ▶ Ventas rumba: Stendes iela, Tel. 63 32 41 68, www.ventas rumba.lv. Direkt bei den Stromschnellen der Venta gelegen. DZ 25 LVL, Mehrbettzimmer 8 LVL/Pers.

Essen & Trinken

Variantenreich ▶ Jāna nams: Liepājas 36, Tel. 63 32 34 56, tgl. 7–22 Uhr. Eines der besten Restaurants der Stadt mit großer Auswahl an Gerichten der lettischen, russischen und internationalen Küche, gute Fischgerichte. Es gehört zum gleichnamigen Hotel. 4–6 LVL.

Abends & Nachts

Cocktails und Pfannkuchen ▶ Stender's bārs clubs: Liepājas 3, Tel. 63 32 27 03, Di–Do 11–23, Fr–Sa 11–4, So–Mo 11–22 Uhr. Bar und Restaurant im 1. Stock eines Gebäudes im Blockhausstil. Gutes Essen, spezialisiert auf Suppen und Pfannkuchen. Junges Publikum, im Sommer große Terrasse. 3–4 LVL.

Verkehr

Busse: Der Busbahnhof (autoosta) befindet sich 15 Minuten Fußweg außerhalb des Zentrums in der Stacijas iela 2, Busse fahren u. a. nach Riga, Liepāja und Ventspils. Näher ist es, an der Haltestelle in der Mucenieku iela einzusteigen. Infos unter Tel. 63 32 20 61 oder 67 50 71 76. Nach Riga verkehren auch die schnelleren **Minibusse**, Tel. 29 10 22 86 oder 67 50 71 76.

Südwestlich von Kuldīga

Aizpute ▶ 1, C 10

Wenn man schon auf der P 112 zwischen Kuldīga und Liepāja unterwegs ist, sollte man einen Zwischenstopp in der gut 5000 Einwohner zählenden ehemaligen Hansestadt **Aizpute** einplanen. War sie früher noch Sitz der Ordensritter und des kurländischen Domkapitels, verlor sie an Bedeutung, als der Hafen der Stadt versandete. Sehenswert sind heute die Überreste einer im 13. Jh. errichteten **Burg des Livländischen Ordens** (Livonijas ordeņa pils). Lohnend sind auch die benachbarte **Wassermühle** (Pilsmuižas ūdens dzirnavas) und die evangelisch-lutherische **Kirche** (Sv. Jana ev. Lut. baznīca) mit einem sehenswerten Grabstein von Bischof Heinrich Basedow von 1523 und dem Altarbild »Das heilige Abendmahl« aus dem Jahr 1692 (Besichtigung nach Absprache mit Pastor Sigurds Sprōgis, Tel. 29 15 63 50).

Infos

TIC Aizpute: Skolas 1, Tel. 29 62 32 84, www.aizpute.lv, Mai–Sept.Mo–Fr 10–17, Sa 10–15, Okt.–April Mo–Fr 10–17 Uhr. Beherbergt auch das örtliche Heimatmuseum.

Kazdanga ▶ 1, C 10

In der ansonsten unbedeutenden und abseits aller Touristenrouten liegenden Ortschaft **Kazdanga** erstreckt sich am Fluss Alokste eine der wahrscheinlich ehemals schönsten Parkanlagen Lettlands mit zahllosen exotischen Pflanzen. Allerdings ist die Anlage heute sehr

Liepāja

verwildert. Zentrum des prächtigen Parks ist ein majestätisches **Schloss** aus dem Jahr 1800. Der zweistöckige klassizistische Bau des Architekten Johann Georg Berlitz entstand im Auftrag des Barons Karl Gustav von Manteuffel. Heute befindet sich in dem Gebäude, das ein Portikus mit sechs ionischen Säulen ziert, eine Schule für Landwirtschaft (der Park ist offen zugänglich).

Apriķi ▶ 1, C 9

In dem kleinen Ort **Apriķi** ist vor allem die Ende des 17. Jh. errichtete **evangelisch-lutherische Kirche** sehenswert. Im Innern des einschiffigen Baus kann man Deckenmalereien von Christian Bernhard Rode bewundern; Kanzel, Altar, Beichtstuhl und Orgelempore sind mit meisterhaften Holzschnitzereien verziert. Das im Jahr 1745 erbaute **Herrenhaus** des Landguts von Apriķi mit einem prachtvollen Fassadenrelief liegt nur wenige Schritte entfernt und ist ebenfalls einen Besuch wert.

7 Liepāja ▶ 1, B 10

Cityplan: rechts

Liepāja (Libau), in einem lettischen Lied als die »Stadt des Windes« gepriesen, ist vielleicht der zugigste Ort Lettlands, meiden sollte man ihn aber dennoch keinesfalls – im Gegenteil: Hier gibt es einen besonders schönen Strand mit dem wahrscheinlich weißesten Pulversand des Landes, einen prächtigen Strandpark mit eleganten Sommervillen der Jahrhundertwende und eine vitale, nur teilweise renovierte Altstadt mit nostalgischem Charme zu entdecken. Dabei ist die drittgrößte Stadt Lettlands auch ein bedeutender Industriestandort. Beispielsweise ist das einzige Stahlwerk des Baltikums hier ansässig. Der ganzjährig eisfreie Hafen spielt ebenfalls eine bedeutende Rolle für die Wirtschaft der Stadt, bereits während der russischen Zarenherrschaft im 19. Jh. und der Sowjetokkupation war er enorm wichtig. 45 Jahre lang war Liepāja nach dem Zweiten Weltkrieg von der Außenwelt abgeschottet und für Ausländer und Einheimische ohne Sondergenehmigung gesperrt. Heute scheint sich die Stadt langsam von diesem Teil ihrer Geschichte zu erholen. Nicht nur die Wirtschaft gewinnt an Fahrt, auch in kultureller Hinsicht hat sich das 85 000 Einwohner zählende Liepāja zu einer vitalen Stadt gemausert.

Dreifaltigkeitskirche und Rosenplatz

Ein guter Ausgangspunkt für die Besichtigung Liepājas ist die evangelische **Dreifaltigkeitskirche** 1 (Sv. Trīsvienības baznīca). Zwischen 1742 und 1758 vom Königsberger Architekten Johann Christoph Dorn für die

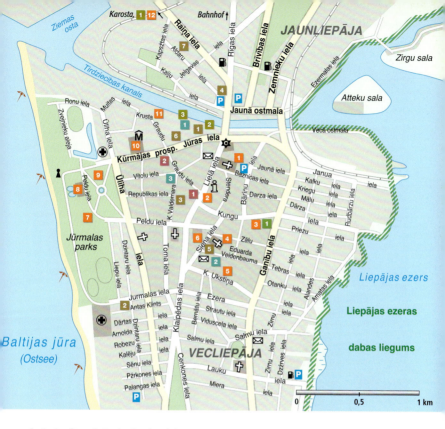

deutsche Gemeinde der Stadt errichtet, erinnert sie mit ihren Sandsteinverzierungen von außen eher an ein Schloss. Das Innere des dreischiffigen Bauwerks, dessen Turm allerdings erst im Jahr 1866 hinzugefügt wurde, ist reich verziert mit Stuckelementen und Schnitzwerk im Stil des Rokoko, besonders die Kanzel, der Beichtstuhl und die Herzogsloge ziehen die Aufmerksamkeit der Besucher auf sich. Prunkstück der Kirche ist jedoch die riesige Orgel, die der von Johann Sebastian Bach sehr geachtete Orgelbauer Heinrich Andreas Koncius 1773 eingerichtet hat. Mit ihren 131 Registern, vier Manualen und über 7000 Orgelpfeifen gehört sie noch immer zu den größten Orgeln in Europa (mehr Infos und eine virtuelle Tour: www.trisvienibasfonds.lelb.lv).

Der **Rosenplatz 2** (Rožu laukums) ganz in der Nähe der Kirche wurde erst vor wenigen Jahren wieder so hergerichtet, wie er in den Jahren 1911–13 von dem Rigaer Gartenarchitekten Georg Kuphaldt gestaltet worden war. Wie damals schmücken ihn nun wieder 1100 Rosenstöcke und Rosenbüsche. Nur wenige Schritte weiter lädt die **Tirgoņu iela,** die kurze, aber lebhafte Fußgängerzone von Liepāja, mit Boutiquen und netten Cafés zum Verweilen ein.

Bei der Annenkirche

In der Kungu iela steht das im 17. Jh. erbaute **Haus Peter I. 3** (Pētera I namiņš). In dieser ehemaligen Herberge, einem Holzhaus mit steilem Ziegeldach, soll sich im Jahr 1697 Zar Peter der Große einige Tage lang aufgehalten haben, bevor er nach Westeuropa weiterreiste.

Die **Annenkirche 4** (Sv. Annas baznīca), 1587 erbaut, erhielt ihr neogotisches Ausse-

Als Baumaterial ist Holz in Lettland nie aus der Mode gekommen: Straße in Liepāja

hen 1893 bei einer Umgestaltung durch Max Paul Bertschy, einen in Liepāja recht umtriebigen Architekten. Außergewöhnlich ist der barocke 9,70 m hohe Altaraufsatz, den der Holzschnitzer Nikolaus Soeffrens der Jüngere 1697 schuf (tgl. 9–17 Uhr).

Unbedingt einen Abstecher wert ist die **Ausstellung »Liepaja während der Okkupation«** 5 in der Filiale des Geschichts- und Kunstmuseums (s. rechts), die sich u. a. mit den schrecklichen Verbrechen der Nazis an den Juden dieser Stadt beschäftigt (Nodaļa »Liepāja okupāciju režīmos«, Tel. 63 42 02 74,

www.liepajasmuzejs.lv, Do 10–18, Fr 11–19, Sa/So 10–18 Uhr, Eintritt frei).

Im ebenfalls von Max Paul Bertschy entworfenen **Zentralmarkt** 6 (Pētertirgus), dessen Jugendstilfassade zur Kuršu iela einen Blick wert ist, kann man hochwertige Lebensmittel aus Lettland, vor allem aber frischen Fisch zu günstigen Preisen kaufen.

Der Strandpark

Der **Strandpark** (Jūrmalas parks) ist ein vortreffliches Zeugnis der goldenen Zeiten, als Liepāja ein beliebter Kurort war und man

in den vier abgehenden Straßen, vor allem aber in der Dzintaru und der Liepu iela, stehen einige schicke Villen, die wie der Strandpark aus der Zeit der Wende vom 19. zum 20. Jh. stammen.

Geschichts- und Kunstmuseum 10

Am Kūrmājas prospekts, der Verlängerung der Jūras iela, ließen sich Ende des 19. und Anfang des 20. Jh. die Reichen der Stadt Prachtvillen bauen, von denen immer noch einige die Straße säumen. In solch einem eleganten Gebäude ist auch das **Geschichts- und Kunstmuseum** mit einer Sammlung von mehr als 100 000 Gegenständen untergebracht. Sie erzählen sehr anschaulich die wechselhafte Geschichte der Stadt und der Umgebung, außerdem erfährt man viel über Deutsche, die in Liepāja gelebt haben und aktiv am gesellschaftlichen Leben der Stadt teilnahmen, wie z. B. den Architekten Max Paul Bertschy. Darüber hinaus sind wechselnde Ausstellungen lettischer Künstler zu sehen (Vēstures un mākslas muzejs, Tel. 63 42 29 73, www.liepajasmuzejs.lv, Do 10–18, Fr 11–19, Sa/So 10–18 Uhr, Eintritt frei).

Hafenpromenade 11

Die nachts hübsch illuminierte **Hafenpromenade** (Vecā ostmala) hat sich in letzter Zeit dank des Musikclubs Fontaine Palace (s. S. 285) zum Zentrum des Nachtlebens in Liepāja gemausert. Aber auch tagsüber verlockt der vor wenigen Jahren restaurierte Weg am Handelskanal (Tirdzniecības kannāls) entlang mit einer riesigen Sandsteinuhr-Installation aus Millionen von Bernsteinen und einem originellen Springbrunnen zu einem Spaziergang. Der Blick auf Fischerboote, Militärschiffe, den Turm der Lotsen und alte Speicherhäuser ist natürlich ebenfalls lohnend. Zurück in die Altstadt geht es über die **Graudu iela,** in der einige der wenigen Jugendstilhäuser von Liepāja stehen.

Karosta

Nördlich des Handelskanals breitet sich die von tristen Wohnbauten beherrschte Neu-

1893 sogar mit der ersten Straßenbahn des Baltikums prahlen konnte. Jeden Sommer findet auf der **Openair-Bühne Pūt vējiņi** 7 das beliebte und größte Rockfestival Lettlands statt: »Liepājas Dzintars«. Erhalten ist auch die leider sehr renovierungsbedürftige **Badeanstalt** 8 mit ihren dorischen Säulen, die von Zar Alexander II. als Dank für die in Liepāja vollbrachte Heilung seines Sohnes, des Kronprinzen Nikolai, finanziert wurde. Von der Badeanstalt führt ein schmaler Weg zu einem kleinen Schwanenteich mit einem **Pavillon** 9 auf einer Insel. Rundherum und

Tipp: Gefängnismuseum

Das ehemalige **Gefängnis** 12 von Karosta, das noch aus der Zarenzeit stammt, ist heute ein ungewöhnliches Museum. Neben einem geführten Rundgang wird die Realityshow »Hinter Gittern« geboten. Hartgesottene können sogar die Nacht im Gefängnis verbringen: Karostas cietums, Invalīdu 4, Tel. 26 36 94 70, www.karostascietums.lv, Mai–Sept. 10–18 Uhr, Show und Übernachtung nach Voranmeldung, Okt.–April Besuch aller Veranstaltungen nur nach Voranmeldung möglich; Rundgang und Museumsbesuch 2 LVL, Show (Mindestalter 12 Jahre) 5–9 LVL, Übernachtung inkl. Gefängniskost 10 LVL.

stadt (Jaunliepāja) aus. An diese schließt sich der Stadtteil **Karosta** an. Erreichbar ist er von der Neustadt aus über die Raiņa iela und dann über die alte, derzeit allerdings beschädigte Hebebrücke. Alternativ kann man den Weg über die Brīvības iela nehmen.

Karosta entstand erst Ende des 19. Jh., als Zar Alexander III. hier militärische Anlagen und einen Kriegshafen errichten ließ. Um sie herum entwickelten sich Wohngebiete, in denen hauptsächlich Russen lebten, die im Militärhafen oder in der Befestigungsanlage beschäftigt waren. Inmitten dieses Wohngebiets ließ Zar Nikolai II. 1900–03 das höchste Kuppelgebäude der Ostseeküste errichten, die gewaltige orthodoxe **Nikolai-Kathedrale** (Sv. Nikolaja pareiztic. katedrāle) mit weithin sichtbaren goldenen Kuppeln, die im Innern ohne stützende Säulen auskommt.

Etwas weiter zweigt vom Atmodas bulvāris eine Seitenstraße nach links zum **nördlichen Pier** (Ziemeļu mols) ab, der weit ins Meer ragt und von dem man einen herrlichen Blick auf den Hafen hat. Von hier aus sind ebenfalls die nördlicher gelegenen **Befestigungsanlagen des ehemaligen Kriegshafens** sichtbar, die seit ihrer Zerstörung im Ersten Weltkrieg langsam verfallen und vom Meer unterspült werden. Es werden auch Führungen angeboten, u. a. durch das erhaltene unterirdische Gän-

gesystem (Auskunft erteilt die Touristeninformation von Liepāja, s. u.).

Infos

TIC Liepāja: Rožu laukums 5/6, Tel. 63 48 08 08 oder 29 40 21 11, Fax 63 48 08 07, info@liepajaturismus.lv, www.liepaja.lv/turismus, Mo–Fr 9–17 Uhr. Informationen über Liepāja und Umgebung.

Übernachten

Backsteinbau ▶ **Promenāde Hotel** 1 : Vecā ostmala 40, Tel. 63 48 82 88, www.promenadehotel.lv. Neues Designhotel in einem ehemaligen Getreidespeicher direkt am Handelskanal. DZ 65–75 LVL.

Villa am Strand ▶ **Pension Roze** 2 : Rožu 37, Tel. 63 42 11 55, Fax 63 42 12 55, www.parkhotel-roze.lv. Die Pension in einer repräsentativen Jahrhundertwendevilla bietet eine familiäre Atmosphäre. DZ ab 41 LVL.

Freundlich ▶ **Hotel Vilhelmīne** 3 : Kr. Valdemāra 9, Tel. 63 48 32 79, www.hotelvilhelmine.lv. Die großen Zimmer sind liebevoll eingerichtet, das Personal sehr freundlich. Ein echter Geheimtipp! DZ ab 40 LVL.

Modern und zentral ▶ **Hotel Amrita** 4 : Rīgas 7/9, Tel. 63 40 34 34, www.europacity.lv. Eine Unterkunft, die vielleicht etwas unpersönlich ist, aber mit gutem Service und komfortabler Ausstattung punktet. DZ ab 28 LVL.

Preisgünstig ▶ **Hotel Līva** 5 : Lielā 11, Tel. 63 42 01 02, Fax 63 48 02 59, www.liva.lv. Das mit 100 Zimmern größte Hotel Kurzemes ist vor allem wegen der zentralen Lage und dem guten Preis-Leistungs-Verhältnis interessant. DZ ab 26 LVL.

Familienfreundlich ▶ **Hotel Fontaine** 6 : Jūras 24, Tel./Fax 63 42 09 56, www.fontaine.lv. Diese originelle Holzvilla ist besonders für Familien geeignet, weil es eine Kochmöglichkeit und einen hübschen Garten gibt. DZ ab 25 LVL.

Bäuerlich-gemütlich ▶ **Pie Jāņa Liepāja** 7 : Raiņa 43, Tel. 20 36 45 52 oder 63 42 50 75, www.hotelpiejana.lv. Ein kleines Gästehaus mit gemütlicher Atmosphäre und gutem Service zu einem vernünftigen Preis. DZ ab 25 LVL.

Essen & Trinken

Lettisch-international ▶ **Oscars** [4]: Rīgas 7/9, Tel. 63 40 34 34, www.europacity.lv, tgl. 11–23 Uhr. Das Restaurant im Hotel Amrita ist eines der besten und teuersten der Stadt. Ausgewählte lettische, schwedische und internationale Gerichte. 5 LVL.

Rustikal ▶ **Barons Bumbier's** [1]: Lielā 13, Tel. 63 42 54 11, www.baronsbumbiers.lv, So–Do 11–22, Fr/Sa 11–23 Uhr. Deftige Speisen wie Schweinerippen und Sauerkraut, empfehlenswertes Frühstück. 5 LVL.

Für zwischendurch ▶ **Baltā Bize** [2]: Kūrmājas prospekts 8/10, Tel. 63 42 45 88, Mo–Fr 8–19, Sa/So 11–19 Uhr. Ein idealer Ort für eine schnelle Mahlzeit: Appetitlich angerichtet gibt es hier Schnitzel, Salate und dergleichen. 4 LVL.

Einkaufen

Handwerkskunst ▶ **Saiva** [1]: Kungu 26, Tel. 63 42 32 86, Mo–Fr 11–18 Uhr. In dem unter dem Namen Handwerkerhaus bekannten Gebäude gegenüber Haus Peter I. wird traditionelle Handwerkskunst, vor allem handgewebte Stoffe, produziert und verkauft. Außerdem hängt hier die mit 123 m längste Bernsteinkette der Welt.

Abends & Nachts

Disco und Live-Musik ▶ **The Fontaine Palace** [1]: Dzirnavu 4, Tel. 63 48 85 10, www.fontainepalace.lv, tgl. 0–24 Uhr. Der beliebteste Musikclub der Stadt befindet sich in einem Speicher aus dem 18. Jh. an der Hafenpromenade. An jedem Wochenende spielen hier Bands, sonntags gibt's auch mal Jazz und Blues.

Rock, Disco und Museum ▶ **Pablo** [2]: Stendera 18/20, Tel. 63 48 15 55, www.pablo.lv, tgl. 9–4 Uhr. Lettlands erstes Rockcafé ist mit seiner gelungenen Kombination aus Restaurant, Museum, Bar, Diskothek und häufigen Live-Auftritten lettischer Rockbands beinahe schon so etwas wie eine Kultstätte in Liepāja.

Klassik ▶ **Symphonieorchester** [3]: Graudu iela 50, Tel. 63 42 55 88, Fax 63 48 92 69, www.orkestris-liepaja.lv. Das neben dem Orchester in Riga einzige Symphonieorchester Lettlands ist der ganze Stolz Liepājas.

Termine

Liepājas Dzintars (Mitte Aug.): s. S. 283. Rockmusikfestival; www.liepajasdzintars.lv.

Aktiv

Surfen, Wasserski ▶ **Windsurfclub Rietumkrasts** [1]: Karosta, Katedrāles 15, Tel. 29 49 09 93, 29 18 77 79, www.rietumkrasts.lv.

Hafenrundfahrt ▶ **Jacht »Palsa«** [2]: Tel. 63 42 72 27, jeden Fr 18 Uhr, Sa, So 12, 14, 16 und 18 Uhr. Im Sommer Hafenrundfahrten und Fahrten auf dem Meer.

Jachten ▶ **Jachthafen** [3]: Vecā ostmala 40/41, Tel. 63 42 68 36, www.yacht.liepaja.lv. Anlegestelle und Service für Jachten.

Verkehr

Züge: tgl. eine Zugverbindung nach Riga.
Busse: 2 x stdl. nach Riga, Abfahrt am Stacijas laukums in Jaunliepāja (Neustadt). Verbindungen nach Ventspils, Kuldīga sowie Klaipėda in Litauen, Info-Tel. 63 42 75 52.

Südlich von Liepāja

Wer aus Litauen nach Lettland einreist und kurz zuvor vielleicht noch auf der Kurischen Nehrung spazieren gegangen ist, kommt wahrscheinlich mit höchsten Ansprüchen an die Dünenwelt ins Land. Doch mit vergleichbaren Landschaften kann kein Küstenabschnitt in der mittleren der drei baltischen Republiken dienen. Dafür jedoch mit einem insgesamt rund 500 km langen, meist menschenleeren Strand. Besonders schön ist der Abschnitt zwischen Jūrmalciems und Bernāti südlich von Liepāja. Hier kann man noch vollkommene Ruhe genießen und lange Strandwanderungen oder Ausflüge zum Pape-See unternehmen.

Nīca, Bernāti und Jūrmalciems
▶ 1, B 11

Südlich von Liepāja hat sich in den vergangenen Jahren ein kleines touristisches Zen-

Erfolgreiche Rückzüchtungen: Mittlerweile sieht man wieder Tarpan-Wildpferde

trum entwickelt: In den Dörfern **Nīca, Bernāti und Jūrmalciems** gibt es mittlerweile eine Vielzahl von Privatpensionen, die relativ günstig Zimmer anbieten.

Hauptattraktion ist neben dem Pape-See der Strandabschnitt zwischen Jūrmalciems und Bernāti – einer der schönsten lettischen Strandabschnitte überhaupt, u. a. wegen der wildromantischen Dünenketten, die in der **Pūsēna-Düne** gipfeln, der mit 37 m höchsten Düne Lettlands.

Der Pape-See ▶ 1, B 11

Nur 800 m vom Meer entfernt liegt der **Pape-See** (Papes ezers), ein flacher Lagunensee. Sein leicht salzhaltiges Wasser hat eine fragile Vegetation mit seltenen Pflanzenarten hervorgebracht; Feuchtwiesen wechseln sich mit Waldflächen und Mooren ab. Der sehr stark von Schilf bewachsene See ist ein beliebter Nistplatz von Wasservögeln, und im Herbst passieren bis zu einer Million Zugvögel diese Schneise. Außergewöhnlich ist, dass auch Riesenscharen von Fledermäusen hier Rast machen. Seit 1966 existiert hier eine ornithologische Station, die alljährlich an die 54 000 Vögel beringt.

Vor einigen Jahren entstand das **Haus der Natur** des WWF (World Wide Fund For Nature), das mit einer Ausstellung über die Besonderheiten des Pape-Sees informiert. Um das Zuwachsen der Ufer zu verhindern, zäunte man 1999 am Ostufer ein etwa 200 ha großes Areal ein und beheimatete dort Rückzüchtungen des 1882 ausgestorbenen Wildpferdes Tarpan; gleichzeitig wilderte der WWF fünf Wisente und 25 rückgezüchtete Auerochsen aus. Zu den Wildpferden gelangt man nur mit einem Führer des WWF.

Auf eigene Faust kann man sich dagegen zum Vogelbeobachtungsturm (von dem man den besten Blick auf den See hat) und zwei anderen Beobachtungsstellen aufmachen. Außerdem durchziehen zwei Naturwanderwege das Gebiet (zusätzliche Informationen auf www.pdf-pape.lv).

Infos

Information Nīca: Nīca, Bārtas 6, Tel. 63 48 95 01, www.nica.lv, Mo 8.30–18, Di–Do 8.30–17, Fr 8.30–16 Uhr.

TIC Rucava: Zvaniņs, Rucava, Tel./Fax 63 49 47 66 oder 29 13 49 03, rucava.tic@ inbox.lv.

Übernachten

Zwischen Strand und See ▶ Jūrnieka ligzda: Pěrkone, Tel. 63 46 95 42, www.jur niekaligzda.lv. Neues 3-Sterne-Hotel, das trotz aller architektonischen Kühle immer noch eine gewisse Behaglichkeit ausstrahlt. DZ ab 38 LVL.

Kleine Privatpension ▶ Pūķarags: Pape, Tel. 28 37 86 25, www.pukarags.lv. Gepflegte Pension nahe der ornithologischen Station, mit Wellness- und Kochmöglichkeiten, Fahrrad- und Bootsverleih. Zelten möglich. DZ 30–50 LVL.

Fachwerkhaus ▶ Nīcava: Nīca, Tel. 63 48 63 79 oder 29 29 43 55, www.nicava.lv. Das beliebte Motel bietet sechs Zimmer in einem renovierten Fachwerkhaus. Es verfügt außerdem über ein gutes Restaurant und Bistro. DZ ab 30 LVL.

Direkt am Strand ▶ Vērbeļnieki: bei Perkone, Tel. 63 46 95 12 oder 29 13 85 65, www.verbelnieki.lv. Das sympathische, familienbetriebene Gasthaus zwischen Nīca und Liepāja liegt rund 100 m vom Meer entfernt, Camping ist hier auch möglich. Ab 24 LVL/ Person.

Camping ▶ Gaiļi: Bernāti, Tel. 63 46 00 34 oder 29 21 64 08, kempingsgaili@e-apollo.lv. Gut ausgestatteter Campingplatz bei Bernāti. Ab 2 LVL/ Person.

Essen & Trinken

Einfach lettisch ▶ Nīcava: Nīca, Tel. 63 48 63 79 oder 29 29 43 55, www.nicava.lv. Bistro und Restaurant mit einfacher, aber guter Küche. 5 LVL.

Verkehr

Busse: mehrmals tgl. von/nach Liepāja und Klaipeda (entlang der A 11).

Von Liepāja nach Ventspils

Der gut 100 km lange Küstenabschnitt zwischen Liepāja und Ventspils ist immer noch weitgehend unberührt. Endlose menschenleere Strände und ebensolche Straßen vermitteln ein Gefühl von Ruhe und Freiheit. Ob die Ruhe noch lange anhält, darf bezweifelt werden. Die Bewohner dieses Landstrichs haben den Tourismus als Chance begriffen, zu ein bisschen mehr Wohlstand zu kommen. Neue Ferienunterkünfte schießen wie Pilze aus dem Boden und bereits existierende Häuser werden umfunktioniert. Bisher ist das der Gegend allerdings nicht schlecht bekommen.

Ziemupe und Pāvilosta

▶ **1, B 10–9**

Für die Fahrt von **Liepāja** nach Ziemupe bietet sich statt der P 111 die unbefestigte Straße von Karosta aus an; man kommt zwar langsamer voran, dafür ist man aber näher am Meer. Im Ort **Ziemupe** sind vor allem ein Küstenabschnitt mit einer 10 m hohen Steilküste und ein eindrucksvoller Wacholderwald sehenswert. Beides ist jedoch leider nur mit einem Führer und nach entsprechender Voranmeldung zu besichtigen (Tel. 29 43 71 66). Von Ziemupe führt eine 9 km lange Schotterstraße zur P 111, auf der man nach ungefähr 25 km die kleine Ortschaft **Pāvilosta** erreicht. Der Ortskern mit seinem kleinen Hafen vermittelt eine beschauliche Atmosphäre, sodass man am liebsten verweilen möchte. Die Fischer laden dazu ein, zum Fischfang mit hinauszufahren. Der breite, saubere Sandstrand ist dafür bekannt, dass hier nach Stürmen häufig Bernstein zu finden ist.

Jūrkalne ▶ 1, C 9

Weitere 20 km nördlich liegt die kleine Ortschaft **Jūrkalne** mit einer kilometerlangen,

Tipp: Die Westküste im Internet

Informationen über alle Städte und Sehenswürdigkeiten an der Ostseeküste zwischen Klaipėda und Ventspils findet man auf der Website www.balticcoast.lv.

20 m hohen Steilküste. An manchem umgestürzten Baum, der in dem sandigen Boden keinen Halt mehr findet, lässt sich sehr gut erkennen, wie sehr das Meer hier am Festland nagt.

Jūrkalne ist eines der schönsten Küstengebiete in Lettland, und es ist verwunderlich, dass sich hier die touristische Infrastruktur nicht schon viel weiter entwickelt hat.

Užava ▶ 1, C 8

Auch in **Užava**, etwa 27 km weiter nördlich, gibt es eine Steilküste, sie ist allerdings weniger spektakulär als jene von Jūrkalne. Interessanter ist da schon der schöne, 1879 erbaute Leuchtturm, von dessen Aussichtsplattform man einen hübschen Ausblick auf die Umgebung hat (Turmbesteigung: Tel. 63 69 93 37).

Infos

TIC Pāvilosta: Dzintaru 1, Tel. 63 49 82 29 oder 29 12 18 94, www.pavilosta.lv, Mo–Fr 7.30–21, 7.30–9 und 12.30–19 Uhr. Das örtliche Museum ist hier ebenfalls untergebracht.
TIC Jūrkalne: Krasti, Tel./Fax 63 63 00 46, www.jurkalne.lv, Mo–Fr 8.30–17.30 Uhr. Das örtliche Heimatmuseum ist im gleichen Haus untergebracht

Übernachten

Behaglich ▶ Lenkas: bei Vērgale, Tel. 29 48 26 61, www.lenkas.lv. Das neu erbaute Gästehaus liegt 50 m von der Ostsee nördlich von Liepāja und bietet Zimmer mit Meerblick. Auch Fahrradverleih. DZ ab 35 LVL.
Rustikale Gemütlichkeit ▶ Pilsberģu krogs: Jūrkalne, Tel. 26 30 70 26 oder 29 37 44 63, www.pilsbergi.lv. Gepflegtes Gasthaus in der Nähe der Touristeninformation, kleine Zimmer. Auch Restaurant und Geschäft. DZ 30–40 LVL.
Moderner Holzbau ▶ Vēju paradīze: Pāvilosta, Smilšu 14, Tel. 26 44 66 44, www.veju-paradize.lv. Empfehlenswertes Motel, restauriertes Haus mit modernem Anbau und sauberen Zimmern. DZ ab 28 LVL.

Essen & Trinken

Fisch am Hafen ▶ Āķagals: Pāvilosta, Dzintaru 3, Tel. 29 16 15 33, tgl. 10–24 Uhr. Das traditionell eingerichtete Fischrestaurant ist beim Hafen und der Touristinformation gelegen, große Weinauswahl und gute Lachsgerichte. 5 LVL.

Dank russischem Öl ist Ventspils heute eine attraktive Hafenstadt

Fisch an der Holzbrücke ▶ Riva: Jūrkalne, 3 km Richtung Liepāja bei einer Holzbrücke, Tel. 63 69 71 89 oder 25 99 83 77, labrags@e-apollo.lv. Gutes Fischrestaurant mit gepflegtem Interieur. 5 LVL.
Gepflegt deftig ▶ Pilsberģu krogs: Jūrkalne, Tel. 26 30 70 26 oder 29 37 44 63, www.pilsbergi.lv, tgl. 9–23 Uhr. Lettische Gerichte in einem gemütlichen Holzblockhaus. 3–5 LVL.

Aktiv

Segeln ▶ Pāvilosta Marina: Pāvilosta, Ostmalas 4, Tel. 63 49 85 81, www.pavilostamarina.lv. Bootsausflüge, Segelunterricht werden angeboten, es gibt eine Anlegestelle für Privatschiffe, einen Campingplatz, der aber auch Zimmer sowie kleine, aber moderne Häuser vermietet (ab 60 LVL/Haus).

Ventspils ▶ 1, C 8

Cityplan: S. 290/291
Öl – das ist das Erste, was einem zu **Ventspils** (Windau) einfallen muss. Hier, im Hafen von Ventspils, wird das russische Rohöl verschifft – daneben auch noch Kalisalz –, was der 43 000 Einwohner zählenden Stadt außergewöhnlich viel Geld einbringt, und das ist zu erkennen. Immer wieder stößt man rund um die nahezu vollständig restaurierte Alt-

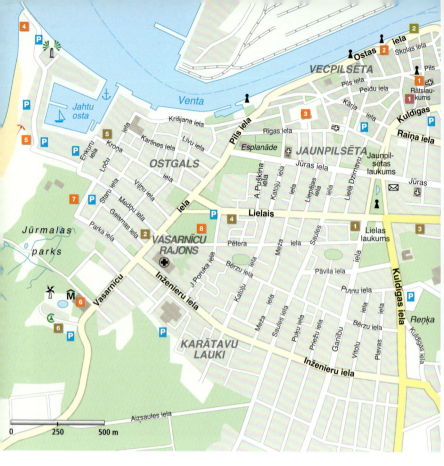

stadt auf einfallsreich gestaltete Plätze, oft mit Blumenkunstwerken geschmückt. Nicht umsonst rühmt sich Ventspils, die Hauptstadt der Blumen und Springbrunnen zu sein. Die Entwicklung von der trostlosen Industrie- zur farbenfrohen, einladenden Hafenstadt, die auch einiges für den Umweltschutz tut, verlief überraschend schnell. Zentrum der Stadt ist der Rathausplatz (Rātslaukums) mit der durch und durch klassizistischen, von Johann Eduard de Witte (1790–1854) entworfenen **Nikolaikirche 1**. 1835 im Auftrag von Zar Nikolaus I. erbaut, soll sie den sogenannten Nikolai-Klassizismus geprägt haben und diente angeblich auch als Vorlage für andere Gebäude. Das recht kleine Gotteshaus gleicht mit seinem weißen Säulenportikus eher einem

griechischen Tempel, dem Kirchturm verleihen einige Kolonnen mehr Plastizität. Im Innern der dreischiffigen Kirche sind vor allem einige Gemälde von Johann Leberecht Eging sehenswert.

An der **Ostas iela 2** lagen noch bis Mitte des 20. Jh. große Speicheranlagen. Heute verläuft hier eine elegante Promenade, von der man das Geschehen im Hafen verfolgen kann. Abwechslung bieten die vielen Figuren, Denkmäler und Springbrunnen, die hier in den letzten Jahren aufgestellt wurden.

Die Pils iela, eine der schönsten Straßen der Stadt, führt zur **Burg des Livländischen Ordens 3** (Livonijas ordeņa pils). Die 1290 zum ersten Mal erwähnte Vierflügelanlage ist die älteste, nahezu vollständig erhaltene mit-

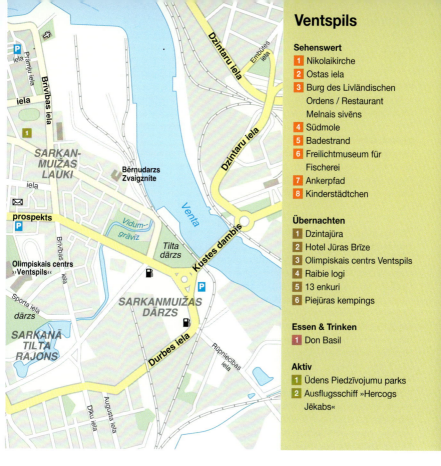

Ventspils

Sehenswert

1 Nikolaikirche
2 Ostas iela
3 Burg des Livländischen Ordens / Restaurant Melnais sivēns
4 Südmole
5 Badestrand
6 Freilichtmuseum für Fischerei
7 Ankerpfad
8 Kinderstädtchen

Übernachten

1 Dzintajūra
2 Hotel Jūras Brīze
3 Olimpiskais centrs Ventspils
4 Raibie logi
5 13 enkuri
6 Piejūras kempings

Essen & Trinken

1 Don Basil

Aktiv

1 Ūdens Piedzīvojumu parks
2 Ausflugsschiff »Hercogs Jēkabs«

telalterliche Festung in Lettland. Noch vor wenigen Jahren war sie ziemlich heruntergekommen, nach einer gründlichen Renovierung beherbergt sie heute eines der modernsten Museen Lettlands mit der multimedialen Ausstellung »Lebendige Geschichte«, die eindrucksvoll die Geschichte der Burg, der Stadt und des Hafens veranschaulicht (www.ventspilsmuzejs.lv, Mai–Okt. Mi–So 10–18, Nov.–April Mi–So 10–17 Uhr).

Zwischen Strand und Altstadt liegt der Stadtteil **Ostgals**. Weil man befürchtete, Sandverwehungen könnten die Häuser der reichen Kaufleute im Stadtzentrum beschädigen, forderte die russische Regierung 1836 die Bauern aus der Umgebung auf, sich in diesem ehemaligen Dünengebiet niederzu-

lassen – mit dem Ergebnis, dass Ostgals heute ein romantisches Viertel mit kleinen Holzhäusern und ruhigen Pflasterstraßen ist und damit einen reizvollen Kontrast zu der herausgeputzten Innenstadt darstellt.

Nicht weit entfernt ragt die **Südmole** 4 ins Meer und fordert geradezu zu einem romantischen Spaziergang auf. Vom neuen **Aussichtsturm** (Skatu tornis) neben dem Parkplatz an der Südmole bietet sich ein fantastischer Blick auf den Hafen und die Altstadt. In der Nähe beginnt der wunderbar feinsandige **Badestrand** 5. Obwohl er nah am Hafen liegt, kann man heute davon ausgehen, dass das Wasser hier sauber ist.

In Strandnähe hat das weitläufige **Freilichtmuseum für Fischerei** 6 seinen Sitz.

Tipp: Spielplätze

Kinderstädtchen (Bērnu pilsētiņa) **8**: 40 verschiedene Spielplätze stehen dicht gedrängt – für Kinder unterschiedlichen Alters aufgestellt und mit so ziemlich allen Arten von Spielgeräten ausgestattet, die einem auf Spielplätzen jemals begegnet sind. Deshalb ist es auch für Erwachsene interessant. Im Kindercafé Pepija kann man sich etwas stärken (April–Okt. 8–23, Nov.–März 8–21 Uhr, Eintritt frei).

1954 gegründet, um die alten Traditionen der Fischerdörfer zu bewahren, ist es heute das einzige Freilichtmuseum in Lettland, das sich ausschließlich der Fischerei widmet. Ganze Fischerhöfe, Kornkammern und eine Windmühle, aber auch Räuchereien, Netzhäuser und eine große Sammlung von Fischerbooten gibt es hier zu bestaunen. An Wochenenden stellen Schmiede, Weber und andere Handwerker ihre Arbeit vor. Eines der Highlights des Museums ist die Schmalspur-Kleinbahn, die noch Mitte des 20. Jh. regelmäßig zwischen den Fischerdörfern verkehrte. Im Sommerhalbjahr wird sie auch an Wochenenden betrieben (Piejūras brīvdabas muzejs, www.ventspilsmuzejs.lv, Mai–Okt. Mi–So 10–18 Uhr, Nov.–April geschlossen).

Zum Museum gehört die größte Ankersammlung des Baltikums, die sehenswertesten Exemplare sind im Strandpark zu einem **Ankerpfad 7** (Enkuru taka) angeordnet.

Infos

Touristeninformation Ventspils: Dārza 6, Tel. 63 62 22 63 oder 63 60 76 64, Fax 63 60 76 65, www.tourism.ventspils.lv, Mai–Sept. Mo–Fr 8–19, Sa 10–17, So 10–15; Okt.–April Mo–Fr 8–17, Sa–So 10–15 Uhr.

Übernachten

Schmucklos ▸ **Dzintarjūra 1**: Ganību 26, Tel. 63 62 27 19, www.dzintarjura.lv. 3-Sterne-Hotel in Altstadtnähe. DZ ab 40 LVL.

Gemütlich in Strandnähe ▸ **Hotel Jūras Brīze 2**: 2: Vasarnīcu 34, Tel. 63 62 25 24, www.hoteljurasbrize.lv. Modernes Hotel, das aufgrund seiner Sauberkeit und der nur 13 in zarten Farbtönen gestalteten Zimmer überzeugt. DZ ab 32 LVL.

Modern ▸ **Olimpiskais centrs Ventspils 3**: Lielais Prosp. 33, Tel. 63 62 80 32, www.hotelocventspils.lv. Hotel im olympischen Zentrum von Ventspils. DZ ab 29 LVL.

Pension im Holzhaus ▸ **Raibie logi 4**: Lielais prospekts 61, Tel. 29 14 23 27, www.raibielogi.lv. Hotel in einem liebevoll renovierten Holzhaus. DZ 20–33 LVL.

Sehr preisgünstig ▸ **13 enkuri 5**: Loču 12, Tel. 27 05 55 87. Einfaches Gästehaus Nähe Jachthafen und Südmole. Ab 10 LVL/Person ohne Frühstück.

Camping ▸ **Piejūras kempings 6**: Vasarnicu iela 56, Tel. 63 62 79 25, Fax 63 62 08 10, www.camping.ventspils.lv. Gepflegter Campingplatz beim Freilichtmuseum, auch Ferienhäuser, direkter Zugang zum Meer. 3 LVL/Zelt und 3 LVL/Person.

Essen & Trinken

Vorzüglich deftig ▸ **Melnais sivēns 3**: Jāņa 17, Tel. 63 62 23 96, www.pilskrogs.lv, Mo–Do 11–23, Fr/Sa 11–24 Uhr. Restaurant im Keller der Ordensburg, mittelalterliche Menüs. 5–7 LVL.

Lecker ▸ **Don Basil 1**: Annas 5, Tel. 63 62 34 34. Frisch zubereitete und ansprechend dekorierte Speisen, freundliches Personal und eine Spielecke für Kinder gibt es in der Kneipe Don Basil. 5 LVL.

Aktiv

Wasser und Spaß ▸ **Ūdens Piedzīvojumu parks 1**: Lauku 4, Tel. 63 62 39 74, www.udensparks.lv, Mo–Fr 12–22, Sa 10–22, So 10–19 Uhr. Freizeitbad mit Sprudelbecken, Sauna und langen Rutschen. 7 LVL/2 Std.

Hafenrundfahrten ▸ **Ausflugsschiff »Hercogs Jēcabs« 2**: Anlegeplatz an der Kreuzung Ostas und Tirgus iela, Tel. 26 35 33 44. Abfahrt von Mai–Okt. bis zu 7x tgl.

Führung ▸ **Ventspils nafta AG:** Tel. 63 66 62 59. Führungen auf dem Gelände des Ölverschiffungsunternehmens für Gruppen nach Anmeldung.

Verkehr

Busse: fast stdl. nach Riga, mehrmals tgl. nach Liepāja und Kuldīga. Busbahnhof: Kuldīgas 5, Tel. 63 62 27 89.
Fähren: nach Lübeck u. Nynäshamn (Schweden) von Scandlines (www.scandlines.lv). Fährhafen: Plostu iela 7.

Zum Kap Kolka ▶ 1, C 8–D 7

Von Ventspils nach Miķeļtornis

Wer den Slītere-Nationalpark (s. S. 267), eines der interessantesten Naturschutzgebiete Lettlands besuchen will, sollte unbedingt zuvor noch in Ventspils tanken, da es im gesamten Gebiet des Nationalparks keine Tankstelle gibt. Auf dem Weg dorthin lohnt es sich, folgenden Sehenswürdigkeiten einen kurzen Besuch abzustatten: Nördlich von Ventspils erstreckt sich ein fast 15 km langer Steilküstenabschnitt, an dem auch das Fischerdorf Staldzene liegt; hier sind noch einzelne Fischerhöfe aus dem 19. Jh. erhalten.

In der Ortschaft **Oviši** ragt der älteste Leuchtturm Lettlands (erbaut 1814) in den Himmel. Einige Kilometer weiter zweigt eine Straße rechts zum **Radioastronomiezentrum Irbene** (Irbenes radioteleskops) ab; hier war zu Sowjetzeiten die russische Armee stationiert, die das Zentrum auch betrieb. Noch immer sind zwei parabolische Radioteleskope zu wissenschaftlichen Zwecken in Betrieb. Eines davon ist mit einem Durchmesser von 32 m das größte in Nordeuropa und das achtgrößte der Welt (www.virac.lv).

Hinter dem Astronomiezentrum beginnt eine unbefestigte Straße, von der nach wenigen Kilometern eine kleine Straße zur Ortschaft **Miķeļtornis** führt. Dort steht stolz der mit nur 62 m höchste Leuchtturm des Baltikums. Die Mühe des Aufstiegs auf den Turm wird bei gutem Wetter mit einer exzellenten Aussicht belohnt.

Gewaltige Steinformationen am Kap Kolka

Die Livenküste

Bleibt man auf der P 124, gelangt man nach etwa 15 km zum **Slītere-Nationalpark** (s. S. 267). Noch Ende der 1920er-Jahre lebten etwa 1500 Angehörige der livischen Minderheit in der Region, die auch **Livenküste** (Liebiešu krasts; s. a. S. 268) genannt wird. Es waren fast ausnahmslos Fischer. Als die Sowjets den Landstrich zum militärischen Sperrgebiet erklärten und ihnen verboten, aufs offene Meer hinauszufahren, verloren sie ihre Existenzgrundlage – mit der Folge, dass die meisten von ihnen die Gegend verließen.

Das Herz der Liven schlägt in dem Dorf **Mazirbe,** wo das **Haus des Livischen Volkes** (Lībiešu tautas nams) steht. Es wurde in den 1930er-Jahren gebaut und gilt als das kulturelle Zentrum des kleinen Volkes. Besonders lohnend ist ein Besuch Anfang August, wenn das »Fest der Liven« gefeiert wird (s. rechts). Außerdem sind die evangelische Kirche, ein sogenannter Bootsfriedhof und natürlich der weiße Sandstrand einen Besuch wert.

Die Fischerdörfer **Sīkrags, Košrags, Pitrags, Saunags** und **Vaide** zählen ebenfalls zu dem unter Schutz stehenden kulturhistorischen Gebiet Livenküste. Von Vaide ist es nicht mehr weit zum **Kap Kolka** (s. S. 263).

Übernachten

Strandnah ▶ Jauntilmači: Košrags, Tel. 29 41 29 74. Das recht einfache Gästehaus hat auch einen Fahrradverleih. Ab 25 LVL/Person.
Zimmer oder Haus ▶ Mazirbes Kalēji: Mazirbe, Tel. 63 24 83 74, www.kaleji.viss.lv, Recht schlichte Zimmer in einer 3-Zimmer-Wohnung mit Küche und gemeinsamem Bad, außerdem Fahrradverleih. DZ 20 LVL, ganzes Haus 40 LVL, Camping möglich.
Pension und Camping ▶ Pitagi: Košrags, Tel. 29 37 27 28, www.pitagi.lv. Recht moderne Unterkunft in dem livischen Dorf Košrags, schlichte, saubere Zimmer, Campinghäuschen, Platz für Zelte und Wohnmobile, Fahrradverleih. DZ ab 25 LVL, Campinghäuschen für vier Personen ab 20 LVL, Camping 2 LVL/Person, 1 LVL/Zelt. **Miķeļbāka:** Miķeļtornis, Tel. 27 88 44 38, Campingplatz mit Ferienhäusern nahe dem Leuchtturm. Ferienhaus 10–30 LVL, Zelten 5 LVL/Person.

Einen Ausflug wert: das jährliche Fest der Liven im Dorf Mazirbe

Das Volk der Liven · Thema

Die Liven sind ein kleines Volk im Nordwesten Lettlands, das sich schon vor über 3000 Jahren – lange vor den baltischen Völkern – an der baltischen Westküste ansiedelte. Im 13. Jh. umfasste ihr Gebiet große Teile Nord- und Westlettlands sowie Südestlands, weshalb die Region jahrhundertelang Livland genannt wurde.

Als sich im 17. Jh. die lettische Nation konsolidierte, ging der größte Teil der Liven in der lettischen Bevölkerung auf. Heute leben nur noch etwa 1000 Liven in wenigen Fischerdörfern entlang der Nordwestküste Kurzemes, wo sie sich zumindest einen Teil ihrer ehemals weit verbreiteten Kultur erhalten konnten.

Die ersten Projekte zum Schutz der livischen Kultur wurden während der ersten Unabhängigkeit Lettlands auf den Weg gebracht. In dieser Zeit wurde der Erhalt der livischen Sprache und Kultur vom lettischen Staat gezielt gefördert. Mit finanzieller und materieller Hilfe aus Estland, Finnland und Ungarn, deren Sprachen die gleichen Wurzeln wie das Livische haben, wurde in den 1930er-Jahren in dem Dorf Mazirbe das sogenannte Volkshaus für die livischen Küstenbewohner aufgebaut, das noch heute das Zentrum der Liven ist. Mit dem Einmarsch der russischen und deutschen Truppen im Zweiten Weltkrieg endete die hoffnungsvolle Zeit für die Liven. Während der sowjetischen Okkupation wurde ihr Gebiet zum militärischen Sperrgebiet erklärt und die Einheimischen gezwungen, ihre Dörfer zu verlassen.

Mit Beginn der lettischen Unabhängigkeitsbewegung lebten auch die Initiativen zum Erhalt der livischen Kultur wieder auf. Im Sommer 1988 wurde der Livische Kulturverein (Libiesu Kulturas Savieniba) gegründet und seit 1995 wird Livisch an der Universität von Riga unterrichtet. Die Interessen der Liven vertritt ein Repräsentant im Parlament.

Zudem erklärte die lettische Regierung das Gebiet der Liven zu einem besonders schutzwürdigen Territorium.

Ganz besonderes Augenmerk legen die Liven auf den Erhalt ihrer Sprache, die zum finnischen Zweig der finno-ugrischen Sprachfamilie gehört und eng verwandt ist mit dem Finnischen und Estnischen. Livisch weist sogar einige Elemente auf, die in den anderen finno-ugrischen Sprachen bereits vor langer Zeit verloren gegangen sind.

Im Laufe der Jahrhunderte reduziert sich die Zahl der Personen, die Livisch beherrschen, drastisch: Waren es zur Zeit der ersten Unabhängigkeit noch etwa 2000, so sind es heute nur noch zwischen 10 und 20 Menschen. Livisch gilt damit praktisch als ausgestorben. Auch wenn auf Initiative des 1988 gegründeten Livischen Kulturvereins an Sonntagsschulen livische Sprachkurse angeboten werden, ist es höchst unwahrscheinlich, dass Livisch jemals wieder zu einer Alltagssprache erblühen wird.

Jedes Jahr findet am ersten Sonntag im August in dem kleinen Dorf Mazirbe das »Fest der Liven« statt, zu dem u. a. auch einige Folkloregruppen aus Estland kommen. Am Festtag wird vor allem getanzt und gesungen. Für Sprachinteressierte ist es eine gute Gelegenheit, diese seltene Sprache in all ihren Ausdrucksformen zu erleben. Der Weg dorthin lohnt sich ohnehin: Die 14 noch erhaltenen Livendörfer an der Ostseeküste sind ausgesprochen sehenswert.

Zemgale

Die Tiefebene von Zemgale ist einer der fruchtbarsten Landstriche Lettlands. Hier, in der »lettischen Kornkammer«, wird hauptsächlich Getreide angebaut. Landschaftlich ist die Provinz eher unspektakulär, dafür besitzt sie zwei prächtige spätbarocke Architekturdenkmäler: die Schlösser Rundāle und Jelgava.

Bauska ▶ 1, G 11

Karte: rechts

Etwa 70 km südlich von Riga und gut über die viel befahrene A 7 erreichbar liegt die kleine Stadt Bauska, eine der ältesten und schönsten Ortschaften von Zemgale. Sie erstreckt sich am Zusammenfluss von Mēmele und Mūsa, die sich hier zur Lielupe, dem zweitgrößten Fluss Lettlands, vereinigen. In unmittelbarer Nähe erhebt sich auf einem Dolomitfelsen die **Burgruine Bauska** 1, die 1443–1456 vom Livländischen Orden an der Stelle einer altlettischen Siedlung erbaut wurde und große strategische Bedeutung besaß, weil sie den Handelsweg nach Litauen absicherte.

Die imposante Burgruine ist ein Bau des Kastelltyps mit zwei Türmen unterschiedlicher Größe. Den 22 m hohen Hauptturm kann man besteigen; von oben hat man einen fantastischen Blick auf die Stadt und die unbegradigten Flüsse. Im Nordischen Krieg veranlasste Peter der Große die Sprengung der Außenmauern der Festung, die danach immer stärker verfiel. Zerstört wurde dabei auch der Ende des 16. Jh. im Osten der Burg errichtete schlossähnliche Anbau – eines der wenigen Beispiele nördlicher Renaissance in Lettland. Er wurde erst kürzlich restauriert bzw. rekonstruiert. In seinen Räumen befindet sich das sehenswerte **Burgmuseum** mit einer Ausstellung über die Geschichte der Burg, das Burgleben und die mächtige Familie Kettler (Bauskas pilsdrupas, www.bauskaspils.lv, Mai–Sept. Di–Fr 9–19, Okt. Di–Fr 9–18, Nov–April Mo–Fr 11–17 Uhr, Ruine & Museum 3 LVL).

Wer sich eingehender mit Bauskas Geschichte beschäftigen will, sollte außerdem das Museum für Geschichte und Kunst besuchen. Interessant ist auch die kleine Werkstatt neben dem Museum, in der Weberinnen liebevoll Volkstrachten, Handschuhe und Decken aus Wolle und Leinen herstellen (Bauskas novadp@tnieclbas un m&kslas muzejs, Kalna 6, www.bauskasmuzejs, Mai–Okt. Di–Fr 10–18, Sa/So 10–16, Nov.–April Di–Fr 10–17, Sa/So 10–16 Uhr, 0,70 LVL).

Schloss Mežotne 2

Fährt man von Riga kommend am Ortseingang von Bauska nach rechts in Richtung Jumpravas und Mežotne, gelangt man nach 11 km zum neoklassizistischen, von einem englischen Landschaftspark umgebenen **Schloss Mežotne** (Mežotnes pils).

Zunächst gehörte dieser Prachtbau zum Herzogtum Kurzeme, nach dessen Eingliederung in das Russische Reich schenkte Katharina II. ihn kurzerhand der Erzieherin ihrer Kinder, Charlotte von Lieven. Diese engagierte Ende des 18. Jh. den italienischen Architekten Giacomo Quarenghi, der den Bau mit einer von ionischen Säulen geschmückten Eingangshalle und einem italienischen Kuppelsaal im zentralen Teil des Hauptgebäudes versah. Seit einigen Jahren

ist in den Räumlichkeiten ein nobles Hotel (s. u.) untergebracht.

Infos

TIC Bauska: Kalna 6a, Tel. 63 92 37 97, www.tourism.bauska.lv, Juni–Aug. Mo–Fr 9–18, Sa/So 10.30–14.30, Sept. Mo–Fr 9–17, Sa 10.30–14.30 Uhr.

Übernachten

Romantik im Schloss ▶ Mežotnes pils: s. S. 296, Mežotne, Tel. 63 96 07 11, Fax 63 96 07 25, www.mezotnespils.lv. Exklusives Schlosshotel mit Zimmern im Stil des 19. Jh. DZ ab 50 LVL.

Mitten in Bauska ▶ Kungu ligzda: Bauska, Rīgas 41, Tel. 26 41 08 00, www.kunguligzda.viss.lv. Das 23-Betten-Hotel im Zentrum von Bauska bietet eher kleine Zimmer. DZ ab 35 LVL.

Praktisch für Autofahrer ▶ Brencis: Bezirk Iecava, Tel. 63 92 80 33, www.brencis.viss.lv.

Etwas gesichtsloses, aber komfortables Motel an der Landstraße zwischen Riga und Bauska (km 38). DZ ab 15 LVL.

Essen & Trinken

Festlich dinieren ▶ Mežotnes pils: Mežotne, Tel. 63 96 07 23, www.mezotnespils.lv, tgl. 11–22 Uhr. Sehr gutes Restaurant im gleichnamigen Hotel. 10 LVL.

Satt werden ▶ Pie Rātslaukuma: Bauska, Plūdoņa 38, Tel. 63 92 32 33, Mo–Fr 8–19, Sa 8–17 Uhr. Günstiges und einfaches Bistro im Zentrum. 3 LVL.

Aktiv

Kanu fahren ▶ Kanuverleih Campo: Riga, Tel. 29 22 23 39, www.campo.laivas.lv, Reservierung erwünscht. Für Wassertouren sind der Oberlauf der Lielupe zwischen Bauska und Mežotne, die Mūsa zwischen Uzvara und Bauska sowie die Mēmele zwischen Jaunmēmele und Bauska am besten geeignet.

Ausritt ▶ Lielmežotne: Gemeinde Mežotne, Tel. 26 71 50 09 oder 26 71 50 99. Ausritte, Spazierfahrten in einer Kutsche, im Winter auch im Pferdeschlitten.

Fahrradverleih ▶ Velo sēta: Kalna 12, Tel. 63 96 06 36, Mo–Fr 9–18, Sa 9–14 Uhr, 3 LVL/Tag/Fahrrad. Eine längere Fahrradtour könnte beispielsweise bis nach Skaistkalne an der litauischen Grenze führen.

Verkehr

Busse: stdl. nach Riga, etwa alle 2 Std. nach Rundāle, Mežotne und Jelgava, Slimnīcas 11, Tel. 63 92 24 77.

8 Schloss Rundāle

▶ 1, G 11

Karte: S. 297

Auf der Landstraße P 103 von Bauska in Richtung Dobele zweigt nach etwa 11 km eine kleine Straße nach links ab, so sich nach einigen hundert Metern mit dem **Schloss Rundāle** (Pilsrundāle) das wohl schönste und prächtigste Barockschloss des Baltikums erhebt. Auf dem Weg dorthin gelangt man zuerst durch die im Halbrund vor dem Schloss gruppierten Ställe, dahinter bewachen zwei steinerne Löwenfiguren den zentralen Schlosshof.

Das Haupthaus selbst ist eine Dreiflügelanlage mit Ehrenhof nach dem Muster französischer Schlossbauten und wurde 1736 bis 1740 als Sommerresidenz des Herzogs von Kurzeme, Ernst Johann Biron, erbaut. Birons Karriere und die Baugeschichte des Schlosses sind eng miteinander verwoben: Obwohl aus einfachen Verhältnissen in Jelgava stammend, schaffte er es, zum Vertrauten von Anna Iwanowna, zu werden, der Witwe von Herzog Friedrich Wilhelm von Kurzeme, die ihm, nachdem sie zur Zarin (1730–1740) gekrönt geworden war, den Grafentitel verlieh und ihn zu ihrem Oberkammerherrn ernannte. Als absehbar wurde, dass Biron 1737 in den

Rastrellis erster Streich: Rundāle, das schönste Barockschloss Lettlands

Stand des Herzogs von Kurzeme erhoben werden würde, beauftragte er den renommierten Baumeister Francesco Bartolomeo Rastrelli mit der Planung seiner Residenz. Nach dem Tod der Zarin Anna Iwanowna übernahm Biron die Regierungsgeschäfte für den noch minderjährigen Thronfolger Iwan Antonowitsch, fiel aber kurze Zeit später am kaiserlichen Hof in Ungnade und wurde 1740 zum Tode verurteilt. Die neue Regentin Russlands, Anna Leopoldowna, Mutter des Iwan Antonowitsch, wandelte das Urteil gegen Biron jedoch in eine lebenslange Verbannung, die Biron zunächst in Sibirien und dann in Jaroslawl verbrachte. Damit endeten die Bauarbeiten am Schloss; erst 22 Jahre später – nach dem Tod der Zarin Elisabeth Petrovna und der Rehabilitierung Birons im Juli 1762 – wurden sie durch den neuen Zar Peter III. wieder aufgenommen und 1768 beendet.

Rundgang

Von den insgesamt 138 Zimmern des zweigeschossigen Haupthauses wurden nur jene in der oberen Etage für den Herzog hergerichtet. Der Ostflügel diente ausschließlich Repräsentationszwecken wie Empfängen oder Bällen. Besucher kommen zuerst in den **Goldenen Saal,** den prunkvollsten Raum des Schlosses, in dem der Herzog seine Audienzen abhielt und in dem auch sein Thron stand. Besonders interessant sind hier die vergoldeten Stuckverzierungen des Bildhauers Johann Michael Graff und die Deckenmalereien von Francesco Martini und Carlo Zucchi, die in allegorischer Form jene Tugenden darstellen, die von einem damaligen Herrscher erwartet wurden.

Ein interessantes Detail befindet sich neben dem Eingang zum **Porzellankabinett:** Hier haben Teilnehmer des Kriegs von 1812 sowie des Ersten Weltkriegs Unterschriften in den Kunstmarmor eingeritzt. In der 30 m langen **Großen Galerie,** die vom Goldenen Saal abgeht und Raum für festliche Bankette bot, kann man an Decke und Wänden interessante Beispiele italienischer Monumentalmalerei entdecken, die im Laufe der Zeit jedoch mehrmals übermalt wurden und bis heute

aktiv unterwegs

Spaziergang durch den Naturpark Tērvete

Tour-Infos

Start: Museum Sprīdīši
Dauer: mindestens drei Stunden
Schwierigkeitsgrad: leicht, auch für Kinder geeignet
Infos: Naturpark Tērvete (Tērvetes dabas parks), Tel. 63 72 62 12, www.tervetesparks.lv oder www.mammadaba.lv, Mai–Aug. 9–19, Sept.–April 9–18 Uhr, 2 LVL, Familienticket 5,20 LVL. Museum: A. Brigaderes muzejs, Tel. 26 53 26 91, www.spridisi.lv, Mi–So 10–17 Uhr, 0,80 LVL.
Essen & Schlafen: Sprīrīši, Tērvete, Tel. 26 53 26 91, www.spridisi.lv. Einfache, aber liebevoll eingerichtete Unterkunft in einem historischen Holzhaus direkt neben dem Museum. Hier lädt außerdem ein kleines Bistro (Kafejnīca) zum Essen ein, außerdem gibt es einen Fahrradverleih. DZ ab 18 LVL.
Karte: ▶ 1, F 10/11

Der Naturpark **Tērvete** 3 (Tērvetes dabas parks) ist ein herrlicher Landschaftspark, in dem man ausgiebig spazieren gehen kann. Er eignet sich hervorragend für Familien mit Kindern, da entlang der verschlungenen Wege immer wieder **märchenhafte Holzskulpturen** zu entdecken sind – Figuren aus den Romanen der lettischen Dichterin Anna Brigadere (1869–1933). Sie gilt als Klassikerin der lettischen Literatur.

Wo nun Zwerge, Feen und Gnome unzählige Kinder verzaubern, befand sich zu Sowjetzeiten eine Hochsicherheitszone, in der Mittelstreckenraketen mit atomaren Sprengköpfen stationiert waren. Doch das ehemalige Militärgelände ist längst von Naturpfaden durchzogen: Auf Holzbohlen, über Brücken und Treppen geht es rund um das Tal der Tērvete. Sie mäandert durch Wiesen und Wälder, die zum Teil von 300 Jahre alten und 40 m hohen Kiefern gesäumt sind.

Hauptattraktionen im Park sind für Kinder sicherlich das **Zwergendorf** mit Miniaturhäuschen und einer Miniwindmühle sowie der **Märchenwald** und ein riesiger Wald- und Wiesenspielplatz. Eine Miniatur-Eisenbahn fährt die Gäste durch repräsentative Areale des Parks. Für Erwachsene dürfte neben den drei alten **Burghügeln** der Semgallen, **Ruinen** und **Grabstätten** der idyllische **Gulbji-See** sehr reizvoll sein, an dem es auch eine Mietstation für **Ruderboote** gibt.

Idealer Auftakt zu einem Rundgang ist ein Besuch des **Museums Sprīdīši:** Es erinnert mit Originalmöbeln und persönlichen Gegenständen anschaulich an Anna Brigadere, die 1869 in Tērvete geboren wurde und in dem Haus ihre letzten zehn Lebensjahre zum Teil verbrachte (gest. 1933). Der Name des Museums entstammt Brigaderes bekanntestem Werk: »Sprīdītis« (1903). Es handelt von einem jungen Bauernknaben, der sich – ähnlich wie der Kleine Däumling – aufmacht, die Welt zu erobern. In einem Wald erlebt er eine Reihe von Abenteuern, bevor er feststellt, dass es zu Hause doch am schönsten ist.

Zu den ersten Holzfiguren, die im Park aufgestellt wurden, gehören die kleinen **Beerensammlerinnen** im Garten »Irši«: Sie stellen Annele, Hauptfigur in Brigaderes »Trilogija«, und ihre Freundinnen dar. Die drei Teile des zwischen 1926 und 1932 veröffentlichten, stark autobiografisch gefärbten Romans heißen »Dievs, daba, darbs« (Gott, Natur, Arbeit), »Skarbos vējos« (Raue Winde) und »Akmeņu sprostā« (Im steinernen Käfig) und geben einen tiefen Einblick in das Seelenleben eines heranwachsenden Mädchens im Lettland des ausgehenden 19. Jh. Neben eigenen Kindheits- und Jugenderlebnissen sind auch Anna Brigaderes Erfahrungen als Gouvernante in das Buch eingeflossen. Noch an weiteren Stationen können Besucher in Anneles (damit Brigaderes) Welt eintauchen.

noch nicht vollständig restauriert werden konnten.

Der **Weiße Saal** mit seinen wunderbaren Stuckarbeiten von Johann Michael Graff ist der größte Raum des Schlosses. Er wurde vor allem als Ballsaal genutzt, weshalb man ihn in schlichtem Weiß hielt und mehrere Spiegelfenster anbrachte. Die farbenprächtigen Kleider der Ballgäste kamen auf diese Weise wirkungsvoll zur Geltung.

Im Mittelteil des Schlosses befinden sich die kleineren Schlaf- und Arbeitsräume des Herzogs. Jedes Zimmer hat seinen Reiz; besonders schön ist das **Rosenzimmer,** in dem 21 in Stuck gefertigte Blumengirlanden über dem rosaroten Kunstmarmor angebracht sind.

Im Westflügel hatten die Herzogin und andere Familienmitglieder ihre Gemächer. Hier ist vor allem das **Boudoir der Herzogin** sehenswert, in dem der Bildhauer Johann Michael Graff eine Diwan-Nische in Gestalt einer Muschel schuf. Auch der daneben liegende Toilettenraum der Herzogin ist mehr als nur einen Blick wert.

Das Schloss bietet drei interessante ständige Ausstellungen: Während im Westflügel über die Geschichte der Familie Biron informiert wird, widmet sich die Ausstellung im Mittelteil der Dokumentation den schwierigen und langjährigen Restaurierungsarbeiten. Eine dritte Ausstellung präsentiert die im Laufe der Jahrhunderte zusammengetragenen Kunstschätze (www.rundale.net, Mai–Okt. tgl. 10–18, Nov.–April tgl. 10–17 Uhr, 2,50–3,50 LVL).

Zum Schlossensemble gehört auch ein **Park,** der ebenfalls nach einem Entwurf von Rastrelli angelegt wurde und seit einigen Jahren rekonstruiert wird. Im Gärtnerhaus informiert eine kleine Ausstellung über den Verlauf der Arbeiten und zeigt die schönsten Beispiele anderer Schlossgärten in Europa (Mai–Sept. geöffnet).

Übernachten

Landhaus ▶ **Baltā māja:** Pilsrundāle, Tel. 63 96 21 40, www.hotelbaltamaja.lv. Direkt beim Schloss ist die Unterkunft gelegen, in einem alten Landhaus. Die Ausstattung ist einfach, aber das Hotel verfügt über ein Restaurant und darüber hinaus eine Sauna. DZ ab 17,50 LVL.

Essen & Trinken

Fisch, Fleisch und Flusskrebs ▶ **Bālta māja:** Pilsrundāle, 63 96 21 40, www.hotel baltamaja.lv. Gemütliche Kneipe im Gasthaus »Weißes Haus« (Baltā māja) mit guter Auswahl genüsslich zubereiteter Fleischspeisen wie Braten, Fasan, Gans, Flusskrebs. 5 LVL.

Termine

Festival für alte Musik: Riga, Bauska und Pilsrundāle, www.smf.lv. Das Festival für alte Musik findet Anfang/Mitte Juli in Riga und im Schloss Rundāle statt. Neben den meist in historischen Kostümen stattfindenden Konzerten mit Musik vom Mittelalter bis zu Barock und früher Klassik gibt es auch Tanz- und Theateraufführungen sowie Veranstaltungen für Kinder.

Verkehr

Busse: etwa alle 2 Std. Verbindungen nach Bauska und Jelgava.

Jelgava ▶ 1, F/G 10

Karte: S. 297

Die 1265 während des Baus der Ordensburg erstmals erwähnte und mit rund 65 000 Einwohnern viertgrößte Stadt des Landes, **Jelgava** 4 (Mitau), hat eine wechselvolle Geschichte hinter sich. Ihre beste Zeit begann, als sie 1578 zur Hauptstadt Kurzemes erklärt wurde.

In der zweiten Hälfte des 17. Jh. entwickelte sich Jelgava unter der Herrschaft Herzog Jakob von Kettlers zu einem der bedeutendsten Zentren des Baltikums: Neben dem bereits blühenden Handel und Handwerk entstanden hier die ersten lettischen Druckereien, und mit der Einführung der italienischen Oper durch den Sohn des Herzogs, Friedrich Kasimir, hielten nicht nur Luxus und Pracht Einzug in die Stadt, auch neue Berufsstände,

Einst Machtzentrum von Kurzeme-Zemgale: Schloss Jelgava

z. B. Perückenmacher, siedelten sich dauerhaft in Jelgava an.

Der Zweite Weltkrieg kam für Jelgava einem Todesurteil gleich. Im Spätsommer 1944 wurde die Stadt bei Kämpfen zwischen der Roten Armee und der deutschen Wehrmacht fast vollständig zerstört. Von ihrer einstigen Schönheit ist kaum etwas geblieben, nur wenige Baudenkmäler können die ehemalige Pracht Jelgavas bezeugen.

Schloss Jelgava

Am Rande des Stadtzentrums erhebt sich auf dem Eiland zwischen der Lielupe und ihrem kleinen Nebenfluss Driksa das prächtige **Schloss Jelgava** (Jelgavas pils). Rundāle war Herzog Ernst Johann Biron nicht genug, daher erklärte er das noch im Bau befindliche Schloss kurzerhand zu seinem Sommersitz und beauftragte Francesco Bartolomeo Rastrelli im Jahr 1738 mit dem Bau eines

Lettland: Zemgale

zweiten Schlosses in Jelgava. Doch wie in Rundāle mussten auch hier die Bauarbeiten abgebrochen werden, als Biron 1740 nach Sibirien verbannt wurde. Erst nach seiner Rückkehr 1762 wurde das Schloss unter der Leitung von Severin Jensen fertiggestellt. 1772 zog der Herzog schließlich in die prächtige Residenz ein, doch noch vor Ablauf des Jahres verstarb er. Ursprünglich war die 120 x 150 m große Anlage zur Stadtseite hin offen und umschloss einen großen Paradeplatz; für die 1937 gegründete Universität für Agrarwirtschaft wurde das Schloss jedoch um einen vierten Flügel erweitert. Die Innenausstattung ging im Zweiten Weltkrieg fast vollständig verloren. Ein Großteil des Schlosses wird bis heute von der Universität in Anspruch genommen, im Erdgeschoss befindet sich das kleine **Schlossmuseum.**

Nach Voranmeldung kann man mit einer Führung die **Herzogsgruft** besichtigen. Dort befinden sich 30 Metall- und Holzsärge aus der Epoche des Manierismus und des Barock, darunter auch jene von Ernst Johann Biron und Gotthard von Kettler, dem ersten Herzog von Kurzeme (Tel. 63 96 21 97, 26 49 91 51, www.rundale.net, Mai–Okt., 1,50 LVL).

Weitere Sehenswürdigkeiten

Auf dem Weg zurück ins Stadtzentrum kommt man an der Ruine der **Dreifaltigkeitskirche** (Sv. Trīsvienības baznīca) von 1688 vorbei, die an die Schrecken des Zweiten Weltkriegs erinnert, als die Frontkämpfe zwischen Roter Armee und deutscher Wehrmacht dreimal in der Stadt wüteten. Die **Academia Petrina,** heute das **Geschichts- und Kunstmuseum,** ist eines der schönsten der wenigen erhaltenen historischen Gebäude der Stadt. Es war Sitz der Herzogin von Kurzeme, Anna Iwanowna, der späteren Zarin des Russischen Reichs, bevor es 1773–1775 im Stil des Spätbarock umgebaut wurde und anschließend die erste Universität Lettlands beherbergte (Ģederta Eliasa Jelgavas Vēstures un mākslas muzejs, www.jvmm.lv, Mai–Sept. Do–So 10– 17, Okt.–April Mi–Sa 10–17 Uhr).

Die von Francesco Bartolomeo Rastrelli erbaute russisch-orthodoxe **Simonkirche** (Sīmaņa baznīca) ist ein weiteres Gebäude, das mit der Lebensgeschichte Herzog Birons verbunden ist: Er gab sie im Jahr 1763, kurz nach seiner Rückkehr aus der Verbannung, in Auftrag. Der Bau war eine der Bedingungen, die Katharina II. an die erneute Verleihung des Herzogentitels an Biron geknüpft hatte.

Infos

TIC Jelgava: Pasta 37, Tel./Fax 63 02 27 51, www.jelgava.lv und www.jrp.lv, Mo 8–18, Di–Do 8–17, Fr 8–15.30 Uhr.

Übernachten

Sportlich-praktisch ▶ **Hotel Zemgale:** Skautu 2, Tel. 63 00 77 07, Fax 63 00 77 10, www.zemgale.info. Modernes Hotel nahe der Innenstadt, ein Sportzentrum mit Eishalle und Bowlinghalle befinden sich in der Nähe. DZ ab 33 LVL.

Traditionsreich ▶ **Hotel Jelgava:** Lielā 6, Tel. 63 02 61 93, Fax 63 08 30 05, www.hoteljelgava.lv. Großes 3-Sterne-Hotel in einem Gebäude von 1938 am Schloss, großer Wellnessbereich und gutes Restaurant. DZ ab 28 LVL.

Essen & Trinken

Italia & Lettonia ▶ **Picorāns Tami Tami:** Lielā 19 a, Tel. 63 02 22 59, www.tamitami.lv. Pizzen und lettische Küche. 4–6 LVL.

Abends & Nachts

Perfekte Cocktails ▶ **Restorāns bārs »Meka«:** Ozolnieki, Stadiona iela 5a, Tel. 63 05 01 62, www.meka.lv, Sa–Do 12–23, Fr 12–3 Uhr, etwas außerhalb von Jelgava (über Lielā bzw. Rīgas iela Richtung Riga). Eine der beliebtesten Bars und Restaurants in Jelgava, im lettisch-rustikalen Stil mit freiliegenden Holzbalken und Naturstein gestaltet. Es gibt variantenreich kreierte Cocktails, gutes lettisches Essen und Showeinlagen.

Verkehr

Züge: stdl. nach Riga, Tel. 65 83 21 34.
Busse: mehrmals tgl. nach Riga, Liepāja, Saldus, Aizpute, Tel. 63 02 26 39. Nach Riga und Dobele auch **Minibusse.**

Latgale

Weit abgelegen von den Touristenrouten überrascht Latgale mit reizvollen Naturlandschaften, insbesondere zwischen Rēzekne und Daugavpils. Etwa 300 Seen reihen sich in der Hochebene aneinander. Die Daugava, Lettlands Schicksalsfluss, zeigt sich auf ihrem Weg von Krāslava nach Riga von extrem unterschiedlichen Seiten.

Latgale umfasst den ganzen Südosten Lettlands und unterscheidet sich von den drei anderen Provinzen Kurzeme, Zemgale und Vidzeme u. a. dadurch, dass sie überwiegend katholisch geprägt ist. Vom 13. Jh. bis zu ihrem Untergang 1561 befand sich Latgale in der Livländischen Konföderation. Nach dem Livländischen Krieg (1558–1583) fiel die Region unter die Herrschaft des litauisch-polnischen Königreichs, 1772 wurde sie in das russische Reich eingegliedert, blieb aber relativ isoliert. Erst 1918 wurde Latgale zu einer der vier Provinzen Lettlands erklärt. Kruzifixe an den Straßenrändern oder weiß getünchte spätbarocke Kirchen sind unübersehbare Zeichen des tief verankerten Katholizismus. Die durch die langjährige Abtrennung erhalten gebliebene latgalische Sprache, oft als provinzieller Dialekt belächelt, hört man in den Städten kaum. Die Letten sind hier in der Minderheit, und es wird fast ausschließlich Russisch gesprochen. Wirtschaftlich hinkt die Region dem Rest des Landes hinterher; im Ringen um bessere Zukunftsperspektiven setzt man nun verstärkt auf den Tourismus.

Entlang der Daugava nach Jēkabpils ▶ 1, G 9–K10

Auf dem Weg von Riga nach Latgale fährt man längere Zeit an der Daugava (Düna) entlang, die früher Teil des Handelsweges nach Byzanz war. Nachdem der Fluss für den Schiffsverkehr unbedeutend geworden war, begann man ihn im 20. Jh. für die Stromerzeugung und Wasserversorgung zu nutzen und baute zwischen Daugavpils und Riga eine Reihe von Staudämmen und Wasserkraftwerken. Die sich einst durch viele wunderschöne Täler und Auen schlängelnde Daugava verwandelte sich dadurch in eine Kette von Seen. Bedeutende alte Siedlungen und einzigartige Wasserfälle gingen unwiederbringlich verloren, Burgruinen stehen nun anstatt auf einer Anhöhe auf einer Insel. Erst ab Jēkabpils wird die Daugava schmaler, zwischen Krāslava und Daugavpils windet sie sich dann in neun Schleifen durch ein malerisches Flusstal.

Ikšķile und Ogre

Biegt man in der kleinen, eigentlich nicht besonders bemerkenswerten Ortschaft **Ikšķile,** 29 km südöstlich von Riga, von der Hauptstraße nach rechts ab, gelangt man zum Ufer der Daugava, von dem man auf einer kleinen Insel die **Ruine einer alten Kirche** (Sv. Māras baznīca) erkennen kann. Die unauffälligen Steinmauern sind die Überreste des ältesten Gotteshauses von Lettland und das früheste in Dokumenten erwähnte Steingebäude des Baltikums. An diesem Ort nahm die Missionierung und Besetzung des baltischen Raums ihren Anfang. Bischof Meinhard hatte die Kirche bereits 1186 errichten lassen, also noch vor der Gründung Rigas und vor dem Bau des Rigaer Doms. Ikšķile war damals der Kreuzungspunkt mehrerer Handelswege, die man kontrollieren wollte. Deshalb baute man zwei Jahre später eine Burg, die jedoch im 15. Jh. zerstört wurde. Die ursprünglich im romanischen Stil erbaute Kirche wurde im Ersten Weltkrieg zerstört und steht seit den 1970er-Jahren inmitten des Daugava-Stausees.

Auf dem Weg nach Lielvārde kommt man auch an **Ogre** vorbei, einem ehemaligen Kurort, der heute jedoch bis auf den gleichnamigen Fluss und die von einigen sehenswerten Häusern gesäumte Brīvības iela nur wenig Interessantes zu bieten hat. Einen Besuch lohnt der **Dendrologische Park Lazdukalni,** wo sich auf einem Spaziergang 412 verschiedene Bäume studieren lassen (Dendroloģiskais parks Ladzukalni, Pavasara gatva 6). Die Ogre, die in der Nähe in die Daugava mündet, ist ein gutes Terrain für Kanufahrer.

Infos

TIC Ogre: Brīvības 12a, Tel. 65 07 18 83, 29 49 16 85, www.ogresnovads.lv, www.latvijascentrs.lv, Mai–Sept. Mo–Fr 9–18, Sa 10–15, Okt.–April Mo–Fr 10–17 Uhr.

Übernachten

Erholung am Fluss ▶ **Meidrops:** Ikšķile, Rīgas 18, Tel. 65 03 65 47 oder 29 17 93 33, www.meidrops.lv. Großer Komplex an der Daugava, Restaurant und Bar. DZ ab 45 LVL.

Landatmosphäre ▶ **Turbas:** Turkalne bei Ikšķile, Tel. 26 35 55 51, www.turbas.lv. Idyllisches Landhaus mit Sauna, Zelten möglich. DZ ab 30 LVL.

Einfach ▶ **Griva:** Ogre, Rīgas 8, Tel. 65 04 49 60 oder 26 54 75 13. Einfaches Motel im Herzen von Ogre, das eher einem gewöhnlichen Gasthaus gleicht. Ab 15 LVL/Person.

Lielvārde

Gleich mehrere Sehenswürdigkeiten lohnen den Weg nach Lielvārde. In der Nähe des Ortseingangs ragt rechter Hand eine **Holzburg** auf. Es ist die Rekonstruktion einer altlettischen Anlage aus dem 12. Jh., deren Überreste man bei Ausgrabungen in der Nähe von Lielvārde entdeckte. Die Burganlage ist begehbar und auch für Kinder spannend; durch Informationstafeln erfährt man

viel über das Leben der baltischen Völker (Uldevena koka pils, Parka 3, Tel. 29 46 57 92, April–Nov. 10–19 Uhr).

Lielvārde ist aber vor allem als Schauplatz des letzten Kampfes des Volkshelden Lāčplēšis (Der Bärentöter) bekannt, der Hauptfigur des gleichnamigen Nationalepos, das in Lettland einen ähnlichen Stellenwert hat wie die Nibelungensage in Deutschland. Verfasst wurde es im 19. Jh. von Andrējs Pumpurs (1841–1902) auf der Basis einer lokalen Sage. Zur Erinnerung an den Schöpfer des Epos, der in der Nähe von Lielvārde zur Welt kam und hier seine Kindheit verbrachte, wurde im Stadtpark an der Daugava das **Andrējs-Pumpurs-Museum** errichtet (A. Pumpura Lielvārdes muzejs, Di–Sa 10–17, So 10–15 Uhr, 0,60 LVL). Die beiden großen Steine vor dem Museum sollen das Steinbett mitsamt Steindecke von Lāčplēšis darstellen.

Die **lutherische Kirche** (Luterāņu baznīca) gegenüber vom Museum birgt ein sehenswertes Altargemälde von Kārlis Miesnieks. Auch ein Rundgang durch den **Stadtpark** ist reizvoll, denn überall sind seltsam anmutende Figuren aus dem Heldenepos aufgestellt. Am Ende des Parks stößt man auf die **Überreste einer Ordensburg** (Pilsdrupas) von 1229.

Übernachten

Ideal für Aktivurlauber ▶ **Lielvārdes osta:** Krasta 2, Tel. 65 05 30 41, www.lielvardesosta.lv. Neues Gästehaus an der Daugava. Mit Restaurant, Angebot von Ausflügen in die Umgebung, Miete von Motor- und Ruderbooten möglich. DZ 25–35 LVL.

Gut für die Geldbörse ▶ **Oši:** Pils 2, Tel. 65 07 18 55 oder 26 48 25 19. Kleines nettes Gästehaus mit Restaurant und Terrasse. DZ ab 15 LVL.

Koknese

Die ehemalige Hansestadt Koknese, heute nur noch ein kleines Dorf, ist vor allem wegen ihrer **Burgruine** (Kokneses pilsdrupas) bekannt, die auf einer in die Daugava ragenden Halbinsel steht. 1209 erbaut, erhob sie sich jahrhundertelang auf einem Hügel 40 m über dem Fluss, bevor sie wie die Kirche von

Fast unwirklich mutet die Ruine der Burg Koknese inmitten der Daugava an

Ikšķile 1967 ein Opfer des Staudammbaus wurde. Heute sind die Ruinen des um 1700 im Nordischen Krieg zerstörten Bauwerks nur noch von einer Seite zugänglich. Mit dem Auto gelangt man nicht ganz bis zur Burg, der Fußweg durch den Park von Koknese lohnt sich aber: Eine so malerisch im Wasser stehende Ruine sieht man nicht alle Tage.

Infos

TIC Koknese: Melioratoru 1, Tel. 65 16 12 96, www.koknese.lv, Mo–Fr 9–17 Uhr.

Jēkabpils

Die mit nur 26 000 Einwohnern achtgrößte Stadt Lettlands entstand in ihrer heutigen Form erst 1962, als das kleinere Krustpils rechts der Daugava an das größere Jēkabpils links des Flusses angegliedert wurde. Dabei hätte es eigentlich umgekehrt sein müssen, denn Krustpils ist der deutlich ältere Ort. Er entstand schon im 13. Jh. um die Burg des Rigaer Erzbischofs herum, Jēkabpils hingegen ging erst Anfang des 17. Jh. aus einer Siedlung von aus Russland vertriebenen Alt-

gläubigen (s. S. 311) hervor. Zur schnellen Entwicklung des Ortes trugen im 18. und 19. Jh. dann die auf der Daugava vorbeifahrenden Händler bei, die ihre Waren wegen der Stromschnellen im Fluss in Jēkabpils umladen mussten.

Aus Koknese kommend, erreicht man auf der A 6 bzw. E 22 zuerst Krustpils, wo man bald auf der linken Seite der Rīgas iela das 1237 errichtete und in den folgenden Jahrhunderten mehrfach umgebaute **Schloss Krustpils** (Krustpils pils) entdeckt. Seit 1996 ist in dem Gebäude ein sehenswertes **Geschichtsmuseum** untergebracht, das in seiner Ausstellung über die Geschichte der Burg und ihrer Umgebung von der Steinzeit bis zur Gegenwart informiert. Wer nicht zur Ängstlichkeit neigt, wird seinen Spaß an der skurrilen Veranstaltung »Eine Nacht im Schloss« haben (Jēkabpils Vēstures muzejs, Rīgas 216 b, Tel. 65 22 10 42, www.jekabpils.lv, Mai–Okt. Mo–Fr 9–17, Sa/So 10–16, Nov.–April Mo–Fr 10–17, Sa 10–16 Uhr, 1,20 LVL).

Über die einzige Brücke der Stadt erreicht man das ursprüngliche Jēkabpils, wo vor al-

Das Schloss Krustpils in Jēkabpils birgt ein Museum

lem die zentrale **Brīvības iela** interessant ist. Sie wird von einigen sehenswerten Kirchen sowie einstöckigen Holzhäusern aus dem 19. Jh. sowie hübschen Backsteinbauten aus der Zeit der Wende vom 19. zum 20. Jh. gesäumt.

Das **Ethnografische Freilichtmuseum Sēļu sēta** ist eine Zweigstelle des Geschichtsmuseums. Es eignet sich gut für einen Besuch mit Kindern. Die werden begeistert sein, u. a. einen Bauernhof, eine Windmühle, Wohnhäuser und allerlei Werkzeuge aus dem 19. Jh. anschauen zu können (Jēkabpils Vēstures muzeja brīvdabas nodaļa Sēļu sēta, Filozofu 6, Führungen: Tel. 65 23 25 01, www.jekabpils.lv, Mai–Okt. Mo–Fr 9–17, Sa/So 10–16 Uhr, Nov.–April geschl., 0,40 LVL).

Infos

TIC Jēkabpils: Brīvības 140/142, Tel. 65 23 38 22, www.jekabpils.lv, Mo–Fr 11–18, Sa 9–14 Uhr.

Übernachten

Sowjetisches Relikt ▶ Daugavkrasti: Mežrūpnieku 2, Tel. 65 23 12 32, www.daugav krasti.lv. Restauriertes Hotel aus Sowjetzeiten mit einfachen Zimmern, direkt an der Daugava, etwas abseits des Zentrums. DZ ab 27 LVL.

Klein, aber fein ▶ Hercogs Jēkabs: Brīvības 182, Tel. 65 23 34 33, www.jnami.lv. Ein niedliches Hotel mit angenehmem Service, untergebracht in einem nostalgisch renovierten Backsteingebäude in zentraler Lage. DZ 20–55 LVL.

Essen & Trinken

Lettisch und weltweit ▶ Hercogs Jēkabs: (im Hotel Hercogs Jēkabs, s. o.) tgl. 10–23 Uhr. Rustikal eingerichtet, lettisch-internationale Küche. 4 LVL.

Verkehr

Züge: alle 2 Std. zwischen Riga und Krustpils bzw. Riga und Daugavpils.

Busse: stdl. nach Riga ab Busbahnhof, Vienības 1, Tel. 65 23 14 73.

Von Jēkabpils nach Rēzekne ► 1, K 10–M 10

Karte: S. 312

Naturreservat Teiči 1

In Silagals bei Murmastiene befindet sich der Eingang zum **Naturreservat Teiči** (Teiču rezervāts), dem größten Hochlandmoor Lettlands. Damit das empfindliche Ökosystem nicht gestört wird, ist der **Zutritt nur nach Voranmeldung** (mindestens drei Tage im Voraus) und nur in Begleitung eines Führers erlaubt. Der kleine organisatorische Aufwand lohnt sich aber in jedem Fall. Das Naturreservat besteht hauptsächlich aus weitläufigen Moosflächen, unter denen eine bis zu 8 m dicke Torfschicht liegt. Wie in allen Sumpfgebieten gibt es auch hier viele Beerengewächse und kleinwüchsige Bäume, z. B. Sumpfbirken, und natürlich ist das Reservat auch ein beliebtes Revier von Wasservögeln.

Infos

Informationszentrum Naturreservat Teiči: Aiviekstes 3, Ļaudona (nahe dem Krustkalnu-Reservat an der P 82), Tel. 64 80 72 01, www.teici.gov.lv.

Varakļāni und Viļāni

Fährt man weiter Richtung Rēzekne, durchquert man die Kleinstadt **Varakļāni** 2. Sehenswert ist hier vor allem **Schloss Varakļāni** (Varakļānu pils), erreichbar über die Rīgas iela, von der die Pils iela abzweigt. Das zweistöckige Gebäude mit einem Säulenportal wurde 1783–1789 nach einem Entwurf des italienischen Architekten Vinzenzo Mazotti im Auftrag des Grafen von Borch errichtet, eines Kunstliebhabers und Anhängers des Klassizismus. Das Schloss ist eingebettet in einen romantischen Park mit Lindenalleen, Brücken und einem sogenannten Liebesstein. Im Gebäude selbst befindet sich heute das Heimatmuseum der Stadt mit einer Ausstellung über die Geschichte des Schlosses und der Region (Varakļānu Novadpētniecības muzejs, Pils 27, Juni–Sept. Di–So 10–17, Okt.–Mai Di–Sa 10–16 Uhr, 0,50 LVL).

Ebenfalls von dem Architekten Vinzenzo Mazotti erbaut wurde das auf einer kleinen Erhebung im Stadtzentrum bei der Rīgas iela stehende **Miniatur-Pantheon** (Fon der Borhu dzimtas kapella).

Die Stadt **Viļāni** 3, 14 km hinter Varakļāni, liegt an dem kleinen Fluss Malta. Hier kann man einen kurzen Stopp machen, um eine der schönsten Kirchen von Latgale zu besichtigen: die 1772 vollendete **Klosterkirche St. Michaelis** (Sv. Mihaila klosterbaznīca). Die weiß getünchte Fassade des doppeltürmigen Sakralbaus ist ganz im Rokokostil gehalten. Im Innern ist vor allem das Porträt des Kirchenstifters Mihal de Rick sehenswert, es gilt als typisches Beispiel der polnischen Malschule des 18. Jh.

Rēzekne 4

Hauptstadt und Herz Latgales ist das 36 000 Einwohner zählende **Rēzekne**. Auf dem alten Burgberg im Zentrum existierte schon in der mittleren Eisenzeit eine lettgallische Siedlung. Wie andernorts auch errichtete der Livländische Orden im 13. Jh. an der gleichen Stelle eine große Festung. Vor allem im 15. und 16. Jh. war sie eine der wichtigsten Festungsanlagen des Ordens an der östlichen Grenze Livlands. Deshalb wurde Rēzekne auch hart umkämpft, war mal russisch, mal polnisch, dann wieder schwedisch, und musste immer wieder schwere Zerstörungen hinnehmen, bevor es im 18. Jh. an Bedeutung verlor. Erst nach dem Anschluss an mehrere wichtige Verkehrsverbindungen, wie 1836 an die Landstraße und 1861 an die Eisenbahnlinie Warschau–St. Petersburg, erlebte die Stadt eine neue Blüte. Im April 1917, kurz vor der lettischen Unabhängigkeit, fand in Rēzekne der 1. Kongress der Letten in Latgale statt, auf dem diese beschlossen, sich vom Witebsker Gouvernement loszulösen, dem die Region bis dahin unterstanden hatte, und sich mit den anderen lettischen Provinzen zu verbinden. Der Zweite Weltkrieg hatte für

Lettland: Latgale

Rēzekne katastrophale Folgen, ein Großteil der historischen Gebäude wurde zerstört.

Der **Burgberg** (Pils kalns) ist die bedeutendste Sehenswürdigkeit der Stadt. Auf ihm sind noch Reste der Ordensburg zu sehen, außerdem hat man einen herrlichen Blick auf Rēzekne, insbesondere auf die zwischen 1888 und 1900 erbaute katholische **Herz-Jesu-Kirche** (Ježus Sirds baznīca). Der rote Backsteinbau zählt zu den schönsten Architekturdenkmälern des Historismus im Baltikum. Im Innern fällt vor allem der Altar aus der ersten Hälfte des 18. Jh. ins Auge, der aus einem anderen, älteren Sakralbau stammt.

Wahrzeichen von Rēzekne und zugleich Symbol für die Unabhängigkeit Lettlands ist die **Freiheitsstatue »Latgales Māra«** an dem ovalen Platz in der Atbrīvošanas aleja unweit des Hotels Latgale (s. u.). Dort stehen auch zwei kleine Kirchen, die einen Besuch wert sind – eine katholische und eine russisch-orthodoxe.

Das **Kulturhistorische Museum,** ebenfalls ganz in der Nähe, gibt in seiner Ausstellung zur Keramik in Latgale einen guten Überblick über die Besonderheiten und Traditionen des Töpferhandwerks in der Provinz (Latgales kultūrvēstures muzejs, Atbrīvošanas aleja 102, Di–Fr 10–17, Sa 10–16 Uhr).

Infos

TIC Rēzekne: Atbrīvošanas aleja 98, Zimmer 110, Tel. 64 60 50 05 oder 26 33 74 49, www.rezekne.lv, www.latgale.lv. Mo–Fr 10–18 Uhr. Infos, Vermittlung von Privatquartieren.

Übernachten

Toplage ▶ **Kolonna Hotel Rēzekne:** Brīvības 2, Tel. 64 60 78 20, wwww.hotelkolonna.com. 2005 restauriertes Hotel im Herzen von Rēzekne, am Ufer des gleichnamigen Flusses. Die 1939 gebaute Unterkunft bietet Platz für 86 Gäste. DZ ab 43 LVL.

Sowjetischer Charme ▶ **Hotel Latgale:** Atbrīvošanas aleja 98, Tel. 64 62 21 80, www.hotellatgale.lv. Achtstöckiges Hotel aus Sowjetzeiten, Zimmer in drei unterschiedlichen Kategorien, relativ guter Frühstücksservice. DZ ab 40 LVL.

Essen & Trinken

Feine Speisen ▶ **Rozalija:** Brīvības 2, Tel. 64 60 78 40, www.hotelkolonna.com, tgl. 11–23 Uhr. Das Restaurant des Kolonna Hotel Rēzekne mit seinem stilvollem Interieur serviert europäische Speisen. 6 LVL.

Essen und Kunst ▶ **Möls:** Latgales 22/24, Tel. 64 62 53 53 oder 29 46 00 41, tgl. 10–22 Uhr. Kunstsalon und Bar, in der Kunstgegenstände gekauft werden können. 4 LVL.

Essen satt mit Qualität ▶ **Ērmanītis:** Latgales 28, Tel. 64 62 21 13, www.bistroermanitis.lv, So–Do 9–20, Fr, Sa 9–1 Uhr. Kafejnīca mit großer Auswahl an einfachen, guten Gerichten. 4 LVL.

Aktiv

Reiten ▶ **Reiterhof Untumi:** Umgebung von Rēzekne, Tel. 26 22 72 97, 26 33 74 49, www.untumi.lv. Außerhalb von Rēzekne (über Atbrīvošanas aleja stadtauswärts, dann nach links auf die A 12 Richtung Spudžāni). Reitexkursionen in die Umgebung sowie Kurse für Anfänger und Fortgeschrittene.

Verkehr

Züge: 1 x am Tag ab Hauptbahnhof, Stacijas 2, Tel. 65 83 33 97.

Busse: Richtung Riga und Dagda, ebenfalls ab Hauptbahnhof (Tel. 64 62 20 45).

Ludza 5

Von Rēzekne sind es ca. 28 km bis zur kleinen Provinzstadt **Ludza,** die von fünf malerischen Seen umgeben ist. Archäologische Zeugnisse sprechen dafür, dass die Gegend schon in der Eisenzeit besiedelt war. Markanteste Sehenswürdigkeit ist die Ruine der teilweise aus rotem Ziegelstein erbauten **Ordensburg** auf einem Hügel zwischen dem **Großen Ludza-See** (Lielais Ludzas ezers) und dem **Kleinen Ludza-See** (Mazais Ludzas ezers), ursprünglich ein zweistöckiger Bau mit einer Waffengalerie im Obergeschoss. Die im 18. Jh. errichtete katholische **St. Marienkirche** (Sv. Dievmātes katoļu baznīca) in der Nähe brannte 1938 bis auf den Glockenturm nieder und wurde erst 1993 wieder aufgebaut. Neben ihr erhebt sich die

Die Altgläubigen — Thema

Die Altgläubigen sind ein religiöser Zweig der russisch-orthodoxen Kirche. Als diese im 17. Jh. zugunsten der griechisch-byzantinischen Tradition reformiert wurde, protestierten die Altgläubigen dagegen und mussten daraufhin aus dem Russischen Reich fliehen. Viele der Flüchtlinge fanden in Lettland eine neue Heimat.

Patriarch Nikon (1605–1681) versuchte die bestehende Liturgie der russischen Kirche zu reformieren und stärker an der griechischen Tradition zu orientieren. In der Folge entstand in Moskau um den Protopopen Awwakum (1620–1682) eine Oppositionsbewegung, die diese Reformen ablehnte. Avvakum, dessen Autobiografie eines der bedeutendsten Zeugnisse der russischen Literatur darstellt, gilt seither als einer der Begründer des Alten Glaubens. Im Jahr 1666 wurden die Anhänger des Alten Glaubens von der russischen Staatskirche ausgeschlossen und seitdem als Ketzer verfolgt. Viele von ihnen suchten daraufhin im Ausland Schutz oder zogen sich in abgelegene Gebiete des Russischen Reichs zurück.

In der Folgezeit bildeten sich aus der ehemaligen Oppositionsbewegung zwei Gruppierungen mit bischöflich-priesterlicher Struktur, die Popovzen, sowie viele Gemeinschaften, die auf einen Priester und auch auf die Eucharistie verzichteten, die Bespopovzen. Eine dieser priesterlosen Gemeinden sind die u. a. stark in Lettland vertretenen Pomortsy.

Die Gemeinde der Altgläubigen-Kirche umfasst heute weltweit vermutlich 2–3 Mio. Menschen. In Lettland gibt es derzeit etwa 64 000 Anhänger des Alten Glaubens, ihre 70 Bethäuser befinden sich überwiegend in Riga sowie im Südosten Lettlands, dort vor allem in Jēkabpils, Daugavpils und Rēzekne.

In Latgale bilden die Altgläubigen nach den Katholiken sogar die zweitgrößte Konfessionsgruppe. Dort siedelten sie sich Ende des 17. Jh. auch zuerst an. Sie lebten größtenteils in klosterähnlicher Gemeinschaft in von der Außenwelt abgeschirmten Dörfern (z. B. Dorf Slutišķi im Naturpark Daugavas loki, s. S. 317). Ihre Regeln waren streng: So ließen sie beispielsweise niemals Anhänger eines anderen Glaubens ihr Geschirr benutzten – in der Meinung, es würde dadurch verunreinigt.

Im 18. Jh. kamen immer mehr Altgläubige auch nach Riga, wo ihre Traditionen liberaler wurden und sie sich gut in die lettische Gesellschaft integrierten. Die bedeutendste Altgläubigengemeinde Lettlands existiert in der Moskauer Vorstadt in Riga, in der Nähe des Zentralmarkts. Dort steht das Bethaus von Grebenschtschikov (Grebenščikova vecticībnieku lūgš. nams) in der gleichnamigen Straße, das weltweit größte Versammlungshaus der Altgläubigen. 1814 mit Hilfe großzügiger Spenden des Kaufmanns Grebenščikov erbaut, schmückt seit 1906 ein schlanker, in vereinfachten Formen der byzantinischen Baukunst errichteter Glockenturm mit einer vergoldeten Kuppel das mehrfach umgebaute Hauptgebäude. Es ist die einzige vergoldete Kuppel in Riga – bei sonnigem Wetter ist sie schon von Weitem zu sehen. Im ersten Stock des Gebäudes befindet sich der große Gebetssaal mit kostbaren Ikonen aus dem 15. Jh.

achteckige Kapelle der Familie Karnicki (Karņicku dzimtas kapella) aus dem 18. Jh.

Im Zentrum der Stadt zieht vor allem die 1843 nach dem Vorbild der St. Petersburger Andrej-Kathedrale im spätklassizistischen Stil erbaute orthodoxe **Uspenski-Kathedrale** (Uspenskas pareizticīgo katedrāle) die Blicke auf sich.

Das **Heimatmuseum** (Ludzas novadpētniecības muzejs) zeigt mittelalterliche Trachten und Keramik aus der Region und besitzt ein Freilichtgelände mit einer Windmühle, alten Holzhäusern und auch einer Töpferwerkstatt (Kuļņeva 2, Mo–Fr 9–17, Sa 10–15 Uhr).

Pasiene 6

Wer bereit ist, von Ludza aus einen ca. 40 km langen Weg in südöstliche Richtung in Kauf zu nehmen, wird mit dem Anblick eines der schönsten Beispiele sakraler Architektur in Latgale belohnt: Biegt man bei Zilupe nach

rechts auf die teilweise unbefestigte P 52 Richtung **Pasiene** ab, gelangt man im Orts-zentrum zur Pasienes katoļu baznīcu. Das als Klosterkirche der Dominikaner errichtete, 1777 eingeweihte Gotteshaus mit zwei Tür-men besticht durch sein detailreiches, aus-drucksstarkes Interieur im Rokokostil.

Infos
TIC Ludza: Ludza, Baznīcas 42, Tel. 65 70 72 03 oder 29 46 79 25, www.turismus.ludza.lv.

Übernachten
Ordentlich ▶ **Hotel Ludza:** 1. Maijas 44, Tel. 65 72 61 12 oder 29 10 40 55, hotelludza@ inbox.lv. Hotel in der zweiten Etage eines Stadthauses. DZ ab 22 LVL.

Verkehr
Busse: mehrmals tgl. nach Rēzekne, Jēkab-pils, Daugavpils und Riga (teilweise mit Um-steigen), Tel. 65 72 22 81; Busbahnhof: Kr. Barona 47/13.

Von Rēzekne nach Daugavpils ▶ 1, M 10–L 12

Die Route führt von Rēzekne durch die schönsten Landschaften der Provinz Latgale. Für eine Strecke sollte man ein bis zwei Tage einplanen.

Rāzna Nationalpark
Der 2007 gegründete Rāzna Nationalpark (Rāznas nacionālais parks) ist der jüngste der vier lettischen Nationalparks und reicht vom Rāzna-See bis zum Ežezers-See (http:// razna.dau.lv). Der **Rāzna-See 7** (Rāznas ezers) ist mit einer Fläche von 57,6 km² der zweitgrößte See Lettlands und wegen seiner leicht zugänglichen Ufer ein beliebtes Erho-lungsgebiet. Einen schönen Ausblick auf den See und seine Umgebung hat man vom **Mākoņkalns 8**. Der Berg war einmal Stand-ort der bedeutenden, 1263 erbauten Wol-kenburg, von der heute allerdings nur noch Mauerreste zu sehen sind. Ebenfalls einen guten Blick auf die Umgebung hat man vom 289 m hohen **Liepukalns 9**. Der **Ežezers-See 10** (Ežezers) ist ein besonders buchten-reicher See. Seine 69 Inseln sollte man nur im Sommer zählen, im Herbst sind viele von ih-nen nach Regenfällen überflutet.

Dagda 11
Nach weiteren 13 km hat man die Kleinstadt **Dagda** erreicht, die idyllisch auf einer leichten Anhöhe am Westufer des Dagda-Sees (Dag-das ezers) liegt. Schon allein wegen ihrer über-raschend großen katholischen Dreifaltigkeits-

kirche (Sv. Trīsvienības katoļu baznīca) ist sie einen Besuch wert. Der weiß getünchte, 1741 errichtete Bau besitzt eine barocke, von zwei niedrigen Türmen flankierte Fassade.

Für Eilige bietet sich die Möglichkeit, von Dagda direkt nach Krāslava weiterzufahren. Doch eigentlich sollte man den Besuch von Aglona mit seiner Basilika keinesfalls versäumen. Auf der Fahrt dorthin lohnt sich nach etwa 30 km reizvoller Wegstrecke an mehreren kleineren Seen vorbei ein Abstecher zur katholischen **Holzkirche von Bērzgale** 12 (Katoļu baznīca). Man biegt bei dem kleinen Ort Kapiņi nach rechts auf eine unbefestigte Straße ab und fährt einige Kilometer am Ufer des Rušons ezers entlang. Schon bald entdeckt man rechter Hand auf einer kleinen Erhebung die graue, 1751 auf einem Grundriss in Form eines lateinischen Kreuzes erbaute Kirche mit ihrem erst im 19. Jh. hinzugefügten Glockenturm.

Übernachten

Für den Notfall ▶ **Avotiņš:** Brīvības 3, Dagda, Tel. 65 68 11 58, www.davs.lv. Sehr einfache Unterkunft mit Einzel-, Zweibett- und Mehrbettzimmern. 9 LVL/Person.

Mit Freizeitmöglichkeiten ▶ **Pie Rāznas:** Rāznas 66, Kaunata am Rāznas ezers, Tel. 29 37 30 15 oder 26 36 63 91, www.atputapie raznas.lv. Ferienhaus im Grünen mit Landsauna. Ab 5 LVL/Person.

9 Aglona

Der Name **Aglona** ist vor allem Katholiken ein Begriff, denn die katholische Basilika des Ortes ist ein beliebtes Pilgerziel. Jedes Jahr am 15. August, Mariä Himmelfahrt, strömen Tausende von Gläubigen aus Lettland und ganz Osteuropa zu dem Gotteshaus, um an festlichen Messen und Prozessionen teilzunehmen. Aglonas Entwicklung zu einem bedeutenden Zentrum des Katholizismus begann 1700, als die reiche Familie Szostowicky ei-

Jedes Jahr zu Mariä Himmelfahrt pilgern Tausende Gläubige zur Basilika von Aglona

nen Teil ihres Besitzes dem Dominikanerorden vermachte, der hier bald darauf ein Kloster und eine Holzkirche errichten ließ und einige Jahrzehnte später die Basilika aus Stein.

Majestätisch steht Ende des 18. Jh. errichtete **Basilika** (Divtorņu baziliku) im Zentrum eines riesigen umzäunten Platzes. Außen fallen an dem schneeweißen Gotteshaus besonders die beiden 60 m hohen Türme mit offenen Glockenstühlen ins Auge. Der Bau ist im Stil des Spätbarock gestaltet, doch die geraden Linien der Fassade und die dekorativen Elemente im pastellfarben ausgemalten Kircheninnern lassen bereits den Einfluss des Klassizismus erkennen. Hoch über dem Altar ist die Hauptsehenswürdigkeit der Basilika zu sehen: die Ikone der »Agloner Gottesmutter«, der wundertätige Kräfte zugesprochen werden. Die Herkunft des Bildnisses ist unbekannt, es existiert jedoch ein nahezu gleiches, im 14. Jh. entstandenes Heiligenbild im litauischen Trakai. Es ist aber meistens von einem anderen Bild verdeckt und wird nur an besonderen Feiertagen gezeigt.

In dem zweistöckigen Steinbau neben der Basilika befanden sich einst die Klosterbibliothek und die Klosterschule des 1880 geschlossenen Dominikanerklosters. Heute wird das Gebäude u. a. als Gästehaus genutzt. Zum 200. Jubiläum im Jahr 1993 stattete Papst Johannes Paul II. Aglona einen Besuch ab und hielt eine Messe in der Basilika.

Das idyllisch zwischen dem malerischen Cirīša-See (Cirīša ezers) und dem Egle-See (Egles ezers) gelegene **Dorf Aglona** eignet sich sehr gut für einen mehrtägigen Aufenthalt.

Zwischen Aglona und Krāslava

Verlässt man Aglona auf der P 62 Richtung Krāslava, kommt man schon nach wenigen Kilometern am **Velnezers-See** 13 (Velnezers) vorbei, dem sogenannten Teufelssee, der seinen Namen dem mysteriösen Farbenspiel seines Wassers verdankt. Bei der Ortschaft Kombuļi erhebt sich dann linker Hand am höchsten Berge Lettlands, dem **Saules-kalns** 14, eines der beliebtesten Ausflugsziele in Latgale. Viele Jahrhunderte lang war er eine bedeutende Kultstätte der Lettgallen, worauf

Lettland: Latgale

auch der Name hinweist: *Saule* bedeutet Sonne, *kalns* Berg. Von seinem 211 m hohen Gipfel bietet sich bei klarem Wetter ein Panoramablick über mehr als 30 Seen im leicht welligen Umland. Unweit des Sauleskalns liegt der mit 63 m tiefste See des Baltikums, der glasklare **Drīdža-See** 15 (Drīdža ezers), von dem aus man zu einer mehrtägigen Kanutour auf mehreren miteinander verbundenen Seen starten kann (Bootsverleih s. u.).

Infos

TIC Aglona: Somersetas 34, Tel. 65 32 21 00, www.visitaglona.lv.

Übernachten

Familienpension ▶ **Aglonas Cakuli:** Ezea 4, Aglona, Tel. 29 19 43 62, 65 37 54 65, www.aglonascakuli.lv. Kleines Hotel mit 25 Betten, das idyllisch am Ciriša-See liegt, Bootssteg vorm Haus. Hier kann man Räder und Boote mieten, Ausflüge in die Seenlandschaft unternehmen oder einfach am Seeufer liegen. Es wird Deutsch gesprochen. DZ ab 25 LVL.

Schlafen bei Mönchen ▶ **Aglonas bazilikas klosteris:** Cirīsu 8, Aglona, Tel. 65 38 11 09 oder 29 47 21 55, abv@aglonasbazilika.lv. Einfache, aber sympathische Übernachtungsmöglichkeit in Mehrbettzimmern des Dominikanerklosters neben der Basilika. Ab 7 LVL/Person.

Zelten und Kanu fahren ▶ **Dridži:** Pamales, bei Skaista an der P 61 zwischen Dagda und Krāslava, Tel. 29 44 12 21, www.dridzi.lv. Großer Erholungskomplex am Dridža ezers beim Sauleskalns mit einem vielfältigen Angebot für Aktivurlaub wie Rudern, Angeln, Fahrradfahren oder Jagen. Balkenhäuser für 4–6 Personen sowie Zeltplatz. Haus je nach Größe 35–180 LVL, Zelt 4 LVL, Wohnmobil 6 LVL.

Aktiv

Angebote für **Aktivitäten** sowie **Fahrrad- und Bootsverleih** s. Übernachten.

Krāslava 16

Ganz im Südosten Lettlands, dort wo die Hügelketten der Latgaler Hochebene zur Dau-

Auf dem Pferderücken durch die lettische ›Prärie‹ und das Land entdecken

Tipp: Exkursion an der weißrussischen Grenze

Reiten ist in Lettland ganz allgemein eine wundervolle Sache. Es ist etwas unvergleichlich Schönes, die oft noch unberührte Natur vom Rücken eines Pferdes aus zu erleben. Geführte Reitausflüge bietet beispielsweise der Reiterhof Klajumi bei Kaplava am Südufer der Daugava zwischen Daugavpils und Krāslava an. Ein zweitägiger Ausritt

kostet 75 LVL, ein siebentägiger 359 LVL. Kürzere Ausritte sind natürlich auch möglich und kosten 10 LVL pro Stunde.
Reiterhof Klajumi, bei **Kaplavat ▶** 1, M12, Region Krāslava (in Krāslava Brücke über die Daugava überqueren, dann auf die P 69 nach Kaplava), Tel. 29 47 26 38, www.klajumi.lv. Auf Wunsch wird man in Kaplava abgeholt.

gava hin abfallen, liegt das hübsche Städtchen **Krāslava**. Es besitzt so gut wie keine Industrie, sondern ist für seinen Gemüseanbau und die daher große Zahl von Gewächshäusern bekannt. Im 14. Jh. errichtete der Livländische Orden an der Stelle des heutigen Krāslava ein befestigtes Vorratslager, das 1558 zum Lehnsgut des Ordens wurde. 1729 wurde es von Jan Plater gekauft, der das Gut zu einem **Schloss** umbauen ließ und bestrebt war, Krāslava zur Hauptstadt von Latgale zu machen. Das Schloss, das sich auf künstlich angelegten Terrassen erhebt, wurde Anfang des 19. Jh. im klassizistischen Stil neu gestaltet und ist noch nicht restauriert. Nach Voranmeldung kann es aber besichtigt werden (Grāfu Plāteru pils, Pils iela, Besichtigung nach Voranmeldung bei Touristeninformation). Ähnlich verhält es sich mit dem sogenannten **Alten Schloss**, auch Bibliotheksgebäude genannt (Grāfu Plāteru bibliotēka, Grāfu Plātera iela). Diesen eleganten zweistöckigen Barockbau ließ Graf Konstantin Ludwig Plater 1758 für seinen Sohn bauen. Später verlegte die Familie ihre Bibliothek dorthin. Ein romantischer Lindenpark in der Umgebung des Schlosses lädt zu einem kleinen Spaziergang ein. In der Nähe der beiden Schlösser befindet sich auch das **Geschichtsmuseum**, das über die Geschichte der beiden Schlösser und der Familie Plater informiert (Krāslavas vēstures un mākslas muzejs, Pils iela 8, Mai–Okt. Di–Fr 10–17, Sa 10–14, Nov.–April Mo–Fr 10–17 Uhr, 1 LVL).
Noch beeindruckender als die Schlösser und das Museum ist die katholische **St. Lud-**

wigskirche (Sv. Ludviķa katoļu baznīca) auf dem gegenüberliegenden Hügel, die 1767 von dem italienischen Architekten Antonio Parraco im Stil des Spätbarock errichtet wurde. Der dreischiffige Bau birgt außergewöhnliche Kunstwerke, insbesondere das Altarbild »Ludwig der Heilige«, das 1884 von T. Lisjewitsch nach einer Skizze von Jan Mateiko angefertigt wurde. Bei Renovierungsarbeiten entdeckte man auch Fresken (1762–1767) von Filipo Castaldi.

Naturpark Daugavas loki

Der **Naturpark Daugavas loki** ist vor allem interessant, weil sich hier die Daugava in neun Schleifen durch ein erdgeschichtlich bedeutendes Tal windet. Die Findlinge, Schluchten und Steilhänge sind bis zu 350 Mio. Jahre alt. Letztere bieten immer wieder traumhafte Ausblicke auf die gemächlich dahinfließende Daugava. Dass dieses Tal nicht von einem Stausee überschwemmt wurde, wie es die sowjetisch-lettische Regierung in den 1980er-Jahren plante, ist nur dem Widerstand der Bevölkerung zu verdanken. Sehr reizvoll ist es übrigens, den 28 km langen Abschnitt durch den Naturpark mit einem Boot zu bewältigen.
Hat man von Krāslava aus die A 6 Richtung Westen genommen, zweigt nach 17 km bei der Ortschaft Židina eine unbefestigte Straße nach links ab und etwas später in dem Ort Markova eine noch weitere kleinere Straße ebenfalls nach links. Sie führt bald zum 1,6 km langen **Naturlehrpfad Markova** **17** (Markovas izziņas taka), der auf Schautafeln anschaulich über Flora und Fauna im Urstrom-

Tipp: Wanderung

Am Aussichtspunkt am Ortsausgang von Krāslava beginnt der 1,4 km lange **Adamova-Pfad** (Adamovas taka). Er führt u. a. zu geheimnisvollen Schluchten oder uralten Bäumen und eröffnet immer wieder wunderbare Ausblicke auf das Flusstal.

tal informiert. Im gleichen Tal liegt ein paar hundert Meter weiter das rund 500 Jahre alte Dorf **Slutiški** 18. Es ist seit dem Jahr 1998 unter besonderen Schutz gestellt, weil hier bereits seit Jahrhunderten altgläubige Russen (s. S. 311) leben. Ein kleines Museum informiert über die Geschichte des Dorfes (Tel. 65 47 13 21, Mai– Okt. Mo–Fr 9–17 Uhr, Parkge-

bühren 0,40 LVL, Eintritt ins Dorf 0,50 LVL, Museum 0,80 LVL, Führungen 2 LVL. Wer das Museum anschauen will, muss am Parkplatz Bescheid geben, dann kommt jemand mit und schließt es auf). Von Markova sind es nur ein paar Kilometer auf der unbefestigten Straße zum **Aussichtsturm Vasergeliški** 19 (Vasergeličku skatu tornis). Von dort hat man einen herrlichen Blick auf den Fluss Daugava.

Fantastisch ist auch die Aussicht von dem 25 m hohen Hügel ein Stück weiter westlich, auf dem die **Ruine der Dünaburg** 20 (Dinaburgas pils makets) steht. Die ehemals bedeutende Burg wurde Ende des 16. Jh. bis auf die Grundmauern niedergerissen. Eine Miniatur-Nachbildung im Maßstab 1:40 auf dem Burghügel vermittelt den Betrachtern eine Vorstellung davon, wie die Burg in früheren Zeiten ausgesehen haben mag.

Traumhafte Flusslandschaft: die Daugava zwischen Krāslava und Daugavpils

Etwa 19 km östlich liegt bei **Naujene** 21 der 5,8 ha große Park des ansonsten nicht weiter sehenswerten Guts Jutzefova (Juzefovas muižas parks) vom Ende des 19. Jh. Dort beginnt der kulturhistorische **Juzefova-Pfad** (Juzefovas taka, auch Marijas taka genannt), der in eine eigenartige Schlucht führt.

Das kleine **Naujene-Heimatmuseum** nahe der Kreuzung A 6/A 13 informiert über die Fauna der Daugava und zeigt archäologische Fundstücke, die man bei der Ruine der Dünaburg entdeckt hat (Naujenes Novadpētniecības muzejs, Skolas 1, Naujene, Mo–Fr 8–17 Uhr).

Infos

TIC Krāslava: Brīvības 13, Tel. 65 62 22 01, www.kraslava.lv, Mai–Sept. Mo– Fr 8–17, Sa 10–14, Okt.–April Mo–Fr 8–17 Uhr.

TIC Naujene: Skolas 18, Tel. 65 47 13 21, www.naujene.lv.

Übernachten

Uferblick ▶ **Zive:** Krāslava, Pārceltuves 14, Tel. 65 62 21 43, 29 18 58 35. Einfaches, aber komfortables Gästehaus am Ufer der Daugava. Mit Restaurant. DZ ab 24 LVL.

Zelten ▶ **Priedaine:** Krāslava, Kluša 2, Tel. 26 43 07 98 oder 29 77 36 28. Neubau im Grünen, Zelten möglich. Bietet auch Bootsfahrten auf der Daugava an. DZ ab 20 LVL.

Daugavpils ▶ 1, L 12

Cityplan: S. 320

Einen starken Gegensatz zur lieblichen Landschaft Latgales bildet die mit rund 105 000 Einwohnern zweitgrößte Stadt Lettlands, **Daugavpils** 22 (Dünaburg). Der 1275 gegründete Ort wurde im Zweiten Weltkrieg fast vollständig zerstört. In den Nachkriegsjahren im sowjetischen Plattenbaustil wieder aufgebaut, ist er heute eine triste Industriestadt. Der Anteil der russischsprachigen Bevölkerung ist sehr hoch, denn während der Sowjetherrschaft wurden Zehntausende Arbeiter aus allen Gebieten der Sowjetunion hier angesiedelt, um in den neu errichteten Fabriken zu arbeiten. Anders als in Riga kommt in Daugavpils die Wirtschaft trotz des EU-Beitritts nur schwer in Gang. Die Arbeitslosigkeit ist zwar in den letzten Jahren leicht gesunken, gehört aber immer noch zu den höchsten in Lettland.

Zentrum

Die schachbrettartig angelegte Altstadt hat bis auf wenige im Stil des Klassiszismus errichtete Gebäude aus dem 19. Jh. kaum Sehenswertes zu bieten. Immerhin: Auf der teilweise zur Fußgängerzone umfunktionierten Rīgas iela steht die dem gleichnamigen vatikanischen Vorbild nachempfundene, jedoch viel kleinere katholische **St.-Peter-Kirche** 1 (Sv. Pētera kat. baznīca). In der parallel zur Rīgas iela verlaufenden Saules iela kann man einige der wenigen **Jugendstilhäuser** 2 von

Daugavpils

Daugavpils entdecken, außerdem eine **orthodoxe Kirche** 3 (A. Ņevska pareiztic. kapela) von 2002 – ein zehnfach verkleinerter Nachbau der orthodoxen Alexander-Newski-Kirche (erbaut 1856–1864), die bis 1962 an dieser Stelle gestanden hatte.

Die einzige erhaltene **Synagoge** 4 von ehemals 40 Synagogen der bis zum Zweiten Weltkrieg recht großen jüdischen Gemeinde von Daugavpils beherbergt eine wertvolle Sammlung religiöser Texte.

Das gut bestückte **Kunst- und Heimatmuseum** 5 in einem sehenswerten Jahrhundertwendebau informiert u. a. über die wechselvolle Geschichte der oft umkämpften Stadt und präsentiert in einem separaten Raum Bilder des weltberühmten Malers Mark Rothko (1903-1970), der in Daugavpils geboren wurde (Novadpētniecības un mākslas muzejs, Rīgas 8, www.dnmm.lv, Di–Sa 10–18 Uhr, 0,50 LVL).

Außerhalb des Stadtzentrums

Über die große 18. novembra iela gelangt man gleich zu vier Kirchen, die auf engstem Raum nebeneinander stehen: Direkt hinter der großen Brücke, die über die Bahngleise führt, erblickt man links die orthodoxe **Boris-und-Gleb-Kirche** 6 (Sv. Borisa un Gleba pareiztic. kat.), wahrscheinlich die schönste orthodoxe Kirche in Latgale. Im Jahr 1655 erbaut und 1905 gründlich restauriert, beherbergt sie u. a. drei Kopien von Werken des berühmten Kiewer Ikonenmalers Wasnezov. Etwas versteckt erhebt sich in einer Seitenstraße die **Altrussisch-orthodoxe Kirche** 7 mit einer Sammlung von etwa 300 wertvollen Ikonen, von denen viele aus Silber gearbeitet wurden. Auf der anderen Seite der 18. novembra iela stehen nebeneinander die neobarocke **Marienkirche** 8 (Dievmātes kat. baznīca), deren zur Erinnerung an eine Marienerscheinung 1902 angelegte Mariengrotte viele Gläubige anzieht, sowie die 1892/93 im neogotischen Stil erbaute **Martin-Luther-Kirche** 9 (M. Lutera baznīca).

Festung und Alexander-Newski-Kirche

Die riesige ovale **Festung** 10 nordwestlich des Stadtzentrums wurde zwischen 1810 und 1833 von den zaristischen Russen errichtet und besteht aus sechs Forts, einer Zitadelle, Kasernen, Wohnhäusern, einem Wall mit unterirdischen Gängen und acht Bastionen. War sie früher ein bedeutender Militärstandort, so steht sie heute größtenteils leer. Teile der Bastion können besichtigt werden (Cietoksnis, http://dinaburgascietoksnis.lcb.lv/, Mo–Fr 9–17 Uhr).

Nicht weit von der Festung entfernt steht auf dem Alten Garnisonsfriedhof (Vecie garnizona kapi) die beeindruckende, vollständig aus Holz, d. h. ohne einen einzigen Nagel erbaute **Alexander-Newski-Kirche** 11 (Sv. A. Ņevska pareiztic. bazn.) von 1864. Um dorthin zu gelangen, muss man die Stadt auf der Daugavpils iela Richtung Riga verlassen und in die Stūra iela rechts einbiegen. Nach einigen Hundert Metern führt dann die Silu iela nach rechts zum Friedhof und zu der Kirche.

Infos

TIC Daugavpils: Rīgas 22 a, Tel./Fax 65 42 28 18, 29 14 59 94, www.visitdaugavpils.lv, www.latgale.lv, Mo–Fr 8–17, Sa 10–16 Uhr.

Übernachten

Elegante Villa ▶ **Villa Ksenija** 1: Varšavas 17, Tel./Fax 65 43 43 17, www.villaks.lv. Sechs recht komfortable Zimmer in schickem Ambiente, guter Service. DZ ab 58 LVL.

Restauriertes Sowjethotel ▶ **Park Hotel Latgola** 2: Ģimnāzijas 46, Tel. 65 40 49 00, Fax 65 42 09 32, www.hoteldaugavpils.lv.

Ehemals sowjetrussisches Hotel im Zentrum der Stadt. DZ ab 35 LVL.

Neu und praktisch ▶ **Hotel Dinaburg** 3: Dobeles 39 (Querstraße der 18. novembra iela), Tel. 65 45 30 10, www.hoteldinaburg.lv. Ein Hotel etwas außerhalb des Stadtzentrums. Schlichte, aber funktional eingerichtete Zimmer. DZ ab 30 LVL.

Einfach und preisgünstig ▶ **Valentīna** 4: Nometņu 25a, Tel. 26 77 07 12, www.lif.lv. Kleines Hotel mit unspektakulären, aber ordentlichen Zimmern. DZ 15–25 LVL.

Gute Lage ▶ **Rebir** 5: 5: Vienības 19, Tel. 65 42 18 57, rebir_d@inbox.lv. Kleines Gasthaus inmitten der Altstadt. DZ ab 25 LVL.

Essen & Trinken

Kaukasisch ▶ **Mziuri** 1: S. Mihoelsa 52, Tel. 65 47 08 07. Gute Auswahl an kaukasischen und russischen Spezialitäten wie Schaschlik und *Plov*, ein Reisgericht mit Fleisch, Gemüse oder Früchten. 5 LVL.

Lettisch ▶ **Gubernators** 2: Lāčplēša 10, Tel. 65 42 24 55, tgl. 11–24 Uhr. Sympathisches Restaurant mit lettischer und europäischer Küche. 4 LVL.

Gutes Bistro ▶ **Vēsma** 3: Rīgas 49, Tel. 65 44 43 63 oder 26 46 80 98, vesma@dsf.lv. Zentral gelegen, mit schöner Terrasse. Große Auswahl, freundliche Bedienung. 3–4 LVL.

Regionale Küche ▶ **Vita** 4: Rīgas 22 a, Tel. 65 42 77 06 oder 29 46 94 34. Kafejnīca, in der Gerichte aus der Region serviert werden, Zutaten aus ökologischem Anbau. 3 LVL.

Einkaufen

Souvenirs ▶ **Latgales Suvenīri** 1: 1: Alejas 7, Tel. 65 42 12 84, www.suvenir.ucoz.lv, Mo–Fr 10–18, Sa 10–17 Uhr. Die größte Auswahl an typischen Souvenirs aus Latgale, wie z. B. Keramik und Strickwaren.

Verkehr

Züge: 4 x tgl. nach Riga; Bahnhof in der Stacijas iela, Tel. 65 87 32 62 oder 65 42 28 48.
Busse: 13 x tgl. nach Riga sowie mehrmals tgl. nach Rēzekne und Jēkabpils vom Busbahnhof *(autoosta)* an der Ecke Lāčplēša/Viestura iela, Tel. 65 42 30 00.

Eine 100 km lange Küste, die bis an die estnische Grenze reicht, der Gauja-Nationalpark mit seinen sich durch rote Sandsteinschluchten schlängelnden Flüssen sowie gut erhaltene Burgruinen in Sigulda und Cēsis und das wunderschöne Städtchen Alūksne am gleichnamigen See sind die Höhepunkte einer Reise durch Lettlands Norden.

Die Provinz Vidzeme umfasst den gesamten Norden Lettlands – von der Küste an der Rigaer Bucht bis Alūksne und Gulbene im Osten – und ist das einstige Livland, das seinerzeit viel größer war und bis weit nach Estland hineinreichte. Bei ihrer Gründung im Jahr 1918 teilten die lettische und die estnische Republik das alte Stammland der Liven untereinander auf, das nach sieben Jahrhunderten Fremdherrschaft ohnehin nur noch auf dem Papier existiert hatte.

Wie die Latgaler haben die Vidzemer einen für andere Letten unverkennbaren Dialekt, in dem das alte Livisch noch nachklingt. Die meisten Baltikumreisenden nehmen auf ihrem Weg von Litauen nach Estland oder andersherum die Route über den Gauja-Nationalpark, der neben Riga wahrscheinlich das beliebteste Touristenziel Lettlands ist (www.vidzeme.com).

Das Ostufer der Rigaer Bucht

An dem etwa 100 km langen Küstenstreifen von Riga bis zur estnischen Grenze verläuft die Via Baltica, die an der polnisch-litauischen Grenze beginnt. Die Strecke eignet sich für Reisende, die zügig vorankommen wollen und dennoch die Sehenswürdigkeiten auf ihrem Weg nicht auslassen möchten.

Saulkrasti ▸ 1, H 8

Die knapp 6000 Einwohner zählende Kleinstadt Saulkrasti zieht sich 17 km am Ufer der Rigaer Bucht entlang und setzt sich aus fünf ehemals eigenständigen Ortschaften zusammen. Im 19. Jh. war Saulkrasti noch ein recht beliebter Kurort, der mit Jūrmala durchaus in Konkurrenz zu treten vermochte. Mittlerweile hat es jedoch viel von seinem Charme verloren, u. a. weil immer mehr Schwertransporter auf der Via Baltica (A 1 bzw. E 67) durch die Stadt brausen. Dennoch gibt es hier einen idyllischen, vom Kiefernwald abgeschirmten **Strand,** der vor allem wegen seines weißen und feinen Sandes zum Baden und Sonnen einlädt. Besonders sehenswert ist die Weiße Düne (Baltā kāpa) am Ortseingang von Saulkrasti, von deren Aussichtsplattform man ei-

Tipp: Töpfereien

Rund 6 km hinter Saulkrasti weist ein Schild nach rechts zur Töpferwerkstatt Cepļi, einer der bekanntesten Töpfereien Lettlands. Ingrīda Žagate und Ivars Grasis veranstalten Workshops, bei denen man die Besonderheiten der lettischen Keramikkunst kennenlernt. Auch wer keinen Kurs gebucht hat, ist nach Voranmeldung willkommen. Nebenan hat Arnis Preiss seine Töpferwerkstatt Zelmeņi (Podniecības darbnīcas, Gemeinde Skulte, Töpferei Cepļi Tel. 29 23 48 67, Töpferei Zelmeņi Tel. 29 78 34 47).

nen wundervollen Ausblick auf die Küstenlinie der Rigaer Bucht genießt. Von hier führt ein 3,6 km langer sogenannter **Sonnenuntergangspfad** (Saulrieta taka) an der Küste entlang und endet auf Höhe des Ortszentrums beim Gasthaus Saulrieti.

Für passionierte Radfahrer ist das **Fahrradmuseum** ein Muss, in dem u. a. ein 1940 in einer Rigaer Sportflugzeugfabrik gefertigtes Holzfahrrad zu bestaunen ist (Saulkrastu Velosipedu muzejs, Rīgas 44 a, www.velomuseum.tk, tgl. 10–18 Uhr, 1 LVL).

Dunte   ▶ 1, H 8

Etwa 8 km hinter Saulkrasti weist ein Schild nach links Richtung Dunte, das auf jeden Fall einen Abstecher wert ist. Hier befindet sich nämlich das **Münchhausen-Museum** (Minhauzena muiža-muzejs), und zwar genau an der Stelle, wo einst das Gutshaus des berühmten Lügenbarons stand. Über sechs Jahre verbrachte er in dieser abgelegenen Gegend und fand hier die Frau seines Lebens. In einem Wirtshaus soll er erstmals seine Lügen- und Abenteuergeschichten aus der Zeit im russischen Braunschweig-Regiment zum Besten gegeben haben. Das Museum wurde durch einen verheerenden Brand verwüstet und erst vor einiger Zeit wiedereröffnet. Zur Sammlung gehören Objekte aus Münchhausens Leben und seinen Geschichten. Das Museum bezeichnet sich auch als »Traummuseum, in dem das Lachen zu Hause ist« – ob es sich einstellt, muss jeder selbst herausfinden. Dem Museum ist **Münchhausens Waldpfad** (Minhauzena meža taka) angeschlossen, ein 5,3 km langer Naturpfad mit 33 Stationen, der an originell gestalteten Objekten aus Münchhausens Erzählungen sowie »Münchhausens Eichen« (Minhauzena ozoli) und »Münchhausens Mühlenteich« (Minhauzena dīķi) vorbeiführt (Duntes muiža, Tel. 64 06 56 33, www.minhauzens.lv, im Sommer Mo–Do 10–17, Fr–So 10–19, im Winter Fr–So 10–17 Uhr, 2 LVL).

Der Strand bei Tūja   ▶ 1, H 8

Zwischen Tūja und Dzeņi geht von der Via Baltica links eine unbefestigte Straße zu dem

Naturschutzgebiet Steiniger Strand von Vidzeme (Vidzemes akmeņainā jūrmala; ausgeschildert) ab, das sich über 14 km an der Küste entlangzieht. Sandige und auch steinige Strandabschnitte wechseln hier miteinander ab, und am Strand und im Wasser verstreut liegen Tausende von bis zu 1,5 m hohen Steinen.

Etwa 1 km nördlich vom Kap Ķurmrags stößt man auf den **Verzauberten Hain,** ein Steinfeld, das fast den ganzen Strand einnimmt und teilweise von Wacholdersträuchern überwuchert ist.

Gleich daneben erstrecken sich die 200 m langen und etwa 3–4 m hohen **Veczemju-Klippen** (Veczemju klintis) aus rotem Sandstein – mit kleinen Höhlen und Grotten, die von Wellen ausgespült wurden.

Infos

TIC Saulkrasti: Ainažu 13b, Saulkrasti, Tel. 67 95 26 41, Fax 67 95 26 43, www.saulkrasti.lv, Di–Fr 9–17, Sa 10–15 Uhr.

Übernachten

... in Saulkrasti:

Unweit der Hauptstraße ▶ **Marve:** Rīgas 28, Tel. 67 95 19 60, www.marve.lv. Kleines Hotel in einem wohnblockähnlichem Gebäude, einfache, aber ordentliche Zimmer. DZ ab 45 LVL.

Am Strand ▶ **Saulrieta:** Raiņa 11, Tel./Fax 67 95 14 00 oder 29 40 72 67, www.hotelsaulrieti.lv. Erholungszentrum am Meer mit Sauna, Whirlpool sowie Sport- und Spielplatz. Die Zimmer sind einfach, aber gepflegt. DZ ab 30 LVL.

Im Kiefernwald ▶ **Minhauzena Unda:** Ainažu 74, Tel. 67 95 51 98 oder 26 84 19 04, www.minhauzenaunda.lv. Bungalow im Grünen am Meer mit 42 komfortablen Zimmern. DZ ab 25 LVL.

Im Garten ▶ **Pie Maijas:** Murjāņu 3, Tel. 67 95 13 72, www.hotelmaija.lv. In dieser zentral gelegenen Unterkunft mit mehreren kleinen Häuschen in einem gepflegten Garten kann man sich wohlfühlen: Alle Zimmer sind unterschiedlich und mit viel Fantasie eingerichtet worden. DZ ab 20 LVL.

Schon im Wirtshaus von Dunte soll er seine Lügengeschichten zum Besten gegeben haben: Baron von Münchhausen, dem im Ort ein Museum gewidmet ist

… nördlich von Saulkrasti:

Landgut ▶ Skultes muiža: Gailiši, Skulte, Tel. 26 16 00 60 oder 29 63 33 93, www.skultesmuiza.lv. Gästehaus im ehemaligen Verwalterhaus des Landguts Skulte, dessen Herrenhaus nicht mehr existiert. Das restaurierte Fachwerkhaus ist von einem hübschen Park umgeben und liegt am Fluss Mazupite. DZ ab 25 LVL.

Camping ▶ Lauč*u akmens: Lauči, Gemeinde Skulte, Tel./Fax 64 06 54 23 oder 26 35 05 36, www.laucakmens.lv. Am Meer gelegener Campingplatz, der auch einfache Zimmer vermietet. Zelten 2,50 LVL/Person, Wohnmobil 10 LVL.

Verkehr

Züge: vom Bahnhof verkehren stdl. Züge zwischen Riga und Saulkrasti, Tel. 67 95 15 35.

Busse: vom Busbahnhof in der Kalniņa iela 17 a fahren ca. jede Stunde Busse oder Minibusse von/nach Saulkrasti, Tel. 67 95 15 51.

Salacgrīva und Ainaži ▶ 1, H 6/7

Die beiden Kleinstädte Salacgrīva und Ainaži nahe der estnischen Grenze sind seit Jahrhunderten durch Schifffahrt und Fischerei geprägt. Vor allem das 6000 Einwohner zählende **Salacgrīva** mit dem viertgrößten Hafen Lettlands ist für gute Fischkonserven bekannt. Fischerei ist auch das Thema einer ständigen Ausstellung im Museum von Salacgrīva, das sich ansonsten der Geschichte der Stadt widmet (Salacgrīvas muzejs, Sila 2, Di–Fr 10–17, Sa 10–15 Uhr, 0,20 LVL).

Salacgrīva kann aber vor allem mit einem der schönsten Flüsse Lettlands aufwarten, der wunderbaren, naturbelassenen Salaca (s. a. rechts), die hier ins Meer fließt. Ansonsten bietet der Ort keine großen Attraktionen, sehenswert ist jedoch der hölzerne **Neunaugenfischzaun** etwa 500 m stromaufwärts von der Mündung der Salaca. Die lichtscheuen Neunaugenfische kommen immer wieder zum Laichen zurück. Da sie in Lettland als Delikatesse gelten, werden sie mit aufwendig errichteten Holzzäunen, an denen Netze angebracht sind, gefangen, anschließend geräuchert und dann verkauft.

Im Büro des **Biosphärenreservats Nordvidzeme** (Ziemeļvidzemes biosfēras reservats) erhalten Besucher ausführliche Informationen über die geschützten Naturflächen. Das Reservat wurde 1994 gegründet und dient vor allem dem Erhalt des empfindlichen Küstenökosystems aus Salzwiesen, Hochmooren und Laichgewässern der Ostseelachse (Rīgas 10 a, Tel. 64 07 14 08, www. daba.gov.lv, Mo–Fr 8.30–12, 12.30–17 Uhr).

Zwischen Kuiviži und Ainaži liegen unter Naturschutz stehende **Salzwiesen** (Randu plavas). Hier gedeihen angeblich ein Drittel aller in Lettland wachsenden Blütenpflanzen. Die flache Landschaft durchziehen parallel zur Küste unterschiedlich tiefe Senken und niedrige Dünen, in die sich mancherorts Buchten und Lagunen drängen. Die Erhebungen bieten Pflanzen gute Lebensbedingungen; überdies sind die Wiesen ein wichtiger Brutplatz für Vögel. Ein **Naturpfad** *(Dabas taka)* mit einer Beobachtungsplattform führt durch das Gebiet.

Kurz vor der estnischen Grenze erreicht man den kleinen Ort **Ainaži**, der als Wiege der lettischen Schifffahrt gilt, weil hier die ersten lettischen Segelschiffe gebaut wurden. 1864 gründete Kapitän Dāls in Ainaži außerdem die erste lettische Marineschule. Heute ist in dem Gebäude ein **Seefahrtsmuseum** eingerichtet (Ainažu Jūrskolas muzejs, K. Valdemāra 47, Tel. 64 04 33 49, Mai–Okt. tgl. 10–16, Nov.–April Di–Sa 10–16 Uhr, 0,50 LVL).

Infos

TIC Salacgrīva: Rīgas 10 a, Salacgrīva, Tel./Fax 64 04 12 54, www.salacgriva.lv, Mai–Okt. Mo–Fr 10–18, Sa 10–15, Nov.–April Mo–Fr 10–18 Uhr.
TIC Ainaži: Valdemāra 50A, Ainaži, Tel. 64 04 32 41, www.ainazi.lv, Mo–Fr 10–18 Uhr.

Übernachten

Erholungskomplex ▶ **Kapteiņu osta:** Pērnavas 49a, Salacgrīva, Tel. 64 02 49 30, Fax 64 02 49 31, www.kapteinuosta.lv. Nagel-

neuer Erholungskomplex im Norden von Salacgrīva mit eigenem Jachthafen und Restaurant. DZ ab 40 LVL.
Mit Wellness ▶ **Brīze:** Valmieras 7, Salacgrīva, Tel. 64 07 17 17, 64 07 17 11, 29 35 59 95, www.brize.lv. Modernes und komfortables Hotel mit einigen Wellnessangeboten. DZ ab 30 LVL.

Essen & Trinken

Elegant ▶ **Il Capitano:** Pērnavas 49a, Salacgrīva, Tel. 20 23 28 88, www.kapteinuosta. lv. Das eleganteste Restaurant in der Region ist im neuen Erholungskomplex Kapteiņu osta im Norden Salacgrīvas untergebracht. Große Auswahl von Fisch- und Fleischgerichten, aber auch Pasta. 5–10 LVL.
Regional ▶ **Minhauzens pie Bocmaņa:** Pērnavas 6, Salacgrīva, Tel. 64 04 13 53. Rustikales Restaurant am Hafen, in dem u. a. gegrillte Neunaugenfische auf der Speisekarte stehen. 5–6 LVL.

Verkehr

Busse: mehrmals tgl. von Salacgrīva und Ainaži nach Riga und Tallinn, Tel. 64 04 33 94.
Jachthafen: Der einzige öffentlich zugängliche Jachthafen Vidzemes befindet sich in Salacgrīva (Pērnavas 3, Tel. 64 07 11 11) und wird gern von Ostseeseglern angelaufen.

Nach Mazsalaca ▶ 1, H–J 6/7

Die **Salaca,** einer der schönsten und saubersten Flüsse in Vidzeme, ist Biologen vor allem als einer der wichtigsten Laichplätze für Lachse im gesamten Ostseeraum bekannt; aber auch Biber und Otter finden hier gute Lebensbedingungen vor. Zwischen Mērnieki und **Mazsalaca** schlängelt sich der Fluss besonders schön durch gewundene Täler und fließt an Sandsteinfelsen vorbei, von denen man eine herrliche Aussicht auf die Umgebung hat. Die Salaca eignet sich zudem ausnehmend gut für Kanu- oder Kajaktouren, vor allem im April, wenn die Strömung stärker ist als sonst. Auch für Radfahrer ist die Strecke

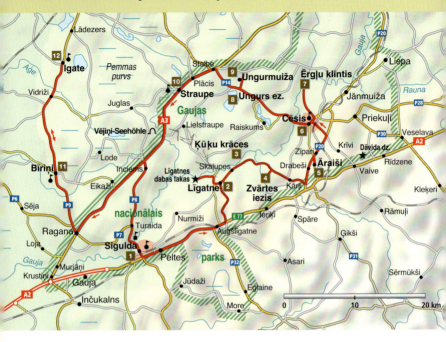

reizvoll, denn zwischen Salacgrīva und Staicele verläuft der Fahrradweg direkt am Fluss.

Von **Mērnieki** aus etwa 2 km stromabwärts erheben sich an beiden Ufern der Salaca zwei imposante rote **Sandsteinfelsen** (Sarkanās klintis). Einige Kilometer weiter kann man zwischen **Rozēni** und **Staicele** am rechten Flussufer zwei bis zu 24 m tiefe, begehbare **Höhlen** (Vīksnu alas) entdecken.

Ab Staicele entfernt sich die P 15 vom Fluss und führt nach Aloja sowie Urga, wo eine Schotterstraße nach rechts abzweigt, die nach ca. 16 km eines der schönsten Landgüter Lettlands erreicht, das 1896 im Stil des Neobarock erbaute **Schloss Dikļi** (Dikļu pils). Seine Innenräume sind noch gut erhalten; besonders beeindruckend sind die großen Kachelöfen. Nach aufwendigen Renovierungsarbeiten wurde das Schloss 2003 wiedereröffnet und beherbergt heute ein exquisites Hotel, ein Restaurant und ein Erholungszentrum. Die Besichtigung einiger Räume ist auf Anfrage bei der Rezeption möglich. Der Weg nach Mazsalaca führt auf der P 16 nördlich

von Matīši in Höhe der Ortschaft **Bauņi** an der mit etwa 40 Nestern größten **Weißstorch-Kolonie** des Baltikums und nördlichsten Europas vorbei. Mit etwas Glück kann man hier am **Burtnieki-See** (Burnieks ezers) auch Schwarzstörche beobachten.

Die kleine Ortschaft **Mazsalaca** am Ufer der Salaca ist vor allem wegen ihres einfallsreich eingerichteten **Naturparks Skaņaiskalns** (Klangberg) einen Besuch wert. Auf dem Weg durch den in der Nähe des Gutshauses Waltenberg (1780) beginnenden Parks kommt man an alten livländischen Kultstätten aus der späten Eisenzeit sowie an modernen, von verschiedenen Bildhauern aus der Region geschaffenen Holzfiguren und Natursehenswürdigkeiten vorbei. Letztere tragen bildhafte Namen wie Liebesbrücke, Traumtreppe oder Sauerbottichhöhle. Vom Nelkenfelsen (Neļķu klintis) hat man einen fantastischen Rundblick auf das malerische Salaca-Tal. Auch von der Teufelskanzel (Velna kancele), einem Sandsteinfelsen, der weit in die Salaca hineinragt, bietet sich eine schöne Aussicht auf den

Fluss. Dagegen ist der 20 m hohe Sandstein-felsen »Klangberg«, nach dem der Park be-nannt ist, für seine kuriosen Echoeffekte be-kannt. Die Attraktionen des Parks lassen sich mit dem Auto abfahren, doch einen noch tie-feren Eindruck hinterlässt der Naturpark, wenn man die Strecke zu Fuß zurücklegt.

Infos

TIC Macsalaca: Rīgas 1, Mazsalaca, Tel. 64 25 17 76, 28 37 47 74, www.mazsalaca.lv, Mo, Di und Sa 11–16 Uhr.

Übernachten

Edel nächtigen ▶ Hotel Schloss Diķļi: s. links. Gemeinde Diķļi, Tel. 64 20 74 80, Fax 64 20 74 85, www.diklupils.lv. 30 unter-schiedlich eingerichtete Zimmer mit antiken Möbeln und schönen Kachelöfen, Restaurant und moderne Saunaanlage. DZ ab 45 LVL.

Wellness im Landhaus ▶ Rozēni: Rozēni, an der P 15 von Ainaži nach Staicele, Tel. 64 03 32 33 oder 29 35 59 95, http//:rozeni. celotajs.lv/. Gästehaus im Landhausstil, Well-nessangebote. DZ ab 30 LVL.

10 Gauja-Nationalpark

▶ 1, H/J 9–J 8

Karte: links

Der 1973 gegründete **Gauja-Nationalpark** (Gaujas nacionālais parks) bietet mit dem tief in rotgelben Sandstein geschnittenen Ur-stromtal der Gauja faszinierende Naturein-drücke und zahlreiche Möglichkeiten für Aus-flüge. Mit einer Fläche von 91 745 ha ist das auch als Livländische Schweiz bekannte Ge-biet der größte Nationalpark des Baltikums.

Das Gauja-Tal entstand vor etwa 12 000 Jahren: Im Zuge des Abschmelzens der eis-zeitlichen Gletscher kam es zur größten Frei-legung von Devonsandstein in Lettland. Auf einer Kanutour sind alle paar hundert Meter bis zu 85 m hohe Steilufer, bizarre Klippen, Grotten, Höhlen und Sandbänke zu entde-cken. Zahlreiche Felsen bieten eine herrliche Aussicht über weite Teile des Naturparks. Die Wege und Pfade des Nationalparks laden zu ausgiebigen Wanderungen ein – besonders lohnend für botanisch Interessierte, denn über 20 % aller in Lettland geschützten Pflan-zen wachsen hier. Auch seltene Vogelarten sind in dem Gebiet beheimatet, u. a. der Schwarzstorch, den man allerdings nur mit viel Glück zu Gesicht bekommt.

Der Nationalpark ist in fünf verschiedene Zonen unterteilt, die sich durch den Umfang der Schutzmaßnahmen unterscheiden. Einen Großteil des Geländes im Norden kann man nur in Begleitung eines Fremdenführers besu-chen, die empfindlichsten Reservate dürfen überhaupt nicht betreten werden. Nördlich von Sigulda dagegen ist der Zutritt fast überall er-laubt. Eine Kanufahrt auf der Gauja (s. S. 334), die Besichtigung der geschichtsträchtigen Städte Sigulda und Cēsis, ein Spaziergang auf den Naturpfaden von Līgatne oder der Besuch einer rekonstruierten Siedlung aus dem 9. Jh. in Āraiši sind nur einige von vielen möglichen Unternehmungen im Nationalpark.

Sigulda

Cityplan: S. 329; **Karte:** S. 326

Die malerische Kleinstadt **Sigulda** (Sege-wold) am Rand des Gauja-Tals, etwa 40 km von Riga entfernt, bildet das Tor zum Gauja-Nationalpark. Die reizvolle Umgebung, aber auch die Sehenswürdigkeiten in der Stadt selbst machten Sigulda schon kurz nach der Eröffnung der Bahnlinie Riga–Pskow im Jahr 1889 zu einem beliebten Ferienort. Auch heute gehört das etwa 12 000 Einwohner zählende Sigulda zu den bekanntesten Rei-

Tipp: Bob fahren

Die 1420 m lange Bobbahn fahren normaler-weise Profis hinunter, aber auch für Touristen stehen Bobs zur Verfügung: im Sommer ein Rollenbob und im Winter ein echter Schlit-tenbob. Bei der kurzen, aber rasanten Abfahrt wird man von einem Bobpiloten begleitet und erreicht Geschwindigkeiten von um die 100 km/h. Siguldas Bobtrase, Šveices 13, Si-gulda, Tel. 29 18 53 51, Sa/So 12–17 Uhr.

sezielen in Lettland und lockt mit seinen Ski-liften und seiner über 1400 m langen Bob-bahn – der längsten des Landes – in der kalten Jahreszeit auch Wintersportler an. Sigulda ist aber vor allem wegen seiner drei Burgruinen und zwei Schlösser berühmt, die sich zu beiden Seiten der Gauja erheben.

Die **Ruine der Ordensburg** 1 (Siguldas pilsdrupas) auf der Stadtseite war eine der ersten Burgen, die im frühen 13. Jh. vom deutschen Schwertbrüderorden außerhalb von Riga erbaut wurden. Im 16. und 17. Jh. wurde sie – bis auf den Südwestflügel – bei kriegerischen Auseinandersetzungen zerstört. Im Sommer wird die Ruine gern als Freilichtbühne für klassische Konzerte genutzt. In der Nähe baute man zwischen 1878 und 1881 im Stil einer mittelalterlichen Burg das **Neue Schloss** 2 (Jaunā pils), das dem Grafen Kropotkin als Sommerresidenz diente. Heute befindet sich in dem Gebäude die Stadtverwaltung von Sigulda. Im **Besucherzentrum des Gauja-Nationalparks** 3 erhält man ausführliche Informationen und Hilfe bei der Organisation von Touren (s. u.).

Überquert man die Gaujas iela, gelangt man über die J. Poruka iela zur Station der **Drahtseilbahn** 4, die ihre Fahrgäste auf spektakuläre Art und Weise in einer Höhe von 40 m auf die andere Seite der Gauja bringt (Abfahrt alle 30 Min., im Sommer Mo–Fr 10–19.30, Sa/So 10–18.30, im Winter 10–16 Uhr, Mo–Fr 1,50 LVL, bzw. Sa/So 2 LVL, www.lgk.lv). Für Mutige gibt es sogar die Möglichkeit, sich per Bungeejumping von der Seilbahngondel in die Tiefe zu stürzen (s. u.).

Auf der anderen Seite des Flusses steht nahe der Seilbahnstation die Ruine der **Burg Krimulda** 5 (Krimuldas pilsdrupas), die 1231–1255 für den Bischof von Riga errichtet und 1601 von den Schweden zerstört wurde. Im **Schloss Krimulda** 6, das 1854 im klassizistischen Stil erbaut wurde und viele Jahre im Besitz der Familie von Lieven war, ist seit 2002 ein Rehabilitationszentrum untergebracht (Krimuldas pils, www.krimuldaspils.lv).

Die **Gutmannshöhle** 7 (Gūtmaņa ala) ist eine der bekanntesten Höhlen des Landes – hier spielt die lettische Legende »Die Rose von Turaida«. Noch immer strömen nahezu täglich Hunderte von Menschen zur 10 m hohen und knapp 19 m langen Höhle. Interessant sind aber weniger die Form und Größe der Höhle, sondern – neben der Legende – Einritzungen in den Felswänden, die zum Teil von Besuchern aus dem 17. Jh. stammen. Außerdem soll der Überlieferung nach das Wasser, das aus einer kleinen Quelle fließt, Heilkräfte besitzen.

Die größte Touristenattraktion in Sigulda ist das **Museumsreservat Turaida** 8 auf dem Jelgavkalns, u. a. mit der teilweise rekonstruierten **Burg Turaida** (Turaidas pils), die 1214 auf Anordnung des Rigaer Bischofs anstelle der Holzburg des Livenführers Kaupo errichtet worden war, 1776 jedoch einem Feuer zum Opfer fiel. Blickfang ist der eindrucksvolle, ungefähr 30 m hohe Hauptturm im Innenhof, von dessen Spitze man eine grandiose Aussicht über einen Teil des Nationalparks hat.

Im **Museum** neben dem Turm kann man archäologische Funde besichtigen, die aus der Zeit stammen, als hier die Holzburg stand. Der **Dainasberg** nicht weit von der Burg wurde 1985 aus Anlass des 150. Geburtstags von Krišjānis Barons angelegt, dem in Lettland berühmten Sammler der Dainas genannten vierzeiligen Volkslieder (s. S. 54). Die Sammlung von in Naturstein geschlagenen Skulpturen des lettischen Bildhauers Indulis Ranka zeigt nicht nur Krišjānis Barons, sondern auch Motive aus Dainas (Turaidas muzejrezervats, Turaidas 10, www.turaida-muzejs.lv, Mai–Okt. tgl. 10–18, Nov.–April tgl. 10–17 Uhr; Freilichtausstellung, Hauptturm und Südturm Mai–Okt. 9–20 Uhr, Führungen auch auf Deutsch, Tel. 67 97 14 02 oder 29 26 99 21, 1,50 LVL).

Infos

TIC Sigulda: Raiņa 3, Tel. 67 97 13 35, www.sigulda.lv, Mai–Okt. tgl. 9–19, Nov.–April Mo-Fr 9–18, Sa/So 9–16 Uhr.
Besucherzentrum des Gauja-Nationalparks: Baznīcas 7, Tel. 67 80 03 88, www.daba.gov.lv, April–Okt. Mo 9–17, Di–So 9–19, Nov.–März tgl. 10–16 Uhr.

Sigulda

Sehenswert

1 Ruine der Ordensburg
2 Neues Schloss / Restaurant Pilsmuiža
3 Besucherzentrum des Gauja-Nationalparks
4 Drahtseilbahn / Bungeejumping
5 Burg Krimulda
6 Schloss Krimulda
7 Gutmannshöhle
8 Museumsreservat Turaida

Übernachten

1 Sigulda / Restaurant Kropotkins
2 Best Western Hotel Aparjods / Restaurant
3 Līvkalns
4 Hotel Pils
5 Santa
6 Makars

Aktiv

1 Tridens
2 Aerodium

Übernachten

Mittelalterlich-modern ▶ Sigulda 1: Pils 6, Tel./Fax 67 97 22 63, www.hotelsigulda.lv. Das Ende des 19. Jh. erbaute Hotel unweit des Bahnhofs ist wie das Neue Schloss ganz im Stil einer mittelalterlichen Burg gehalten. Doch bietet es den wahrscheinlich höchsten Komfort aller Hotels in Sigulda. DZ ab 30 LVL.

Neues Holzblockhaus ▶ Best Western Hotel Aparjods 2: Ventas 1 a, Tel. 67 97 22 30, www.aparjods.lv. Modernes Hotel mit rustikal-gemütlicher Einrichtung. Restaurant, Sauna und Musikclub. DZ ab 33 LVL.

Wunderbare Lage im Grünen ▶ Līvkalns 3: Pēteralas, Līvkalni, Tel. 67 97 09 16, 29 62 33 50, www. livkalns.lv. Der Vorzug des eleganten Holzhauses am Stadtrand ist seine Lage. DZ ab 25 LVL.

Neu und zentral ▶ Hotel Pils 4: Pils 4b, Tel. 67 70 96 25, www.hotelpils.lv. Hotel im Zentrum mit eher kleinen, aber modernen und sauberen Zimmern. DZ ab 30 LVL.

Familienfreundlich ▶ Santa 5: Kalnjāņi, Gemeinde Sigulda, Tel. 67 70 52 71, www.hotelsanta.lv. Komfortables Hotel etwas außerhalb von Sigulda gleich am See. DZ ab 35 LVL.

Hauptanziehungspunkt von Sigulda: die imposante Burg Turaida

Camping ▶ Makars 6: Peldu 2, Tel. 29 24 49 48, Fax 67 97 01 64, www.makars.lv. Campingplatz am Gauja-Ufer, relativ wenig Platz. Ab 3 LVL/Person.

Essen & Trinken

International ▶ Kropotkins 1: Pils 6, Tel. 67 97 22 63, www.hotelsigulda.lv, Di–So 12–23 Uhr. Vornehmes Restaurant im Hotel Sigulda, sowohl lettische als auch internationale Speisen. 5–10 LVL.

Lettisch ▶ Aparjods 2: Ventas 1 b, Tel. 67 97 44 14, www.aparjods.lv, tgl. 12–24 Uhr. Restaurant im gleichnamigen Hotel, lettische und internationale Küche. 5–10 LVL.

Im Neuen Schloss ▶ Pilsmuiža 2: Pils 16, Tel. 67 97 14 25, tgl. 12–24 Uhr. Lettische und internationale Gerichte. 5–7 LVL.

Aktiv

Boot, Bob, Jeep ▶ Makars 6: Peldu 2, Tel. 29 24 49 48, www.makars.lv. Privates Touristenbüro, das Bootsausflüge, Fahrten auf der Bobbahn, Jeep-Safaris etc. organisiert.

Bungeejumping ▶ Latvijas gumijlēcju klubs LGK 4: Tel. 29 21 27 31, www.bungee. lv, Fr–So ab 18.30 Uhr bis zum letzten Sprung, Fr 20 LVL, Sa/So 25 LVL. Voranmeldung erforderlich. Sprünge von der 43 m hohen Drahtseilbahn in Sigulda (s. S. 328).

Fahrradverleih ▶ Tridens 1: Cēsu 15, Tel. 29 64 48 00. Verleih von Mountainbikes und auch Zubehör wie Sturzhelmen und Getränkehaltern.

Windtunnel ▶ Aerodium 2: südlich von Sigulda an der A2/ E77, Tel. 28 38 44 00, www. aerodium.lv, April–Okt. Do–So 12–21, Nov.–

März Fr–So 12–20 Uhr, 2 Min./15–18 LVL, 4 Min./25–30 LVL, 6 Min. 36–42 LVL.

Termine

Internationales Fest der Opernmusik: Tel. 29 51 56 07, www.sigulda.lv. Alljährlich in der zweiten Julihälfte in der Burgruine Krimulda.
Kremerata Baltica (Ende Juni–Anf. Juli): Šveices 19, Tel. 67 97 47 87, www.baltais fligelis.lv, www.kremerata-baltica.com. Konzertfestival mit dem weltberühmten Violinisten Gidon Kremer mit seinem Orchester, das in Riga und in Sigulda stattfindet (s. S. 255).

Verkehr

Züge: etwa stdl. nach Riga oder Valmiera, Tel. 65 83 82 32, 65 83 21 34.
Busse: nach Cēsis, Gulbene, Smiltene, Alūksne und Riga, Tel. 67 97 21 06.

Līgatne **2** und Umgebung

Karte: S. 326

Das kleine Dorf **Līgatne** zwischen Sigulda und Cēsis, unweit der Mündung des gleichnamigen Flusses in die Gauja, ist vor allem wegen der vielfältigen Wandermöglichkeiten in der Umgebung einen Besuch wert.

Noch immer zeugen einige Arbeiterbaracken von der Entstehungszeit des Ortes, dem Jahr 1816, als man an der Stelle einer Papiermühle aus dem 17. Jh. eine **Papierfabrik** errichtete. Ihre besten Jahre hatte sie vor dem Zweiten Weltkrieg, als sie für die fortschrittliche Sozialpolitik ihrer Besitzer bekannt war. Noch heute wird hier produziert, allerdings auf recht betagten Anlagen. Nach Voranmeldung kann man an Führungen teilnehmen (Līgatnes papīrfabrika, Pilsoņu 1, www.pf-ligatne.lv, birojs@pf-ligatne.lv).

Etwa 2 km westlich von Līgatne gelangt man über eine unbefestigte Straße zu den **Naturpfaden von Līgatne,** verschiedenen Spazierwegen, auf denen man gut die charakteristischen Landschaften des Gauja-Tals kennenlernen kann. Einige führen durch ein Wildgehege, andere an der Gauja entlang, manche Strecken sind mit dem Auto befahrbar. Vom sogenannten Hütchenturm (Cepurišu kalns) hat man eine herrliche Aussicht auf

das Gauja-Flusstal (Līgatnes dabas takas, Tel. 64 15 33 13, www.daba.gov.lv, Wildgehege Mai–Okt. 10–18, Nov.–April Sa–So 10 Uhr bis zur Dämmerung).

Die **Flussfähre von Līgatne** (Līgatnes pārceltuve) in der Nähe der Naturpfade ist die einzige erhaltene Fähre dieser Art auf der Gauja und zwischen Sigulda und Cēsis die einzige Möglichkeit, auf die andere Seite des Flusses zu gelangen.

Übernachten

Blockhaus ▶ **Laču miga:** Gaujas 22, Tel. 64 15 34 81, www.lacumiga.lv. Gästehaus mit gemütlichen Zimmern an der Straße zwischen Līgatne und den Naturpfaden. Mit Restaurant und Kinderspielplatz. DZ ab 40 LVL.

Aktiv

Reiten ▶ **Ausritt auf Naturpfaden:** Tel. 64 15 33 13, 29 12 03 89. Auf dem Pferderücken die Pfade um Līgatne erkunden; im Winter sind Ausfahrten auf einem Pferdeschlitten möglich.

Von Līgatne in Richtung Cēsis

Karte: S. 326

Schöner als auf der Fernstraße E 77 bzw. A 2 ist die Fahrt nach Cēsis auf der größtenteils unbefestigten Straße über Kārļi. Nimmt man in Līgatne die Springu iela, die bald zur Cēsu iela wird, gelangt man nach einigen Kilometern zum Bach Skaļupe, der an einem alten Holzhaus in die Gauja mündet. Nach ca. 1 km zweigt ein schmaler Weg nach links zu den **Kūķu krāces 3** ab, den zweitgrößten Stromschnellen und einem der schönsten Plätze an der Gauja, die hier flach und schmal ist. Der Weg ist für Autos gesperrt, aber zu Fuß sind es nur etwa fünf Minuten zur Gauja.

Nach einigen weiteren Kilometern überquert man die **Amata,** den schnellsten und wildesten Fluss Lettlands. Vor allem während des Tauwetters im Frühjahr stürzt sie sich mit atemberaubender Geschwindigkeit ins Tal, weshalb sie bei Wasserslalomfahrern besonders beliebt ist. Einige hundert Meter weiter führt eine kleine Straße nach rechts zum 2 km entfernten **Zvārtes-Felsen 4** (Zvārtes iezis), einem 16 m hohen Felsen am Ufer der Amata.

Hier besteht die Möglichkeit, den Fluss auf einer Seilbrücke zu überqueren und den stufenreichen Hang hinter dem Felsen zu besteigen, von wo aus sich ein eindrucksvoller Blick über die Umgebung bietet. Zurück auf der Schotterstraße, ist es nicht mehr weit zum ehemaligen Gutshof Kārļi; links davon geht es weiter in Richtung Cēsis.

Āraiši [5]

Karte: S. 326

Unweit der Fernstraße E 77 bzw. A 2 nach Cēsis liegt sehr idyllisch das Dorf **Āraiši** am gleichnamigen See (Āraišu ezers). Über die kleine Kirche im Ortszentrum berichtet die Legende, dass bei ihrem Bau im Jahr 1225 die Tochter des Bürgermeisters in eine der Wände eingemauert worden sei. Beim Umbau, der 1791 erfolgte, wurden tatsächlich die sterblichen Überreste eines Menschen im Mauerwerk entdeckt (Kirchenbesichtigung nach Voranmeldung, Tel. 64 19 72 22).

Die Hauptattraktion der Gegend befindet sich auf dem **Āraiši-See** und ist nur vom gegenüberliegenden Ufer zugänglich: 1966 entdeckte der lettische Altertumsforscher Jānis Apals die hölzernen Überreste einer altlettgallischen Siedlung aus dem 9. Jh. Sie bestand aus fünf Häusergruppen mit insgesamt 151 Gebäuden und war von einem Holzwall umgeben. Vor wenigen Jahren hat man einen Teil der Siedlung nach heutigem Kenntnisstand rekonstruiert. Wie vor über tausend Jahren steht die **Wasserburg Āraiši** wieder

Ein interessantes Ziel für einen Fahrradausflug: Āraiši

im See – heute mit einem Freilichtmuseum, in dem das Leben der Altletten dokumentiert wird (Āraišu ezerpils, tgl. 9–19 Uhr, 2 LVL). In unmittelbarer Nachbarschaft der Wasserburg befindet sich die **Ruine** einer im 14. Jh. kastellartig angelegten Burg.

Etwas außerhalb von Āraiši erhebt sich ein gut erhaltenes Exemplar einer im 19. Jh. im holländischen Stil erbauten **Windmühle** (Tel. 29 23 82 08, tgl. 9–18 Uhr, 0,50 LVL).

Übernachten

Schöne Lage ▶ Meltūri: Drabeši, Tel. 64 12 94 67, www.melturi.viss.lv. Ein Gästehaus in malerischer Umgebung am Fluss Amata, ganz in der Nähe von Āraiši. Fahrrad-, Boots- und Zeltverleih. DZ ab 23 LVL.

Cēsis [6]

Cityplan: S. 336, **Karte:** S. 326

Das Herz von Vidzeme, so heißt es, schlage in **Cēsis** (Wenden), einer der schönsten mittelalterlichen Städte Lettlands. Hier lässt sich hervorragend ein mehrtägiger Aufenthalt einplanen, zumal Cēsis (18 000 Einw.) der ideale Ausgangspunkt für Ausflüge in alle Richtungen ist. Verwinkelte Gassen, alte Kaufmannshäuser, gotische Kirchen und eine der am besten erhaltenen Burgen des Baltikums bilden das historische Erbe der Stadt, die in der livländischen Politik vergangener Jahrhunderte oft eine bedeutende Rolle spielte.

Schon im 11. Jh. stand auf dem Riekstu kalns eine befestigte Burg der Wenden. Doch erst 1206 wurde Cēsis erstmals urkundlich erwähnt. Seit dem Bau der Ordensburg Anfang des 13. Jh. war die Stadt zwischen 1237 und 1561 Sitzungsort des Domkapitels und Residenz zahlreicher Ordensmeister. Im 15. Jh. durfte Cēsis sogar als einzige Stadt neben Riga Münzen prägen. Nach schweren Verwüstungen im livländischen und Nordischen Krieg verlor der Ort jedoch an Bedeutung.

Obwohl nur noch seine Grundmauern zu sehen sind, gewinnt man am **Raunaer Tor [1]** (Raunas vārti) eine gute Vorstellung von der mittelalterlichen Stadtmauer. Das bei Ausgrabungen freigelegte Kopfsteinpflaster am Tor stammt aus dem 17. Jh.

Am Raunaer Tor beginnt die **Rīgas iela,** die Hauptstraße der Stadt, die von einigen sehenswerten Gebäuden aus dem 17.–19. Jh. gesäumt wird, z. B. dem 1767 errichteten Rathaus (Rātsnams, Nr. 7), dem schönen Kaufmannshaus (Tirgotāja nams, Nr. 16) und dem Haus der Harmonie (Harmonijas nams, Nr. 24), dem ältesten Wohnhaus der Stadt; sein Name geht auf die Zeit zurück, als es Sitz der Kultur- und Gesangsgesellschaft Harmonia war.

Die frühgotische **Johanneskirche [2]** in der Nähe des zentralen Rosenplatzes (Rožu laukums) wurde Ende des 13. Jh. errichtet und stand viele Jahre lang für den Reichtum und das Selbstbewusstsein der Stadt, denn sie diente dem Livländischen Orden als Ruhestätte für Ordensmeister und Ritter. Rechts der Eingangstür kann man eine alte Sonnen-

aktiv unterwegs

Kanufahrt auf der Gauja

Tour-Infos

Start: Rastplatz Jānarāmis
Länge: ca. 26 km
Dauer: 1 Tag (ca. 6–8 Stunden)
Schwierigkeitsgrad: für Anfänger geeignet
Kanuverleih: z. B. Gaujas laivas (www.gaujas-laivas.lv)
Rastplätze: Im Verlauf der Tour gibt es acht weitere Rastplätze, die zum Teil mit Feuerstellen, Brennholzvorrat und Info-Tafeln ausgestattet sind.
Wichtige Hinweise: Wegen der Strömung und des unebenen Flussgrundes ist das Schwimmen in der Gauja nur an ausdrücklich gekennzeichneten Badestellen erlaubt.
Karte: ▶ 1, J 8

Da die Strömung der Gauja recht gleichmäßig ist und es nur an einigen wenigen Stellen kleine Stromschnellen gibt, eignet sie sich ganz ausgezeichnet für eine beschauliche Kanutour. Die Fahrt durch das bis zu 80 m tiefe Flusstal ist eine besonders attraktive Variante, den Gauja-Nationalpark hautnah zu erleben.

Selbst als Anfänger wird man den sanft dahinfließenden Fluss mit einem Kanu bald ohne Schwierigkeiten befahren können. Für eventuelle Mühen wird man mit faszinierenden Eindrücken von der Schönheit des Gauja-Tals mit seinen steilen und felsigen Ufern, Höhlen, Grotten, Naturpfaden, Burgbergen und Aussichtspunkten belohnt.

Die Tour beginnt an dem am rechten Flussufer liegenden **Rastplatz Jānarmis.** Ungefähr 4 km hinter dem Rastplatz erhebt sich die **Ērgļu-Felswand** (Ērgļu klintis). Der ›Adlerfelsen‹ ist mit einer Höhe von bis zu 22 m und einer Längsausdehnung von ca.

700 m die größte Sandsteinaufdeckung des Devons im Flusstal. Vor den Felsen laden Sandbänke und Strände zum Verweilen ein. Nach einiger Zeit erreicht man schließlich nach einer starken Linksbiegung der Gauja auf der rechten Seite die **Sarkanās-Felswand** (Sarkanās klintis), die ihren Namen aufgrund ihrer rötlichen Färbung erhalten hat. Eine **Brücke** weist schließlich darauf hin, das man gerade an Cēsis vorbeifährt.

Nach einiger Zeit gelangt man dann zum rechterhand sich erhebenden **Kvēpene-Burgberg** (Kvepenes pilskalns), der zu kürzeren Spaziergängen einlädt. Beispielsweise bietet es sich an, zu jener Eiche zu laufen, die auf dem lettischen Fünf-Lats-Geldschein abgebildet ist.

Ein paar Kilometer stromabwärts mündet links die **Amata** in die Gauja. Sie ist wegen ihrer besonders im Frühling reißenden Strömung bei geübten Wassersportlern beliebt. Taucht am rechten Ufer die rot-braune **Felsformation Ķūķu iezis** auf, beginnen die dreistufigen Stromschnellen Ķūķu krāces – sie sind auch für Anfänger leicht zu bewältigen. Die 600 m lange **Sprinģu-Felsformation** (Sprinģu iezis) weiter stromabwärts hat in ihrem mittleren Teil einen leichten Überhang über den Fluss.

Nachdem man noch einige Kilometer weiter die Mündung der **Līgatne** in die Gauja passiert hat, sieht man eine alte **Holzfähre**, der man gar nicht zutrauen mag, dass sie noch Autos transportiert – doch genau das tut sie (s. S. 331).

An dieser Stelle endet die Kanutour. Von hier aus lassen sich nämlich wunderbare Spaziergänge auf den Naturpfaden von Līgatne unternehmen (s. S. 331), außerdem lädt in der Nähe das Gasthaus Lāču miga, ein Blockhaus, nicht nur zum Essen, sondern auch zum Übernachten ein (etwa 20 Min. Fußweg, s. S. 331).

uhr von 1744 entdecken. Die Kirchenorgel ist eine der besten Konzertorgeln des Landes (Sv. Jāņa baznīca, Mai, Sept. 11–17, Juni-Aug. 10–20 Uhr, Turmbesichtigung 0,50 LVL).

Das **Neue Schloss** 3 (Jaunā pils) wurde 1777 an der Stelle der östlichen Vorburg für Graf Sievers und seine Familie erbaut, in deren Besitz es sich bis zur Landreform im Jahr 1920 befand. Seit 1949 residiert hier das **Museum für Geschichte und Kunst**, u. a. mit einer Ausstellung über Ausgrabungsfunde vom Gelände der Ordensburg (Cēsu vēstures un mākslas muzejs, Di–So 10–17 Uhr, 3 LVL). Eine wunderbare Aussicht auf die Stadt bietet sich vom Schlossturm, auf dessen Dach seit 1988 die rot-weiß-rote Fahne Lettlands weht und daran erinnert, dass Cēsis der ›Geburtsort‹ der Nationalflagge ist. Der Überlieferung nach soll sich hier ein lettischer König, der im Kampf gegen fremde Eindringlinge verwundet wurde, auf die weiße Kapitulationsflagge gelegt haben und kurz darauf gestorben sein. Dabei färbte sein Blut die Fahne auf beiden Seiten seines Körpers dunkelrot. An der Stelle, wo der Körper des Königs lag, blieb das Tuch weiß.

Vom Museumsgarten hat man einen schönen Blick auf die gut erhaltene **Ordensburg** 4 (Mūra pils), die zwischen 1209 und 1224 vom Schwertbrüderorden errichtet wurde. Mehr als drei Jahrhunderte war sie die größte Festung in Livland und galt als uneinnehmbar, 1577 wurde sie aber ein Opfer Iwans des Schrecklichen, dessen Truppen sie stark beschädigten. Nach ihrer Zerstörung im Nordischen Krieg wurde sie nicht wieder aufgebaut. Doch selbst die verbliebenen Überreste versetzen den heutigen Betrachter noch in Staunen. Am besten erhalten ist der Westturm, in dem früher der Ordensmeister lebte; der dortige Saal mit gotischem Sterngewölbe hinterlässt einen nachhaltigen Eindruck (tgl. 10–17 Uhr, Zugang nur bis 16.45 Uhr).

Hinter der Burg erstreckt sich der romantische **Schlosspark** 5 mit einem künstlich angelegten Teich, zu dem eine sehenswerte Freitreppe mit acht Kinderskulpturen herunterführt. Der schon 1812 eingerichtete Park umfasste zunächst nur das Gebiet des

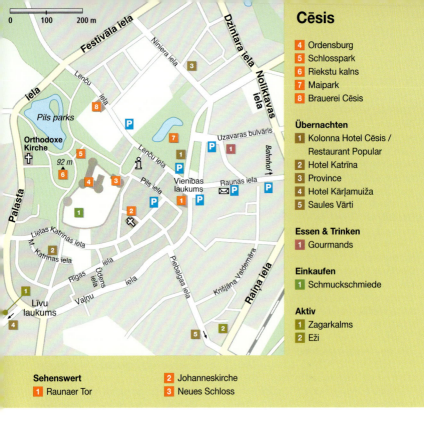

Cēsis

- **4** Ordensburg
- **5** Schlosspark
- **6** Riekstu kalns
- **7** Maipark
- **8** Brauerei Cēsis

Übernachten

- **1** Kolonna Hotel Cēsis / Restaurant Popular
- **2** Hotel Katrīna
- **3** Province
- **4** Hotel Kārļamuiža
- **5** Saules Vārti

Essen & Trinken

- **1** Gourmands

Einkaufen

- **1** Schmuckschmiede

Aktiv

- **1** Zagarkalms
- **2** Eži

Sehenswert

- **1** Raunaer Tor
- **2** Johanneskirche
- **3** Neues Schloss

Riekstu kalns **6** (Nussberg), auf dem die Burg der Altletten stand. Später wurde er mehrfach erweitert und umgestaltet. Im Sommer finden auf der Freilichtbühne neben der Freitreppe zahlreiche Veranstaltungen statt; links vom Teich steht auf einer Erhebung eine hübsche russisch-orthodoxe Kirche.

An der Lenču iela wurde 2006 aus Anlass der 800-Jahr-Feier der Stadt der **Maipark** **7** (Maija parks) neu gestaltet, der im 19. Jh. angelegt worden war, im Laufe des 20. Jh. aber zunehmend verfallen war. Nun erstrahlt der kleine Garten in neuem Glanz, mit Terrassen und einem künstlichen Teich, in dem ein schwarzes Schwanenpaar zu Hause ist.

Nicht weit entfernt steht die 1590 gegründete **Brauerei Cēsis** **8** (Cēsu alus darītava), die älteste Brauerei Lettlands. Das jetzige Gebäude stammt aus dem Jahr 1878. Vormittags kann man vor Ort das köstliche Cēsu-Bier probieren (Lenču 11, Tel. 68 00 90 90, www.cesualus.lv, Mo–Fr 10–17 Uhr. Jeweils am letzten Wochenende im Juli feiert Cēsis übrigens ein großes Bierfest).

Infos

TIC Cēsis: Pils laukums 1, Tel. 64 12 18 15, 28 31 83 18, www.tourism.cesis.lv, Mo 9–17, Di–Sa 9–19, So 9–17 Uhr. Infos über die Campingmöglichkeiten an der Gauja, zu den Naturpfaden sowie Pläne für Fahrradtouren und Hilfe bei der Organisation von Kanutouren.

Übernachten

Traditionsreich ▶ Kolonna Hotel Cēsis **1**: Vienības laukums 1, Tel. 64 12 01 22, Fax 64 12 01 21, www.hotelkolonna.com. Hotel in einem restaurierten Gebäude aus den 1930er-Jahren, komfortable Zimmer; Ausflüge in die Umgebung; Restaurant s. u. DZ ab 45 LVL.

Altstadtnähe ▶ Katrīna 2 : Mazā Katrīnas 8, Tel. 20 00 88 70, www.hotelkatrina.com. Gemütlich und geschmackvoll eingerichtetes Hotel in einem renovierten, Anfang des 20. Jh. errichteten Gebäude mit acht Zimmern in einer der verwinkelten Altstadtgassen. Exkursionen in den Nationalpark. DZ ab 27 LVL.

Kleine Pension ▶ Province 3 : Niniera 6, Tel. 64 12 08 49, provincecesis@inbox.lv. Pension mit fünf Zimmern über einem beliebten Café-Restaurant, wo man hervorragende Pfannkuchen essen kann. DZ ab 28 LVL.

… in der Umgebung:

Idyllisches Landgut ▶ Kārļamuiža 4 : Kārļi, Tel. 64 19 33 30, 26 16 52 98, www.karla muiza.lv. Idyllisch gelegenes Landgut 8 km südlich von Cēsis, das vor wenigen Jahren zu einem Hotel umgebaut wurde. Sieben geschmackvoll eingerichtete Zimmer und Appartements, Freizeitangebot. DZ 31–85 LVL.

Modern und günstig ▶ Saules Vārti 5 : zwischen Cēsis und Priekuli, Tel. 64 12 77 94, 29 42 42 39, Fax 64 12 23 87, www.saules-varti.lv. Neues Motel an der Landstraße P 20, saubere, komfortable Zimmer, Sauna, Restaurant, Kinderspielplatz. DZ ab 16–22 LVL ohne Frühstück.

Essen & Trinken

Keller und Terrasse ▶ Popular 1 : Vienības laukums 1, Tel. 64 12 01 22, www.hotel kolonna.com, Café Mo–Do 11–22, Fr–Sa 11–23, So 12–22 Uhr. Gemütliches Kellercafé und Restaurant im Kolonna Hotel Cēsis, in dem lettische Gerichte und Pizzen auf der Speisekarte stehen. Mit Terrasse. 5 LVL.

Französisch ▶ Gourmands 1 : Izstades 1, Tel. 64 12 13 98, www.gourmands.lv, tgl. 11–21 Uhr. Kleines, neues Bistro im Zentrum von Cēsis mit Schwerpunkt auf der französischen Küche. 3–5 LVL.

Einkaufen

Schmuck ▶ Schmuckschmiede 1 (Seno rotu kalve): im Museumsgarten, Tel. 29 15 84 36, www.kalve.cesis.lv. Hier wird mit den Mitteln der altlettischen Schmiedekunst gefertigter Schmuck verkauft und darüber hinaus gleich seine Bedeutung und traditionelle Verwendung erläutert.

Aktiv

Kanuverleih und Skipiste ▶ Zagarkals 1 : Mūrlejas 12, Cēsis, Tel. 26 26 62 66 oder 29 27 53 78, www.zagarkalns.lv. Campingplatz, Kanuvermietung, im Winter Skipiste. Hier beginnen auch sehr schöne Wanderpfade entlang der Gauja.

Fahrradverleih und Kanutouren ▶ Eži 2 : Raiņa 26/28, Tel. 64 10 70 22, www.ezi.lv. Zentrum für Aktivtourismus, Organisation von Kanutouren, Vermietung von Ski-Ausrüstungen, Fahrradverleih u. v. m. Hauptbüro in Valmiera, Rīgas 43a, Tel. 64 22 62 23.

Termine

Stadtfest: Jedes Jahr werden Ende Juni rund um die Ruine der Ordensburg von Cēsis verschiedene Showprogramme von unechten Rittern in echten Ritterkostümen gezeigt, www.cesis.lv.

Kunstfestival: Von Ende Juli bis Ende August findet seit 2008 ein ambitioniertes Kunstfestival statt, www.cesufestivals.lv.

Verkehr

Züge: 3 x tgl. fahren Züge u. a. nach Riga, Valmiera und Lugaži vom Bahnhof am Stacijas laukums, Tel. 65 22 82 45.

Busse: stdl. nach Riga, Abfahrt vom Bahnhof, Info-Tel. 64 12 27 62.

Der Adlerfelsen (Ērgļu klintis) 7

Man sollte die Gegend um Cēsis nicht verlassen, ohne den **Adlerfelsen** (Ērgļu klintis) am Ufer der Gauja gesehen zu haben. In Cēsis nimmt man die Lenču iela und fährt anschließend ca. 7 km auf einer unbefestigten Straße bis zu einem Parkplatz. Von dort ist es nur noch ein kurzer Fußweg zum Felsen, von dem sich eine wunderschöne Aussicht über das Gauja-Tal eröffnet. Der Adlerfelsen ist mit einer Höhe von bis zu 22 m und einer Längsausdehnung von etwa 700 m die größte Sandsteinaufdeckung des Devons im Flusstal. Vor den Felsen laden Sandbänke und Strände zum Verweilen ein.

Tipp: Radtour

Ein neu angelegter und sehr reizvoller 42 km langer Radweg führt von Cēsis bis Valmiera an der Gauja entlang. Im TIC Cēsis (s. S. 336) ist eine Karte mit der eingezeichneten Route erhältlich.

Über Straupe zurück nach Sigulda

Von Cēsis nimmt man die Gaujas iela und dann die Landstraße P 14 Richtung Auciems und Limbaži; schon bald ist eine Brücke erreicht, von der sich ein hübscher Blick auf das Gauja-Tal bietet und rechts die Sarkanāsklippen (Sarkanās klintis) über dem Flussufer aufragen. Etwa 13 km weiter liegt zur Linken der fast 4 km² große **Ungurs-See 8** (Ungurs ezers), der sich im Sommer wegen seiner sandigen Badeufer großer Beliebtheit erfreut. Am See biegt man rechts ab und gelangt durch eine romantische Eichenallee zum 1732 errichteten **Gut Ungurmuiža 9**. Es war 200 Jahre lang das Stammhaus der Familie von Campenhausen und ist ein hervorragendes Beispiel für die barocke Holzbauweise im 18. Jh. Besonders sehenswert sind die restaurierten Wandmalereien und die Kachelöfen. Im verträumten Park mit seinen uralten Eichen steht ein hölzerner Teepavillon, in dem nach Voranmeldung Tee serviert wird (Tel. 64 16 41 95, 29 42 47 57, www.ungurmuiza.et.lv, Di–So 10–18 Uhr, 0,50 LVL).

Von der P 14 gelangt man bald auf die A 3, die nach 6 km linker Hand nach **Straupe 10** führt. Hier steht das 1263 im romanischen Stil erbaute **Schloss Lielstraupe** (Lielstraupes pils), deren erster Besitzer Fabian von Rosen ein Vasall des Rigaer Erzbischofs war und in dessen Familienbesitz sich das Gebäude bis 1939 befand. Nach der Zerstörung im Nordischen Krieg wurde das Schloss ab 1727 im Barockstil wieder aufgebaut, die Innenräume hat man jedoch im klassizistischen Stil gestaltet. Seit 1963 ist in dem Gebäudekomplex eine Klinik für Suchtkranke untergebracht (Führungen auf Anfrage: Tel. 29 42 67 05 oder

26 13 73 42). Die als Teil des Schlossensembles konzipierte **Kirche** wurde ebenfalls im 18. Jh. umgebaut und ist das einzige Gotteshaus in Lettland mit einem freistehenden hölzernen Glockenturm.

Von Straupe aus geht es auf der A 3 weiter, bis nach ca. 12 km bei der Ortschaft Inciems die P 8 nach links Richtung Sigulda abzweigt. Geradeaus gelangt man bald auf die E 77 bzw. A 2, die nach Riga führt.

Abstecher zu den Schlössern Bīriņi und Igate

Bei Ragana zweigt rechts die Landstraße P 9 Richtung Limbaži ab, auf der man nach etwa 8 km zum imposanten **Schloss Bīriņi 11** (Bīriņu pils) gelangt, das 1857–1860 nach einem Entwurf des Architekten Wilhelm Hess im neogotischen Stil erbaut wurde und von einem sehr schön gestalteten Landschaftspark umgeben ist. Das burgartige Hauptgebäude besticht vor allem durch seine asymmetrischen Türme. Heute ist im Schloss und im ehemaligen Gartenhaus ein exzellentes Hotel untergebracht.

Etwas weniger beeindruckend, aber dennoch sehenswert ist ca. 5 km hinter Vidriži auf der rechten Straßenseite **Schloss Igate 12**, das 1880 im historistischen Stil erbaut wurde und heute ebenfalls ein Hotel beherbergt.

Infos
TIC Straupe: Braslas 2, Tel. 64 13 22 14, www.pargauja.cesis.lv. Auskünfte über die Umgebung von Straupe.

Übernachten
Wohnen im Schloss ▶ Bīriņu Pils: Bīriņi, Bezirk Limbaži, Tel. 64 02 40 33, Fax 64 02 40 35, www.birinupils.lv. Prestigeträchtiges Hotel im Schloss Bīriņi, Boots- und Fahrradverleih, auch Reitexkursionen. DZ ab 60 LVL.
Schlosshotel ▶ Igates Pils: Gemeinde Vidriži, Bezirk Limbaži, Tel./Fax 64 06 24 32, www.igatespils.lv. Elegantes Hotel im Schloss Igate (s. o.) mit Schwimmbad und Sauna. DZ ab 35 LVL.
Übernachten auf dem Landgut ▶ Ungurmuiža: beim Ungurs-See, Bezirk Cēsis, Tel.

64 16 41 95, 29 42 47 57, www.ungurmuiza.
et.lv. In der 1734 erbauten Schule des Guts
Ungurmuiža wurden mehrere einfache Gästezimmer eingerichtet. DZ ab 15 LVL.

Durch Ostvidzeme nach Alūksne

Der Nordosten Lettlands wird dem Besucher
des Landes üblicherweise nicht besonders
ans Herz gelegt. Dabei beeindruckt dieser
Landesteil durchaus mit einigen architektonischen und landschaftlichen Schönheiten.
Zwei der reizvollsten Seen, der höchste Berg,
eine faszinierende Schmalspurbahn sowie
die bezaubernde Kleinstadt Alūksne sind die
Highlights der Region.

Rauna und Umgebung ▶ 1, K 8

Das Dorf **Rauna** östlich von Cēsis blickt auf
eine stolze Vergangenheit zurück, denn es
war eine der wichtigsten Residenzen der Rigaer Erzbischöfe. Sie wohnten in der 1262 errichteten **Burg** (Raunas pils), einer der prächtigsten Burgen in Vidzeme, die aber im Lauf
der Jahrhunderte bei Kämpfen immer wieder
zerstört wurde und nach 1558 vollständig
verfiel. Besiedelt war das Gebiet des heutigen Rauna bereits im 1. Jt. v. Chr., als auf
dem **Tanīsberg** (Tanīsa kalns) am linken Ufer
des gleichnamigen Flusses die legendäre alt-
lettische Burg Beverīna stand. Die evangelische **Kirche** stammt wie die Burg aus dem
13. Jh. und wurde zuletzt 1936–1937 umgebaut. Eine genauere Betrachtung verdienen
die beiden Reliefs »Adam und Eva« und
»Christus am Kreuz«, die sich außen über der
Eingangstür befinden. Vom Kirchturm hat
man einen schönen Rundblick über Rauna.
1 km südlich des Dorfes erhebt sich am Ufer
des gleichnamigen Flusses der imposante
Kalksteinfelsen **Raunas Staburags.**

In Veselava bei Bērzkrogs, etwa 12 km
südlich von Rauna, liegt das **Landgut Veselava,** das im 19. Jh. U-förmig angelegt wurde
und recht gut erhalten ist. Ungewöhnlich und
daher sehenswert ist das Heizungssystem
des Hauptgebäudes, da seine vielen Schorn-

steine zu drei größeren Hauptschornsteinen
vereinigt werden. Besonders gut ist das auf
dem Dachboden zu erkennen, wo die Konstruktion der Verbindungsrohre den Eindruck einer gigantischen Spinne erweckt.
Einen Besuch wert ist auch die Gerätekam-
mer mit verschiedenen Gebrauchsgegen-
ständen aus vergangenen Zeiten (Veselavas
muiža, Voranmeldung unter Tel. 26 10 09 62,
29 24 74 03, Di–So 12–17 Uhr).

Infos

TIC Rauna: Valmieras 1, Tel. 64 12 77 55,
www.rauna.cesis.lv.

Die Hochebene von Vidzeme
▶ 1, K 9–L 9

Die Hochebene von Vidzeme, eine sanfte Hügellandschaft in der Umgebung von Vecpiebalga, ist mit ihren zwei idyllischen Seen eine
der schönsten Regionen Lettlands. Am
Alaukst-See (Alauksts ezers) nahe dem Dorf
Meiržni gibt es eine Freilichtbühne, auf der
alljährlich im Sommer ein Festival des Komponisten Imants Kalniņš stattfindet. Der 1941
geborene Künstler ist in Lettland sowohl wegen seiner klassischen Werke als auch wegen der von ihm komponierten Rockmusik
sehr bekannt und geachtet.

Der **Inesi-See** (Inesis ezers) gilt als einer
der malerischsten Seen in ganz Lettland.
Viele kleine bewaldete Inseln ragen aus seinem Wasser und auch das Ufer ist von dichtem Nadelwald gesäumt. Weil die Landschaft
in der Hochebene von Vidzeme besonders
reizvoll ist, lohnt es sich, hin und wieder die
Hauptstraße zu verlassen und auf den unbefestigten Straßen die weitgehend unberührte
Natur zu genießen. Auf dem Weg nach
Vecpiebalga sollte man den Besuch des gegen Ende des 18. Jh. errichteten Gutshauses
Dzērberne nicht auslassen. Sieben kaska-
denartig angelegte Teiche umgeben das
Schlösschen; besonders unterhaltsam ist im
Innern die Besichtigung der Gespensterkam-
mer, denn dort gibt der Museumsführer
Spukgeschichten zum Besten (Dzērberne
muiža, Voranm. unter Tel. 64 16 62 08 oder
26 10 49 15, Mo–Fr 9–17 Uhr).

Lettland: Vidzeme

Der unscheinbare Ort **Vecpiebalga** und seine Umgebung gehörten in der ersten Hälfte des 19. Jh. zu den lebendigsten Kulturzentren des Landes. Zahlreiche lettische Künstler lebten hier; in ihren Häusern wurden zum Teil Gedenkstätten und Museen eingerichtet. Das älteste dieser Art ist das **Gedenkmuseum Kalna Kaibēni** 10 km südwestlich von Vecpiebalga. Es ist den Schriftsteller-Brüdern Reinis und Matīss Kaudzites gewidmet, die im Jahr 1879 gemeinsam den in Lettland noch immer viel gelesenen Roman »Landmesserzeiten« (»Mērnieku laiki«) veröffentlichten (Brāļu Kaudzīšu memoriālais muzejs ›Kalna Kaibēni‹, Tel. 64 12 90 83, 15. Mai–15. Okt. Mi–So 10–17 Uhr).

1997 wurde im ehemaligen Wohnhaus des in Lettland sehr beliebten Schriftstellers Kārlis Skalbe (1879–1945) auf dem Incēnikalns die **Gedenkstätte Saulrieti** eingerichtet. Persönliche Gegenstände erinnern an den Verfasser wunderschöner Märchen, außerdem bietet sich vom Haus ein schöner Blick auf den Alaukst-See (K. Skalbes muzejs »Saulrieti«, etwa 3,5 km von Vecpiebalga in Richtung Jaunpiebalga, Tel. 64 16 13 38, 15. Mai–15. Okt. Mi–So 10-17 Uhr).

Von Vecpiebalga bieten sich zwei Möglichkeiten nach **Madona** weiterzufahren. Wer den höchsten Berg Lettlands sehen möchte, sollte nicht auf der Landstraße P 30 bleiben, sondern den Weg über die unbefestigte, dennoch gut befahrbare P 33 Richtung Ērgļi wählen, das übrigens der ideale Startpunkt für eine Kanutour auf der Ogre ist. Der **Gaiziņkalns** erreicht zwar nur eine Höhe von rund 312 m, bei gutem Wetter wird der Aufstieg aber mit einem wunderschönen Rundblick belohnt. Beliebt ist der Berg auch bei Wintersportlern.

Infos

TIC Vecpiebalga: Tel. 64 16 13 85, 26 56 59 77, www.piebalga.cesis.lv.

Übernachten

Erholungskomplex ▶ Jumurdas muiža: Jumurda, Tel. 64 87 17 97, Fax 64 87 15 89, www.hoteljumurda.lv. Ein Komplex zwischen Vecpiebalga und Ērgļi in einem liebevoll res-

taurierten Gebäude aus dem 19. Jh., inmitten einer schönen Parkanlage. Komfortable Zimmer, Freizeitmöglichkeiten wie Bootsfahrten, Angeln, Reiten und Jagd. DZ ab 34 LVL.
Moderne Anlage ▶ Ērgļi: Ērgļi, Rīgas 31, Tel. 64 87 16 04 oder 29 48 20 53, www.erglihotel.lv. Etwas unpersönliche Hotelanlage mit 17 komfortablen Zimmern. DZ ab 23 LVL.

Über Madona nach Alūksne
▶ 1, I 9–M 9

Über die kleine, eher unspektakuläre Stadt **Madona** gelangt man auf der P 37 nach Cesvaine. Hier steht das prächtige **Jagdschloss Cesvaine,** das in den Jahren 1890–

Manche Güter in Vidzeme wirken, als sei die Zeit stehen geblieben (Ungurmuiža)

1897 nach Entwürfen von Hans Grisebach und August Dinklage erbaut wurde und dem Baron Adolph von Wulf gehörte. Leider fiel es 2002 einem verheerenden Brand zum Opfer, der einen Großteil des Daches und des oberen Stockwerks zerstörte. Nach und nach wird das Gebäude nun restauriert. Die Mauern des zweistöckigen, im historistischen Stil errichteten Baus bestehen aus ungeschliffenen Granitsteinen. Die Fenster, das Eingangsportal und die Eingangshalle sind im romanischen das Dach sowie die Türme und Kreuzgewölbe im neogotischen Stil gehalten. Die Treppenhäuser und Deckenmalereien stehen im Zeichen der Renaissance,

in einigen Räumen aber entdeckt man auch Jugendstilelemente (Cesvaines pils, Tel. 64 85 22 25, 26 17 26 37, www.cesvaine.lv, tgl. 10–19 Uhr).

Die gut 9000 Einwohner zählende Kleinstadt **Gulbene** dürfte vor allem Eisenbahnliebhabern einen Aufenthalt wert sein: Am Bahnhof fährt die einzige Schmalspurbahn Lettlands ab, die heute noch in Betrieb ist. Sie hat eine Spurweite von nur 750 mm und benötigt für die 33 km lange, sehr reizvolle Strecke nach Alūksne etwa 1 Std. 25 Min.; dreimal täglich fährt die Bahn in beide Richtungen. Früher verkehrte sie auf der 210 km langen Bahnstrecke von Plavinas an der Daugava bis Valka an der lettisch-estnischen Grenze (Šaursliežu dzelzceļš, Tel. 64 47 30 37 oder 29 53 18 12, www.banitis.lv).

Von der P 35 Richtung Alūksne zweigt nach etwa 11 km links eine kleine Straße nach Vecstāmeriena ab. Am Stāmeriena-See (Stāmerienas ezers) stößt man auf das 1835 erbaute **Schloss Stāmeriena** inmitten eines nach dem Fächerprinzip gestalteten Parks. In den 1930er-Jahren lebte hier der durch seinen Roman »Der Leopard« weltberühmt gewordene italienische Schriftsteller Giuseppe Tomasi di Lampedusa (1896–1957); er war mit der Gutsbesitzerin verheiratet (Stāmerienas muiôa, Tel. 64 49 20 54, www.stame rienaspils.lv, Mo–Fr 9–13 Uhr, 0,70 LVL).

Infos

TIC Gulbene: Ābeļu 2, Gulbene, Tel. 64 49 77 29, Fax 64 49 77 30, turists@gulbene.lv, www.gulbene.lv, Mai–Okt. Di–Fr 10–18, Sa 10–16, Nov.–April Mo–Fr 9–17 Uhr.

Übernachten

Landgut mit Wellness ▶ Mārcienas muiža: Gemeinde Mārciena, Tel. 64 80 73 00 oder 67 81 40 90, Fax 64 80 73 04, www.mar ciena.com. Schickes Landgut mit ausgezeichneten Wellnessangeboten in der Nähe des Naturparks Krustkalnu rezervāts. DZ ab 40 LVL, Übernachtung im gleichnamigen Hostel 10/Person.

Landgut im Park ▶ Grasu Pils: 3 km von Cesvaine, Tel. 64 85 22 00, 29 44 89 37, www.hotelgrasupils.lv. Pension in einem eleganten Landhaus aus dem 18. Jh., in einem gepflegten Landschaftspark. DZ ab 28 LVL.

Üppige Einrichtung ▶ Baltapils: Brīvības 12, Gulbene, Tel. 64 47 48 00, www.balta pils.lv. Das heruntergekommene Gut Vecgulbene wurde aufwendig restauriert und ein Hotel eingerichtet. Komfortable, etwas überladene Zimmer. DZ ab 35 LVL.

Alūksne ▶ 1, M 9

Läge die knapp 10 000 Einwohner zählende Provinzstadt Alūksne nicht abseits aller Touristenrouten, wäre sie sicher ein begehrtes Urlaubsziel. Idyllisch erstreckt sie sich am Ufer des malerischen Alūksne-Sees (Alūksnes ezers), der mit 15,4 km² zu den größten Seen Lettlands zählt. Die Stadt bietet mancherlei Sehenswertes und die Umgebung mit ihren Hügeln und kleinen Seen lädt im Sommer zum Wandern, Radfahren, Reiten und im Winter zum Skifahren ein. Die Winter sind hier übrigens deutlich schneereicher als in anderen Regionen des Landes.

Auf dem Weg in die Innenstadt passiert man linker Hand den **Ladzu kalniņš,** auf dem die erste Holzkirche der Stadt stand. Heute erinnern nur noch ein Gedenkstein und Überreste des Fundaments an sie. In der Kirche predigte einst der berühmte Pfarrer Ernst Glück (1652–1705), der die Bibel erstmals ins Lettische übersetzte.

Ein Stück weiter gelangt man zum örtlichen Pastorat, in dem der Pfarrer seinerzeit wohnte. Im Hinterhof wachsen zwei sogenannte **Glückseichen** (Glika ozoli), die Pfarrer Glück aus Glück über seine geglückte Übersetzung, zunächst des Neuen (1685) und einige Jahre später des Alten Testaments (1689), pflanzte.

Auf der anderen Straßenseite erinnert ein **Gedenkstein** daran, dass sich Pfarrer Glück auch um die Bildung der Letten verdient gemacht hat: Im Jahr 1683 gründete er eine lettischsprachige Schule. Geschichte schrieb auch Glücks Stieftochter, Marta Skavronka. Im Nordischen Krieg wurde ihre Familie von General Boris Scheremetjew gefangen genommen und nach St. Petersburg gebracht. Dort fiel Marta Skavronka dem Zaren auf, der sich in sie verliebte und sie 1712 heiratete. Nach seinem Tod wurde sie 1725 zur Zarin Katharina I. gekrönt, doch ihre Regentschaft währte nicht lange, schon zwei Jahre später verstarb auch sie.

In der Pils iela im Stadtzentrum fällt die evangelische **Kirche** (Lut. baznīca) ins Auge, ein zwischen 1781 und 1788 errichteter klassizistischer Bau des auch in Riga viel beschäftigten Architekten Christoph Haberland (1750–1803). In der filigranen Architektur des Gotteshauses zeigt sich bereits der Einfluss des Barock. Sehenswert ist auch das Innere mit der aus der zweiten Hälfte des 18. Jh.

stammenden Kopie des Altargemäldes »Die Taufe Christi« von Francesco Albani.

Im 1908 erbauten ehemaligen Handelspavillon nahe der Kirche hat das **Ernst-Glück-Bibelmuseum** seinen Sitz, das eine Sammlung wertvoller Bibeln in verschiedenen Sprachen bewahrt (Bībeles muzejs, Pils 25a, Tel. 64 32 31 64, www.aluksnesdraudze.lv, im Sommer Mi–Sa 12–17, So 13–15, im Winter Fr–Sa 13–17 Uhr).

Auf der kleinen, über eine schmale Holzbrücke erreichbaren Insel Marijas sala im Alūksne-See befindet sich die Ruine einer 1342 errichteten **Ordensburg** (Livonijas ordeņa pilsdrupas). Sie diente zunächst vor allem als Festung gegen die häufigen Angriffe aus Pskow und Nowgorod. Als die Schweden im Nordischen Krieg einsehen mussten, dass die Schlacht gegen die Russen verloren war, zerstörten sie die Anlage, damit sie nicht in die Hände der Russen fiel.

Am Seeufer erstreckt sich auch ein malerischer **Landschaftspark** (Alūksnes muižas parks), der Ende des 18. Jh. im englischen Stil angelegt wurde. Er birgt einige sehenswerte Pavillons und Statuen. Der Alexander-Pavillon (Aleksandra paviljons) etwa, ein offener Holzbau mit chinesischem Dach, diente als Tee- oder Kaffeepavillon. Der blaugelbe Rundbau des Äolstempels (Eola templis) sollte den griechischen Gott des Windes ehren. Im gelben Mausoleum (Mauzolejs) mit Kuppeldach wurden die Mitglieder der Familie Vietinghoff beerdigt.

Am Rande des Parks erhebt sich das **Neue Schloss** (Jaunā pils), das 1860–1863 unter der Leitung des Architekten Paul Benjamin Pollnau im Stil des Historismus errichtet wurde und mit seinen überwiegend gotischen Gestaltungselementen wohl an die Urahnen des Auftraggebers und Besitzers des Schlosses, Arnold von Vietinghoff, erinnern sollte.

Etwas außerhalb des Stadtzentrums ragt auf der Kapsēta-Halbinsel (Kapsētas pussala) der 30 m hohe **Tempelberg** (Tempļakalns) auf, von dem man eine wunderbare Aussicht auf den See und die Stadt genießt. Außerdem steht hier der **Ruhmestempel** (Rotonda), eine kleine Rotunde mit Granitsäulen, die

1807, 100 Jahre nach dem Sieg der russischen Truppen gegen die Schweden im Nordischen Krieg, aufgestellt wurde. Von einer alten lettgallischen Holzburg, die hier gestanden haben soll, existieren keine Überreste mehr, erkennbar ist nur noch ein Wallgraben.

Infos

TIC Alūksne: Pils 74, Tel. 64 32 28 04 oder 29 13 09 55, www.aluksne.lv, Mai–Sept. Mo 10–17, Di–Fr 9–18, Sa 10–14, Okt.–April Mo–Fr 9–17 Uhr.

Übernachten

Deutschsprachiger Reiterhof ▶ Arāji: Jaunanna, Region Alūksne, Tel. 64 30 70 99, Fax 64 30 70 88, www.hotel-araji.com. Von einem ausgewanderten Deutschen geführter, familienfreundlicher Reiterhof mit mehr als 30 Pferden und Ponys in einer ehemaligen Kolchose. DZ ab 24 LVL.

Klein, aber fein ▶ Ierullē: Liela ezera 2 b, Alūksne, Tel. 26 53 53 54 oder 64 32 17 57. Freundliches, sauberes Hotel im Zentrum der Stadt. Mit Fahrradverleih. DZ ab 20 LVL.

Camping ▶ Kempings Ezermalas 44: Ezermalas 44, Tel. 29 27 41 75. Campingplatz am Alūksne-See, bietet auch Jachtausflüge an (s. u.).

Essen & Trinken

Preisgekrönt ▶ Pajumte: Pils 68 sowie Darza 11, Alūksne, Tel. 64 32 25 72 oder 64 32 01 37, tgl. 10–23 Uhr. Beliebtes, preisgekröntes Restaurant, in dem lettische Küche serviert wird. 3–5 LVL.

Aktiv

Jachtausflüge ▶ Kempings Ezermalas 44: Alūksne, Tel. 29 27 41 75, 29 43 59 59, ezermalas44@one.lv, 1,5-stündige Tour auf dem Alūksne-See 15 LVL.

Verkehr

Busse: 7 x tgl. vom Busbahnhof (Pils iela) Busse nach Riga, Tel. 64 32 21 57.

Schmalspurbahn: Bahnhof am südlichen Stadtrand, nahe der P 43. Tel. 64 47 30 37 oder 29 53 10 97, www.banitis.lv.

Eine der schönsten Altstadtgassen
in Tallinn: Saiakang am Rathausplatz

Kapitel 3

Estland

Estland ist das kleinste, nördlichste und am dünnsten besiedelte der drei baltischen Länder, doch es besitzt die längste Küste und die größten Inseln. Wer die wenigen Städte verlässt, ist schnell in der Natur, die oft noch weitgehend intakt ist. Dichte Wälder, ausgedehnte Moore und Feuchtgebiete, Felder und Wiesen, einsame Strände – teils sandig, teils mit Findlingen übersät – erinnern ein wenig an die Weite Skandinaviens. Auch die »Weißen Nächte« im Sommer lassen schon den hohen Norden erahnen.

Die alte Hansestadt Tallinn ist das unumstrittene Wirtschafts-, Kultur- und Touristenzentrum. Nordestland ist geprägt durch die Glintküste, den Lahemaa Nationalpark und mehrere industrielle Zentren. Die traditionsreiche Universitätsstadt Tartu mit ihrer schönen klassizistischen Altstadt ist das Zentrum Südestlands. Im sanft gewellten, wald- und seenreichen Hügelland im Süden und Osten liegen die höchsten Berge.

Westestland besitzt mit Pärnu und Haapsalu zwei der bekanntesten Kurorte, auch einige der schönsten Strände. Die beiden größten Inseln Saaremaa und Hiiumaa locken mit ihrem herben

Charme und der guten touristischen Infrastruktur immer mehr Besucher an.

Die Hauptstadt ist ein Ganzjahresziel, doch die meisten Besucher kommen im Sommer. Die Hauptreisezeit liegt zwischen Juni und September, dann ist das Wetter erfreulich stabil mit Temperaturen bis zu 25 °C.

Ein Hauch von Skandinavien

Aus der grauen Maus hinter dem Eisernen Vorhang ist mit verblüffender Geschwindigkeit ein modernes Land geworden, in dem Handys, Computer und E-Commerce zumindest für die jüngere Generation längst zum Alltag gehören. Doch Estland ist auch ein Land mit einer erholsamen, unverbrauchten Natur.

Tere tulemast! Herzlich willkommen! So begrüßt das kleine Estland traditionell seine Gäste. Weil die Esten sich in ganz Europa aber nur mit den Finnen in ihrer exotischen Sprache einigermaßen verständigen können, werben sie seit einigen Jahren auch in Englisch für ihr Land. »Welcome to Estonia«, lautet die Botschaft der weltweiten Kampagne, die Lust auf einen Besuch im kleinsten und nördlichsten der baltischen Länder machen soll. Beim ersten Kontakt wirken viele Esten zwar nordisch-kühl, ähnlich wie ihre skandinavischen Nachbarn, das heißt aber nicht, dass Besucher nicht willkommen sind.

Der Vergleich mit Skandinavien drängt sich noch häufiger auf. Natürlich auch beim Blick auf die Geschichte, die über Jahrhunderte von Deutschen, Schweden und Russen geprägt wurde. Heute sind es vor allem die Finnen, die in Scharen den Weg von Helsinki über die Ostsee finden, um günstig einzukaufen, sich in einem der Kurhotels verwöhnen zu lassen – oder um sich mit dem billigen Alkohol zu berauschen.

Auch die Landschaft mit ihren tiefen Wäldern, grünen Wiesen, ausgedehnten Mooren und den wie Farbtupfer eingestreuten einsamen Gehöften erinnert an den Süden Skandinaviens. Objektiv betrachtet ist Estland zwar recht klein, von der Fläche in etwa vergleichbar mit Dänemark, doch wer das Land mit Muße erkundet, wird von dessen Weite überrascht sein. Wahrscheinlich liegt es an der spärlichen Besiedlung, denn nur gut 1,3 Mio. Menschen leben in Estland, die meisten von

ihnen zudem in den größten Städten Tallinn, Tartu, Narva, Kohtla-Järve und Pärnu.

Außerhalb der wenigen Städte strahlt das Land eine wohltuende Ruhe aus, Staus und Hektik sind so gut wie unbekannt und bis jetzt sind auch noch kaum negative Folgen der ständig steigenden Besucherzahlen auszumachen. So ist die noch weitgehend intakte Natur Estlands größtes Kapital für die touristische Zukunft. Das Aushängeschild sind die vier Nationalparks, doch auch außerhalb dieser geschützten Bereiche gibt es noch kilometerlange unverbaute Strände, Wälder und Moore, die zum Wandern einladen, oder wenig befahrene Straßen, die sich hervorragend zum Fahrradfahren eignen.

Als einziges baltisches Land besitzt Estland eine Inselwelt mit unzähligen teils winzigen, oft namenlosen Eilanden, die nur wenige Zentimeter aus den flachen Küstengewässern schauen. Die größten Inseln, Saaremaa und Hiiumaa, waren während der Sowjetzeit militärisches Sperrgebiet, das selbst Esten nur mit Sondergenehmigung betreten durften. So blieben sie ein Naturparadies, das erst langsam wieder zum Leben erwacht.

Die Hauptstadt Tallinn gibt den Ton an – politisch, wirtschaftlich und bei den Besucherzahlen. Fragt man deutsche Urlauber, warum sie nach Estland kommen, dann geben rund drei Viertel an, dass sie vor allem die Altstadt von Tallinn sehen möchten. Es hat sich herumgesprochen, dass innerhalb der mittelalterlichen Stadtmauern eine der schönsten Altstädte Europas liegt, die völlig zu Recht von der UNESCO ins Weltkulturerbe aufgenommen wurde. Bei Sonnenschein besitzt die estländische Hauptstadt viel südländisches Flair, und auch die Weißen Nächte, in denen es kaum noch dunkel wird, haben ihren ganz speziellen Reiz. Die anderen Städte sprühen ebenfalls vor Charme. Die Universitätsstadt Tartu, zweitgrößte Stadt des Landes, gibt sich jung und kulturell äußerst aktiv. Pärnu nennt sich stolz Sommerhauptstadt und lockt mit weiten Sandstränden und attraktiven Kurhotels. Auch Haapsalu kann auf eine lange Tradition als Kurort verweisen und besitzt neben der Ordensburg eine kleine gemütliche Altstadt mit vielen bunten Holzhäusern.

In Narva und den benachbarten Industriestädten im Nordosten des Landes lebt der Großteil der russischen Minderheit, die immerhin rund ein Drittel der Bevölkerung ausmacht. Nach dem Zweiten Weltkrieg wurden sie hier angesiedelt, um in den Fabriken zu arbeiten und die Russifizierung voranzutreiben. Für sie, die einstigen Besatzer, war die Unabhängigkeit ein Schock, denn bis dahin bestand für sie keine Notwendigkeit, die Landessprache zu lernen oder sich in irgendeiner Weise mit der estnischen Kultur auseinanderzusetzen. Doch heute gehört Estland wieder den Esten und Kenntnisse der Landessprache sind die Voraussetzung für einen Job im öffentlichen Dienst. So wiegt die jüngste Vergangenheit immer noch schwer, denn auch die kulturellen Unterschiede zwischen Russen und Esten verwischen sich nicht von heute auf morgen. In Narva, einer Stadt mit über 90 % russischer Bevölkerung, sind die Probleme besonders augenfällig. Es wünscht sich so mancher die alten Zeiten zurück, als Moskau den Ton angab und die Brücke über den Fluss nach Iwangorod für jedermann offen war. Heute verläuft hier die Außengrenze der EU.

Doch das kleine Estland schaut nicht mehr zurück, seit der Unabhängigkeit hat es konsequent den Weg zurück nach Europa angetreten, ist ganz selbstverständlich EU-Mitglied geworden und hat mit der Einführung des Euro auch den letzten Schritt vollzogen.

Fixpunkte in der Weite des Landes: die Burgen und Burgruinen (Burgruine Laiuse)

347

Steckbrief Estland

Daten und Fakten

Name: Eesti

Fläche: 45 226 km²

Hauptstadt: Tallinn
Amtssprache: Estnisch
Einwohner: 1,36 Mio.
Bevölkerungswachstum: − 0,2 %
Lebenserwartung: Frauen 77,8 Jahre,
Männer 66,6 Jahre

Währung: Am 1. Januar 2011 wurde in Estland der Euro eingeführt.

Zeitzone: MEZ + 1 Std.

Landesvorwahl: + 372

Internet-Kennung: .ee

Landesflagge: Die Flagge wurde 1881 als Fahne einer Studentenverbindung erstmals gehisst. 1896 wurde sie verboten, zur Unabhängigkeit 1917 wieder eingeführt und während der sowjetischen Besatzung durch eine Sowjetflagge ersetzt; ab 1988 war sie wieder erlaubt. Das Blau symbolisiert Vertrauen und Treue, das Schwarz die Vergangenheit und das Weiß steht für Schnee und die Zukunft.

Geografie

Estland ist der nördlichste und kleinste der drei baltischen Staaten und liegt im Nordosten Europas. Im Westen und Norden grenzt es an die Ostsee, im Osten an Russland und im Süden an Lettland. Mit einer Fläche von 45 226 km² ist Estland etwa so groß wie Dänemark. Die Landschaft ist überwiegend flach, im Südosten eher hügelig, rund 40 % der Landesfläche sind von Wäldern bedeckt, weitere 20 % machen Sümpfe und Seen aus.

Estland besitzt ca. 1400 Seen, der größte ist mit 3555 km² der Peipus-See, der allerdings teilweise zu Russland gehört. Längster Fluss ist mit 144 km der Pärnu. Mit seinen 318 m ist der Suur Munamägi im Südosten des Landes die höchste Erhebung des gesamten Baltikums.

Die Küstenlinie des Festlands beträgt 1240 km; rechnet man die Inseln dazu, sind es 3790. Rund 1500 teils winzige Inseln liegen vor der Küste, die größten sind Saaremaa (2922 km²), Hiiumaa (1023 km²) und Muhu (206 km²). Es gibt vier Nationalparks, 18 Naturreservate und ein Biosphärenreservat.

Die größte und wichtigste Stadt des Landes ist die Hauptstadt Tallinn mit gegenwärtig 400 000 Einwohnern, es folgen Tartu (103 000 Einw.), Narva (66 000 Einw.), Kohtla-Järve (45 000 Einw.) und Pärnu (46 000 Einw.).

Geschichte

Um 4000 v. Chr. besiedeln erstmals finno-ugrische Stämme aus dem Ural das Gebiet des heutigen Estland. Anfang des 13. Jh. wird der Schwertbrüderorden gegründet, der in der

Folgezeit zusammen mit dem Deutschen Orden den Norden Europas erobert und christianisiert. Im 13. Jh. erhält Reval, das heutige Tallinn, Lübisches Recht und wird Mitglied der Hanse. Nach dem Ende des Ordensstaates, der Herrschaft der Schweden und der Zarenzeit erlangt Estland, begünstigt durch den Zerfall des Russischen Reichs und die Oktoberrevolution, am 24. Februar 1918 erstmals die Unabhängigkeit. Doch nach der Besatzung durch die Deutschen wird Estland nach dem Zweiten Weltkrieg Teil der Sowjetunion. Erst 1991 verändert sich das politische Klima so weit, dass die Esten in einem Referendum über ihre Unabhängigkeit abstimmen können, 77,8 % sind für eine Loslösung. 1994 ziehen die letzten Truppen aus dem Baltikum ab. 2003 ergibt ein Referendum eine Zustimmung von 67 % zum EU-Beitritt, der schließlich im Jahr 2004 vollzogen und mit der Einführung des Euro 2011 abgeschlossen wird.

Staat und Politik

1992 verabschiedet das Parlament eine neue Verfassung, seitdem ist die Republik Estland eine parlamentarische Demokratie mit einem Einkammerparlament (Riigikogu) und 101 Abgeordneten. Die wichtigsten Parteien sind die konservative Vaterlandsunion, die liberale Reformpartei, die sozialdemokratisch Gemäßigten, die Zentrumspartei, die Volksunion (Landvolkpartei) und die Vereinigte Russische Fraktion. Es müssen immer wieder Koalitionen geschlossen werden; diese Verhältnisse haben seit der Unabhängigkeit 1991 zu einer Reihe von Regierungswechseln geführt. Bei den Wahlen im März 2007 kann die Reformpartei von Ministerpräsident Andrus Ansip Gewinne verbuchen. Auch der neu gewählte Präsident Toomas Ilves bringt den Sozialdemokraten Zuwächse.

Wirtschaft und Tourismus

Seit der Unabhängigkeit betreibt Estland eine Wirtschaftspolitik konsequenter Liberalisierung und Privatisierung. Mit Erfolg, denn Bruttoinlandsprodukt und Außenhandel sind bis 2007 stark angewachsen, infolge der weltweiten Wirtschaftskrise dann allerdings wieder gesunken. Auch die Arbeitslosenquote ist im Jahr 2009 wieder deutlich angestiegen (13,8 %). Die wichtigsten Handelspartner sind Finnland, Schweden, Deutschland und Russland. Estland ist auf die Einfuhr von Brennstoffen und Energie aus Russland angewiesen. Ein gutes Drittel der Industrieproduktion entfällt auf die Nahrungsmittelverarbeitung. Weiterhin wichtig sind Elektrotechnik, Papierverarbeitung sowie Maschinen- und Schiffsbau. Das Land verfügt über Vorkommen an Phosphor und Ölschiefer. Der Tourismus hat sich in den letzten Jahren zu einem profitablen Wirtschaftszweig entwickelt, weiteres Wachstum ist geplant und zu erwarten. Die jährlich mehr als 3 Mio. Besucher kommen hauptsächlich aus Finnland, Schweden und Deutschland.

Bevölkerung und Religion

Mit nur gut 1,3 Mio. Einwohnern ist Estland ausgesprochen dünn besiedelt, insbesondere da sich ein Großteil der Bevölkerung im Großraum Tallinn konzentriert. Die Bevölkerung ist zu etwa zwei Dritteln estnischsprachig und zu einem Drittel russischsprachig. Der Anteil der Esten an der Gesamtbevölkerung beträgt 69 %, Russen machen 26 % aus, außerdem gibt es kleine Minderheiten von Ukrainern, Weißrussen und Finnen.

Die Mehrheit der Esten (92 %) gehört der evangelisch-lutherischen Kirche an, viele Russen bekennen sich zur russisch-orthodoxen Kirche.

Auf einen Blick
Estland

Sehenswert

11 ▼ **Tallinn:** Der mittelalterliche Stadtkern zählt zum Weltkulturerbe und ist Besuchsziel Nummer eins (s. S. 352).

12 ▼ **Laheema-Nationalpark:** Land der Buchten im größten und ältesten Nationalpark (s. S. 397).

13 ▼ **Tartu:** Geistiges Zentrum und Universitätsstadt mit vielen klassizistischen Bauwerken (s. S. 406).

14 ▼ **Haapsalu:** Kurort mit Bischofsburg und dem nostalgischen Charme der Zarenzeit (s. S. 446).

15 ▼ **Saarema:** Dünn besiedelte Insel mit einsamen Küsten und einer imposanten Bischofsburg (s. S. 453).

Schöne Routen

Von Narva nach Rakvere: Kontraste im Nordosten – Gutshöfe, Burgen und die imposante Glintküste, aber auch museumsreife Fabriken (s. S. 386).

Von Tartu nach Vasknarva: Von der alten Universitätsstadt zum Ufer des Peipus-Sees und zur russischen Grenze (s. S. 416).

Von Valga nach Vana-Vastseliina: Durch den einsamen Südosten (s. S. 424).

Von Pärnu zur lettischen Grenze: Abstecher von der Via Baltica zur Küste (s. S. 445).

Hiiumaa: Rundfahrt zu allen Sehenswürdigkeiten der zweitgrößten Insel (s. S. 460).

Meine Tipps

Steile Glintküste: Die Küste um Toila ist einmalig in Estland. Steile Abhänge, dichte Wälder und einsame Strände laden zu langen Wanderungen ein (s. S. 388).

Freiluftkunst im Kütiorg: Auf einem verschlungenen Wanderweg durch das Kütiorg sind mehr als ein Dutzend Kunstwerke zu entdecken (s. S. 426).

Vogelbeobachtung im Matsalu-Nationalpark: Das flache Wasser der Bucht von Matsalu ist für viele Vögel idealer Brut- und Rastplatz. Von mehreren Türmen bieten sich Beobachtungsmöglichkeiten (s. S. 452).

Einsamer Strand bei Haapsalu: Die Küste nördlich von Haapsalu ist bestimmt nicht überlaufen. Hinter dem Sandstrand warten im Kiefernwald luxuriöse Ferienhäuser (s. S. 452).

Tallinn ist mit rund 400 000 Einwohnern die mit Abstand größte Stadt Estlands und das bedeutendste Wirtschafts- und Kulturzentrum des Landes. Die alte Hansestadt an der Tallinner Bucht besitzt mehr Sehenswürdigkeiten als jeder andere estnische Ort, ihr mittelalterlicher Stadtkern zählt zum UNESCO-Welterbe und zieht Besucher aus aller Welt an.

Tallinn ist eine Stadt mit zwei Gesichtern, die unterschiedlicher kaum sein könnten. Die Altstadt präsentiert sich als sorgsam gepflegtes mittelalterliches Kleinod, das in Nordeuropa einzigartig ist und deshalb zu Recht als UNESCO-Welterbe geführt wird. Sie hat die Jahrhunderte fast unbeschadet überstanden, dank ihrer wehrhaften Befestigung, von der bis heute etwa die Hälfte erhalten geblieben ist. In weiser Voraussicht wurde die Stadt schon früh aus nichtbrennbaren Materialien erbaut, daher blieb sie – bis auf den Domberg – von verheerenden Bränden weitgehend verschont. Auch der Zweite Weltkrieg hat nur relativ wenige Schäden, vor allem rund um die Nikolaikirche, hinterlassen. Und selbst während der sowjetischen Besatzung wurde die Altstadt nicht total vernachlässigt. So kann man heute durch verschlungene Kopfsteinpflastergassen schlendern und schlanke Kirchtürme und vom Alter schiefe, spitzgiebelige Kaufmanns- und Handwerkerhäuser bewundern. Im Sommer sind die Altstadtgassen voller Touristen – viele kommen am Wochenende aus dem nahen Helsinki, weil der Alkohol hier um einiges billiger ist. Doch mittlerweile sind es nicht mehr nur die Finnen, die Tallinn in der Feriensaison bevölkern.

Jenseits der Altstadtmauern zeigt die estnische Hauptstadt ihr zweites Gesicht: das einer boomenden europäischen Metropole, die – von den Fesseln des Kommunismus befreit – Versäumtes im Rekordtempo nachholen möchte. Riesige Einkaufszentren, neue Bürohäuser und auch Gewerbegebiete sollen das Wirtschaftswachstum auch in Zukunft sichern.

Auch wenn Tallinn sich in den letzten Jahren mächtig herausgeputzt hat, sind die Spuren der jüngsten Vergangenheit noch allgegenwärtig. Wer sie sehen möchte, muss nur ein kleines Stück mit dem Bus oder der Tram hinaus in die Vorstädte fahren. Hier ragen sie immer noch zu Dutzenden in den Himmel, die tristen Wohnblöcke aus vorgefertigten Betonelementen. Im Grunde hat bisher niemand eine Idee, was aus den Schlafstädten Mustamäe, Väike-Õismäe und Lasnamäe werden soll, die alle zwischen 1960 und 1980 emporgezogen wurden, um die russischen Arbeiter mit billigem Wohnraum zu versorgen.

Erstmals erwähnt wurde Tallinn im Jahr 1154 auf der Landkarte eines arabischen Geografen. Als der Dänenkönig Waldemar II. mit seiner gewaltigen Flotte im Jahr 1219 landete und die alte Estenburg zerstörte, war dies der Anfang einer fast 770 Jahre währenden Fremdherrschaft, die nur von kurzen Perioden der Unabhängigkeit unterbrochen wurde. Nach den Dänen übernahmen deutsche Kaufleute und der Schwertritterorden die Stadt und sorgten durch den Beitritt zur Hanse für goldene Zeiten. Doch mit dem Zerfall des Ordensstaates im 17. Jh. verlor Tallinn, das inzwischen zu Schweden gehörte, an Bedeutung. Während des Nordischen Kriegs eroberte Zar Peter I. die Stadt, die daraufhin Russlands Fenster nach Europa mit dem drittgrößten Hafen des russischen Imperiums werden sollte.

Im Mittelalter wurde damit begonnen, den Stadtkern zu befestigen, bis schließlich eine 2–3 m dicke, 4 km lange und bis zu 16 m hohe Mauer die Altstadt vollständig umschloss. Dank dieser mächtigen Stadtmauer, mit mehr als 40 integrierten Türmen, war Tallinn eine der am besten befestigten Städte im Ostseeraum. Heute ist der Stadtmauerring zwar hier und da durchlöchert – auch von den Türmen sind nur noch etwas mehr als die Hälfte erhalten –, doch noch immer schirmt er die mittelalterliche Altstadt vor dem modernen Tallinn ab.

Altstadt

Cityplan: S. 354

Um den Rathausplatz

Der **Rathausplatz** (Raekoja plats) bildet schon seit Jahrhunderten das Zentrum Tallinns. Schon vor der ersten urkundlichen Erwähnung des Rathauses im Jahr 1322 wurden hier Feste gefeiert, Diebe an den Pranger gestellt und Markt abgehalten. Heute haben im Sommer die Freiluftrestaurants den Platz in Beschlag genommen und werben um die flanierenden Touristen. Es finden aber auch Openair-Konzerte, der Mittelaltermarkt, das Altstadtfest und seit einigen Jahren auch wieder ein Weihnachtsmarkt unter einem festlich geschmückten Baum statt.

Das 1322 erstmals urkundlich erwähnte zweistöckige **Rathaus** 1 (Raekoda), das seine spätgotische Fassade bei Umbauten in den Jahren 1402–1404 erhielt, ist eines der Wahrzeichen der Stadt und wird häufig für Empfänge genutzt. Im ersten Stock befinden sich der von Säulen getragene Bürgersaal und der Ratssaal; im dreischiffigen Keller werden wechselnde Ausstellungen gezeigt. Vom schlanken, achteckigen Turm, den man auf einer engen steilen Wendeltreppe erklimmen kann, ist die gesamte Stadt zu überblicken. Auf der Turmspitze, die allerdings von der Aussichtsplattform nicht zu sehen ist,

weht seit 1530 eine kupferne Wetterfahne, die einen Wachsoldaten, den Alten Thomas (Vana Toomas), zeigt. Auf dem Turm steht allerdings nur die Kopie, das Original befindet sich im Bürgersaal. An der Fassade des Rathauses sind zwei Wasserspeier in Form von Drachenköpfen und ein eiserner Halsring, der sogenannte kleine Schandpfahl, zu sehen (Raekoja plats 1, www.tallinn.ee/raekoda, Kellerhalle: Mai–Sept. Di–Sa 10–16 Uhr; Rathaus: Juli–Aug. Mo–Sa 10–16 Uhr; Rathaus und Turm 3,60 €, Turm Juni–Aug. tgl. 11–18 Uhr, 2,90 €).

Etwas versteckt liegt hinter dem Rathaus das im 15. Jh. errichtete ehemalige Ratsgefängnis, in dem heute das **Museum für Fotografie** 2 mit einer ansehnlichen Sammlung historischer Kameras untergebracht ist (Raevangla fotomuuseum, Raekoja tn 4/6, www.linnamuuseum.ee, März–Okt. Do–Di 10.30–18, Nov.–Feb. Do–Di 10.30–17 Uhr, 1,90 €).

An der nordöstlichen Ecke des Rathausplatzes steht eines der schönsten Häuser der Stadt: Seit 1422 beherbergt es die **Ratsapotheke** 3, eine der ältesten Apotheken der Welt. Heute verkauft sie moderne Arzneimittel, in einer Vitrine steht aber noch ein Fläschchen Klarett, das geheimnisvolle Heilgetränk vergangener Jahrhunderte (Raeapteek, Raekoja plats 11, Mo–Fr 9–19, Sa 9–17 Uhr).

Die östliche Altstadt

Das 1246 errichtete **Dominikanerkloster** 4 wurde während und nach der Reformation zum großen Teil zerstört. Mitte des 19. Jh. wurde auf dem Klostergelände die katholische Katharinenkirche gebaut. Erhalten geblieben sind ein Teil des Gotteshauses, der Kreuzgang, der Kapitelsaal und einige Räume des Ostflügels (Dominiiklaste klooster, Vene 16, www.kloostri.ee, Mitte Mai–Ende Sept. tgl. 10–17 Uhr, 6 €).

Die **Katharinengasse** 5 (Katariina käik) verläuft entlang der Außenwand der ehemaligen Katharinenkirche; einer früher Grabsteine sind in der Gasse aufgestellt. In den Häusern, die schon als mittelalterliche Filmkulisse gedient haben, arbeiten heute fast ausschließlich Kunsthandwerkerinnen, die

sich – ähnlich wie einst die Mitglieder der historischen Katharinengilde – zusammengeschlossen haben.

Vom **Claustrum** 6 des ehemaligen Dominikanerklosters – einst eine dreiflügelige Anlage – ist nur noch der östliche Teil mit Schlafsaal, Speisesaal, Bibliothek und Wohnstätte

des Abts erhalten geblieben (Dominiiklaste kloostri klausuur, Müürivahe 33, Mitte Mai–Ende Sept. Di–So 10.30–17 Uhr, 3,20 €).

Nach Osten hin öffnet sich Tallinns Altstadt durch die **Viru-Pforte** 7; zusammen mit der Harju-Pforte blieb sie als einzige der ursprünglichen Stadtmauerpforten erhalten. Ihre

Tallinn

beiden Vortürme stammen aus dem 15. Jh. In der Straße entlang der Stadtmauer wird jeden Tag der **Wollmarkt** (s. a. S. 367) der Stadt abgehalten. Im modernen **Tallinner Stadtmuseum** 8 erfährt man alles Wissenswerte zur Stadtgeschichte. Schwerpunkte der Ausstellungen sind sowohl das mittelalterliche Tallinn als auch das 20. Jh. (Tallinna linnamuuseum, Vene 17, www.linnamuuseum.ee, Mi–Mo 10–17 Uhr, 3,20 €).

Entlang der Pikk

Der von Cafés und Restaurants gesäumte Saiakang verbindet den Rathausplatz mit der Pikk, der längsten Straße Tallinns. Hier erhebt sich die **Heiliggeistkirche** 9, deren Aussehen vom 14. Jh. bis heute unverändert geblieben ist. Nur der Turm wurde später – im 15. Jh. – hinzugefügt. An der nördlichen Außenwand fällt die bunt bemalte Sonnenuhr aus dem Jahr 1684 ins Auge. Das reich verzierte Innere der Heiliggeistkirche ist ein herausragendes Beispiel gotischer Holzschnitzkunst; die Brüstungen der Balkone sind mit Bibelszenen bemalt und die aus dem Jahr 1597 stammende Kanzel ist die älteste Tallinns. Kunsthistorisch bemerkenswert ist der Hauptaltar, der 1483 in der Werkstatt des Lübecker Meisters Bernt Notke gefertigt wurde. Nach der Reformation wurden in dem zweischiffigen Gotteshaus erstmals Gottesdienste in estnischer Sprache abgehalten (Pühavaimu kirik, Pühavaimu 2, Mai–Sept. Mo–Sa 9–17, Okt.–April Mo–Sa 10–15 Uhr, 0,95 €).

Nahe der Heiliggeistkirche stößt man auf das traditionsreiche **Café Maiasmokk** (Pikk

16) mit dem »Marzipanzimmer« der Firma Kalev, in dem kunstvoll bemalte Marzipanfiguren hergestellt werden (s. S. 367).

In nördlicher Richtung säumen einige **Gildehäuser** 10 die Pikk: Im **Haus der Großen Gilde** waren die einflussreichsten Kaufleute und Reeder der Stadt organisiert. Heute ist in dem Gebäude das **Museum für Estnische Geschichte** (Eesti ajaloomuuseum) untergebracht, das die estnische Geschichte von den Anfängen bis zum Ende des 18. Jh. zeigt (Pikk 17, www.eam.ee, Mai–Aug. tgl. 11–18, Sept.–April Do–Di 11–18 Uhr, 2,90 €, bis Mai 2011 wegen Renovierung geschlossen). Die **Kanutgilde** (Pikk 20) vertrat einst deutschstämmige, die **Olaigilde** (Pikk 24) schwedische, finnische und estnische Handwerker. Im **Schwarzhäupterhaus** (Pikk 26) residierten die unverheirateten deutschen Kaufleute. Die Fassade im Stil der niederländischen Renaissance zeigt die Wappen der Hansekontore von Brügge, Novgorod, London und Bergen.

An den kunstvoll verzierten Fassaden entlang der Pikk fällt ein Herr ins Auge, der vom Dach des Hauses Nr. 21–25 streng durch sein Monokel hinunterschaut. Warum er dies tut, darüber kursieren verschiedene Geschichten. Einige berichten, eine Ehefrau wollte mit dem Fassadenschmuck ihren krankhaft eifersüchtigen Ehemann davon abbringen, sie ständig zu beobachten. Andere erzählen von der Rache einer Ehefrau, die ihren ständig nach den Ballettmädchen im Saal der Kanutgilde schauenden Ehemann bloßstellen wollte.

Am Ende der Pikk steht die **Dicke Margarete** 11 (Paks Margareeta), ein mächtiger Geschützturm (16. Jh.) mit 25 m Durchmesser, der zur Verteidigung des Hafens errichtet wurde. Im Inneren ist das **Museum für Seefahrt** untergebracht. Auf vier Stockwerken dokumentiert es die estnische Seefahrtsgeschichte von der Steinzeit bis in die Gegenwart, sehr interessant sind die historischen Tauchausrüstungen. Vom Dach bietet sich ein sehr guter Blick auf Tallinns Hafen und die Altstadt (Meremuuseum, Pikk 70, www.mere muuseum.ee, Mi–So 10–18 Uhr, 3,20 €). Die **Große Strandpforte** neben der Dicken Margarete bildet den Ausgang zum Hafen.

Von der Strandpforte zur westlichen Stadtmauer

Wer in der Altstadt bleiben möchte, kann die Parallelstraße der Pikk, die Lai, in Richtung Süden zurückgehen. Nach wenigen hundert Metern erreicht man die **Olaikirche** 12, benannt nach dem norwegischen König Olaf. Seit ihrer erstmaligen Erwähnung 1267 wurde sie mehrfach Opfer von Feuern nach Blitzeinschlägen. Ihr heutiges Äußeres geht auf Umbauten im 15. Jh. zurück, ihren neogotischen Innenraum erhielt sie nach einem Brand im Jahr 1820. Im

Sommers wie winters Mittelpunkt von Tallinn: der Rathausplatz

Mittelalter war sie wegen ihres 159 m hohen Turms berühmt, der seinerzeit wahrscheinlich das höchste Gebäude der Welt war. Heutzutage misst der Turm nur noch 124 m. Im Sommer kann man von oben einen Blick auf Tallinn werfen (Oleviste kirik, Lai 50, Turm April–Okt. tgl. 10–18 Uhr, Eintritt in die Kirche frei, Turm 2 €).

Weiterhin sehenswert sind in der Lai einige gut restaurierte mittelalterliche Bürgerhäuser. Dem sogenannten **Hueckschen Haus** 13 (Lai 29) soll Zar Peter I. einen Besuch abgestattet

haben, ob er auch die beiden Linden vor dem Haus gepflanzt hat, ist indes nicht sicher. Die ursprünglichen Linden sind längst eingegangen; zum Andenken an den Besuch des Zaren wurden aber neue gepflanzt.

Das benachbarte **Estnische Naturkundemuseum** 14 informiert umfassend über Flora, Fauna und Geologie des Landes. Zu sehen sind viele präparierte Tiere, u. a. der größte je in der Ostsee gefangene Fisch, ein Stör (Eesti loodusmuuseum, Lai 29 A, www.loodusmuu seum.ee, Mi–So 10–17 Uhr, 2 €).

357

Durch Tallinns dunkle Gassen

Tour-Infos
Start: Vaimu-Straße nördlich vom Rathausplatz
Dauer: 2 Stunden
Karte: S. 354

Englische Schlösser, London und auch Edinburgh sind bekannt für ihre Spukgeschichten, doch auch in Tallinn ist in den letzten Jahrhunderten oft Merkwürdiges geschehen.

Viele Besucher werden Tallinns dunkle Seite gar nicht kennenlernen. Denn im Sommer ist die Stadt voller Menschen und berühmt für ihre weißen Nächte, in denen ausgelassen gefeiert wird. So kommt in dieser Zeit keine Spur von Gruselatmosphäre auf.

Ganz anders im Winter, dann ist die estnische Hauptstadt fast menschenleer. Die Tage sind kurz und die Straßen der Altstadt nach Einbruch der Dunkelheit nur spärlich beleuchtet – wenn dann noch Nebelschwaden durch die Gassen wabern, dann ist es die richtige Zeit, um auf einem Spaziergang die uralten Spukgeschichten wieder zum Leben zu erwecken.

Spukt es in Tallinns Altstadtgassen? Manches deutet darauf hin.

Ein erster Hinweis darauf, dass schon vor langer Zeit in Tallinn nicht alles mit rechten Dingen zuging, ist eine kleine Straße zwischen Pikk und Lai – die **Vaimu**, die »Spukstraße«. Im 17. Jahrhundert bekam sie von den Deutschen diesen Namen – heute weiß niemand mehr, warum.

Dass mit dem **Haus Rataskaevu 16** 28 westlich des Rathausplatzes etwas nicht stimmt, dafür gibt es viele Hinweise. Im obersten Stock ist ein von innen zugemauertes Fenster mit aufgemalten Vorhängen zu sehen, hier soll vor langer Zeit der Teufel Hochzeit gefeiert haben. Danach gab es immer wieder laute Party-Geräusche auf der Etage, obwohl gar keine Feier im Gange war. Der Spuk hatte erst ein Ende, als der Besitzer das Fenster zumauern ließ.

Am häufigsten spukte es bisher im **Torturm** am oberen Ende des »Kurzen Beines« Lühike jalg (s. S. 360). Gesichtet wurden Mönche, eine merkwürdig gekleidete Frau und sogar ein Feuer speiender Hund. Wegen dieser unerklärlichen Vorfälle haben sich bereits mehrmals Parapsychologen mit dem Turm beschäftigt. Auch in einem weiteren Turm der Stadtmauer (s. S. 353), dem **Jungfrauenturm**, am südlichen Ende des Domberges – einst Gefängnis für Prostituierte, heute Café – wurden schon häufiger kratzende Geräusche und Schritte gehört sowie im Keller ein Wein trinkender Mönch gesehen.

Selbst im **Stadtmuseum** (s. S. 355) in der Vene 17 hat sich des Öfteren eine weiß gekleidete Frau gezeigt und in dem Haus in der Uus 23, einer Straße, die außen an der Stadtmauer entlangführt, wurde wiederholt ein schwarz gekleideter Mann beobachtet.

Dies sind nur einige der Spukgeschichten Tallinns, einige sind uralte Legenden, andere Beobachtungen, die noch gar nicht so lange zurückliegen – und es gibt noch viel mehr von diesen merkwürdigen Geschichten!

Das **Tallinner Stadttheater** 15 ist an der breiten, im Mittelalter bei vielen Häusern üblichen Vordertreppe gut zu erkennen (Linnateater, Lai 23, s. a. S. 368).

In einem sehenswerten ehemaligen Speicher aus dem 17. Jh. ist das **Museum für angewandte Kunst und Design** 16 untergebracht. Die permanente Sammlung bietet einen chronologischen Überblick über das moderne estnische Design von den 1920er-Jahren bis zur Gegenwart. Gezeigt werden originale Entwürfe und Prototypen aus verschiedensten Materialien. Ergänzend präsentiert das Museum mehrere Sonderausstellungen im Jahr, die meist einzelnen estnischen Designern gewidmet sind (Eesti tarbekunstija disainimuuseum, Lai 17, www.etdm.ee, Mi–So 11–18 Uhr, 2,60 €).

Vom Museum lohnt ein Abstecher zur westlichen **Stadtmauer** 17, denn an dieser Stelle hat sie auf rund 1 km Länge ihr ursprüngliches Aussehen aus dem 16. Jh. bis heute vollständig bewahrt. Ein Durchbruch führt aus der Altstadt hinaus in den angrenzenden **Park Tornide väljak** 18. Vom Platz der Türme sind die Stadtmauer und neun ihrer Türme zu sehen. Zwischen den Türmen Nunne, Sauna und Kuldjala kann man mit Aussicht auf die Dächer der Stadt auf der Mauer entlanglaufen (Gümnaasiumi 3, April, Mai, Sept. Mo–Mi, Fr 12–18, Sa, So 11–16, Juni–Aug. tgl. 11–19, Okt.–März Mo, Di, Fr 12–17, Sa, So 11–16 Uhr).

Nikolaikirche 19

Die **Nikolaikirche** weiter südlich, eine ehemalige Kaufmannskirche aus dem 13. Jh., ist dem Schutzpatron der Seefahrer und Kaufleute gewidmet. Im Zweiten Weltkrieg wurde sie ebenso wie das gesamte benachbarte Stadtviertel durch sowjetische Luftangriffe schwer beschädigt. Heute dient die Nikolaikirche dem Estnischen Kunstmuseum (s. S. 371) als Ausstellungssaal für mittelalterliche Kunstwerke. Der Hauptaltar stammt aus dem Jahr 1482 und wurde vom Lübecker Meister Hermann Rode gefertigt. Ferner sind der Marienaltar der Schwarzhäupterbrüderschaft aus dem 15. Jh sowie kostbares Kirchen- und Gildesilber zu sehen. In der Antoniuskapelle ist das Fragment des Totentanz-Gemäldes des Lübeckers Bernt Notke aus dem 15. Jh. aufgestellt: Die Mächtigen der Zeit werden von Figuren des Todes zum Tanz geführt (Niguliste kirik, Niguliste 3, www.ekm.ee/niguliste, Mi–So 10–17 Uhr, 2,50 €).

Kiek in de Kök

Geht man weiter in südliche Richtung, gelangt man zum Kanonenturm **Kiek in de Kök.** Dieser größte Kanonenturm des Baltikums wurde Ende des 15. Jh. fertiggestellt und spielte bei den Belagerungen von 1570 und 1577 eine bedeutende Rolle. Der niederdeutsche Name des Wehrturms bedeutet »Schau in die Küche« – angeblich konnten die Soldaten aus den oberen Fenstern den Leuten in der Unterstadt in die Kochtöpfe schauen.

Heute beherbergt dieser Turm ein **Museum zur Stadt- und Militärgeschichte,** in seinen unteren Stockwerken finden Wechselausstellungen statt (Komandandi tee 2, www.linnamuuseum.ee, Di–So 10–17.30 Uhr, 4,50 €).

Der Domberg

Im Mittelalter war die Altstadt in Unterstadt und Domberg unterteilt. In der Unterstadt lebten in erster Linie Handwerker und Kaufleute nach dem Stadtrecht, auf dem Domberg Adlige und Geistliche nach dem Kirchen- und Landrecht. Zwischen Unterstadt und Domberg existieren zwei Verbindungen: Das steile »Lange Bein« (Pikk jalg), über das früher auch Pferdewagen auf den Domberg gelangten, und das »**Kurze Bein**« (Lühike jalg), das nur für Fußgänger geeignet ist. Zwischen den Bewohnern des Dombergs und denen der Unterstadt gab es ständig Ärger, deshalb wurden an beiden Verbindungsstraßen Tore und Tortürme errichtet, zudem wurde die Grenze zwischen den beiden Stadtteilen durch die sogenannte Mauer des Misstrauens gesichert.

Der **Domberg** (Toompea), ein Kalksteinplateau mit steilen Hängen 50 m über dem Meeresspiegel, erhielt seinen Namen von der im 13. Jh. errichteten Domkirche. Bereits im 11. Jh. gab es auf diesem Plateau eine befestigte altestnische Siedlung, die nach der Eroberung durch die Dänen noch verstärkt wurde. Wegen der strategisch günstigen Lage war der Domberg seit jeher nahezu ununterbrochen der Sitz der jeweiligen Staatsmacht. Nach der Vertreibung der Dänen kamen der Schwertbrüderorden, dann der Livländische Orden und schließlich die russische Zarin Katharina II. Sie alle haben die ursprüngliche Burg nach ihren Vorstellungen erweitert oder teilweise abgerissen und umgebaut, auf diese Weise entstand das Schloss.

Die heutige Gestaltung des **Schlosses** [21] (Toompea loss) geht auf die Umbauten von Katharina II. in den Jahren 1767–1773 zurück;

Hinaufschauen, hinunterblicken – lange war der Domberg Sinnbild für die Kluft zwischen Geistlichkeit und gemeinem Volk

die Zarin nutzte das spätbarocke Schloss als Sitz der Gouvernementsregierung. Von der mittelalterlichen Burg sind heute nur noch die Nord- und Westmauer sowie drei Türme erhalten. Der auffälligste Turm ist der 45 m hohe, schlanke **Lange Hermann** (Pikk Hermann), auf dem seit der Unabhängigkeit wieder die blau-schwarz-weiße Staatsfahne von Estland weht. Das Schloss wird vom Parlament genutzt und kann nicht besichtigt werden.

Gegenüber vom Schloss, durch den Lossi plats getrennt, erhebt sich die reich geschmückte orthodoxe **Alexander-Newski-Kathedrale** 22. Die größte Kuppelkirche Tallinns prägt mit ihren bunten Zwiebeltürmen die Silhouette der Stadt. Der Bau wurde Ende des 19. Jh. an dieser prominenten Stelle nach Plänen des Architekten Mikhail Preobrzhensky errichtet, mit dem Ziel, der Russifizierungspolitik des Zarenreichs Nachdruck zu verleihen (Aleksander Nevskin katedraali, Lossi plats 10, tgl. 8–19 Uhr).

Die Toom-Kooli, die Schulstraße, verbindet den Schlossplatz mit der **Domkirche St. Marien** 23, mit deren Errichtung Anfang des 13. Jh. Dominikanermönche begannen. Doch die Um- und Anbauten zogen sich bis zum Ende des 18. Jh. hin, als der Westturm mit seinem barocken Helm hinzugefügt wurde. 1684 wütete ein Feuer auf dem Domberg, das auch

Namen und Legenden
einer alten Stadt   Thema

**Die estnische Hauptstadt kann auf eine lange Geschichte zurück-
blicken, in deren Verlauf sie mehrfach erobert und von den neuen Herrschern umbenannt wurde. Nicht minder spannend sind die zahlreichen
Legenden, die sich im Laufe der Zeit um Tallinn gebildet haben.**

Tallinns Ursprung liegt mit einiger Sicherheit
auf dem Domberg, denn hier befand sich die
altestnische Bauernburg »linna«. Von diesem
Wort leitet sich das estnische Wort »linn« für
Stadt ab. Aber auch »lindanise« wurde die
Burg genannt, vermutlich in Anlehnung an
Linda, die Frau des Sagenhelden Kalev.

Erstmals schriftlich erwähnt wurde die estnische Hauptstadt 1154 von dem arabischen
Geografen Al-Idrisi, der vom sizilianischen
König beauftragt worden war, eine Weltkarte
zu erstellen. Er nannte das heutige Tallinn
Kolywan, ein Name, der ebenfalls in Zusammenhang mit dem mystischen Helden Kalev
steht. Die Deutschen, die viele Jahrhunderte
über Tallinn herrschten, gaben der Stadt nach
dem Landkreis Rävala, in dem sie lag, den
Namen Reval. Während der Zarenzeit wurde
aus Reval Revel. Der heutige Name Tallinn
entstand im 13. Jh., als die Dänen die alte Estenburg eroberten. Das estnische *Taani linn*
bedeutet so viel wie »Festung der Dänen«
oder »Dänenstadt«.

Die Hauptrolle in einer der ältesten Legenden Tallinns spielt der Ülemiste-See (in Flughafennähe). Als Kalevs Witwe Linda das Grab
für ihren Mann fast fertig hatte, fiel sie erschöpft zu Boden und brach in Tränen aus.
Sie vergoss so viele Tränen, dass sich aus ihnen der Ülemiste-See bildete. Nach einer
weiteren Sage lebt in seinen Tiefen ein böses
grünes Männchen, das jedes Jahr in der dun-
kelsten Herbstnacht aus dem Wasser ans
Ufer steigt und den Stadtwächter fragt, ob
denn die Stadt schon fertig sei. Doch jedes

Mal verneint der Stadtwächter, wohlwissend,
dass sich das Männchen geschworen hat,
die fertige Stadt mit dem Seewasser zu über-
fluten.

Eine weitere Legende handelt von dem geheimnisvollen Erbauer der Olaikirche. Nachdem die Mächtigen der Stadt beschlossen
hatten, den höchsten Kirchturm der Welt zu
errichten, suchten sie einen Baumeister. Zu
dieser Zeit tauchte ein Fremder in der Stadt
auf, der versprach, das Bauwerk zu errichten.
Er verlangte allerdings viel mehr Lohn, als die
Stadtherren zahlen konnten. Sie engagierten
ihn trotzdem, denn der Fremde versprach auf
seinen Lohn zu verzichten, würde jemand seinen Namen erraten. Je mehr der Bau voran-
schritt, desto besorgter wurden die Tallinner.
Erst als der Fremde schon dabei war, das
Kreuz auf der Turmspitze zu befestigen, fanden sie seinen Namen heraus und riefen hinauf: »Olaf, Olaf, das Kreuz sitzt schief!« Vor
Schreck verlor der Angesprochene das
Gleichgewicht und fiel vom Turm. Als er ster-
bend auf dem Pflaster lag, entwichen aus seinem Mund eine Schlange und eine Kröte – für
alle ein untrügliches Zeichen dafür, dass er
sich zum Bau der Kirche mit dem Teufel ver-
bündet hatte. An der Außenseite der Marien-
kapelle befindet sich seit dem 16. Jh. ein Ze-
notaph – ein Skelett mit Schlange und Kröte.
Die Geschichte von dem geheimnisvollen
Fremden ist aber vermutlich nur eine Legende, denn in Wirklichkeit ist die Kirche
nach dem hl. Olaf, dem Schutzpatron der
Seefahrer, benannt.

die Kirche fast völlig zerstörte, doch schon zwei Jahre später war der Wiederaufbau abgeschlossen und es konnten wieder Gottesdienste abgehalten werden. Im Innern fallen an den Wänden die reich verzierten Wappenepitaphe deutschbaltischer Adelsfamilien auf sowie die Grabplatten bekannter Persönlichkeiten, wie die des Befehlshabers der schwedischen Armee Pontus de la Gardie oder des Weltumseglers Adam Johann von Krusenstern (Toomkirik, Toom-Kooli 6, www.eelk.ee, April–Mai, Sept., Okt. Di–So 9–17, Juni–Aug. tgl. 9–18, Okt.–März Di–So 9–16 Uhr).

Die **Domschule** in der Toom-Kooli wurde schon 1319 gegründet, ab 1765 war sie das Gymnasium der estländischen Ritterschaft, von 1919 an ein deutsches Gymnasium. Hier gingen Karl Ernst von Baer, der Begründer der Embryologie, sowie Adam Johann von Krusenstern zur Schule.

Entlang der Kohtu, der Gerichtsstraße, stehen einige der schönsten **Stadtpalais.** Viele der prächtigen Häuser erhielten ihr klassizistisches Aussehen nach dem Brand von 1684 und wurden von bekannten Adelsfamilien als Winterdomizil genutzt: In der Kohtu Nr. 2 wohnte der Polarforscher Eduard von Tolli, in Nr. 4 residierten die von Uexkülls, in Nr. 6 die von Ungern-Sternbergs und in Nr. 8 die von Kaulbars. Von der **Aussichtsplattform** 24 am Ende der Straße genießt man einen schönen Blick auf die Unterstadt, den Hafen und die Bucht von Tallin bis hinaus nach Pirita. Das Altstadtpanorama aus der Vogelperspektive wirkt wie ein Meer aus eng beieinander liegenden roten Dächern, das die Türme von Olaikirche, Nikolaikirche und Heiliggeistkirche sowie des Rathauses überragen.

Eine weitere Aussichtsplattform an der Nordspitze des Dombergs nahe der Patkulschen Treppe ist nicht ganz einfach zu finden, lohnt aber den Abstecher, denn sie bietet einen etwas anderen Blickwinkel auf die Unterstadt, zudem sieht man linker Hand die Fassade des **Stenbockschen Hauses** 25. Dieser dreistöckige klassizistische Bau mit sechs dorischen Säulen ist eines der auffälligsten Gebäude auf der Nordseite des Dombergs. Geplant als Gerichtsgebäude, wurde es 1792 der Stadtpalast des Grafen Stenbock. Heute wird es von der Regierung genutzt.

Okkupationsmuseum 26

Das 2003 südlich unterhalb des Dombergs eröffnete **Okkupationsmuseum** widmet sich der bedrückenden Zeit zwischen 1940 und 1991, als das damals erst seit zwei Jahrzehnten unabhängige Estland zunächst von der Sowjetunion, dann von Deutschland und schließlich wieder von der Sowjetunion besetzt war (Okupatsiooni ja vabadusvõitluse muuseum, Toompea 8, www.okupatsioon.ee, Di–So 11–18 Uhr, 1,90 €).

Estnisches Architektur-museum 27

Östlich der Altstadt, in der Nähe des Hafens, befindet sich in einem ehemaligen Salzspeicher das **Estnische Architekturmuseum.** Schon allein das Anfang des 20. Jh. aus Kalkstein errichtete und 1996 gründlich sanierte Gebäude lohnt einen Besuch. Im Erdgeschoss finden jährlich wechselnde Architekturausstellungen sowie Sonderausstellungen statt (Eesti arhitektuurimuuseum, Ahtri 2, www.arhitektuurimuuseum.ee, Mitte Mai–Ende Sept. Mi–Fr 12–20, Sa, So 11–18, Okt.–Mitte Mai Mi–So 11–18 Uhr, 2,90 €).

Infos

Tallinn Tourist Information Center: Niguliste 2/Kullassepa 4, 10146 Tallinn, Tel. 645 77 77, Fax 645 77 78, www.tourism.tallinn.ee, Mai/Juni Mo–Fr 9–19, Sa/So 10–17, Juli/Aug. Mo–Fr 9–20, Sa/So 10–18, Sept. Mo–Fr 9–18, Sa/So 10–17, Okt.–April Mo–Fr 9–17, Sa 10–15 Uhr. Eine **Außenstelle** befindet sich im Viru Keskus, tgl. 9–21 Uhr.

Übernachten

Einmal im Leben ▶ **The Three Sisters** 1: Pikk 71/Tolli 2, Tel. 630 63 00, Fax 630 63 01, www.threesistershotel.com. Die drei Häuser, die heute das Hotel beherbergen, ließ ein Kaufmann im 14. Jh. für seine Töchter errichten, sie sind das Gegenstück zu den »Drei Brüdern« in Riga. Das teuerste Hotel Tallinns kombiniert überzeugend historische Bausubstanz mit modernem Luxus. Seit der Eröffnung 2003 hat hier schon mancher Prominente übernachtet, auch der ehem. Bundespräsident Horst Köhler. DZ/Suiten 156–585 €.

Art-déco-Zimmer ▶ Savoy Boutique Hotel **:** Suur-Karja 17/19, Tel. 680 66 88, Fax 680 66 89, www.savoyhotel.ee. Hervorragende Altstadtlage, das Haus wurde 2006 im Art-déco-Stil saniert. Relativ kleine Zimmer, aber der exzellente Service macht das mehr als wett. Gemütliche Lobby-Bar mit gutem Sushi-Angebot, auch das Restaurant L'arancia bietet Hervorragendes für Augen und Gaumen. DZ 153–271 €.

Spa inklusive ▶ Telegraaf **:** Vene 9, Tel. 600 05 00, Fax 600 06 01, www.telegraafhotel.com. Das Gebäude aus dem 19. Jh. vermag alleine schon von außen wegen der prachtvollen Fassade zu begeistern. Im Vergleich zu anderen Altstadthotels Tallinns sind die Zimmer recht groß, die Spa-Abteilung überzeugend und auch das russische Res-

Überraschend grün zeigt sich die Stadt vom Domberg aus gesehen

taurant ist hervorragend. Tiefgarage. DZ 139–302 €.

Pseudogotisch ▶ Meriton Old Town Hotel
4: Lai 49, Tel. 614 13 00, Fax 614 13 11, www.meritonhotels.com. Altstadthotel in Hafennähe in einem Haus aus dem 19. Jh. Relativ kleine, moderne Zimmer. In der Lobby sind noch Reste der alten Stadtmauer zu sehen. Das zum Hotel gehörende Café Mademoiselle bekommt seine Kuchen und Snacks vom Meriton Grand Hotel geliefert, das für

seine exzellenten Konditoren bekannt ist. DZ 110–120 €.

Bezahlbarer Luxus ▶ Domina Inn Ilmarine
5: Põhja pst. 23, Tel. 614 09 00, www.dominahotels.com. Das alte Fabrikgebäude liegt noch in Laufnähe zur Altstadt. Die modernen Zimmer erstrecken sich zum Teil über zwei Etagen, Appartements im Nebengebäude. DZ 69–119 €.

Für jeden Geldbeutel ▶ Old House Hostel
& Apartments 6: Uus 26, Tel. 641 12 81, Fax 641 16 04, www.oldhouse.ee. Zentrale Lage, verspielt-nostalgische Zimmer, überwiegend modern eingerichtete Appartements, Mehrbettzimmer für Preisbewusste. Bett 9, DZ 29, App. 84–212 €.

Familiär und freundlich ▶ Romeo Family
Hotel & Apartments 7: Suur-Karja 18, Tel. 644 42 55, Fax 660 95 88, www.romeofamily.ee. Kleines Familienhotel mit gutem Service. 15 Zimmer im 4. Stock eines unscheinbaren Bürogebäudes. Kein Schild deutet auf das Hotel hin (Eingang neben der Bäckerei; Rezeption nur 9–17 Uhr). Außerdem vermietet die Familie neun Appartements, die meisten in der Altstadt. DZ 35–42, App. 45–65 €.

Günstige Privatzimmer ▶ Rasastra Bed &
Breakfast 8: Mere pst. 4, Tel. 661 62 91, www.bedbreakfast.ee. Agentur, die private Zimmer in zentraler Lage in Tallinn vermittelt, Büro tgl. 9.30–18 Uhr geöffnet. DZ 34 €.

Essen & Trinken

Achtung, Knoblauch! ▶ Balthasar 1: Raekoja plats 11, Tel. 627 64 00, www.restaurant.ee, tgl. 12–24 Uhr. Die Küche steht ganz im Zeichen der Knoblauchknolle. Aristokratisches mittelalterliches Ambiente mit Blick auf den Rathausplatz. Mutige versuchen zum Nachtisch ein mit Knoblauch verfeinertes Eis. Hauptgerichte um 17 €.

Mitten im Geschehen ▶ Maikrahv 2: Raekoja plats 8, Tel. 631 42 27, www.maikrahv.ee, tgl. 9–24 Uhr. Mediterran-internationale Küche einschließlich Pasta. Im Sommer isst man auf der großen Terrasse auf dem Rathausplatz mitten im Geschehen, im Winter sitzt man gemütlich drinnen. Hauptgerichte um 15 €.

Tipp: Tallinn Card

Die in der Touristeninformation erhältliche Karte berechtigt zur kostenlosen Nutzung der öffentlichen Nahverkehrsmittel und zur Besichtigung von rund 40 Museen und Sehenswürdigkeiten. Außerdem kann man damit kostenlose Stadtrundfahrten machen und erhält in einigen Restaurants und Geschäften Rabatte. In der mitgelieferten rund 100-seitigen Broschüre sind alle Leistungen aufgeführt. Die Card kostet für 6 Std. 12 €, 24 Std. 24 €, 48 Std. 28 € und für 72 Std. 32 €.

Typisch russisch ▶ Klafira 3: Vene 4, Tel. 58 37 73 33, www.klafira.ee, tgl. 12–23 Uhr. Auf der Speisekarte stehen alle russischen Spezialitäten, das Besondere am Klafira ist die plüschig-luxuriöse Atmosphäre, die an das Russland des 19. Jh. erinnert. Hauptgerichte um 14 €.

Mittelalterlich tafeln ▶ Olde Hansa 4: Vana Turg 1, Tel. 627 90 20, www.olde hansa.com, tgl. 11–24 Uhr. Hier stimmt einfach alles! Schummriges Kerzenlicht in einem alten Haus aus der Hansezeit und leise mittelalterliche Musik sorgen für den stimmungsvollen Rahmen. Die Bedienung serviert stilvoll in mittelalterlicher Tracht, auf die groben Holztische kommen Köstlichkeiten wie Wildschwein mit Sauerkraut oder fangfrischer Lachs, warmes Honigbier oder Honigwein. Im Sommer kann man auf der Terrasse sitzen. Hauptgerichte um 13 €.

Edle Hausmannkost ▶ Kuldse notsu kõrts 5: Dunkri 8, Tel. 628 65 67, www. hotelstpetersbourg.com/kuldse-notsu-korts. html, tgl. 12–23 Uhr. Im »Kleinen Schweinchen« bekommt man nach alten Rezepten hervorragende estnische Speisen. Das Kellerrestaurant gehört zum Luxushotel St. Petersbourg und ist stilecht wie ein Landgasthaus eingerichtet, die Bedienung kommt in Tracht. Hauptgerichte um 13 €.

Mittelalterliches Ambiente ▶ Peppersack 6: Viru 2, Tel. 646 68 00, www.peppersack. ee, Mo–Sa 8–24, So bis 23 Uhr. Schönes Haus aus dem 15. Jh. mit sehenswertem Interieur. Hinter den fantasievollen Namen auf der Speisekarte wie »Schwächlichkeit des Kaufmanns« verbirgt sich eine international orientierte, hochklassige Küche. Empfehlenswert auch die mehrgängigen Festessen auf Vorbestellung. Hauptgerichte um 11 €.

Orientalisch angehaucht ▶ Must lammas 7: Sauna 2, Tel. 644 20 31, www.mustlam mas.ee, Mo–Sa 12–23 Uhr. Im »Schwarzen Schaf« werden original georgische Gerichte serviert. Spezialität sind diverse auf Holzkohle gegrillte Schaschliks von Lamm, Rind oder Geflügel. Hauptgerichte um 10 €.

Omas Rezepte ▶ Vanaema juures 8: Rataskaevu 10/12, Tel. 626 90 90, Mo–Sa 12–22, So 12–18 Uhr. Großmutters gute Stube liegt im Keller und ist leicht zu übersehen. Trotzdem erfreut sich das kleine Restaurant mit den bunt zusammengewürfelten nostalgischen Möbeln großer Beliebtheit. Am Wochenende reservieren – so ist man sicher, ein Stück von Omas Sonntagsbraten abzubekommen, der zu passender Musik aus dem Radio serviert wird. Hauptgerichte um 10 €.

Farbenfroh und exotisch ▶ African Kitchen 9: Uus 34, Tel. 644 25 55, www.afri cankitchen.ee, So–Do 12–1, Fr, Sa 12–2 Uhr. In kräftigen Farben mit afrikanischen Motiven bemalte Decken und Wände und ein Koch, der es vorzüglich versteht, mit einer Vielzahl afrikanischer Gewürze umzugehen. Nicht umsonst hoch gelobt und bei jungen Tallinnern äußerst beliebt. Viele Hauptgerichte unter um 10 €.

Schnörkellos ▶ Kompressor 10: Rataskaevu 3, Tel. 646 42 10, tgl. 11–1 Uhr. Hier gibt es die echten estnischen Pfannkuchen – süß oder herzhaft gefüllt – und das auch noch konkurrenzlos günstig. Nicht nur Studenten lassen es sich hier schmecken. Wer mit einem Herzhaften Pfannkuchen als Hauptgericht und einem Süßen zum Nachtisch liebäugelt, sollte viel Hunger mitbringen. Hauptgerichte um 4 €.

Cafés

Eleganter Charme ▶ La Bonaparte 11: Pikk 45, Tel. 646 44 44, www.bonaparte.ee,

Mo–Fr 8–22, Sa 9–22, So 10–18 Uhr. In einem der ältesten Häuser der Stadt (13. Jh.) paart sich französische Eleganz mit mittelalterlichem Charme. Die Patisserie ist über jeden Zweifel erhaben, ebenso die Quiche.

Hausgemachte Spezialitäten ▶ Chocolaterie Café **12**: Vene 6, Tel. 641 80 61, tgl. 10–23 Uhr. Winzig und herrlich plüschig im Stil des 19. Jh. Etwas versteckt im Hinterhof. Kräftige Schokolade, guter Latte, appetitanregende Kuchen und göttliche Trüffel direkt aus Pierres Chocolaterie. Dafür muss man allerdings schon mal Schlange stehen.

Der Klassiker ▶ Maiasmokk **13**: Pikk 16, Tel. 646 40 66, tgl. 9–23 Uhr. Tallinns ältestes Café von 1864 mit nostalgischem Interieur, hervorragender Kuchenauswahl und gutem Kaffee.

Unscheinbar, aber hochgelobt ▶ Tristan ja Isolde **1**: Raekoja plats 1, Tel. 680 60 83, tgl. 10–22, im Sommer 9–24 Uhr. Café unter den Rathausarkaden. Urgemütlich und bekannt für leckere süße Kleinigkeiten, im Sommer einige Tische unter den Arkaden.

Supergemütlich ▶ Kehrwieder **14**: Saiakang 1, Tel. 505 62 58, www.kehrwieder.ee, So–Do 8–23, Fr, Sa 8–1 Uhr. Nur ein paar Schritte vom Rathausplatz entfernt. Einfach und gemütlich, guter Kaffee, der Kuchen lecker. Der richtige Ort für eine kleine Pause im Besichtigungsprogramm.

Einkaufen

Shoppingcenter ▶ Virus Keskus **1** (Viru väljak 4/6, 9–21 Uhr) liegt zwar nicht mehr innerhalb der Altstadtmauern, dafür aber nur wenige Schritte entfernt. Shopping auf 30 000 m². Wem das nicht reicht, der geht ins **Tallinna Kaubamaja 2** (Gonsiori 2) nebenan, Mo–Sa 9–21, So 10–19 Uhr.

Kunsthandwerk ▶ Für hochwertiges Handwerk dieser Art bietet sich ein Bummel durch die **Katharinengasse** (Vene 12) an, in der sich Glasbläserinnen, Töpferinnen und Schneiderinnen bei der Arbeit zuschauen lassen. Textilien, Glas, Kerzen und Keramik bietet der **Meisterhof 3** in der Vene 6 an.

Wolle ▶ An der Stadtmauer (Viru/Mürrivahe) befindet sich der **Wollmarkt 4**, auf dem So-cken, Mützen und Pullover in skandinavischen Mustern und kräftigen Farben angeboten werden.

Trödel ▶ Wer stöbern möchte, geht auf den **Kadaka-Markt 5** (Kadaka turg/Tammsaare 116).

Souvenirs ▶ Eine gut sortierte Auswahl an typisch estnischen Souvenirs bietet **Eesti Käsitöö Maja 6** (Pikk 22, Mo–Sa 10–18, So 10–17 Uhr).

Abends & Nachts

Bayerisch ▶ Beer House **1**: Dunkri 5, Tel. 627 65 20, www.beerhouse.ee, So–Do 10–24, Fr, Sa 10–2 Uhr. Bayrischer Bierkeller mit Schunkelmusik, Restaurant mit akzeptablem Essen. Das Besondere ist das hausgebraute Bier – das einzige Tallinns –, das in drei Sorten in die Gläser fließt.

Livemusik ▶ Café Amigo **2**: Viru väljak 4, Tel. 680 93 80, www.amigo.ee, 22–4, Fr, Sa bis 5 Uhr. Hier feiern finnische Touristen gemeinsam mit den Einheimischen. Fast jeden Abend Livemusik, sonst spielt der DJ Hits aus den 1970er- bis 1990er-Jahren für das nicht mehr ganz so junge Publikum. Eintritt um 5 Euro, ab 21 Jahre.

Irisch ▶ Molly Malone's **3**: Mündi 2, Tel. 631 30 16, www.baarid.ee, Mo–Do, So 11–2, Fr, Sa 11–4 Uhr. Beliebter irischer Pub, Sportbar mit TV, an Wochenenden Livemusik.

Drinks mit Ausblick ▶ Lounge 24 **4**: Rävala 3, Tel. 682 30 00, www.madisooni.ee, tgl. 12–2 Uhr. Die Bar im 24. Stock des Radisson SAS Hotel bietet eine grandiose Aussicht über die Stadt. Für Sonnenuntergänge und warme Sommerabende gibt es keinen besseren Platz als die Terrasse.

Junges Publikum ▶ Club Hollywood **5**: Vana-Posti 8, Tel. 627 47 70, www.clubholly wood.ee, Mo–Do 22–4, Fr, Sa 22–5 Uhr, an Wochenenden Eintritt. Ein Nightclub mit großer Tanzfläche und überwiegend jungem Publikum.

Unter der gleichen Adresse findet sich **Sõprus** (www.kino.ee), das nicht nur ein stadtbekanntes Kino ist, sondern auch eines der besten Beispiele stalinistischer Architektur, erbaut 1955.

Russische Lebensfreude ▶ **Troika 6**: Rae-koja plats 15, Tel. 627 62 45, www.troika.ee, tgl. 10–23.30 Uhr. In erster Linie ein Restaurant mit guten russischen Gerichten, urgemütlich im altrussischen Stil eingerichtet. Häufig fließt zu lauter Musik der Wodka in Strömen und die Stimmung steigt mit dem Alkoholpegel.

Theater ▶ **Estnische Nationaloper 7**: (Rahvusooper Estonia): Estonia pst. 4, Tel. 683 12 01, www.opera.ee, tgl. 11–19 Uhr. Tallinns Oper blickt auf eine über 100-jährige Tradition zurück. **Linnateater 15**: Lai 23, www.linnateater.ee. Klassisches Theater seit 1965 mit einem Repertoire, das internationale Klassiker und Stücke einheimischer Autoren umfasst. **Eesti Nukuteater 8** (Puppentheater): Lai 1, www.nukuteater.ee. Puppentheater mit überwiegend kurzen Stücken, die auch ohne Estnischkenntnisse sehenswert und häufig für Kinder geeignet sind. **Salong Teater 9**: Kaarli pst. 9, www.salong-teater. ee. Stücke für Kinder und Erwachsene, darunter viele internationale Klassiker.

Aktiv

Radfahren ▶ **Citybike 1**: Uus 23, Tel. 511 18 19, www.citybike.ee. Verleih von Fahrrädern (auch Kinderräder und Tandem) nach telef. Anmeldung. Inhaber der Tallinn Card können eine kostenlose 2-stündige **Fahrradtour durch Tallinn** machen, Anmeldung unter Tel. 51 11 81, Beginn am City Bike Hostel, Uus 23.

Schwimmen, Sauna, Spa ▶ **Kalev Spa Hotel & Water Park 2**: Aia 18, Tel. 649 33 00, www.kalevspa.ee, je nach Dauer 8–12 €. Gro-ßer Wasserpark, 50-m-Becken, Saunen, Wasserrutschen, Fitnessstudio, Pool Bar, Cafeteria in modernem Hotel in Altstadtnähe.

Termine

Tage der Barockmusik (Febr.): Traditionsreiche Veranstaltung an verschiedenen Orten der Tallinner Altstadt sowie in Pärnu und Tartu (www.concert.ee).

Internationales Jazzfestival Jazzkaar (April): Fast zwei Wochen mit hochkarätigen, international besetzten Konzerten von Avantgarde bis Mainstream, aber auch Weltmusik- und Blueskonzerte (www.jazzkaar.ee; veranstaltet ganzjährig Konzerte).

Cembalo-Tage (Anf.–Mitte April): Veranstaltungsreihe mit über zehnjähriger Tradition, Konzerte u. a. in Kadriorg und im Musikmuseum, aber auch in Tartu, Pärnu und Viinistu (www.festivals.ee/klavessiin_eng.html).

Altstadtfest (Anf. Juni): Mittelalterliches Stadtfest. Mittelaltermarkt, Gaukler und Livemusik (www.vanalinnapaevad.ee).

Johannisfest (23. Juni): Der beste Platz, um Mittsommer (s. S. 45) in Tallinn zu feiern, ist das Freilichtmuseum Rocca al Mare (s. S. 375, www.evm.ee).

Mittelaltermarkt (Anf. Juli): Alljährlich hält das Mittelalter für einige Tage mit viel Musik auf dem Rathausplatz Einzug.

Tanzfestival (Anf.–Mitte Aug.): Moderner Tanz mit nationalen und internationalen Künstlern in der Kanutgilde (www.saal.ee).

Credo (Sept.): Das internationale Festival sakraler Musik findet in verschiedenen Kirchen Tallinns statt (www.festivals.ee/credo).

St. Martinstag (9.–12. Nov.): Am Martinstag finden in der Tallinner Altstadt Umzüge statt, es gibt außerdem Volksmusik und traditionelles Essen.

Weihnachtsmarkt (Mitte Nov.–24. Dez.): Der erst seit einigen Jahren auf dem Rathausplatz abgehaltene Weihnachtsmarkt erfreut sich wachsender Beliebtheit. Um den Weihnachtsbaum scharen sich immer mehr Verkaufsstände mit hochwertigem Kunsthandwerk.

Christmas Jazz (Dez.): Jazzkonzerte an verschiedenen Orten, in Kirchen, Theatern und Clubs (www.jazzkaar.ee).

Tipp: Abstecher nach Helsinki

Über die Ostsee sind es nur 85 km nach **Helsinki.** Schiffe verkehren mehrmals täglich, die großen Fähren benötigen 4 Std., Katamarane und Schnellboote nur rund 1,5 Std. Die schnellen Boote sind aber windanfällig und verkehren deshalb nur im Sommer und nur bei gutem Wetter.

Filmfestival der schwarzen Nächte (Ende Nov.–Mitte Dez.): Tallinns größtes Filmfestival, Schwerpunkt: europäische Filme (mit englischen Untertiteln; www.poff.ee).

Verkehr

Flüge: Flugzeuge landen auf dem kleinen, modernen Tallinn International Airport, 4 km südöstlich vom Stadtzentrum (Lennujaam, Lennujaama 2, Tel. 605 88 88, www.tallinn-airport.ee).

Die Buslinie 2 verbindet ihn mit dem Zentrum, die Haltestelle befindet sich vor der Abflughalle. Fahrkarten sind beim Fahrer erhältlich, die Busse verkehren je nach Tageszeit 2–3 x pro Std. Haltestellen im Stadtzentrum sind an der Kunstakademie und am Busbahnhof. Ein Taxistand befindet sich vor der Ankunftshalle, eine Fahrt ins Stadtzentrum kostet ca 8 €. Informationen zu Flügen von/nach Deutschland, Österreich und der Schweiz s. S. 83.

Züge: Tallinns neuer Hauptbahnhof (Balti Jaam, Toompuistee 37, Tel. 1447/615 68 51, www.baltijaam.ee) liegt nur wenige hundert Meter nordwestlich der Altstadt. Die einzige internationale Verbindung besteht nach Moskau. Nationale Züge fahren nach Tartu, Pärnu, Viljandi, Rapla, Rakvere und Narva, doch Reisen mit dem Bus sind bei den Esten erheblich beliebter.

Busse: Der Busbahnhof (Tallinna Bussiterminal, Lastekodu 46, Tel. 680 09 00, www.bussireisid.ee) ist relativ klein und ein Überbleibsel der Sowjet-Ära. Fahrkarten sind am Schalter oder beim Fahrer erhältlich. Von Tallinn aus sind alle Städte Estlands in der Regel mehrmals tgl. mit dem Bus zu erreichen. Am Wochenende sind die Busse zu beliebten Zielen wie Tartu oder Pärnu rasch ausgebucht, deshalb rechtzeitig Tickets kaufen! Auch die internationalen Buslinien kommen an diesem Busbahnhof an. Nähere Informationen s. S. 83.

Schiffe: Der Fährhafen (Reisisadam, Sadama 25, Tel. 631 85 50, www.portoftallinn.com) nordöstlich der Altstadt besitzt vier Terminals (A–D). Die Fährverbindungen zu allen nordischen Nachbarländern sind ausgezeichnet.

Tipp: Taxiärger vermeiden

Taxifahrer müssen Fahrgäste immer mit funktionstüchtigem und eingeschaltetem Taxameter befördern und dürfen keinen höheren Betrag als den angezeigten verlangen. Nicht alle halten sich jedoch daran. Bei Unstimmigkeiten sollte man nach der Quittung fragen, die das Taxameter liefert. Die Lizenzkarte muss sichtbar auf dem Armaturenbrett angebracht sein.

Parken: Teile der Altstadt sind für den Autoverkehr gesperrt, auch einige Hotels sind nur schwer mit dem Auto zu erreichen. Parken in der Altstadt, im Stadtzentrum und in Pirita ist gebührenpflichtig. Die ersten 15 Min. sind frei, außer in der Altstadt. Parkscheine sind an den allerdings recht seltenen Automaten zu ziehen, denn die Esten bezahlen in der Regel mit dem Handy. Parkgebühren in der Altstadt 1–5 €/Std. Kostenpflichtige Parkplätze: Euro Park (Tartu mnt. 15), Vabaduse väljak, Viru Centre.

Stadtverkehr

Busse, Straßenbahnen, Trolleybusse und **Minibusse** verkehren 6–24 Uhr, Fahrscheine sind am Zeitungskiosk für 0,95 €, beim Fahrer für 1,60 € erhältlich. Fahrscheine müssen entwertet werden. Es gibt auch 1- und 2-Std.-Tickets (0,75–1 €) und 1- und 3-Tage-Karten (4,50–7,35 €), allerdings nur am Kiosk. Haupthaltestellen für Stadtbusse befinden sich unter dem Viru Center und am Vabaduse väljak. Eine Übersicht über die Routen hängt an jeder Bushaltestelle und ist unter www.tak.ee zu finden. Besitzer der Tallinn Card können zwischen verschiedenen Hop-on-Hop-off-Buslinien wählen, die alle vom Viru-Platz starten. Die Rote Linie fährt im Sommer 9–17.30 Uhr jeweils alle halbe Stunde und deckt Altstadt, Kadriorg, KUMU und Hafen ab. Die Grüne Linie fährt 9.45–17.45 Uhr stdl. von der Altstadt nach Pirita, Kadriorg und Marjamäe. Die Blaue Linie fährt 9.15–17.15 Uhr stdl. nach Rocca al Mare.

Vororte ▶ 1, H 2

Kadriorg

Die Entstehung des grünen Vororts **Kadriorg** (Katharinental) geht auf Zar Peter I. zurück. Der russische Herrscher beschloss 1714, sich in der Nähe von Tallinn – das damals noch Reval hieß – eine Sommerresidenz zu errichten. Also beauftragte er den italienischen Architekten Niccolo Michetti mit dem Bau eines Schlosses. Michettis Entwurf für **Schloss Katharinental,** das der Zar nach seiner Frau benannte, orientierte sich an italienischen Villen und besaß drei Flügel. Baubeginn des prächtigen und für Estland einzigartigen Barockschlosses war 1718, doch bis zu seiner Fertigstellung und zur kompletten Anlage des Parks, für den mehr als 500 Bäume gepflanzt wurden, sollten fast 20 Jahre vergehen. Für Michetti war dieser erste Auftrag am Zarenhof ein Glücksfall, denn Kadriorg gefiel dem Zaren so gut, dass der Architekt weitere Aufträge erhielt, bald zu einem der Bekanntesten seines Metiers in Russland aufstieg und auch am Bau von Schloss Peterhof mitwirken durfte.

Um das Schloss, das nur als Sommerresidenz gedacht war, entstand bald ein vornehmer, grüner Erholungsort am Meer. Einige der reich verzierten Holzhäuser aus dieser Zeit sind bis heute, wenn auch teilweise in schlechtem Zustand, erhalten geblieben. Doch langsam erholt sich Kadriorg von seiner jahrzehntelangen Vernachlässigung und in den kommenden Jahren wird die Gegend wieder zu den besten Wohnlagen der Hauptstadt zählen.

In den Innenräumen des Schlosses ist eine Dependance des **Estländischen Kunstmuseums** untergebracht. Zu sehen sind in erster Linie Werke ausländischer Künstler. Bemerkenswert ist der zweistöckige zentrale Weiße Saal mit seinen Stuckverzierungen und den Deckengemälden (Kadrioru kunstmuuseum, Weizenbergi 37, www.ekm.ee, Okt.–April Mi–So 10–17, Mai–Sept. Di–So 10–17

Holzhäuser aus dem 19. Jh. prägen Straßenzüge in Kalamaja (westlich des Zentrums) ebenso wie in Kadriorg

Uhr, vom Zentrum die Tram 1 und 3 bis zur Endstation).

Hinter dem Schloss erstreckt sich ein nach den Ideen des 18. Jh. gestalteter Blumengarten. Jenseits der gepflegten Anlage befindet sich der vor dem Zweiten Weltkrieg fertiggestellte **Amtssitz des Präsidenten,** dessen Erbauer sich stilistisch am Schloss orientierten.

Ursprünglich war auch der weitläufige **Park** im Barockstil angelegt; er wirkt heute etwas verwildert. In jedem Fall sehenswert sind der Schwanenteich, das Denkmal für F. R. Kreutzwald (s. S. 431), die alten Kastanienbäume nordöstlich der Weizenbergi und die zahlreichen Skulpturen.

Wer vor dem Schloss steht und den langen, schnurgeraden Parkweg in Richtung Meer entlangschaut, erblickt das **Russalka-Monument.** Die große Engelsfigur auf einem Sockel erinnert an die 177 Seeleute, die mit dem gleichnamigen russischen Kriegsschiff 1893 untergegangen sind.

Der Park beherbergt noch drei kleinere Museen: Das **Sommerhaus Peters des Großen** ist mit Mobiliar aus der Zarenzeit eingerichtet. Hier lebte der Zar recht bescheiden während des Schlossbaus (Peeter I majamuuseum, Mäekalda 2, www.linnamuuseum. ee, Sept.–April Mi–So 10–16, Mai–Aug. Di–So 10–18 Uhr, 1,90 €).

Im **Mikkel-Museum** wird ausländische Kunst ausgestellt, gestiftet von dem Kunstsammler Johannes Mikkel. Zu sehen sind u. a. italienische Gravurarbeiten, russische Ikonen, chinesisches Porzellan und flämische Gemälde (Mikkeli muuseum, Weizenbergi 28, www.ekm.ee, Mi–So 10–17 Uhr, 2 €).

Das **Park-Museum** schließlich befasst sich mit der Geschichte des Parks von Kadriorg (Weizenbergi 26, tgl. 11–18, Do 11–21 Uhr, freier Eintritt).

Nur wenige hundert Meter sind es vom Schloss zum neuen **Estnischen Kunstmuseum.** Der 2006 eröffnete Bau stammt von dem jungen finnischen Architekten Pekka Vapaavuori und beherbergt die größte Sammlung estnischer Kunst. Zur Überraschung vieler gewann Vapaavuori 1994 den Wettbewerb mit seinem Entwurf »Circulos«. Das Gebäude

aktiv unterwegs

Spaziergang durch Kadriorg

Tour-Infos

Start: am Kunstmuseum Kumu
Dauer: ohne Museumsbesuche 1–2 Std.
Wichtige Hinweise: Kunstmuseum s. S. 371. Eduard Vilde Museum, Roheline aas 3, Tel. 601 31 81, www.linnamuuseum.ee, Mi-Mo 11–18 Uhr, ca. 1 Euro
Karte: ▶ 1, H 2

Ein Spaziergang durch Kadriorg ist wie ein Besuch im Architekturmuseum, wobei die reich verzierten Holzhäuser den besonderen Charme dieses Stadtteils ausmachen. Am einfachsten ist es, den Spaziergang am Kunstmuseum Kumu zu beginnen. In der Straße am Museum, der **Mäekalda,** gibt es noch drei **typische Holzhäuser** aus der Mitte des 19. Jahrhunderts (Nr. 7, 9, 11). Vor einigen Jahrzehnten waren diese reich verzierten Sommerhäuschen in Kadriorg noch häufig anzutreffen, doch die meisten wurden während der Sowjetzeit vernachlässigt und schließlich abgerissen.

Von der Mäekalda zweigt bald nach rechts die Roheline aas ab und führt zum ehemaligen **Haus des Kastallans.** In dem stattlichen rosa Gebäude wohnte der Schlossverwalter, heute ist hier das **Eduard Vilde Museum** untergebracht. Die Wohnräume des Schriftstellers sind noch original eingerichtet, die Ausstellung über Leben und Werk Vildes ist aber leider nur in Estnisch.

Vom Museum sind es nur wenige Schritte zur **Poska,** einer der interessantesten Straßen von Kadriorg. Sie ist nach Jaan Poska

Typisches Holzhaus von Kadriorg in üppigem Garten

benannt, der von 1913 bis 1917 Tallinner Bürgermeister und 1918 Außenminister war. Er wohnte in der Nr. 8, der Villa Poska.

Die Hausnummern 19 bis 41 und 14 bis 30 gehörten früher zur **»Staraja Sloboda«,** der Siedlung der Schlossbediensteten. Poska Nr. 19 besteht aus drei Häusern, die zu den ältesten von Sloboda zählen und Anfang des 18. Jahrhunderts errichtet wurden. Poska Nr. 35 ist eigentlich eines der weniger spektakulären Häuser, ein Bedienstetenhaus, erbaut um 1820. Es ist ein typisches »Kataloghaus«, von denen im gesamten Russischen Reich damals unzählige gebaut worden waren.

Das Gegenteil ist das reich verzierte **»Haus des russischen Priesters«** (Poska Nr. 41). Das 1884 von A. Fedotov entworfene Haus ist eines des schönsten Beispiele der Holzarchitektur, jedoch leider in einem sehr schlechten Zustand. Ebenfalls völlig vernachlässigt ist das Haus Poska Nr. 53, die **Villa von Georg Stude,** der Ende des 19. Jahrhunderts ein populäres Café besaß. Typisch sind bei diesem Haus die große Veranda und die reichen Verzierungen.

Weitere bemerkenswerte Häuser ebenfalls in der Poska sind eine 1905 vom Architekten Otto Schott entworfene Jugendstilvilla (Poska Nr. 51) und die »Villa Patria« (Poska Nr. 36A), einst im Besitz einer reichen Kaufmannsfamilie.

Wer noch gut zu Fuß ist, kann den Spaziergang auf der Narva mnt fortsetzen. Bemerkenswert sind hier die **»Villa mon Repos«** (Narva Nr. 92) und der **»Badesalon«** (Narva Nr. 80). Dieses einfache Haus erinnert an die Zeit, als Kadriorg noch ein begehrter Badeort war und sich hier das soziale Leben abspielte.

Weitere schöne, wenn auch teils verwahrloste **Beispiele der Kadriorger Holzarchitektur** befinden sich in den Straßen Koidula, Köhleri, Faehlmanni, Vilmsi und Wiedemanni.

hat einen kreissegmentförmigen Grundriss, ist zum Teil tief in den Kalkstein von Kadriorg eingelassen und überzeugt durch die gelungene Mischung aus Beton, Glas und Kupfer. Kernstück des Museums ist die chronologisch aufgebaute Dauerausstellung auf drei Etagen, die von der frühen Klassik des 18. Jh. bis zur Gegenwartskunst reicht. Ergänzend finden jedes Jahr mehrere Wechselausstellungen statt (Kumu kunstimuuseum, Weizenbergi 34, www.ekm.ee, Mai–Sept. Di–So 11–18, sonst Mi–So 11–18 Uhr).

Zwischen Tallinn und Pirita

Etwa auf halbem Weg zwischen Tallinn und dem nördlich gelegenen Pirita lohnt die 1960 fertiggestellte muschelförmige **Sängerbühne** einen Stopp. Für die Esten ist sie ein geschichtsträchtiger Ort, denn sie war Ende der 1980er-Jahre eine der Keimzellen der Singenden Revolution (s. S. 32) – eine bedeutende Stütze der Unabhängigkeitsbewegung. Die Sängerbühne und die große Wiese davor sind bis heute alle fünf Jahre Schauplatz eines einzigartigen Sängerfestes, bei dem Zehntausende Chorsänger in Trachten vor einer noch größeren Zuschauermenge auftreten. Außerhalb der Sängerfeste wird die Festwiese für Sommerkonzerte genutzt.

Weiter in Richtung Pirita liegt das **Schloss Maarjamäe,** ein 1874 fertiggestelltes pseudogotisches Gutshaus. Das Tor schmücken Adlerskulpturen. Im Innern sind Ausstellungen zur Geschichte des 19. und 20. Jh. zu sehen (Eesti ajaloomuuseum – Maarjamäe loss, Pirita tee 56, www.eam.ee, Mi–So 10–17 Uhr, 2 €).

Die **Gedenkstätte Maarjamäe,** ein bombastisches Betondenkmal und typisches Beispiel der Sowjetarchitektur, ist schon von der Pirita-Schnellstraße aus zu sehen. Es wurde 1960 zum Gedenken an die 1918 hier getöteten Russen errichtet.

Pirita

Auch **Pirita** ist architektonisch von der Sowjetzeit geprägt, denn im Vorfeld der Olympischen Spiele von 1980, deren Segelwettbewerbe hier ausgetragen wurden, entstanden monumentale Bauwerke, meist aus Beton; so auch das Jachtzentrum, das trotz einiger Sanierungen seinen Ursprung nicht verleugnen kann. Doch Pirita kann auf eine weitaus längere Geschichte zurückblicken, denn der Ort erhielt seinen Namen bereits von dem 1407 von wohlhabenden Kaufleuten gegründeten **Brigittenkloster** (Pirita kloostri varemed), das der hl. Birgitta geweiht war. Das einst größte Kloster Alt-Livlands ist seit der Belagerung durch Ivan den Schrecklichen im Jahr 1577 nur noch eine Ruine. Erhalten geblieben sind lediglich der 35 m hohe Westgiebel und die Seitenwände. Im Sommer ist das Kloster ein beliebter Ort für Openair-Konzerte und Theateraufführungen (Kloostri tee 9, www.piritaklooster.ee, April, Mai, Sept., Okt. tgl. 10–18, Juni–Aug. tgl. 9–19, Jan.–März, Nov.–Dez. tgl. 12–16 Uhr, Busse 1, 8, 34, 38).

Im **Botanischen Garten** im Pirita-Tal gedeihen mehr als 8000 Pflanzenarten, davon mehr als 2000 in Gewächshäusern. Im Laufe des Jahres finden in der Anlage Sonderausstellungen zu Themen wie Gift- und Heilpflanzen sowie Besichtigungstouren zu Spezialthemen statt (Tallinna botaanikaaed, Kloostrimetsa tee 52, www.tba.ee, Park tgl. 11–19, Gewächshäuser Mai–Aug. tgl. 11–18, sonst bis 16 Uhr, Garten Eintritt frei, Gewächshäuser Eintritt, Bus 34A und 38 sowie Hop-on-Hop-off Grüne Linie).

Der 314 m hohe **Fernsehturm** ist mit Abstand das höchste Gebäude der Stadt und ein weiteres Relikt aus der Sowjetzeit, ebenfalls zu den Olympischen Spielen von 1980 errichtet. Von der Aussichtsplattform in 170 m Höhe reicht der Blick über die Stadt und die Tallinner Bucht. Sehenswert ist das Interieur im Sowjetstil der 1980er-Jahre. Auf der gleichen Etage befindet sich das Restaurant Galaxy (Tallinna teletorn, Kloostrimetsa 58 A, www.teletorn.ee, tgl. 10–24 Uhr).

Der 1933 eingerichtete **Metsakalmistu-Friedhof** in der Nähe gehört zu den bekanntesten Estlands. Hier fanden Konstantin Päts, Estlands erster Präsident, die Dichter Anton-Hansen Tammsaare, Eduard Vilde und Lydia Koidula, der Schachspieler Paul Keres, der Komponist Raimond Valgre und der Sänger Georg Ots ihre letzte Ruhestätte (Kloostrimetsa 36, Mo–Fr 9–16, Sa 9–14 Uhr).

Nõmme

Früher war Nõmme eine kleine Gartenstadt südwestlich von Tallinn, heute sind die beiden Orte zusammengewachsen. Die ersten Sommerhäuser mit großen Gärten wurden hier um 1870 errichtet, etwa zeitgleich mit der Inbetriebnahme der Bahnlinie nach Paldiski. Das ganze Gebiet gehörte seinerzeit Nicolai von Glehn, einem etwas kauzigen und versponnenen Großgrundbesitzer. Er verkaufte sein Land Stück für Stück und sorgte damit dafür, dass sich immer mehr Menschen in Nõmme ansiedelten. Nicht nur die grüne Umgebung war für viele reizvoll, auch das im Vergleich zu Tallinn milde Klima war ein Grund nach Nõmme zu ziehen, denn die eisigen Winde im Frühjahr und Winter, für die Tallinn bekannt ist, wurden durch die Lage im Landesinnern deutlich gemildert. Anfangs verbrachten die Tallinner nur ihre Sommerferien in Nõmme, doch dann zogen immer mehr ganz in die grüne Vorstadt. Dank der Eisenbahnverbindung war und ist es kein Problem, in Nõmme zu wohnen und in Tallinn zu arbeiten.

Für die Erkundung der weitläufigen Gartenstadt ist ein Fahrrad ideal (s. S. 368), denn die Sehenswürdigkeiten liegen weit verstreut. Am Steilhang von Mustmägi, heute am Ende der Vana-Mustamäe-Straße, liegt das Schloss von Nicolai von Glehn, das mit seinen Kalksteinmauern, Türmen und Zinnen an eine mittelalterliche Burg erinnert. Vor seinem von ihm selbst entworfenen Traumschloss, das heute von Studenten der Technischen Universität genutzt wird, begrub er sein Pferd und errichtete an dieser Stelle einen Obelisken. Im weitläufigen Park verteilt sind noch weitere zum Teil ungewöhnliche Kreationen von Glehns zu entdecken, so die Sternwarte, die riesige Kalevipoeg-Skulptur und der Drache, der allerdings mehr einem Krokodil ähnelt.

Nõmme ist einer der wenigen Stadtteile Tallinns mit sehr schöner historischer Holzhausarchitektur, allerdings liegen die interessanten Objekte sehr viel weiter verstreut als in Kadriorg. Eines der spektakulärsten Holzhäuser im Jugendstil steht in der Pärnu maantee 492, errichtet 1913.

Weitere sehenswerte Beispiele kunstvoll verzierter Holzhäuser, die zwischen dem Ende des 19. Jh. und Mitte der 1930er-Jahre erbaut wurden, sind in den Straßen Idakaare (Nr. 3, 6, 10), Kõue (Nr. 6), Pärnu maantee (Nr. 318, 322), Valdeku (Nr. 3, 9), Mai (Nr. 2, 4), Haava (Nr. 3), Põllu (Nr. 11, 13, 44), Metsa (Nr. 63), Õie (Nr. 21, 31), Kiige (Nr. 11), Nurme (Nr. 43) und Vabaduse puistee (Nr. 88) zu finden.

Freilichtmuseum Rocca al Mare

Den klangvollen Namen verdankt das **Freilichtmuseum Rocca al Mare** westlich von Tallinn den zahlreichen Findlingen aus der Eiszeit und dem reichen, italienverliebten Kaufmann Girard de Soucanton, der sich auf diesem schönen Fleckchen sein Sommerhaus bauen ließ. Seit 1964 befindet sich auf dem weitläufigen, waldreichen Gelände an der Kopli-Bucht Estlands größtes Freilichtmuseum. Knapp 80 Gebäude umfasst die Sammlung, Bauernhöfe aus allen Landesteilen, eine alte Dorfschule, Wind- und Wassermühlen, das Wirtshaus von Kolu und eine der ältesten Holzkirchen des Landes. Da fast alle Häuser komplett eingerichtet sind, geben sie einen guten Einblick in das bäuerliche Leben vom 18. bis 20. Jh. An Sommerwochenenden treten häufig Folkloregruppen auf (Eesti vabaõhumuuseum, Vabaõhumuuseumi tee 12, www.evm.ee, Mitte Mai–Mitte Okt. tgl. 10–20, Häuser 10–18 Uhr, sonst tgl. 10–17 Uhr, 3 €).

Übernachten

Bezahlbarer Luxus ▶ Domina Inn Ilmarine: Põhja pst. 23, Tel. 614 09 00, Fax 614 09 01, www.dominahotels.com. Das alte Fabrikgebäude von 1881 liegt in Laufnähe zur Altstadt. Angenehm ist das lichtdurchflutete Palmen-Atrium mit Café. Die modernen Zimmer erstrecken sich über zwei Etagen, Appartements im Nebengebäude. DZ 69–119 €.

Strand inklusive ▶ Pirita Top Spa: Regati pst. 1, Tel. 639 88 22, Fax 639 88 21, www.topspa.ee. Spa-Hotel mit Schönheitssalon im 1980 erbauten Olympiazentrum, 2003 generalüberholt. 25-m-Schwimmbad, mehrere Saunen, gute Verkehrsanbindung nach Tallinn, schöner Sandstrand in der Nähe. DZ 77–102 €.

Ruhig ▶ Tähetorni: Tähetorni 16, Tel. 677 91 91, Fax 677 90 96, www.thotell.ee. Kleines, modernes Hotel mit 38 Zimmern, das an eine Burg erinnert. 9 km vom Tallinner Stadtzentrum im ruhigen Stadtteil Nõmme. DZ 63–95 €.

Für Preisbewusste ▶ Pirita Klostis: Merivälja tee 18, Tel. 605 50 00, Fax 605 50 10, www.osss.ee. Das 2001 eröffnete Gästehaus des Birgittenklosters befindet sich neben den Ruinen des alten Klosters aus dem 15. Jh. Die katholischen Ordensschwestern unterhalten ein für alle offenes Haus mit 20 modern eingerichteten Zimmern. DZ 62 €.

Oase der Ruhe ▶ Villa Poska: Poska 15, Tel. 601 36 01, Fax 601 37 54, www.hot.ee/poskavilla. Moderne, mit Kiefernholzmöbeln eingerichtete Zimmer in einem gepflegten Holzhaus vom Anfang des 20. Jh. Ruhig gelegen im Park von Kadriorg. DZ 55–75 €.

Spartanisch, sauber ▶ Hotell G9: Gonsiori 9, Tel. 626 71 30, Fax 626 71 31, www.hotelg9.ee. In Laufnähe zur Altstadt, schnörkelloses Ambiente im 3. Stock eines Bürohauses. 23 Zimmer, wer sparen möchte, fragt nach den älteren Zimmern, die renovierten sind etwas teurer. Zimmerpreis ohne Frühstück, dies kann im nahen Restaurant Narva bestellt werden. DZ 43–63 €.

Für Sparsame ▶ Villa Alexi: Sihi 49, Tel. 670 00 96, Fax 650 62 21, www.alexi.ee. 7 km südlich vom Zentrum im ruhigen, grünen Vorort Nõmme. Freistehendes Haus mit sechs Zimmern, tadellos gepflegt, Frühstück inkl. DZ 30 €.

Auf dem Campus ▶ Academic Hostel: Akademia tee 11, Tel. 620 22 75, Fax 620 22 76, www.academichostel.com. Auf dem Campus der Universität, 5 km vom Zentrum in ruhiger Grünlage. 108 makellose, neue Zimmer, jeweils zwei teilen sich Küche und Bad. Frühstück. DZ 25 €.

Camping ▶ Tallinn City Camping: Pirita tee 28, Tel. 613 73 22, Fax 613 74 29, www.tal

linn-city-camping.ee. Campingplatz auf dem Messegelände für Wohnmobile und Zelte, etwa auf halbem Weg zwischen Zentrum und Pirita in Meernähe. Geöffnet Mitte Mai–Mitte Sept.

Essen & Trinken

Wiener Café ▶ Park Café: Weizenbergi 22 Tel. 601 30 40, www.park-cafe.ee, Di–So 10–20 Uhr. Im Café im Park wird leckerer Kuchen serviert. Im Sommer sitzt man draußen am Schwanenteich.

Minimalistisches Design ▶ Restoran & Spaghetteria Kadriorg: Weizenbergi 18, Kadriorg, Tel. 601 36 36, www.restorankadriorg.ee, Mo–Sa 12–24, So 13–18 Uhr. Internationale hochklassige Küche, nicht billig, aber lohnend, Hauptgerichte 20 €. Spaghetteria mit vielen Pastagerichten günstiger.

Gaumenfreuden Asiens ▶ Villa Thai: Vilmsi 6, Tel. 641 93 47, www.villathai.ee, tgl. 12–23 Uhr. Große indisch-thailändische Speisekarte, geschmackvolles asiatisches Interieur, Hauptgerichte 10–15 €. Das wahrscheinlich

Des Zaren Wunsch war ihm Befehl: Niccolo Michetti erbaute Schloss Kadriorg

beste asiatische Restaurant Tallinns lohnt den Abstecher nach Kadriorg. Bei Einheimischen sehr beliebt.

Einkaufen

Shoppingcenter ▶ Stockmann: Liivalaia 53, Tel. 633 95 39, www.stockmann.ee, Mo–Fr 9–21, Sa, So 9–20 Uhr. Finnisches Kaufhaus, fünf Stockwerke vollgepackt mit hochwertigen Konsumgütern. **Ülemiste Center:** Suur-Sõjamäe 4, Tel. 603 49 99, tgl. 10–21 Uhr. Das wahrscheinlich größte und preis-

günstigste Shopping-Center der Stadt in Flughafennähe.

Aktiv

Joggen ▶ Pirita: Eines der beliebtesten Naherholungsgebiete der Tallinner. 3 km langer Sandstrand am Jachthafen. Der weitläufige Park und die Uferpromenade eignen sich hervorragend zum Joggen, Radfahren und Rollerskaten.

Bowling ▶ Pirita-Bowling-Club: Merivälja tee 5, Tel. 630 01 21, www.bowlingclub.ee, Mo–Fr 21–1, Sa, So 11–1 Uhr.

Surfen ▶ Hawaii-Express-Surf-Club: Merivälja tee 1F, Tel. 623 74 55. Am Südende des Pirita-Strandes, 4-stündige Anfängerkurse, Brettverleih.

Boote ▶ Paadilaenutus Pirita jõel: Kloostri 6A, Tel. 621 21 05, Mai–Aug. tgl. 10–22 Uhr. Bootsverleih mit großem Angebot am Pirita-Fluss.

Seekajak ▶ Reimann Retked: Tel. 511 40 99, www.retked.ee. Seekajaktouren mit Guide zur Insel Aegna vom Strand in Rohuneeme, Dauer der Tour ca. 4 Std., Paddelstrecke 13 km.

Strand ▶ Kopli-Halbinsel: Auf der Westseite der Halbinsel befindet sich der Stroomi-Strand.

Termine

Ollesommer (Anf. Juli): Der Biersommer auf dem Tallinner Sängerfeld ist das größte Fest Estlands. Ansehnliches Musikprogramm: von Jazz über Mainstream bis Rock ist alles vertreten (www.ollesummer.ee).

Birgitta-Festival (Aug.): Konzerte der Tallinner Philharmonischen Gesellschaft in den Ruinen des Birgittenklosters (s. S. 374) in Pirita (www.filharmoonia.ee).

Verkehr

Nach Kadriorg mit der Tramlinie Nr. 1 und 3 sowie mit der roten und grünen Hop-on-Hop-off-Linie. Nach Pirita fahren vom Viru Center die Busse Nr. 1, 1A, 8, 34 und 38 sowie die grüne Hop-on-Hop-off-Linie. Rocca al Mare ist mit der blauen Hop-on-Hop-off-Linie oder mit den Bussen Nr. 21 oder 21B zu erreichen.

Jenseits der Stadtgrenzen von Tallinn wird es schnell ländlich und man trifft kaum auf ausländische Touristen. Dabei laden die Strände bei Keila-Joa im Westen und Valkla im Osten durchaus zu einem faulen Tag jenseits des Hauptstadttrubels ein. Auch ein Ausflug mit dem Kanu zu einer der vorgelagerten Inseln sorgt für Abwechslung.

Die Inseln der Tallinner Bucht ▶ 1, H/J 1

Karte: S. 382/383

Naissaar 1

Mit knapp 19 km² ist **Naissaar** die größte Insel der Tallinner Bucht. Wegen ihrer Lage an der Einfahrt nach Tallinn war sie früher von großer strategischer Bedeutung und wurde von Schweden und Russen zur Festung ausgebaut. Zwischen den Weltkriegen wohnten hier 450 Menschen, nach dem Zweiten Weltkrieg war sie militärisches Sperrgebiet und beherbergte eine riesige Minenfabrik, deren Hinterlassenschaften noch heute zu sehen sind. Vom Hafen führen drei markierte Wanderwege über die Insel, die seit 1995 unter Naturschutz steht. Die touristische Infrastruktur besteht aus einem einfachen Zeltplatz.

Verkehr

Fähren: Im Sommer verkehren Fähren von Pirita Sa, So 11, 16.30, Mi 11, Fr 16.30 Uhr, von Naisaar aus Sa, So 12.30, 18, Mi 18 Uhr.

Aegna 2

Die knapp 3 km² große Insel **Aegna** liegt nördlich von Tallinn vor der Spitze der Halbinsel Viimsi. Rund 70 % der mittlerweile unter Naturschutz stehenden Insel sind von Wald bedeckt. Wegen seiner strategisch bedeutenden Lage mussten alle Bewohner Aegna Anfang des 20. Jh. verlassen und ie Spuren der militärischen Nutzung sind noch heute zu sehen. Wegen des Sandstrandes an der Nordküste und der guten Möglichkeiten zum Wandern ist Aegna ein sehr beliebtes Ausflugsziel.

Verkehr

Fähren: Seit Juni 2008 gibt es eine regelmäßige Schiffsverbindung von Pirita nach Aegna. Abfahrten mit der Juku im Sommer von Pirita tgl. außer Di 8.45, 14, 19 Uhr, von Aegna 9.45, 15, 20 Uhr, Hin- und Rückfahrt 5 €.

Prangli 3

Die nur 6 km² große Insel **Prangli** wurde schon im 13. Jh. von Schweden besiedelt, erst im 17. Jh. ließen sich hier vermehrt Esten nieder. Vor dem Zweiten Weltkrieg lebten auf dem Eiland noch fast 500 Menschen, heute sind es in dem lang gestreckten, nostalgisch anmutenden Straßendorf Idaotsa noch 150. Prangli ist vor allem im Ostteil von dichtem Kiefernwald überzogen, besitzt einige schöne Sandstrände und ist von Findlingen übersät. Mehrere Wanderwege laden zu Touren ein.

Verkehr

Fähren: Vom Hafen Kelnase gibt es eine tägliche Fährverbindung nach Leppneeme auf dem Festland (Tel. 654 09 42). Die Überfahrt dauert ca. 1 Std.

Östlich von Tallinn ▶ 1, J 2

Karte: S. 382/383

Maardu 4

Die Industriestadt **Maardu** nahe der östlichen Tallinner Stadtgrenze wurde 1939 um die Phosphorfabrik erbaut und besitzt nur wenig Charme. 3 km südlich der Schnellstraße nach Narva liegt jedoch der **Gutshof Maardu** (Maardu mõis), einer der ältesten (1397 erstmals erwähnt), schönsten und bestrenovierten des Landes. Das barocke Haupthaus, das mit jenem von Palmse (s. S. 400) eine gewisse Ähnlichkeit besitzt, wurde 1660 fertiggestellt, die Seitenflügel im 19. Jh. Zu den wechselnden Besitzern zählte auch Zar Peter I. Heute ist Maardu im Besitz der Bank of Estonia und wird als Veranstaltungsort genutzt. Das Haus ist von einem gepflegten Park umgeben.

Von Maardu bietet sich ein Abstecher auf die 10 km lange Halbinsel **Viimsi** 5 an, die wegen ihrer Citynähe einen Bauboom erlebt und zu einem der beliebtesten Vororte zählt. Trotzdem gibt es noch Wald im Landesinnern.

Übernachten

Spa und Wellness ▶ **Viimsi Tervis Spa Hotel:** Randvere tee 11, Tel. 606 10 00, Fax 606 10 03, www.viimsitervis.ee. Modernes Hotel auf der Viimsi-Halbinsel, 25-m-Schwimmbecken, Saunen, medizinische Behandlungen. DZ ab 51 €.

Essen & Trinken

Direkt am Meer ▶ **Paat:** Rohuneeme tee 53, Viimsi, Tel. 609 08 40, www.paat.ee, Pub tgl. 10–24 Uhr, Restaurant tgl. 12–24 Uhr, Strandterrasse tgl. 11–23 Uhr. Ausgesprochen beliebtes Ausflugslokal, besonders am Wochenende ist hier viel los, da es nur 15 km bis nach Tallinn sind. Restaurant in Form eines umgedrehten Bootes, Freiluftterrasse am Strand, preisgünstige, einfache Gerichte im Pub, das Restaurant ist eher hochpreisig.

Schöner wohnen in Estland: Wohnhaus im Tallinner Umland

aktiv unterwegs

Mit dem Kajak zur Insel Pedassaar

Tour-Infos

Start: Valkla Strand
Paddelstrecke: 10 km
Dauer: 3,5 Stunden
Wichtige Hinweise: Seekajaktouren nach Voranmeldung veranstaltet Reimann Retked, Tel. 511 40 99, www.retked.ee. Treffpunkt für die Tour nach Pedassaar ist das kleine Büro direkt am Valkla Strand. Etwas anspruchsvoller ist der Ausflug von Kaberneeme zu den Inseln Rohusi und Umblu (Dauer 7 Std.und 17 km Paddelstrecke).
Karte: ▶ 1, J 2

In der Kolga-Bucht östlich von Tallinn liegen sechs größere und eine winzige Insel. Früher waren fast alle diese Inseln bewohnt, Landmangel ließ die Menschen selbst auf dem kleinen, öden Flecken Umblu siedeln. Während der Sowjetzeit wurden die Eilande zum militärischen Sperrgebiet, die Menschen mussten ihre Höfe verlassen, die Dörfer verfielen. Bis heute sind die meisten nicht wieder besiedelt worden. Die Natur wurde so bewahrt und unter Schutz gestellt.

Valkla Strand ist eine Feriensiedlung westlich des winzigen Hafenortes **Salmistu.** Schon der herrliche, fast immer menschenleere Sandstrand lohnt einen Besuch. Hier beginnt die Tour mit dem Seekajak zur Insel **Pedassaar,** die ungefähr zwei Kilometer vor der Küste liegt. Das Wasser der Kolga-Bucht ist an dieser Stelle so flach, dass man oft bis auf den Grund schauen kann. Pedassaar, die höchste und waldreichste Insel der Bucht, ist nach rund einer halben Stunde Genusspaddelei erreicht, dann wird die Insel im flachen Wasser in Ufernähe umrundet. Wegen der wenig fruchtbaren Böden war Pedassaar nie besiedelt, nur der Förster lebte hier eine Zeit lang mit seiner Familie. Im Ostteil der Insel gibt es eine spartanische Hütte der Forstverwaltung, die für einen Robinsonurlaub gemietet werden kann.

In langsamer Fahrt gleiten die Seekajaks an kleinen **Sandstränden** und **steinigen Küstenabschnitten** von Pedassaar vorbei. Im Nordwesten gibt es ein Stück **Steilküste** und einen mit erratischen Blöcken übersäten Strand. Bei einem kurzen **Landgang** kann man bei guter Sicht einige der anderen flachen Inseln der Kolga-Bucht wie Rohusi oder Umblu erspähen, die ebenfalls mit dem Seekajak zu erreichen sind. Bei gutem Wetter ist die Fahrt zurück nach Vakla Strand und in den Sonnenuntergang ein ganz besonderes Erlebnis, doch selbst bei bewölktem Himmel ist das Farbenspiel am Horizont oft noch wunderschön.

Jõelähtme 6 und Umgebung

In **Jõelähtme** steht eine der ältesten Kirchen Estlands. Sie stammt aus dem 14. Jh., wurde aber im Laufe der Zeit mehrmals umgebaut, z. B. nach einem Brand im Jahr 1910, als der hohe Turm angefügt wurde. Nördlich bei **Rebala** befindet sich eines der größten Grabfelder des Landes. Mehr als 30 sogenannte **Steinkistengräber,** in denen die Toten vor mehr als 2000 Jahren unverbrannt bestattet wurden, kann man hier in Augenschein nehmen. In der Umgebung sind noch weitere Gräber sowie Kult- und Opfersteine gefunden worden. Nordöstlich von Jõelähtme bildet der Fluss Jägala einen 8 m hohen und einige Dutzend Meter breiten **Wasserfall,** der allerdings im Sommer nur wenig Wasser führt. Die Kraft des Wassers erodiert den weichen Kalkstein relativ schnell, sodass sich die Fallkante jedes Jahr um rund 3 cm nach hinten verschiebt. Südlich der Schnellstraße, bei **Kostivere,** liegt ein großes Karstfeld, in dem die Wassererosion kleine Höhlen und seltsam geformte Steine gebildet hat.

Kiiu 7

36 km östlich von Tallinn, in **Kiiu,** steht nur wenige hundert Meter nördlich der Straße der **Mönchsturm.** Der Gutshofbesitzer Fabian von Tiesenhausen ließ ihn Anfang des 16. Jh. errichten. Der runde, sich nach oben verjüngende Turm ist die kleinste Vasallenburg Estlands, besitzt vier Stockwerke und in Höhe des dritten einen außen aufgesetzten hölzernen Wehrgang. Im Innern ist ein Café untergebracht (tgl. 10–20 Uhr).

Aegviidu 8   *Foto Stellwerk* 100

Mit dem Bau der Bahnlinie von Tallinn nach St. Petersburg im Jahr 1870 entwickelte sich **Aegviidu,** 65 km südöstlich der Hauptstadt, zu einem beliebten Urlaubsort der Oberschicht. In der wald- und seenreichen Umgebung kann man wandern und baden. Das Bahnhofsgebäude stammt aus der Zarenzeit.

Verkehr

Züge: tgl. mehrere Verbindungen zwischen Aegviidu und Tallinn.

Westlich von Tallinn ▶ 1, H 2

Karte: S. 382

Saku 9

Die Brauerei **Saku** ist die größte und älteste Estlands und mit Abstand die bedeutendste Arbeitgeber der gleichnamigen Gemeinde 15 km südlich von Tallinn. Bier wird in Saku schon seit Anfang des 19. Jh. gebraut, als Karl Friedrich Rehbinder, der damalige Besitzer des örtlichen Gutshofs, eine Destille und Brauerei gründete. In den historischen Gebäuden gibt es ein Biermuseum und einen Pub, tägliche Führungen durch die Brauerei (10 und 16 Uhr; Pub: So–Do 12–23, Fr, Sa 12–0 Uhr).

Der zentral im Ort gelegene Gutshof **Saku mõis** wurde ab 1825 im klassizistischen Stil errichtet; bemerkenswert sein mit Säulen geschmückter Eingangsbereich. Er ist heute in Gemeindebesitz und wird als Konferenz- und Tagungsstätte sowie Hotel genutzt.

Saue 10

Am nördlichen Stadtrand von **Saue,** einer grünen Kleinstadt 18 km südwestlich von Tallinn, liegt der gleichnamige **Gutshof** (Saue mõis). Das gesamte Gutshofensemble ist ein schönes Beispiel des Frühklassizismus in Estland. Baron Friedrich von Fersen hat das dreistöckige Haupthaus 1792 fertiggestellt und Friedrichshof genannt. Besonders wertvoll ist die Anlage, weil sie im Laufe der Jahre von schweren Zerstörungen und gravierenden Umbauten verschont blieb, auch die historische Inneneinrichtung ist noch weitgehend komplett. Der Park von Saue sollte ein kleines Versailles werden und wurde im englischen Stil angelegt. Heute wird der Gutshof als Veranstaltungsort und Hotel genutzt, im ehemaligen Eiskeller gibt es eine Schänke, die einfache Gerichte serviert. Nach Voranmeldung werden Führungen angeboten (Tel. 679 08 88, www.sauemois.ee).

Keila 11

Archäologische Funde wie eine 4000 Jahre alte Steinaxt und Schmuckgegenstände aus dem 9. Jh. belegen, dass die Gegend um den Fluss Keila früh besiedelt war. Die Stadt **Keila,** 25 km südwestlich von Tallinn, ist das historische Zentrum des westlichen Harjumaa. Ihre mittelalterliche Bebauung wurde im Livländischen Krieg Mitte des 16. Jh. zerstört und auch der Zweite Weltkrieg hinterließ Spuren der Zerstörung. Erhalten geblieben ist die stattliche **St. Michaelskirche,** deren älteste Teile aus dem 13. Jh. stammen, der pseudogotische Turm wurde 1851 hinzugefügt (Keskväljak 1, nach Voranm. Tel. 604 48 08, Di, Mi, Fr 11–14, Mi auch 17–19 Uhr). Auf dem Friedhof sind zahlreiche alte Gräber und Grabkapellen erhalten geblieben. Das **Harjumaa-Museum** befindet sich in einem Park am Fluss und beleuchtet die Geschichte der Region (Linnuse 9, Tel. 678 16 68, www. muuseum.harju.ee, März–Sept. Mi–So 11–18, sonst bis 16 Uhr, 1,30 €).

Aktiv

Golf ▶ **Tallinn Niitvalja Golf Center:** Tel. 678 01 10, www.egk-golf.ee. Der älteste

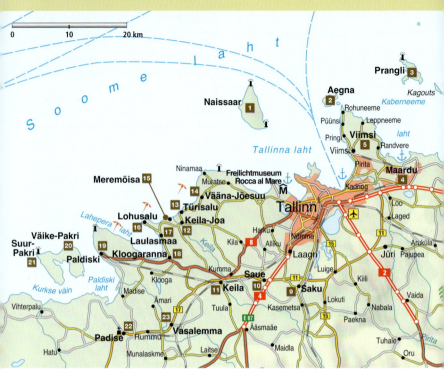

Golfplatz des Baltikums wurde 1994 fertiggestellt und liegt westlich von Keila; 18 Löcher, Green Fee wochentags 49 €, Wochenende 59 €.

Keila-Joa [12] und Umgebung

Der naturschöne Küstenstreifen um **Keila-Joa** ist wegen seiner Wälder, Steilküsten und Sandstrände für die Tallinner ein beliebtes Ausflugsgebiet, bei ausländischen Touristen dagegen fast unbekannt.

Auf einer Breite von 70 m ergießt sich der **Wasserfall** von Keila-Joa, der zu den schönsten Estlands zählt, über eine 6 m hohe Kalksteinstufe. Durch eine Parklandschaft mit Dünen und alten Bäumen, die zu Beginn des 19. Jh. von Zar Nikolaus I. um das neogotische Herrenhaus angelegt wurde, strebt der Keila-Fluss dem Meer entgegen.

Bei **Türisalu** [13] führt die Straße zum Teil unmittelbar an der 30 m hohen Steilküste entlang. Vom Parkplatz reicht der Blick bis zum nördlich gelegenen 2 km langen Sandstrand bei **Vääna-Jõesuu** [14], der von dichten Wäldern eingerahmt wird.

Weiter in Richtung Keila-Joa überquert die Straße den Fluss Keila und verbindet danach eine ganze Reihe von Badeorten. Bei **Meremõisa** [15] lohnt ein Abstecher zum Sandstrand, auch die Fahrt hinaus auf die **Lohusalu-Halbinsel** [16] ist wegen der Strände, Dünen und Wälder beliebt.

Laulasmaa [17], 35 km von Tallinn entfernt, ist wegen seines großen Resorthotels und des langen Sandstrandes ein äußerst beliebter Urlaubsort. Der Ortsname bedeutet so viel wie Singendes Land: Der Sand am Strand ist so fein, dass er, besonders bei Wind, unter den Fußsohlen regelrecht singt.

Kloogranna [18], 3 km südlich von Laulasmaa, ist ein beliebter Badeort mit einem bewaldeten Dünengürtel und schönem Strand.

einem deprimierenden Vorort irgendwo in der Sowjetunion Paldiski als Drehort für seinen Film »Lilya 4-Ever« wählte. Gegenwärtig sind der Fracht- und Fährhafen zu den wichtigsten Einnahmequellen des Ortes avanciert.

Westlich der Halbinsel liegen die unbewohnten, unter Naturschutz stehenden Inseln **Väike-Pakri** und **Suur-Pakri** , zu Sowjetzeiten militärisches Übungsgelände.

Verkehr
Züge: von Tallinn nach Paldiski, 10 x tgl., Fahrzeit 75 Min.
Fähren: von Paldiski ins schwedische Kapellskär, 1 x tgl. (Tallinn), Fahrzeit ca. 10 Std.

Padise 22 und Umgebung
Das Kloster in **Padise,** 45 km südwestlich von Tallinn, wurde ab 1305 von Zisterziensermönchen errichtet. Der Bauernaufstand von 1343, bei dem 28 Mönche getötet und das Kloster niedergebrannt wurden, verzögerte seine Fertigstellung bis 1448. Von dem einst gut befestigten Kloster sind nach Besitzerwechseln, Bränden und Kriegen nur noch Ruinen erhalten, die seit 1936 mehrfach gesichert und restauriert wurden. Der Nordflügel des Klosters mit der einschiffigen Kirche und dem Turm ist noch relativ gut erhalten. Die Reste des Ostflügels stammen aus dem 17. und 18. Jh.

Etwa 6 km östlich liegt das Gutshaus **Vasalemma** 23, 1890 im neogotischen Stil errichtet. Der verspielte Bau mit dem achteckigen Turm wurde aus dem hiesigen Sandstein, dem Vasalemma Marmor, errichtet und diente in einem Film schon als englische Villa. Seit 1919 beherbergt das Gutshaus eine Schule, wodurch es vor dem Verfall bewahrt wurde. In der Nähe liegt der **Rummu-See,** ein ehemaliger Steinbruch, der sich wegen seines klaren Wassers gut zum Baden eignet.

Übernachten
Ruhig und ländlich ▶ Kallaste Tourist Farm: Padise, Tel. 507 61 38, www.kallaste talu.ee. Farm in Flussnähe. 42 km südwestl. von Tallinn, von der Str. Nr. 17 an der Kaspere-Kreuzung 1,5 km nach Südwesten fahren. Hütten 32–64 €, Zimmer 16 € pro Person.

Übernachten
Strand und Spa ▶ Laulasmaa Resort: Puhkekodu 4, Laulasmaa, Tel. 687 08 00, Fax 687 08 01, www.laulasmaa.ee. Großes Resorthotel am Strand mit 150 Zimmern. Wellness-Angebot, Aquazentrum. DZ 65–95 €.

Paldiski 19
Wohl kaum ein Ort wurde so stark von der russischen Besetzung geprägt wie das an der Westseite der Pakri-Halbinsel gelegene **Paldiski.** Bis 1994 waren in der Militärbasis bis zu 16 000 russische Soldaten mit Nuklearraketen und U-Booten stationiert. Nach dem Abzug der Truppen hatte Paldiski plötzlich nur noch rund 4000 Einwohner, ganze Wohnblocks standen leer und über die gesamte Halbinsel waren Unmengen von militärischem Schrott verstreut. So war es nicht verwunderlich, dass der schwedische Filmemacher Lukas Moodysson auf der Suche nach

Der Nordosten ist kontrastreich wie kaum ein anderer Landesteil. Hier liegt mit dem Lahemaa der schönste Nationalpark Estlands, und auch die Glintküste sucht ihresgleichen. Burgen und Gutshöfe zeugen von einer bewegten Geschichte. Doch vielerorts sind auch erhebliche Umweltschäden als Folge der rücksichtslosen Industrialisierung während der Sowjetzeit erkennbar.

Narva ▶ 1, N 2

Karte: S. 390/391

Mit knapp 70 000 Einwohnern – Tendenz rückläufig – ist **Narva** 1 Estlands drittgrößte Stadt. Am linken Ufer des gleichnamigen Flusses gelegen, weckte sie als Grenzposten zwischen Ost und West seit jeher Begehrlichkeiten und hatte daher unter zahlreichen Kriegen zu leiden. Im Laufe ihrer Geschichte wurde sie von Dänen, Deutschen, Schweden und Russen regiert. In kaum einer anderen Stadt sind die Probleme der jüngeren Geschichte Estlands so augenfällig wie in Narva. Nach dem Zweiten Weltkrieg wurden Tausende russischer Industriearbeiter angesiedelt, Narva und das jenseits des Flusses gelegene Iwangorod wuchsen zusammen – die Brücke über den Fluss war nicht Grenze, sondern Lebensader. Nach der Unabhängigkeit wurde Narva offiziell zwar estnisch, in der Stadt lebten aber weiterhin über 90 % Russen, von denen die meisten kein Wort der neuen Landessprache beherrschten. Die Brücke über die Narva wurde zum internationalen Grenzübergang und der Draht zu Russland damit faktisch gekappt. Seit Estlands EU-Beitritt verläuft hier die Ostgrenze der Europäischen Union – mit zeitraubenden Ein- und Ausreisekontrollen.

Hermannsfeste

Größte Sehenswürdigkeit der Stadt ist die von den Dänen ab dem 13. Jh. errichtete **Hermannsfeste** (Hermanni linnus). Nach dem Verkauf Narvas an die Ordensritter diente sie bis zum Ende des 16. Jh. als Ordensburg. Ende des 15. Jh. wurde am gegenüberliegenden Flussufer die nicht minder beeindruckende Festung **Iwangorod** errichtet.

Die Hermannsfeste, die ihren Namen von ihrem Nordwestturm, dem **Langen Hermann,** erhielt, wurde im Laufe der Zeit ständig um- und ausgebaut. Unter den Dänen war sie noch ein relativ einfacher Bau mit Vorburgen. Die Ordensritter wandelten sie in ein Konventsgebäude um und stockten den Langen Hermann auf seine heutige Höhe von 50 m auf, damit sie genau verfolgen konnten, was auf der anderen Seite des Flusses in der Festung Iwangorod geschah. Die Schweden schließlich fügten die mächtigen Bastionen hinzu, die noch heute zum großen Teil die Hermannsfeste umgeben.

Den besten Blick auf Hermannsfeste und Iwangorod bietet der Wehrgang. Lohnend ist auch der Abstecher zur letzten Leninstatue des Baltikums, die zwar von ihrem Platz im Stadtzentrum verbannt wurde, aber in einer Ecke des Burghofs eine neue Heimat gefunden hat. Hier zeigt der große Lenin mit ausgestrecktem Arm symbolträchtig in Richtung Russland.

Im Innern des Langen Hermann ist das **Stadtmuseum** untergebracht, in dem sich die bewegte Geschichte Narvas vom 13. Jh. bis zur Gegenwart sehr gut nachvollziehen lässt (St. Peterburgi mnt 2, www.narvamuu seum.ee, tgl. 10–18 Uhr, Winter: Mi–So 10–18 Uhr, Sommer Eintritt 3,80 €, Winter Eintritt 2,20 €.

Zentrum und Bastionen

Während der Schwedenherrschaft im 17. Jh. entstand um die eigentliche Festung ein beeindruckender Befestigungsgürtel aus mehreren **Bastionen.** Der dänische Architekt und spätere Generalgouverneur von Livland, Erik Dahlberg, gab ihnen die lateinischen Namen Spes, Fortuna, Triumph, Fama, Gloria, Honor, Victoria und Pax (von der Hermannsfeste aus im Uhrzeigersinn). Zwischen den Bastionen Gloria und Honor befand sich das Königstor, das im 19. Jh. abgerissen wurde. Dieses ebenfalls von Erik Dahlberg entworfene Portal war aus heimischem Marmor aus der Gegend um Märjamaa gefertigt und reich verziert. An der Bastion Pax befand sich im Mittelalter das Strandtor, das später Dunkles Tor genannt wurde. Auch dieses Tor wurde im 19. Jh. abgerissen. Nach ihm wurde der älteste Park Narvas, der Dunkle Garten, auf der Bastion Victoria benannt.

Auf der **Bastion Gloria** befindet sich die **Kunstgalerie** des Narva-Museums. In dem dreistöckigen Bau, einst Munitionslager, werden seit Anfang der 1990er-Jahre wechselnde Ausstellungen sowohl einheimischer als auch ausländischer Künstler gezeigt (Kunstigalerii, Vestervalli 21, www.narvamuuseum.ee, Mi–So 10–18 Uhr, Sommer 1,30 €, Winter 1,60 €).

Im 17. Jh., zur Zeit der Schwedenherrschaft, entstanden nicht nur die Festungsanlagen, auch die Stadt blühte auf und entwickelte sich von da an zu einem architektonischen Kleinod. Die einstige Schönheit Narvas ist heute nicht einmal ansatzweise mehr zu erahnen. Der Zweite Weltkrieg legte Narva in Schutt und Asche – 98 % der historischen Bausubstanz in der Innenstadt wurden zerstört. Nur drei historische Gebäude wurden wieder aufgebaut, darunter das frühklassizistische **Rathaus** (Raekoja). Heute prägen leider fast ausschließlich gesichtslose Plattenbauten aus der Sowjetzeit das Stadtbild.

Ein besonders deprimierendes Beispiel für die Vernachlässigung historischer Bauwerke war lange die 1884 erbaute evangelische **Alexanderkirche,** die ebenfalls im Zweiten Weltkrieg schwer beschädigt wurde. Sie ist im romanischen Stil erbaut und besitzt einen achteckigen Grundriss. Der Glockenturm wurde vollkommen zerstört. Bis vor kurzem war das Kirchengebäude nur notdürftig geflickt, eine Inneneinrichtung gab es nicht. Mittlerweile finden im Innenraum wieder Konzerte statt und auch der Turmneubau wurde 2008 wieder eröffnet (Kiriku 9, tgl. 10–15 Uhr).

In einem guten Zustand präsentiert sich dagegen die orthodoxe, im byzantinischen Stil gestaltete **Auferstehungskathedrale,** die den Krieg unbeschadet überstanden hat. Sie wurde 1890 bis 1898 für die Arbeiter der Kreenholmer Manufaktur errichtet. Im kunstvoll geschmückten Innenraum ist besonders der dreiteilige Ikonostas – die für orthodoxe Kirchen typische dreitürige Bilderwand zwischen Gemeinde- und Altarraum – sehenswert (Issandra ülestõusmise peakirik, Bastrakovi 4, tgl. 8–20 Uhr).

Südlich der Bahnlinie, rund 3 km vom Zentrum entfernt, liegt auf der gleichnamigen Insel im Fluss die **Kreenholmer Textilmanufaktur.** Der im 19. Jh. entstandene Industriekomplex, in dem zu Hochzeiten bis zu 10 000 Menschen arbeiteten, war seinerzeit eine Stadt in der Stadt mit Wohnungen und Sozialeinrichtungen. Die Backstein- und Kalksteingebäude wurden nach dem Vorbild englischer Industriestädte errichtet und sind ein für Estland einmaliges Beispiel der Industriearchitektur des 19. Jh. In geringerem Umfang wird auch heute noch auf Kreenholm produziert.

Infos

Narva turismiinfokeskus: Puškini 13, 20309 Narva, Tel. 356 01 84, http://tourism.narva.ee, Mo–Fr 9–17.30 Uhr.

Übernachten

Modern und zentral ▶ **Narva Hotell:** Puškini 6, Tel. 359 96 00, Fax 359 96 03, www.narvahotell.ee. Komplett saniert, typisches City- und Businesshotel in zentraler Lage.

Das Restaurant im Erdgeschoss serviert tgl. 12–22 Uhr à la carte. DZ 63–88 €.

Essen & Trinken

Snacks mit Aussicht ▶ Fortuna Café: Peterburgi 2, tgl. 11–23 Uhr. Der schöne Blick vom Wehrgang auf die Hermannsfeste lohnt den Besuch des Cafés, im Angebot sind Snacks und preisgünstige Schnellgerichte.
Treffpunkt der Einheimischen ▶ German Pub: Puškini 10, Tel. 359 15 48, tgl. 11–24 Uhr. Pub mit großer Speisekarte und Gerichten ab 4 €.

Verkehr

Busse: tgl. 40 x nach Tallinn; Verbindungen nach St. Petersburg (s. u.); Busbahnhof: Vaksali-Platz.
Züge: Eine Verbindung besteht nur mit Moskau; Bahnhof: Vaksali 23.

Narva-Jõesuu ▶ 1, N 2

Karte: S. 390/391
Der kilometerlange feinsandige Strand mit Dünen und herrlichem Kiefernwald im Hinterland ist das Kapital des Städtchens **Narva-Jõesuu** [2] 14 km nordwestlich von Narva. Der schönen Natur verdankt Narva-Jõesuu seinen Aufstieg zum Kurort in der zweiten Hälfte des 19. Jh., als mehrere Kureinrichtungen und viele prächtige Holzvillen im Wald hinter dem Strand entstanden. Berühmtheiten aus Moskau und St. Petersburg, unter ihnen die Komponisten Peter Tschaikowski und Sergei Prokofjew, verliehen dem

Tipp: Ausflug nach St. Petersburg

Von Narva ist es näher nach St. Petersburg als nach Tallinn. Allerdings muss man sich schon in Deutschland ein russisches Visum besorgt haben (s. S. 82), um einen Abstecher nach St. Petersburg machen zu können. Die Busfahrt von Narva dauert ca. 3 Std.

Kurort internationales Flair. Während der Sowjetzeit kamen zahlreiche Ferienlager, Sanatorien und Erholungsheime hinzu, fast alle in wenig fantasievoller Betonbauweise. Nach der Unabhängigkeit litten vor allem diese Einrichtungen unter einem dramatischen Besucherrückgang, heute sind die meisten geschlossen und die Gebäude verfallen. Auch die einst schönen Holzvillen sind fast alle in einem beklagenswerten Zustand.

Durch die Lage im äußersten Osten Estlands und die nahe, kaum durchlässige Grenze zu Russland ist Narva-Jõesuu in eine extreme Abseitsposition geraten; das erschwert zusätzlich die Bewältigung der Probleme. So ist es nicht verwunderlich, dass der Kur- und Badebetrieb fast völlig zum Erliegen gekommen ist und der Strand auch im Sommer fast leer ist.

Übernachten

Ruhig, hochgelobt ▶ Pansionaat Valentina: Aia 47, Tel. 357 74 68. Liebevoll gepflegter großer Garten, moderne Zimmer in einem Holzhaus im Wald in unmittelbarer Strandnähe. Ein perfekter Platz zum Wohlfühlen, allerdings darf man sich nicht am Anblick der mehrstöckigen Ruine eines Ferienheims gegenüber stören. DZ ab 40 €.

Verkehr

Busse: mehrmals von/nach Narva; Bushaltestelle in der Babadus tänav.

Von Narva nach Rakvere ▶ 1, N 2–L 2

Karte: S. 390/391
Die E 20 ist die schnellste Verbindung zwischen Narva und Rakvere. Doch wer nur auf dieser Hauptverkehrsader bleibt, sieht wenig von Ida-Virumaa und Lääne-Virumaa, den nordöstlichen Provinzen Estlands. Erst Abstecher an die Küste und ins Landesinnere offenbaren die Schönheit, aber auch die Probleme dieses Landstrichs. Die Gegensätze könnten kaum größer sein, denn hier liegen die idyllische Glintküste, alte Gutshöfe und Burgen

Zum Greifen nah: die Hermannsfeste in Narva, die auf das 13. Jh. zurückgeht

nicht weit entfernt von Zementfabriken und Ölschiefer verarbeitenden Fabriken, die seit Jahrzehnten die Umwelt verschmutzen.

Sillamäe ▪3

Der erste größere Ort hinter Narva ist **Sillamäe,** eine der jüngsten Städte Estlands: Es wurde in den 1950er-Jahren aus dem Boden gestampft, um hier rund 20 000 Russen anzusiedeln. Die meisten von ihnen arbeiteten in der hermetisch abgeriegelten Fabrik zur Urananreicherung – bis zur Schließung 1989 einer der größten Umweltsünder des Landes. Auch heute ist Sillamäe noch eine fast ausschließlich russische Stadt.

Einen kurzen Aufenthalt ist einzig der zentrale Platz der Altstadt wert, den man kurz nachdem man die E 20 in Richtung Sillamäe verlassen hat, erreicht. Hier finden sich das **Kulturzentrum** und das Gebäude der **Stadt-verwaltung,** das mit seinem Turm an eine Kirche erinnert. Beide Gebäude wurden 1949 errichtet und sind klassische Beispiele des stalinistischen Baustils.

Übernachten

Sauna inklusive ▶ Laagna Hotell: Tel. 392 59 00, Fax 392 59 18, www.laagna.ee. Hotel und Campingplatz 12 km westlich von Narva beim Dorf Laagna. Ruhige Grünlage an einem kleinen Waldsee. Das Hotel besteht aus mehreren kleinen Gebäuden mit insgesamt 30 individuell eingerichteten Zimmern, die Anlage wurde 1994 erbaut und kürzlich modernisiert. Auf dem Gelände gibt es einen Wasserpark mit Schwimmbad und verschiedenen Saunen. 3 km bis zum Strand. DZ 42 €, Frühstück und Benutzung des Wasserparks inklusive, Tagesgäste zahlen für den Wasserpark 5 €/Std. (9–21 Uhr).

Abstecher zum Kloster Pühtitsa ▪4

Äußerst lohnend ist ein Abstecher zum 23 km südlich der E 20 gelegenen **Kloster Pühtitsa** (Pühtitsa uinumise nunnaklooster). Das einzige russisch-orthodoxe Nonnenkloster Estlands, das auch während der Sowjetzeit bewohnt war, liegt auf einer Anhöhe bei dem

Nordestland

kleinen Ort Kuremäe. Heute leben in dem weitläufigen Komplex, der von einer Feldsteinmauer mit Türmen umgeben ist, mehr als 170 Nonnen in autarker Gemeinschaft. Sie bauen Obst, Gemüse und Getreide an, halten Kühe und Geflügel, sammeln Brennholz, empfangen Pilger und halten das gesamte Kloster in einem sehr gepflegten Zustand. Die Gründung des Klosters im Jahr 1891 geht auf den damaligen Gouverneur von Estland zurück und diente in erster Linie der Russifizierung. Zum Kloster gehören neun Kirchen; die über 1000 Gläubige fassende, von fünf Zwiebeltürmen gekrönte **Uspenskij-Kathedrale** mit einer wertvollen Ikonostase im Innern ist das Schmuckstück unter ihnen.

Die Glintküste

Einer der schönsten Küstenabschnitte erstreckt sich zwischen Toila und Saka, denn hier erreicht der **Glint** (Mäekalda), ein aus silurischen Kalkschichten aufgebautes Kalksteinplateau, eine Höhe von 20 bis 50 m. Zwischen Meer und Hang wächst über weite Strecken dichter Laubwald, an einigen Stellen durchbrechen talartige Einschnitte die Steilküste. Mehrere Flüsse münden hier in zum Teil beeindruckenden Wasserfällen ins Meer.

Der kleine Ort **Toila** 5 liegt oberhalb der dicht begrünten Steilküste, Treppen führen hinunter zum teils sandigen, teils steinigen Strand. Schon vor dem Ersten Weltkrieg war Toila ein beliebter Badeort mit vielen Gästen aus Moskau und St. Petersburg. Ende des 19. Jh. ließ sich hier der St. Petersburger Kaufmann Jelissejew eine prächtige dreistöckige schlossähnliche Villa im italienischen Stil bauen, die ab 1935 dem estnischen Präsidenten als Sommersitz diente, im Zweiten Weltkrieg aber zerstört wurde. Erhalten geblieben ist dagegen der weitläufige **Toila-Oru-Park** mit seinem alten Baumbestand

Detail für Detail ins Bild gesetzt: das weitläufige Klostergelände Pühtitsa

und den vielen exotischen Pflanzen an der Mündung des Flusses Pühajõgi.

Bei Ontika, westlich von Toila, stürzt der mit 26 m höchste Wasserfall Estlands in eine kesselförmige Schlucht. Der **Valaste-Wasserfall** 6 (Valaste juga) ist allerdings künstlich, denn er wird von einem Entwässerungsgraben gespeist. Ein Besuch im Frühjahr lohnt besonders, da der Graben dann reichlich Wasser führt. Nach langen Trockenperioden im Sommer kann der Wasserfall hingegen auch einmal völlig versiegen. Von einer stählernen Aussichtsplattform sind die verschiedenen Schichten des Glints zu erkennen. Auf diese Weise gewinnen Geologen einen Einblick in die letzten 500 Mio. Jahre der Erdgeschichte.

Kurz bevor die Küstenstraße wieder in die E 20 mündet, kommt man zum **Gutshof Saka** 7, dessen neoklassizistisches Haupthaus von 1862 noch auf seine Sanierung wartet.

Übernachten

Sich verwöhnen lassen ▶ Toila Sanatoorium: Ranna 12, Tel. 334 29 00, Fax 334 29 01, www.toilasanatoorium.ee. Eher medizinisch orientierter Kurbetrieb als Wellnessoase. Recht einfache Zimmer in einem älteren Hochhaus. Der neue, großzügige Thermenbereich nach antiken Vorbildern lässt keine Wünsche offen. Günstige Paketangebote wie ein langes Wochenende von Do–So für 182 €, aber auch Day Spa (eine Übernachtung für 77 €). Zum Hotel gehört ein **Campingplatz** mit Hüttenvermietung bis 5 Pers. Campinghütten 26–45 €.

Klein, stadtnah ▶ Saka Cliff Hotell: Saka mõis, Tel. 336 49 00, Fax 336 49 01, www.saka.ee. Kleines ruhiges Hotel mit Restaurant (russische Küche) in einem Nebengebäude des Gutshofs Saka. Viele Möglichkeiten für Spaziergänge entlang der Steilküste. DZ 77–96 €.

Essen & Trinken

Gediegen ▶ Mio Mare: Ranna 12, Toila, Tel. 336 95 69, Mo–Do 12–23, Fr, Sa bis 1 Uhr. Angenehmes Restaurant mit gutem Essen,

z. B. Wildschwein, Lamm oder Lachs, im Erdgeschoss des Toila-Sanatoriums. Hauptgerichte 8–10 €.

Preiswerte Hausmannskost ▶ Fregatt: Pikk 18, Toila, Tel. 336 96 47, Mo–Do 12–22, Fr–So bis 24 Uhr. In der Ortsmitte, beliebt bei Einheimischen, Küche mit leicht asiatischer Note. Hauptgerichte ab 5 €.

Aktiv

Wandern ▶ Wander- und Spazierwege: Ein rund 6 km langer markierter Wanderweg führt zwischen Saka und dem Valaste-Wasserfall entlang. Außerdem existiert ein Wanderweg über 2 km vom Saka Cliff Hotell zu einem schönen Sandstrand und dem Kivisilla-Wasserfall. Viele Möglichkeiten für Spaziergänge bietet darüber hinaus der Toila-Oru-Park. Zwei 3,5 bzw. 6,5 km lange Wanderwege gehen vom Hafen von Toila aus.

Kohtla-Järve ▶ 1, M 2

Kohtla-Järve 8 (ca. 45 000 Einwohner) ist seit 90 Jahren das Zentrum des Ölschieferabbaus. Um die Stadt erstreckt sich ein riesiges Industriegebiet mit teilweise mehr als 100 m hohen Abraumhalden, museumsreifen Fabriken, qualmenden Schloten, unzähligen Kilometern Rohrleitungen und dazwischen immer wieder düsteren Plattenbauten. Hier offenbaren sich sämtliche Probleme dieser Region. Durch die Verbrennung von Ölschiefer – Estlands einzigem Rohstoff – ist die Luft stark belastet, die Wohnverhältnisse sind miserabel, die Arbeitslosigkeit ist hoch und die Zukunftsperspektiven sind ungewiss.

Man sollte sich vom ersten Eindruck aber nicht abschrecken lassen, sondern sich im neuen **Bergwerksmuseum** einen tieferen Einblick in die Ölschieferindustrie verschaffen. Der Besuch des Museums schließt einen Ausflug unter Tage und eine Fahrt mit dem Grubenzug ein (Kothla kaevanduspark, Jaamja 1, Kohtla-Nõmme, Tel. 332 40 17, www.kaevanduspark.ee, Mo–Fr 9–17, Sa 11–15 Uhr, Mai–Aug., 5 €, Besuch unter Tage nur in Gruppen zu mind. 10 Personen, immer zur vollen Stunde).

Nordestland

Purtse

Ein kurzer Abstecher führt zur nördlich der Hauptstraße gelegenen Vasallenburg **Purtse**. Die kleine, um das Jahr 1533 errichtete, dreistöckige Burg besitzt bis zu 2 m dicke Wände. Das Untergeschoss wurde ursprünglich als Warenlager, die Mitteletage zu Wohnzwecken und das oberste Stockwerk zu Verteidigungszwecken genutzt.

Die Vasallenburg wurde während der Kriege im 17. und 18. Jh. zerstört und in den 1990er-Jahren rekonstruiert. Heute finden in den Innenräumen gelegentlich Ausstellungen und Konzerte statt.

Kalvi

Ein etwas längerer Abstecher in Richtung Küste führt zum **Schloss Kalvi** 10 (Kalvi mõis), das zwischen 1908 und 1912 von Nicolai von Stackelberg erbaut wurde, nachdem ein Feuer den Vorgängerbau verwüstet hatte. Das stattliche Schloss im neogotischen Stil wirkt wegen seiner Ecktürme, die mit gezackten Brüstungen abschließen, fast wie eine mittelalterliche Burg. Bemerkenswert ist die Fassade, die – nicht nur auf den ersten Blick – Granit täuschend ähnlich sieht, in Wirklichkeit aber aus Beton besteht. Während der Sowjetzeit diente das Gebäude als Sanatorium, seit dem Jahr 2002 beherbergt es nach einer umfassenden Rekonstruktion ein sehr ansprechendes Hotel. Der gepflegte Park ist frei zugänglich. Eine Treppe führt hinunter zum Strand.

Viru-Nigula 11

Die älteste Steinkirche in Virumaa stammt aus der zweiten Hälfte des 13. Jh. und steht in **Viru-Nigula**. Sie ist dem hl. Nikolaus, dem Schutzheiligen der Seefahrer, Reisenden und Kaufleute, gewidmet. Auf dem Friedhof gibt es einige Ringkreuze. Neben der Kirche steht ein Gedenkstein für Kongla Ann, die 1640 als letzte Frau in Estland hingerichtet wurde, weil man sie für eine Hexe hielt.

Kunda 12

Bereits seit 1872 wird in **Kunda** Zement produziert. Lange hatte der Ort extrem unter dem

Von Narva nach Rakvere

Staub aus der Zementfabrik zu leiden, doch mittlerweile ist die Staubbelastung erheblich zurückgegangen.

Auf dem Fabrikgelände informiert das **Zementmuseum** über die Geschichte der Zementherstellung. Einzigartig in ganz Europa ist wahrscheinlich der Flaschenofen, der noch aus den 1870er-Jahren stammt (Kunda tsemendimuuseum, Jaama 11, Do–Fr 11–16, Sa 10–15 Uhr, 2 €).

Infos

Kunda turismiinfopunkt: Kasemäe 10, 44107 Kunda, Tel. 322 21 70, Fax 325 56 97, Mitte Mai–Mitte Sept. Di–Fr 9–18, Sa 9.30–16 Uhr.

Toolse 13

Einige Kilometer nordwestlich von Kunda bewachte die Burg von **Toolse** einst den Hafen und Handelsplatz vor Piraten. Sie wurde als eine der letzten Burgen Estlands vom Orden im 14. Jh. errichtet und rund 100 Jahre später durch eine Steinburg ersetzt. Der Hafen existiert heute nicht mehr und auch die Burg ist seit dem Nordischen Krieg nur noch eine Ruine. Doch ihr Besuch lohnt schon allein wegen ihrer schönen Lage auf einer Landzunge und dem Blick auf die mit Schilf be-

wachsene und von Findlingen übersäte Küste (Toolse ordulinnus, Mitte Mai–Mitte Sept. Sa, So 11–19 Uhr, 2 €).

Haljala 14

Die dreischiffige Hallenkirche von **Haljala** wurde in mehreren Bauphasen zwischen dem 15. und 16. Jh. als Wehrkirche erbaut. Für den achteckigen Turm diente das Tallinner Rathaus als Vorbild. Schießscharten im Turm und im Kirchenschiff lassen keinen Zweifel an der einstigen Aufgabe der Kirche: Wegen der strategisch günstigen Lage an der Straße zwischen Tallinn und Narva diente sie als Vorposten der Ordensburg von Rakvere.

Rakvere ► 1, L 2

Karte: oben

Schon aus der Ferne sind die beiden Wahrzeichen der Stadt **Rakvere** 15, die Ruine der Ordensburg und die Trinitatiskirche, auszumachen. Anfang des 13. Jh. stand auf dem Moränenhügel Vallimägi, der die Form eines Auerochsenschädels hatte, die kleine altestnische Festung Tarvanpää, auf Deutsch Wisent, wovon später der deutsche Name Wesenberg abgeleitet wurde. Zu dieser Zeit gab es auf dem heutigen Theaterberg auch schon ein kleines Dorf, das sich nach der Eroberung durch die Dänen und dem Ausbau der Festung zu einer größeren Handwerkssiedlung entwickelte. Anfang des 17. Jh. schenkte der schwedische König Gustav II. Adolf die Stadt und deren Umland dem Adligen Reinhold von Brederode, im 18. Jh. war Rakvere dann Privatbesitz der Familie Tiesenhausen. Die Eröffnung der Eisenbahnlinie zwischen Tallinn und St. Petersburg 1870 ließ die Stadt weiter wachsen. Heute leben in Rakvere rund 17 000 Menschen.

Ordensburg

Auf dem westlich vom Zentrum gelegenen Vallimägi-Hügel erhebt sich die mächtige Ruine der einstigen **Ordensburg.** Der Bau des Konventsgebäudes zog sich über mehrere Jahrhunderte hin. In den Kriegen des 16. und 17. Jh. wurde sie weitgehend zerstört, verlor ihre Bedeutung als Festung und wurde nur noch als Steinbruch genutzt. Die Mauern, die heute noch zu sehen sind, stammen überwiegend aus dem 14. bis 16. Jh. Der Eigentümer des Guts Rakvere, Reinhold von Brederode, war bis zur Bodenreform 1919 auch Eigentümer der Burgruine, danach ging sie in den Besitz der Stadt Rakvere über, die seit 1975 umfangreiche Konservierungs- und Restaurierungsarbeiten an der Ruine vorgenommen hat.

Im Jahr 2002, zum 700. Jahrestag der Einführung des Lübischen Stadtrechts – der von über hundert Städten im Ostseeraum übernommenen Rechtsordnung der Reichsstadt Lübeck, wurde auf dem Burghügel eine 7 m lange und 3,5 m hohe Statue eines Auerochsen des estnischen Bildhauers Tauno Kangro aufgestellt. Heute dient die Ordensburg der Stadt als Museum, das Ausstellungen über den Livländischen Orden und die Geschichte der Burg zeigt. Außerdem sind hier eine Folterkammer und ein Weinkeller zu besichtigen, im Vorhof können sich Kinder bei mittelalterlichen Aktivitäten wie Bogenschießen vergnügen. Das Restaurant Ivo Senkenberg im Vorhof der Burg serviert rustikales Essen (Rakvere linnus, www.svm.ee, Mai–Sept. tgl. 11–19 Uhr, Hauptsaison 5 €, sonst 4 €).

Im Stadtzentrum

Im Jahr 2004 erhielt der zentrale Marktplatz **Keskväljak** sein modernes Antlitz mit den

Erst Ordensburg, später Steinbruch, heute zuweilen Spielplatz: die Burg Rakvere

auffälligen großen gelben Lampenschirmen. Um den Platz herum stehen nur noch wenige alte Gebäude – so das 1898 aus roten Ziegelsteinen erbaute Wirtshaus Berliini Trahter.

Westlich liegt die **Trinitatiskirche** mit ihrem mächtigen, wehrhaften Turm; sie erhielt ihre heutige Gestalt Ende des 17. Jh. Bereits im 15. Jh. stand an gleicher Stelle eine Kirche im gotischen Stil, die im Livländischen Krieg (1558–1583) und anschließend im Nordischen Krieg (1700–1721) weitgehend zerstört wurde. Im Innern sind die Barockkanzel und die Figuren der vier Evangelisten sehenswert

(Rakvere kolmainu kirik, Pikk 19, Juni–Aug. Mo–Sa 9–18, So 10.30–12.30 Uhr).

Die Pikk – seit dem Mittelalter die Hauptstraße des Ortes – führt zum **Hausmuseum eines Stadtbürgers,** das in vier original eingerichteten Räumen einen Einblick in die Lebenswelt eines wohlhabenden Bürgers Anfang des 20. Jh. vermittelt (Linnakodaniku majamuuseum, Pikk 50, www.svm.ee, Di–Sa 11–17 Uhr, 1,50 €).

In einem frühklassizistischen Gebäude nahe der Kreuzung Tallinna/Pikk, das früher als Gerichtsgebäude diente, ist heute das **Stadtmuseum** untergebracht. Die Ausstellungen zeigen u. a. die Einrichtung der ältesten Bank des Landkreises, Arrestzellen, das Vogtgericht und informieren über die Herstellung von Spiritus. In der Schatzkammer ist ein mehr als 2500 Jahre altes Bronzeschwert besonders sehenswert (Näitustemajamuuseum, Tallinna 3, www.svm.ee, Di–Fr 10–17, Sa 10–15 Uhr, 2 €).

Infos

Rakvere turismiinfokeskus: Laada 14, 44310 Rakvere, Tel. 324 27 34, Mitte Mai–Mitte Sept. Mo–Fr 10–18, Sa, So 10–15, sonst Mo–Fr 10–17 Uhr.

Übernachten

Wellness ▶ **Aqua Hotel & Spa:** Parkali 4, Tel. 326 00 15, www.aqvahotels.ee. Moderner Neubau mit sehenswerter Spa- und Beauty-Abteilung. Der Wasserpark mit 25-m-Becken und diversen Saunen kann auch von Nicht-Hotelgästen genutzt werden (Mo–Fr 10–22, Sa 9–22 Uhr, DZ 82–95 €, Wasserpark 3–21 € (je nach Dauer und Anwendung).

Traditionsbewusst ▶ **Hotell Wesenbergh:** Tallinna 25, Tel. 322 34 80, www.wesenbergh.ee. Sehr schön renoviertes altes Haus im Zentrum, 37 Zimmer im Hauptgebäude, DZ 57 €. Kleiner und etwas luxuriöser ist die 1927 erbaute Villa Wesenbergh mit Sauna und Kaminzimmer, DZ 80 €.

Essen & Trinken

Für Sparsame ▶ **Rakvere kuursaal:** Tööstuse 4 A, Tel. 322 38 20, im Sommer Mo–Do

Tipp: Tamsalu

Ein 2 km langer Lehrpfad südwestlich von **Porkuni** informiert über die Kalkproduktion während der letzten 100 Jahre; zu sehen sind verschiedene Öfen, u. a. Ringöfen, Kalksteinaufschlüsse und ein Steinbruch. Beginn an der Tööstuse-Straße.

11–22, Fr, Sa 11–3, So 12–20 Uhr. Drinnen mehr Kantine als Restaurant, einfache Hauptgerichte um 4 €. Im Sommer hält man es gut im Innenhof mit Steingarten und plätscherndem Wasser aus.

Internet und Schokolade ▶ **Kalevite kodu:** Laada 14, Tel. 324 50 46, Mo–Fr 9–19, Sa, So 9–17 Uhr. Internetcafé mit gutem Kaffee- und Kuchenangebot, große Auswahl an Kalevschokolade (s. S. 61).

Aktiv
Fahrradverleih ▶ **Rix Ratas:** Parkali 7, Tel. 322 33 25.
Fitness ▶ **Sportzentrum Rakvere:** Kastani 12, Tel. 327 82 00, Mo–Fr 9–22, Sa, So bis 21 Uhr. Große Sporthalle mit Fitnessstudio, Sauna, Solarium, Kletterwand.

Termine
Tage der Stadt Rakvere (Mitte Juni): Konzerte, Ausstellungen, Handwerkermarkt, Musik und Tanz.
Green Christmas (Mitte Dez.): Internationales Rockfestival.

Verkehr
Busse: etwa stdl. nach Tallinn, 8–10 x tgl. nach Narva, Tartu und Pärnu.

Südlich und südwestlich von Rakvere

Porkuni ▶ 1, K 3
Von der einst stolzen mittelalterlichen **Burg Porkuni,** 22 km südwestlich von Rakvere, ist nur der 21 m hohe Eingangsturm erhalten geblieben. Er beherbergt das **Kalksteinmu**seum, das über die Verwendung und Geologie des estnischen Nationalsteins informiert (Porkunipae muuseum, Mai–Sept. tgl. 11–18 Uhr, 3 €).

In der Nähe befindet sich ein **Gutshaus,** das der letzte Besitzer des Turms, Ludwig Otto von Rennenkampff, zwischen 1870 und 1874 errichten ließ. Das karmesinrote Hauptgebäude vereint neogotische, Neorenaissance- und Tudor-Elemente, besonders imposant sind der achteckige Turm und der verzierte Stufengiebel. Das Gutshaus ist heute eine Schule für Lernbehinderte.

Der nahe **Porkuni-Stausee** ist für seine »schwimmenden Inseln« bekannt: Torfstücke lösen sich vom schilfbewachsenen Ufer und werden vom Wind auf den See getrieben.

Kiltsi ▶ 1, K 3
Das Ende des 18. Jh. im frühklassizistischen Stil auf den Ruinen einer mittelalterlichen Vasallenburg errichtete **Schloss Kiltsi,** 35 km südlich von Rakvere, gehört wegen seiner Halbkreisform zu den eigenwilligsten Schlössern in ganz Estland. Zwei Rundtürme sowie zwei viereckige Türme stammen noch aus dem Mittelalter. Im 19. Jh. gehörte das Anwesen der Familie Krusenstern; der Leiter der ersten russischen Weltumsegelung Adam Johann von Krusenstern hat hier seinen Atlas des Stillen Ozeans zusammengestellt. Ein Zimmer im Schloss erinnert an den Weltenbummler (Kiltsi mõis, Livaküla, Juni–Aug. Mo, Di 8–13, Mi–Fr 8–19, Sa, So 11–19, sonst Mo–Fr 8–16 Uhr).

Emumägi ▶ 1, L 3
59 km südlich von Rakvere erhebt sich der 166 m hohe Berg **Emumägi.** Auf der höchsten Bergkuppe Nordestlands steht ein hölzerner Aussichtsturm, von dem sich ein wunderbarer Blick auf die Landschaft bietet.

A.-H.-Tammsaare-Museum
▶ 1, K 3
Im Geburtshaus von Anton Hansen Tammsaare in der Nähe des kleinen Dorfes **Albu** nördlich des Städtchens Paide informiert eine Ausstellung über das Leben und Werk des

bekanntesten estnischen Schriftstellers. Im Museum wird die Welt seines Romans »Wahrheit und Recht« lebendig. Im Sommer gibt es hier häufiger Theatervorstellungen im Freien (A. H.Tammsaare muuseum, Albu, Mitte Mai–Mitte Sept. Di–So 11–18, sonst Mi–So 10–15 Uhr, 1 €).

Paide ► 1, J 3

Paide, am Oberlauf des Pärnu-Flusses, ist nicht nur das Zentrum der Provinz Järvamaa, wegen seiner zentralen Lage sieht sich das Städtchen auch als das Herz ganz Estlands.

Ordensburg

Auf dem Vallimägi gab es schon früh eine altestnische Burg, die der Ordensmeister Konrad von Mandern um 1265 durch eine Festung aus Kalkstein ersetzen ließ. Dies war nach Viljandi die zweite Festung des Deutschen Ordens in Estland. Als Erstes entstand der achteckige Wehrturm, der **Lange Hermann**, später kamen noch ein Konventsgebäude und vier Bastionen hinzu. Erst im 16. Jh. war die Burganlage fertiggestellt, doch schon im Livländischen Krieg wurde sie von unterschiedlichen Herrschern besetzt und dabei arg beschädigt. 1941 schließlich fiel auch noch der Wehrturm, das Wahrzeichen der Stadt, den russischen Truppen zum Opfer. Einzig der Lange Hermann wurde 1993 wieder vollständig aufgebaut, ansonsten sind in der Parkanlage auf dem Vallimägi nur noch einige Mauerreste der alten Festung sowie Teile der Bastionen erhalten geblieben. Im Turm wurden auf mehreren Stockwerken eine Ausstellung zur Frühgeschichte des Ortes sowie eine Kunstgalerie eingerichtet (Veski 11, Mi–So 11–18 Uhr, 1 €).

Im Stadtzentrum

Die Siedlung um die Festung erhielt 1291 die Stadtrechte und wurde wegen ihrer vielen Gebäude aus Kalkstein (est. *paekivi*) vom nahegelegenen Steinbruch auch Paede und Paide bzw. Weißenstein und Wittenstein genannt.

Um den Hauptplatz Keskväljak gruppieren sich die **Heiligkreuz-Kirche** (Püha risti kirik) aus dem 18. Jh., das **Rathaus** von 1920 und der einstige **Handelshof** aus dem 18. Jh., den man an seiner Säulenfront erkennt. In der Rüütli-Straße sind noch einige alte Holzhäuser erhalten geblieben, ansonsten ist das Stadtbild von Paide uneinheitlich und architektonisch nicht sehr interessant.

Sehenswert sind im **Järvamaa-Museum** die Ausstellungen zur Natur und Geschichte der Provinz sowie eine historische Apotheke (Lembitu 5, www.jarva.ee/muuseum, Mi–So 11–18 Uhr, 1 €).

Infos

Paide turismiinfokeskus: Pärnu 6, 72712 Paide, Tel. 385 04 00, Mitte Mai–Mitte Sept. Mo–Fr 9–18, Sa, So 10–15, sonst Mo–Fr 10–17 Uhr.

Essen & Trinken

Süße Kleinigkeiten ► **Café kalevite kodu:** Vee 1, Tel. 384 60 76, Mo–Fr 8–18, Sa 9–15 Uhr. Das alte Holzhaus mit moderner Einrichtung ist am zentralen Keskväljak gelegen. Cappuccino, Kuchen und ein großes Sortiment an Kalevschokolade stehen für die Gäste bereit.

Wie zu Zeiten der Ritter ► **Café vallitorni:** Veski 11, Tel. 385 24 66, tgl. 11–22 Uhr. In

Tipp: Sandstein-skulpturen

Seit dem Jahr 1996 finden in **Paide** in unregelmäßiger Folge die »Sandsteintage« statt. Bei diesen Veranstaltungen haben Künstler in den letzten Jahren insgesamt über 60 Sandsteinskulpturen geschaffen, die auf dem Vallimägi und in den Parks der Stadt zu sehen sind. Wer über die Tallinna von Norden nach Paide kommt, wird vom steinernen »Anhalter« begrüßt. In dem Touristenbüro der Stadt erhält man eine Broschüre mit einem Plan, in dem zahlreiche der Skulpturen eingezeichnet sind.

aktiv unterwegs

Die Gutshöfe von Järvamaa

Tour-Infos

Start: Paide
Länge: 160 km
Dauer: mind. 1 Tag
Wichtige Hinweise: Wer mehr Zeit hat, kann unterwegs Abstecher zu rund einem Dutzend weiterer Gutshöfe machen (www.jarva.ee).

Verstreut über die Provinz Järvamaa liegen 125 ehemalige Gutshöfe. Viele der alten Herrenhäuser wurden während der letzten Jahrzehnte als Schulen genutzt. Zwölf dieser Gutshofschulen haben sich 1998 zu einem Verband zusammengeschlossen, der sich um den Erhalt der Gebäude kümmert. Eine Rundtour führt zu acht von ihnen:

Von Paide geht es anfangs in südlicher Richtung zum **Gut Särevere** 1 am Prandi-Fluss, südlich von Türi. Das mit Schnitzereien verzierte Holzgebäude stammt aus der zwei-

ten Hälfte des 19. Jh. Schön die barocke Eingangstür. Nicht weit entfernt steht das Gutshofensemble **Laupa** 2, dessen Ursprünge im 17. Jh. liegen. 1905 brannte das Hauptgebäude nieder und wurde durch den heutigen stattlichen, reich verzierten Bau ersetzt. Dieser zählt zu den bedeutendsten neobarocken Herrenhäusern Estlands und weist auch einige Jugendstilelemente auf. 1999 bis 2001 wurde das Gut umfassend saniert.

Weiter geht es in südöstlicher Richtung zum **Gut Kabala** 3, dessen frühklassizistisches zweistöckiges Haupthaus 1774 von Baron Hans von Uexküll errichtet wurde. Im Innern ist das Kabinett des Gutsherrn wegen der Wappenschilde sehenswert. Östlich von Paide präsentiert sich das einstöckige, 1771 vollendete Haupthaus von **Gut Koigi** 4 im frühklassizistischen Stil. Die schlichte Front besitzt einen Portikus mit vier Säulen.

Obwohl es häufig den Besitzer wechselte, wurde das zweistöckige, barocke Haupthaus von **Gut Sargvere** 5 seit seiner Errichtung 1762 kaum verändert. Es zählt zu den schönsten barocken Gutshäusern Estlands. Einige Innenräume sind mit Stuckornamenten verziert. **Gut Aruküla** 6, seit 1820 im Besitz der Familie von Toll, besitzt ein zweistöckiges Haupthaus im klassizistischen Stil: Vier hohe Säulen beherrschen den Kalksteinbau. Das Innere ist mit Stuckelementen im Empirestil verziert. Nördlich von Paide stand an der Stelle des noch existierenden **Guts Albu** 7 einst das älteste Ordensgut Järvamaas. Das heutige Gebäude ist schon das dritte an diesem Ort und wurde zwischen dem 17. und 18. Jh. errichtet. Die letzte Station der Rundtour ist **Gut Roosna-Alliku** 8, das Gut der weißen Rose, vollendet von Otto Friedrich von Stackelberg. Das spätbarocke Hauptgebäude stammt aus den 1780er-Jahren. Bemerkenswert sind wegen des Stuckdekors der weiße und der rosafarbene Salon.

dem Café werden einfache, aber preisgünstige Gerichte im fensterlosen Wehrturm auf dem Vallimägi serviert.

Aktiv

Schwimmen und mehr ▶ **Gesundheitszentrum:** Rubassaare tee 5, Tel. 385 13 25, Mo–Fr 15–22, Sa, So 11–22 Uhr. Schwimmbad, Sauna, Solarium, Fitnessraum.

Verkehr

Busse: ca. 8 x tgl. nach Tallinn und Tartu, ca. 5 x tgl. nach Narva, außerdem Verbindungen nach Pärnu, Haapsalu, Põltsamaa sowie St. Petersburg.

Türi ▶ 1, J 4

Das Städtchen **Türi,** 14 km südwestlich von Paide, erfreut mit niedriger Bebauung, schönen Gärten und zahlreichen Grünanlagen. Im Jahr 2000 wurde Türi vom damaligen Ministerpräsidenten zur Frühlingshauptstadt ernannt. Mit Tallinn für die Regierungsgeschäfte, Pärnu für den Sommer und Otepää für den Winter besitzt Estland nun schon vier ›Hauptstädte‹. Um dem Titel »Frühlingshauptstadt« gerecht zu werden, finden in Türi alljährlich vom 20. März bis 20. Juni Veranstaltungen zum Thema Frühling statt, von denen der Blumenmarkt die Esten am meisten begeistert.

Die dreischiffige **Kirche St. Martin,** eine Hallenkirche, stammt vermutlich aus dem ausgehenden 13. Jh., die Inneneinrichtung – Kanzel und Altarwand – aus dem 17. Jh. Ungewöhnlich ist der bunte Hahn auf der Kirchturmspitze (Wiedemanni 1, Mai–Sept. Di–So 10–13, 15–18 Uhr).

Infos

Türi turismiinfokeskus: Vabriku 11, Tel. 385 73 76, www.tyri.ee, Di–Sa 10–17 Uhr.

Übernachten

Ausflugsziel der Einheimischen ▶ **Veskisilla:** Türi-Alliku, nördlich von Türi, an der Straße nach Paide, Tel. 385 70 50, www.ves kisilla.ee. Kleines Hotel mit viel historischer

Bausubstanz in einer ehemaligen Wassermühle. Sauna, Sandstrand am Pärnu-Fluss, Forellenteich mit Angelmöglichkeit, Bowling, Kartbahn, Restaurant, Bar, Wohnmobilstellplätze werden vor Orte geboten. Organisation von 1- bis 3-tägigen Kanutouren auf dem Pärnu. DZ 41 €.

Einkaufen

Kunsthandwerk ▶ **Puppenzimmer** (Resa Tiitsmaa nukutuba): Koidula 11. Arbeiten der Künstlerin Resa Tiitsmaa sind hier zu erwerben – dekorative Puppen, Taschen und Textilschmuck, fantasievolle Arbeiten aus verschiedenen Textilien. Man kann der Künstlerin bei der Arbeit zuschauen. **Handarbeitsstube** (Käsitöötuba), Viljandi 14 b, und **Handarbeitsscheune** (Käsitööait), Jaama 4. Beide bieten eine bunte Mischung estnischen Kunsthandwerks.

12 Lahemaa-Nationalpark ▶ 1, J/K 1/2

Karte: S. 402

Rund 40 km östlich von Tallinn beginnt der **Lahemaa-Nationalpark,** das Land der Buchten. Der größte und älteste Nationalpark von Estland erstreckt sich zwischen der stark zerklüfteten Küste am Finnischen Meerbusen und der E 20/A 1 von Tallinn nach Narva. Er wurde im Jahr 1971 eingerichtet und umfasst heute eine Fläche von 725 km², wovon rund ein Drittel Meeresfläche ist. Zwei Drittel der Landfläche machen Wälder aus – vor allem lichte beeren- und pilzreiche Kiefernwälder; Laubwälder kommen dagegen nur selten vor.

Weitere typische Landschaftsformen im Lahemaa sind Hochmoore, Wiesen und Weiden; außerdem gibt es zahlreiche Flüsse und Bäche sowie 14 Seen – der größte von ihnen, der **Kahala järv,** liegt im westlichen Teil des Nationalparks. Darüber hinaus sind im Westteil des Lahemaa einige der seltenen Alvare anzutreffen. Alvare sind steppenartige Landschaften mit Kalkuntergrund und sehr dünner Bodenschicht. Auf diesen kargen Böden, die

Estnische Gutshöfe Thema

Seit einigen Jahren wird vielerorts versucht zu retten, was noch zu retten ist – mit Erfolg: Einige Dutzend Gutshöfe in Estland konnten ganz oder teilweise restauriert und vor dem Verfall bewahrt werden. Vorzeigeobjekt ist der Gutshof Palmse, aber auch andere Anwesen – heute Hotels, Museen oder Restaurants – lohnen den Besuch.

Im Mittelalter errichteten der Orden und die Bistümer in eroberten Gebieten Landgüter und vergaben zusätzlich Lehen an Vasallen deutscher Herkunft. So entstanden rund 400 Gutshöfe mit überwiegend einfachen Holzgebäuden und 100 steinerne Vasallenburgen. Nach dem Livländischen Krieg im 16. Jh. lagen die meisten Festungen in Ruinen, doch man zählte bis zum 18. Jh. noch rund 1000 Gutshöfe – meist waren es Rittergüter.

Die Blütezeit der estnischen Gutshöfe begann Mitte des 18. Jh. und reichte bis zum Ersten Weltkrieg. Anfangs wurden hauptsächlich in Nordestland barocke und klassizistische Häuser errichtet, im 19. Jh. und bis zum Beginn des 20. Jh. wurde auch in Südestland viel gebaut, jetzt hauptsächlich im historischen Stil und im Jugendstil. So entstanden viele schlossähnliche Herrenhäuser, meist von zahlreichen Wirtschaftsgebäuden und weitläufigen Parks umgeben. Die Zufahrt zum repräsentativen Haupthaus erfolgte häufig über eine schnurgerade Allee, die Einfahrt bestand aus kunstvollen Toren oder Tortürmen.

Kurz vor dem Ersten Weltkrieg war die Anzahl der Gutshöfe in Estland auf rund 2000 angewachsen, die Hälfte waren Rittergüter, außerdem gab es Staats-, Stadt- und Kirchengüter, Landstellen ohne Privilegien und von den Haupthäusern entfernte Hoflagen. Die privaten Gutshöfe waren in der Hand von etwa 200 deutschbaltischen Familien, wobei die Stackelbergs alleine 62 Höfe besaßen, die Ungern-Sternbergs 32 und die Maydells 25.

Mit der Russischen Revolution von 1905, in deren Verlauf Aufständische fast 200 Gutshöfe niederbrannten und 80 Adlige töteten, begann der Niedergang. Kurzfristig konnte zwar noch einmal die alte Ordnung wiederhergestellt werden, doch im 1918 neu gebildeten Nationalstaat genossen die baltischen Adligen keine Privilegien mehr und bei der Bodenreform 1919 wurden alle Gutsbesitzer enteignet. Die Ländereien wurden geteilt, einige Häuser in Schulen, Kinderheime oder Kulturhäuser umgewandelt, doch viele standen leer und verfielen, denn den neuen Eigentümern fehlten oft das Geld und auch das Interesse, die prächtigen Häuser zu erhalten.

1939 wurden alle Baltendeutschen nach Deutschland umgesiedelt, damit war endgültig jede Verbindung zwischen den einstigen Besitzern und ihren Höfen gekappt. Auch während der sowjetischen Besatzung verfielen immer mehr Gutshöfe und wurden schließlich abgerissen. Nur jene, die als Kolchosezentren, Schulen, Heime oder Wohnungen genutzt wurden, überstanden diese Zeit, allerdings oft in einem schlechten Zustand. Nur wenige Gutshöfe hatten wie Palmse (s. S. 400) das Glück, dass ein cleverer Kolchos-Vorsitzender viel Geld aus Moskau für den Erhalt verwendete. Heute gibt es noch etwas mehr als 400 Gutshöfe; sie sind nicht alle in einem guten Zustand, aber immerhin in ihrer ursprünglichen Form erhalten. Weitere 200 Höfe sind im Laufe der Zeit stark verändert worden oder liegen in Ruinen.

man sonst nur auf den schwedischen Inseln Gotland und Öland findet, wachsen ausschließlich Trockenheit und Kalk liebende Pflanzen, vor allem Wacholderbüsche und Heidekraut.

Auch wenn die Elchpopulation im Lahemaa Nationalpark in den letzten Jahren stark zurückgegangen ist – der Nationalpark ist noch immer ein wahres Naturparadies: Mehr als 800 höhere Pflanzenarten, 100 Moose und 250 Flechten sowie 50 Säugetierarten sind hier heimisch. Da die Halbinsel Pärispea auf der Route der Zugvögel liegt, kommen auch Ornithologen im Lahemaa auf ihre Kosten.

Land der Findlinge

Die buchtenreiche Küstenlinie, aus der vier große Halbinseln – **Juminda, Pärispea, Käsmu** und **Vergi** – wie die Finger einer Hand weit ins Meer ragen, entstand während der letzten Eiszeit. Die Gletscher sind auch für eine der größten Sehenswürdigkeiten verantwortlich: die Findlinge. Die teilweise riesigen erratischen Blöcke wurden einst aus dem Norden hierher verfrachtet und beim Abschmelzen zurückgelassen. Das umfangreichste Findlingsfeld Estlands liegt auf der Halbinsel Käsmu. Lahemaa ist aber keineswegs nur eine der schönsten und abwechslungsreichsten Landschaften Estlands mit unzähligen Findlingen, schilfbewachsenen Küsten, einigen Sandstränden, dunklen Fichten- und lichten Föhrenwäldern, Wildblumenwiesen, Hochmooren und einer weitgehend intakten Natur. Lahemaa ist auch eine alte Kulturlandschaft mit einer Reihe verschlafener Fischerdörfer und einigen der schönsten Gutshöfe des Landes. Mehrere markierte Wanderwege und einige kaum befahrene Straßen ohne nennenswerte Steigungen machen Lahemaa darüber hinaus zum idealen Ziel für Wanderer und Radfahrer.

Infos

Lahemaa rahvuspargi looduskeskus: Gutshof Palmse, 45202 Viitna, Tel. 329 55 55, Fax 329 55 56, www.lahemaa.ee, im Sommer tgl. 9–19 Uhr, sonst kürzer.

Aktiv

Busfahrten ▶ Viru 4, Tallinn, Tel. 610 86 34, www.travel2baltics.com. Mai–Sept. Tagesausflüge von Tallinn aus in den **Lahemaa-Nationalpark.** Abfahrt tgl. 9 Uhr vom Meriton Grand Hotel.

Radfahren ▶ **Citybike:** Uus 33, Tallinn, Tel. 511 18 19, www.citybike.ee. Tagesausflüge in den Lahemaa-Nationalpark, inkl. Busfahrt und Fahrradmiete, Abfahrt tgl. 9 Uhr, 19 Uhr Rückfahrt.

Die Gutshäuser im Lahemaa-Nationalpark

Karte: S. 402

Kolga **1**

Die Geschichte von **Kolga** beginnt im 13. Jh., als Mönche des gotländischen Zisterzienserklosters erstmals befestigte Bauten anlegten. Ab dem 16. Jh. gehörte das Gut dem schwedischen Adel, zuerst der Familie De la Gardie, dann den Stenbocks, die das Anwesen bis ins 20. Jh. besaßen und es mittlerweile wieder erworben haben.

Das stattliche dreigeschossige Hauptaus aus Kalkstein wurde in mehreren Etappen gebaut, seine heutige klassizistische Fassade erhielt es in den 1820er-Jahren. Über den ionischen Säulen des Portikus ist noch immer das Wappen der Stenbocks zu sehen. Der Zustand des Haupthauses ist schlecht; obwohl schon die ersten Sanierungsarbeiten durchgeführt wurden, ist ihm die jahrzehntelange Vernachlässigung noch deutlich anzumerken.

Übernachten, Essen

Für Neugierige ▶ **Kolga mõis:** s. o. Tel. 607 74 77, Fax 607 72 70. Im ehemaligen Stall des Gutshofs befindet sich ein einfaches Gästehaus (DZ 55 €) mit modern eingerichteten Zimmern. Das Restaurant in seinem Erdgeschoss ist auf jeden Fall einen Besuch wert. Denn in dem hellen, freundlichen Gastraum speist man vorzüglich. Hauptgerichte 10–15 €.

Nordestland

Aktiv

Moorwanderung ▶ **Rundweg:** Südöstlich von Kolga stößt man auf einen 5,5 km langen Rundwanderweg. Knapp die Hälfte der Strecke führt auf Bohlen durch das Viru-Moor. Eine kürzere Variante ist 3,5 km lang. Beginn bei der Informationstafel an der Straße 85.

Palmse 2

Vom 13. Jh. bis zum Anfang des 16. Jh. gehörten die Ländereien von **Palmse** zum Nonnenkloster St. Mihkli in Tallinn; danach wechselten die Besitzer relativ häufig, bis das Gut 1676 in den Besitz der Familie von der Pahlen kam. Rund 250 Jahre residierte die deutschbaltische Familie auf Palmse, dem Schmuckstück und Touristenmagneten unter den estnischen Gutshäusern. Das zweistöckige Haupthaus wurde 1730 von Gustav Christian von der Pahlen fertiggestellt, sein heutiges spätbarockes Gesicht erhielt es bei Umbauten Ende des 18. Jh. Der weitläufige Park und die meisten Nebengebäude entstanden ebenfalls im 18. Jh.

Die drei Etagen des Haupthauses sind vollständig eingerichtet, im Erdgeschoss der repräsentative Saal und die Herren- und Damensalons, im Obergeschoss die Schlafzimmer und im Keller die alte Küche, der Jagdsaal und der Weinkeller. Das Mobiliar stammt zwar nicht aus dem Besitz der Familie von der Pahlen, gibt aber einen guten Einblick in die Lebensweise des deutschbaltischen Adels.

Im weitläufigen und ebenfalls sehr gepflegten Park sind einige Teiche angelegt, außerdem beherbergt er das Badehaus, die ehemalige Schnapsbrennerei – heute ein Hotel – und das Palmenhaus. Im ehemaligen Stall ist das **Besucherzentrum** des Lahemaa-Nationalparks untergebracht (s. S. 399), im Speicherhaus eine **Oldtimerausstellung** (Tel. 324 00 70, www.svm.ee, Mai–Sept. Mo–Sa 10–19, sonst Mi–So 10–18 Uhr, Eintritt 4,80 €).

In **Ilumäe**, 5 km nordwestlich von Palmse entfernt, steht eine im Jahre 1843 erbaute, recht einfache Kapelle, deren Fenster mit alten Wappenmotiven geschmückt sind. Auf dem Friedhof haben einige Mitglieder der Familie von der Pahlen ihre letzte Ruhestätte gefunden.

Übernachten, Essen

Schlicht und schön ▶ **Park Hotel Palmse:** Tel. 322 36 26, Fax 323 41 67, www.ph palmse.ee. Das 1860 erbaute Haus war einst die Schnapsbrennerei des Gutshofs. Absolut ruhige Lage im Park mit Blick auf das Gutshaus, 1995 komplett saniert, moderne Zimmer im skandinavischen Stil. Fahrradverleih. DZ 57–63 €. Gemütliches Restaurant im Kellergewölbe mit gutem Essen zu günstigen

Gehegt und gepflegt schon zu Sowjetzeiten: Gut Palmse im Lahemaa-Nationalpark

Preisen. Das ehemalige Badehaus beherbergt heute das Café Isabella.

Sagadi

Das **Gut Sagadi** 3 wurde erstmals 1469 als Eigentum der Familie von Risbiter erwähnt. Um 1750 begannen die von Focks mit dem Bau des einstöckigen Haupthauses, das nach einigen Veränderungen Ende des 18. Jh. sein heutiges spätbarockes Aussehen erhielt. Ein barocker Torturm bildet den Eingang, zu beiden Seiten des in Rosa und Weiß gehaltenen Haupthauses stehen Nebengebäude.

Derzeit gehört das Anwesen dem Verwaltungszentrum der Staatsforsten und beherbergt Forstmuseum und Schulungszentrum (www.sagadi.ee, Mai–Sept. tgl. 10–18 Uhr).

Übernachten, Essen

Hell und freundlich ► **Sagadi mõis:** www.sagadi.ee, Tel. 676 78 88, Fax 676 78 80. In den Nebengebäuden Hotel mit 16 Zimmern (einige mit Komfortausstattung) und Sauna (Hauptsaison 77–102 €); romantisches Gartenhaus (96 €) und günstige Hostelzimmer (16 €/Person ohne Frühstück).

401

Vihula

Der **Gutshof Vihula** 4 besteht aus 26 Gebäuden, von denen die meisten im 19. Jh. errichtet wurden. Reizvoll ist das Anwesen inmitten eines weitläufigen Parks vor allem durch seine Lage am Mustoja-Fluss, der von mehreren Brücken überspannt wird und sich zu Teichen verbreitert. Erstmals schriftlich erwähnt wurde Vihula 1501 als Besitz der Adelsfamilie von Lode. Das älteste Gebäude ist das sogenannte Tagamõis aus der Mitte des 18. Jh., in dem heute das Gästehaus untergebracht ist. Bis zur Umsiedlung des deutschbaltischen Adels gehörte der Gutshof der Familie von Schubert, die das Haupthaus im Stil der Neorenaissance umbauen ließ. Vor einigen Jahren wurde der Gutshof komplett saniert, in mehreren Gebäuden wurden insgesamt 47 luxuriöse Zimmer eingerichtet.

Übernachten, Essen

Neuer Luxus im alten Gutshof ▶ Vihula **Manor:** Country Club & Spa, Tel. 326 41 00 Fax 326 41 03, www.vihulamanor.com. Alle Zimmer in Haupthaus und Nebengebäuden sind im eleganten Landhausstil eingerichtet und wirken hell und modern. Spa-Abteilung. Im Haupthaus ist das Boheme-Restaurant, im Eiskeller die Schubert Weinbar und ein rustikales Restaurant. DZ 80–150 €.

Die Dörfer im Lahemaa

Karte: oben

Viinistu 5

Schon die Fahrt entlang der Ostküste der Halbinsel Perispea nach **Viinistu** lohnt sich, denn die Straße verläuft für einige Kilometer am Wasser. Mit Findlingen übersäte kleine Buchten und Strände bieten immer wieder schöne Ausblicke. Doch Viinistu hat weit mehr zu bieten: In dem kleinen Fischerdorf befindet sich das **Viinistu-Kunstmuseum,** eines der interessantesten Kunstmuseen des Landes. Es geht auf das Engagement und die Privatsammlung von Jaan Manitski, dem ehemaligen Außenminister Estlands, zurück. Zu sehen sind in dem alten Fabrikgebäude hauptsächlich Gemälde estnischer Künstler aus dem 20. Jh., aber auch Modernes und Abstraktes wie z. B. die Installation aus Betonkoffern vor der Tür (Viinistu kunstimuuseum, www.viinistukunst.ee, Juni–Aug. tgl. 11–18, Sept.–Mai Mi–So 11–18 Uhr, 2 €).

Übernachten, Essen

Moderne Kunst inklusive ▶ **Hotel & Restaurant des Viinistu kunstimuuseum:** s. o., Tel. 608 64 25. Das Hotel überzeugt durch seine Lage am Wasser, das Restaurant durch seine geschmackvolle Einrichtung mit zahlreichen Kunstwerken. DZ im Sommer 60, sonst 50 €. Gute, preisgünstige Küche, Tagesgericht 3–4 €, das teuerste Gericht auf der Speisekarte ist Lachs für 10 €.

Im Sommer sitzt man gern auf der Terrasse – mit herrlichem Blick über das Meer, den kleinen künstlichen Hafen und die Insel Mohni.

Käsmu 6

Heute ist **Käsmu** ein ruhiger Ferienort mit schmucken Holzhäusern. Vielen dieser Häuser sieht man den einstigen Reichtum seiner Besitzer noch an, denn vor rund 100 Jahren war Käsmu einer der wichtigsten und wohlhabendsten Orte Virumaas. Auf der hiesigen Seemannsschule lernten Kapitäne von 1884 bis 1931 ihr Handwerk und segelten anschließend auf allen Weltmeeren, deshalb wurde Käsmu nicht nur Kapitänsdorf, sondern auch Witwendorf genannt, denn in fast jeder Familie gab es einen Kapitän oder Steuermann. Außerdem wurden im Ort große Segelschiffe gebaut und im Winter lagen Dutzende von ihnen hier vor Anker.

Im **Meeresmuseum** stellt Aarne Vaik, ein leidenschaftlicher Sammler, alles aus, was in irgendeiner Weise mit dem Meer zu tun hat. In seinem Garten steht ein kleiner hölzerner Leuchtturm, der liebevoll von ihm restauriert wurde (Käsmu meremuuseum, Tel. 323 81 36, tgl. zu unterschiedlichen Zeiten geöffnet).

Einen Besuch wert ist auch der **Friedhof** neben der Kirche. Beeindruckend ist vor allem das Grab von Singe, der Tochter von Kapitän Tiedemann, auf dem die Skulptur eines knienden Mädchens zu sehen ist.

Käsmu liegt inmitten von Estlands größtem **Findlingsfeld:** Überall verstreut liegen in Gärten und am Straßenrand kleine und große Steine herum.

Übernachten

Man bleibt gerne länger ▶ **Rannamännid:** Neeme 31, Tel./Fax 323 83 29, info@ranna mannid.ee. Bed & Breakfast-Unterkunft in einem gepflegten Kapitänshaus. Im Haupthaus acht Zimmer, im Nebengebäude preiswerte Matratzenunterkünfte. Großer Garten mit Grillmöglichkeit. Sehr gastfreundliche Eigentümerin, die ein Superfrühstück zubereitet.

Tipp: Fünf der größten Findlinge im Lahemaa

Kupu: Höhe 5,8 m, Umfang 33 m. Bei Kuusalu von der Schnellstraße Tallinn–Narva abbiegen und in nordöstliche Richtung weiterfahren.

Majakivi: Höhe 7 m, Umfang 32 m. Etwa in der Mitte der Juminda-Halbinsel, am Majakivi-Wanderweg, der an der Straße in der Nähe von Virve beginnt.

Jaani-Tooma kivi: Höhe 7,5 m, Umfang 35 m. Auf der Pärispea-Halbinsel, nördlich von Kasispea, nicht weit vom Meer entfernt.

Tammispea: Höhe 7,8 m, Umfang 28 m. In Tammispea an der Eru-Bucht, nicht weit vom Meer entfernt.

Ojakivi: Höhe 6 m, Umfang 30 m. Auf der Vergi-Halbinsel, nordöstlich von Võsu, am Waldpfad von Lahe.

Die Zimmer im Erdgeschoss des Haupthauses mit großer Terrasse. DZ 40–55 €.

Võsu 7

Ende des 19. Jh. verbrachten viele Intellektuelle und Künstler aus St. Petersburg hier ihre Ferien. Aus dieser Zeit stammen noch einige schöne Holzhäuser im Ort. Während der Sowjetzeit wurden Hotels und Ferienheime gebaut, die heute leerstehen. Selbst im Sommer geht es in **Võsu** sehr beschaulich zu, obwohl der Ort den schönsten Sandstrand im Lahemaa-Nationalpark mit Dünen und Wald besitzt. Ein weiterer Pluspunkt ist das flache Wasser in der Bucht, das durchaus angenehme Badetemperatur erreicht.

Übernachten

Familiär und preisgünstig ▶ **Rannaliiv:** Aia 5, Tel. 524 20 09, Fax 323 84 56, www.rannaliiv.ee. Großes Haus mit Garten, 11 komfortable Doppelzimmer, Sauna, kleiner Pool. Ruhige Lage in Strandnähe. DZ ab 45–55 €.

Aktiv

Wandern ▶ **Võsu-Oandu-Wanderweg:** Der Weg beginnt südlich des Ortes an der Straße nach Sagadi und führt über alte Forstwege und -straßen nach Oandu, südlich von Altja. Der 9,5 km lange Weg ist auch gut mit dem Fahrrad zu befahren und im Winter eine reizvolle Ausflugsstrecke auf Langlaufskiern.

Altja 8

Von den Fischerdörfern im Lahemaa-Nationalpark zählt **Altja** zu den ursprünglichsten und schönsten. Die meisten Häuser entlang der Dorfstraße stammen aus den 1920er-Jahren. Zwei typische Bauernhöfe vom Ende des 19. bzw. Anfang des 20. Jh. – **Uutalu** und **Toomarahva** – wurden originalgetreu restauriert. Auf der Landspitze, in wenigen Minuten Fußmarsch zu erreichen, sind die Netzhütten des Dorfes, die ebenfalls rekonstruiert wurden und heute wieder genutzt werden. In der Nähe der Landspitze ist der große Findling **Suurkivi** zu sehen. Alte Erzählungen behaupten, dass die Störche die Kinder hinter diesem Stein aus dem Wasser holen.

Essen & Trinken

Einfach und rustikal ▶ **Altja Kõrts:** www.altja.ee, tgl. 11–23 Uhr. Historisches Wirtshaus im Ort, in dem traditionelle Gerichte auf den Tisch kommen. Menu ab 13 €.

Aktiv

Wandern ▶ **Wanderwege:** In Altja führt eine 3 km lange Wanderung durch das Dorf, entlang der Küste und durch den Wald. 2,5 km südlich von Altja, bei Oandu gibt es mehrere Wanderwege: 1 km Bibertrail, 4,5 km Waldweg, 2,5 km Verbindungsweg nach Altja. Gute Infotafeln an Start und Ziel.

Viitna 9

Viitna besteht nur aus wenigen Häusern an der Schnellstraße von Tallinn nach Narva. Das bemerkenswerteste Gebäude ist die alte Schänke **Viitna kõrts** von 1800, in der früher für Bauern und Adlige getrennte Schankstuben gab. Wegen ihrer weißen Säulenreihe an der Vorderfront wirkt die Schänke heute noch wie eine Postkutschenstation.

Essen & Trinken

Rustikal ▶ **Viitna kõrts:** Tel. 325 86 81, Mo–Do, So 12–22 Uhr, Fr, Sa bis Mitternacht. Auch heute existieren noch zwei getrennte Schankräume, einer beherbergt ein einfaches Selbstbedienungsrestaurant, der andere eine urig-rustikale Bauernschänke mit einer umfangreichen Speisekarte, auf der zwischen Jägersandwich und Elchbällchen viel Leckeres zu finden ist. Hauptgerichte 5–10 €.

Aktiv

Wandern ▶ **Viitna-Landschaftsschutzgebiet:** Das 310 ha große Schutzgebiet erstreckt sich südlich der Hauptstraße Tallinn-Narva. Folgt man der Straße nach Kadrina, liegt schon nach wenigen hundert Metern rechter Hand der größte von drei Seen, der **Pikkjärv.** Der Waldsee hat vier Inseln, zum Teil hohe Ufer und einen Sandstrand. Wegen seines klaren Wassers ist er ein beliebter Badesee. Um die Seen verläuft ein 7 km langer, markierter Wanderweg.

aktiv unterwegs

Wanderung um die Halbinsel Käsmu

Tour-Infos

Start: im Dorf Käsmu (s. S. 403) oder am Parkplatz am Ende des Dorfes
Länge: 14 km
Dauer: 4–5 Stunden
Wichtige Hinweise: Die Umrundung kann man auch mit einem geländetauglichen Fahrrad machen, muss dann allerdings hin und wieder absteigen und schieben.

Es ist durchaus lohnend, die Wanderung im Dorf zu beginnen, um einen Blick auf die **bunten Holzhäuser** und gepflegten Gärten zu werfen. Entlang der Dorfstraße und in den Gärten liegen **Findlinge** in allen Größen, die als größte Sehenswürdigkeit der Halbinsel gelten. Vom Parkplatz am Ende des Ortes, wo man sich anhand einer Karte noch einmal orientieren kann, führt der Weg ein kurzes Stück durch den Wald, verläuft dann aber über lange Strecken am Meer entlang. Und auch hier Findlinge, soweit das Auge reicht. Kurz vor Erreichen der Landspitze ist der

Vana-Jüri kivi, ein gewaltiger Brocken von mehr als 22 m Umfang, nicht zu übersehen. Der Halbinsel in Richtung Norden vorgelagert ist die lang gestreckte, bewaldete **Teufelsinsel,** dazwischen erstreckt sich flaches Wasser. Wenn das Meer ruhig ist, kann man über unzählige Trittsteine unter Umständen sogar trockenen Fußes die Teufelsinsel erreichen. Für diesen lohnenden Abstecher sollte man mit wasserfesten Sandalen oder auf schmerzunempfindlichen Fußsohlen unterwegs sein. Der eigentliche Wanderweg führt weiter an der Küste entlang, verläuft oft zwischen Wald und Schilfgürtel, manchmal eröffnen sich Ausblicke auf kleine Sandstrände und das von Steinen übersäte Flachwasser. Nach der Umrundung der Landspitze **Palganeem** biegt man in Richtung Süden ab und folgt weiter der Küste bis zu den beiden Findlingen **Seemönch** (Meremunk) und **Waldmönch** (Metsamunk) mit einen Umfang von je ca. 20 m haben. Am Käsmu-See verlässt der Weg schließlich die Küste und führt durch den Wald zurück nach Käsmu.

Der Riese Kalevipoeg soll die Findlinge auf Käsmu ins Wasser geworfen haben.

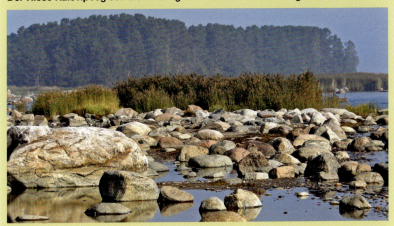

Südestland

Der Süden Estlands ist von sanft gewelltem, waldreichem Hügelland mit zahlreichen Seen geprägt. Obwohl touristisch noch wenig erschlossen, bieten sich hier viele Möglichkeiten für einen aktiven Urlaub. Die Universitätsstadt Tartu mit ihrer lebendigen Kulturszene ist das geistige Zentrum des Landes.

Tartu ▶ 1, L 5

Cityplan: S. 410

Die Universitäts- und Hansestadt Tartu, die sich zu beiden Seiten des Emajõgi-Flusses ausbreitet, ist mit 100 000 Einwohnern die zweitgrößte Stadt des Landes und das Zentrum Südestlands. Im Jahr 1632 gründete der schwedische König Gustav II. Adolf die örtliche Universität, weshalb sich Tartu als geistiges Zentrum des Landes sieht. Auch heute noch hat die Universität eine große Bedeutung; Studenten prägen das Stadtbild Tartus und beeinflussen in starkem Maß auch das kulturelle Leben. Unzählige Kneipen, Cafés und Restaurants sowie zahlreiche Feste un Veranstaltungen machen Tartu zu einer sehr lebendigen Stadt, die auch Touristen viel zu bieten hat: Hansetage, Mittsommerfeiern, Studententage, Musikfestivals, Weihnachtsmarkt – Langeweile kommt hier nicht auf.

Durch Ausgrabungen an der Ostseite des Dombergs weiß man, dass bereits im 5. Jh. an der Stelle der heutigen Stadt eine Ansiedlung existierte. Die erste altestnische Burg auf dem Domberg wurde 1030 vom Kiewer Fürsten Jaroslav erobert, der eine eigene Festung errichtete. 1234 baute der Deutsche Orden eine weitere Burg, die als Bischofssitz diente und von einer Steinmauer umgeben war. Sie bildete den Anfang der Stadtmauer, die sich 30 Jahre später um die gesamte Altstadt zog. Ende des 13. Jh. trat Tartu der Hanse bei und entwickelte sich zu einem blühenden Handelszentrum. Doch der Reichtum und die günstige Lage an den Handelswegen nach Pskow und Novgorod weckten zahlreiche Begehrlichkeiten und so wurde Tartu im Laufe seiner Geschichte mehr als 50 Mal von Kriegen, Plünderungen und Zerstörungen heimgesucht. Besonders hart traf der Nordische Krieg die Stadt. Die Universität war bereits 1699 nach Pärnu verlegt worden – als ob man geahnt hätte, dass Zar Peter der Große die Stadt in den darauffolgenden Jahren in Schutt und Asche legen würde. Bei Kriegsende 1721 lebten nur noch rund 100 Menschen in Tartu, das nun unter russischer Herrschaft stand. Eine weitere Katastrophe für die Stadt war der große Brand von 1775, der fast alle Holzhäuser zerstörte und das heutige Bild der Stadt geprägt hat: Nach dem Brand wurden die Häuser neu errichtet, diesmal aus Stein und ganz im Stil des Klassizismus.

Im Jahr 1802 gründete Zar Alexander I. die Universität neu; im Laufe des 19. Jh. sollte sie zur Keimzelle des nationalen Erwachens werden. Es ist also nicht verwunderlich, dass das erste estnische Sängerfest 1869 in Tartu stattfand. Auch das erste Theater mit Aufführungen in estnischer Sprache wurde hier von der Dichterin Lydia Koidula (s. S. 441) ins Leben gerufen.

In der Altstadt

Seit Jahrhunderten bildet der zum Emajõgi-Fluss hin offene und leicht abschüssig angelegte **Rathausplatz** (Raekoja plats) den Kern der Altstadt. Das 1786 eingeweihte, frühklassizistische **Rathaus** ◼1 (Raekoda) ist schon das dritte an dieser Stelle, die Vorgängerbauten fielen allesamt Bränden zum Opfer. Vor dem Rathaus befand sich früher der Große Markt, heute ist der Platz mit seinen Freiluftcafés und Restaurants der zentrale Treffpunkt für Einheimische und Besucher. Der 1998 vor dem Rathaus aufgestellte Brunnen mit der Skulptur zweier sich küssender Studenten ist zu einem Symbol der Stadt geworden.

Das Ensemble klassizistischer Häuser zu beiden Seiten des Platzes entstand nach dem großen Brand von 1775. Die nördliche Häuserfront hat den Zweiten Weltkrieg nahezu unbeschadet überstanden, während die Südseite fast vollständig zerstört wurde.

Auf dem Weg hinunter zum Fluss fällt auf der linken Seite das einzeln stehende sogenannte **Barclay-Haus** wegen seiner Schräglage ins Auge. Das wie viele Tartuer Häuser auf Holzpfählen errichtete Gebäude sackte als Folge eines absinkenden Grundwasserspiegels auf einer Seite ab. Nur die Eingangstür wurde bei Sanierungsarbeiten wie-

der ins Lot gesetzt. Sie führt ins **Tartuer Kunstmuseum 2**, das vor allem Gemälde und Skulpturen estnischer, russischer und westeuropäischer Künstler zeigt (Tartu kunstimuuseum, Raekoja plats 18, Mi–Sa 12–18, So 11–18 Uhr, 2,25 €).

Nur wenige Schritte entfernt überspannt eine Fußgängerbrücke den Fluss, die als Ersatz für die 1941 von der Roten Armee gesprengte Steinbrücke (Kivisild-Brücke) errichtet wurde. Die von Katharina II. gestiftete Kivisild-Brücke war einst eines der Wahrzeichen der Stadt und soll, sobald genügend Spendengelder zusammengekommen sind, originalgetreu rekonstruiert werden.

Ein kurzer Abstecher über die Brücke führt zum **Stadtmuseum 3**, das mit der Ausstellung »Dorpat – Yuryev – Tartu« die Geschichte der Stadt beleuchtet; im Ausstellungstitel sind der deutsche, der russische und der estnische Name der Stadt vereint (Tartu linnamuuseum, Narva 23, http://linnamuuseum.tartu.ee, Di–So 11–18 Uhr, 1,50 €).

Zu zweit studiert sich's leichter: In Tartu prägt die Universität die Atmosphäre

Geht man wieder über die Brücke zurück und in nordwestlicher Richtung am Fluss entlang, so erreicht man in der Parkanlage die **Denkmäler** 4 für die Schriftsteller Oskar Luts (1887–1953) – er schrieb Theaterstücke und z. T. verfilmte Romane – sowie Friedrich Reinhold Kreutzwald (1803–1882; s. S. 431) und für den Sagenhelden Kalevipoeg. An der Kreuzung der Uferpromenade mit der Lai sind auf gut 100 m Länge Reste der **Stadtmauer** 5 zu sehen; gegenüber befindet sich der bereits 1806 angelegte **Botanische Garten** 6 der Universität mit einem interessanten Palmenhaus von 1982 (Botaanikaaed, Lai 38, tgl. 7–21 Uhr, 1,50 €).

Bevor man von der Lai in die Jaani einbiegt, passiert man einige Adelshäuser aus dem späten 18. und frühen 19. Jh.

Eines der bemerkenswertesten Bauwerke der Stadt ist die frühgotische **Johanneskirche** 7. Die dreischiffige Basilika mit ihrem imposanten Westturm wurde 1310 von einem Lübecker Meister erbaut und ist wegen ihrer Terrakottaskulpturen, von denen einst rund 2000 den Backsteinbau schmückten, über die Landesgrenzen hinaus bekannt. Zwar wurden im Mittelalter Terrakotten durchaus häufiger als Schmuckelemente verwendet, doch die der Johanneskirche sind hinsichtlich ihrer Anzahl, Größe und des künstlerischen Wertes einmalig. Im Zweiten Weltkrieg brannte die Kirche vollständig aus und blieb jahrzehntelang als Ruine stehen. Erst in den 1990er-Jahren wurde mit umfangreichen Sanierungs- und Rekonstruktionsarbeiten begonnen, die mit der Weihe am 29. Juni 2005 ihren vorläufigen Abschluss fanden. Doch vor allem im Innenraum lassen sich noch deutliche Spuren der Kriegsschäden erkennen. In die Nischen des Frieses, der sich um drei Seiten des Turms und entlang der Außenwand des Langschiffes zieht, wurden bereits wieder zahlreiche Terrakottaköpfe eingefügt – teils Originale, teils Rekonstruktionen; hier bleiben jedoch noch Lücken zu schließen, ebenso wie über dem Westportal, wo einst 15 Figuren das Jüngste Gericht darstellten (Jaani kirik, Jaani 5, www.jaanikirik.ee, Sommer Mo–Sa 10–19, sonst Di–Sa 10–18 Uhr).

In unmittelbarer Nähe der Kirche befindet sich das **Haus eines Tartuer Bürgers** 8, eine Außenstelle des Stadtmuseums. Die Innenräume des 1740 errichteten Gebäudes sind im Stil des Biedermeier eingerichtet und vermitteln ein Bild von den Lebensumständen eines Tartuer Bürgers in der Zeit um 1830 (19. sajandi Tartu linnakodaniku muuseum, Jaani 16, http://linnamuuseum.tartu.ee, Di–Sa 11–18 Uhr, 1,30 €).

Im **Tartuer Spielzeugmuseum** 9 sind neben jeder Menge anderem Spielzeug historische Puppen zu sehen (Tartu mänguasjamuuseum, Lutsu 8, www.mm.ee, Mi–So 11–18 Uhr, 1 €).

Parallel zur Jaani verläuft die Ülikooli, in der 2001 das **Jaan-Tõnisson-Denkmal** 10 aufgestellt wurde. Tõnisson, lange Verleger und Chefredakteur der Zeitung »Postimees«, war Ministerpräsident und Staatsoberhaupt in der Zwischenkriegszeit, er wurde 1940 von den Besatzern verhaftet und gilt als verschollen.

Schräg gegenüber steht das schneeweiße **Hauptgebäude der Universität** 11, eines der herausragenden klassizistischen Bauwerke Estlands, mit mächtigem Portikus, der 1804–1809 nach Plänen des Universitätsarchitekten J. W. Krause erbaut wurde. Später kamen noch die Seitenflügel und die Universitätskirche hinzu. Im Innern sind die reich geschmückte **Aula** und das **Kunstmuseum der Universität** sehenswert. Im Kunstmuseum ist eine Sammlung antiker Skulpturen ausgestellt, die meisten Stücke sind allerdings Kopien, denn die Originale wurden im Zweiten Weltkrieg nach Russland gebracht (Ülikooli Kunstimuuseum, Ülikooli 18, Mi–Fr 11–17 Uhr, Museum 1,30 €, Aula 0,65 €).

Auf dem Domberg

Hinter dem Rathaus erhebt sich der **Domberg** (Toomemägi), der aus zwei durch einen Einschnitt getrennten Hügelkuppen besteht. Die bergan führende Lossi-Straße wird von der 1816 fertiggestellten **Engelsbrücke** 12 (Inglisild) überspannt. Ein Stück weiter oben stellt die 1913 erbaute **Teufelsbrücke** 13 (Kuradisild) die Verbindung zwischen den beiden Hügeln her.

Kunstgenuss in Tartuer Museen: das Kunstmuseum der Universität

Auf dem Domberg thronte zunächst die altestnische Burg, später eine Ordensburg. Heute ist hier die **Ruine der Domkirche** 14 das bemerkenswerteste Bauwerk. Im 13. Jh. begonnen, war sie schon seit Ende des Livländischen Kriegs im 16. Jh. eine Ruine. Der Chor wurde später zur Universitätsbibliothek umgebaut und beherbergt heute das **Historische Museum der Universität Tartu**, das die Geschichte der Universität vom 17. Jh. bis in die Gegenwart beleuchtet (Tartu ülikooli ajaloomuuseum, Lossi 25, www.ut.ee, Mi–So 11–17 Uhr, 1,50 €).

Auf dem Domberg von Tartu erstreckt sich ein ruhiger Park mit Schatten spendenden Bäumen und verschlungenen Spazierwegen. Zahlreiche **Denkmäler berühmter Bürger** 15 sind hier zu sehen, auf dem nördlichen Hügel z. B. zur Erinnerung an den Dichter Kristjan Jaak Peterson (1801–1822), den Historiker Villem Reiman (1861–1917), den Gründer der Universitätsbibliothek Johann Carl Simon Morgenstern (1770–1852) und außerdem den Begründer der Embryologie Karl Ernst von Baer (1792–1876).

Über die Engels- oder die Teufelsbrücke gelangt man auf den östlichen Hügel des Dombergs und zur **Sternwarte** 16, die im 19. Jh. Weltruf besaß. Ferner sind hier die etwas verstaubten Sammlungen der Medizinischen Fakultät und das **Anatomische Theater** 17 der Universität zu besichtigen (Lossi 38, www.ajaloomuuseum.ut.ee, Mi–So 11–17 Uhr).

Im **Estnischen Luftfahrtmuseum** 18 südlich sind rund 400 Flugzeugmodelle ausgestellt (Veskiorg, Lange, Haaslava vald, Tel. 502 67 12, Mai–Nov. tgl. 10–18 Uhr).

Jenseits des Dombergs

Der Bereich jenseits des Dombergs wurde erst in der zweiten Hälfte des 19. Jh. bebaut und bietet heute einen guten Einblick in die Bauweise jener Zeit. Ausgehend von der Jakobi-Straße kann man in einem großen Bogen um den Domberg herumgehen und

Tartu

Sehenswert

1 Rathaus
2 Tartuer Kunstmuseum
3 Stadtmuseum
4 Denkmäler
5 Stadtmauer
6 Botanischer Garten
7 Johanneskirche
8 Haus eines Tartuer Bürgers
9 Tartuer Spielzeugmuseum
10 Jaan-Tönisson-Denkmal
11 Hauptgebäude Universität
12 Engelsbrücke
13 Teufelsbrücke
14 Ruine der Domkirche
15 Denkmäler berühmter Bürger
16 Sternwarte
17 Anatomisches Theater
18 Estnisches Luftfahrtmuseum

Übernachten

1 Wilde Apartments
2 Pallas Hotell
3 Riia Villa
4 Hotel Aleksandri

Essen & Trinken

1 Atlantis
2 Pierre Chocolaterie

3 Ülikooli kohvik
4 Eesti restoran
5 Neljas aste
6 Gruusia saatkond

Einkaufen

1 Antoniuse õu
2 Rae Käsitöö
3 Tartu kaubamaja

Abends & Nachts

1 Volga
2 Püssirohu kelder
3 Õlle tare

---

kommt schließlich an der Ülikooli, einer der Flaniermeilen der Stadt, heraus.

Wer den Domberg über die **Jakobi** erklommen hat, gelangt zu einem schönen Beispiel der Tartuer Holzhausarchitektur (Haus Nr. 32 auf der linken Seite). Von hier lohnt ein Abstecher in die **Tähtvere,** in der die historische Holzbebauung fast vollständig erhalten

geblieben ist. Nun folgt man der **Veski,** an deren Anfang sich die katholische Backsteinkirche von 1899 erhebt; es folgen einige beachtenswerte Häuser (Veski Nr. 4, 6, 13), teils aus Holz, teils aus Backsteinen. Die schönsten, wenn auch zum großen Teil stark vernachlässigten Holzhäuser stehen in der parallel zur Veski verlaufenden **Kastani.** Nr. 1

beherbergt das Deutsche Kulturinstitut (Tel. 742 26 39, Mo–Do 9–12, 13–18, Fr 8–12, 13–17 Uhr), bei den Häusern Nr. 17–25 lohnt auch ein Blick in den Hinterhof – wegen der kunstvoll verzierten Fassaden der einst prächtigen Holzbauten.

In der **Kuperanovi** befindet sich das **Estnische Nationalmuseum,** das sich vor allem der ethnologischen und kulturellen Geschichte des Landes widmet; ein Schwerpunkt ist das ländliche Leben im 19. und 20. Jh. (Eesti rahva muuseum, J. Kuperjanovi 9, www.erm.ee, Mi–So 11–18, 1,50 €).

In der **Vanemuise** stehen mehrere repräsentative Steingebäude; die Nr. 46 beherbergt die zoologischen Sammlungen der Universität Tartu (Mi–Sa 10–16 Uhr, 2 €).

Supilinn

Folgt man dem Flussufer vom Stadtzentrum in nordwestlicher Richtung, wird es jenseits der Lai schnell ruhig, ländlich und ärmlich. Entlang der Emajõe ist die Bebauung recht uneinheitlich, zum größten Teil stammt sie aus dem 19. Jh. Fast allen Häusern gemeinsam ist der dringende Sanierungsbedarf. Hier ist man schon mittendrin in Supilinn, der »Suppenstadt«, mit ihren Holzhäusern und kleinen Gärten.

Supilinn erstreckt sich nur über einige Blöcke, den sonderbaren Namen verdankt der Stadtteil mehreren Straßen, die nach Gemüsesorten benannt sind, denn hier lebten immer einfache Leute, die auf das Obst und Gemüse aus dem eigenen Garten angewiesen waren.

Ein architektonisches Kleinod ist die kleine, etwas versteckt liegende, ungepflasterte Sackgasse **Lepiku,** die zu beiden Seiten von alten, überwiegend mehrstöckigen Holzhäusern gesäumt ist. Hier wurde noch nicht saniert, deshalb blättert von den meisten Häusern die Farbe ab – die ganze Straße wirkt wie eine Filmkulisse aus dem 19. Jh.

Infos

Tartu turismiinfokeskus: Raekoda, 51004 Tartu, Tel. 744 21 11, www.visittartu.com, Mo 9–18, Di–Fr 9–17, Sa 10–14 Uhr.

Übernachten

Gediegenes Ambiente ▶ **Wilde Apartments** **1**: Küüni 4, Ülikooli 3 und 6, Tel. 511 38 76, www.wildeapartments.ee. Vier Appartements im Zentrum, geschmackvoll, luxuriös und vollständig eingerichtet. Ein Ort zum Wohlfühlen! 57–83 €.

Lieblingszimmer per Website ▶ **Pallas Hotell** **2**: Riia 4, Tel. 730 12 00, Fax 730 12 01, www.pallas.ee. Pallas hieß die erste Kunsthochschule Estlands, die an der Stelle des heutigen Hotels stand, bis sie 1944 den Bomben zum Opfer fiel. Von außen ist das Hotel keine Schönheit. Doch die Wände der Suiten und Zimmer sind z. T. mit Reproduktionen bekannter Kunstwerke und Werken von Mitgliedern der Pallas-Kunsthochschule dekoriert, weshalb das Hotel von der Vereinigung der estnischen Innenarchitekten ausgezeichnet wurde. DZ 46–88 €.

Klein und fein ▶ **Riia Villa** **3**: Riia 117 A, Tel. 738 13 00, www.riiavilla.ee. Kleine Villa mit sechs liebevoll eingerichteten Zimmern. Modern, hell und als Extra gibt es einen Garten. DZ 37–40 €.

Familienfreundliche Preise ▶ **Hotel Aleksandri** **4**: Aleksandri 42, Tel. 736 66 59, Fax 734 94 46, www.aleksandri.ee. Preisgünstiges Hotel und Gästehaus in einer ruhigen Nebenstraße, nur wenige Gehminuten vom Zentrum. Einfache, aber saubere und moderne Zimmer. DZ 38 €.

Essen & Trinken

Internationale Küche ▶ **Atlantis** **1**: Narva 2, Tel. 738 54 85, www.atlantis.ee, Mo–Do, So 12–24, Fr, Sa 12–1 Uhr. Das Gebäude aus den 1970er-Jahren überzeugt durch seine Lage am Fluss. Im Sommer große Terrasse, Restaurant mit internationaler Küche, abends Clubatmosphäre. Hauptgerichte ab 10 €.

Schokolade vom Feinsten ▶ **Pierre Chocolaterie** **2**: Raekoja plats 12, Tel. 730 46 80, www.pierre.ee, So–Do 8–24, Fr, Sa 8–1, So 10–23 Uhr, Hier kann man die vielleicht besten Schokoladenspezialitäten in Tartu in romantisch-verspielter Atmosphäre genießen. Wer will, bekommt auch Salate, Suppen umd andere Gerichte. Hauptgerichte 8–13 €.

Tipp: Gruusia saatkond [6]

Die Georgische Botschaft, so die Übersetzung des Namens, bietet Authentisches: bunt bemalte Wände im Treppenhaus mit Szenen aus einem wilden Land und exotisch klingende Gerichte. Unbedingt die grüne Limo »Tarhun« probieren! Rüütli 8, Tel. 744 13 86, www.gruusiasaatkond.ee, Mo–Sa 12–24, So 12–22 Uhr. Hauptgerichte 6–12 €.

Beliebt bei Studenten ▶ Ülikooli kohvik [3]: Ülikooli 20, Tel. 737 54 02, www.kohvik. ut.ee, Buffetrestaurant im 1. Stock: Mo–Fr 8–19, Sa, So 10–16 Uhr, Restaurant im 2. Stock: Mo–Do 11–23, Fr, Sa 11–1, So 12–20 Uhr. Das Universitätscafé mit gemütlicher Atmosphäre. Unverputzte Backsteinmauern, Sofas, große Terrasse am Hauptgebäude der Universität. Der zweite Stock ist im Jugendstil eingerichtet. Hauptgerichte ab 8 €.

Dezenter Luxus ▶ Eesti restoran [4]: Ülikooli 8, Tel. 744 71 00, www.barclay.ee. Einst Tartus einziges typisch estnisches Restaurant, bietet es nun Internationales wie Pizza, Pasta und Wok. Viele Hauptgerichte unter 10 €.

Für Sparsame ▶ Neljas aste [5]: Lossi 17, Tel. 742 55 74, Mo–Fr 10–19 Uhr. Im Keller des Gerichtsgebäudes, etwas abseits auf dem Domberg. Klein, gemütlich, kaum Touristen, kleine Karte, hauptsächlich Huhn und Fisch, preisgünstig. Hauptgerichte ab 5 €.

Einkaufen

Kunsthandwerk ▶ Antoniuse õu [1]: Lutsu 5, Tel. 742 38 23, www.antonius.ee, Di–Fr 12–18 Uhr. Die drei Häuser des Antonius-Hofs beherbergen 22 offene Ateliers und Werkstätten, darunter eine Töpferei, eine Kürschnerei, Teppich-, Patchwork-, Glaskunst-, Leder- und Textilwerkstätten. Alle produzieren hochwertiges Kunsthandwerk in der Tradition der historischen Kleinen Gilde von Tartu. Auf der Bühne im Hof finden nicht nur Konzerte und Theateraufführungen, sondern auch ein Weihnachtsmarkt statt. **Rae käsitöö** [2]:

Küüni 2, Tel. 742 34 24, tgl. 9–21 Uhr. Große Auswahl an Kunsthandwerk und Souvenirs am Rathausplatz.

Kaufhaus ▶ Tartu kaubamaja [3]: Riia 1, Tel. 731 51 00, Mo–Sa 9–21, So 9–18 Uhr. Großes Warenhaus im Zentrum.

Abends & Nachts

Spektakulär ▶ Volga [1]: Küütri 1 Tel. 730 54 40, www.restaurantvolga.ee, Mo–Do 12–23, Fr, Sa bis 24, So bis 22 Uhr. Das Art-déco-Interieur im Stil der 1930er-Jahre in Tartus größtem Restaurant beeindruckt. Den Küchenchef warb man von der Ammende Villa in Pärnu ab. Am Wochenende Live-Musik.

Recht stimmungsvoll ▶ Püssirohu kelder [2]: Lossi 28, Tel. 730 35 55, www.pyss.ee, Mo–Do 12–2, Fr, Sa 12–3, So 12–22 Uhr. Das

Backsteingewölbe unter dem Domberg diente früher als Pulverkeller, heute findet man darin eine urige Kneipe. Häufig Live-Musik (Eintritt). Gute Auswahl an Snacks zum Bier (Snacks 4–5 €), Die Spezialität des Hauses sind Suppen, die in einer Brotschüssel serviert werden. Hauptgerichte um 8 €.
Bierzeltatmosphäre ▶ **Õlle tare** 3 : Aleksandri 42, Tel. 734 17 66, www.olletare.ee, Mo–Do 12–2, Fr, Sa 12–3, So 12–23 Uhr. Der Eingang – in Gestalt eines gewaltigen Bierkrugs über zwei Stockwerke – lässt keinen Zweifel aufkommen: Hier spielt Bier die Hauptrolle. Ob Pilsner, Märzen oder Dunkles, alles ist frisch gezapft. Immer gut besucht. Auf der Speisekarte findet sich Bekanntes: Topfenpalatschinken, bayrische Kartoffelsuppe und Berliner Pfannkuchen.

Termine

Tage der Antoniusgilde (Ende Mai–Anf. Juni): Allerlei Aktivitäten rund ums Mittelalter, wie Musik- und Tanzveranstaltungen, Essen und Trinken, außerdem wird jede Menge hochwertiges Kunsthandwerk angeboten. Den ganzen Sommer über (Juni–Aug.) finden freitags im Hof der Antoniusgilde Konzerte statt (www.antonius.ee).
Mittsommer (23. Juni): Viele Tartuer feiern auf der Sängerwiese.
Tartu-Tag (29. Juni): In der ganzen Stadt wird Musik gespielt und getanzt.
Hansetage (Mitte Juli): Der Rathausplatz von Tartu wird zum mittelalterlichen Marktplatz und die ganze Stadt feiert ihre einstige Mitgliedschaft in der Hanse (www.tartu.ee/hansa).

Lebensart in Tartu: Café im lauschigen Park auf dem Domberg

Studententage (Ende April, Mitte Okt.): Die Studenten kommen wieder in die Stadt und feiern dies gebührend mit allerlei zum Teil recht schrillen Veranstaltungen (www.stu dentdays.ee).

Verkehr

Busse: Mo–Fr ab 5, Sa ab 8 und So ab 9 Uhr, letzter Bus zwischen 23 und 23.30 Uhr. Einzelfahrscheine am Kiosk günstiger als beim Fahrer. Tageskarten gibt es nur am Kiosk. Vier

Minibuslinien verbinden die Innenstadt mit den Außenbezirken. Busbahnhof: Soola 1, Tel. 733 12 77, tgl. 6–21 Uhr, Fahrpläne: www. bussireisid.ee.

Taxi: Es existieren ein Mindestpreis und eine Einsteigegebühr. Linna Takso, Tel. 736 63 66; Rivaal Takso, Tel. 742 22 22; Tartu Taksopark, Tel. 15 55, 730 02 00.

Parken: Mo–Fr 8–18 Uhr im Stadtzentrum kostenpflichtig, die ersten 15 Min. sind frei. Bewachte Parkplätze: Aardla 116 a, Anne 48,

Jaama 293, Kalda tee 27, Mõisavahe 34 b, Põhja pst. 33, Tähe 106 a.

Nördlich von Tartu

Die Vooremaa-Seen ▶ 1, L 4
Karte: links

Rund 20 km nördlich von Tartu beginnt das reizvolle Naturschutzgebiet von Vooremaa. In die hügelige Landschaft sind mehrere Seen eingebettet, von denen der südlichste, der **Saadjärv** ①, wegen seines klaren Wassers und des sandigen Südostufers beim Dorf Saadjärve der beliebteste Badesee ist. Nördlich der fünf größten Seen liegt das Dorf **Luua** ② mit einem sehenswerten Gutshaus im Barockstil vom Beginn des 19. Jh., das von einem Park im englischen Stil umgeben ist.

Noch einige Kilometer weiter nördlich liegt **Palamuse** ③, eine der ältesten Siedlungen Estlands. Es besitzt eine mittelalterliche dreischiffige Kirche, die ihren Turm im Jahr 1880 und ihr heutiges Aussehen Anfang des 20. Jh. erhielt. Im einstigen Schulhaus befindet sich ein kleines Museum, das an den Schriftsteller Oskar Luts erinnert, der hier 1895–1899 zur Schule ging (Köstri 3, www.palmuseum.ee, Mitte Mai–Sept. Mo–Sa 10–18, sonst Mo–Fr 10–17 Uhr).

Põltsamaa ▶ 1, K 4

Die ruhige Kleinstadt **Põltsamaa** mit rund 5000 Einwohnern breitet sich zu beiden Seiten des gleichnamigen Flusses aus. Mitte des 16. Jh. erlangte Põltsamaa für kurze Zeit als Sitz von Herzog Magnus, dem Bruder des dänischen Königs, und als Hauptstadt des livländischen Vasallenkönigreichs einige Bedeutung. Im 18. Jh. siedelten sich mehrere bedeutende Manufakturen in der Stadt an, u. a. Porzellan und Glas erzeugende Betriebe.

Seit dem Livländischen Krieg liegt die **Ordensburg** aus dem ausgehenden 13. Jh. in Trümmern und auch das auf ihren Grundmauern von Woldemar von Lauw ab 1770 errichtete, einst prächtige, dreistöckige **Rokokoschloss** ist seit 1941 nur noch eine Ruine. Lediglich die Ringmauer und die Kirche wurden teilweise rekonstruiert. Im Schlosshof befindet sich ein kleines **Museum zur Stadtgeschichte**, in dem historische Fotos vom Schloss aus der Zeit vor seiner Zerstörung im Zweiten Weltkrieg zu sehen sind (Mitte Mai–Mitte Sept. tgl. 10–18, sonst 10–16 Uhr).

Rund 75 % der Häuser von Põltsamaa wurden im Zweiten Weltkrieg zerstört. Im Zentrum wurden sie nicht wieder aufgebaut, stattdessen hat man am Fluss einen Park angelegt, der mit seinen Rosenbeeten eine kleine grüne Oase in der Stadt bildet.

An der Straße nach Viljandi liegt in Höhe der Pikk ein aufgelassener deutscher Friedhof. Auf dem verwilderten Gelände findet man noch viele Grabsteine mit deutschen Namen.

Infos
Põltsamaa turismiinfokeskus: Lossi 1b, 48102 Põltsamaa, Tel. 775 13 90, Mai–Sept. tgl. 10–18, übrige Zeit 10–16 Uhr.

Essen & Trinken
Fruchtige Weine ▶ **Veinikelder:** Lossi 1, Tel. 776 61 25, Mai–Sept. 10–19 Uhr. Põltsamaa liegt inmitten eines Obstanbaugebiets, ist seit 1920 für die Herstellung von Obstweinen bekannt und nennt sich auch gern »Weinhauptstadt«. Der kleine Weinkeller im Schlosshof bietet verschiedene Obstweine zur Verkostung an.

Laiuse mägi ▶ 1, L 4
Von Põltsamaa führt die Straße Nr. 37 in östlicher Richtung nach Jõgeva, das kaum einen Stopp lohnt. Nach weiteren 11 km auf der Straße Nr. 37 in Richtung Mustvee erreicht man den **Laiuse mägi** nahe dem gleichnamigen Dorf, einen durch Gletscher der Eiszeit gebildeten Drumlin. Mit einer maximalen Höhe von 144 m ist der Laiuse mägi die höchste Erhebung Vooremaas. Weitere 4 km östlich sind die Reste der zu Beginn des 15. Jh. errichteten **Ordensburg Laiuse** zu sehen, die seit Anfang des 18. Jh. eine Ruine ist.

Aktiv
Baden ▶ Von Laiuse führt eine Nebenstraße in südlicher Richtung zum Gutshof Kuremaa.

Am Nordufer des Kuremaa-Sees gibt es bei der Siedlung einen Badestrand.

Das Naturschutzgebiet Endla

▶ 1, K 3/4

Nordöstlich von Põltsamaa liegt das rund 75 km² große **Naturschutzgebiet Endla.** Am Ende der letzten Eiszeit erstreckte sich am Fuß des Pandivere-Höhenrückens ein riesiger See, der Suur-Endla, der durch Verlandung und Klimaerwärmung immer kleiner wurde. So entstanden vor rund 9500 Jahren hier die ersten Niedermoore und Moorwälder. Die Seen Endla, Männikjärv, Tulijärv, Kaasikjärv und Sinilaugasb sind Relikte des Suur-Endla, die auch heute noch stetig weiter verlanden. 1985 wurde das Gelände zum Naturschutzgebiet erklärt.

Gegenwärtig gehören sieben Hochmoore zum Schutzgebiet, die durch Flüsse, versumpfte Wälder und den Endla-See voneinander getrennt sind. Der Westteil des Schutzgebiets, die Gegend um Norra, ist wegen seiner zahlreichen Quellen bemerkenswert. Ihr Wasser stammt vom Pandivere-Höhenrücken, der aus durchlässigem Karstkalkstein besteht, und fließt unterirdisch bis zum Endla, wo es wieder an die Oberfläche tritt.

Infos

Visitor Center: Tooma, nördlich von Jõgeva, ausgeschilderter Abzweig von der Straße Nr. 22, Tel. 506 72 48, www.endlakaitseala.ee, Mo–Do 8.30–17 Uhr. Das Besucherzentrum befindet sich in der ehemaligen Moorschule, in der von 1928–1944 Techniken zur Moorkultivierung gelehrt wurden. Hier sind Karten und Informationen über Wandermöglichkeiten erhältlich.

Übernachten, Essen

Einfach und preiswert ▶ **Janune kägu:** Koeru, nordwestl. des Endla-Naturschutzgebiets, Tel. 502 39 71, Mo–Do, So 10–18, Fr, Sa 10–24 Uhr. In dem gemütlichen Lokal »Durstiger Kuckuck« bekommt man auch einfache, preisgünstige Gerichte (ab 4 €). Außerdem gibt es einfache Doppelzimmer (16–50 €) in dem schönen alten Holzhaus, Cam-

pinghütten ab 20 € und Zeltmöglichkeiten für 5 €. Luxuriös ist die Saunavilla.

Aktiv

Wandern ▶ Am Besucherzentrum beginnen mehrere **Wanderwege,** die teilweise über Bohlenpfade führen: 5 km um das Männikjärve-Moor, 11 km zum Kaasikjärve-Moor und zum Endla-See. Unterwegs gewinnt man von Aussichtstürmen einen guten Überblick über die Landschaft. Im Frühjahr können die Wanderwege z. T. überschwemmt sein, ideale Wanderzeit ist der Spätsommer. Die Quellen im Westteil sind am besten über die Straße Norra–Jõeküla zu erreichen.

Baden ▶ Der kleine **See am Besucherzentrum** besitzt einen Steg und lädt zum Baden ein. Am Ufer gibt es eine Liegewiese.

Von Tartu nach Vasknarva

▶ 1, L 5–N 3

Karte: S. 414

Die Route führt in nordöstlicher Richtung aus **Tartu** hinaus, anfangs auf der Straße Nr. 3, später auf der Straße Nr. 43. Bei Koosa zweigt eine Nebenstraße nach Varnja ans Ufer des Peipus-Sees ab. Ab hier folgt die Route fast ausschließlich dem Westufer des Sees bis ins rund 110 km entfernte Vasknarva an der russischen Grenze. Bis jetzt existiert nur an wenigen Stellen entlang der Route eine bescheidene touristische Infrastruktur; Lebensmittelgeschäfte, Restaurants und Unterkünfte sind in dieser ländlichen und nur dünn besiedelten Region selten.

Peipus-See

Mit 3555 km² ist der **Peipus-See** (Peipsijärv) etwa achtmal so groß wie der Bodensee und der fünftgrößte See Europas. Er gliedert sich in drei Teile: den nördlichen Suurjärv (Großer See), oft auch als Peipsijärv bezeichnet, den Lämmijärv (Warmer See) sowie den Pihkvajärv (Pleskauer See), der fast vollständig zu Russland gehört. Seine Gesamtlänge beträgt 140 km, seine maximale Breite 50 km; er besitzt rund 30 kleinere Zuflüsse, mit der Narva aber nur einen Abfluss. Der Peipsijärv ist flach und fischreich, sein Wasser erwärmt sich im Sommer auf über 20 °C, im Winter friert er für einige Monate zu, und im Frühjahr führt die Schneeschmelze regelmäßig zu Überschwemmungen. Die Seeufer sind über weite Strecken mit Schilf bewachsen, sodass man selten einen freien Blick auf den See hat, nur im Norden gibt es lange Sandstrände.

Varnja und Kolkja

Varnja 4 ist das erste Dorf am Seeufer nördlich des sumpfigen Mündungsdeltas des Emajõgi. Das Straßendorf am schilfbewachsenen Ufer besitzt ein kleines Heimatmuseum und einen Fischerhafen. Von hier führt die Strecke nach Norden durch eine Reihe von langgestreckten Straßendörfern mit überwiegend russischer Bevölkerung. Zu beiden Seiten der Straße stehen einstöckige Holzhäuser mit Gemüsegärten, bunten Blumenbeeten und riesigen Brennholzstapeln. Die meisten Menschen leben von Fischfang und Gemüseanbau, wobei fast ausschließlich Zwiebeln gezogen werden. Zur Erntezeit im Juli und August liegen sie in den Gärten und Schuppen zum Trocknen auf Holzgestellen und werden, kunstvoll zu Ketten geflochten, vor fast jedem Haus zum Verkauf angeboten.

Kolkja 5 ist das Zentrum der Altgläubigen (s. S. 311), die sich seit dem Beginn des 18. Jh. als Glaubensflüchtlinge aus Russland u. a. am Westufer des Peipus-Sees angesiedelt haben. Im Ort wurde ein kleines Museum eingerichtet, das einen Einblick in das gibt. In Kolkja und Varnja sowie dem zwischen beiden Orten liegenden **Kasepää** findet man ihre Kirchen, die 1740–1790 errichtet wurden und relativ schmucklos gehalten sind. Ein kleiner, etwas versteckt liegender Sandstrand zwischen dem über 2 m hohen Schilf ermöglicht einen Blick auf den meist stillen, uferlosen See.

Alatskivi 6

Kurz hinter Kolkja verlässt die Straße das Seeufer und führt nach **Alatskivi**. Der kleine Ort einige Kilometer im Landesinnern besitzt eines der schönsten Schlösser Estlands. Das erstmals 1601 erwähnte Gut ging durch zahlreiche Hände, bis es in den Besitz von Baron Arved Georg von Nolcken kam, der 1880–1885 ein repräsentatives Schloss im neogotischen Stil erbauen ließ. Auf einer Reise nach Schottland hatte er sein Traumschloss, Balmoral, gesehen und ließ Alatskivi nach diesem Vorbild errichten. Der rechte Gebäudeteil ist zweistöckig, der linke nur einstöckig; verschiedene Türme, rund und achteckig, sowie ein Säulenbalkon schmücken die Front. Ein stufenförmig angelegter, weitläufiger Park umgibt das Haupthaus. Lange diente Alatskivi als Schule und Zentrum einer Sowchose, eines landwirtschaftlichen Großbetriebs. Heute ist die Gemeinde Eigentümerin und hat in den letzten Jahren umfangreiche Sanierungsmaßnahmen durchgeführt. Ein Museum, eine Konzerthalle, Ausstellungsräume, exklusive Gästezimmer und das Schlossrestaurant sollen in Zukunft Besucher anlocken (Tel. 745 38 46, Juni–Aug. tgl. 11–18, sonst Mi–So 11–17 Uhr).

Kallaste 7

Kurz vor **Kallaste**, das außer einigen alten Holzkirchen und bunten Holzhäusern wenig Sehenswertes besitzt, erreicht die Straße wieder das Seeufer. Auf einer Länge von rund 2 km erhebt sich hier aus rotem Sandstein die einzige Steilküste des Peipus-Sees.

Mustvee 8

Das dunkle Wasser der Flussmündung gab dem kleinen Fischerort **Mustvee** den Namen, denn das estnische *must vesi* bedeutet »schwarzes Wasser«. Eine ausgebaggerte Fahrrinne führt vom kleinen Hafen hinaus auf den See, daneben liegt ein Stück Sandstrand, der aber nicht unbedingt zum Baden einlädt. Der Ort besitzt vier Kirchen: ein im russischen Stil erbautes Gotteshaus der Altgläubigen, die orthodoxe Nikolaikirche, die lutherische Kirche von 1880 und die kürzlich sanierte baptistische Kirche.

Kauksi 9

Bei **Kauksi** beginnt der schönste Abschnitt des Seeufers. Die Straße führt durch dichten

Südestland

Kiefernwald, nur hin und wieder schimmert der See durch die Bäume. Doch Abstecher zum Wasser lohnen, denn Kilometer um Kilometer erstreckt sich hier ein menschenleerer Sandstrand, der von einem schmalen Dünengürtel begrenzt wird.

Bis Suvi liegen unzählige Sommerhäuser und einzelne Gehöfte zu beiden Seiten der Straße. Doch trotz der vielen Sommerhäuser ist eine touristische Infrastruktur praktisch nicht vorhanden, wer hier Urlaub machen möchte, muss sich einschränken, wird aber mit einem der schönsten Strände des gesamten Baltikums belohnt. Hinter Suvi gibt es fast keine Sommerhäuser mehr, die geteerte Straße geht bald in eine schnurgerade, staubige Schotterpiste über, die durch dichten Mischwald führt.

Vasknarva [10]

Einen abgelegeneren Ort als **Vasknarva** gibt es wohl in ganz Estland nicht. Bei den letzten Häusern endet die Straße in einer Sackgasse an den Sümpfen der Narva. Am anderen, unbesiedelten Ufer der breiten, träge dahinfließenden Narva liegt Russland. Einige Mauerreste am Fluss erinnern an die Anfang des 14. Jh. errichtete Ordensburg. Bemerkenswert ist angesichts der wenigen Einwohner des Dorfes die aufwendig sanierte orthodoxe Kirche.

Infos

Kallaste turismiinfokeskus: Keskvaljak 1, Tel. 745 27 05.
Mustvee turismiinfokeskus: Tartu 26, Tel. 772 67 40, Di–Do 11–17, Sa 11–15 Uhr.

Übernachten

Ganz versteckt ▶ Suvi Motell: Remniku (westlich von Vasknarva), Tel. 339 31 19, Fax 339 31 31, www.peipsi-suvi.ee. Hotel in einsamer Lage im Wald, nur wenige Meter vom kilometerlangen Sandstrand des Peipus-Sees entfernt. 65 Betten, Zimmer im skandinavischen Stil. DZ 39–64 €.

Man spricht Deutsch ▶ Iron'i kodumajutus: Järve tn 3, Mustvee, Tel. 772 61 41. Sehr gepflegtes, modern eingerichtetes Einfamil-

ienhaus mit großem Garten. An der Hauptstraße ausgeschildert. DZ um 25 €.

Essen & Trinken

Nach alten Rezepten ▶ Kolkja Restaurant: an der Hauptstraße von Kolkja, Mi–So 12–18 Uhr. Frischer Fisch aus dem Peipus-See und Gemüse aus eigenem Anbau werden von den Altgläubigen nach überlieferten Rezepten zubereitet. Auf jedem Tisch steht ein Samowar. Hauptgerichte ab 7 €.

Die Insel Piirissaar ▶ 1, M 5

Karte: S. 414
Das Schnellboot benötigt für die 65 km von Tartu bis zur Insel **Piirissaar** [11] rund 1 Std.

20 Min. Die Fahrt zu dem heute unter Naturschutz stehenden Eiland im Peipus-See führt auf dem Fluss Emajõgi bis in sein ausgedehntes sumpfiges Delta und schließlich hinaus auf den Peipus-See bis zur sogenannten Grenzinsel. Früher war die nur 7 km² große Insel häufig Ursache für Streitigkeiten zwischen Russland und Estland. Heute ist sie der östliche Vorposten der EU mit der russischen Grenze in unmittelbarer Nähe. Piirissaar, das kaum 1 m aus dem Wasser des Peipus-Sees herausragt, wurde wegen seiner Abgeschiedenheit erst Ende des 17. Jh. von russischen Altgläubigen (s. S. 311) besiedelt, die vor der Verfolgung des Zaren hierher flüchteten. Auch fast alle der heutigen rund 100 Insulaner sind russischstämmig. Das Leben in den drei winzigen Dörfern Piiri, Tooni

und Saare verläuft in traditionellen Bahnen, die meisten Menschen leben vom Fischfang und vom Zwiebelanbau.

Verkehr
Boote: Die einzige Verbindung bildet gegenwärtig die kleine Fähre von Laaksaare, die im Sommer 3 x wöchentlich übersetzt. Der Hafen von Piirissaar liegt in der Inselmitte und ist durch den Grenzkanal von Süden aus zu erreichen.

Südwestlich von Tartu

Ülenurme ▶ 1, L 5
Auf dem ehemaligen **Gutshof Ülenurme** bietet das **Estnische Landwirtschaftsmuseum**

Wasser, so weit das Auge blicken kann: der 3555 km² große Peipus-See

Besuchern vielfältige Einblicke in den Alltag estnischer Bauern. In mehreren Gebäuden wird die Geschichte der Landwirtschaft von den Anfängen bis in die Gegenwart gezeigt. An alter Landwirtschaftstechnik Interessierte finden auf der Freifläche eine höchst sehenswerte Sammlung alter Traktoren und Mähdrescher (Eesti põllumajandusmuuseum, 7 km südlich von Tartu an der Straße nach Võru, www.epm.ee, April–Okt. Di–So 9–17, sonst 10–16 Uhr).

Luke und Elva ▶ 1, L 5

Der Gutshof von **Luke,** 20 km südwestlich von Tartu, wurde 1557 erstmals erwähnt. Um das Jahr 1910 wurde das Hauptgebäude nach einem Entwurf von Ludwig von Engelhard vollendet. Obwohl es im Zweiten Weltkrieg zerstört wurde, lohnt der Besuch von Luke, vor allem wegen des Parks, der Ende des 19. Jh. im französischen Stil umgestaltet und erst kürzlich wieder hergerichtet wurde. Er ist stufenförmig und mit mehreren Teichen angelegt, am Ende der verbindenden Treppe thronen zwei Löwenfiguren. Schmuckstücke sind das sanierte Gärtnerhaus und der kleine Pavillon.

Die Entwicklung der Kleinstadt **Elva** ist eng mit der Eröffnung der Eisenbahnlinie von Tartu nach Riga im Jahr 1888 verbunden. Danach avancierte der Ort dank seiner wald- und seenreichen Umgebung zu einer geschätzten Sommerfrische. Vor allem Künstler, Schriftsteller und Professoren der Tartuer Universität verbrachten in der kleinen Stadt mitten im Wald ihre Ferien. Aus dieser Zeit sind noch einige schöne Holzhäuser erhalten geblieben, die viel zum Charme des Städtchens beitragen. Entlang des Elva-Flusses liegen zahlreiche gute Angelplätze, zum Baden bieten sich der Paisjärv und vor allem der Verevijärv mit seinen Sandstränden an. Die hügelige Umgebung lädt im Sommer zum Wandern, im Winter zum Skilaufen ein.

Infos

Elva turismiinfokeskus: Pargi 2, 61507 Elva, Tel. 733 01 32, www.elva.ee, Mo–Fr 9–18, Sa 10–16, So 10–15 Uhr.

Verkehr

Züge: 4 x tgl. von/nach Tartu.
Busse: tgl. ca. 30 x von/nach Tartu.

Otepää ▶ 1, L 6

Mit etwas Fantasie erkennt man im Burgberg **Linnamägi** östlich des Zentrums von Otepää einen Bärenkopf. Wahrscheinlich wurde der Ort nach diesem Hügel benannt, denn das estnische *oti pea* bedeutet »Kopf des Bären«. Auf der rund 30 m hohen Erhebung stand schon zu altestnischer Zeit ein befestigtes Dorf, nach der Eroberung durch die Ordensritter 1224 entstand hier die erste Steinfestung des Landes, die sich in der Folgezeit zu einer der mächtigsten Festungen im südlichen Estland entwickelte. Doch schon 1396 wurde die Ordensburg zerstört, heute sind von ihr nur noch spärliche Reste zu sehen.

Die Kleinstadt Otepää ist mit rund 3000 Einwohnern das Zentrum des estländischen Hochlands. Die wald- und seenreiche Umgebung bietet winters wie sommers ideale Möglichkeiten für einen aktiven Urlaub. Seit Ende der 1970er-Jahre ist das **Tehvandi-Sportzentrum** mit Skistadion, Langlaufloipen, Sprungschanze, Inlineskating- und Laufbahnen ein auch international beliebtes Trainingszentrum, das in den letzten Jahren durch eine Reihe von Skilanglauf-Veranstaltungen auf sich aufmerksam gemacht hat; hier ist auch die Doppelolympiasiegerin Kristina Smigun zu Hause.

In Otepää gibt es drei Museen, die alle in einem Haus untergebracht sind. Das **Estnische Flaggenmuseum** (Eesti lipu muuseum) erinnert an den Studentenverein, der sich 1881 eine blau-schwarz-weiße Fahne gab, die 1917 zur Nationalflagge wurde. Das **Skimuseum** (Otepää suusamuuseum) erzählt die Geschichte der »Winterhauptstadt« Otepää und ist außerdem einheimischen Skigrößen wie Kristina Smigun, Andrus Verpalu und Jaak Mae gewidmet. Im **Jakob-Hurt-Museum** (Jakob Hurda tuba) erfahren Besucher etwas über den Bewahrer und Sammler estnischer Volksdichtung, der 1872–1880 in

Otepää lebte (Kirikumõis, Tel. 765 50 75, Di–Fr 9–14, Sa 10–13 Uhr, 1 €).

Nördlich vom Linnamägi erhebt sich die **Marienkirche** (Otepää Maarja Luteri kirik) aus dem Jahr 1671, die 1890 im neogotischen Stil umgestaltet wurde. An der Frontseite erinnern Reliefs des zeitgenössischen Künstlers Mati Varik an die Einführung der estnischen Fahne.

Infos

Otepää turismiinfokeskus: Tartu mnt 1, 67404 Otepää, Tel. 766 12 00, www.otepaa.ee, Mitte Mai–Mitte Sept. Mo–Fr 9–18, Sa, So 10–15, sonst Mo–Fr 9–17, Sa 10–15 Uhr.

Übernachten

Spa und Sport ▶ **Pühajärve Spa Hotel:** Tel. 766 55 00, Fax 766 55 01, www.pyhajarve.com. Der Hotelkomplex liegt direkt am Püha-See und besteht aus dem ehemaligen Gutshaus, an das sich ein großer, mehrstöckiger Neubau anschließt. Großer Spa-Bereich mit Schwimmbad und allen nur erdenklichen Anwendungen. Vielfältige Sportmöglichkeiten sind hier geboten, ein eigener Sandstrand am See, Liegewiese, Fahrradverleih, Bowling, Fitnessraum, im Winter Skiverleih und gute Skilanglaufmöglichkeiten vor der Haustür. DZ um 75 €.

Ruhig und modern ▶ **Karupeas Hotell:** Tehvandi 1A, 67403 Otepää, Tel. 766 15 00, Fax 766 16 01, www.karupesa.ee. Etwas nüchternes Hotel direkt am Wintersportzentrum. Das Haus ist beliebt bei Sportlern für Trainingslager. Verleih von Sportausrüstungen. DZ 60–70 €.

Im Zentrum ▶ **Edgar Guesthouse:** Lipuväljak 3, Tel. 765 65 50. Relativ einfache, aber moderne und preisgünstige Zimmer für zwei bis vier Personen in einem älteren Backsteinhaus im Zentrum. Kürzlich fertiggestellter Neubau. DZ ab 40 €.

Essen & Trinken

Ausflugslokal ▶ **Nuustaku pubis:** Nüpli, Tel. 766 82 10, www.nuustaku.ee, tgl. 11–24 Uhr. An sonnigen Tagen ist die große Terrasse des Ausflugslokals am Berghang mit Blick auf den Püha-See der richtige Platz. Drinnen er-

wartet die Gäste eine gemütliche Pubatmosphäre, hin und wieder Livemusik. Hauptgerichte ab 6 €.

Schnörkellos ▶ **Edgari trahter:** Lipuväljak 3, Tel. 765 42 28, Mo–Sa 9–22, So 10–20 Uhr. Kleiner Pub im Zentrum, beliebt bei Einheimischen, einfache Speisen 4–6 €.

Einkaufen

Kunsthandwerk ▶ **Vill ja lina eesti käsitöö:** Kolga tee 24 A, Tel. 525 19 36, tgl. 8–19 Uhr. Kunsthandwerk und Souvenirs, etwas außerhalb vom Zentrum beim Gästehaus und Café Valge kroon.

Aktiv

Loipe, Nordic Walking und mehr ▶ **Tehvandi Sport Center:** Nüpli küla, Tel. 766 95 00 oder 518 07 78, Fax 766 95 03, www.tehvandi.ee. Ab dem Zentrum Skilanglaufloipen von 1–10 km Länge. 5 km lange anspruchsvolle Sommerloipe für Jogger und Nordic Walker, 5 km lange Strecke für Inline-Skater und Rollskifahrer, 5,7 km Radwanderweg, 5,5 km Wanderweg, 1,2 km Fitnessweg.

Wandern ▶ Das Hügelland um Otepää eignet sich vorzüglich zum Wandern. Zahlreiche Strecken sind markiert. Von Otepää zum Pühajärv und nach Kääriku (Länge 11 km); Ap-

Tipp: Auf dem Ferienhof Leigo

14 km nordöstlich von Otepää, kann man in 30 Doppelzimmern und drei Suiten urig-rustikal übernachten oder auch romantisch auf einer kleinen Insel im See den Bund fürs Leben schließen und sich anschließend am Hochzeitsfeuerwerk erfreuen. Natürlich gibt es auch eine typisch estnische Rauchsauna und sogar eine Sauna auf einem Floß im See. Seit 1998 werden im August außerdem **Openair-Konzerte** veranstaltet – häufig von Feuerwerk begleitet. Die Bühne befindet sich auf einer Insel im See, die Zuschauer verteilen sich am Seeufer; auch Theateraufführungen finden statt (www.leigo.ee).

aktiv unterwegs

Mit dem Fahrrad um den Püha-See

Tour-Infos

Start: Pühajärve Spa Hotel am Nordwestufer
Länge: 12 km
Dauer: 1–2 Stunden
Schwierigkeit: hügelige, aber einfache Uferstraßen
Wichtige Hinweise: Am Pühajärve Spa Hotel kann man Fahrräder ausleihen.
Karte: ▶ 1, L 6

In das Bergland um Otepää sind mehr als 100 Seen eingebettet. Als einer der schönsten Seen gilt der **Pühajärv**, der heilige See, vor allem wegen seiner von Halbinseln und Buchten gebildeten Uferlinie. Im See gibt es fünf bewaldete Inseln. An seinem Nordufer soll einst eine heilige Eiche gestanden haben, unter der die Esten Mittsommer gefeiert haben. Um den 3,5 km langen und bis zu 1,6 km breiten »Heiligen See« ranken sich Sagen und Legenden. So soll er aus den Tränen einer Mutter entstanden sein, deren Söhne im Krieg gefallen sind. Vom Ausgangspunkt, einem kleinen sandigen Badestrand am Hotel, fährt man in südlicher Richtung durch eine gepflegte Parkanlage und kommt bald zur sogenannten »Kriegseiche«. Der stattliche, rund 400 Jahre alte Baum verdankt seinen Namen einem Ereignis von 1841, als hier aufständische Bauern bestraft wurden.

Bis zum Südzipfel des Sees, wo der Emajõgi-Fluss austritt, fährt man auf der Straße nach **Kääriku.** Der nun folgende Abschnitt am Ostufer ist etwas hügelig, vorbei am Pferdehügel und der Liebesquelle geht es zur Kolga Farm. Kurz vor Ende der Runde bietet sich am sandigen Nordufer des Sees die Möglichkeit zum Baden. Das Strandcafé hält kleine Erfrischungen bereit, auch ein Ruderboot ist auszuleihen. Vom Strand ist es nur noch ein kurzes Stück zurück zum Hotel.

Einladung – zum Radfahren, Baden oder Betrachten: der Püha-See

teekri-Waldpfad, ein Rundweg, Start an der Sporthalle (Länge 3 km).

Golf ▶ Otepää Golf Club: Looritsa, Tel. 501 83 24, April–Okt. 8–20 Uhr. Südwestlich vom Zentrum gelegener 18-Loch-Platz.

Klettergarten ▶ Otepää seikluspark: Tehvandi, Tel. 766 1313, www.seikluspark.ee, tgl. 10–19 Uhr. Abenteuerliche Pfade hoch oben in den Bäumen zum Hangeln und Klettern. Verschiedene Schwierigkeitsgrade für Jung und Alt.

Fahrradfahren ▶ Sky Plus Spordibaas: Pühajärve tee 3 A, Tel. 765 52 29. Vermietung von Fahrrädern und Rollerskates.

Termine

Tartumarathon (Mitte Feb.): Laulipeo 25, 51007 Tartu, Tel. 742 16 44. Einer der traditionsreichsten Skimarathons für jedermann. Rund 4000 Skiläufer aus aller Welt begeben sich auf die 63 km lange Strecke zwischen Otepää und Elva (www.tartumara ton.ee).

Mountainbikerennen (Sept.): Auf ähnlichem Kurs wie der Marathon; 87 km lange Strecke von Otepää nach Elva, rund 4500 Teilnehmer.

Suverull (Mitte Aug.): International besetzte Sommerveranstaltung für Skilangläufer und Biathleten im Tehvandi Sport Center.

Verkehr

Busse: 12 x tgl. nach Tartu, 7 x tgl. nach Tallinn, 5 x tgl. nach Valga.

In der Umgebung von Otepää

Hellenurme ▶ 1, L 6

In **Hellenurme,** 15 km nordwestlich von Otepää, liegt am Mühlenteich des Elva-Flusses eine 125 Jahre alte Wassermühle aus roten Ziegelsteinen und Feldsteinen. Die Inneneinrichtung stammt aus den 1930er-Jahren. Nach Voranmeldung (Tel. 520 51 42) wird die Mühle für Gruppen in Betrieb genommen.

Kääriku ▶ 1, L 6

Der kleine Ort 10 km südwestlich von Otepää dient seit 1947 der Universität von Tartu als

Sportzentrum. Die Lage inmitten einer malerischen Hügellandschaft mit Wäldern und Seen macht **Kääriku** zu einem idealen Ort für alle Freiluftaktivitäten.

Aktiv

Ski ▶ Langlaufloipen von 1–7,5 km Länge.

Wandern ▶ Wanderwege: Kekkonen Trail, Länge 15 km, Beginn des Rundwegs am Skistadion westlich des Sees, im Winter als Loipe präpariert; 11 km langer Wanderweg zum Pühajärv und weiter nach Otepää.

Baden ▶ Kääriku-See: Hier gibt es einen Bootsverleih, Badestege und einen Sprungturm.

Harimägi ▶ 1, L 6

Der **Harimägi** südlich von Otepää bringt es zwar nur auf eine Höhe von 211 m, damit ist er dennoch einer der höchsten Tafelberge des Hügellandes. Vom 28 m hohen hölzernen Aussichtsturm auf dem ›Gipfel‹ genießt man einen weiten Rundblick.

Jõgeveste ▶ 1, K 6

In der Nähe des Dorfes **Jõgeveste,** westlich von Otepää, steht das klassizistische Mausoleum für Michael Andreas Barclay de Tolly (1761–1818). Er stammte aus einer baltischen Adelsfamilie und war erster Generalgouverneur im von Russland annektierten Finnland, russischer Kriegsminister und Oberbefehlshaber der Armee. Seine Witwe ließ das prachtvolle Mausoleum 1823 errichten.

Schloss Sangaste ▶ 1, L 6

Ungefähr auf halbem Weg zwischen Otepää und Valga liegt das Dorf **Sangaste** und nach weiteren 3 km das gleichnamige Schloss. Schon auf den ersten Blick erinnert das Gebäude aus roten Backsteinen im Tudor-Stil an das englische Windsor Castle. Graf Friedrich von Berg konnte mit dem Bau seines Traumschlosses erst 1874, nach dem Tod seines Vaters, beginnen. Bis dahin hatte die Familie in einem alten, weit weniger prächtigen Gutshaus gelebt – ein Neubau wurde als Geldverschwendung angesehen. Der Vater des Grafen sollte aber recht behalten: Von Berg gab

Südestland

enorme Summen für den Schlossbau aus. Er ließ Granit aus Finnland und Holz sowie weitere Baumaterialien aus Deutschland und Riga kommen und gab sich erst mit 99 großen Zimmern zufrieden, die alle möglichst verschiedene Fenster haben sollten. Neben dem Schlossbau widmete er sich der Pflanzenzucht und entwickelte die nach ihm benannte winterharte Roggensorte Sangaste (www.sangasteloss.ee, Schlossbesichtigung tgl. 10–18 Uhr, 2,50 €).

Übernachten

Ein Schloss wie aus dem Bilderbuch ▶
Sangaste loss: Tel. 767 93 00. Preisgünstiger geht es nicht mehr. Für 19 € pro Nacht kann man sich als Schlossherr auf Zeit fühlen. Luxus darf man allerdings nicht erwarten, die Zimmer mit 2–10 Betten sind einfach ausgestattet. Reservierung erforderlich. Einige Zimmer werden nach und nach saniert und im Komfort deutlich verbessert.

Von Valga nach Vana-Vastseliina ▶ 1, K 7–M 7

Karte: rechts
Diese wenig touristische Route führt in die südlichsten Städte des Landes, Valga und Võru, durchquert den kleinen Karula-Nationalpark und bietet die Möglichkeit den höchsten Berg des Baltikums zu besteigen. Wer will, fährt vom Endpunkt Vana-Vastseliina noch weiter ins Urstromtal der Piusa.

Valga 1

Estlands südlichste Stadt, **Valga,** hat in letzter Zeit einige Anstrengungen unternommen, um ihr Stadtbild attraktiver zu machen. Die Straßen im Zentrum wurden neu gestaltet und am **Pedali-Fluss,** der mitten durch die Stadt verläuft, entstand eine Parklandschaft mit Badeplätzen, Wanderwegen und Kinderspielplätzen. Valgas historisches Zentrum ist relativ klein, am Kesk erhebt sich die klassizistische, 1816 vollendete **Johanneskirche,** die mit ihrem ovalen Grundriss einzigartig in Estland ist. Ihre Orgel wurde in Weißenfels in

der Nähe von Leipzig gebaut. Das in Rot-Weiß gehaltene **Rathaus** stammt aus dem Jahr 1865 und zählt zu den schönsten historischen Holzhäusern der Stadt. Im sogenannten **Gebäude der Deutschen Bank** (Kesk 12), das eine neoklassizistische Front mit Jugendstilelementen besitzt, ist heute die Kreisverwaltung untergebracht. Charakteristisch für die nachstalinistische Zeit ist das 1967 errichtete **Kulturhaus** mit Theater-, Konferenz- und Ausstellungssaal (Kesk 1).

Mitten durch die Stadt verläuft die estnisch-lettische Grenze, auf lettischer Seite liegt die Zwillingsstadt Valka.

Infos

Valga turismiinfokeskus: Kesk 11, 68203 Valga, Tel. 766 16 99.

Karula-Nationalpark 2

Der **Karula-Nationalpark** (Karula rahvuspark), der jüngste und mit 110 km^2 kleinste Nationalpark des Landes, erstreckt sich in einer für Südestland typischen, waldreichen Hügellandschaft, in die mehr als 60 Seen eingebettet sind. Im Zentrum des Nationalparks liegt der schönste und größte See, der Ähijärv. Durch die Einrichtung des Nationalparks (1993) sollten Seen, Sümpfe und Wälder sowie die Tier- und Pflanzenwelt geschützt werden, außerdem wollte man den hier lebenden Menschen die Möglichkeit geben, ihre länd-

lich-bäuerliche Kultur zu bewahren. Seit Jahrhunderten betreiben sie auf ihren kleinen Bauernhöfen eine traditionelle Landwirtschaft, die heutigen ökologischen Maßstäben entspricht.

Infos

Karula rahvuspargi külastuskeskus: 66405 Ähijärve, Tel. 782 83 50, www.karularahvuspark.ee, Mitte Mai–Ende Sept. Mo–Fr 9–17, Sa, So 10–18, sonst Mo–Do 9–17, Fr bis 15 Uhr.

Übernachten

Camping ▶ Am Nationalparkzentrum in Ähijärve gibt es eine Zeltmöglichkeit am See, einfache Sanitäranlagen.

Aktiv

Wandern ▶ Dorfweg in Lüllemäe (2 km) an der Westgrenze des Nationalparks mit Informationen über die Geschichte des Dorfes. Der Waldweg Peräjärve (4 km) verläuft in der hügeligen Landschaft südlich von Ähijärve, unterwegs kommt man zum Peräjärv. Am Nationalparkzentrum beginnt der Ähijärv-Pfad (3,5 km) und führt dann am nördlichen Seeufer durch Wälder und über Felder.

Verkehr

Auto: Der Nationalpark ist in Ost-West-Richtung durch die Straße zwischen Lüllemäe und Tsoruu und durch die in Nord-Süd-Richtung verlaufende Straße von Antsla nach Saru sowie mehrere Nebenstrecken gut erschlossen. Allerdings sind die Straßen kurvig, bergig und meist ohne feste Decke.

Rõuge 3

Der kleine Ort **Rõuge** liegt am Westrand des Haanja-Höhenzugs in einer der schönsten Regionen Estlands. Sein Wahrzeichen ist die in ihrer jetzigen Form 1730 errichtete und 1860 umgebaute **St.-Marien-Kirche,** die eine der besten estnischen Dorfkirchenorgeln besitzt (Di–So 11–16 Uhr). Vom Kirchturm bietet sich ein Panoramablick auf die liebliche Landschaft rund um den Ort.

Das teilweise tief eingeschnittene **Rõuge-Urstromtal** erstreckt sich von Rõuge 10 km in nordwestlicher Richtung; ein Bach verbindet hier eine Kette von insgesamt sieben Seen, unter ihnen der mit 38 m tiefste See Estlands, der **Suurjärv.** In das Urstromtal münden mehrere Nebentäler, von denen das nur wenige hundert Meter lange **Nachtigallental** (Ööbikuorg) wegen des dort besonders intensiven Vogelgesangs vor allem im Frühjahr einen Besuch lohnt. Die Aussicht auf die Seen genießt man vom Festungshügel **Linnamägi,** einer Anhöhe zwischen dem Tal Ööbikuorg und dem Liinjärv. Hier stand im 6. bis 11. Jh. eine altestnische Bauernburg.

Der **Rõuge-Energiepark** zeigt, wie aus Wasser, Sonne, Wind und Erdwärme Energie

Tipp: Freiluftkunst im Kütiorg

Kütiorg, das Tal der Jäger, liegt zwischen der Stadt Võru und Vastseliina (▶ 1, M 7). Nachdem man die Hauptstraße zum Hinweisschild zum Skizentrum verlassen hat, führt eine nicht befestigte Straße noch 2,6 km weiter bis zum Parkplatz am Skilift. Dieser befindet sich am Rand des Kütiorg, eines knapp 5 km langen, bis zu 70 m tiefen und zwischen 60 und 600 m breiten Urstromtals, das die Gletscher der letzten Eiszeit ausgehobelt haben.

Am Parkplatz beginnt ein verschlungener, aber gut markierter Wanderweg, der teilweise steil bergauf und bergab durch das Kütiorg führt. Unterwegs sind mehr als ein Dutzend Kunstwerke zu sehen, die alle einen direkten Bezug zu der sie umgebenden Na-

tur aufweisen. Manche von ihnen fallen sofort ins Auge, nach anderen muss man sehr genau Ausschau halten und übersieht sie trotzdem leicht.

Nicht zu übersehen ist der Meditationsturm aus Baumstämmen auf einer Anhöhe mit weitem Blick über das Tal und die Felder, den die deutsche Künstlerin Anke Mellin 1999 errichtet hat. Ebenfalls seit 1999 hängt ein mannshoher Brutkasten in 6 m Höhe an einem Baum. Für Paul Rodgers aus England stellt sein Werk eine Metapher dafür dar, dass jeder auf der Suche nach einem sicheren Platz ist.

Für den Kunstpfad sollte man sich mit festem Schuhwerk ausstatten und 1,5–2 Stunden einplanen.

gewonnen wird; dabei kommen sowohl altbekannte wie auch neue Technologien zur Anwendung. Der 1,5 km lange »Energiepfad« beginnt am Parkplatz von Rõuge Ürgorg und führt über die Tindioru-Farm und die Schule zum Ala-Rõuge-Wasserkraftwerk.

Infos

Ööbikuoru keskusesse: Infozentrum mit Souvenir- und Kunsthandwerksverkauf im Nachtigallental, tgl. 10–18 Uhr (nebenan steht ein hölzerner Aussichtsturm).

Übernachten

Einfach, naturnah ▶ **Ööbikuoru Kämping:** Ööbikuoru 5, Tel. 785 92 74, Mai–Sept. Einfache zeltförmige Hütten für vier Personen am Berghang mit weiter Sicht, außerdem zwei Ferienhäuser mit Küche, Dusche, WC sowie ein Familienhaus. Übernachtung ab 12 € pro Person, Familienhaus ab 80 €. Möglichkeit zum Zelten, Verleih von Booten und Fahrrädern.

Einkaufen

Kunsthandwerk ▶ **Ööbikuoru keskusesse:** Im Sommer 2006 neu eröffnetes Infozentrum mit Souvenir- und Kunsthandwerksver-

kauf im Nachtigallental, tgl. 10–18 Uhr (nebenan steht ein hölzerner Aussichtsturm).

Aktiv

Baden ▶ Kleiner Sandstrand am Suurjärv beim Touristenbüro.
Wandern ▶ Ein 10 km langer Wander- und Naturpfad beginnt im Nachtigallental und führt durch das Rõuge-Urstromtal entlang der Seen Ratasjärv, Tõugjärv und Kahrila bis zum engen Kerbtal Cañon Hinni mit seinen Sandsteinaufschlüssen an beiden Talhängen.

Võru 4

Võru ist die Hauptstadt der äußerst dünn besiedelten Provinz Võrumaa, die sich wegen ihrer unberührten Natur hervorragend für einen Aktivurlaub eignet. Der Nordteil Võrumaas mit den größten Seen Vagula und Tamula in unmittelbarer Nähe der Hauptstadt ist relativ flach. Hier fließt auch der längste Fluss Estlands, der Võhandu, der in seinem Mittelteil zahlreiche Stromschnellen und über 40 devonische Sandsteinaufschlüsse mit bis zu 16 m hohen Steilwänden bildet. Nach Westen hin wird Võrumaa deutlich hügeliger und im Süden erheben sich die höchsten

Berge Estlands. Im Osten, an der Grenze zu Russland, ist die Landschaft mit sanften Tälern wieder weitläufiger.

Die Stadt **Võru** (15 000 Einwohner) wurde 1784 von Zarin Katharina II. am Nordufer des Tamula-Sees gegründet. Um Võru lebten aber schon sehr viel früher Menschen: Nahe dem 2 km nördlich gelegenen Kirumpää sind noch Reste einer Ordensburg zu sehen, die um 1322 errichtet und Mitte des 17. Jh. zerstört wurde. Ein Großteil der Steine der ehemaligen Burg wurde zum Bau der Stadt verwendet.

Võrus Zentrum ist relativ klein und erstreckt sich zwischen den Straßen Jüri und Kreutzwaldi. Das von Katharina II. angelegte, rechtwinklige Straßennetz ist bis heute erhalten geblieben, doch die alte Bausubstanz wurde 1944 fast vollständig zerstört. Das **Bankgebäude** an der Jüri stammt aus dem Jahr 1939 und ist eines der schönsten Steinhäuser der Stadt. In unmittelbarer Nähe befindet sich das 1996 errichtete **Denkmal für die Opfer des »Estonia«-Unglücks.**

Nicht weit entfernt erheben sich die beiden Katharinenkirchen des Ortes. Die rechteckige **orthodoxe Katharinenkirche** besitzt einen mächtigen Westturm sowie einen kuppelförmigen Firstturm, sie wurde im Jahr 1804 vollendet (Võru Suurkannataja Ekaterina kirik, Lembitu 1, Mai–Sept. Sa 17–18, So 9–12 Uhr). Durch eine großzügige Spende von Katharina II. konnte die frühklassizistische **lutherische Katharinenkirche** finanziert und 1793 eingeweiht werden (Võru Katariina kirik, Jüri 9, Juni, Juli Mi 11–14, So 10–13 Uhr).

Ein Stück weiter in Richtung Seeufer liegt das **Võrumaa-Museum,** das einen Überblick über die Geschichte der Stadt gibt. Im Ausstellungssaal sind außerdem wechselnde Kunst-, Foto- und Handarbeitsausstellungen zu sehen (Katariina 11, Tel. 782 19 39, Mi–So 11–18 Uhr, 1 €).

Nach dem berühmtesten Bürger der Stadt, Friedrich Reinhold Kreutzwald (1803–1882), wurde nicht nur eine Straße benannt, auch ein Denkmal im Stadtpark am Seeufer – geschaffen von Amandus Adamson – erinnert

an den Verfasser des Nationalepos »Kalevipoeg« (s. S. 431). Der in Rakvere geborene Arzt und Schriftsteller lebte mit seiner Familie 44 Jahre in Võru.

In seinem Haus wurde das **Kreutzwaldmuseum** eingerichtet, in dem sein Leben und Schaffen in Bildern und Dokumenten gewürdigt werden. Der im Jahr 1793 errichtete Hof besteht aus sechs Gebäuden, die elegante Inneneinrichtung aus dem 19. Jh. ist vollständig erhalten geblieben (Kreutzwaldi memoriaalmuuseum, Kreutzwaldi 31, Tel. 782 17 98, Mi–So 15–18 Uhr, 1 €).

Infos

Võru turismiinfokeskus: Tartu 31, 65608 Võru, Tel. 782 18 81, www.visit voru.ee, Mitte Mai–Mitte Sept. Mo–Fr 9–18, Sa, So 10–15, übrige Zeit Mo–Fr 10–17 Uhr.

Übernachten

Guter Schlaf garantiert ▸ Hotel Kubija: Männiku 43, Tel. 786 60 00, Fax 786 60 01, www.kubija.ee. 3 km südlich vom Zentrum in ruhiger Lage nahe Wald und See. Moderne Zimmer teils in kräftigen Farben. Umfangreiche Wellnessangebote wie Cleopatra-Milchbad, Rotweinbad, Kräuterbad, Algenbad, Massagen und vieles mehr. Das Schlaftherapiezentrum ermittelt und behandelt die Ursachen von Schlafstörungen. DZ ab 35–50 €.

Termine

Võru Folklore Festival (Mitte Juli): Vier Tage voller Musik mit zahlreichen internationalen Künstlern auf der Freilichtbühne mitten in der Stadt. Außerdem Verkauf von Kunsthandwerk.

Haanja [5]

Das Dorf **Haanja,** 16 km südlich von Võru, liegt mitten im **Haanja-Naturpark,** dem »Dach Estlands«. Es ist die einzige größere Ansiedlung weit und breit, ansonsten gibt es in der hügeligen Landschaft nur noch Einzelgehöfte und winzige Streusiedlungen. Mit ein wenig Entdecker- und Pioniergeist, denn der Tourismus steckt hier noch in den Kinderschuhen, ist diese einsame Gegend mit ihren

Südestland

Wäldern, abgerundeten Gipfelkuppen, tief eingeschnittenen Tälern und den unzähligen Seen ein Paradies für Wanderer.

Der nördlich von Haanja gelegene, dicht bewaldete **Vällamägi,** mit 304 m der zweithöchste Berg Estlands, besitzt überraschend schroffe Hänge. Über seinen Osthang führt ein Wanderweg auf den Gipfel.

Übernachten

Luxus im Blockhaus ▶ Vällamäe talu puhkemaja: Simula küla, Haanja vald, Tel. 522 67 78, www.visitvoru.ee. Großzügiges und sehr komfortabel eingerichtetes Ferienhaus auf einem für Estland typischen Bauernhof. Schöne Lage oberhalb eines Sees, ruhig und abgelegen, die sehr freundlichen und zu-

vorkommenden Besitzer sprechen Deutsch. 80 € pro Tag.

Mit Sauna ▶ Haanjamehe talu: Vakari küla. Tel. 786 60 00, Fax 786 60 01, http://unterbringung.kubija.ee/haanjamehetalu. Traditionsreicher Bauernhof nordöstlich von Haanja, stimmungsvoll rustikal eingerichtet und liebevoll bewirtschaftet. Im Haupthaus vier Zimmer, im Hof sind mehrere ehemalige Speichergebäude für Gäste hergerichtet worden. Im Sommer Boot- und Fahrradverleih, im Winter Skiverleih. 25 € pro Person, inkl. Frühstück.

Suur Munamägi 6

Der **Suur Munamägi** (Großer Eierberg) im zentralen Teil des Höhenzugs Haanja ist mit

Die Natur hat Besitz von ihr ergriffen: die Burgruine von Vana-Vastseliina

318 m der höchste Berg Estlands und des Baltikums. Auf dem Gipfel steht ein 1939 erbauter Aussichtsturm, von dem man einen weiten Blick genießt. Seit der Renovierung 2005 können sich Besucher gegen Aufpreis auch mit dem Lift zur Aussichtsplattform bringen lassen (www.suurmunamagi.ee, April–Aug. tgl. 10–20, Sept.–Okt. tgl. 10–17, Nov.–März So 12–15 Uhr, ca. 2 €, mit Lift 4 €).

Essen & Trinken

Für den kleinen Hunger ▶ Café Suur Muna: Tel. 786 60 00, Mi–So 11–19 Uhr. Modern und mit viel Holz im ländlichen Stil eingerichtetes Café, das auch einfache Gerichte serviert. Direkt am Parkplatz zum Suur Munamägi. Im Sommer große Außenterrasse.

Ruusmäe 7

Das 10 km südlich vom Suur Munamägi im Dorf **Ruusmäe** gelegene **Gutshaus Rogosi** ist wegen seiner geschlossenen Bauweise und des Innenhofs einen Besuch wert. 1603 wurde das Land von einem Polen namens Rogosinsky erworben, dem das Anwesen seinen Namen verdankt. Seit 1934 ist im Hauptgebäude eine Schule untergebracht, im ehemaligen Glockenturm gibt es ein kleines Heimatmuseum, auch ein einfaches Gästehaus gehört zum Komplex (Juni–Aug. Di–So 12–17 Uhr).

Vastseliina und Vana-Vastseliina

Die Ansiedlung **Vastseliina 8**, 25 km südöstlich von Võru, ist noch relativ jung, wie auch ihr deutscher Name Neustadt oder Neuhausen nahelegt. Die ursprüngliche Siedlung **Vana-Vastseliina 9**, 6 km östlich bei der **Bischofsburg**, wurde im Nordischen Krieg zerstört. Auch die Burg am Zusammenfluss von Piusa und dem Bach Meeksi ist nur noch eine Ruine. Von der einstigen Grenzfestung aus dem 14. Jh. am Handelsweg zwischen Pleskau und Riga sind noch der nördliche und der südöstliche Turm sowie die Vorburg erhalten. Am Eingang zur Burg gibt es einen Souvenirladen sowie ein kleines Museum mit Informationen über die Burg auch auf Englisch (tgl. 10–18 Uhr).

Das Urstromtal der Piusa ▶ 1, M/N 6

Karte: S. 424/425

Das **Urstromtal der Piusa 10** (Piusa koobastiku looduskaitseala) ist wegen seiner Sandsteinaufschlüsse aus dem Devon, von denen Keldrimüür, ein über 40 m hoher Felsen der mächtigste ist, unter Naturschutz gestellt worden. Von 1922 bis in die 1980er-Jahre hinein wurde der weiße Sandstein hier abgebaut, wodurch zahlreiche Höhlen entstanden, in denen bis zu 3000 Fledermäuse überwintern. Der vom Höhenzug Haanja nach Norden abfließende Piusa-Fluss hat ab Vastseliina ein relativ starkes Gefälle und bildet aus diesem Grund zahlreiche Stromschnellen.

Aktiv

Wandern ▶ Durch das ganze Tal verläuft ein 15 km langer **Wanderweg.**

Radfahren ▶ Fahrradfahrer folgen der **Route Nr. 281,** die in Vastseliina beginnt und meist auf kleinen Waldwegen im Flusstal über Möldri, Jõksi und Lindora bis zu den Sandsteinhöhlen von Piusa führt (Länge 23,5 km).

Kanutouren ▶ Touren sind möglich auf dem **Piusa-Fluss,** wegen der Mühlendämme und Stromschnellen aber nicht ganz einfach.

Viljandi ▶ 1, J/K 5

Auf dem Schlossberg stand schon im Mittelalter eine altestnische Burg, die 1224 an den Schwertbrüderorden fiel. Wegen seiner günstigen Lage an der Kreuzung alter Handelswege kam **Viljandi** schon früh zu relativem Wohlstand und wurde Mitglied der Hanse. Doch 1481 begannen mit der Belagerung durch Zar Ivan III. unruhige Zeiten und die folgenden Kriege legten die Stadt in Trümmer. Erst Ende des 18. Jh. hatte sich Viljandi so weit erholt, dass es wieder Kreisstadt wurde. Die Eröffnung der Eisenbahnlinie 1897 leitete dann den weiteren Aufschwung ein, denn eine Streichholzfabrik, eine Flachsfabrik und eine Molkerei siedelten sich an. In den 1930er-Jahren entwickelte sich Viljandi zum Sommerkurort. Heute ist es mit rund 20 000 Einwohnern die sechstgrößte Stadt Estlands.

Stadtrundgang

Von der Touristeninformation sind es nur wenige Schritte bis zur **Johanneskirche** (Jaani kirik), die 1464 als Franziskanerkloster erbaut wurde. Im Livländischen Krieg niedergebrannt, später wiederaufgebaut, wurde sie während der Sowjetzeit als Lagerhalle genutzt. Nach einer gründlichen Sanierung dient sie heute wieder als Kirche, wird aber auch für Konzerte genutzt.

Das **Herrenhaus des Gutshofs von Viljandi** gegenüber der Kirche ließ die Familie Ungern-Sternberg zwischen 1879 und 1880 im Stil der Neorenaissance errichten.

Ein Fußweg führt über eine 50 m lange **Hängebrücke** – ein Geschenk des Gutsherrn von Mensendorff – direkt in die Ruine der **Ordensburg.** Heute sind von ihr zwar nur noch einige Mauerreste übrig, doch mit etwas Fantasie sind die Umrisse der einst größten Festung Livlands noch zu erkennen. Von der Ruine bietet sich ein schöner Blick auf den 4,6 km langen **Viljandi-See,** der in ein Urstromtal eingebettet ist.

Von der Ordensburg führt die Varesebrücke in die Altstadt zurück und zum **Kondas-Zentrum.** In den Ausstellungsräumen der ehemaligen Stadtbücherei werden seit 2003 die Werke des naiven Malers Paul Kondas und anderer naiver Künstler gezeigt. Außerdem sind Holzskulpturen des estnischen Bildhauers Joann Sõstra zu sehen (Kondase keskus, Pikk 8, Mi–So 10–17 Uhr, 1 €).

Im 19. Jh. war der heute ruhige **General-Laidoner-Platz** mit seinem Springbrunnen in der Mitte ein quirliger Marktplatz. In der Apotheke von 1780 an der Nordseite ist das **Viljandier-Museum** untergebracht, in dem die örtliche Geschichte von der Steinzeit bis zur Gegenwart beleuchtet wird. Ein Modell zeigt die gewaltigen Ausmaße der einstigen Ordensburg (Laidoneri plats 10, www.muuseum.viljandimaa.ee, Mi–So 10–17 Uhr, 1 €).

Zwischen dem Museum und dem **Rathaus,** das im 18. Jh. errichtet und 1931 zu einem der ersten funktionalistischen Gebäude mit schnörkelloser, schlichter Fassade umgebaut wurde, erhebt sich der ehemalige **Wasserturm** (Vana veetorn). Heute dient er nur noch als Aussichtsturm (Laidoneri plats, tgl. 11–18 Uhr, 1 €).

Hinter dem Rathaus beginnt der **Treppenberg,** der über 158 Stufen hinunter zum See führt.

Infos

Viljandi turismiinfokeskus: Vabaduse plats 6, 71020 Viljandi, Tel. 433 04 42, www.viljandi.ee, Mitte Mai–Mitte Sept. Mo–Fr 9–18, Sa, So 10–15, sonst Mo–Fr 10–17, Sa, So 10–14 Uhr.

Das Nationalepos der Esten: Kalevipoeg

Thema

In Deutschland sammelten Brentano, Herder und die Brüder Grimm alte Volksdichtungen und Mythen. In Finnland schuf Elias Lönnrot etwa zur gleichen Zeit das Nationalepos »Kalevala«. In Estland nahmen sich Friedrich Fählmann und Friedrich Reinhold Kreutzwald der Volkspoesie an. 1857 wurde das estnische Nationalepos »Kalevipoeg« veröffentlicht.

»Kalevipoeg« (Kalevs Sohn) besteht aus rund 20 000 Versen in 20 Gesängen und geht auf zahlreiche estnische Sagen und Volkslieder zurück. Hauptperson aller Geschichten ist Kalevipoeg, dessen Leben aus vielen Heldentaten besteht, aber auch voller Liebe, Tragik und Tod ist. Der Riese verliert seinen Vater noch vor seiner Geburt, seine Mutter Linda wird von einem finnischen Zauberer entführt, auf einer abenteuerlichen Reise sucht er nach ihr und lässt sich ein riesiges Schwert schmieden. Mit diesem tötet er den Sohn des Schmieds, der ihm daraufhin prophezeit, er werde durch sein eigenes Schwert sterben. Bevor sich der Fluch erfüllt, wird Kalevipoeg aber zum Herrscher des Landes, zum Krieger und Totschläger, aber auch zum Segensbringer.

Kalevipoeg ist eine zwiespältige Persönlichkeit: Mal hilft er selbstlos den Notleidenden, dann wieder ist er der Zerstörer. Sein größter Erfolg ist es, den Teufel zu besiegen. Doch schließlich holt ihn der Fluch des Schmieds ein: Beim Durchqueren eines Flusses rutscht er aus, trennt sich mit seinem Schwert beide Beine ab und verblutet.

Das Epos beeindruckt durch seine kraftvolle, bilderreiche Sprache. Kreutzwald ist es nicht nur gelungen, viele Zeugnisse der alten Volkspoesie zusammenzutragen, er hat auch das Überlieferte mit eigenen Versen genial zu einem Gesamtwerk verbunden. Die erste gedruckte Fassung erschien zwischen 1857 und 1861 als Veröffentlichung der Gelehrten Estnischen Gesellschaft. Für die Entwicklung des Nationalbewusstseins und die Rückbesinnung auf eine eigene estnische Identität war Kreutzwalds Werk von großer Bedeutung. Viele sehen in dem mythisch-märchenhaften Werk die Geburtsstunde der estnischen Literatur.

Wie tief der Mythos im estnischen Bewusstsein verankert ist, zeigt sich daran, dass die Menschen überall im Land Spuren von Kalevipoeg sehen: Auf seinen Wanderungen hat Kalevipoeg unzählige Steine nach seinen Gegnern geworfen, was die vielen Findlinge in Estland erklärt. Die Hügel der Drumlinslandschaft bei Jogeva entstanden, als er pflügte, in Tallinn weinte seine Mutter auf dem Lindastein so lange um ihren Mann, bis der Ülemiste-See entstand. Und der Kalkfelsen des Tallinner Dombergs ist sein Grab.

Zum 200. Geburtstag von Friedrich Reinhold Kreutzwald wurde das Nationalepos im 2003 als Bühnenstück uraufgeführt. Zwei freie Theatergruppen aus Estland und der Schweiz taten sich zusammen und kreierten mit vier Schauspielern und sparsamem Bühnenbild eine moderne Version von Kalevipoeg. Das Stück war so erfolgreich, dass es nach der Tournee durch Estland auch in Nordeuropa, Deutschland und der Schweiz gespielt wurde.

Dass Kalevipoeg mittlerweile auch außerhalb Estlands auf Interesse stößt, lässt sich u. a. daran erkennen, dass 2004 nach über 100 Jahren erstmals wieder eine deutsche Übersetzung des Werkes erschienen ist.

Setomaa

Im äußersten südöstlichen Zipfel Estlands leben seit ewigen Zeiten die Setos. Der Landstrich, den sie bewohnen, heißt Setomaa und grenzt heute unmittelbar an Russland. Durch ihren Dialekt, ihre Trachten, die Lieder, die sie singen, und durch ihren Glauben unterscheiden sie sich von den Esten.

Der Hauptort der Setokultur ist Värska, daneben gibt es noch zahlreiche kleine, verstreute Setodörfer wie Verhulitsa, Lutepää, Saatse, Ulitina oder Treski, die auf kaum einer Karte verzeichnet sind. Värska ist für sein Mineralwasser bekannt, das als Getränk sowie äußerlich zu Heilzwecken dient. Auch die heilende Wirkung des Schlamms der Värska-Bucht ist schon lange bekannt.

Rund 50 000 Menschen sprechen den Setodialekt, der – obwohl er finno-ugrische Wurzeln hat – von Esten nur schwer zu verstehen ist. Bekannt sind die Setos für ihre Trachten, die sie zu Feiertagen anlegen. Auffällig ist der Silberschmuck der Frauen, der mehrere Kilo wiegen kann und aus einer riesigen konischen Brosche sowie Ketten und Münzen besteht. Die Männer tragen über Hosen im russischen Stil ein mit roten Ornamenten verziertes Hemd und farbenfrohe Wollsocken. Bekannt sind die Setos auch für ihr Kunsthandwerk und die *Leelo,* Volkslieder, die meist von Frauenchören gesungen werden und aus bis zu 20 000 Versen bestehen können.

Die meisten Setos gehören der russisch-orthodoxen Kirche an, daneben haben sich Glaubensvorstellungen aus vorchristlicher Zeit erhalten wie der Glaube an den Fruchtbarkeitsgott Peko. In fast jedem Dorf gibt es ein traditionelles Gebetshaus *(tsässon),* ein kleines Holzgebäude mit einigen Ikonen im Innern und einem Kreuz auf dem Dach.

Ursprung und Geschichte der Setos liegen zum Teil im Dunkeln. Erwiesen ist, dass Setomaa schon seit mindestens 8400 Jahren besiedelt ist. Die heutigen Setos könnten auf einen eigenen balto-finnischen Stamm zurückgehen, der sich in der Region niedergelassen hat, sie könnten aber auch Esten sein, die ihre eigene Kultur entwickelt haben. In historischen Aufzeichnungen werden die Setos auch mit dem mystischen Volk der Tschuden in Verbindung gebracht.

Von 1862 bis 1920 gehörte Setomaa zu den verschiedenen russischen Staaten, während der ersten Republikzeit 1920–1940 dann als Petserimaa mit der Hauptstadt Petseri (Pechory) zu Estland. Seit 1944 ist Setomaa in einen russischen und einen estnischen Teil gespalten, was zur Zeit der Sowjetunion wegen der Durchlässigkeit der Grenze kein Problem war. Doch seit der Unabhängigkeit 1991 sind die Setos durch die Staatsgrenze zwischen Russland und Estland faktisch zweigeteilt und können z. B. nicht mehr ohne Weiteres die Gräber ihrer Angehörigen besuchen.

Setobauern waren nie Leibeigene, deshalb gibt es in Setomaa auch keine Gutshöfe. Während auf einem typisch estnischen Bauernhof alle Gebäude locker um den Hofplatz verteilt sind, bauen die Setos so, dass ein nach außen hin vollkommen abgeschlossener Innenhof entsteht. Einen guten Einblick in das von Landwirtschaft und Fischfang geprägte Leben der Menschen in Setomaa vermittelt das Setu Farm Museum in Värska (Setu talumuuseum, Mai–Sept. tgl. 10–17, Okt.–April Di–Sa 10–16 Uhr, 2 €).

Übernachten

Erstes Haus am Platz ▶ Grand Hotel Viljandi: Tartu 11, Tel. 435 58 15, www.ghv.ee. Die Fassade des 1938 errichteten Gebäudes vermittelt nicht den Eindruck eines Grandhotels, doch das Interieur ist tadellos. Alles ist modern und überzeugt mit dezentem Luxus. DZ 70–90 €.

Spa zum Sparpreis ▶ Peetrimõisa villa: Pirni 4, Tel. 434 30 00, Fax 433 47 93, www. peetrimoisavilla.ee. 15 Zimmer, teils Standard, teils Luxus, in einer älteren Stadtvilla mit neuem Anbau in Zentrumsnähe. Überschaubares Spa-Angebot mit Sauna, Pool, Salzkammer, Solarium. DZ 26–61 €.

Schöner Garten ▶ Felix maja: Pirni 14, Tel. 501 28 98, Fax 678 09 60, www.felixmaja.ee. Komplett saniertes Einfamilienhaus in einer ruhigen Nebenstraße, 1,5 km vom Zentrum. Recht kleine Zimmer in angenehmen Pastelltönen, Sauna, Café. DZ 33–40 €.

Essen & Trinken

Internationale Gerichte ▶ Centrum Restoran: Tallinna 50, Tel. 435 11 00, Mo–Fr 11–23, Sa, So 12–23 Uhr. Hotelrestaurant mit empfehlenswerter internationaler Küche. Filets von Rind, Schwein oder Huhn, außerdem Lachs und Flunder. Hauptgerichte 8–16 €.

Gut zur Lunchzeit ▶ Viljandi Grand Hotel: Tartu 11, Tel. 435 58 15. Von 12 bis 16 Uhr bietet das Hotelrestaurant ein sehr reichhaltiges und hochwertiges Lunchbuffet.

Bier und Snacks ▶ Tegelaste tuba: Pikk 2B, Tel. 433 39 44, So–Do 11–24, Fr, Sa 11–2 Uhr. Pub mit rustikaler Einrichtung und großer Terrasse am Schlosspark. Immer gut besucht, Snacks zum Bier und einfache Hauptgerichte, ab 4 €.

Treffpunkt der Einheimischen ▶ Viljandi kohvik: Lossi 31, Tel. 433 30 21, Mo–Fr 8–21, Sa, So 9–21 Uhr. Neben einigen Hauptgerichten mit viel Schweinefleisch (ab 4 €) gibt es hier eine estnische Spezialität, den echten Mulgi-Porridge, eine sättigende Beilage aus Kartoffeln, Gerstengraupen, gebratenem Speck und Zwiebeln. Die Kuchentheke bietet eine überzeugende Auswahl, der man nur schwer widerstehen kann.

Termine

Theater: Das 1920 gegründete Dramentheater Ugala (Vaksali 7) hat in Estland einen sehr guten Ruf. Im Sommer spielt das Ensemble häufig in der Freilichtbühne.

Viljandi Folk Music Festival (Ende Juli): das größte Folk Music Festival Estlands.

Verkehr

Busse: 12 x tgl. nach Tallinn und Tartu, 5 x tgl. nach Pärnu und Otepää.

In der Umgebung von Viljandi

Olustvere   ▶ 1, J 4

Rund 20 km nördlich von Viljandi zweigt in Höhe von Suure-Jaani eine von Alleebäumen gesäumte Nebenstraße zum 3 km entfernten **Gutshof Olustvere** ab. Das Gutshofensemble ist gut erhalten, neben dem im 20. Jh. fertiggestellten Haupthaus existieren noch Speicher, die Schnapsbrennerei, die Schmiede und der Brunnenpavillon. Im Haupthaus sind u. a. alte Möbel sowie die geschnitzten Pferdegespanne des Künstlers Voldemar Luht zu besichtigen (http://alex.vil.ee/~loss/index.htm, Mai–Aug. Mo–Fr 10–17, Sa, So 11–16, sonst Mo–Sa 10–16 Uhr, 1,50 €).

Suure-Jaani   ▶ 1, J 4/5

Einige Kilometer westlich von Olustvere liegt an einem Stausee der kleine Ort **Suure-Jaani.** Die Kirche stammt aus dem 14. Jh., bemerkenswert ist das in die Innenwand des Kirchturms eingemauerte Ringkreuz. Auf dem Friedhof ist der Maler Johann Köler, Vorreiter des estnischen Realismus, begraben, an den auch ein Museum in seinem Geburtshaus erinnert (Tel. 435 8513). Ein weiteres, 1973 eingerichtetes kleines Museum ist der Musikerfamilie Kapp gewidmet. Das Haus wurde 1926 von Hans Kapp (1870–1938), einem Mitglied der bekanntesten Komponistenfamilie Estlands, erbaut. Auch sein Sohn Villem lebte in dem Haus und komponierte hier viele seiner Werke (Tallinna 30, April–Okt. Mi–So 10–13.30, 14–18, sonst Di–Fr 11–13 Uhr).

Soomaa-Nationalpark ▶ 1, J 5

Zwischen Pärnu und Viljandi erstrecken sich die Hochmoore der Pärnu-Niederung, die von mehreren Flüssen durchzogen sind. 1993 wurde ein 370 km² umfassendes Areal als **Soomaa-Nationalpark** unter Naturschutz gestellt. Soomaa, das sind riesige Hochmoore, ruhige Flüsse, Überflutungswiesen, Heideflächen, Kiefernwälder, aber auch feuchte Bruch- und Moorwälder. Ein Charakteristikum des gesamten Gebiets sind die im Laufe des Jahres stark schwankenden Pegelstände der Flüsse, denn die flache Landschaft verhindert ein schnelles Abfließen der Wassermassen. Deshalb kommt es zu Beginn des Frühjahrs hier häufig zu Überschwemmungen. Die wenigen Menschen, die im Nationalpark leben, mussten sich diesen Bedingungen anpassen und sprechen von fünf Jahreszeiten: Frühling, Sommer, Herbst, Winter und Überflutung. Während der Überflutung waren Höfe und Dörfer nur mit Hilfe von Einbäumen, die aus Espenstämmen gefertigt und auf denen im Stehen gepaddelt wurde, zu erreichen, für einige Höfe gilt das auch heute noch. Charakteristisch für Soomaa sind auch die Hänge- und Stelzenbrücken, denn jeder Bauernhof, der an einem Fluss lag, besaß seine eigene Brücke.

Heute ist der Soomaa-Nationalpark außerhalb der Überschwemmungszeit auf mehreren Schotterstraßen mit dem Auto relativ gut zu erreichen und bietet zahlreiche Möglichkeiten zum Wandern und Kanufahren. Im neu errichteten Infozentrum erhalten Besucher viele Tipps für Aktivitäten im Nationalpark.

Infos

Soomaa-Besucherzentrum: Kõrtsi-Tõramaa, 71211 Viljandi, Tel. 435 71 64, www.soomaa.ee, tgl. 10–18, im Winter bis 16 Uhr.

Aktiv

Moorwanderungen ▶ **Soomaa.com:** Tel. 506 18 96, www.soomaa.com. Wer den Soomaa-Nationalpark nicht auf eigene Faust erkunden möchte, findet bei Soomaa.com eine professionelle Betreuung für Moorwanderungen und Kanutouren. Gruppen können für Tagestouren in Pärnu abgeholt werden. Der Veranstalter bietet auch Workshops zum Bau von Einbaumkanus an.

Der Weg ist das Ziel: auf Bohlenpfaden durch die Moorlandschaft von Viljandi

Tipp: Wanderungen

Fast alle Wege sind Rundwanderungen mit Beginn an den Straßen. So gibt es u. a. den **Biberpfad,** den **Pfad zur Gehölzwiese Tõramaa** (5 km). Ungefähr 1 km vom Besucherzentrum in Richtung Jõesuu startet der **Meikose-Weg,** der zu Ruinen von Bauernhöfen führt (5 km). Am Ende der Karukose-Straße beginnt der **Ingatsi** – anfangs durch Bruchwald, dann aufs Hochmoor, durch das Bohlenwege führen. Ein Aussichtsturm unterwegs verschafft Überblick, ein Bad in den Moorseen Erfrischung (4 km). Ein Hochmoortor, 7 km vom Besucherzentrum in Richtung Jõesuu, kennzeichnet den Beginn des **Riisa-Pfades:** Auf Bohlenwegen führt er zu mehreren Moorteichen. An der Verbindungsstraße zwischen Jõessu und Kaanso beginnt der **Toonoja-Pfad,** der Wanderer auf eine Moorinsel und in das gleichnamige verlassene Dorf führt (10 km; s. a. S. 436). Ausführliches Infomaterial über Wandermöglichkeiten ist im Besucherzentrum erhältlich.

Heimtali ▶ 1, J 5

Südwestlich von Viljandi liegt der aus dem 19. Jh. stammende **Gutshof Heimtali** mit einem klassizistischen Haupthaus, einem Verwalterhaus und einem ringförmigen Pferdestall. In der sogenannten Schnapsbrennerei etwas abseits am Hang eines tiefen Kerbtals wurde nach Erkenntnissen der Historiker wohl nicht Hochprozentiges, sondern Käse hergestellt. Das relativ kleine Gebäude besitzt vier Ecktürme aus Natursteinen.

Im ehemaligen Schulhaus von 1864 ist das von der estnischen Textilkünstlerin Anu Raud gegründete **Heimatmuseum** untergebracht. Zu sehen sind Handarbeiten, bäuerliche Ge-

aktiv unterwegs

Unterwegs im Soomaa-Nationalpark

Tour-Infos

Start: Im Karuskose-Camp, das mithilfe der Beschreibung vom Veranstalter und einer guten Karte auf Schotterwegen mit dem Auto zu erreichen ist.

Dauer: mindestens 1 Tag

Wichtige Hinweise: Aktivitäten im Soomaa-Nationalpark können unter www.soomaa.com, mail@soomaa.com oder Tel. 506 18 96 gebucht werden. In unregelmäßigen Abständen finden auch Kanu-Workshops statt, bei denen die Teilnehmer eines der traditionellen Soomaa-Kanus aus einem Espenstamm fertigen. Wer auf jeglichen Komfort einschließlich Strom verzichtet, kann in dem alten Farmhaus übernachten. Einsamkeit und Naturnähe sind garantiert, denn die nächste Siedlung ist kilometerweit entfernt.

Der Name Soomaa setzt sich aus den estnischen Wörtern *soo* (Moor) und *maa* (Land) zusammen. Es ist die feuchteste Gegend Estlands mit vier weitläufigen Mooren und einem Gewirr von Wasserläufen, die im Frühjahr regelmäßig Hochwasser führen und weite Flächen überschwemmen. Auf mehreren markierten Wanderwegen kann man den Soomaa-Nationalpark auch auf eigene Faust erkunden, doch mit einem ortskundigen Begleiter wie Aivar Ruukel von soomaa.com sieht man viel mehr.

Karuskose liegt mitten im Soomaa und ist der Ausgangspunkt der Tour. Es ist umgeben von feuchten Wiesen, Mooren und Bruchwäldern. Vor dem Haus liegen am Flussufer einige Kanus, doch als Erstes steht eine Wanderung durch das nahe Kuresoo-Moor, mit rund 11 000 Hektar das größte im Soomaa, auf dem Programm. Das Moor besteht aus einem Wassersystem mit Hunderten von Moorkolken und Wasseradern.

Anfangs geht es über Bohlenwege durch feuchten Bruchwald, bis es dann den rund sechs Meter hohen Moorhang hinaufgeht. Da es sich beim Kuresoo um ein Hochmoor handelt, liegt dessen Oberfläche immer über dem umgebenden Mineralboden. Von einem **Aussichtsturm** kann man einen weiten Blick über die riesige Moorfläche genießen. Auf dessen extrem saurem Boden wachsen hauptsächlich Torfmoose, die am Boden absterben, dessen obere Teile aber immer weiter wachsen. Auf den Torfmoosflächen finden mehrere immergrüne Sträucher und sogar einige kleine Bäume Halt: Labrador tea, Heidekraut, Moosbeere und Preiselbeere sind die am häufigsten anzutreffenden Pflanzen im hiesigen Hochmoor.

Auf Balkenwegen geht es weiter zu den ersten Moorkolken, dunklen, fast schwarzen Wasserlöchern. Nach einem erfrischenden Bad im Moorwasser wendet man sich wieder in Richtung Ausgangspunkt, der nach rund zwei Stunden schließlich erreicht ist.

Wer Lust auf die abenteuerliche Variante einer Moorwanderung abseits der Bohlenwege hat, kann mit Aivar Ruukel eine **Moorschuhtour** unternehmen. Bevor es losgeht, schnallen sich alle Schneeschuhe unter die Füße und können so über Moore und Wiesen laufen, ohne einzusinken.

Aber auch eine rund dreistündige abendliche **Kanutour** bietet Aivar Ruukel als Alternative an. Im Soomaa Nationalpark gibt es zwar etwa ein Dutzend Luchse und eine Handvoll Braunbären und Wölfe, doch die sind so scheu, dass man sie nie zu Gesicht bekommen wird. Erfolgreicher ist dagegen die Suche nach den nicht minder scheuen Bibern, von denen mindestens 150 Tiere im Soomaa leben. Mit ruhigen Paddelschlägen geht es vom Karuskose-Camp in die Abendstille – schon dies ist ein ganz besonderes Erlebnis, vor allem wenn sich leichter Nebel über den Fluss legt. Nun sind gute Augen gefragt, denn die Biber heben sich in der Dämmerung kaum vom dunklen Wasser ab. Doch in der Regel wird bei jedem Ausflug mindestens ein Biber bei seiner geschäftigen Tätigkeit im Wasser gesichtet.

Geradezu unglaublich sind die Spuren, die sie an Land hinterlassen. Dass Biber für ihre Burgen und Dämme Bäume fällen, weiß jeder, doch im Soomaa scheinen sie besonders aktiv zu sein. Auf einem kurzen Landgang bei der Kanutour sind Dutzende umgestürzte Bäume zu sehen, die charakteristischen Bissspuren lassen überhaupt keinen Zweifel daran, wer sie gefällt hat. Nach dem Fällen werden die Stämme von den Bibern in handliche Stücke zerlegt und abtransportiert. Einzige Spuren ihrer Präzisionsarbeit sind dann nur noch Sägespänehäufchen, die im Abstand von ein bis zwei Metern auf dem Boden zu entdecken sind.

brauchsgegenstände und die Einrichtung einer 100 Jahre alten Schulklasse (Di–So 9–13.30 und 14.15–17 Uhr, 1 €).

Võrtsjärv ► 1, K 5/6

Der **Võrtsjärv** ist mit 270 km^2 der größte Binnensee, der komplett auf estnischem Boden liegt. Der relativ flache See mit großteils schilfbewachsenem Ufer bietet 36 Fischarten Lebensraum. Berühmt ist der Wirz-See für die größte natürliche Aalzucht in Europa, die jedes Jahr durch das Aussetzen von vielen tausend Glasaalen aufgefrischt wird. Am Nordufer bei Vaibla kann man gut baden, außerdem gibt es dort einen Campingplatz (Tel. 504 91 02).

Helme ► 1, K 6

Die Ordensburg von **Helme,** an der Straße zwischen Pärnu und Valga, 3 km vor Tõrva, wurde vermutlich zu Beginn des 14. Jh. errichtet. Sie diente in der Folgezeit Deutschen, Russen, Litauern und Schweden als Standort, Letztere zerstörten sie 1656. Im 18. Jh. baute Jakob Gustav von Rennekampf neben der Ordensburg ein Gutshaus im Barockstil und legte einen englischen Garten an. Heute ist in dem Haus eine Landwirtschaftsschule untergebracht.

Taagepera ► 1, K 6

Rund 50 km südlich von Viljandi, fast an der Grenze zu Lettland, liegt auf einem Hügel eines der eigenartigsten Schlösser des gesamten Baltikums. Der Gutsbesitzer Hugo Ferdinand Bernhard von Stryck ließ **Taagepera** Anfang des 20. Jh. im Stil der finnischen Nationalromantik aus dunklem Granit erbauen. Die Anlage, heute ein Hotel, wirkt wegen ihres monumentalen Eingangsbereichs, dem 40 m hohen Hauptturm und den zahlreichen Giebeln, Erkern und Balkonen wie eine mittelalterliche Burg.

Übernachten

Nostalgisches Flair ► **Taagepera loss:** Tel. 766 63 90, Fax 763 55 90. Das Schloss mit 97 Räumen besitzt 32 Gästezimmer und ein Restaurant. DZ 78 €).

Im Westen ist das Meer allgegenwärtig. Heilschlamm, Meerwasser und die frische Seeluft machten Pärnu und Haapsalu einst zu international bekannten Kurorten mit noblen Gästen. Auch heute noch kommen viele hierher, um sich nach allen Regeln der Kunst verwöhnen zu lassen. Daneben bietet die Region lange Sandstrände und einsame Inseln, aber auch nostalgische Holzvillen, alte Schlösser und Ordensburgen.

Pärnu ▶ 1, H 5

Cityplan: S. 440

An einem kalten Tag im Jahr 1838 hatte der Besitzer eines Pärnuer Wirtshauses eine geniale Idee: Er bot den Gästen Badewannen mit erwärmtem Seewasser an, damit sie auch bei schlechtem Wetter ein ›Bad im Meer‹ nehmen konnten. Dies sollte die Geburtsstunde des Kurortes Pärnu werden, der schnell über die Landesgrenzen hinaus bekannt wurde.

Die Hansestadt **Pärnu** an der Mündung des gleichnamigen Flusses ist aufgrund ihrer Lage geradezu prädestiniert, den Titel »Sommerhauptstadt Estlands« zu tragen. Ihr Kapital ist vor allem der kilometerlange, bis zu 100 m breite Sandstrand vor der Tür. Als weiterer Pluspunkt kommt hinzu, dass sich das Wasser in der nach Süden hin offenen, flachen Bucht im Sommer auf angenehme Badetemperatur erwärmt. Seit der Entdeckung des Heilschlamms im 18. Jh. hat die Stadt viel dafür getan, dass sich Kurgäste hier wohlfühlen: Zahlreiche Parks und Alleen wurden angelegt und auch das Angebot an Hotels und Pensionen sowie Restaurants und Cafés wurde immer wieder erweitert und verbessert.

Der Zweite Weltkrieg, der große Teile der Stadt in Schutt und Asche legte, unterbrach das entspannte Treiben der wohlhabenden Sommerfrischler zwar für einige Jahre, doch schon bald nach Kriegsende kamen wieder erste Kurgäste, diesmal vor allem hohe Parteifunktionäre aus Moskau und St. Petersburg. In dieser Zeit entstanden zahlreiche mehrstöckige funktionalistische Sanatoriumsbauten, die noch heute neben einigen historischen Holzhäusern das Stadtbild prägen. Nach der Unabhängigkeit wurden viele dieser Kur- und Rehabilitationseinrichtungen saniert. Der Anteil der Kurgäste aus Russland ging stark zurück, stattdessen entdeckten die Finnen die Vorzüge Pärnus.

Estlands sechstgrößte Stadt hat rund 46 000 Einwohner; die relativ kleine Altstadt, der Strand und die Kureinrichtungen liegen auf einer Landzunge zwischen Meer und Pärnu-Fluss. Während die Randbezirke architektonisch weniger interessant sind, kann man im Zentrum noch einige alte Holzvillen entdecken, allerdings auch so manchen Betonbau aus der Sowjetzeit.

Im Stadtzentrum

Das Zentrum der Altstadt, die ein beinahe schachbrettartiges Straßennetz durchzieht, bildet die **Rüütli** – eine schnurgerade, zum großen Teil als Fußgängerzone ausgewiesene Einkaufsstraße. Im **Pärnu-Museum** `1` nahe ihrem östlichen Ende wird die Geschichte der Stadt und der Umgebung von der Steinzeit bis zur Gegenwart beleuchtet, zu sehen sind u. a. archäologische Funde, Trachten sowie Möbel aus dem 17. und 19. Jh. (Aia 4, www.pernau.ee, Di–So 10–17 Uhr, ca. 2 €).

Weiter westlich ragt der **Rote Turm** 2 (Punane Torn) auf, ein Gefängnisturm aus dem 15. Jh., der zu den wenigen Überresten der Stadtmauer zählt.

Das klassizistische **Rathaus** 3 in der parallel zur Rüütli verlaufenden Uus wurde 1797 als Wohnhaus für den Kaufmann P R. Harder erbaut. Nur wenige Schritte weiter erhebt sich die orthodoxe **Katharinenkirche** 4, eine der am üppigsten dekorierten Barockkirchen des Landes. Sie wurde 1764–1768 auf Geheiß von Katharina II. für die Pärnuer Garnison gebaut (Ekateriina kirik, Vee 16, Mo–Fr 11–18, Sa, So 9–18 Uhr). Ein weiterer, allerdings schlichterer Barockbau ist die 1750 eingeweihte protestantische **Elisabethkirche** 5 südlich der Rüütli, die von der Kaiserin Jelisaveta finanziert und deshalb nach ihr benannt wurde. Die neogotische Kanzel und der Altar stammen aus dem Jahr 1850, die Orgel, eine der besten des Landes, wurde 1929 in Riga gebaut (Eliisabeti kirik, Nikolai 22, Mo–Sa 12–18, So 10–13 Uhr).

Biegt man kurz vor Ende der Rüütli in südliche Richtung ab, gelangt man zum barocken **Tallinner Tor** 6 (Tallinna värav), dem einzigen heute noch erhaltenen Stadttor. Errichtet wurde es vermutlich nach Plänen von Erik Dahlberg, der ähnliche Tore auch für Narva und Riga entworfen hat. In der Nähe des Tors sind noch Reste des Wallgrabens und zwei Bastionen zu sehen.

Kurviertel und Strandpromenade

Südlich des Tallinner Tors erstreckt sich das Kurviertel, ein ruhiges Villenviertel mit Alleen und Parks sowie einigen schönen alten Holzhäusern. Architektonisch bemerkenswert ist die **Villa Ammende** 7, ein repräsentativer Jugendstilbau von 1905 mit Türmchen, der auf den Großhändler Ammende zurückgeht und von einem parkähnlichen Garten umgeben ist. Heute beherbergt die Villa Ammende ein Luxushotel und ein vorzügliches Restaurant (s. S. 441).

Die Villa Ammende – Jugendstilambiente für den Kaffee am Nachmittag

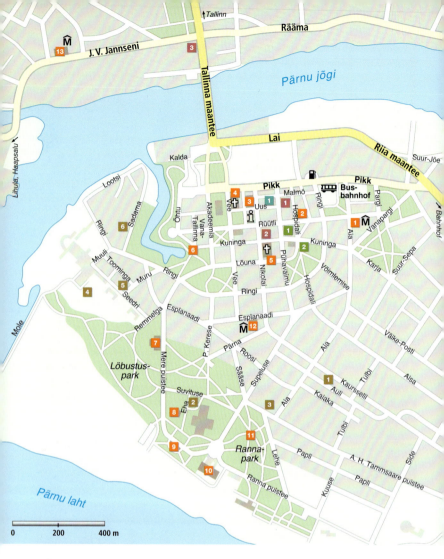

Über die Mere puiestee, vorbei an der **Villa Katariina** 8 (Mere puiestee 14), einer sehenswerten Holzvilla vom Ende des 19. Jh., gelangt man zum 1880 erbauten **Kursaal** 9 und schließlich zum Strand. Die **Schlammbadeanstalt** 10 an der Strandpromenade steht an der Stelle des im Ersten Weltkrieg niedergebrannten Wirtshauses, in dem Pärnus Geschichte begann. In dem 1882 angelegten **Rannapark** 11 mit altem Baumbe-

stand und modernen Skulpturen finden sich mehrere Beispiele funktionalistischer Architektur, darunter das 1937 errichtete Rannahotell und das Strandcafé mit seinem pilzförmigen Balkon.

Museum für moderne Kunst 12

Das **Pärnuer Museum für moderne Kunst** im ehemaligen Hauptquartier der Kommunistischen Partei wurde 1992 u. a. von dem est-

Pärnu

nischen Dokumentarfilmer Mark Soosaar als Chaplin Art Center gegründet. Die engagierten Initiatoren des Museums zeigen jedes Jahr Ausstellungen moderner Kunst und organisieren im Juli ein Dokumentarfilmfestival (Pärnu uue kunsti muuseum, Esplanaadi 10, www.chaplin.ee, tgl. 9–19 Uhr, 2 €).

Lydia-Koidula-Museum 13

Die bedeutendste Dichterin des Landes, Lydia Koidula (1843–1886), ging in Pärnu zur Schule. In dem nach ihr benannten Park östlich der Elisabethkirche steht ein 1929 ihr zu Ehren geschaffenes Denkmal. Das **Lydia-Koidula-Museum** jenseits des Flusses, das im ehemaligen Schulhaus von 1850 untergebracht ist, erinnert an die wichtigste Dichterin des nationalen Erwachens sowie an ihren Vater Johann Voldemar Jannsen, der 1869 das erste estnische Sängerfest organisierte und die erste estnische Zeitung, »Perno postimees«, gründete (Jannseni 37, www.pernau.ee, Mi–So 10–18 Uhr, 1 €).

Infos

Pärnu turismiinfokeskus: Uus 4, 80100 Pärnu, Tel. 447 30 00, Fax 447 30 01, www.parnu.ee, Juni–Aug. Mo–Fr 9–18, Sa 10–16, So 10–15, sonst Mo–Fr 9–17 Uhr.

Übernachten

Der Gast ist König ▶ Villa Ammende 7: s. S. 439. Mere pst. 7, Tel. 447 38 88, Fax 447 38 87, www.ammende.ee. Kleines, exklusives Hotel mit exzellentem Service in einer Ju-

gendstilvilla. Unterschiedlich gestaltete, großzügige Zimmer und Suiten; preisgünstig sind die elf Zimmer im separaten Gärtnerhaus. Hervorragendes Restaurant mit französisch-mediterraner Küche. Im Sommer klassische Konzerte im Garten oder im Salon. DZ 125–235 €.

Einfach und preiswert ▶ Villa Ene 1: Auli 10 a, Tel. 442 55 32, www.hot.ee/villaene. Kleines Privathaus im Kurviertel mit fünf Zimmern, alle relativ einfach eingerichtet, aber neu und in kräftigen Farben renoviert. Kein Frühstück. DZ 45 €.

Kurhotels ▶ s. S. 442.

Essen & Trinken

Historisches Ambiente ▶ Seegi Maja 1: Hospidali 1, Tel. 443 05 50, www.seegimaja.ee, tgl. 12–24 Uhr. Im ehemaligen Armenhaus von Pärnu speist man heute stilvoll und fürstlich wie im 17. Jh. Auch der Weinkeller im Untergeschoss ist einen Besuch wert. Hauptgerichte ab 12 €.

Für den kleinen und großen Hunger ▶ Kuursaal 9: Mere 22, Tel. 442 03 67, Mo–Fr 20–2, Sa 20–4 Uhr. Populäres Restaurant am Strand im ehemaligen Kursaal (s. S. 440). In der angeblich größten Taverne Estlands speist man an langen Holztischen, serviert wird deftige Hausmannskost. Am späteren Abend oft Livemusik. Hauptgerichte ab 10 €.

So gut wie in Italien ▶ Steffani Pizzarestoran 2: Nikolai 24, Tel. 443 11 70, www.steffani.ee, tgl. 11–24, Fr, Sa 11–2 Uhr. Stets gut besuchtes Gartenlokal in einer ruhigen

Tipp: Zur Kur nach Pärnu

Die Kurhotels von Pärnu bieten alles für Entspannung und Genesung – zu sehr moderaten Preisen (ab ca. 50 € pro Pers./Tag). Die medizinische Betreuung ist exzellent, die Auswahl an Behandlungsmöglichkeiten riesig. Adressen: **Spa Hotel Sõprus 2**: Eha 2, Tel. 445 07 50, Fax 445 07 70, www.spaho telsoprus.com. **Spa Estonia 3**: Tammsaare pst. 4 A, Tel. 447 69 05, Fax 447 69 01, www. spaestonia.ee. **Tervise Paradiis 4**: Side 14, Tel. 445 16 06, Fax 445 16 01, www.tervise paradiis.ee. **Tervis Spa 5**: Seedri 6, Tel. 445 01 11, Fax 445 03 07, www.sanatooriumter vis.com. **Viiking 6**: Sadama 15, Tel. 443 12 93, Fax 443 14 92, www.viiking.ee.

Seitenstraße. Steinofen- und Pfannenpizzen in exzellenter Qualität zwischen 5–7 €.

Der kleine Umweg lohnt ▶ Café Campa 3: Tallinna 2, Tel. 443 99 92, Mo–Fr 11–22, Sa, So 11–24 Uhr. Neues, atmosphärisch gelungenes Café-Restaurant ein wenig abseits der Touristenmeile Rüütli, aber die wenigen Minuten zu Fuß lohnen sich. Kleine Leckereien aus der Mittelmeerküche, Pasta- und Wokgerichte sowie Pizzen – klassisch und American Style. Abends häufiger DJ-Musik, ideal, um gemütlich einen Cocktail zu trinken. Pizzen und Pasta um 5 €.

Einkaufen

Souvenirs, Kunsthandwerk ▶ Linamaja 1: Rüütli 37, Tel. 442 64 92, Mo–Fr 9–19, Sa 9–16, So 9–15 Uhr.

Antiquitäten ▶ Antiik 2: Kunniga 32, Tel. 510 67 07, Mo–Fr 10–18, Sa 10–15 Uhr.

Abends & Nachts

Bier und Rockmusik ▶ Veerev õlu 1: Uus 3 a–2, Tel. 442 98 48, Mo–Do 11–23, Fr, Sa 11–1 Uhr. Rustikale Kneipe, zentral, aber etwas versteckt gelegen. Der schwedische Gastwirt liebt Rockmusik, besonders die Rolling Stones. Hin und wieder Livemusik, aber auch sonst sind Musik und Stimmung hier so

gut, dass die Gäste schon mal auf den Tischen tanzen.

Aktiv

Schwimmen ▶ Tervise Paradiis 4: Side 14, Tel. 445 16 66, www.terviseparadiis.ee, tgl. 10–22 Uhr. Aquapark in Strandnähe mit mehreren Rutschen und Pools.

Termine

Konzerte: Von Mai bis August findet fast jeden Tag irgendwo in Pärnu ein Konzert statt, aktuelle Infos erhält man im Touristenbüro.

Line Dance Festival (Mitte Juni): zwei Tage ganz im Zeichen von Country und Western, in Pärnu und auf der Sassi-Farm (18 km westlich von Pärnu an der Küste; www.estonian linedance.com).

Pärnu Film Festival (Anf.–Mitte Juni): Dokumentarfilmfestival mit über 20-jähriger Tradition (www.chaplin.ee/english/filmfestival/).

David Oistrakh Festival (Ende Juni–Anf. Aug.): Musikfestival zu Ehren des weltberühmten Violinisten (1908–1974), der im Sommer in Pärnu mit Kollegen und Studenten zu musizieren pflegte (www.oistfest.ee).

Verkehr

Züge: 2 x tgl. nach Tallinn; Bahnhof: Riia 116 (außerhalb des Stadtzentrums, mit Bussen erreichbar).

Busse: mehrmals tgl. Busse in alle estnischen Städte, auch Fernbusse nach Riga, Vilnius und Kaliningrad. Fahrkarten beim Fahrer oder im Busbahnhof (5.15–19.30 Uhr); Busbahnhof: Ringi 3, Tel. 447 10 02.

Taxi: Halteplatz am Hotel Pärnu, am östlichen Ende der Rüütli.

In der Umgebung von Pärnu

Lavassaare ▶ 1, H 5

Lavassaare, 24 km nordwestlich von Pärnu, liegt abgeschieden mitten in einem Hochmoor und lebt vom Torfabbau. Hier lohnt das **Estnische Eisenbahnmuseum** einen Besuch, das eine ansehnliche Sammlung von mehr als 30 Schmalspurlokomotiven und -waggons aus Estland, Lettland und Litauen besitzt und damit als drittgrößtes Eisenbahnmuseum Europas gilt. Samstags fährt eine der alten Lokomotiven mehrmals täglich auf einem 2 km langen Abschnitt der im Jahr 1975 stillgelegten Torfbahnstrecke (Eesti muuseumraudtee und www.museumrailway.ee, Juni–Sept. Mi–Sa 11–18, So 11–17 Uhr, 2,50 €, Bahnfahrt 6,40 €, Familien 16 €).

Valgerand ▶ 1, G 5

Wem der Trubel in Pärnu zu viel wird, der kann sich an den 6 km westlich gelegenen ruhigeren **Valgerand** (Weißer Strand) zurückziehen. Seit einiger Zeit stören allerdings die verlassenen und verfallenden Campinghütten hinter dem Strand ein wenig das idyllische Bild.

Übernachten

Eigenwillige Architektur ▶ **Villa Andropoff:** Valgeranna, Tel. 444 34 53, Fax 444 20 04, www.andropoff.ee. Das in den 1980er-Jahren fertiggestellte Haus war zunächst ausschließlich Moskauer Parteigrößen und Staatsgästen vorbehalten. Aufgrund seiner einsamen Lage konnte das Backsteingebäude hermetisch abgeriegelt werden. Heute ist die Villa in finnisch-estnischer Hand und steht als Hotel und Konferenzzentrum allen offen. Vor der Tür liegt ein Waldgelände mit Sandstrand. Hauseigener 18-Loch-Golfplatz in überzeugender Lage (40–50 €).

Kihnu ▶ 1, G 6

Kihnu, die größte Insel der Rigaer Bucht, liegt nur 12 km vom estnischen Festland entfernt und ist ein einsames, abgeschiedenes Fleckchen. Das Leben der rund 600 Insulaner, die sich auf die vier kleinen Dörfer Rootsiküla, Linaküla, Sääre und Lemsi verteilen, wird auch heute noch vom Meer und von den Traditionen bestimmt. Neben der Fischerei und der Robbenjagd waren das Sammeln und der Export von Steinen, die hier zuhauf zu finden sind, lange eine wichtige Einnahmequelle. Ein erheblicher Teil des Kopfsteinpflasters in Pärnu, Tallinn, Riga und sogar Helsinki stammt aus dem flachen Meer vor Kihnu.

Im äußersten Süden der 7 km langen und 3,5 km breiten Insel erhebt sich der Leuchtturm von 1864, ferner gibt es auf Kihnu eine orthodoxe Kirche, ein kleines Heimatmuseum sowie das Grab des berühmtesten Insulaners, Kihnu Jõnn (1848–1913), der durch den Roman »Der wilde Kapitän« von Juhan Smuul (Johannes Schmuul; 1922–1971) berühmt wurde. Nach seinem letzten Schiff, »Rock City«, ist die Kneipe nördlich des Hafens benannt.

Übernachten

Konkurrenzlos ▶ **Rock City:** s.o., Lemsi küla, Tel. 446 99 47. Einfaches Gästehaus mit Kneipe an der Nordostküste, in Strandnähe gelegen, ca. 15 Min. zu Fuß vom Hafen. DZ 25 €.

Camping ▶ **Rannakämping:** Linaküla, Tel. 446 99 24. Campingmöglichkeit und Hüttenvermietung 3 km vom Hafen.

Verkehr

Fähren: Mitte Juni–Ende Aug. ca. 9 x wöchentlich von Pärnu nach Kihnu, Fahrzeit 2,5 Std. Vom winzigen Hafen Munalaiu, 46 km westlich von Pärnu, 2 x tgl. nach Kihnu, Fahrzeit 50 Min. Genaue Fährzeiten findet man unter www.veeteed.com und Tel. 443 10 69. Im Winter kann man mit dem **Auto** über die zugefrorene Ostsee fahren; wenn dies nicht möglich ist, gibt es eine **Flugverbindung** zwischen Pärnu und Kihnu.

Am Pärnu entlang

Sindi ▶ 1, H 5

Mit 144 km ist der Pärnu einer der längsten Flüsse Estlands. 14 km von der Stadt Pärnu flussaufwärts liegt am linken Flussufer das Städtchen **Sindi.** Im Jahr 1832 errichtete hier der Rigaer Kaufmann J. C. Wöhrmann die erste Textilfabrik, die sich bald zur größten des Landes entwickeln sollte. Auch heute werden in Sindi Textilien produziert, einige der Fabrikgebäude aus der Gründerzeit existieren noch, zum Teil sind sie allerdings in ruinösem Zustand.

Westestland

Tori ▶ 1, H 5

Tori, 12 km weiter flussaufwärts, ist in erster Linie durch das 1856 gegründete **Gestüt** bekannt. Bis heute werden hier die berühmten Tori-Pferde gezüchtet, schwere Warmblüter, die früher vor allem als Kutsch- und Kavalleriepferde eingesetzt wurden und in großer Zahl auf den Koppeln des Gestüts zu beobachten sind (Besichtigung des Gestüts 8–17 Uhr, Infos über Reitmöglichkeiten unter Tel. 528 62 84).Sehenswert sind in Tori au-

ßerdem der 70 m lange Pub mit zehn Säulen an der Vorderfront sowie die Mitte des 19. Jh. aus Feldsteinen errichtete **Kirche.** Hinter diesem Gotteshaus steht ein Denkmal, das den heiligen Georg im Kampf mit einem Drachen zeigt.

Am linken Steilufer des nahen Pärnu-Flusses sind auf rund 250 m devonische Sandsteinaufschlüsse zu sehen. Durch Quellwasser entstanden in dem weichen Sandstein Höhlen und Gänge, die immer wieder ein-

Kihnu: Irgendwo an den Nahtstellen von Wasser und Land ist immer etwas los

444

stürzten. Um die Höhlen ranken sich viele Legenden; laut einer von ihnen sind die Höhlen Eingänge zur Hölle. Oberhalb der Steilküste steht die kleine Skulptur »Tori põrgu«.

Von Pärnu zur lettischen Grenze ▶ 1, H 5–6

Die schnellste Verbindung von Pärnu zur lettischen Grenze ist die gut ausgebaute Via

Baltica (E 67). Nach 14 km führt sie an **Uulu** vorbei, wo bis 1918 ein stattliches Gutshaus stand, das Ähnlichkeit mit Windsor Castle hatte. Von dem Gebäude ist nichts mehr zu sehen, doch der Park lädt zu einem erholsamen Spaziergang ein.

In dem kleinen Dorf **Tahkuranna** erinnert ein Monument an Konstantin Päts, den ersten Präsidenten der Republik Estland, der hier geboren wurde. Von den russischen Besatzern zum Rücktritt gezwungen, saß er 16 Jahre in verschiedenen Gefängnissen und wurde schließlich in den Ural deportiert, wo er 1956 starb.

Bei **Rannametsa** bietet sich ein Abstecher auf die alte Straße nach Riga (Vana Riia mnt., Nr. 331) an. Bis Häädemeeste verläuft sie zwar noch ein gutes Stück vom Meer entfernt durch Mischwald und Felder, doch sobald man den Ort verlassen hat, fährt man direkt am Wasser entlang.

Häädemeeste, mit rund 900 Einwohnern der größte Küstenort südlich von Pärnu, erstreckt sich ohne richtiges Zentrum entlang der alten Straße. Ab Mitte des 19. Jh. bis 1910 war der Ort berühmt für den Bau von Segelschiffen. Einen Besuch wert sind die beiden stattlichen Gotteshäuser: die **orthodoxe Kirche** von 1872 und die **evangelische Michaelskirche** von 1874.

Das weiter südlich gelegene **Kabli** ist ebenfalls ein langgezogenes Straßendorf; auch hier lebten einst vor allem Seeleute und Schiffsbauer. Aus jener Zeit sind noch einige schöne Holzhäuser erhalten geblieben. Einer der bekanntesten Kapitäne des Ortes war Jakob Markson (1840–1930). Sein reich verziertes, blau-weißes Holzhaus (Jakop Marksoni majamuuseum) an der Straße ist noch immer in Familienbesitz und kann besichtigt werden (keine festen Öffnungszeiten, im Sommer meist ganztägig geöffnet). In Kabli lohnt auch ein Abstecher zum Strand, dem schönsten südlich von Pärnu. Auf der Küstenstraße passiert man südlich von Kabli das Lepanina Hotel an einem kleinen Strand und fährt weiter durch einige Streusiedlungen, bevor man kurz vor dem Grenzort Ikla ins Landesinnere abbiegt und auf die Via Baltica (E 67) trifft.

Haapsalu

Sehenswert

1 Bischofsburg
2 Schlossplatz
3 Rathaus
4 Johanneskirche
5 Kursaal/Restaurant Kuursaal
6 Museum der Küstenschweden
7 Evald-Okas-Museum
8 Bahnhof

Übernachten

1 Laine Spa Hotel
2 Spa Hotel Fra Mare
3 Baltic Hotel Promenaadi/ Restaurant

Essen & Trinken

1 Restaurant Central
2 Café Müüriääre Kohvik

Aktiv

1 Schwimmbad
2 Fahrradverleih
3 Vanalinna Bowling
4 Golf

Übernachten

Am Meer ▶ Lepanina Hotell: Tel./Fax 446
50 24, www.lepanina.ee. Das moderne Backsteingebäude, südlich von Kabli gelegen, befindet sich einsam im Wald und unmittelbar
am Meer. Die komfortablen Zimmer sind alle
mit Balkon ausgestattet. Das Restaurant
des Hotels hat Terrasse und Meerblick;
mehrere neue Campinghütten stehen zur
Verfügung, einige davon am Wasser. DZ ca.
60–85 €, Hütten ab 50 €, Camping ab 13 €.

Aktiv

Wandern ▶ In Kabli führt ein 1,8 km langer
Naturpfad am Meer entlang.

Verkehr

Busse: mehrmals tgl. Verbindung von Pärnu
zum Grenzort Ikla.

14 Haapsalu ▶ 1, F 3

Cityplan: oben
Heilschlamm, Meerwasser und frische Seeluft haben **Haapsalu** zu einem der bekanntesten Kurorte Estlands gemacht. Die kleine,
aber sehenswerte Altstadt liegt auf einer
schmalen, weit ins Meer reichenden Landzunge; in ihrem Zentrum thront die Ruine der
Bischofsburg. Enge Gassen, Parks und Al-

leen sowie viele bunt gestrichene Holzhäuser aus dem 19. Jh. tragen zum nostalgischen Charme Haapsalus bei. Das Wasser ist allgegenwärtig: Von jedem Punkt der Stadt ist man nach wenigen hundert Metern unweigerlich am Meer, das hier flach und meist spiegelglatt ist. Haapsalu erhielt in der zweiten Hälfte des 13. Jh. die Stadtrechte und wurde Sitz des Bistums Ösel-Wiek. In der Folgezeit entwickelte sich der Bischofssitz zu einer recht bedeutenden Handelsstadt, doch die zunehmende Versandung des Hafens brachte sie in wirtschaftliche Schwierigkeiten. Erst als man die heilende Wirkung des Meerschlamms entdeckte und 1825 das erste Heilschlammbad eröffnete, erlebte Haapsalu eine neue wirtschaftliche Blütezeit. Bald kamen noble Gäste aus St. Petersburg zur Kur, unter ihnen Peter Tschaikowski und die Zarenfamilie. Auf Betreiben von Zar Nikolaus II. wurde 1905 die Eisenbahnlinie von Tallinn nach Haapsalu gebaut. Besonders während der Jahre der Unabhängigkeit vor dem Zweiten Weltkrieg zählte Haapsalu zu den bekanntesten Kurorten Estlands mit berühmten Gästen aus Kultur und Politik. Aus dieser Zeit stammen viele der schönsten Häuser der Stadt sowie der Kursaal an der Strandpromenade.

Die Bischofsburg 1

Das Zentrum der Altstadt bildet die **Bischofsburg** (Piiskopilinnuse), die Mitte des 13. Jh. als Residenz der Bischöfe von Ösel-Wiek erbaut wurde. Obwohl nur noch Teile von ihr erhalten sind, kann man die Ausmaße der stattlichen Burg, die von einer 800 m langen Mauer umgeben ist, heute noch erahnen. In den letzten Jahren sind vor allem Stücke der Mauer rekonstruiert worden. Ein lohnender Rundblick bietet sich hier vom **Wehrturm.** Innerhalb der Mauer liegt auch die gut erhaltene **Domkirche,** die etwa zur gleichen Zeit wie die Burg errichtet wurde. Diese größte einschiffige Hallenkirche Nordeuropas ist ein schlichter Bau mit einem vermutlich im 15. Jh. an der Südseite angefügten Baptisterium (Lossiplats 3, freier Eintritt in den Schlosshof tgl. 7–24 Uhr, Museum mit mittelalterlichen Waffen tgl. 10–18 Uhr, 2 €).

Rund um den Schlossplatz 2

Eines der Tore in der Burgmauer führt zum **Schlossplatz,** der früher als Marktplatz diente und von dem die ältesten Straßen Haapsalus abgehen. Hier steht das ehemalige **Rathaus** 3 aus dem 18. Jh., in dem sich heute das **Museum von Läänemaa** befindet, das eine Dauerausstellung zur Stadtgeschichte sowie zahlreiche Wechselausstellungen zeigt (Kooli 2, www.muuseum.haapsalu.ee, Mitte Mai–Mitte Sept. Mi–So 10–18, sonst Mi–So 11–16 Uhr, Mai–Aug. Di–Sa 10–18, sonst 11–16 Uhr, 1,60 €).

Die **Johanneskirche** 4 wenige Schritte hinter dem Museum entstand im 16. Jh. aus einem Warenlager und beherbergt einen Steinaltar von 1630 sowie eine hölzerne Kanzel von 1707.

An der Strandpromenade

Bald darauf gelangt man zum **Afrikastrand** (Aafrikarand) und zum Beginn der **Großen Promenade.** Am Wasser entlang führt diese zum Denkmal für Rudolf Tobias (1873–1918), den ersten professionellen Komponisten Estlands, der einige Jahre in Haapsalu gelebt hat, und zum **Kursaal** 5. Im Jahr 1898 errichtet, war das schön gelegene, reich verzierte Holzgebäude einst das Zentrum des gesellschaftlichen Lebens; nach einer gründlichen Sanierung beherbergt es heute ein Restaurant.

Am Flanierweg hinter dem Kursaal steht eine Bank zum Gedenken an Peter Tschaikowski, der in Haapsalu gerne seine Ferien verbrachte. Wer sich auf die Bank setzt, erfährt via Lautsprecher Interessantes über das Leben des Komponisten und kann einige Takte seiner Musik hören.

Der Weg hinaus auf die Spitze der Landzunge führt am Hotel Promenaadi vorbei und zum **Museum der Küstenschweden** 6, das an die Geschichte der schwedischen Minderheit erinnert, die vom 13. Jh. bis zum Beginn des Zweiten Weltkriegs an der Nordwestküste Estlands und auf den vorgelagerten Inseln lebte (Rannarootsi muuseum, Sadama 31/32, Mai–Aug. Di–So 10–18, sonst 11–16 Uhr, 1,50 €).

Großer Bahnhof für den Zaren: Sein Besuch 1907 war Anlass für den Bau der Station

Südlich der Altstadt

An der Hauptstraße südlich der Burg liegt das **Evald-Okas-Museum** 7, das einem der bekanntesten estnischen Maler der Gegenwart gewidmet ist. Evald Okas wurde 1915 in Tallinn geboren und studierte an der dortigen Kunstschule und der Moskauer Akademie. Seine Werke wurden in über 50 Ausstellungen im In- und Ausland gezeigt, öffentliches Aufsehen erregten seine Aktzeichnungen (Karja 24, Juni–Aug. tgl. 12–18 Uhr, 2 €).

Der prachtvolle **Bahnhof** 8 wurde 1907 für den Besuch des russischen Zaren errichtet. Damals besaß das schön verzierte Holzgebäude den mit 216 m längsten überdachten Bahnsteig Europas. Heute befindet sich in dem Gebäude ein kleines **Eisenbahnmuseum;** auf den stillgelegten Gleisen stehen einige Lokomotiven und Waggons zur Besichtigung (Raudteemuuseum, Raudtee 2, www.jaam.ee, Mi–So 10–18 Uhr, 2 €).

Infos

Haapsalu turismiinfokeskus: Karja 15, 90502 Haapsalu, Tel. 473 32 48, Fax 473 34 64, www.haapsalu.ee, Mitte Mai–Mitte Sept. Mo–Fr 9–18, Sa, So 9–15, sonst Mo–Fr 10–17 Uhr.

Übernachten

Spa in zentraler Lage ► Laine Spa Hotel 1: Sadama 9/11, Tel. 472 44 00, Fax 472 44

und Neu, die Peltzer-Villa von 1859 wurde 1998 um einen Neubau erweitert. 35 modern, aber etwas nüchtern eingerichtete Zimmer, die meisten mit Balkon und herrlichem Seeblick. DZ 55–95 €.

Essen & Trinken

Nostalgisch ▶ Haapsalu Kuursaal 5: Promenaadi 1, Tel. 473 55 87, www.haapsalu kuursaal.ee, Mai–Aug. tgl. 11–23 Uhr. Herrlich nostalgisches Ambiente am Wasser, im Sommer kleine Sonnenterrasse. Alle Speisen tragen fantasievolle Namen wie »Strandsymphonie« oder »Alle Männer sind Schweine«. Gute Küche, aber nicht ganz billig. Hauptgerichte ab 10 €.

Romantisch zum Sonnenuntergang ▶ Promenaadi Restaurant 3: Sadama 22, Tel. 473 72 50, www.promenaadi.ee. Hotelrestaurant mit hervorragender Küche direkt an der Promenade mit schönem Meerblick. Einige preiswerte Gerichte wie Hähnchenfilet und Pasta, Wildschwein, Lachs oder Lamm. Hauptgerichte 7–15 €.

Gediegen und preiswert ▶ Restaurant Central 1: Karja 21, Tel. 473 55 95, www.central-haapsalu.ee, So–Do 12–24, Fr, Sa 12–2 Uhr. Restaurant im ersten Stock eines behutsam restaurierten Holzhauses von 1907 mit Blick auf die Burg. Es gibt solide Hausmannskost wie Schweineschnitzel oder Forelle zu fairen Preisen, eine angenehme Atmosphäre und einen freundlichen Service. Hauptgerichte ab 6 €. Im Keller des Hauses befindet sich ein Pub.

Hier stimmt alles ▶ Müüriääre Kohvik 2: Karja 7, Tel. 473 75 27, 10–20 Uhr, Fr, Sa bis 22 Uhr. Kleines Café direkt an der Stadtmauer. Hier kann man sich in einem der Sessel oder auf einem der Sofas niederlassen und leckere Kleinigkeiten genießen. Bemerkenswert ist die fantasievolle Einrichtung. Kleinigkeiten ab 3 €.

01, www.laine.ee. Ruhige Lage in Altstadtnähe am Ufer des Väike viik. Modernisierte, relativ kleine Zimmer, mehr Kurhotel und Sanatorium als Wellnessoase; günstige Paketangebote. Vom Restaurant schöner Blick aufs Meer. DZ 85–110 €, 7 Tage Spa ab 380 € pro Person.

Sandstrand vor der Tür ▶ Spa Hotel Fra Mare 2: Ranna tee 2, Tel. 472 46 00, Fax 472 46 01, www.framare.ee. Modernes Spa-Hotel am Paralepa-Sandstrand; alle Kur- und Heilbehandlungen. DZ 100–135 €, 7 Tage Spa ca. 500 €.

Für Individualisten ▶ Baltic Hotel Promenaadi 3: Sadama 22, Tel. 473 72 50, www.promenaadi.ee. Gelungene Mischung aus Alt

Aktiv

Schwimmen ▶ Schwimmbad 1: Lihula 10, Tel. 472 50 65, tgl. 12–22 Uhr. Großes Schwimmbad mit Wasserrutsche und mehreren Saunen.

Tipp: Das Fest der Weißen Dame

Einst war Frauen der Zutritt zur Bischofsburg untersagt, doch aus Liebe schmuggelte ein Kirchendiener ein als Mann verkleidetes Mädchen ein, das im Chor mitsang, eines Tages aber entdeckt wurde. Der Kirchendiener kam ins Gefängnis, wo er verhungerte. Das Mädchen wurde lebendig eingemauert. Seither soll im August bei Vollmond eine weiße Frauengestalt in einem der Fenster der Taufkapelle erscheinen. Aus diesem Anlass findet im Burgpark von Haapsalu alljährlich ein großes Fest statt (u. a. mit Theateraufführungen).

Fahrradverleih ▶ Rattad-vaba aeg jalgrattalaenutus 2: Karja 22, Tel. 472 98 46, Mo–Fr 10–18, Sa 10–15 Uhr.
Bowling ▶ Vanalinna Bowling 3: Jaani 4, Tel. 473 49 00, tgl. 12–24 Uhr.
Golf ▶ Haapsalu-Golf 4: Posti 21, Tel. 473 39 99, www.ridalagolf.ee. In Ridala, 5 km von Haapsalu, liegt ein 9-Loch-Platz; eine Erweiterung auf 18 Löcher ist geplant.

Verkehr
Busse: mehrmals tgl. Verbindungen in alle estnischen Städte, nach Tallinn 20 x tgl.; Busbahnhof: Raudtee 2 (am alten Bahnhof), Tel. 473 47 91, tgl. 6–18 Uhr.
Fähren: Vom 8 km westlich gelegenen kleinen Hafenort Rohuküll verkehren regelmäßig Fähren zu den Inseln Hiiumaa und Vormsi.

In der Umgebung von Haapsalu

Vormsi ▶ 1, F 3
Vormsi, nordwestlich von Haapsalu, ist nur durch einen rund 3 km breiten Sund vom Festland getrennt. Mit 93 km^2 ist sie die viertgrößte Insel Estlands, mit rund 400 Einwohnern aber ausgesprochen dünn besiedelt. Der estnische Name leitet sich vom schwedischen Ormsö (Schlangeninsel) ab, denn im 13. Jh. waren es Schweden, die sich hier niederließen. Auch heute erinnern die Ortsnamen Borrby, Hullo, Kärrslätt, Norrby, Rälby, Saxby, Sviby und Söderby noch an die schwedische Vergangenheit. Vormsi ist waldreich, besitzt einige Wacholderwiesen, weit ins Meer reichende Landzungen und zahlreiche Findlinge. Im Hauptort **Hullo** erhebt sich die 1632 erbaute Olaikirche; auf dem alten schwedischen Friedhof findet man 26 Steinkreuze, die angeblich auf einen Sonnenkult zurückgehen. Da es auf Vormsi sehr ruhig zugeht, eignen sich auch die Inselstraßen hervorragend zum Wandern. Begibt man sich von Hullo in südliche Richtung, kommt man bald nach **Rumpo,** in dessen Nähe es einige Bademöglichkeiten gibt. Von dem Dorf bietet sich ein Abstecher auf die weit ins Meer ragende Landzunge **Rumpo näs** an.

Westlich von Hullo liegt der größte See der Insel; an ihm vorbei gelangt man zur Westerbucht, die sich – wie der See – zum Baden anbietet. Folgt man der Küste in Richtung Norden, gelangt man zum Leuchtturm bei **Saxby** und schließlich zu einer weiteren, 4 km ins Meer ragenden Landzunge, **Borrby näs.**

Verkehr

Fähren: Tel. 443 10 69, www.veeteed.com. Zwischen dem Festlandhafen Rohuküla und Sviby auf Vormsi gibt es im Sommer 3 x tgl. und im Winter 2 x tgl. eine Fährverbindung – vorausgesetzt, die Ostsee ist nicht zugefroren.

Ridala ▶ 1, F 3

In **Ridala**, 10 km südlich von Haapsalu, steht die Maria-Magdalena-Kirche (Ridala püha

In der Umgebung von Haapsalu

Maarja-Magdaleena kirik), eine der ältesten und schönsten mittelalterlichen Kirchen Westestlands. Im Innern des einschiffigen Sakralbaus aus der zweiten Hälfte des 13. Jh. verdienen vor allem die Wandmalereien (14. Jh.), eine Christusfigur aus dem 15. Jh. sowie die Kanzel und der Barockaltar aus dem 17. Jh. Beachtung.

Koluvere ▶ 1, G 3

Die im 13. Jh. errichtete Burg **Koluvere,** 44 km östlich von Haapsalu, war nach ihrem Umbau zu einem Konvent ab 1439 eine der wichtigsten Residenzen der Bischöfe von Ösel-Wiek. Der mächtige runde Kanonenturm wurde erst im 16. Jh. angefügt. Im 17. Jh. wurde die Burg zu einem schlossartigen Gutshof umgebaut, der 1905 von Revolutionären in Brand gesteckt wurde; der Wieder-

Ruine der Burg des Deutschen Ritterordens mit ihrem Wallgraben in Lihula

aufbau erfolgte im neogotischen Stil. Nach der Enteignung der Familie von Buxhoeveden, die das Anwesen 1797 erworben hatte, beherbergte das Schloss eine Erziehungsanstalt, später ein Pflegeheim, heute steht es leer. Zu dem imposanten, von einem Wallgraben umgebenen Schloss auf einer künstlichen Insel gehören ein weitläufiger Park und zwei Steinbrücken mit Obelisken.

Im 3 km südlich gelegenen **Kullamaa** lohnt die mittelalterliche Kirche einen Besuch. Der einschiffige Bau mit einem kuppelförmigen Kreuzgewölbe wurde Ende des 13. Jh. errichtet. 1752 fügte man die Sakristei, gut 100 Jahre später die Apsis und 1870 den Turm hinzu. Auf dem Friedhof ist der Komponist Rudolf Tobias (s. S. 447) begraben.

Lihula ▶ 1, G 4

Lihula, mit rund 1500 Einwohnern der größte Ort im südlichen Teil des Landkreises Läänemaa, blickt auf eine lange Geschichte zurück: Schon zwor die Burg, von der heute nur noch einige Mauerreste erhalten sind, Mitte des 13. Jh. errichtet wurde, siedelten hier Menschen. Auf dem Schlossberg, in der Nähe der Burgruine, wurde Anfang des 19. Jh. ein klassizistisches Herrenhaus erbaut, das heute ein Heimatmuseum beherbergt (Juni–Aug. Mi–So 10–18, Mai, Sept. Mi–Fr 11–16 Uhr, 1 €).

Matsalu ▶ 1, G 4

Die Bucht von Matsalu und das Mündungsgebiet des Kasari-Flusses sind eines der wichtigsten Brut- und Rastgebiete für unzählige Vögel, denn das Flachwasser der Bucht geht fast überall in Schilf bewachsene Uferbereiche, Auenlandschaften, Strandwiesen, Heideflächen und feuchte Wälder über. 270 verschiedene Vogelarten wurde hier schon gesichtet, besonders viele im Frühjahr und Herbst, wenn die Zugvögel rasten – dann ist ein Besuch der Matsalu-Bucht, die seit 1957 als Nationalpark unter Schutz steht, besonders lohnend.

Am südlichen Rand des Nationalparks, im Gutshaus Penijõe, hat die Parkverwaltung ein Informationszentrum und eine Naturausstellung eingerichtet. Die besten Möglichkeiten zur Vogelbeobachtung bieten die sechs Türme und drei Plattformen, die fast alle mit dem Auto zu erreichen sind, nur zum Penijõe-Turm muss man ein Stück zu Fuß gehen. Viele Ornithologen halten den 8 m hohen Haeska-Turm an der Nordküste der Matsalu-Bucht für den besten in ganz Europa, im Frühjahr 1997 wurden von ihm innerhalb von 24 Stunden 128 verschiedene Vogelarten gesichtet.

Infos

Lihula turismiinfokeskus: Lihula mõis, Tiigi 5, 90303 Lihula, Tel. 477 82 14, im Sommer tgl. 10–17 Uhr.
Matsalu Visitor Center: Penijõe mõis, 90305 Lihula, Tel. 472 42 36, www.matsalu.ee, Mitte April–Sept. Mo–Fr 9–17, Sa, So 10–18 Uhr.

Übernachten

Künstlerisch gestaltet ▶ Altmõisa: Tuuru, Tel. 472 46 80, Fax 472 46 81, www.altmoisa.ee. Reetgedecktes Gästehaus an der Nordseite der Matsalu-Bucht. Ideales Ausgangsquartier für Vogelbeobachtungstouren. Verleih von Ferngläsern und Fahrrädern, Organisation von Ausflügen, gute Wandermöglichkeiten. DZ 62 €, auch Halb- und Vollpension.

Aktiv

Touren in der Natur ▶ Estonian Nature Tours: Linnuse Tee 1, Lihula, Tel. 477 82 14. Der Veranstalter organisiert geführte Wanderungen im Matsalu-Nationalpark sowie Kanu- und Vogelbeobachtungstouren.

Tipp: Feriendorf Roosta

An der einsamen Küste 39 km nördlich von Haapsalu liegt **Roosta** (▶ 1, F 3) in einem Kiefernwald direkt am Sandstrand. Auf dem weitläufigen Gelände gibt es 32 ganzjährig bewohnbare Holzbungalows – einer mit Sauna, zwei behindertengerecht, vielfältige Sportmöglichkeiten sowie Bar und Restaurant. Roosta Puhkeküla: Tuksi, Tel. 479 72 30, Fax 479 72 45, www.roosta.ee, Hütten je nach Größe und Jahreszeit 68–330 €/Tag.

Saaremaa und Hiiumaa

Die beiden größten estnischen Inseln, Saaremaa und Hiiumaa, gehören wegen ihrer urwüchsigen Natur zu den schönsten Reisezielen des Landes. Kilometerlange einsame Küsten mit herbem Charme und im Inselinnern ausgedehnte Wälder und Moore begeistern Naturliebhaber. Die Ordensburg in Kuressaare zählt zu den imposantesten Burgen im gesamten Baltikum.

 Saaremaa

▶ 1, D 5/6–F 4/5

Mit rund 2670 km² ist **Saaremaa** die größte Insel Estlands. Sie besteht aus Dolomit- und Kalkstein und besitzt kaum größere Erhebungen. Ihr höchster Punkt liegt im Westen, im Naturschutzgebiet Viidumäe, und ragt gerade 54 m aus dem Meer. Die Südküste ist flach und durch zahlreiche Buchten und Halbinseln zergliedert, während im Norden der Kalkstein an einigen Stellen steil ins Meer abfällt. Rund die Hälfte Saaremaas ist mit Kiefern- und Birkenwäldern sowie Wacholderhainen bedeckt, der Rest sind Moore, Wiesen und Äcker.

Saaremaa ist nur dünn besiedelt, die einzige Stadt, Kuressaare, liegt an der Südküste; ansonsten gibt es nur kleinere Dörfer und Einzelgehöfte. Während der Sowjetzeit war die Insel militärisches Sperrgebiet, das auch Esten nur mit Sondergenehmigung betreten durften. Mittlerweile geht es auf Saaremaa zwar immer noch ruhig zu, doch der Tourismus spielt eine immer größere Rolle, ein Trend, der sich in den nächsten Jahren noch verstärken wird, da 2006 der neue Hafen für Kreuzfahrtschiffe eröffnet wurde. Durch eine Brücke und einen Damm ist Saaremaa mit der kleineren Insel Muhu verbunden.

Kuressaare

Hauptort Saaremaas ist das ruhige 15 000-Einwohner-Städtchen **Kuressaare** an der Südküste. Es breitet sich um die **Bischofsburg** aus, die zu den bedeutendsten Baudenkmälern des gesamten Baltikums zählt. Die Burg, ein typisches Konventgebäude mit viereckigem Grundriss, wurde vermutlich ab 1340 begonnen, doch bis zu ihrer Fertigstellung vergingen rund 40 Jahre, urkundlich erwähnt wurde sie erstmals 1384. Die geometrische, spätgotische Architektur verleiht ihr eine strenge Schönheit, die über 20 m hohen, fast fensterlosen Mauern vermitteln den Eindruck der Uneinnehmbarkeit. An der Nordostecke erhebt sich ein siebenstöckiger Wehrturm, der zweite schlankere und höhere Turm wurde Mitte des 16. Jh. vollendet. Ab dem Ende des 14. Jh. wurde die Burg mit einer Ringmauer umgeben, mit Kanonentürmen verstärkt und zusätzlich mit Erdwällen, Bastionen und Wassergräben versehen. Architektonisch interessant ist vor allem der Kreuzgang aus einheimischem Dolomit im Hauptstockwerk der Burg, der den Innenhof auf drei Seiten umgibt. Im Westflügel befindet sich der schönste Saal, das Festrefektorium.

Im Innern der Burg ist heute das **Saaremaa-Museum** untergebracht, das die Inselgeschichte seit dem 14. Jh. dokumentiert (Lossihoov 1, Mai–Ende Aug. tgl. 11–18, sonst Mi–So 11–18 Uhr, 3,50 €).

Um die Wälle und Gräben der Ordensburg breitet sich ein parkähnlicher Grüngürtel aus, an den sich die **Altstadt** von Kuressaare mit einigen schönen Holzhäusern anschließt.

Estland: Saaremaa und Hiiumaa

Das ehemalige **Kurhaus,** ein reich verzierter Holzbau in der Nähe des Burgtors – noch innerhalb der Parkanlage – stammt aus der Zeit des ausgehenden 19. Jh. und beherbergt heute ein Café.

An der Promenade zum Jachthafen liegen mehrere Hotels, welche die mittlerweile fast 180-jährige Tradition Kuressaares als Kurort fortführen; ihre Spezialität sind Behandlungen mit Heilschlamm. Blickfang an der Promenade ist die Skulptur **»Suur Tõll und Piret«** von Tauno Kangro, die den mythischen Sagenhelden der Insel darstellt.

Folgt man von der Burg der Lossi-Straße, die von klassizistischen Häusern gesäumt ist, kommt man zum zentralen Platz der Altstadt, dem **Keskväljak.** Hier sind das 1670 auf Initiative des schwedischen Grafen Magnus Gabriel de la Gardie im nordländischen Barock errichtete **Rathaus** und, gegenüber, das ehemalige **Waagehaus,** heute ein Restaurant, sehenswert.

In der Umgebung

Der denkmalgeschützte **Friedhof Kudjape,** 3 km nordöstlich vom Zentrum, wird seit Ende des 18. Jh. genutzt. Im Schatten alter Bäume gibt es viele kunstvolle Grabmäler und -kapellen, die oft noch deutsche Inschriften tragen. Neuere Abteilungen erinnern an die Opfer des Zweiten Weltkriegs, der Deportationen und des Estonia-Unglücks.

Fährt man von Kuressaare in Richtung Sõrve-Halbinsel, kommt man gleich hinter der Stadtgrenze zum uralten **Eichenwald von Loode** (Loode tammik). Auf der anderen Straßenseite erstreckt sich das Vogelschutzgebiet von **Linnulaht,** in dem viele Seevögel brüten.

Zwischen **Nasva** und **Järve** liegt einer der schönsten Sandstrände der Insel. In **Mändjala** gibt es im Kiefernwald einen Campingplatz mit Hüttenvermietung und direktem Zugang zum Strand (www.mandjala.ee).

Infos

Kuressaare turismiinfokeskus: Tallinna 2, Tel./Fax 453 31 20, www.saaremaa.ee, Mo–Fr 9–18, Sa 9–17, So 10–15 Uhr.

Übernachten

Wohltat für den Körper ▶ **Spa Hotel Rüütli:** Pargi 12, Tel. 454 81 00, www.saaremaasapahotels.eu/en/Spa-Hotell-Ruutli. Eines der besten Kurhotels im Baltikum. Moderne Zimmer mit Balkon und Blick auf Kurpromenade und Bischofsburg. Großes Schwimmbad, alle medizinischen Heilanwendungen, ausgezeichnetes Restaurant. Empfehlenswert: das Gesundheitspaket aus Übernachtung, Vollpension, 2–3 Behandlungen nach Wahl und ärztlicher Empfehlung, Benutzung von Sauna, Pool und Fitness-Raum. DZ 60–100 €.

Oase der Ruhe ▶ **Jurna matkailumaatila:** Upa, Tel. 452 19 19, Fax 452 19 20, www.saaremaa.ee/jurna. Ehemaliger Bauernhof in Upa, der zum Gästehaus umgebaut wurde, 6 km nordöstlich von Kuressaare. Altes reetgedecktes Haupthaus und mehrere Nebengebäude in einem großen, ruhig gelegenen Obstgarten. DZ 38 €, Appartement 100 €.

Essen & Trinken

Rustikal ▶ **Veski Trahter:** Pärna 19, Tel. 453 37 76, Mo–Do, So 12–22, Fr, Sa 12–1 Uhr. Restaurant in einer über 100 Jahre alten Holländer-Windmühle aus Dolomitgestein. Im Innern vier Stockwerke, gemütlich eingerichtet; im Sommer kann man auch auf dem hölzernen Umgang wunderbar im Freien sitzen. Auf der Speisekarte findet sich typisch Estnisches: Hering mit saurer Sahne und Zwiebeln, Schweinebraten mit Sauerkraut oder Wildschwein in Weinsauce. 8–10 €.

In-Treff ▶ **Vaekoja Pub:** Tallinna 3, Tel. 453 30 20, www.pubvaekoda.ee, tgl. ab 10 Uhr. Gemütlicher Pub mit internationaler Speisekarte im ehemaligen Waagehaus. Typisch estnisch: herzhaft gefüllte Pfannkuchen. Im Sommer herrscht auf der großen Terrasse auf dem Keskväljak bis spät in die Nacht Hochbetrieb. 6–10 €.

Einkaufen

Kunsthandwerk ▶ **Kunstgalerii:** Lossi 5, Mo–Fr 10–18, Sa 10–15 Uhr. Hochwertiges Kunsthandwerk, Bilder, Keramik, Textilien. Auch Ausstellungen diverser lokaler Künstler.

Eines der bedeutendsten Baudenkmäler des Baltikums: die Burg von Kuressaare

Anitquitäten, Trödel ▶ **Lossi antiik:** Lossi 19, Tel. 510 70 79, Mo–Fr 10–18, Sa 11–15 Uhr. **Arenburg antiik:** Lossi 9, Mo–Fr 10–18, Sa 10–15 Uhr (hauptsächlich Möbel und Ikonen, kaum Trödel). **Antiik:** Kitsas 5, Mo–Fr 10–17, Sa 10–15 Uhr (Möbel und Nippes).

Aktiv

Baden ▶ An der **Bischofsburg** gibt es eine flache Bucht mit Sandstrand.

Radfahren ▶ **Reisebüro Mere:** Tel. 453 36 10, www.rbmere.ee. Großes Angebot – von der 3-Std.-Tour Kuressaare bis zur 8-tägigen Saaremaa-Rundtour. Vermittlung von Urlaub auf dem Bauernhof und Ferienhäusern.

Termine

Ende Juni/Anfang Juli findet das **Walzerfest** im Burghof statt, in der ersten Julihälfte die **Schlosstage** und die **Schlossmusiktage,** Ende Juli die **Operntage** ebenfalls im Burg-

hof, Anfang August die **Meerestage** in der Bucht von Tori und Mitte August die **Kammermusiktage** in Kuressaare.

Verkehr

Flüge: mehrmals wöchentlich nach Tallinn. Flughafen: Kuressaare, Roomassaare 1. **Busse:** 6 x tgl. Verbindungen nach Tallinn und 6 x tgl. nach Pärnu.

Halbinsel Sõrve

Über 30 km lang und nur maximal 10 km breit ragt die äußerst dünn besiedelte Halbinsel **Sõrve** im Südwesten Saaremaas ins Meer. An der Westküste gibt es mehrere Sanddünen, in **Sääre** eine ornithologische Beobachtungsstation und einen Leuchtturm, der in den 1960er-Jahren errichtet wurde. Die Spitze der Halbinsel – **Sõrve säär** – besteht überwiegend aus Geröll. Im Zweiten Weltkrieg war Sõrve Schauplatz mehrerer verlustreicher Gefechte zwischen deutschen und sowjetischen Truppen, die 14 Dörfer entvölkerten. Bei **Tehumardi** am Beginn der Halbinsel erinnert eine Gedenkstätte an das besonders blutige Gefecht in der Nacht vom 8. auf den 9. Oktober 1944.

Übernachten

Bett im Grünen ► **Tehumardi puhkekeskus:** Tel./Fax 457 16 66, www.tehumardi.ee. 2004 eröffnetes, modernes Ferienzentrum mit Blockhäusern, Wohnmobilstellplätzen, Zeltmöglichkeit und Zimmervermietung. Beach-Volleyball. Fahrradvermietung, Spielplatz, Trimmpfad. Hütte 48 €, DZ 42 €.

Verkehr

Fähre: SSC Ferries, Tel. 452 43 76 (Kuressaare), Tel. 03 71-360 71 84 (Ventspils), www.slkferries.ee. Vom Hafen Montu, 43 km von Kuressaare, startet die Fähre ins lettische Ventspils. Fahrtdauer 4 Std., auf dem Schiff ist Platz für 60 Pkw. Von Mitte Mai bis Ende Aug. vier Überfahrten wöchentlich.

Mihkli

Zwischen Kuressaare und Kihelkonna, bei dem Dorf **Viki**, ist der für den Westen Saaremaas typische **Bauernhof Mihkli** (Mihkli talumuuseum) zu besichtigen. 1959 schenkte der damalige Besitzer seinen Hof mit allem Inventar dem Museum von Saaremaa. Zu sehen gibt es neben dem gut erhaltenen, voll eingerichteten Hof eine arbeitende Schmiede, eine Bockwindmühle und eine Dorfschaukel (www.saaremaamuuseum.ee, Mitte April–Ende Sept. Mi–So 10–18 Uhr, 1,30 €).

Vilsandi-Nationalpark

Dieses erste Naturreservat des Baltikums wurde 1910 geschaffen und 1993 in den **Vilsandi-Nationalpark** umgewandelt. Der Nationalpark erstreckt sich an der Nordwestküste Saaremaas und umfasst die größte vorgelagerte Insel Vilsandi sowie weitere rund 160 kleine und kleinste Inseln, die von über 100 verschiedenen Vogelarten bevölkert werden. Im Winter halten sich in den fast immer eisfreien Gewässern Tausende Enten auf, im Frühjahr kommen riesige Schwärme von Weißwangengänsen dazu, später im Jahr brüten hier unzählige Möwen, Seeschwalben und Eiderenten. Weithin sichtbar ist der 40 m hohe, 1809 erbaute weiße Leuchtturm.

Infos

Vilsandi Visitor Center: Loona mõis, 93401 Loona, Tel. 454 65 10, www.loona.ee, Mai–Aug. tgl. 9–17 Uhr. Hier erfährt man die Abfahrtszeiten der Boote nach Vilsandi. Im Haupthaus werden einige Zimmer vermietet (DZ 60 €), im Garten besteht die Möglichkeit zum Zelten.

Panga

Die Nordküste Saaremaas ist dünn besiedelt, die Straßen sind großteils ohne feste Decke und staubig. Trotzdem lohnt ein Abstecher in diese entlegene Gegend, denn bei **Panga** bricht der Glint auf einer Länge von rund 2,5 km fast senkrecht ab und erreicht an einigen Stellen eine Höhe von gut 20 m. An der Abbruchkante schlängelt sich ein kleiner Trampelpfad entlang, zum Teil durch dichte Vegetation, und auch der steinige Strand bietet sich für Spaziergänge an.

Übernachten

Man spricht Deutsch ► **Panga puhketalu:** Tel. 56 69 20 09, Fax 453 68 70, www.panga. ee. Mitte Mai–Mitte Aug., sonst nach Vorbestellung. Blockbohlenhaus in schöner Lage an der Steilküste mit weitläufigem Gartengelände. Sobald die Tagesgäste fort sind, einsam. Zimmer 25–32 € p. P., Blockhäuser 20 € p. P., Café: 10–22 Uhr.

Angla

Ende des 19. Jh. gab es auf Saaremaa 800 Windmühlen, heute sind fast alle verschwunden. Die einzige noch erhaltene Windmühlenhügel liegt beim Dorf **Angla** nahe der Straße Nr. 79 im Nordteil der Insel. Hier stehen fünf Windmühlen, vier für Saaremaa typische Bockwindmühlen sowie eine holländische Mühle, deren Inneres besichtigt werden kann (tgl. 10–18 Uhr). Auf dem Gelände gibt es einen großen Kinderspielplatz.

aktiv unterwegs

Zu Fuß auf die Insel Vilsandi

Tour-Infos

Start: Gutshaus Loona (s. links, Vilsandi Visitor Center)

Dauer: vom Gutshaus Loona 5 Std, vom Vogelbeobachtungsturm 3 Std.

Wichtige Hinweise: Nur bei gutem Wetter und Niedrigwasser starten, Wetterbericht im Besucherzentrum einholen. Wer sich die Wanderung nicht alleine zutraut, kann in Loona einen Führer buchen. Hier erfährt man auch die Bootsabfahrtszeiten von Vilsandi nach Papissaare (im Sommer i. d. R. 2 x tgl.).

Am einfachsten kommt man mit dem kleinen Boot von Papissaare auf die Insel Vilsandi. Doch viel spannender ist es, den Weg zu Fuß zurückzulegen.

Das erste Stück dieser außergewöhnlichen Wanderung führt wenig spektakulär über Straßen und Wege bis zur Spitze der waldbewachsenen Halbinsel **Kuusnõmme.** Hier bietet es sich an, den Vogelbeobachtungsturm zu besteigen, um die Aussicht zu ge-

nießen und sich den weiteren Weg einzuprägen, aber auch, um einen Blick auf das Wetter zu werfen. In nordwestlicher Richtung ist vom Turm aus eine gut 6 km lange Kette von rund 20 kleinen Inseln zu sehen. Der Weg entlang dieser Perlenkette ist markiert, zudem bieten die Strommasten eine gute Orientierungshilfe. Der heikelste Abschnitt des Ausflugs ins Meer kommt mit dem **Käkisilima-Kanal** ziemlich zu Anfang, denn auch bei Niedrigwasser im Sommer kann er bis zu 1,5 m tief sein und eine stärkere Strömung aufweisen. Hier ist Vorsicht angebracht, ansonsten watet man überwiegend durch relativ flaches Wasser, was das Vorwärtskommen trotzdem ziemlich anstrengend macht. Für die Tour sind wasserfeste Sandalen mit guter Sohle ein Muss, sonst machen die steinigen Passagen durchs Wasser wenig Freude. Das Erlebnis unterwegs lohnt die Mühe allemal: Die Ufer sind teils mit dichtem Schilf bewachsen, im flachen Wasser liegen unzählige Findlinge, oft sieht man auch Wasservögel und manchmal Spuren anderer Tiere.

Essen & Trinken

Bäckerei ▶ Karja pagariäri: am Gutshof von Karja. Die herrlich duftenden, frischen Hefeteilchen sind ein Genuss!

Valjala

Auf einem Hügel bei **Valjala,** 26 km nordöstlich von Kuressaare, sind noch Reste der alten Burg zu erkennen, deren Anfänge aus altestnischer Zeit stammen, 1227 wurde sie von den Ordensrittern erobert. Im Dorf ragt eine der ältesten Kirchen der Insel auf, die mehrmals erweitert und umgebaut wurde und romanische sowie gotische Elemente aufweist.

Kaali

Vor wahrscheinlich 3000 Jahren schlug 18 km nordöstlich von Kuressaare bei dem kleinen Dorf **Kaali** ein rund 80 t schwerer Meteorit ein und bildete einen 100 m großen Krater. Kreisrund, mit Wasser gefüllt und von Wald umgeben, ist er bis heute klar zu erkennen. Da der Meteorit beim Eintritt in die Atmosphäre in mehrere Teile zerbrach, gibt es in der Umgebung noch acht weitere kleinere Krater.

Infos

Kaali külastuskeskus: 94102 Kaali, Tel. 459 11 84, www.kaali.kylastuskeskus.ee. Infor-

Tipp: Fußballspiel mit Hindernis

Orissaare (▶ 1, F 4) besäße eigentlich nichts Sehenswertes, würde nicht mitten auf dem Fußballplatz des städtischen Gymnasiums eine stattliche Eiche stehen. Vor über 60 Jahren hat sie jemand an dieser Stelle gepflanzt. Unmittelbar daneben entstand später ein kleiner Schulsportplatz, der Baum störte niemanden. 1951 wurde der Platz vergrößert und die Eiche stand plötzlich in der Mitte des Fußballfeldes. Heut steht das Hindernis unter Naturschutz und so werden die Spieler wohl noch länger die hohe Leiter und die lange Stange holen müssen, wenn der Ball mal wieder in den Ästen hängt.

mationszentrum, kleines Museum über Meteoriten und Kalkstein, angeschlossen sind ein Hotel und Restaurant.

Pöide

Westlich des Dorfes **Pöide** in der Nähe des Dammes nach Muhu befinden sich die Reste der Wallburg **Kahutsi**. Die nahe **Wehrkirche** wurde Mitte des 13. Jh. errichtet. Der **Gutshof Oti** stammt aus dem Jahr 1850 und zählt zu den schönsten der Insel.

Muhu ▶ 1, F 4

Muhu, das kleine Anhängsel Saaremaas, durch einen Damm mit diesem verbunden, ist immerhin die drittgrößte Insel Estlands.

Eemu

Kurz vor dem Damm nach Saaremaa liegt die kleine **Eemu-Bockwindmühle** (Eemu tuulik) direkt an der Straße (Mitte April–Ende Sept. Mi–So 10–18 Uhr, 1 €).

Koguva

Das Stranddorf **Koguva** war früher äußerst wohlhabend, denn die Freibauern waren Boten des Ordens und später Postkutscher zwischen dem Festland und den Inseln.

Erstmals erwähnt wurde der Ort 1532, die meisten heutigen Gebäude stammen aus dem 19. Jh. Typisch sind die mit Moos bewachsenen Steinmauern zwischen den Höfen, von denen einige schon über 200 Jahre alt sind. Der estnische Schriftsteller Juhan Smuul (1922–1971) wurde in Koguva geboren, ein kleines Museum erinnert an ihn (Mitte Mai–Mitte Sept. tgl. 10–19, übrige Zeit Mi–So 10–17 Uhr, 2 €).

Übernachten

Der Gast ist König ▶ Pädaste mõis: Tel. 454 88 00, Fax 454 88 11, www.padaste.ee. Luxushotel in einem ehemaligen Gutshof aus dem 16. Jh. in einmaliger Lage: mitten in einem Park am Meer. Komfortable, vor allem in der Nebensaison relativ preisgünstige DZ, luxuriöse Suiten mit antiken Möbeln und Bal-

Die Kirche von Karja

Die kleine mittelalterliche Kirche von Karja bei Angla wirkt auf den ersten Blick einfach und schmucklos, doch ihre Portale und Kapitelle sind mit kunstvollen Steinmetzarbeiten verziert. Auch im Innern birgt sie Schätze, darunter eindrucksvolle Dolomitskulpturen und sonderbare Fresken, die sie zum schönsten Gotteshaus Saaremaas machen.

Wann die Kirche errichtet wurde, ist nicht bekannt, höchstwahrscheinlich war es Ende des 13. oder Anfang des 14. Jh. Auch die Namen ihrer Baumeister sind nicht überliefert, doch nach den zu dieser Zeit in Estland unbekannten Gestaltungselementen zu urteilen, könnten sie aus Schweden gekommen und von französischen Kirchenbauten beeinflusst gewesen sein.

Der Innenraum der einschiffigen Dorfkirche, die nur einen Chor und eine Sakristei besitzt, wirkt überraschend groß, was daran liegt, dass das Deckengewölbe fast doppelt so hoch ist wie die Wände. Ungewöhnlich ist der mit einem Kamin ausgestattete Raum über der Sakristei, in dem die mittelalterlichen Pilgerreisenden übernachteten. Mit ihren Spenden konnte vermutlich das reiche Innendekor der Kirche finanziert werden.

Obwohl die gesamte Kirche überwiegend im Stil der Hochgotik gehalten ist, fallen doch einige archaische Motive unter den Fresken an der Decke sofort ins Auge. Zu sehen sind u. a. ein Pentagramm: das Gesicht des Teufels, der zwischen seinen Beinen hindurchschaut, sowie ein Dreibein – zu Zeiten der Wikinger das Zeichen Odins und im Mittelalter das Symbol der Dreifaltigkeit.

Künstlerisch bemerkenswert sind die Dolomitskulpturen an den Pfeilern zu den beiden Seiten des Kirchenschiffs. Auf dem nördlichen Pfeiler wird die Legende der hl. Katharina von Alexandria erzählt, die berühmt war für ihre Schönheit und Bildung.

Von Engeln bekommt sie eine Krone aufgesetzt, in einer Hand hält die Schutzpatronin der Lehrer und Studenten ein Buch, in der anderen als Zeichen des Märtyrertums einen Palmenzweig. Neben ihr befinden sich die Kaiserin Faustina und der General Porphyrios, die sie beide zum Christentum bekehrt hat. Zu ihren Füßen liegt der heidnische Kaiser Maxentius, der einst um ihre Hand angehalten, Katharina von Alexandria nach der Zurückweisung aber hatte einsperren und hinrichten lassen. Neben ihm ist der Teufel zu sehen.

Auf dem südlichen Pfeiler steht der hl. Nikolaus im Bischofsgewand unter einem Baldachin. Der Bischof gilt als Patron der Seefahrer und soll verschiedene gute Taten und Wunder bewirkt haben. Hier reicht er drei Geschwistern eine Geldbörse mit Goldstücken, die ihnen eine Heirat ermöglichen sollen. Außerdem ist ein vor dem Schiffbruch geretteter Seemann mit seinem Boot zu sehen.

Über dem Südportal befindet sich ein kleines Relief, das Jesus am Kreuz zeigt, Maria und Johannes trauernd an seiner Seite. Von den beiden Dieben, die zusammen mit Jesus gekreuzigt wurden, bereut nur einer seine Sünden, der andere verspottet ihn. Gezeigt werden die Diebe in dem Augenblick, in dem die Seelen ihre Körper in Form von kleinen Kindern verlassen. Die Seele des reuigen Sünders wird von einem Engel in Empfang genommen, die des anderen vom Teufel (tgl. 10–18 Uhr).

Man wähnt sich in Holland: Windmühlen auf der Insel Saaremaa

kon. Exzellentes, hochgelobtes Restaurant. DZ ab 190 €.

Essen & Trinken

Einfach und gut ▶ Muhu Restoran: Tel. 459 81 60, www.muhurestoran.ee, April–Sept. Mo–Do 11–0, Fr, Sa 11–open end, So 11–23 Uhr. Beliebtes Restaurant in Liivia, mit typisch estnischer Küche. Im Nebengebäude werden Kunsthandwerk und Souvenirs angeboten. Hauptgerichte 4–6 €.

Verkehr

Fähre: Tel. 452 44 44, www.laevakompa nii.ee. Vom Hafenort Kuivastu verkehren im Sommer stündlich Fähren zum Festlandhafen Virtsu, Sa ca. 10 x und So ca. 15 x, Fahrzeit 30 Min. Trotz der häufigen Abfahrten kann es besonders an Wochenenden wegen starkem Ausflugsverkehr zu längeren Wartezeiten kommen.

Rundfahrt auf Hiiumaa
▶ 1, D 3–F 3/4

Hiiumaa, mit 1000 km² die zweitgrößte Insel des Landes, ist 22 km vom Festland und nur 6 km von Saaremaa entfernt. Zwischen Festland und Hiiumaa ist das Meer extrem flach und viele kleine und kleinste Inseln ragen oft nur wenige Zentimeter aus dem Wasser. Wegen dieser vielen Untiefen gleicht das Meer um die Insel einem Schiffsfriedhof. Auch Hiiumaa ist, wie ihre größere Schwester Saaremaa, eine flache Insel, der höchste Punkt misst nur 68 m. Das Inselinnere ist fast unbesiedelt und besteht überwiegend aus Mooren und Wäldern. Der Hauptort Kärdla liegt an der Nordostküste und auch alle anderen Dörfer sind nicht weit vom Meer entfernt. Die hier beschriebene Route um die Insel ist ca. 100 km lang und führt größtenteils über befestigte, aber auch über einige unbefestigte Straßen.

Heltermaa

Heltermaa im Südosten Hiiumaas besteht aus einer knappen Handvoll Häuser und fungiert hauptsächlich als Hafenort.

Verkehr

Fähre: AS Saaremaa Laevakompanii, Tel. 452 44 44, www.laevakompanii.ee. Im Sommer werktags bis zu 9 x tgl., Sa 6 x tgl. und So 8 x tgl. zwischen Rohuküla und Heltermaa. Im Winter 4–5 x tgl., Fahrzeit 90 Min.

Aktiv

Fahrradverleih ▶ Priit Tikka: Heltermaa sadamas, Tel. 56 60 63 77.

Suuremõisa

Das zweistöckige Haupthaus von **Suuremõisa** ließ Margareta von Stackelberg 1755–1761 im Barockstil errichten, um 1800 ging das Anwesen, das zu den prächtigsten Estlands zählte, in den Besitz der Familie Ungern-Sternberg über, die es bis zur Enteignung 1919 besaß. Danach zog eine Schule ins Haupthaus ein, die bis heute dort untergebracht ist. Die jahrzehntelange Nutzung als Schule hat zwar die Bausubstanz vor dem Verfall bewahrt, aber im Innern ist fast nichts mehr von der einstigen Pracht des Gutshofs erhalten geblieben (Mo–Fr 10–16 Uhr).

Die nahe Kirche von **Pühalepa** (Pühalepa Laurentiuse kirik) stammt aus dem 13. Jh.; sie war anfangs noch turmlos und diente Verteidigungszwecken. Die Steinkanzel wurde im 17. Jh. von einem Steinmetz aus Haapsalu gefertigt und ist in Estland einzigartig.

Soera

Das **Soera-Bauernhofmuseum** besteht aus einer langen, reetgedeckten Wohnstube mit Scheune, Kornspeicher, Sommerküche und Rauchsauna. Im Zentrum des Wohnhauses liegt die Rauchstube aus der Mitte des 19. Jh. Der linke Gebäudeteil ist dagegen moderner. Das kleine Museum hatte schon viele berühmte Besucher, unter ihnen der schwedische Ministerpräsident Carl Bildt und so gut wie alle wichtigen Staatsmänner Estlands, die sich die traditionellen Speisen

schmecken ließen und die Rauchsauna ausprobiert haben (Soera talumuuseum, Mitte Mai–Ende Aug. tgl. 12–18 Uhr, 1,50 €).

Von Soera lohnt ein kleiner Abstecher an die Küste nach Kukka, wo der größte Findling der Insel, der hausgroße **Kukka-Stein** liegt.

Übernachten

In ruhiger Lage ▶ Kauste puhkemajad: Värssu küla, Tel. 514 43 89, www.kauste.ee. Drei ganz unterschiedliche Unterkünfte in der Nähe von Hellamaa. Das historische Haupthaus besteht aus Blockbohlen und ist mit einem Holzdach gedeckt, die ehemalige Scheune ist reetgedeckt, beide sind luxuriös in einer Mischung aus Alt und Neu eingerichtet (25 €/Pers.). Die kleine Sommerscheune hat nur drei Betten und ist etwas für Naturliebhaber, die ohne großen Komfort auskommen, dafür kostet das Bett nur 10 €.

Kärdla

Mit 4000 Einwohnern ist **Kärdla** die einzige größere Ortschaft auf Hiiumaa. Ihre Geschichte reicht bis ins 14. Jh. zurück, als sich hier die ersten Schweden ansiedelten. Im Jahr 1829 gründeten die Ungern-Sternbergs in Kärdla eine Textilfabrik, die der Stadt einen gewissen Wohlstand bescherte, doch 1941 wurde sie von sowjetischen Truppen in Brand gesteckt und nicht wieder aufgebaut. Heute ist Kärdla eine grüne, ruhige Kleinstadt am Meer mit guten Einkaufsmöglichkeiten und einem kleinen Regionalmuseum.

Das **Hiiumaa-Museum** ist im sogenannten Langen Haus (Pikk maja) aus dem Jahr 1830 untergebracht, das früher zur Textilfabrik gehörte. Die Dauerausstellung erzählt von der Geschichte Hiiumaas, außerdem werden Wechselausstellungen gezeigt (Vabrikuväljak 8, www.muuseum.hiiumaa.ee, Mo–Sa 10–13 Uhr, 1 €).

Rund 10 km weiter nordwestlich erreicht man **Ristimägi.** An der Straße liegen zu beiden Seiten kleine Sandhügel; vor allem in jenen auf der linken Seite stecken zahlreiche Kreuze. Zum ersten Mal stellten im Jahr 1781 Schweden an diesem Ort Kreuze auf, die hier

Rätselhafte Steine   Thema

Im Englischen werden sie Cup-marked-stones, im Deutschen Schäl-chen-, Schalen- oder Näpfchensteine genannt, im Volksmund auch Elfenmühlen. All diesen Namen ist gemeinsam, dass nur das Aussehen der Steine beschrieben wird, man aber nichts darüber erfährt, wer sie zu welchem Zweck gemacht hat.

Schalensteine besitzen eine oder mehrere meist runde Vertiefungen mit einem Durchmesser von 3–10 cm und 0,5–2 cm Tiefe, die vermutlich ausgeschlagen wurden. Erstmals schriftlich erwähnt wurden sie 1873 von einem Lehrer des Gymnasiums in Kuressaare, doch der Volksmund kennt sie schon erheblich länger. Fast alle befinden sich in Findlingen, die von den Gletschern der letzten Eiszeit von Norden herangeschafft worden sind. Die einzige Ausnahme bilden zwei Kalksteine auf der Insel Vilsandi. Die Vertiefungen sind normalerweise auf der Oberseite des Steins, manchmal aber auch an den Seiten, jedoch immer an leicht zugänglichen Stellen. Die meisten Vertiefungen – 405 Stück – besitzt der »Assaku nõiakivi« in dem Dorf Assaku. Der größte Schalenstein ist der »Lehmja-Loo suurkivi« in Jüri mit einem Umfang von 23 m und einer Höhe von 3 m, der kleinste ist kaum größer als eine Zigarettenschachtel und besitzt zwei deutlich sichtbare Vertiefungen.

Schalensteine sind ein recht verbreitetes Phänomen: In Estland wurden bisher 1750 Exemplare gefunden, davon 90 % im Norden des Landes, in Harjumaa, Järvamaa und Virumaa; auf den Inseln Saaremaa und Muhu hat man insgesamt 60 Steine entdeckt. Schalensteine wurden aber auch in Skandinavien, auf den Britischen Inseln, in Norddeutschland, an den Mittelmeerküsten, im Kaukasus und im Nahen Osten gefunden. Selbst in Indien, Sibirien, China, Australien, Nord- und Südamerika kommen ähnliche Vertiefungen

in Steinen vor, doch am weitaus häufigsten sind sie in Nordeuropa.

Obwohl es lange wissenschaftliche Abhandlungen über Schalensteine gibt, beschränken sich diese doch in erster Linie auf eine Auflistung der Fundorte und eine systematische Erfassung der einzelnen Steine, über ihre Bedeutung liest man wenig. Gesichert scheint, dass sie von der frühen Bronzezeit (1000–500 v. Chr.) bis zur frühen Eisenzeit (500 v. Chr.–50 n. Chr.) entstanden. Das Schlagen von Vertiefungen in Findlinge muss recht lange in Mode gewesen sein, denn auf einigen Steinen sind Vertiefungen unterschiedlichen Alters zu sehen, wobei die älteren mit neueren ›überschrieben‹ wurden. Auffällig ist, dass der Grund der Vertiefung oft glattgeschliffen ist und sich deshalb gut von der rauen Steinoberfläche abhebt.

Warum die Menschen sich die Mühe gemacht haben, Vertiefungen in Granitsteine zu schlagen, und welches Werkzeug sie benutzt haben, dazu gibt es fast so viele, oft skurrile Theorien wie Schalensteine. Opfersteine könnten es gewesen sein oder magische Fruchtbarkeitssymbole. Zum Zählen der Jahre sollen sie verwendet worden sein oder eine astronomische Bedeutung gehabt haben, in ihrer Nähe sollen Schätze vergraben sein – allerdings wurde noch nie einer gefunden. All dies ist bis heute reine Spekulation. Dass 95 % aller Steine in Gegenden liegen, die schon seit ewigen Zeiten landwirtschaftlich genutzt werden, trägt nicht zur Erklärung bei.

den letzten Gottesdienst vor ihrer von Katharina der Großen veranlassten Deportation in die Ukraine abhielten. Heute stellen Besucher, die zum ersten Mal nach Hiiumaa kommen, auf den Sandhügeln ein Kreuz auf.

Infos

Hiiumaa turismiinfokeskus: Hiiu 1, 92413 Kärdla, Tel./Fax 462 22 32, www.hiiumaa.ee, Mitte Mai–Mitte Sept. Mo–Fr 10–18, Sa, So 10–15, sonst Mo–Fr 10–17 Uhr.

Übernachten

Nostalgisch ▶ **Hotel Nordtooder:** Rookopli 20, Tel. 469 19 99, www.nordtooder.ee. Perfekt saniertes rotes Holzhaus im Zentrum, im ersten Stock sieben relativ kleine, aber ansprechend im nostalgisch-skandinavischen Stil eingerichtete Zimmer (DZ 44–55 €). Der Gastraum des Restaurants (tgl. 11–23 Uhr) ist im Landhausstil eingerichtet, das Essen typisch estnisch, hauptsächlich Lamm und Fisch (Hauptgericht 6–10 €).

Aktiv

Radfahren ▶ **Nõmme Puhkemaj:** Nõmme 30, Tel. 463 13 38.

Baden ▶ Zwischen Kärdla und Lehtma liegt etwas versteckt ein schöner naturbelassener Sandstrand. Hier gibt es auch Wandermöglichkeiten.

Verkehr

Busse: 2 x tgl. (7.35 und 15.45 Uhr) über Heltermaa nach Tallinn.

Tahkuna

An der Nordspitze der Insel steht der 1875 gebaute, 42 hohe Leuchtturm von **Tahkuna,** von dessen Spitze man einen grandiosen Panoramablick genießt (Juni–Aug. tgl. 10–18 Uhr, 1 €). Auf der Landspitze beim Leuchtturm wurde 1995 ein Denkmal für die bei der Estonia-Katastrophe umgekommenen Kinder errichtet.

Malvaste

Wer bei **Malvaste** von der Hauptstraße abbiegt, kommt zur **Mangu-Bucht,** die den schönsten Sandstrand der Insel besitzt. Nördlich von Malvaste liegt das **Mihkli-Bauernhofmuseum** (Mihkli talukompleks-muuseum), das aus acht Gebäuden aus dem 19. Jh. besteht (im Sommer tgl. 11–18 Uhr, 1 €).

Übernachten

Strandnah ▶ **Kalda Puhketalu:** Mangu küla, Tel. 462 21 22, www.kaldapuhketalu.ee. Kleiner Campingplatz nur 200 m von der Mangu-Bucht in einsamer Lage im Kiefernwald. Einfache Finnhütten ohne WC und Dusche sowie komfortable Ferienhäuser. Kleiner Pool auf dem Gelände (Finnhütte 60 €, Komforthütte für 4–8 Pers. ab 125 €).

Kõrgessaare

Kõrgessaare liegt auf der Ninametsa-Halbinsel und ist eine industriell geprägte Siedlung ohne großen Charme. Die östlich an der Ringstraße gelegene, lichtdurchflutete **Kirche von Reigi** (Reigi Jeesuse kirik) ließ Baron Ludvig von Ungern-Sternberg 1802 zum Gedenken an seinen Sohn errichten, der Selbstmord begangen hatte. Die Kirche verfügt über eine umfangreiche Kunstsammlung, von der niemand mehr weiß, woher sie stammt. Eini-

Tipp: Radfahren auf Hiiumaa

Die flache Insel eignet sich hervorragend für kürzere und längere Touren. Insgesamt gibt es sieben markierte Routen. Die längste, der 90 km lange Eurovelo 1, führt von Heltermaa nach Sõru und folgt bis auf wenige Ausnahmen der Ringstraße. Die Route 302 ist 42 km lang und verläuft zwischen Sõru und Heltermaa. Eine der schönsten Tagestouren (52 km) ist die Fahrt über die Halbinsel Kõpu. Sie beginnt an der Ringstraße und führt, meist auf einsamen Waldwegen in Küstennähe, zum Leuchtturm, weiter nach Ristna und zurück zum Ausgangspunkt. Die 26 km lange Tahkuna-Tour (Nr. 304) umrundet die gleichnamige Halbinsel im Norden ebenfalls auf küstennahen Waldwegen.

Estland: Saaremaa und Hiiumaa

Eine Welt für sich: die zweitgrößte estnische Insel, Hiiumaa

ges dürfte aus gesunkenen Schiffen gerettet, ein Teil von ehemaligen Gutshofbesitzern gestiftet worden sein.

Essen & Trinken

Nach Herzenslust essen ▶ Viinaköök: Sadama 2, Tel. 469 33 37, tgl. 11–21 Uhr. In dem im 19. Jh. aus Feldsteinen erbauten, ehemaligen Lagerhaus des Gutshofs für Spirituosen wird täglich ein Touristenmenü aus Vorsuppe, Salat, Hauptgericht und Kaffee für 10 € serviert. Terrasse mit Blick auf den Dorfteich.

Kõpu

Der Leuchtturm von **Kõpu** (Kõpu tuletorn) steht auf dem höchsten Punkt Westestlands. Um 1500 noch zu Zeiten der Hanse erbaut, ist er der drittälteste noch betriebene Leuchtturm der Welt.

Der Turm wurde aus 6000 t Stein errichtet und wirkt mit seinen nur 36 m Höhe untersetzt und stämmig, als ob er auch die nächsten 500 Jahre noch problemlos überstehen könne (Mai–Mitte Sept. tgl. 10–20 Uhr, 1 €).

Essen & Trinken

Kleine Erfrischung ▶ Tuletorn kohvik: Kõpu, Tel. 469 34 74, Mai–Mitte Sept. tgl. 10–20 Uhr. Kaffee und Kuchen mit Blick auf den Leuchtturm.

Sõru

Wegen seines Hafens war **Sõru** während des Zweiten Weltkriegs von strategischer Bedeutung, deshalb wurden bei Tohvri viele militärische Anlagen errichtet. Seit 1996 fahren von Sõru wieder Schiffe nach Saaremaa.

Verkehr

Schiffe: Im Sommer bis zu 4 x tgl. von Sõru nach Triigi (Saaremaa), Fahrzeit 65 Min.

Kassari

Die Insel **Kassari** ist der Südostküste Hiiumaas vorgelagert und mit dieser durch zwei Dämme verbunden. In der Lagune zwischen Hiiumaa und Kassari fühlen sich wegen des flachen Wassers, der zahlreichen unbewohnten Inseln und der schilfbewachsenen Ufer zahlreiche Wasservögel besonders wohl. In den letzten Jahren hat sich Kassari zum größten Urlaubsgebiet Hiiumaas entwickelt, wobei viele architektonisch ansprechende, teils luxuriöse Ferienhäuser entstanden sind.

In südwestlicher Richtung ragt der Nehrungshaken **Sääretirp** mehr als 3 km ins Meer. Anfangs ist er noch von dichter Vegetation überzogen, wird dann aber immer flacher und steiniger. Ein Wanderweg führt vom Parkplatz bis zur Spitze.

Das Ausstellungshaus des **Hiiumaa-Museums** in Kassari wurde 1967 von dem engagierten Volkskundler Volli Mäeumbaed gegründet und erzählt die maritime Geschichte der Insel von der Zarenzeit bis zur sowjetischen Besatzung. Es informiert darüber hinaus auch über wichtige Persönlichkeiten aus der estnischen Geschichte wie Jacob de la Gardie sowie die Stenbocks und die Ungern-Sternbergs (Kassari ekspositsioonimaja, im Sommer tgl. 10–17, im Winter Mo–Fr 10–17 Uhr, 1 €).

Übernachten

Traumhaft ▸ **Dagen Haus külalistemaja:** Orjaku, Tel. 518 25 55, www.dagen.ee. Fünf Zimmer im ehemaligen Wirtschaftsgebäude des Gutshofs. Edles skandinavisches Design, kombiniert mit alten Balken, große Panoramafenster mit Blick auf eine Schilfuferbucht, im großen Garten Reste des Gutshofs (DZ 45–90 €). In der Nähe großzügiges reetgedecktes Ferienhaus in einsamer Lage.

Rustikal ▸ **Roose puhkemaja:** Orjaku, Tel. 56 48 09 98, www.roose.ee, 125 €/Tag. Großzügiges, komfortables Ferienhaus für sieben Personen aus Feldsteinen mit Reetdach, eigenem Garten und Sauna, 100 m bis zum Meer.

Direkt am Wasser ▸ **Orjaku sadama külalistoad**: Orjaku, Tel. 529 94 14, sadam@orjaku.ee, 15 €/Person. Einfache Zimmer in einem Holzhaus, vom Balkon Blick auf den winzigen Hafen von Orjaku, ein idealer Platz bei Sonnenuntergang.

Camping ▸ **Vetsi tall:** Kassari, Tel. 462 25 50, www.vetsitall.ee. Campingplatz in einer Apfelplantage, originelle Hütten in Fassform mit zwei Betten (19 € inkl. Frühstück).

Essen & Trinken

Einfach ▸ **Liilia Hotell:** Hiiu 22, Käina, Tel. 463 61 46, tgl. bis 23 Uhr. Internationale Gerichte, Pasta, Fisch, Schwein, Hühnchen; Essen und Ambiente schnörkellos. Hauptgerichte ab 5 €.

Frischer Fisch ▸ **Vetsi Tall:** Kassari, Tel. 462 25 50, www.vetsitall.ee, warme Küche tgl. bis 21 Uhr. Uriges Landgasthaus in einem Stall aus dem 18. Jh. mit rustikalem Charme. Immer frischer Fisch. Spezialität: preisgünstiger, hausgeräucherter Fisch.

Für den kleinen Hunger ▸ **Café in der Wollfabrik:** Vaemla, Tel. 463 61 21, tgl. 10–18 Uhr. Snacks und Getränke drinnen und draußen.

Einkaufen

Wolle ▸ **Vaemla Wollfabrik:** Hiiu Vill, Vaemla, Tel. 463 6121, www.hot.ee/hiiuvill, Mo–Fr 8–18, Sa, So 10–18 Uhr. Die Wollfabrik produziert auf museumsreifen Maschinen schöne Souvenirs wie Socken und Pullover.

Aktiv

Reiten ▸ **Reitausflüge:** Pferdehof Kassari Ratsamatkad, Tel. 508 36 42 oder 518 96 93, www.kassari.ee.

Vogelbeobachtung ▸ Vom Vogelturm in **Orjaku** hat man einen schönen Blick auf die mit Schilf bewachsenen Inseln der Käina laht, im Frühjahr und Herbst sehr gute Möglichkeit zur Vogelbeobachtung, kurzer Naturpfad durch die Schilflandschaft.

Schwimmbad ▸ Käina mäe, Tel. 53 40 71 61, 25-m-Becken, Sauna und Massage, tgl. geöffnet.

Fahrradvermietung ▸ **ÖÜ Niitlind:** Kassari, Tel. 56 25 35 35 (ca. 10 €/Tag).

Tipp: Saunamõnud mere

Die schwimmende Sauna auf einem Floß im Hafen von Orjaku mit einem runden Saunahäuschen bietet Platz für sechs Personen sowie eine Grillmöglichkeit – sehr stimmungsvoll bei Sonnenuntergang (Tel. 56 22 77 96, www.tynnisaun.ee, 32 €/Std.).

Register

Der Haupteintrag ist **fett** hervorgehoben.

Register

Der Haupteintrag ist **fett** hervorgehoben.

Register

Der Haupteintrag ist **fett** hervorgehoben.

Abbildungsnachweis/Impressum

Abbildungsnachweis

akg-images, Berlin: S. 121 (Braun/Hagenberg/historic-maps)

Avenue Images/Bilderberg, Hamburg: S. 2 u., 3 M., 182, 186/187 (Gerber); 248 (Keystone); 242 (Knoll); 444/445 (Schmid)

Bildagentur Huber, Garmisch-Partenkirchen: S. 11 (Bäck), 8/9, 108, 114 li., 194 (Schmid); 350 re., 418/419 (Mehlig); 122, 196 (Potschka); 220 (Simeone)

Čiurlionis State Museum of Art, Kaunas: S. 151

DuMont Bildarchiv, Ostfildern: S. 2 o., 3 o., 4 u., 5 o., 5 u., 6 u., 26/27, 55, 84, 114 re., 130/131, 140/141, 161, 192, 234, 241, 272, 302/ 303, 314, 316, 358, 379, 387, 407, 460 (Hirth)

Ralf Freyer, Freiburg: Umschlagsrückseite u., S. 1 re., 149, 162, 171

Getty Images, München: S. 46/47 (Coleman); 180/181 (Smith)

Rainer Hackenberg, Köln: S. 7 o., 41, 43, 61, 200, 214, 223, 226, 229, 274/275, 298, 307, 318/319, 324, 392/393, 428/429, 434

Christian Kaminski, Wiesbaden: S. 464

Jaan Kloseiko, Tallinn: S. 32

Wolfgang Korall, Oldenburg: S. 111

laif, Köln S. 3 u., 166/167, 216/217 (Babovic); 372 (Boening/Zenit); 293 (Buss); 49 (Futh); 246 (hermis.fr/Franck Guiziou); 400/401 (hemis.fr);

19 (J. Hill); Titel (Hub); 56 (Jonkmanns); 4 o., 57 (Kristensen); 6 o., 68/69, 370, 455 (Lengler); 91, 253 (Monteleone); 218/219 (Rodthmann); 22/23, 175 (Roemers); 237 (Westrich)

LOOK, München: S. 308 (age fotostock); 95 (Kay Maeritz)

Mauritius Images, Mittenwald: S. 157 (age fotostock); 282/283 (Buss); 210/211 (imagebroker/Ernszt); 450/451 (imagebroker/W. Korall); 209 (Mattes)

Christian Nowak, Berlin: S. 5 M., 7 u., 7 M., 39, 80, 89, 125, 204/205, 278, 332/333, 344, 347, 350 li., 360/361, 364/365, 376/377, 388, 405, 412/413, 422, 439, 448/449

Ostkreuz, Berlin: S. 294 (Schlösser)

picture alliance/dpa, Frankfurt: S. 356/357 (Gebert)

Preußischer Kulturbesitz, Berlin: S. 129

Vladislav Rubzov, Riga: S. 12

Schapowalow/Huber, Hamburg: S. 106/107

transit, Leipzig: Umschlagklappe vorn, Umschlagrückseite o., S. 1 li., 1 Mitte, 15, 35, 126/127, 144/145, 191, 203, 286, 288/289, 330, 340/341, 409 (Hirth)

Kartografie

DuMont Reisekartografie, Fürstenfeldbruck

© DuMont Reiseverlag, Ostfildern

Umschlagfoto: Titelbild: Litauen, Burg Trakai

Über die Autoren

Christiane Bauermeister, Slawistin, Autorin, Filmregisseurin und Projektleiterin für Ausstellungen und Festspiele, sowie **Eva Gerberding,** Slawistin und Autorin für Radio, TV und Printmedien, bereisen regelmäßig die osteuropäischen Länder, insbesondere Litauen. Für dieses Buch verfassten sie gemeinsam das Kapitel »Litauen«, Eva Gerberding außerdem »Wissenswertes über das Baltikum«. **Jochen Könnecke** ist Reisejournalist und lebt in Potsdam. Er trug zu diesem Reiseführer das Kapitel über Lettland bei, wo er sich, auch aus familiären Gründen – er ist mit einer Rigaerin verheiratet – , jedes Jahr längere Zeit aufhält. **Christian Nowak,** promovierter Biologe, arbeitet seit vielen Jahren in Berlin als freier Autor, Journalist und Fotograf mit dem Schwerpunkt Nordeuropa. Mehrmals im Jahr ist er im Baltikum unterwegs, wobei Estland wegen der Ähnlichkeit zu Skandinavien mittlerweile zu einem seiner Lieblingsreiseziele geworden ist. Christian Nowak verfasste für diesen Band die Kapitel »Wissenswertes für die Reise« und »Estland«.

Lektorat: Erika E. Schmitz, Christiane Wagner

Hinweis: Die Autoren und der Verlag haben alle Informationen mit größtmöglicher Sorgfalt geprüft. Gleichwohl sind Fehler nicht vollständig auszuschließen. Alle Angaben erfolgen ohne Gewähr. Bitte schreiben Sie uns! Über Ihre Rückmeldung zum Buch und über Verbesserungsvorschläge freuen sich die Autoren und der Verlag.

DuMont Reiseverlag: Postfach 3151, 73751 Ostfildern, E-Mail: info@dumontreise.de

1. Auflage 2011

© DuMont Reiseverlag, Ostfildern

Grafisches Konzept: Groschwitz, Hamburg

Printed in Germany